古抄本群書治要二種

九條家本 羣書治要

上

圖版

〔唐〕魏徵 等撰
潘銘基 校理 解題

國家古籍整理出版專項經費資助項目

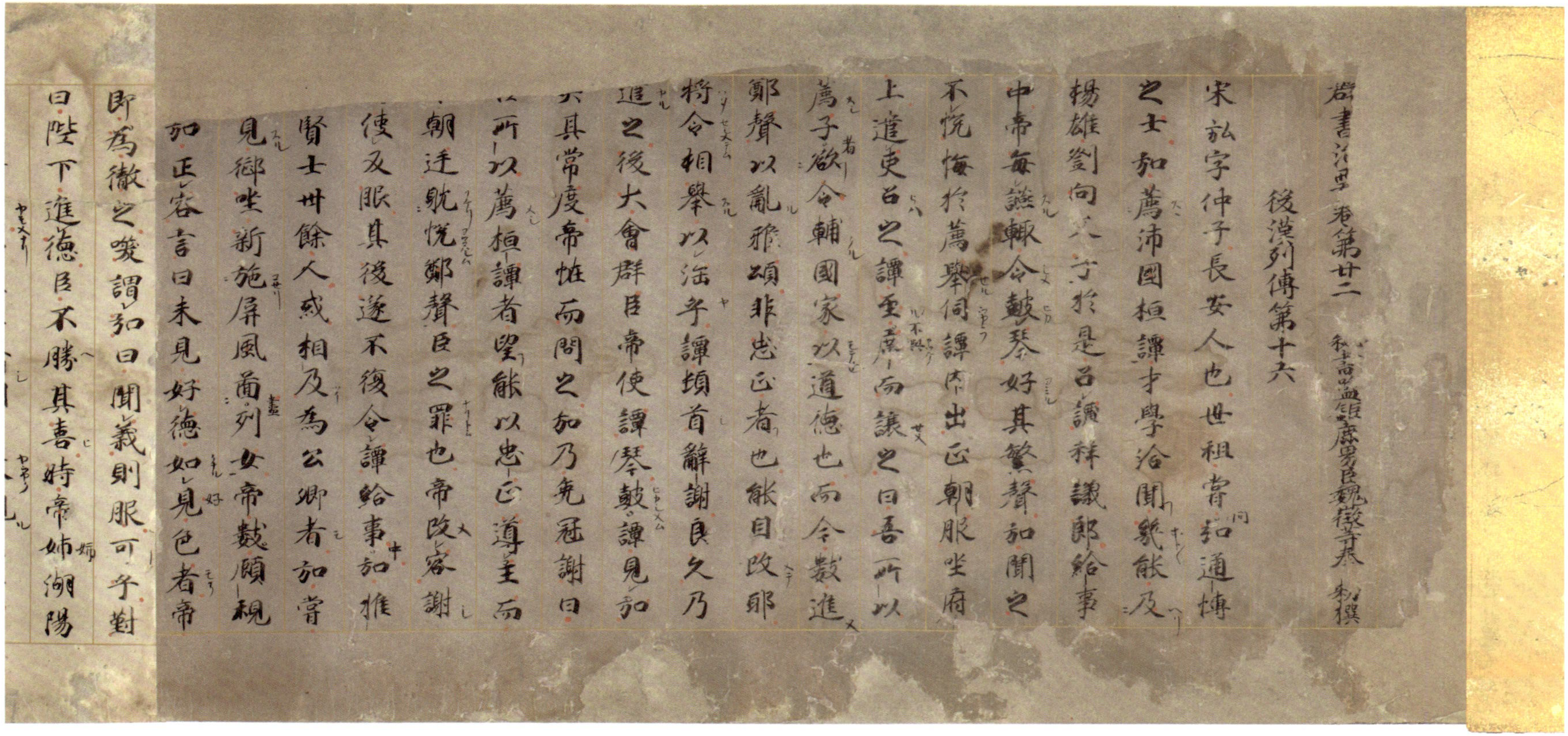

圖一　九條家本卷廿二後漢書卷端

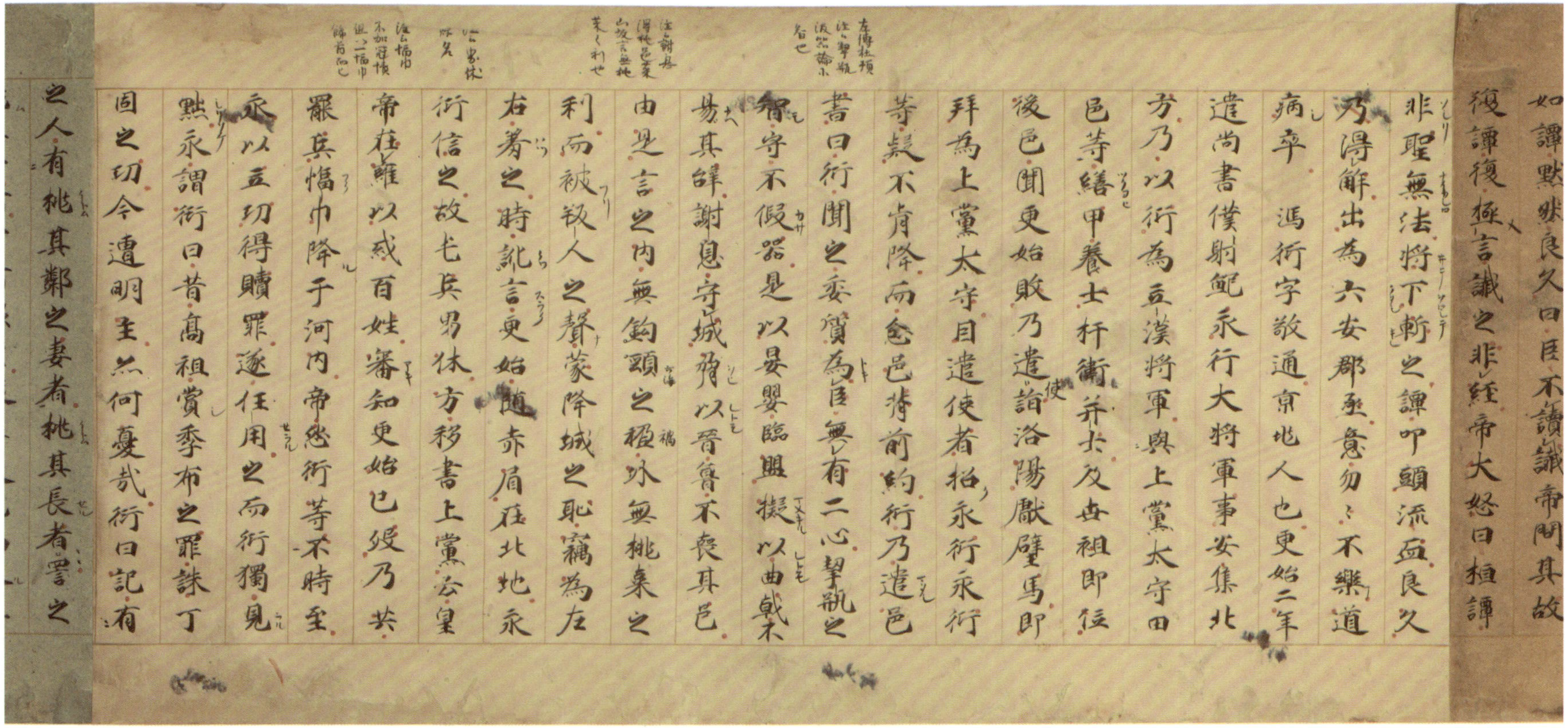

圖二　九條家本卷廿二後漢書馮衍傳

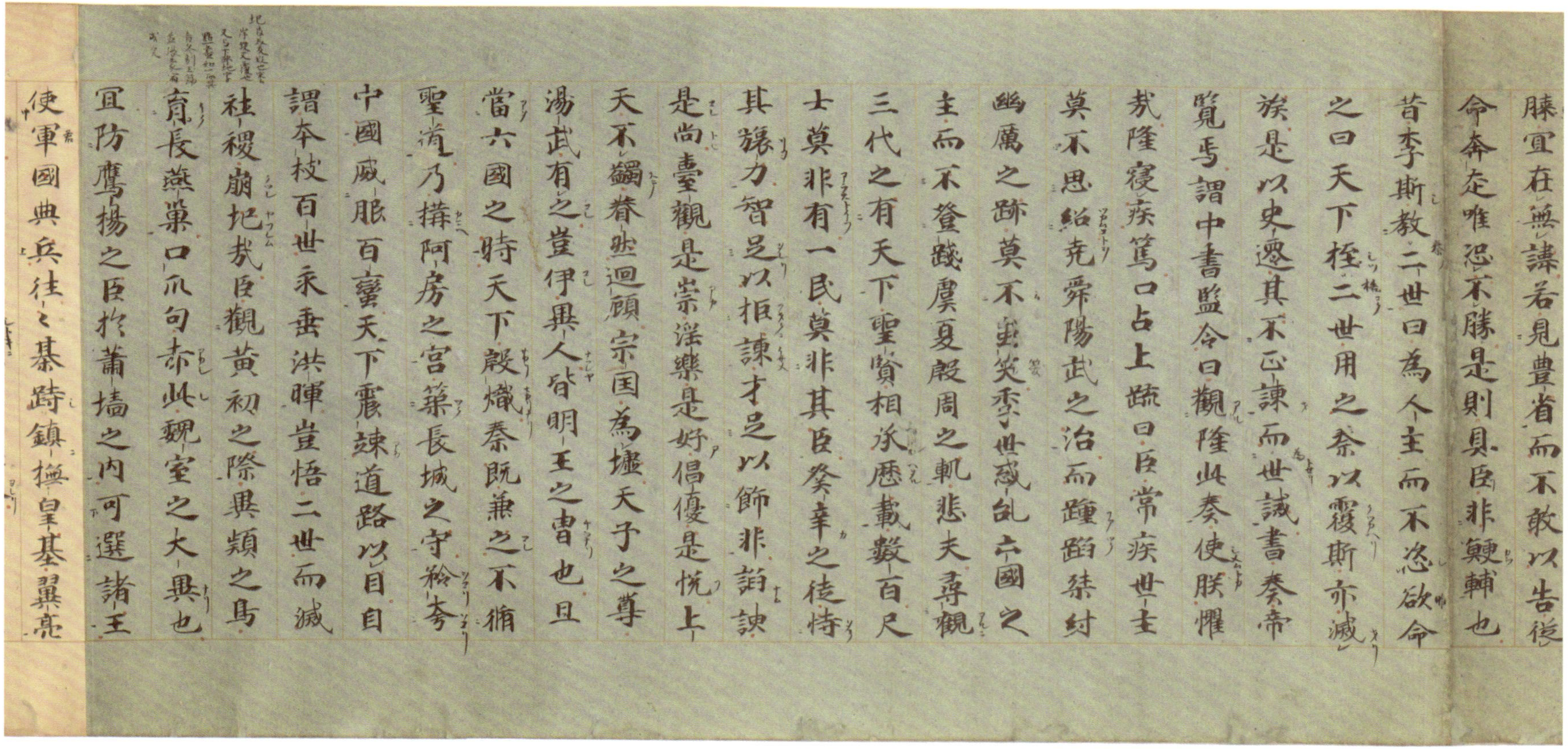
朕宜在無諱若見豐省而不敢以告從
命奔走唯恐不勝是則具臣非鯁輔也
昔李斯教二世曰為人主而不恣欲命
之曰天下桎二世用之秦以覆斯亦滅
族是以史遷其不正諫而世誡書奏帝
覽焉謂中書監令曰觀隆此奏使朕懼
哉隆寢疾篤口占上疏曰臣常疾世主
莫不思紹堯舜湯武之治而蹈踵桀紂
幽厲之跡莫不蚩笑季世惑亂亡國之
主而不登踐虞夏殷周之軌悲夫尋觀
三代之有天下聖賢相承歷載數百尺
土莫非其有一民莫非其臣癸辛之徒恃
其旅力智足以拒諫才足以飾非諂諛
是尚臺觀是崇淫樂是好倡優是悅上
天不蠲眷然迴顧宗国為墟天子之尊
湯武有之豈伊異人皆明王之冑也且
當六國之時天下殷熾秦既兼之不循
聖道乃構阿房之宮築長城之守矜夸
中國威服百蠻天下震竦道路以目自
謂本枝百世永垂洪暉豈悟二世而滅
社稷崩圮哉臣觀黃初之際異類之鳥
育長燕巢口爪句赤此魏室之大異也
宜防鷹揚之臣於蕭牆之內可選諸王
使軍國典兵往往棊跱鎮撫皇基翼亮

圖三　九條家本卷廿六三國志高堂隆傳

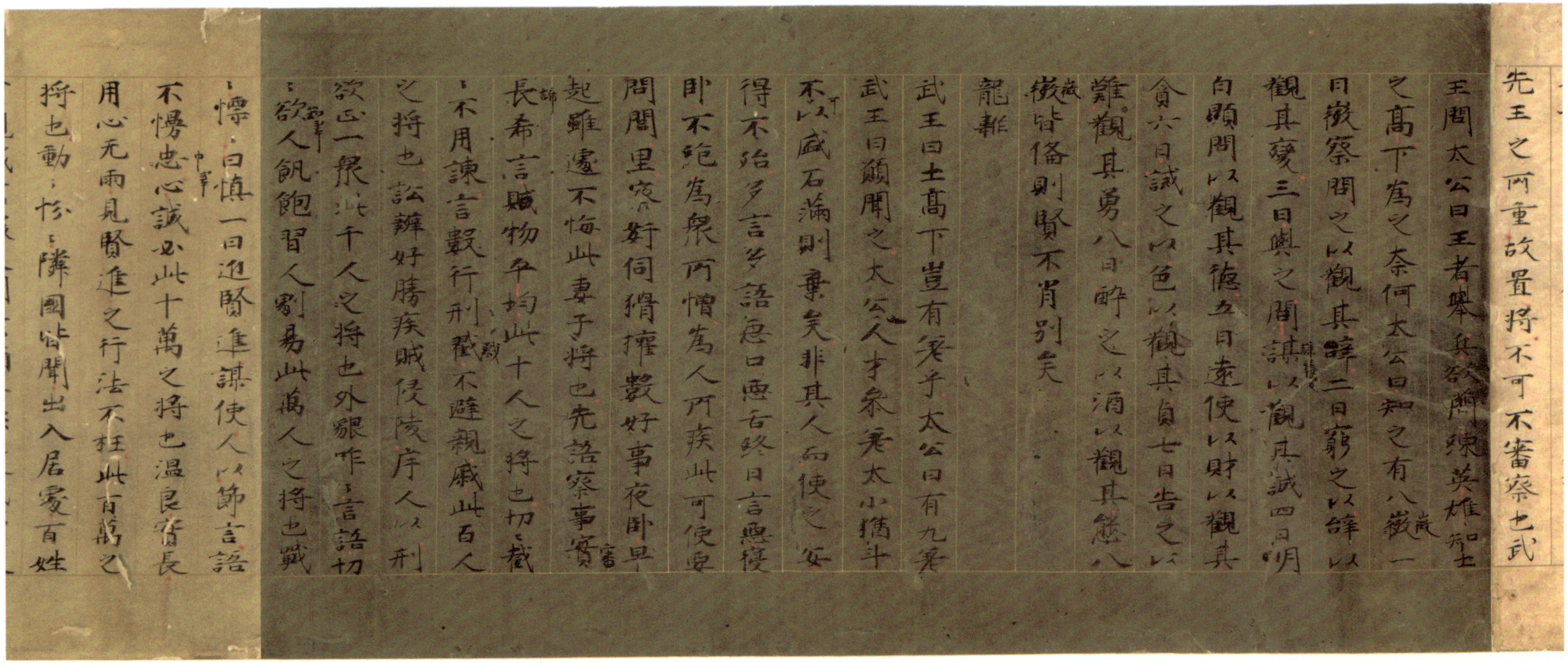

圖四　九條家本卷卅一文韜

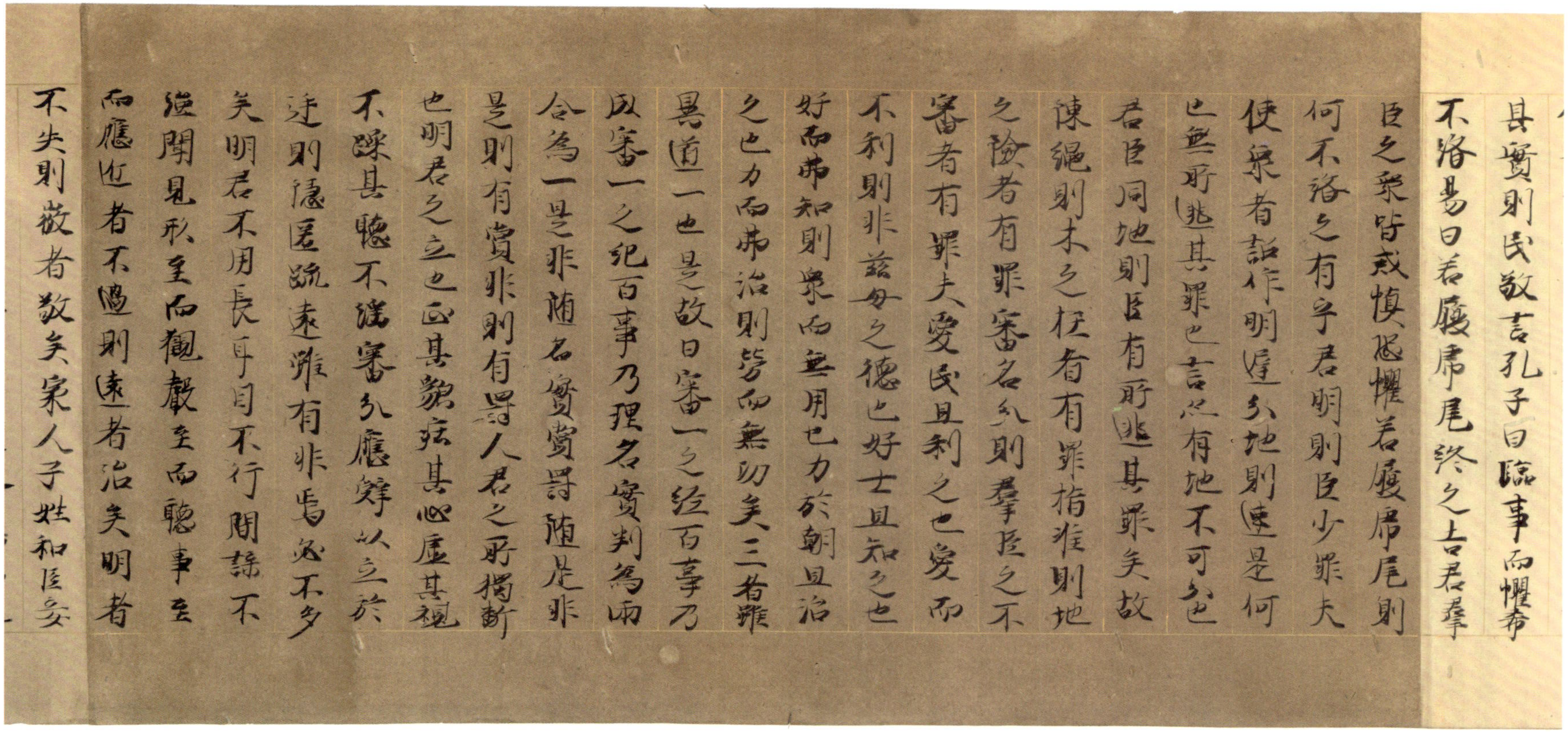

圖五　九條家本卷卅六尸子

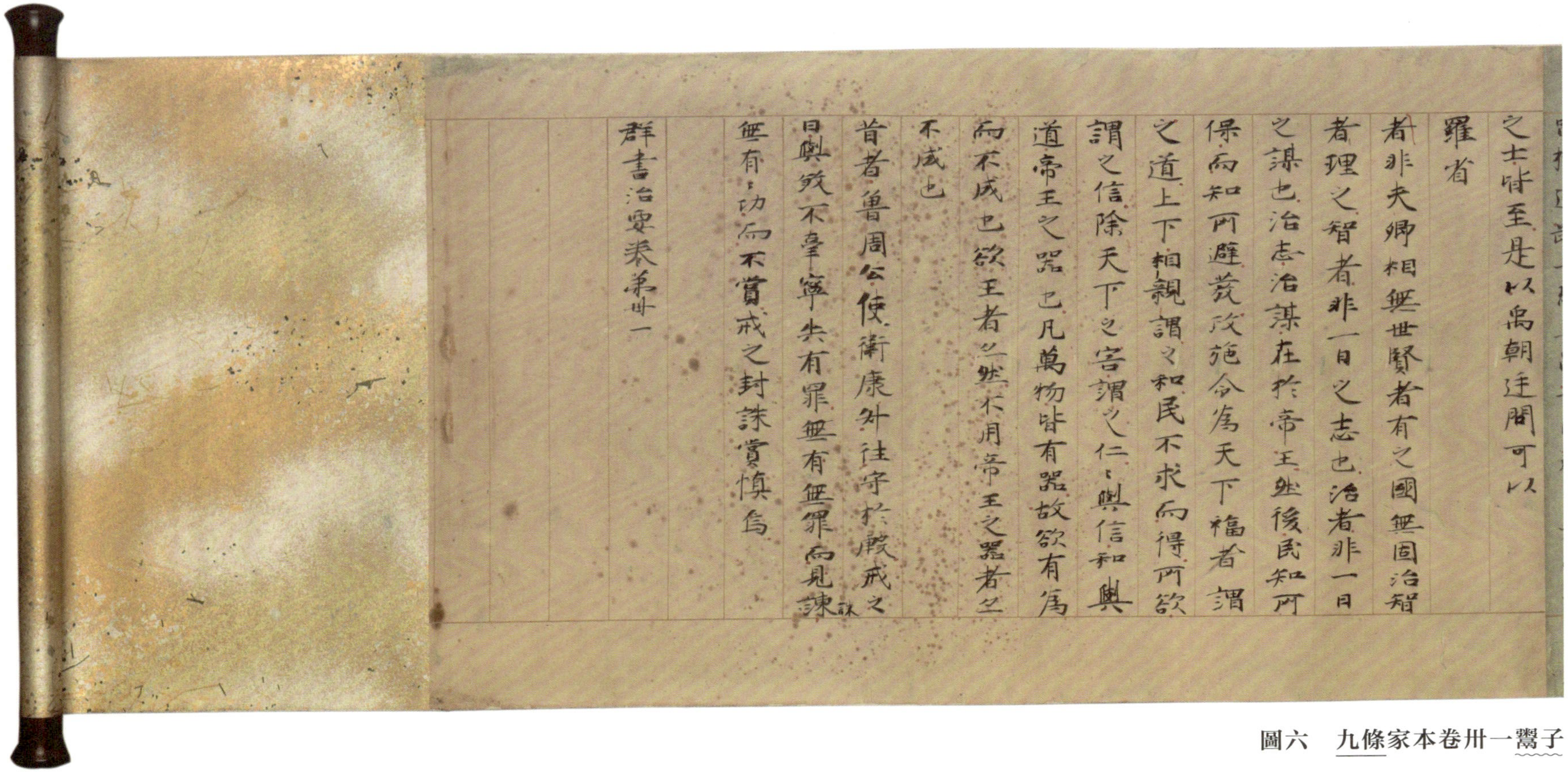

圖六　九條家本卷卅一鬻子

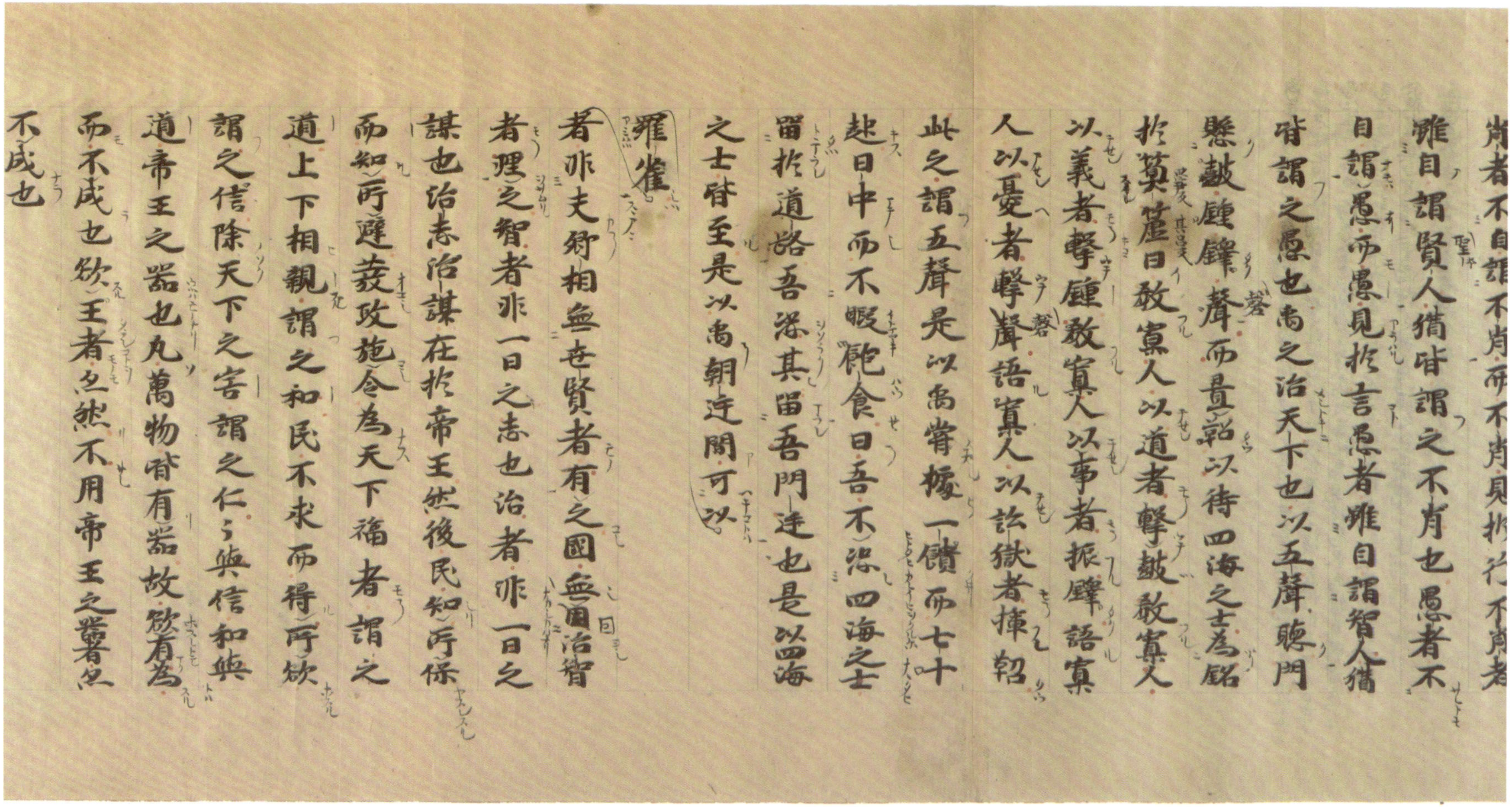

肖者不自謂不肖而不肖見於行不肖者
雖自謂賢人猶謂之不肖也愚者不
自謂愚而愚見於言愚者雖自謂智人猶
謂之愚也為之治天下也以五聲聽門
懸鼓鐘鐸磬而置鞀以待四海之士為銘
於筍簴曰教寡人以道者擊鼓教寡人
以義者擊鐘教寡人以事者振鐸語寡
人以憂者擊磬語寡人以訟獄者揮鞀
此之謂五聲是以禹嘗據一饋而七十
起日中而不暇飽食曰吾不恐四海之士
留於道路吾恐其留吾門廷也是以四海
之士皆至是以禹朝廷間可以
羅雀
者非夫得相無世賢者有之國無治智
者理之智者非一日之志也治者非一日之
謀也治志治謀在於帝王然後民知所保
而知所避發政施令為天下福者謂之
道上下相親謂之和民不求而得所欲
謂之信除天下之害謂之仁仁與信和與
道帝王之器也凡萬物皆有器故欲有為
而不成也欲王者忽然不用帝王之器者忽
不成也

圖七　金澤文庫本卷卅一鬻子

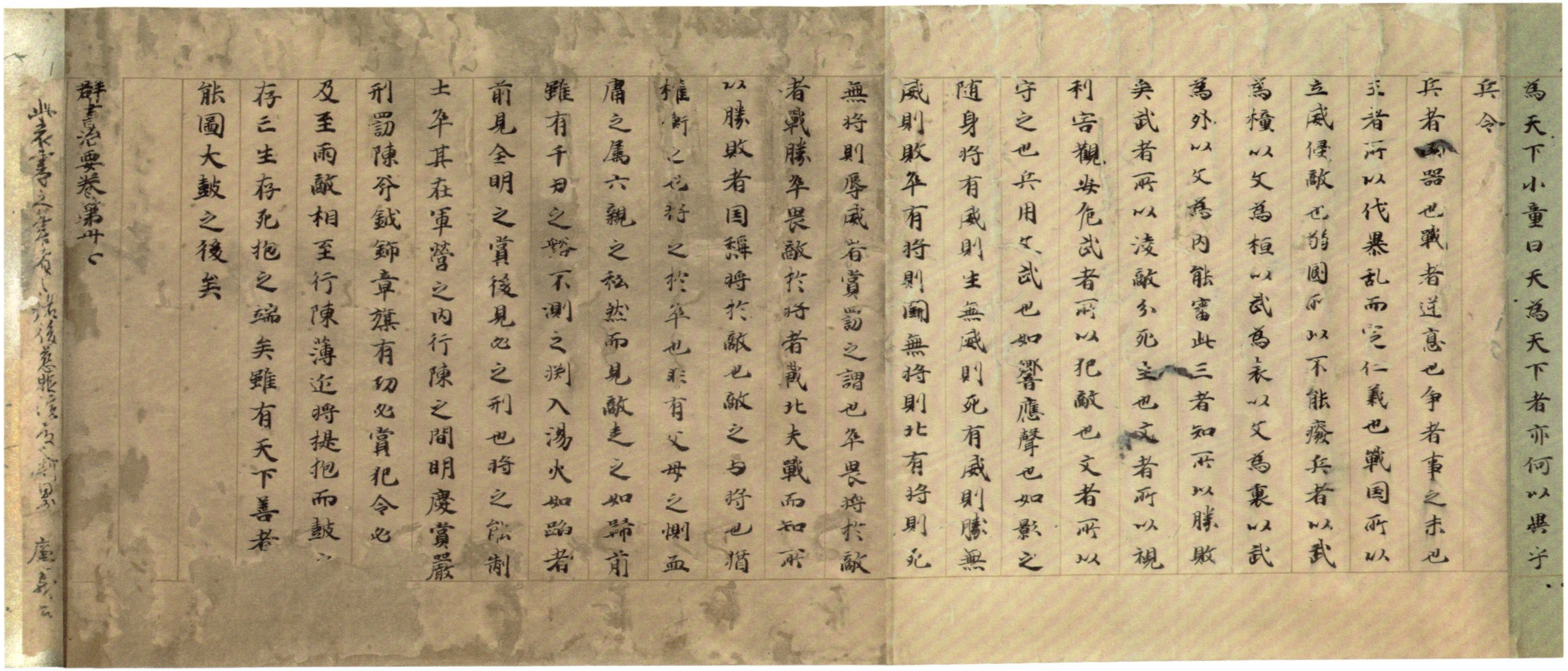

為天下小童曰天為天下者亦何以異乎
兵令
兵者凶器也戰者逆德也爭者事之末也
王者所以伐暴亂而定仁義也戰國所以
立威侵敵也弱國所以不能廢兵者以武
為植以文為種以武為表以文為裏以武
為外以文為內能審此三者知所以勝敗
矣武者所以淩敵分死生也文者所以視
利害觀安危武者所以犯敵也文者所以
守之也兵用文武也如響應聲也如影之
隨身將有威則生無威則死有威則勝無
威則敗卒有將則鬭無將則北有將則死
無將則辱威者賞罰之謂也卒畏將於敵
者戰勝卒畏敵於將者戰北夫戰而知所
以勝敗者固稱將於敵也敵之與將也猶
權衡之物將之於卒也非有父母之恤血
肅之屬六親之私然而見敵走之如歸前
雖有千刃之谿不測之淵入湯火如蹈者
前見全明之賞後見必死之刑也將之能制
士卒其在軍營之內行陳之間明慶賞嚴
刑罰陳斧鉞飾章旗有功必賞犯令必
及至兩敵相至行陳薄近將提枹而鼓之
存亡生存死枹之端矣雖有天下善者
能圖大鼓之後矣
群書治要卷第卅七

圖八　九條家本卷卅七尉繚子卷末

出版説明

群書治要是唐貞觀間魏徵等奉敕博採群書，爲朝廷提供歷代修身治國經驗而編纂的一部具有類書性質的官書。書凡五十卷，節録了大量唐前經、史、子三部文獻，在一定程度上保存了古代佚籍和傳世文獻的唐初面貌，具有重要的文獻價值。其篇目的編排、内容的選取，反映了貞觀君臣「以史爲鑒」的施政態度和價值取向，包含了中華傳統政治思想的精粹，是研究思想史、政治史的重要資料。

群書治要在中國流傳不廣，經歷代戰亂，早已失傳，宋代以後就看不到此書的著録。而此書曾經遣唐使抄録帶回日本，却在異域保存和流傳開來。今有藏於東京國立博物館的抄本十三卷，卷軸裝，抄寫於日本平安中期（十一世紀），爲現存群書治要最古抄本。該本舊藏九條公爵家，故世稱「九條家本」。惜殘損嚴重，雖經修復，亦僅復原七卷（卷二十二、卷二十六、卷三十一、卷三十三、卷三十五、卷三十六、卷三十七）。另有一部鎌倉時代（相當於南宋時期）的抄本，存四十七卷（闕卷四、卷十三、卷二十），卷軸裝，據考證其所據底本當爲唐高宗時抄本。原藏金澤文庫，現藏日本宮内廳書陵部，世稱「金澤文庫本」。

一六六一年以後，日本先後以金澤文庫本爲底本而刊刻了幾個本子，如駿河活字版、尾張版（天明刊本、寛政刊本）。嘉慶間，天明本傳入中國，阮元收入宛委别藏，後又有連筠簃、粤雅堂進行翻刻。四部叢刊、續修四庫全書均影印收録。然而，中國以天明本爲底本刊印的本子，對抄本書體識讀多有誤，據通行原典改字的情況比較普遍，已失舊本面貌。

一九四一年，宮内廳以珂羅版卷軸裝影印金澤文庫本，贈送日本各地研究機構。一九八九年，日本汲古書院以慶應義塾大學藏珂羅版影印，改爲精裝，由尾崎康、小林芳規二位先生分别撰寫解題。然而，汲古書院本流傳有限，我國學者取用極爲不便。有鑒於此，我社於二〇二〇年策劃在國内首次影印日本藏群書治要古抄本，獲得了日本東京國立博物館和宮内廳書陵部的授權。九條家本邀請香港中文大學潘銘基先生進行校理，金澤文庫本邀請了山東大學江曦先生進行校理。

一、兩種古抄本皆採用灰度影印。原裝爲卷軸，本次對卷子進行裁切。爲避免裁切時行間批校小字等信息遺失，每頁末行在下頁重複出現。

二、汲古書院本於圖版天頭標注行數、紙數，極爲便利於讀者查找引用，本次予以借鑒。九條家本殘破、闕紙情況，亦在相應位置予以標識。

三、底本背面有文字之處，均接相應的正面頁面排版。

四、兩種古抄本解題皆由潘銘基先生撰寫。

五、九條家本一直未爲學界使用，此次進行詳細校理，主要包括：對七卷進行録文，加以全式標點；利用今所得見金澤文庫本、駿河版、天明本以及所引之書的通行本等參校，撰寫校勘記。

六、天明本群書治要是學術史上的通行本，影響深遠。因此本次以金澤文庫本與天明本進行對校，對天明本改字情況作全面梳理。

七、附録。（一）尾崎康先生撰有群書治要及其存世本一文，經尾崎先生本人授權，由王菲先生翻譯；（二）輯録日、中群書治要各刻本序跋，歷代書目著録情況，皆附於金澤文庫本校理部分之後。

上海古籍出版社

二〇二三年十一月

總目録

本册目録

卷第三十六

卷第三十七

卷第二十二

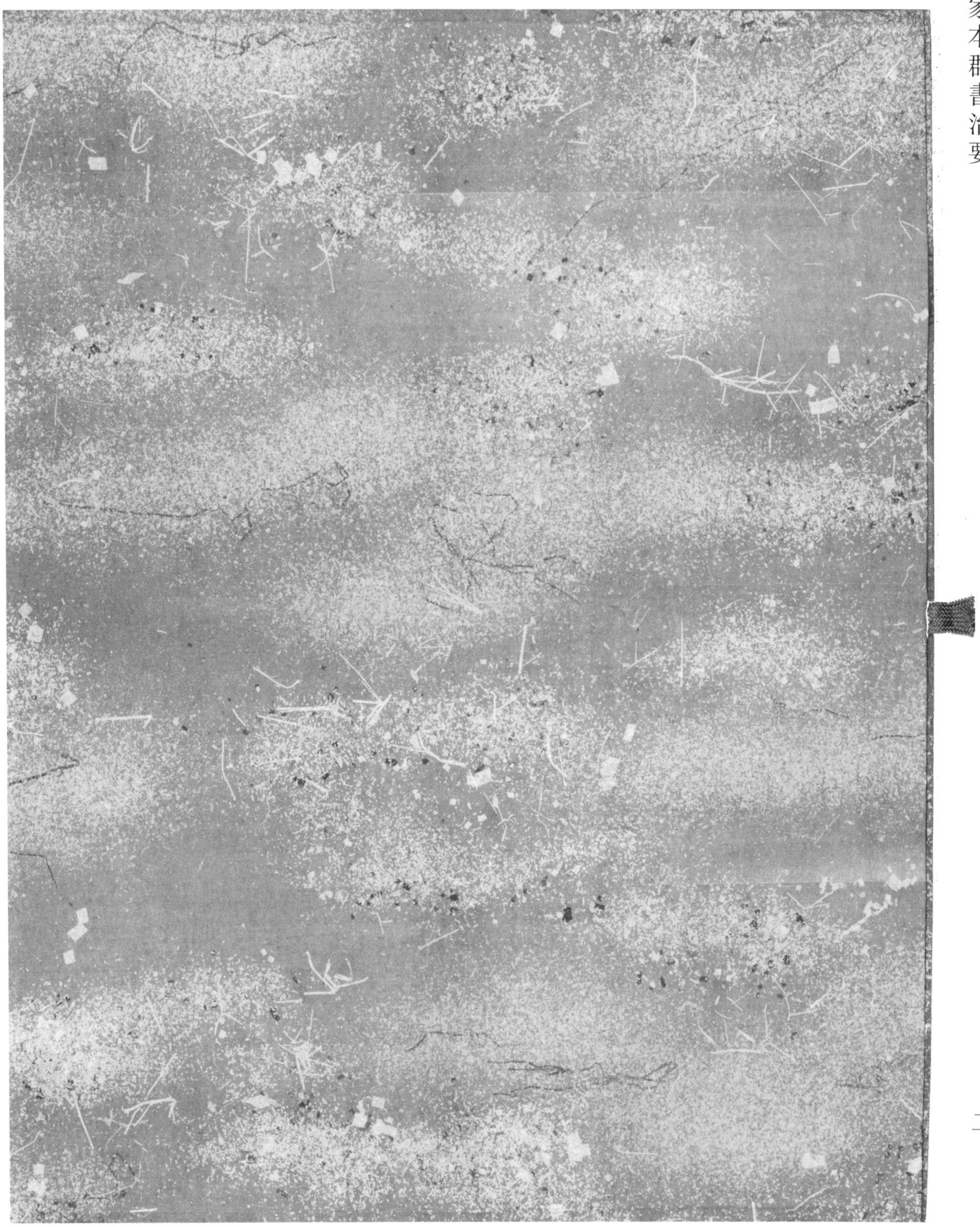

【第一紙】

群書治要卷第廿二　秘書監鉅鹿男臣魏徵等奉　勅撰

後漢列傳第十六

宋弘字仲子長安人也世祖嘗問通博
之士知薦沛國桓譚才學洽聞幾能及
揚雄劉向父子於是召譚拜議郎給事
中帝每讌輒令鼓琴好其繁聲知聞之
不悦悔於薦舉伺譚内出正朝服坐府

不悅悔於薦舉伺譚内出正朝服坐府
上遣吏召之譚至席而讓之曰吾所以
薦子欲令輔國家以道德也而令數進
鄭聲以亂雅頌非忠正者也能自改耶
將令相舉以法乎譚頓首辭謝良久乃
進之後大會群臣帝使譚琴鼓譚見弘
失其常度帝怪而問之弘乃免冠謝曰
臣所以薦桓譚者望能以忠正導主而
朝廷耽悅鄭聲臣之罪也帝改容謝

【第二紙】

朝廷耽悦鄭聲臣之罪也帝改容謝
使反服其後遂不復令譚給事中弘推
賢士卅餘人或相及為公卿者弘嘗
見御坐新施屏風圖畫列女帝數顧視
弘正容言曰未見好德如見色者帝
即為徹之咲謂弘曰聞義則服可乎對
曰陛下進德臣不勝其喜時帝姉湖陽
公主新寡帝與共論朝臣微觀其意主
曰宋公威容德器羣臣莫及帝曰方且

曰宋公威容德器羣臣莫及帝曰方且
圖之後弘被引見帝令主坐屏風後因
謂弘曰諺言貴易交富易妻人情可乎
弘曰臣聞貧賤之知不可忘糟糠之妻
不下堂帝顧謂主曰事不諧矣
韋彪字孟達扶風人也拜大鴻臚是時
陳事者多言郡國貢舉率非功次故守
職益懈而吏事浸疎咎在州郡彪上議
曰孔子曰事親孝故忠可移於君是以

史記曰明其等曰伐積功曰閲

曰孔子曰事親孝故忠可移於君是以
求忠臣必於孝子之門夫人才行少能
相兼是以孟公卓優於魏老不可以以
為滕薛大夫忠孝之人治心近厚鍛練
之吏治心近薄三代之所以直道而行
者在其所以磨之故也士宜以才行為
先不可純以閥閲然其要歸在於選二
千石二千石賢則貢舉皆得其人矣帝
深納之彪以世承二帝治之後多以苛

【第三紙】

深納之慮以無承二帝治化之後多以苛
刻為能又置官選職不必以才上疏諫
曰農民急於務而苛吏奪其時賦發充
常調而貪吏割其財此其所患也夫欲
急民所務當先除其所患天下樞要在
於尚書之選豈可不重而聞者多從郎
官超升此位雖曉習文法長於應對然
察察小惠類無大能簡曾歷州宰畫有
名者雖進退舒遲時有不逮然端心向

注云木質人也訥遲鈍也

注曰輩類

名者雖進退舒遲時有不逮然端心向
公奉職周密宜鑒嗇夫捷急之對深思
絳侯木訥之功也往時楚獄大起故置
令史以助郎職而類多小人好為奸利
今者務簡可皆停省又諫議之職應用
公直之士通才謇正有補益於朝者今
或從徵試輩為大夫又御史外遷動據
州郡並宜清選其任責以言績其二千
石視事雖久而為吏民所便安者宜增

【第四紙】

左傳曰凡亂在外爲姧在内爲軌

石硯事雖久而爲吏民所便安者宜續
秩重無勿妄遷從惟留聖心書奏帝納
之杜林字伯山扶風人也爲光祿勳建
武十四年郡臣上言古者肉刑嚴重則
民畏法令今憲章輕薄故姧不勝宜增
科禁以防其源詔下公卿林奏曰夫人
情挫辱則義節之風損法防繁多則苟
免之行興孔子曰導之以政齊之以刑
民免而無恥導之以德齊之以禮有恥

民免而無恥導之以德齊之以禮有恥
且稽古之明王深識遠慮動居其厚不
務多辟周之五刑不過三千大漢初興
詳覽失得故破矩為圓斲雕為樸蠲除
苛政更立疏網海內歡欣人懷寬德及
至其後漸以滋章吹毛索疵詆欺無限
菓桃菜茹之饋集以成贓小事無妨於
義以為大戮故國無廉士家無完行至
於法不能禁令不能止上下相遁為弊彌

於法不能禁令不能止上下相遁為弊旀
深臣愚以為宜如舊制帝從之
桓譚字君山沛國人也拜議郎給事中
國上疏陳時政所宜曰臣聞國家之癈
興在於政〻事〻得失由乎輔佐輔佐
賢明則俊士充朝則而治合世務輔佐
不明則論時失宜而舉多過事夫有國
之君俱欲興化建善然而治道未理者
其所謂賢者異也蓋善治者視俗而施

【第五紙】

其所謂賢者異也蓋善治者視俗而施
教察失而立防威德更興文武迭用然
（注云躁猶動也謂躁擾不定之人也）
後政調於時而躁（躁玉到反）人可定昔董仲舒言
治國譬若琴瑟其不調者則解而更張
（云咈違也音扶弗反）
夫更張難行而咈衆者亡是故賈誼以
才逐而朝錯以智死世雖有殊能而終莫
敢談者懼於前事也且設法禁者非能
盡塞天下之姦皆合衆人之所欲也大
抵取便國利事多者則可矣又見法令

放取便國利事多者則可矣又見法令
矣決事輕重不齊或一事殊法同罪異
論姦吏得因緣為市所欲活則出生議所
欲陷則與死比是為刑開二門也今可
令通義理明習法律者校定科比一其法
度班下郡國蠲除故條如此天下知方
而獄無冤濫矣書奏不省是時帝方信
讖多以決定嫌疑譚復上疏曰今諸巧
慧小才伎數之人增益圖書矯稱讖記

巧小才伎數之人增益圖書矯稱讖記
以欺惑貪耶詿誤人主焉可不抑遠之
哉其事雖有時合譬猶卜數隻偶之類
陛下宜垂明聽發聖意屏羣小之曲說
述五經之正義略雷同之俗語詳通人
之雅謀帝省奏愈不悅其後有詔會議
靈臺所處帝謂譚曰吾欲以讖決之何
如譚默然良久曰臣不讀讖帝問其故
復譚復極言讖之非經帝大怒曰桓譚

注云言偶中也

【第六紙】

復譚復極言讖之非經帝大怒曰桓譚
非聖無法將下斬之譚叩頭流血良久
乃得解出為六安郡丞意忽忽不樂道
病卒　馮衍字敬通京兆人也更始二年
遣尚書僕射鮑永行大將軍事安集北
方乃以衍為立漢將軍與上黨太守田
邑等繕甲養士扞衛并土及世祖即位
後邑聞更始敗乃遣使詣洛陽獻璧馬即
拜為上黨太守因遣使者招永衍永衍

左傳杜預注云挈瓶汲器諭小智也

注云謝息得桃邑萊山故言無桃萊之利也

注云界休縣名

拜為上黨太守因遣使者招永衍永衍
等疑不肯降而忿邑背前約衍乃遣邑
書曰衍聞之委質為臣無有二心挈瓶之
智守不假器是以晏嬰臨盟擬以曲戟不
易其辭謝息守城脅以晉魯不喪其邑
由是言之內無鉤頸之禍外無桃萊之
利而被畔人之聲蒙降城之恥竊為左
右羞之時訛言更始隨赤眉在北地永
衍信之故屯兵界休方移書上黨云皇

【第七紙】

注云界休縣名

注云幅巾不加冠幘但以一幅巾飾首而已

衍信之故屯兵界休方移書上黨云皇帝在雍以惑百姓審知更始已歿乃共罷兵幅巾降于河内帝怨衍等不時至永以立功得贖罪遂任用之而衍獨見黜永謂衍曰昔高祖賞季布之罪誅丁固之功今遭明主亦何憂哉衍曰記有之人有挑其鄰之妻者挑其長者詈之挑其少者少者報之後其夫死而取其長者或謂之曰夫非罵尒者耶曰在人

長者或謂之曰夫非罵尒者耶曰在人
欲其報我在我欲其罵人也夫天命難
知人道易守道之臣何患死亡頃之帝
以衍為曲陽令誅斬劇賊郭勝等降五
千餘人論功當封以讒毀故賞不行
建武六年日蝕衍上書陳八事其一曰顯
文德二曰褒武烈三曰脩舊功四曰招
俊傑五曰明好惡六曰簡法令七曰着
秩祿八曰撫邊境書奏帝將召見初衍

秩祿八曰撫邊境書奏帝將召見初衍
為狼孟長以罪摧陷大姓令狐略是時
略為司空長史讒之於尚書令王護尚書
周生豐曰衍所以求見者欲毀君也護
等懼之即共排閉衍遂不得入後衛尉
陰興新陽侯陰就以外戚貴顯深敬重
衍遂与之交結由是為諸王所聘請尋
為司隸從事帝懲西京外戚賓客故皆
以法繩之大者抵死徙其餘至貶黜衍

【第八紙】

以法繩之大者抵死徙其餘至髡黜衍
由此得罪嘗自詣獄自詔赦不治歸故
郡閉門自保不敢復与親故通建武末
上疏自陳曰臣伏念高祖之略而陳平
之謀毀之則疎譽之則親以文帝之明
而魏尚之忠繩之以法則為罪施之以
德則為功逮至晩世董仲舒言道德見
妬於公孫弘李廣奮節於匈奴見排於
衛青此忠臣之常所為流涕也臣衍自

衛青此忠臣之常所為流涕也臣衍自
惟微賤之臣上無馮唐之說董生之才
宣李廣之勢而欲免讒口濟惡嫉豈不
難哉臣衍之先祖以忠貞之故成私門
之禍而臣衍復遭擾攘之時值兵革之
際不敢回行求世之利事君無傾邪之
謀將帥無虜掠之心衛尉陰興敬慎周
密内自修勑外遠嫌疑故与交通興知
臣之貧數欲本業之臣惟無三益之才

【第九紙】

臣之貧數欲本業之臣惟無三益之才不敢處三損之地固讓而不受之昔在更始太原執貨財之柄居倉卒之間據位食祿廿餘年而財產歲狹居處日貧家無布帛之積身無輿馬之飾於今遺清明之世竭躬力行之秋而怨讎叢興譏議橫世蓋富貴易為善貧賤難為工也疏遠壟畝之臣無望高闕之下惶恐自陳以救罪尤書奏猶以前過不用

【第九紙】

自陳以救罪尤書奏猶以前過不用
論曰馮衍之引桃妻之譬得矣夫納妻
皆知取譽己者而取士則不能何豈非
及妬情易而恕義情難光武雖得之於
鮑永猶失之於馮衍夫然義直所以見
屈既往守節故亦彌阻於来情嗚呼中
屠剛字臣卿扶風人也遷尚書令世祖
嘗欲出遊剛以隴蜀未平不宜安逸
諫不見聽遂以頭軔乘輿輪帝遂為止

注云軔謂以頭枕車輪也

諫不見聽遂以頭軔乘輿輪帝遂為止
時内外羣臣官多帝自選舉加以法理
嚴察職事過苦尚書近臣至乃捶撲牽
曳於前群臣莫敢正言剛每輒極諫又
數言皇太子宜時就東宮簡任賢保以
成其德　　鮑永字君長上黨
人也父宣為王莽所殺事後母至孝妻
嘗於母前叱狗而永即去之莽以宣不
附己欲滅其子孫太守苟諫擁護召以

【第十紙】

附巳欲滅其子孫大守苟諫擁護召以
爲更始二年徵再遷尚書僕射行大將
軍事持節兵安集河東并州朔部毋租
即位遣諫議大夫儲大佰持節徵永〻
乃收繫大伯遣使馳至長安既知更始
已亡乃發喪出大伯等封上將軍列侯
印綬悉罷兵佰幅巾與諸將及同心客
百餘人詣河內帝見永問曰卿衆所在永
離席叩頭曰臣事更始不能令全誠慙

離席叩頭曰臣事更始不能令全誠慙
以其衆幸富貴故悉罷之帝曰卿言大
而意不悅為司隸校尉行縣到霸陵路
經更始墓引車入陌從事止之永曰親北
面事人寧有過墓不拜雖以獲罪司隸
所不避也遂下拜哭盡哀而去西至扶風
椎牛上苟諫冢帝聞之意不平問公卿曰
奉使如此何如太中大夫張湛對曰仁
者行之宗忠者義之主也仁不遺舊忠

注辟猶曉也

者行之宗忠者義之主也仁不遺舊忠
不忘君行之高者也帝乃釋　論曰
範永守義於故主斯可以事新主矣恥
以其衆受寵斯可以受大寵矣若乃言
之者雖誠而聞之者未辟豈荀進之悅
易以情納持正之忤難以理求乎誠能
釋利以循道居方以從義君子之槩也
惲鄧字君章汝南人也舉者廉為上東
城門候帝嘗出獵車駕夜還惲拒關不

【第十一紙】

城門候帝嘗出獵車駕夜還惲拒關不
開帝令從者見面於門閒惲曰火明遼
遠遂不受詔帝乃迴從東中門入明日惲
上書曰陛下遠獵山林夜以繼晝其如社
稷宗廟何暴虎馮河未至之誡誠小臣
竊憂也書奏賜布百疋貶東中門候為
參封尉
郭伋字細侯扶風人也王莽時為并州
牧建武九年拜潁川太守十一年調為

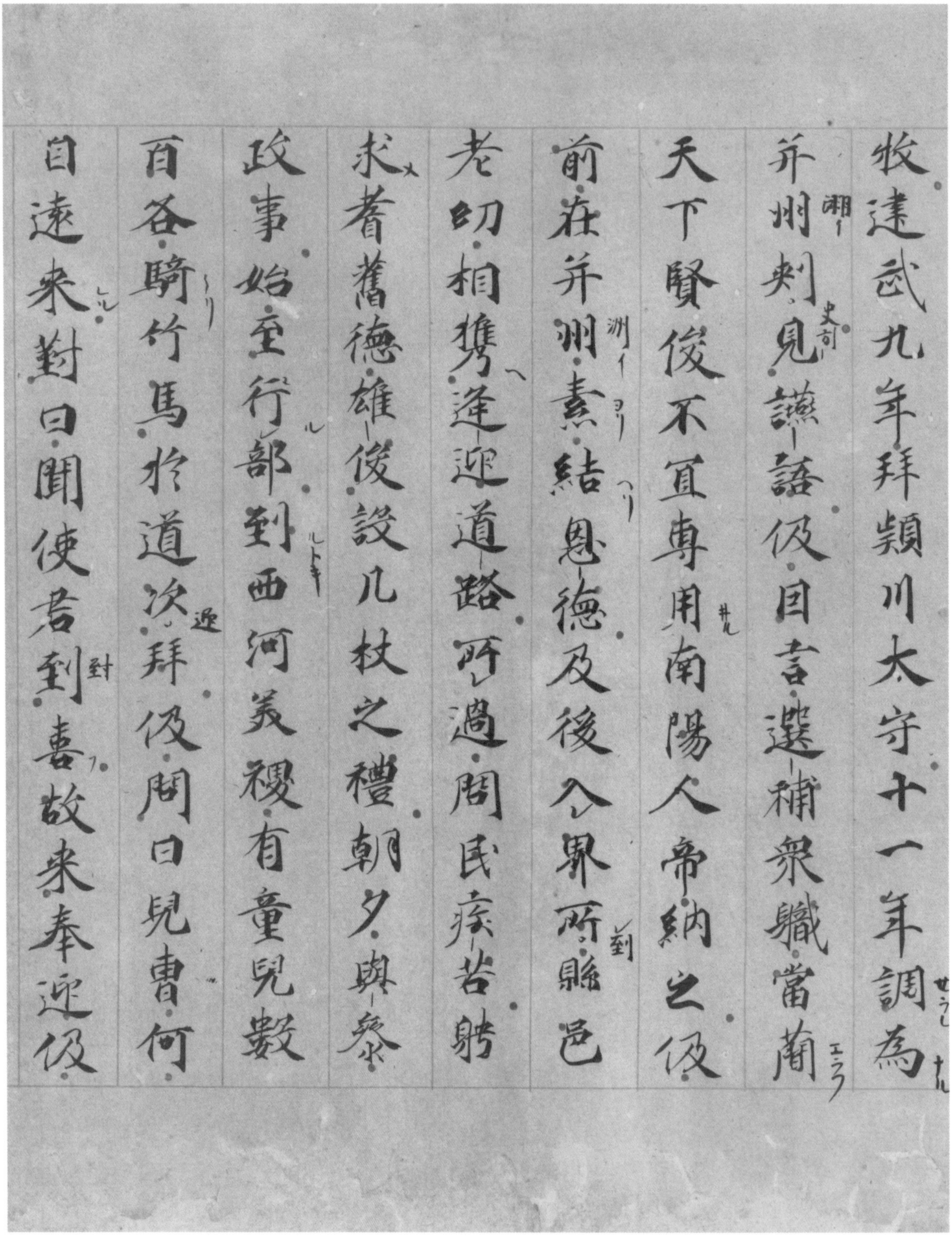
牧建武九年拜潁川太守十一年調爲
并州刺史見讖語伋因言選補衆職當簡
天下賢俊不宜專用南陽人帝納之伋
前在并州素結恩德及後入界所縣邑
老幼相携逢迎道路所過問民疾苦聘
求耆舊德雄俊設几杖之禮朝夕與參
政事始至行部到西河美稷有童兒數
百各騎竹馬於道次拜伋問曰兒曹何
自遠來對曰聞使君到喜故來奉迎伋

【第十二紙】

自遠來對曰聞使君到喜故來奉迎伋
辭謝之及事訖諸兒復送至郭外問使君
何日當還伋計日告之先期一日伋為
違信於諸兒遂止于野亭須期乃入
樊宏字靡卿南陽人也世祖之舅宏
為人謙柔畏慎不求苟進常戒其子曰
富貴盈溢未有能終者吾非不喜榮勢
也天道惡滿而好謙前代貴戚皆明戒
也保身全己豈不樂哉宗族染其化未

也保身全已豈不樂哉宗族染其化未
嘗犯法帝甚重之
陰識字次佰南陽人光烈皇后之兄也
以征伐軍功增封識叩頭讓曰天下初
定將帥有功者衆臣託屬掖庭仍加爵
邑不可以示天下帝甚美之興字君陵
識弟也帝後召興欲封之置印綬於前
興固讓曰臣未有先登陷陣之功而一
家數人並蒙爵土令天下觖望誠為盈

家數人並家爵土令天下敵望誠為盈
溢臣蒙陛下貴人恩深至厚富貴已極
不可復加至誠不願帝嘉興之讓不奪
志貴人問其故興曰貴人不讀書記耶
亢龍有悔外戚家苦不知謙退嫁女欲
配侯王取婦眄睨公主愚心實不安也　長見反　五計反
富貴有極人當知足夸奢益為觀聽所
譏貴人感其言深自降挹卒不為宗族
求位帝後復欲以興代吳漢為大司馬

【第十三紙】

求位帝後復欲以興代吳漢為大司馬
興叩頭流涕固讓曰臣不敢惜身誠虧
損聖德不可苟冒至誠發中感慟左右
帝遂聽之

朱浮字叔元沛國人也為幽州牧漁陽
太守彭寵敗後世祖以二千石長吏多
不勝任時有纖微之過者必見斥罷交
易紛擾百姓不寧建武六年有日蝕之
異浮因上疏曰臣聞日者衆陽之宗君

異浮因上疏曰臣聞曰者衆陽之宗君
上之位也凡居官治民據郡縣皆為
陽上為尊為長若陽上不明尊長不足
則干動三光垂示王者陛下哀愍海内
離禍毒保宥生民使得蘇息而今牧民
之吏多未稱職小違治實輒見斥罷豈不
粲然白黑分明哉然以堯舜之盛猶加
三考大漢之興亦累功効吏皆積久
養老於官至名子孫因為氏姓當時吏

養老於官至名子孫因為氏姓當時吏
職何能悉治論議之徒豈不諠譁蓋以
為天地之功不可倉卒艱難之業當累
日也聞者守宰數見換易迎新相代疲
勞道路尋其視事日淺未足昭見其職
既嚴切人不自保各相顧望無自安之
心有司或因睚眦以騁私怨苟求長短
求媚上意二千石及長吏迫於舉劾懼
於刺譏故爭飾詐偽以希虛譽斯皆群

【第十四紙】

于刺譏故爭飾詐偽以希虛譽斯皆羣
陽騷動日月失行之應夫物暴長者必
夭折功卒成者必亟壞如摧長久之業
而造速成之功非陛下之福也天下非
一時之用也海內非一旦之功也願陛
下遊意於經年之外望化於一世之後
天下幸甚帝下其議羣臣多同於浮自
是牧守代易頗簡舊制州牧奏二千石
長吏不任位者事皆先下三公遣掾史

長吏不任位者事皆先下三公遣掾史
案驗然後黜退帝時用明察不復委任
三府而權歸刺舉之吏浮後上疏曰陛
下清明履約率禮無違自宗室諸王外
家后親皆奉繩墨無黨勢之名斯固法
令整齊下無作威者也求之於事宜以
和平而灾異猶見者而豈徒然哉天道
信誠不可不察竊見陛下疾往者上威
不行下專國命即位以來不用舊典信

【第十五紙】

不行下專國命即位以来不用舊典信
刺舉之官黜鼎輔之任至於有所劾奏
便加免退覆案不關三府罪譴不蒙澄
察陛下以使者為腹心而使者以從事
為耳目是為尚書之平決於百石之吏
故群下苛刻各自為能兼以私情容長
憎愛在職皆競張空虛以要時利故有
罪者心不厭服咎者坐被空文不可經
盛衰貽後王也夫事積久則吏自重吏

國衰貽後王也夫事積久則吏自重吏
安則自靜傳曰五年再閏天道乃備夫
以天地之靈猶五載以成其化況人道
哉
陳元字長孫蒼梧人也以父任為郎時
大司農江馮上言宜令司隷校尉督察
三府元上疏曰臣聞師臣者帝賓臣者
霸故武王以太公為師齊桓以夷吾為
仲父孔子曰百官總己聽於冢宰近則

仲父孔子曰百官總己聽於冢宰近則高帝優相國之禮太宗假宰輔之權及亡新王莽遭漢中衰專操國柄以偷天下況己自喻不信郡臣奪公輔之任損宰相之威以刺舉為明徼訐為直至乃陪僕告其君長子弟變其父兄網密法峻大臣無所措手足然不能禁董忠之謀身為世戮故人君患在自驕臣失在自任不在任人是以文王有日昃之勞

【第十六紙】

自任不在任人是以文王有日昃之勞
周公執吐握之恭不聞其崇刻舉督察
也方今四方尚擾天下未一百姓觀
咸張耳目陛下宜脩文武之聖典襲祖
宗之遺德勞心下士屈節待賢誠不宜
使有伺察公輔之名帝從之桓榮字春
卿沛郡人也以經明入授太子每朝會
輒令榮於公卿前敷經書帝稱善曰得
卿幾晩達武廿八年大會百官詔問誰

卿幾晩達武廿八年大會百官詔問誰
善可傅太子者群臣承望上意皆言太子
舅執金吾陰識可博士張佚正色曰今
陛下立太子為陰氏乎為天下乎即為陰
氏則陰侯可為天下則固宜用天下之
賢才帝稱善曰欲置傅者以輔太子也
今博士不難正朕况太子乎即拜佚為
太子太傅而以榮為少傅賜以輜車乘
馬。

【第十七紙】

馬

第五倫字伯魚京兆人也舉孝廉帝問以政事大悅與語至夕帝謂倫曰聞卿為吏篣婦公不過從兄飯寧有之耶倫對曰三娶妻皆無父母少遭飢亂賓不敢忘過人食帝大笑拜會稽大守會稽俗多淫祀好卜筮民常以牛祭神百姓財產以之困匱其有自食牛肉而不以薦祠者發病且死先為牛鳴前後郡將

【第十七紙】

薦祠者發病且死先為牛鳴前後郡將
莫敢禁倫到官移書屬縣曉告百姓其
巫祝有依託鬼神詐怖愚民皆案驗之
有妄屠牛者吏輒行罰民初頗恐懼或
祝詛妄言倫案之愈急後遂斷絶百姓
以安肅宗初為司空及馬防為車騎將
軍當出征西羌倫上疏曰臣愚以為貴
戚可封侯以富之不當職事以任之何者
繩以法傷恩私以親則違憲伏聞馬防

繩以法傷恩私以親則違憲伏聞馬防
今當西征臣以太后恩仁陛下至孝恐
注云峭峻也
卒有纖介難爲意愛也倫雖峭直然常
疾俗吏苛刻及三公値帝長者屢有善
政乃上疏褒稱盛美因以勸成風德曰
陛下即位躬天然之德體晏晏之姿以
寛和臨下出入四年前歳誅刺史二千
石貪殘者六人斯由明聖所鑒非羣下
所及然詔書每下寛和而政急不解務

【第十八紙】

所及世詔書每下寬和而政急不解務存節儉而奢侈不止者咎在俗弊羣下不稱也世祖承王莽之餘頗以嚴猛為治後世因之遂成風化郡國所舉類多辯職俗吏殊未有寬博之選以應上求者也陳留令劉豫冠軍令駟協並以刻薄之姿臨民宰邑專念掠殺務為嚴苦吏民愁怨莫不疾之而今之議者反以為能違天心失經義誠不可不慎也非徒

爲能遠天心失經義誠不可不慎也非能
應坐頑惕者當宜謹擧者務進仁賢以
任時政不過數人則風俗自化矣臣嘗
讀書記知以秦酷急亡國又目見王莽亦
以苛法自滅故勤勤懇懇實在於此又
聞王諸主貴戚驕奢踰制京師尚然何
以示遠故曰其身不正雖令不從以身教
者從以言教者訟夫陰陽和歲乃豐君
臣同心化乃成也其刺史太守以下拜

臣同心化乃成也其刺史太守以下拜
除京師及道出洛陽者宜皆召見可因博
問四方兼以觀察其人諸上書事有不
合者可但報歸田里不宜過加喜怒以
明在寬也倫奉公盡節言事無所依違
或問倫曰公有私乎對曰昔人有與吾
千里馬者吾雖不受每三公有所選舉
心不能忘而亦終不用也吾兄子嘗病
一夜十往退而安寢吾子有疾雖不省

【第十九紙】

一夜十往退而安寢吾子有疾雖不省
視而竟夕不眠若是者豈謂無私乎
鍾離意字子阿會稽人也顯宗即位徵
為尚書時交阯太守坐贓千金徵伏法
資物詔班賜群臣意得珠璣悉以委地
而不拜賜帝怪而問其故對曰臣聞孔
子忍渴於盜泉之水曾參迴車於勝母
之閭惡其名也此贓穢之寶誠不敢拜
帝嗟歎曰清乎尚書之言乃更以庫錢

帝嗟歎曰清乎尚書之言乃更以庫錢
卅萬賜輔爲尚書僕射車駕數幸廣成
苑意當車陳諫盤樂遊田之事天子即
時還宮永平三年夏旱而大起北宮意
詣闕免冠上疏曰伏以天時小旱憂念
元元降避正殿躬自克責而比日密雲遂
無大潤豈政有未得應天心者耶昔成
湯遭旱以六事自責曰政不節耶使民
疾耶宮室榮耶女謁盛耶苞苴行耶讒

【第二十紙】

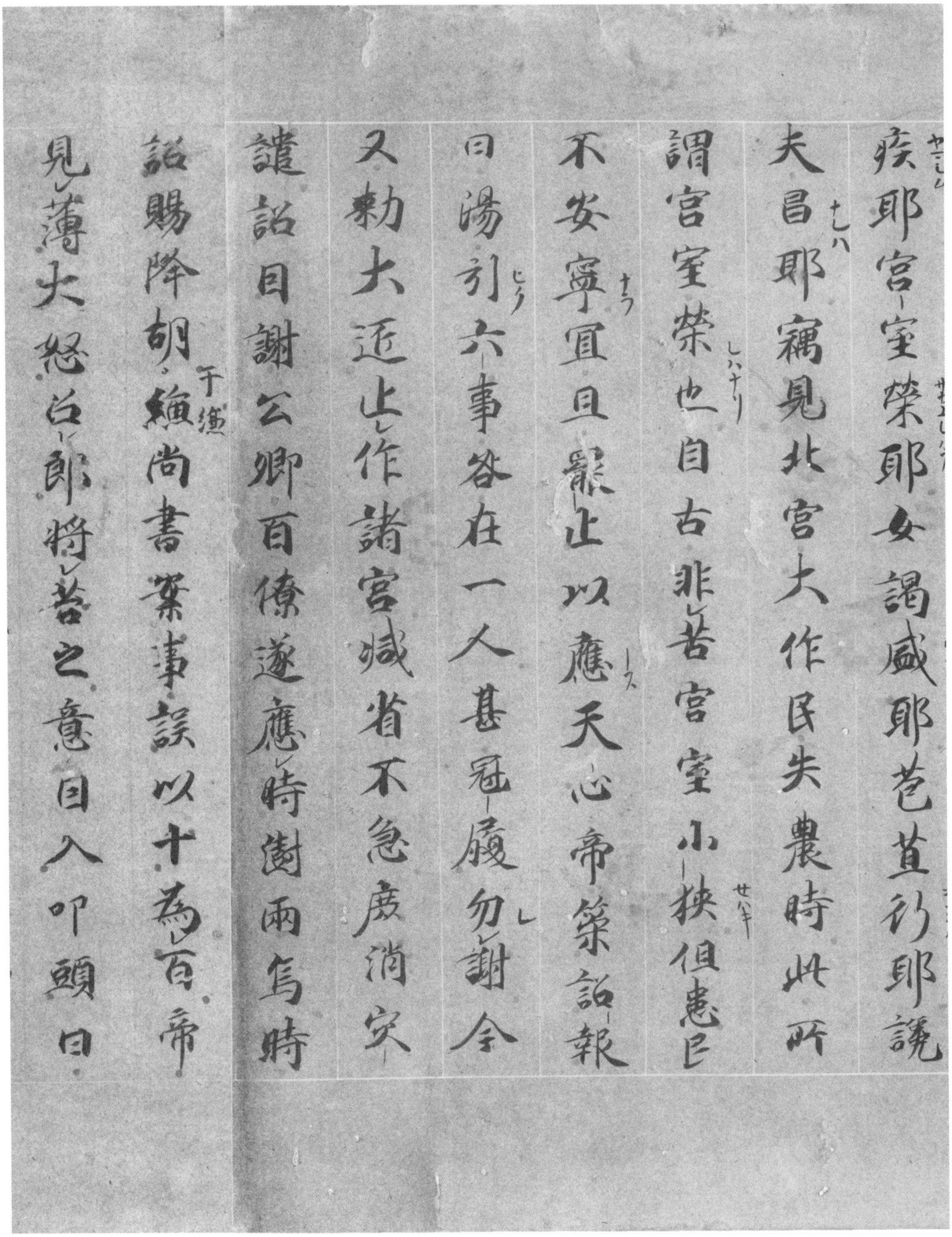

疾耶宮室榮耶女謁盛耶苞苴行耶讒夫昌耶竊見北宮大作民失農時此所謂宮室榮也自古非苦宮室小狹但患民不安寧宜且罷止以應天心帝策詔報曰湯引六事咎在一人其冠履勿謝今又勑大匠止作諸宮減省不急庶消灾譴詔因謝公卿百僚遂應時澍雨焉時詔賜降胡子縑尚書案事誤以十為百帝見簿大怒召郎將笞之意因入叩頭曰

見薄大怒召郎將笞之意因入叩頭曰
過誤之失常人所容若以懈慢為愆則
臣位大罪重郎位小罪輕咎皆在臣々當
先坐乃解衣就格帝意解使復冠而貰郎
帝性褊察好以耳目隱察為明故公卿
大臣數被詆毀近臣尚書以下至見提
曳常以事怒郎藥崧以杖撞之崧走入
牀下帝怒甚疾言曰郎々出崧曰天子
穆々諸侯惶々未聞人君起撞郎帝乃

穆〻諸侯惶〻未聞人君起橦郎帝乃
赦之朝廷莫不悚慄爭為切避誅責唯
意獨敢諫爭數封還詔書臣下過失輙
救解之帝知其誠然亦以此故不得久
留出為魯相後德陽殿成百官大會帝
思意言謂公卿曰鍾離尚書若在此殿
不立意卒遺言上書陳昧平之世難急
治宜少寬假帝感傷其意下詔嗟歎賜
錢廿萬　宋均字叔庠南陽人也

錢廿萬　宋均字叔庠南陽人也
遷九江太守郡多虎暴數為民患常募
設檻穽而猶多傷害均到下記屬縣曰
夫虎豹在山黿鼉在水各有所託且江
淮之有猛獸猶北土之有雞豚也今為
人患咎在殘吏而勞勤張捕非憂恤之
本也其務退姦貪思進忠善可一去檻穽
除削課制其後傳言虎相與東游度江
中元元年山陽楚沛多蝗其飛至九江

中元〻年山陽楚沛多蝗其飛至九江
界者輙東西散去由是名稱遠近後遷
縣有唐后二山民共祠之衆巫遂取百
姓男女以為山嫗歳〻改易而不敢嫁
娶前後守令莫敢禁斷乃下書曰自今
以後為山娶者皆娶巫家勿擾良人於
是遂絶徴拜尚書令嘗刪翦疑事帝以
為有奸大怒收郎即縛格之諸尚書惶
恐皆叩頭謝罪均顧厲色曰蓋忠臣執

悉皆叩頭謝罪均顔厲色曰蓋忠臣執
義無有二心若畏威失正均雖死不恚
也小黄門在傍入具以聞帝善其不撓
即令貴郎遷司隸校尉　寒朗魯國人
也守侍御史与三府掾屬共考案楚獄
顔忠王平等辤連及遂郷侯耿建朗陵
侯臧信濩澤侯劉鮮曲成侯劉建〻等
未辤嘗与忠平相見是時顯宗怒甚吏
皆惶恐諸所連及率一切陷人無敢以

【第二十二紙】

皆慴恐諸所連及率一切陷人無敢以
情恕者朗心傷其冤試以建等物色獨
問忠平而二人錯愕不能對朗知其詐
乃上言建等無姧專為忠平所誣疑天
下無辜類多如此帝乃召朗入問曰建
等即如是忠平何故引之朗對曰忠平
自知所犯不道故多有虛引冀以自明
也帝曰即如是四侯無事何不早奏而
久繫至今耶朗對曰臣雖考之無事然

久繫至今耶朗對曰臣雖考之無事然
海内別有發姦者故未敢時上帝怒
罵曰吏持兩端促提下左右方引去朗
曰願一言而死小臣不敢欲助國耳誠
冀陛下一覺悟而已矣見考内在事者
咸共言妖惡大故臣子所宜同疾今出
之不如入之可無後責是以考一連十考十
連百又公卿朝會陛下問以得失皆長
跪言舊制大罪禍及九族陛下大恩裁止

【第二十三紙】

訛言舊制大罪稽及九族陛下大恩裁止
於身天下幸甚及其歸舍雖不言而仰
屋竊歎莫不知其多冤無敢忤陛下者
臣今所陳誠死無悔帝意解詔遣朗出
後二日車駕自幸洛陽獄錄囚徒理出
千餘人論曰左丘明有言仁人之言其
利博哉晏子言齊侯省刑若鍾離意之
就格請過寒朗之廷爭冤獄篤矣乎仁
者之情也東平王蒼顯宗同母弟也少

者之情也東平王蒼顯宗同母弟也少好經書雅有智思顯宗甚重之及即位拜驃騎將軍位在三公上在朝數載多所隆益而以至親輔政聲重意重意不自安數上疏乞上印綬退就藩國詔不聽其後數々陳乞辭甚懇切乃許還國而不聽上將軍印綬加賜錢五千萬布十万匹永平十一年蒼与諸王朝京師月餘還國帝臨送歸宮悽然懷思乃遣

月餘還國帝臨送歸宮悽然懷思乃遣
使手詔諸國中傅曰辭別之後獨坐不
樂因就車歸伏軾而吟瞻望永懷實勞
我心誦及采菽以增歎息日者問東平
王家何等最樂王言為善最樂其言甚
大副是腰腹矣肅宗即位尊重恩禮踰
於前世諸王自是朝廷每有莫與為比
建初元年地震蒼上便宜帝從而上疑
政輒驛使諮問蒼悉心以對皆見納用帝

【第二十四紙】

政輙驛使諮問蒼恚心以對皆見納用帝
饗衛士於南宮因從皇太后周行掖庭
池閣乃閲陰太后舊時器服愴然動容
乃命留五時衣各一襲及常所御衣餘
恚分布諸王及子孫在京師者特賜蒼及
琅邪王京書曰歲月騖過山陵浸遠孤
心悽愴如之何之閒饗衛士於南宮因
閲視舊時衣物聞於師曰其物存其人
不言哀而哀自至信矣惟王孝友之德

不言哀而哀自至信矣惟王孝友之德
亦豈不然今送光烈皇后假髻帛巾各
一及衣一篋可時奉瞻以慰凱風寒泉
之思又欲令後生子孫得見先后衣服
之製願王保精神加供養苦言至哉望
之如渴建初六年冬請朝帝許之後有
司奏遣諸王歸國帝特留蒼八月飲酎
畢有司復奏遣蒼乃許之手詔賜蒼曰
骨肉天性誠不以遠近為親踈然數見

【第二十五紙】

骨肉天性誠不以遠近為親踈然數見
色情重昔時念其久勞思得還伏欲署
大鴻臚奏不忍下筆顧授小黄門中心
戀〻惻然不能言於是車駕祖送流涕
而訣蒼薨後帝東巡狩幸東平宮追感
蒼謂其諸子曰思其人至其鄉其處存
其人亡因泣下沾襟遂幸蒼陵祠以太
牢親拜祠前坐哭盡哀賜御劒於前而
去

【第二十五紙】

去

朱暉字文季南陽人也為尚書僕射是

時穀貴縣官經用不足朝廷憂之尚書

張林上言穀所以貴由錢賤故也可書（盡）

封錢一取布帛為租以通天下之用又

鹽食之急者雖貴人不得不須官可自

鬻又宜因交阯益州上計吏往來市珍

寶收採其利武帝時所謂均輸者也帝然之有

詔施行暉獨奏曰王制天下不言有無

詔施行暉獨奏曰王制天下不言有無諸侯不言多少食祿之家不與百姓爭利今均輸之法與賈販無異鹽利歸官則下人窮怨布帛為租則吏多姧盜誠非明主所宜行也帝卒以林等言為然得暉重議因發怒切責諸尚書暉因稱疾篤不肯復署議尚書令以下惶怖謂暉曰今臨得譴讓奈何稱疾其禍不細暉曰行年八十蒙恩得在機密當以死

【第二十六紙】

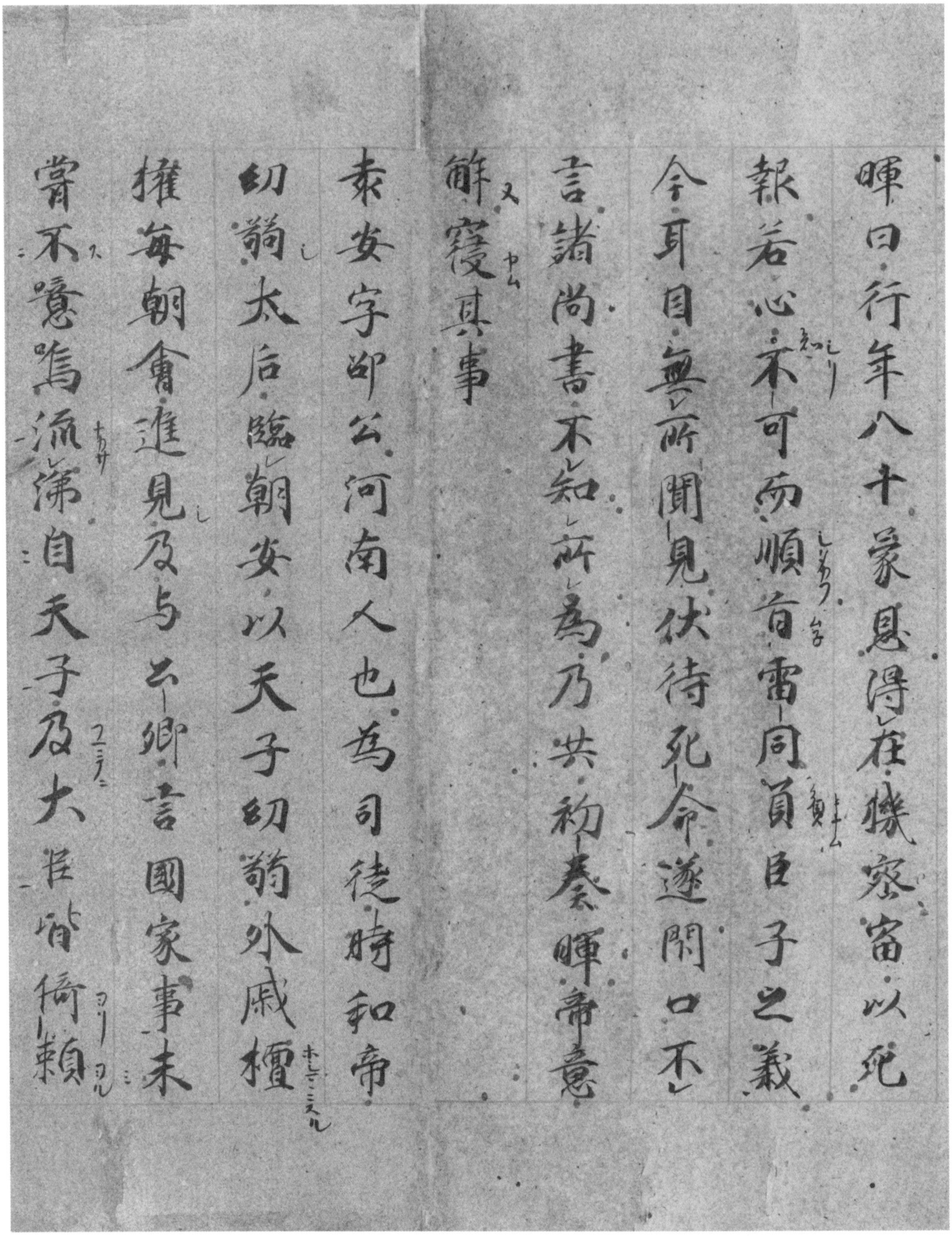
暉曰行年八十蒙恩得在機密以死
報若心不可而順旨雷同負臣子之義
今耳目無所聞見伏待死命遂閉口不
言諸尚書不知所為乃共劾奏暉帝意
解寑其事
袁安字卲公河南人也為司徒時和帝
幼弱太后臨朝安以天子幼弱外戚擅
權每朝會進見及与公卿言國家事未
嘗不噫嗚流涕自天子及大臣皆倚賴

嘗不噫嗚流涕自天子及大臣皆倚賴
之章和四年薨朝廷痛惜焉後數月竇
氏敗帝始親萬機追思前議者耶正之
節乃除安子賞為郎　郭躬字仲孫
潁川人也明法律有兄弟共殺人而罪
未有所歸帝以兄不訓弟故報兄重而
減弟死中常侍孫章宣詔誤言兩報重
尚書奏章矯制罪當腰斬帝復召躬問
之躬對章應罰金帝曰章矯詔殺人何謂

之躬對章應罰金帝曰章矯詔殺人何謂
罰金躬曰法令有故有誤章傳命之謬
於事為誤〻者其人則輕帝曰章與因
同縣疑其故也躬曰周道如砥其直如
矢君子不逆詐且王法天刑不可以委
曲生意帝曰善遷躬廷尉正陳寵字昭
公沛國人也帝初為尚書是時承永平
故事吏治尚嚴切尚書決事率近於重
寵乃上疏曰臣聞先王之政賞不僭刑

【第二十七紙】

寵乃上疏曰臣聞先王之政賞不僭刑
不濫与其不得已寧僭不濫陛下即位
數詔群僚弘崇晏晏而有司執事猶尚
深刻治獄者急於篣格酷烈之痛執憲
者煩於詆欺放濫之文或因公行私逞
縱威福夫爲政猶張琴瑟大絃急者小
絃絶故子貢非臧孫之猛法而美鄭喬
之仁政詩云不剛不柔布政優優方今
聖德充塞格于上下宜隆先王之道蕩

注云晏晏温和也

注云篣即榜也聲類曰榜笞也

注云優優和也

聖德充塞格于上下宜隆先王之道蕩
滌煩苛之法輕薄箠楚以濟群生帝敬
納寵言每事務於寬厚其後遂詔有司
絶諸慘酷之科解妖惡之禁文致請讞
五十餘事定著于令是後邑俗和平屢
有嘉瑞寵子忠字佰始擢拜尚書安帝
初始親朝事連有灾異詔舉有道公卿
百僚各上封事忠以詔書既開諫爭慮
言事者必多激切或致不能容乃上䟽

【第二十八紙】

言事者必多激切或致不能容乃上疏豫通廣帝意曰臣聞仁君廣山藪之大納切直之謀忠臣盡謇諤之節不畏逆耳之害是以高祖舍周昌桀紂之譬孝文嘉爰盎人豕之譏武帝納東方朔宣室之正元帝容薛廣德自刎之切昔者晉平公問於叔向曰國家之患孰爲大對曰大臣祿不極諫小臣畏罪不敢言下情不上通此患之大者今明詔崇高

下情不上通此患之大者今明詔崇高宗之德推宋景之誠引咎尅躬諮訪群吏言事者見杜根成翊世等新蒙表錄顯列二臺必承風響應爭爲切直若嘉謀異策宜輒納用如其管穴妄有譏刺雖苦口逆耳不得事實且優遊寬容以示聖朝無諱之美若有道之士對問高者宜垂省覽特遷一等以廣直言之路楊終字子山蜀郡人徵詣蘭臺拜校

注云管穴言小也

路揚終字子山蜀郡人徵詣蘭臺拜校
書郎建初元年大旱穀貴終以為廣陵
楚淮陽濟南之獄徙者數万人遠七絶
域臣恐曠乃上疏曰臣聞猶善善及子
孫行惡惡止其身百王常典不易之道
也秦政酷烈違忤天心一人有罪延及
三族高祖平亂約法三章太宗至仁除
去收孥萬姓廓然蒙被更生澤及昆虫
功垂萬世陛下聖明德被四表今以比

【第二十九紙】

功垂萬世陛下聖明德被四表令以此
年久旱牛疫未息躬自菲薄廣訪得失
往代之隆無以加焉臣竊案春秋水旱
之變皆應暴急惠不下流自永平以來
仍連大獄有司窮考轉相牽掠治冤濫
家屬徙邊加以北征匈奴西開卅六國
又遠屯伊吾樓蘭車師戊己人懷土思
怨結邊域昔殷民近遷洛邑且猶怨望
何況去中土之肥饒寄不毛之荒極乎

何況去中土之肥饒寄不毛之荒極乎
且愁困之民足以感動天地移變陰陽
矣惟陛下留念省察以濟元元絕西域
之國不以介鱗易我衣裳令伊吾之役
樓蘭之屯久而不還非天意也帝從之
聽還從者悉罷邊屯龐參字仲達河南
人也順帝以為大尉是時三公之中參
石忠直數為左右所陷以所舉用忤帝
旨司隸承風案之時會茂才孝廉上計

注云紓緩也

有司錄承風案之時會茂才孝廉上計
掾廣陵殷恭因會上疏曰伏見道路行
人農夫織婦皆曰太尉龐參竭忠盡節徒
以直道不能曲心孤立群邪之間自處
中傷之地臣猶冀陛下之世當蒙安全
而復以讒佞傷毀忠正此天地之大禁
人主之至誡昔白起賜死諸侯酌酒相
賀季子來歸魯人喜其紓難夫國以賢
治君以忠安今天下咸欣陛下有此忠

治君以忠安今天下咸欣陛下有此忠
願賢平寵任以安社稷書奏詔即遣小
黃門視酺疾太醫致羊酒復為太尉
崔駰字亭伯涿郡安平人也竇太后臨
朝竇憲以重戚出內詔命駰獻書戒之
曰生而富者驕生而貴者傲生富貴而
能不驕傲者未之有也今寵祿初隆百僚
觀行當堯舜之盛世處光華之顯時豈
可不庶幾夙夜以永衆譽加申伯之美

可不庶幾夙夜以永衆譽加申伯之美
致周邵之事乎語曰不患無位患所以
立昔馮野王以外戚居位稱爲賢臣進
陰衛尉剋己復禮終受多福鄭氏之宗
非不尊也陽侯之族非不盛也重侯累
將建天樞執斗柄其所以獲譏於時垂愆
於後者何也蓋在滿而不挹位有餘而不
足也漢書曰興以後迄于哀平外家廿
保族全身四人而已書曰鑒于有殷可

【第三十一紙】

保族全身四人而已書曰鑒于有殷可
不慎哉夫謙德之光周易所美滿溢之位
道家所戒故君子福大而愈懼爵隆而
愈恭遠察近覽俯仰有則銘諸机杖刻
諸盤杅矜矜業業無殆無荒如此則百
福是荷慶流無窮矣及憲為車騎將軍
辟駰為掾憲擅權驕恣駰數諫之及出
擊匈奴道路愈多不法駰為主簿前後
奏記數十指切長短憲不能容稍疏之

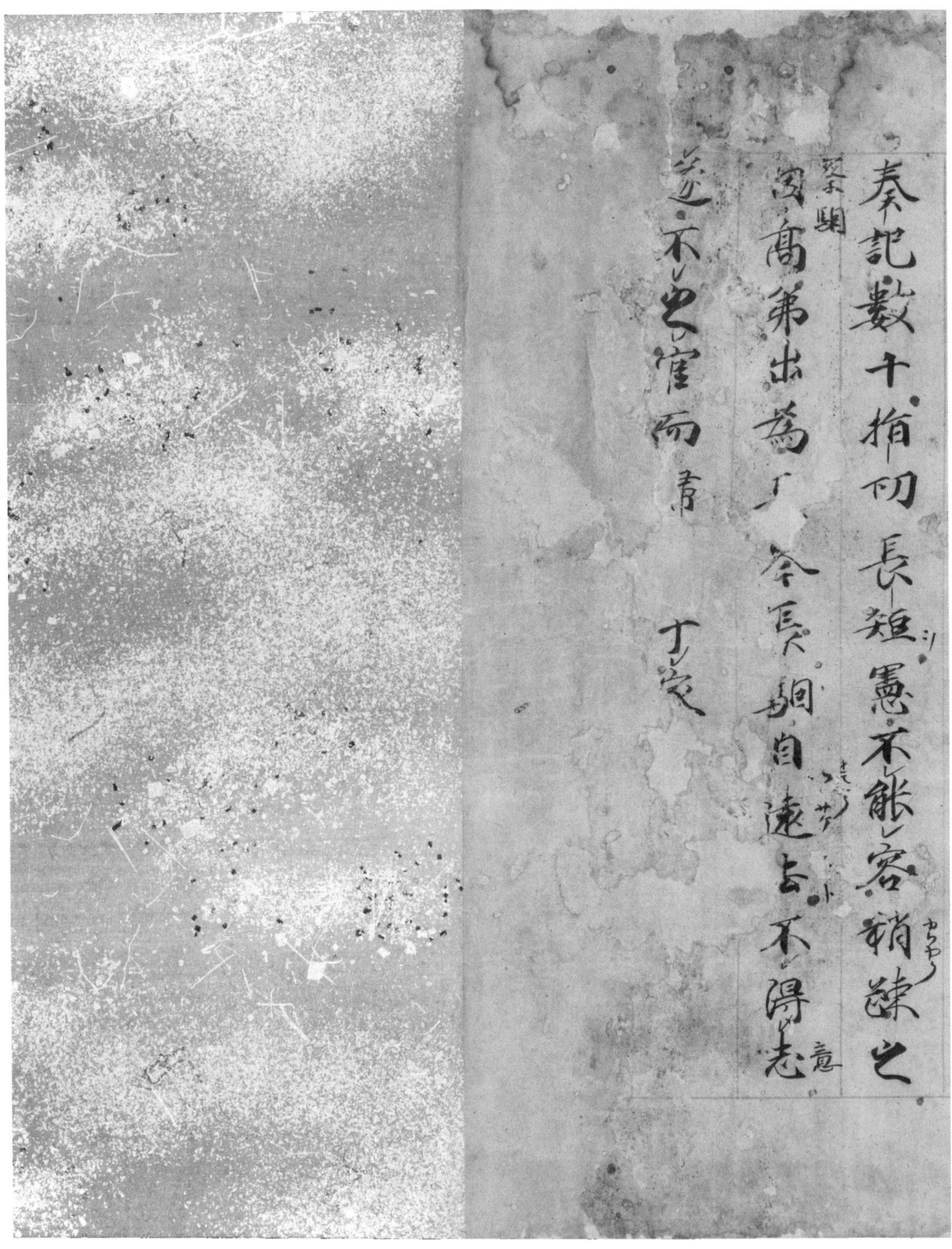

奏記數十指切長短憲不能容稍疎之

因高第出爲岑長駰自遠去不得志

遂不之官而歸　卒于家

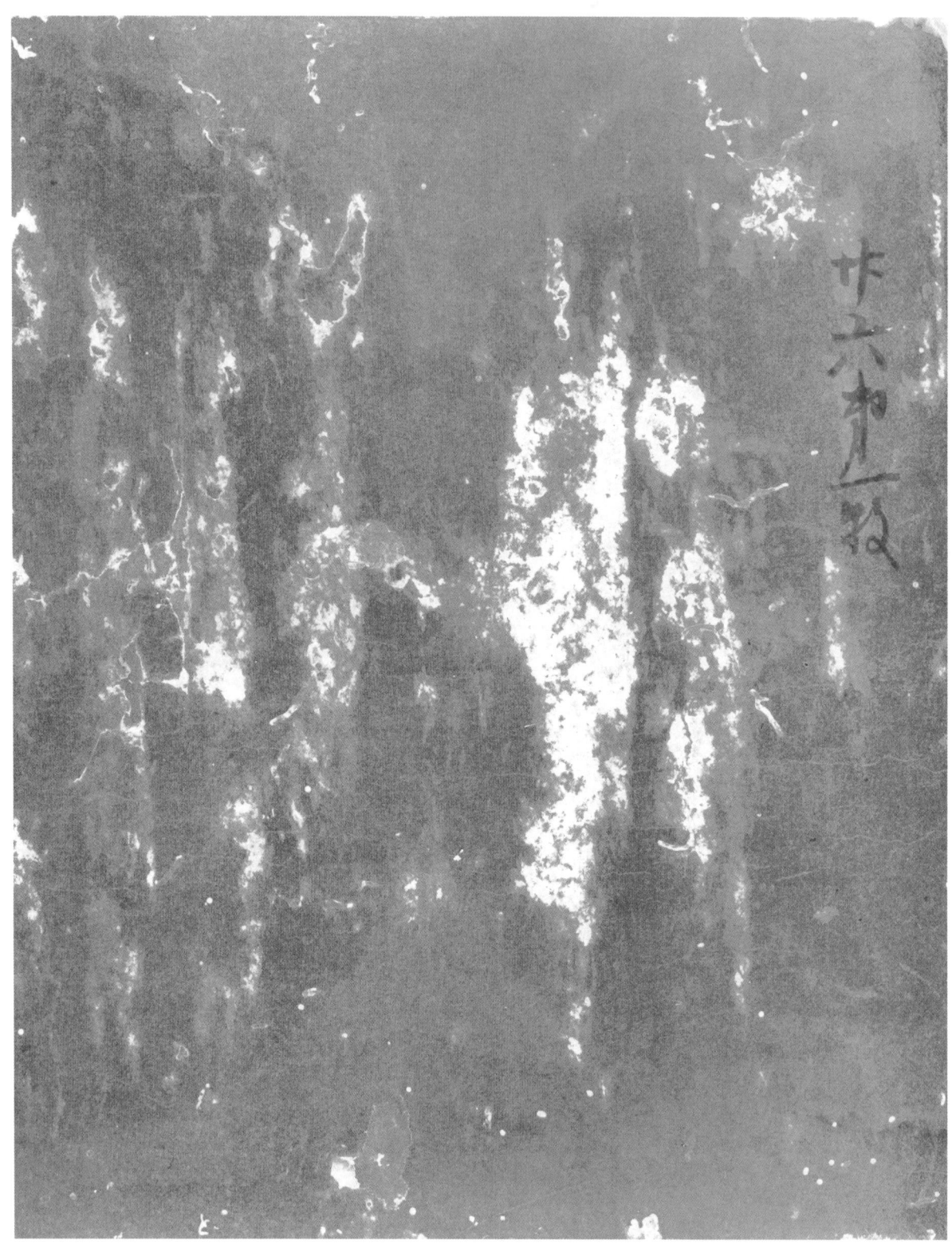

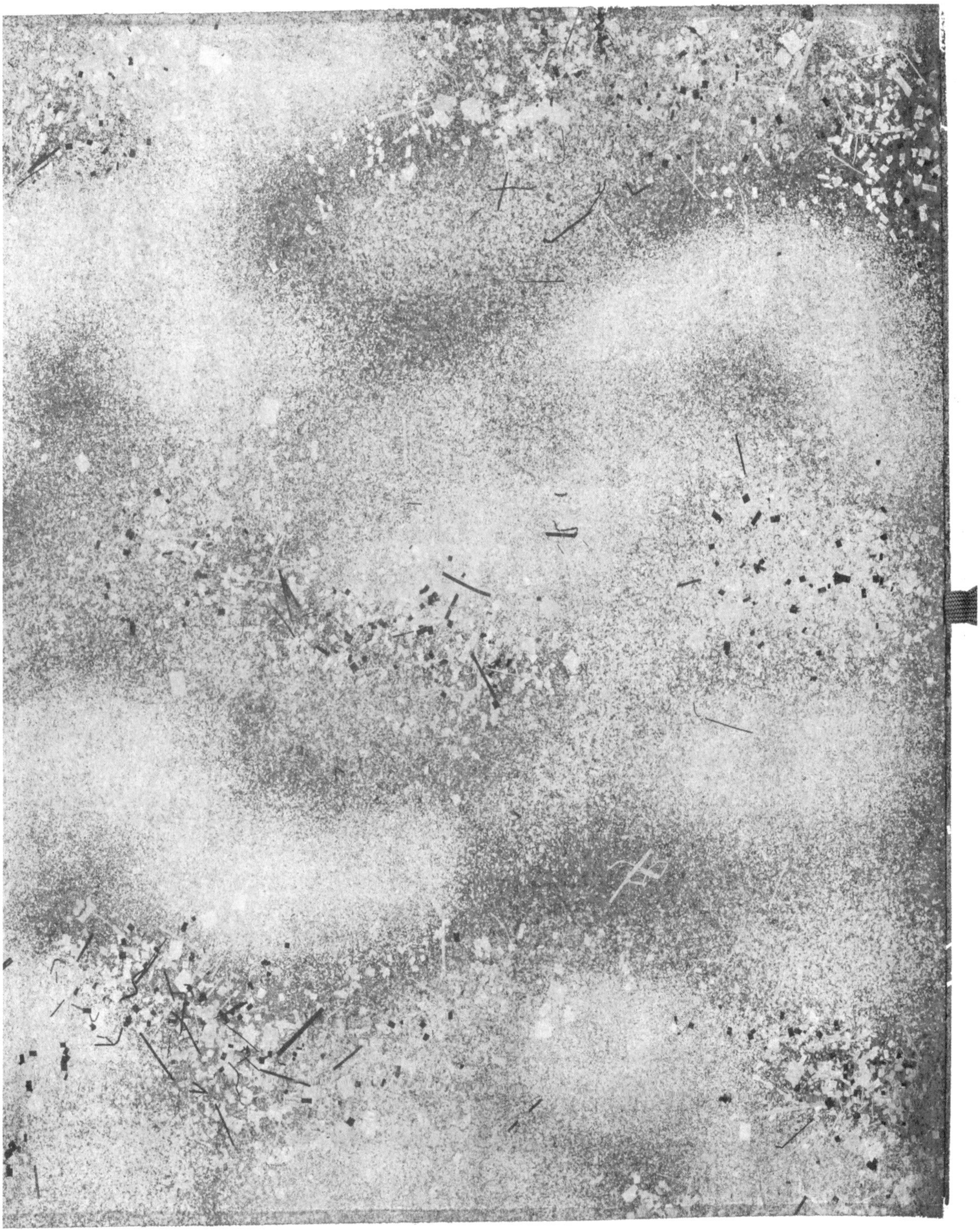

【第一紙】

群書治要卷廿六　祕書監鉅鹿男臣魏徵等奉　勅撰

魏志下

陳思王植字子建每進見難問應聲而
對見寵愛既以才見異而丁儀丁廙楊
脩等為之羽翼太祖狐幾為太子者
數矣黄初二年　鄄城王太和元年
徙為雍丘王三年徙封東阿王五年上
疏求存問曰致其意曰臣聞天稱其高

疏未存問曰致其意曰臣聞天稱其高
以無不覆地稱其廣以無不載日月稱
其明以無不照四海稱其大以無不容
故孔子曰大哉堯之為君唯天為大唯
堯則之夫天德之於萬物可謂知廣矣
蓋堯之為教先親後疏自近及遠及周
之文王亦崇厥代昔周人弔管蔡之不
咸廣封懿親以藩屏王室傳曰周之同盟
異姓為後成骨肉之恩爽而不離親々

【第二紙】

異姓為後成骨肉之恩爽而不離親〻
之義寔在敦固未有義而後其君仁而
遺其親者也臣伏惟陛下姿帝唐欽明
之德體文王翼〻之仁惠洽椒房恩照
九親羣后百寮番休遞上執政不廢於
公朝下情得展於私室親理之路通慶
弔之情展誠可謂恕己治人推惠施恩
者矣至於臣等婚媾不通兄弟乖絶吉
凶之問塞慶弔之礼廢恩紀之違甚於

凶之問塞慶弔之礼廢恩紀之違甚於
路人隔閡之異外於胡越以一切無朝
覲之望至於注心皇極結情紫闥神明
知之矣願陛下沛然垂詔使諸國慶問
得展以敘骨肉之歡恩金怡怡之篤義
妃妾之家膏沐之遺歲得再通齊義於
貴宗等惠於百司如此則風雅所詠復
存於聖世矣臣伏自思惟錐刀之用及
觀陛下之所拔授若臣為異姓竊自料

觀陛下之所或授若臣爲異姓竊自料
度不復於朝士矣若得辭遠遊戴武弁
解朱組佩青紱駙馬奉車趣得一号安
宅京室執鞭珥筆出從華蓋入侍輦轂
承答聖問拾遺左右乃臣丹誠之至願
也遠慕鹿鳴君臣之宴中詠常棣匪他
之戒下思伐木友生之義終懷蓼莪罔
極之哀每四節之會塊然獨處左右唯
僕隷所對唯妻子高談無與陳發義無

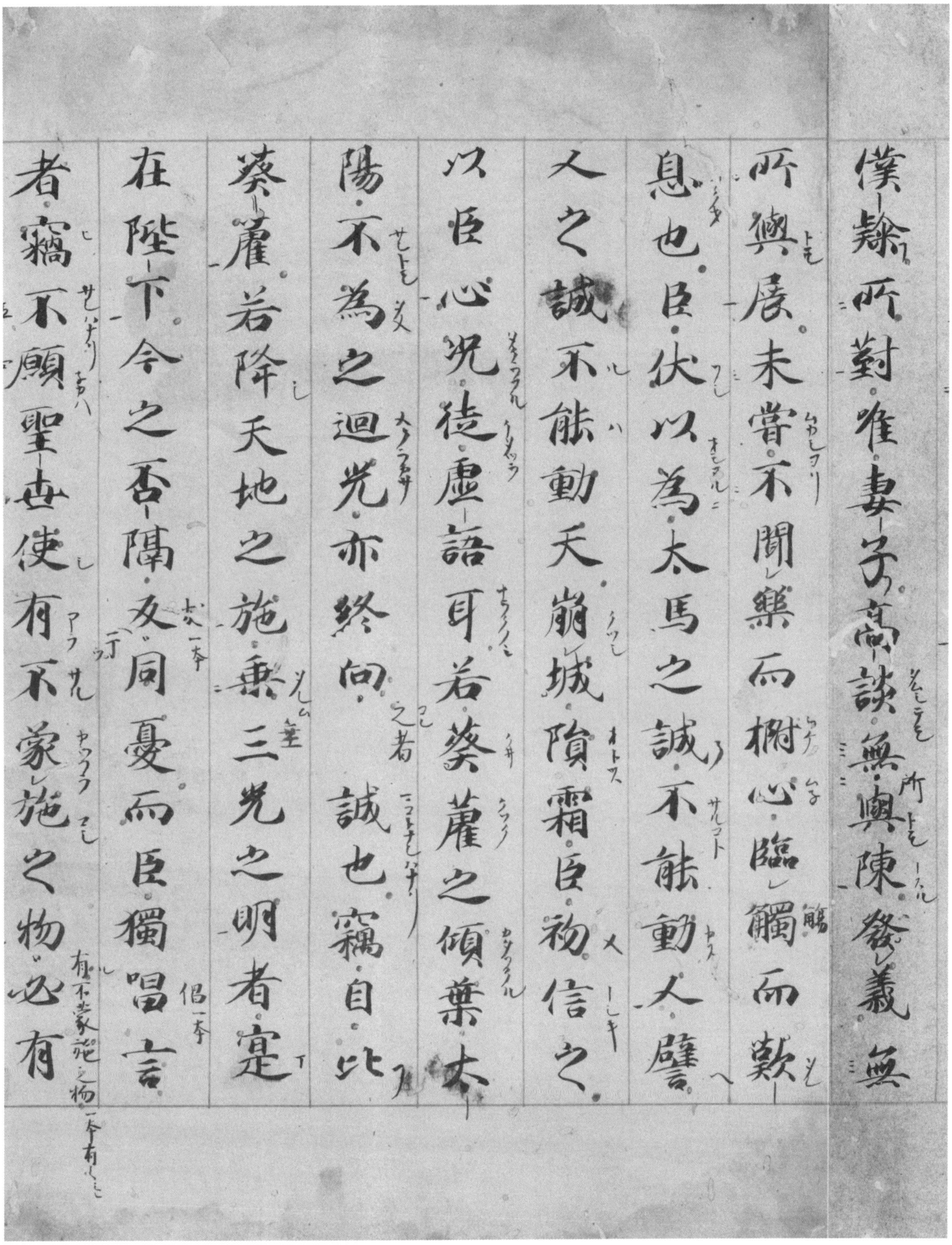
僕隸所對唯妻子高談無與陳發義無
所與展未嘗不聞樂而撫心臨觴而歎
息也臣伏以為犬馬之誠不能動人譬
人之誠不能動天崩城隕霜臣初信之
以臣心况徒虛語耳若葵藿之傾葉太
陽不為之迴光亦終向誠也竊自比
葵藿若降天地之施垂三光之明者寔
在陛下今之否隔友同憂而臣獨唱言
者竊不顧聖世使有不蒙施之物必有

者竊不顧聖世使有不蒙施之物必有
燋毒之懐故栢舟有天只之怨谷風有
弃予之歎故伊尹恥其君不如堯舜臣
之愚蔽欲使陛下崇光日月被時雍之
美者是臣悽悽之誠也詔報曰夫忠厚
仁及草木則行葦之詩作恩澤衰薄不
親九族則角弓之章刺今令諸國兄弟
情簡妃妾之家膏沐踈略縦不能敦而
睦之王援古喩義備矣悉矣何言精誠

有不蒙施之物一本有之

【第四紙】

睦之〻王援古喩義備矣悲矣何言精誠
不足以感通哉夫明貴賤崇親〻禮賢
良順少長國之綱紀本無禁諸國通問
之詔也矯枉過正下吏懼譴以至於此
耳已勅有司如王所訴植復上疏陳審
擧之義曰臣聞天地協氣而萬物生居
臣合悳而庶政成五帝之末世非皆智
三季之末非皆愚用與不同知與不知
也書曰有不世之君必能用〻不〻世

也書曰有不世之君必能用〻不〻世
〻之〻臣〻必立不世之功昔樂毅奔
趙心不忘燕廉頗在楚思為趙將臣生
乎亂長乎軍又數承教于武皇帝伏見
行師用兵之要不取孫吳而闇與之合
竊揆之於心常願得一奉朝覲排金門
蹈玉陛列有職之臣賜須臾之間使臣
得一散所懷攄盡蘊積死不恨矣然天
高聽遠情不上通徒獨望青雲而拊心

高聽遠情不上通徒獨望青雲而拊心
仰高風而歎息耳平曰國有驥而不
知乘焉遑遑而更索昔管蔡放誅周邵
作弼魚叔陷刑叔向匡國三監之釁臣
自當之二南之輔求必不遠華宗貴族
藩王之中必有應斯舉者故傳曰無周
公之親不得行周公事唯陛下顧留意
焉近者漢氏廣建藩王豐連城數十約
則饗食祖祭而已未若姬周之樹國五

【第五紙】

則饗食祖祭而已未若姬周之樹國五。
之品制也若扶蘇之諫始。淳于越之難
周青臣可謂知時變矣夫能使天。傾耳
注目者當權者是矣故謀能移主威能
懾下豪在執政不在親戚權之所在雖
疏必重執之所去雖親必輕蓋取齊者
田族非呂宗也分晉者趙魏非姬姓也
唯陛下察之苟吉專其位凶離其患者
異姓之臣也欲國之安祈家之貴存共

異姓之臣也欲國之安祈家之貴存共
其榮没同其禍者公族之臣也今反公
族疏而異姓親臣竊惑焉今臣與陛下
踐冰履炭高下共之豈得離陛下哉不
勝憤滿拜表陳情若有不合乞且藏
之書應不便滅棄臣死之後事或可思
魏略曰植以近前諸國士息已見發其遺孤稚弱
在者無幾而復被取乃上書曰臣聞古之聖君與
日月齊其明四時等其信息不中絶教無二可以
此臨朝則臣下知所死矣受任在萬里之外審主
之所以授官必己之所以投命雖有搆會之徒泊然
不以爲懼者蓋君臣相信之明效也初受封策書

【第六紙】

之所以授官必已之所以授命雖搆會之徒泊然不以為懼者蓋君臣相信之明效也初受封策書曰授植茲青社為魏藩輔而所得兵百五十人皆年在耳順或不踰矩旅賁官騎及親工凡二百餘人皆使年壯備有不虞檢校乘城顧不足以自救況皆羸耄罷曳乎而名為魏東藩使屏翰王室臣竊自羞矣就諸國有士子合不過五百人伏以為三軍益損此方外定否必當須辨者頗將部曲倍道奔赴夫負妻戴繈子懷糧蹈鋒履刃以徇國難何但習業小兒哉愚誠以揮涕河龜鼠飲海於朝萬無損益於臣家計甚有廢損又臣士息前後三送兼人已竭唯尚有小兒七八歲已上十六七已還卅餘人今部曲皆年耆臥在床席非糜不食眼能視息裁屬者凡卅七人瘽癈風痱瘂盲聾聵者廿三人惟正須此小兒大者備宿衛雖不足以禦寇粗可以警小盜小者未堪大使為可使耘鋤穢草驅護鳥雀休候人則一事廢一日獵則眾業散不親自經營則功不攝常自躬親不委下吏

【第六紙】

織草驅譴鳥雀伏食人則一事發一日廢則衆業
散不親自經營則功不攄常自躬親不委下吏
而已陛下聖仁恩許三至士子給國長不復發明
詔之下有若皦日保金石之恩必明神之信宣著
業者並復見送晻若晝晦悵然失圖伏以為陛下
既爵臣百僚之右居之藩國之任為置卿士屋名
為宮冢名為陵不使其危居獨立無異於凡庶若
陛下聽臣悉還部曲罷官屬省監官使解璽釋紱
追柏成子仲之業營顏燭原憲之事居子臧之廬
宅延陵之室如此雖進無成功退可守篤身死之
曰猶松喬也然伏度國朝終未肯聽臣之若是固
當羈絆於世繩維繫干祿位懷屑屑之小憂執無
已之百念安得蕩然肆心逍遙於宇宙之外哉此
願未從陛下必欲崇親親篤骨肉潤白骨而榮枯
木者惟遂仁惠以副前
恩有詔皆送還之也
六年封植為陳王
時法制待藩國既自峻迫寮屬皆賈

時法制待藩國既自然峻逼寮屬皆賈
豎下才兵人給其殘老大數不過二百人
十一年而三徙都常汲〻無歡遂發疾
薨 孫盛曰異哉魏氏之封建也不度先王之典
不思藩屏之術違敦穆之風背維之義漢初
之封或權侔人主雖云不度時勢然也魏氏諸
侯陋同匹夫雖懲七國矯枉過也且魏之代漢
非積悳之由風澤既微六合未一而彫翦枝幹
委權異族勢同瘣木危若巢幕退五嗣忽諸非
天喪也五等之制万世不易之典
六代興亡曹冏論之詳矣也
中山恭王袞毎兄弟遊娛袞獨譚思經
曲文學防輔遂共陳表稱袞美聞之大

曲文學防輔遂共陳表稱袞美聞之大
驚懼責讓文學曰脩身自守常人之行
耳而諸君乃以上聞是適所以增其負
累也且如有善何患不聞而遽共如是
々非益我其誡慎如此尚約儉教勑妃

【第七紙】

妾紡績織絍習為家人之事病困令世
子曰汝幼少未聞義方早為人君但知
樂不知苦必將以驕奢為失也接大臣
務以禮雖非大臣老者猶宜答拜事兄

務以禮雖非大臣老者猶宜若拜事兄
以敬恤弟以慈兄弟有不良之行當造
膝諫〻之〻不從流涕諭〻之〻不改
乃白其母若猶不改當以奏聞并辭國
士與其守寵羅禍不若貧賤全身也此
然謂大罪惡耳其微過細愆故當奄覆
之噫乎小子慎脩乃身奉聖朝以忠貞
事太妃以孝敬閨闈之內奉令於太妃
閫閾之外受教於沛王無怠於心以慰

闇闥之外受教於沛王無忌於心以慰
余靈薨使大鴻臚持節護喪事贈賵甚
厚詳曰魏氏王公徒有國土之名而無
社稷之實又禁防壅隔同於囹圄位号
靡定大小歲易骨肉之恩乖棠棣之義
廢為法之弊一至于此乎　魏氏春秋載宗室曹冏上書曰
臣聞古之王者必建同姓以明親〻必封異姓〻以明賢〻故傳曰庸勳親〻昵近尊賢書曰克明〻俊〻
悳以親九族詩云懷悳惟寧宗子維城由斯觀之非賢無與功非親無與輔治也夫親〻之道專用
則其漸也微弱賢〻之道偏任則其敝也劫奪先聖知其然也故博求親疏而並用之近則有宗盟

【第八紙】

則其漸也微弱賢〻之道偏任則其弊也劫奪先
聖知其然也故傳兼親踈而並用之迩則有宗盟
藩衛之固遠則有仁賢輔佐之助興則有與共其
治衰則有與守其士安則有與享福危則有與同
其禍夫然故能有其国家本枝百世也今魏尊賢
之法雖明親〻之道未備詩不云乎鶺鴒在原兄
弟急難以斯言之明兄弟相救於喪亂之際同心於
憂禍之間雖有閲墻之忿不忘禦侮之事何則憂
患同也今則不然或釋而不任一旦疆場稱驚開
門反距股肱不扶匈心無衛竊推此寢不安席謹
撰合所聞叙論成敗論曰昔夏殷周歴世數十而秦
二世三何則三代之君與天下共民故天下同其
憂也秦王獨制其民故傾危莫救也夫與人共其
樂者人必憂其憂與人同其安者人必極其危先
王知獨治之不能久也故與人共治之知獨守之
不能固也故與人共守之兼親踈而兩用叅異
而並建是以軽重足以相鎮親踈足以相衛并兼
路塞逆節不生及其衰也桓文帥礼王經施而後

而並建是以輕重足以相鎮親疏足以相衛并兼
路塞逆節不生及其衰也桓文帥礼王經施而後
肅二霸之後侵以陵遲吳楚憑陵江漢負固方城
雖心希九鼎而畏迫宗姫姦情散於胷懷逆謀消
於脣吻斯豈非信重親戚任用賢能枝葉碩茂本
根賴之自此之後轉相攻代暨于戰国諸姫微矣
至於王赧降為庶人猶枝葉相持得居虛位海內
無主卅餘年秦據形勝之地騁譎詐之術至於始
皇乃定天位曠日若彼用力若此豈非深固根蔕
不拔之道乎秦觀周之弊以為以弱奪於是廢五
等之爵立郡縣之官子弟無尺土之封功臣无立
錐之土內無宗子以自毗輔外無諸侯以為藩衛
仁心不加於親戚惠澤不流於枝葉譬猶芟刈
股肱獨任胷腹浮舟江海弃楫擢棹觀者為之寒
心而始皇晏然自以為關中之固金城千里子孫
帝王萬世之業也豈不悖哉至於身死之日無所
寄付委天下之重於凡人之手廢立之命於姧臣
之口至令趙高之徒誅鋤宗室故胡亥少習刻薄

【第九紙】

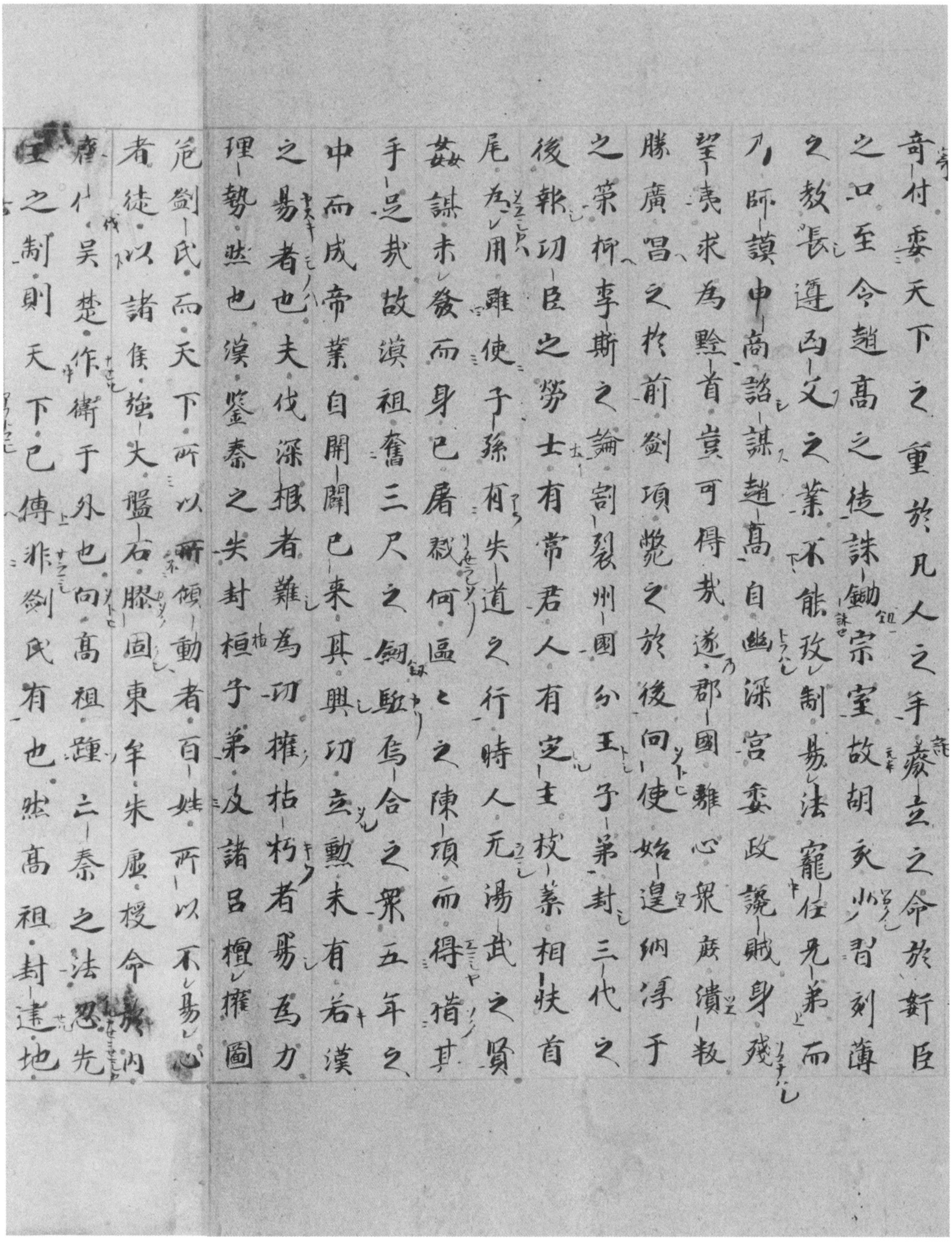

奇付委天下之重於凡人之手廢立之命於新臣
之口至令趙高之徒誅鋤宗室故胡亥少習刻薄
之教長遭凶父之業不能改制易法寵任兄弟而
乃師謨中商諮謀趙高自幽深宮委政讒賊身殘
望夷求為黔首豈可得哉遂郡國離心衆庶潰叛
勝廣唱之於前劉項斃之於後向使始遑納淳于
之策抑李斯之論割裂州國分王子弟封三代之
後報功臣之勞士有常君人有定主枝葉相扶首
尾為用雖使子孫有失道之行時人无湯武之賢
姦謀未發而身已屠裂何區區之陳項而得措其
手足哉故漢祖奮三尺之劍驅烏合之衆五年之
中而成帝業自開闢已來其興功立勳未有若漢
之易者也夫伐深根者難為功摧枯朽者易為力
理勢然也漢鑒秦之失封植子弟及諸呂擅權圖
危劉氏而天下所以不傾動者百姓所以不易心
者徒以諸侯強大盤石膠固東牟朱虛授命於內
齊代吳楚作衛于外也向高祖踵亡秦之法忽先
王之制則天下已傳非劉氏有也然高祖封建地

代吳楚作衛于外也向高祖踵亡秦之法忽先
王之制則天下已傳非劉氏有也然高祖封建地
過古制大者跨州兼郡小者連城數十上下無別
權侔京室故有吳楚七國之患賈誼曰諸侯強盛
長亂起姦莫若衆建諸侯而少其力則下無背叛
之心上無誅伐之事文帝不從至於孝景猥用
鼂錯之計削黜諸侯親者怨恨疏者震恐吳楚唱
謀五國從風兆發高帝釁成文景由寬之過制急
之不漸故也所謂末大必折尾大難掉尾同於體
猶或不從況乎非體之尾其可掉哉武帝從主父
之策下推恩之令自是後齊分為七趙分為六淮
南三群梁代五分遂以陵遲子孫微弱衣食租稅
不豫政事或以酎金免削或以無後國除至於平
帝王氏擅朝劉向諫曰臣聞公族者國之枝葉枝
落則本根無庇蔭其言深切多所稱引成帝雖悲
傷歎息而不能用至于哀平異姓秉權假周公之
事而為田常之亂高拱而竊天位一朝而臣四海
漢宗室王侯解印釋紱貢奉社稷猶懼不得為臣

事而為田常之亂高拱而竊天位一朝而臣四海
漢宗室王侯解印釋綬貢奉社稷猶懼不得為臣
妾或乃為之符命頌莽恩德豈不哀哉由斯言之
非宗子獨忠孝於惠文之間而叛逆於哀平之際
也權輕執弱不能有定耳賴光武皇帝挺不世之
姿王莽於已成紹漢嗣於既絕斯豈非宗子之力
耶而曾不鑒秦之策襲周之舊制踵亡國之法而
僥倖無疆之期至於桓靈閹豎執衡朝無死難之
臣外无同憂之國君孤立於上臣弄權於下本末
不能相御身首不能相使由是天下鼎沸姦凶並
爭宗廟焚為灰燼宮室變為榛藪君九州之地而
身无所安處悲夫漢氏奉天禪位於太〻魏〻之
〻興〻于今廿四年矣觀五代之存亡而不用其
長策覩前車之傾覆而不改其轍迹子弟王空虛
之地君不使之民宗室竄於閭閻不聞邦国之政權
均匹夫執齊凡庶內无深根不拔之固外无宗盟
盤石之助非所以保守社稷為万世之業且今以
州牧郡守古之方伯諸侯皆跨有千里之土兼軍

【第十紙】

盤石之助非所以保守社稷為万世之策且今以州牧郡守古之方伯諸侯皆跨有千里之土兼軍武之任或比國數人或兄弟並據而宗室子弟曾无一人間廁其間非所以強幹弱枝備萬一之虞也今之用賢或一超為名都之主或為偏師之帥而宗室有文者必限小限山縣之宰有武者必置於百人之上使夫廣高之士畢志於衡軛之內才能之人恥与非類為伍非所以勸進賢能褒異宗族之礼夫泉涸則流竭根朽則枯葉枝繁者舊根條落者本孤故語曰百足之虫至死不僵扶之者衆也此言雖小可以譬大且墉基不可倉卒而成威名不可一朝而立皆為之有漸建之有素譬之種樹久則深固其根本茂盛其枝葉若造次移山林之中殖於宮闕之下雖壅之以黑墳煖之以春日猶不救於枯槁何暇蕃育哉夫樹猶親戚士猶士民遠置不久則輕下慢上平居猶懼其離叛危急將如之何是以聖王安而不逸以慮危也存而設備以懼亡也故疾風卒至无懼拔之憂天下有變而无傾

之何是以聖王安而不逸以慮危也存而設備以懼
亡也故疾風卒至无摧拔之憂天下有變而无傾
危之
患矣
王粲字仲宣山陽高平人也拜侍中始
文帝為五官將及平原侯植皆好文學
粲與徐幹陳琳阮瑀劉楨並見善友琳
字孔璋避難冀州袁紹使典文章　魏氏春秋
載紹使琳作檄文曰司空曹操祖父騰故中常侍
與左悺徐璜並作妖孽饕餮放橫傷化虐民父嵩乞
携養因贓假位輿金輦寶輸貨權門窃盜鼎司傾
覆重器操贅閹遺醜本無令德僄狡鋒俠好亂樂禍
幕府昔遇董卓侵官暴國方羅英雄棄瑕錄用謂
其鷹犬之才爪牙可任遂乘茲跋扈肆行酷烈剥

莫府昔遇董卓僣官暴國方羅英雄弃瑕錄用謂
其鷹犬之才爪牙可任遂垂兹跋扈肆行酷烈
割元元殘賢害善放志專行威劫省禁卑侮王官
敗法亂紀坐召三臺專制政爵賞由心刑罰由口
所愛光五宗所惡滅三族羣談者受顯誅腹議者
蒙隱戮道路以目百寮鉗口梁孝王先帝母昆墳
陵尊顯操率將士親臨發掘破棺裸尸掠取金寶
又署發丘中郎將摸金校尉所過隳突无骸不露
身處三公之官而行虜之態汙國虐民毒施人鬼
加其細政苛慘科防互設憎繳充蹊坑穽塞路
觀古今書籍所載貪殘虐
裂無道之臣於操為甚也
袁氏敗琳歸太祖謂曰卿昔為本初移
書但可罪狀孤而已惡惡止其身何乃
上及祖父耶琳謝罪 文士傳稱琳謝曰楚漢
未分蒯通進策於韓信

【第十一紙】

上友祖父耶琳謝罪文士傳稱琳謝曰楚漢未分蒯通進策於韓信乾時之戰管仲肆力於子糾唯欲效計其主取福一時故跖之客可使刺由桀之犬可使吠堯也今明公必能進賢於忿後弃愚於愛前四方革命而英豪宅心矣唯明公裁之太祖愛其才而不咎也

太祖以琳為軍謀祭酒管記室

衞覬字伯儒河東安邑人也為尚書明帝即位百姓凋匱而役務方殷覬上疏曰夫變情厲性強所不能人臣言之既不易人主受之又艱難且人之所樂者富貴榮顯也所惡者貧賤死亡也然此

富貴榮顯也所惡者貧賤死亡也然此
四者君上之所制愛之則富貴榮顯君
惡之則貧賤死亡順指者愛所由來也
逆意者惡所從至也故人臣皆爭順指
而避逆意非破家爲國殺身成君者誰
能犯顏色觸忌諱一言開一說哉陛下
留意察之則臣下之情可見矣今議者
多好悅耳其言治則比陛下於堯舜其
言征伐則比二虜於狸鼠臣以爲不然

言征伐則比二虜於狸鼠臣以為不然
漢文之時諸侯強大賈誼累息以為至
危況今四海之内分而為三羣士陳力
各為其主是與六國分治無以為異也
當今千里無烟遺民困苦陛下不善留
意將遂凋弊難可復振礼天子之器必

【第十二紙】

有金玉之飾飲食之肴必有八珍之味
至於凶荒則徹膳降服然奢儉之節必
視世之豊約也武帝之時後宮食不過

覩世之豐約也武帝之時後宮食不過
一肉衣不用錦繡茵蓐不緣飾器物無
丹漆用能平定天下遺福子孫此皆陛
下之所親覽也當今之務宜君臣上下
量入爲出深思句踐滋民之術由恐不
及而尚方所造金銀之物漸更增廣侈
靡日崇帑藏日竭昔漢武信神仙之道
謂當得雲表之露以飡玉屑故立仙掌
以承高露陛下至通每所非笑漢武有

以承高露階下至迺每所非笑漢武有
求於露而尚見非陛下無求於露臺而
設之不益於好而靡費功夫誠皆聖慮
所宜裁制也
劉廙字恭嗣南陽安衆人也為五官將
文學魏諷反廙弟偉為諷所引當相坐
誅太祖令曰叔向不坐弟虎古之制也
特原不問廙別傳載廙表論治道曰昔周有亂臣十人有婦人焉孔子稱才難不其然乎
明賢者難得也況亂弊之後百姓彫盡士之存者益寡無幾其肱股大職及至州郡督司邊方重任雖備

【第十三紙】

明賢者難得也況亂弊之後百姓彫盡士之孝者益
亦無幾其股肱大職及至州郡督司邊方重任雖備
其官亦未得其人也此非選者之不用意蓋才匱使
之然耳況長吏已下羣職小位皆能簡練備得其人
乎其計莫如督之以法也不爾而數轉易往來不已
送迎之煩不可勝計轉易之間輒有姦巧既於其事
不省為政者亦以其不得久安之故知惠益不得
成於己而苟且之可免於患皆將不念盡心於
己而夢想於聲譽此非所以為政之本意也今之所
為黜陟者近頗以州郡之毀譽聽往來之浮皆
得其事實而課其能否也長吏之所以為往者奉法
也憂公也恒已此三事者或州郡有所不便往來
者有所不安而長吏執之不已於治雖得計其毀
譽未為美闕而從之於治雖失計其聲譽必集也
長吏皆知黜陟之在於此也亦可能不去本而[illegible]
哉以為長吏皆宜使小久足使自展歲課能不三年
惣計乃加黜陟課之皆當以事不得依名也事者皆
以其戶口其墾田之多少及盜賊發興民之亡叛者

惣計乃加黜陟課之皆當以事不得依名也事者皆以其戶口其墾田之多少及盜賊發興民之亡叛者
為得負之計如此行之則無能之吏脩名無益之人無名無損法之壹行雖无部司之監姦譽忘
毀可得而盡也事上太祖甚善之也
陳羣字長文潁川人也為司空錄尚書
事青龍中營治宮室百姓失農時群上
疏曰禹承唐虞之盛猶卑宮而惡衣服
況今喪亂之後人民至少吳蜀未滅社
稷不安今舍此急而先宮室臣懼百姓
遂困將何以應敵此安危之機也唯陛

【第十四紙】

遂因將何以應敵此安危之機也唯陛下慮之帝荅曰王者宮然宜並立滅之後但當罷守耳豈可復興役耶是故於之職蕭何之大略也郡及曰昔漢祖唯與須羽爭天下羽已滅宮室燒楚是以蕭何起武庫太倉皆是急要然猶非壯麗今二虜未平誠不宜與古同也夫人之所欲莫不有辭況乃天下莫之敢違前欲壞武庫謂不可不壞也後欲置

【第十四紙】

前欲壞武庫謂不可不壞也後欲豈
之謂不可壞也若必作之固非臣下辭
言所屈若少留神卓然迴意亦非臣下
之所及也漢明帝欲起德陽殿鍾離意
諫即用其言後乃復作之殿成謂羣臣
曰鍾離尚書在不得成此殿也夫王者
豈憚一臣蓋為百姓也今臣曾不能少
疑聖意不及意遠矣帝於是有所減
省

省
陳矯字季弼廣陵人也遷尚書令帝嘗
卒至尚書門矯跪問帝曰陛下欲之曰
欲案行文書耳矯曰此自臣職分非陛
下所宜臨也臣若不稱其職則請就黜
退陛下宜還帝慙迴車而反其亮直如
此盧毓字子家涿人也青龍中入為侍
〻中〻高堂隆數以宮室事切諫帝不
悅毓進曰臣聞君明則臣直古之聖王

悦毓進曰臣聞君明則臣直古之聖天
恐不聞其過故有敢諫之鼓近臣盡規
此乃臣等所以不及隆諸生名為狂
直陛下宜容之為吏部尚書前此諸葛
誕等馳名譽有四窓八達之謡帝深疾

【第十五紙】

之特舉中書郎詔曰得其人與不在盧
生耳選舉莫取有名々如畫地作餅不
可啖毓對曰名不足以致異人而可以
得常々士々畏教慕善然後有名非所

得常〻士〻畏教慕善然後有名非所
當疾也愚臣既不足以識異人又主者正
以循名案常為職但當有以驗其後故
古者敷奏以言明試以功常納其言和
洽字陽士汝南人也為丞相掾屬時毛
玠崔琰並以忠清幹事其選用先向儉
節洽言曰天下大器在位與人不可以
一節檢也儉素過中自以處身則以此
格物所失或多今朝廷之議吏有著新

格物所失或多今朝廷之議吏有著新衣乘好車者謂之不清形容不飾衣表弊壞謂之廉潔至令士大夫故汙辱其衣藏其輿服朝府〻大〻夫〻大史或自挈壺飧以入官寺夫立教觀俗貴處中庸為可繼也今崇一槩難堪之行以檢殊塗勉而為之心有疲瘁古之大教務在通人情而凡激詭之行則容隱為矣

孫盛曰夫矯枉過正則巧偽滋生以剋訓下則民志險隘非聖王所以陶化萬物闢邪存誠之

【第十六紙】

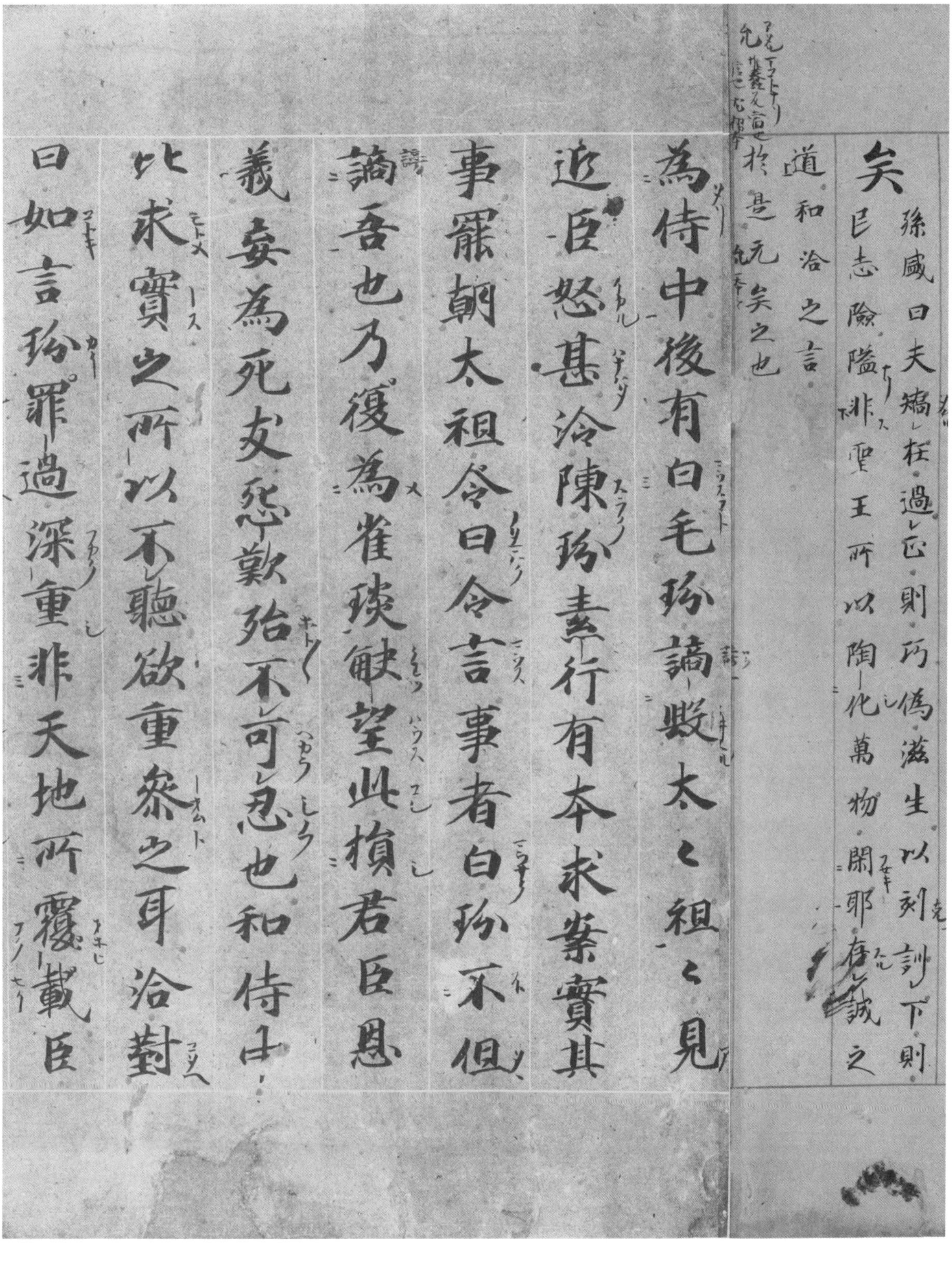
矣孫盛曰夫矯枉過正則巧偽滋生以剋訓下則
臣志險隘非聖王所以陶化萬物閑邪存誠之
道和洽之言
於是元矣之也
為侍中後有白毛玠謗毀太祖太祖見
近臣怒甚洽陳玠素行有本求案實其
事罷朝太祖令曰令言事者白玠不但
謗吾也乃復為崔琰觖望此損君臣恩
義妄為死友怨歎殆不可忍也和侍中
比求實之所以不聽欲重參之耳洽對
曰如言玠罪過深重非天地所覆載臣

曰如言珍罪過深重非天地所覆載臣
非天地所非敢曲理珍以枉大倫也以
珍出羣吏之中特見擢顯在首職歷
年荷寵剛直忠公爲衆所憚不宜有此
然人情難保要宜考核兩驗其聖恩垂
含垢之仁不忍致之于理更使曲直之
分不明疑自近始太祖曰所以不孝欲
兩全珍及言事者耳洽對曰珍信有謗
主之言當肆之朝市朝若珍無此言事

主之言當肆之朝市朝若殄無此言事
者加誣大臣以誤主聽二者不加檢校
臣竊不安太祖曰方有軍事安可受人
言便考之耶轉為太常清貧守約至
賣田宅以自給明帝聞之加賜穀帛
杜襲字子緒潁川人也為侍中將
軍許遊擁部曲不附大祖而有慢言太
【第十七紙】
祖大怒先欲討之羣臣多諫可招懷遊
共討疆敵太祖橫刀於膝作色不聽襲

共討彊敵太祖横刀於膝作色不聽襲入欲諫太祖逆謂之曰吾計已定卿勿復言之襲曰若殿下計是耶臣方共殿下成之若殿下計非耶雖成宜敗之殿下逆臣令勿言何待下之不闡乎太祖曰許遜慢吾如何置乎襲曰殿下謂許遜何如人耶太祖曰夫唯賢知賢唯聖知聖凡人安能知非凡人耶方今犲狼當路而狐狸是先人將謂殿下避彊攻

當路而狐狸是先人將謂殿下避彊攻
弱進不為勇退不為仁臣聞千石之弩
不為鼷鼠發機萬鈞之鐘不以莛撞起
音今區〻之許遊何足以勞神武太
祖曰善遂厚撫遊〻即歸服
高柔字文惠陳留人拜丞相理曹掾
置挍事盧洪趙達等使察群下柔諫
曰設官分職各有所司置挍事既非居
上信下之指又達等數以憎愛擅作威

上信下之指又達等數以憎愛擅作威
福宜檢治之太祖曰卿知達等恐不如
吾也要能刺舉而辨衆事使賢人君子
爲之則不能昔叔孫通用羣盜良有以

【第十八紙】

也達等後姦利發太祖殺之以謝於衆
文帝踐祚轉治書執法時人閒數有誹
謗妖言帝疾之有妖言輒殺而賞告者
柔上疏曰今妖言者必戮告之者輒賞
既使過誤無反善之路又將開凶狡之

既使過誤無反善之路又將開凶狡之
群相誣罔之漸誠非所以息姦省訟緝
熈治道也昔周公作誥稱殷之祖宗咸
不顧小人之怨在漢太宗亦除妖言誹
謗之令臣愚以為宜除妖謗賞告之法
以隆天父養物之仁帝不即從而相誣
告者滋帝乃下詔敢以誹謗相告者以
所告罪〻之於是遂絶遷廷尉獵法甚
峻而典農劉龜竊於禁内射曹張京詣

峻而典農劉龜竊於禁內射曹張京詣挾事言之帝匿京名收龜付獄柔表請告者名帝大怒曰劉龜當死乃敢獵吾禁地送龜廷尉廷尉便當考掠何復請告者主名吾豈妄收龜邪柔曰廷尉天下之平也安得以至尊喜怒而毀法乎重復以為奏辭指深切帝意寤乃下京名即還訊各當其罪辛毗字佐治潁川人也文帝踐祚遷侍中帝欲徙冀州士

【第十九紙】

人也文帝踐祚遷侍中帝欲徙冀州士家十万戶實河南時連蝗民飢羣司以為不可而帝意甚盛毗與朝臣俱求見帝知其欲諫作色以見皆莫敢言毗曰陛下欲徙士家其計安出帝曰卿謂我徙之非耶毗曰誠以為非帝曰吾不與卿共議耶毗曰陛下不以臣不肖置之左右廁之謀議之官安得不與臣議也臣所言非私也乃社稷之慮容得怒臣

臣所云非私也乃社稷之慮容得怒臣
帝不答趣入內毗隨而引其裾帝遂奮
衣不還良久乃出曰佐治卿持我何太
急耶毗曰今徙既失人心又無以食也
帝遂徙其半嘗從帝射雉帝曰射雉樂
哉毗曰於陛下甚樂於羣下甚苦帝默
然後差爲之希出明帝即位時中書監
劉放令孫資見信於主制斷審政大臣
莫不交好而毗與往來毗子敞諫曰今

【第二十紙】

莫不交好而毗與往来毗子敞諫曰令
劉孫用事衆皆影附大人宜小降意和
光同塵不然必有謫言毗正色曰主上
雖未稱聰明不為闇劣吾之身自有本
末就劉孫不平不過令吾不作三公而
已何危害之有焉豈有大夫丈欲為公
而毀其高節者耶冗從僕射畢軌表言
尚書僕射王思精勤舊吏忠亮計略不
如辛毗〻宜代思帝以訪放〻資〻對

如辛毗〻〻宜代思帝以訪放〻資〻對曰陛下用思者誠欲取其效力不貴虛名也毗實亮直然性剛踈而專聖慮所當深察也遂不用出為衛尉

楊阜字義山天水人也為將作大匠時初治宮室發美女充後庭數出入弋獵阜上疏曰陛下奉武皇帝開拓之大守文皇帝克終之元緒誠宜思齊往古聖賢之善治惣觀季世放蕩之惡政所謂

賢之善治惣觀季世放蕩之惡政所謂
善治者務儉約重民力也所謂惡政者
縱心恣欲觸情而發也惟陛下稽古世
代之初所以明々赫々之及季世所以衰
弱至乎泯滅追覽漢末之變足以動心
識懼矣曩使桓靈不廢高祖之法文景
之恭儉太祖雖有神武於何所施其能
邪而陛下何由處斯尊哉今吳蜀未定
軍旅在外願陛下動則三思慮而後行

【第二十一紙】

軍旅在外願陛下動則三思慮而後行
重愼出入以往鑒来言之若輕成敗甚
重詔報曰間得密表先陳往古明王聖
主以諷闇政切至之辭欵誠篤實將順
匡救備矣悉矣覽思苦言吾甚喜之遷
少府後詔大議政治之不便於民者昇
議以爲致治在於任賢興國在於務農
若舍賢而任所私此忘治之甚也廣開
宮館高爲臺榭以妨民務害農之甚者

宮館高爲臺榭以妨民務害農之甚者
也百工不敦其器而競作奇巧以合上
欲此傷本甚者也孔子曰苛政甚於猛
虎今守功文吏爲政不通治體苟好煩
苛此亂民之甚者也當今之爲宜去四
甚帝既新許昌宮又營洛陽宮殿觀閣
阜上疏曰古之聖帝明王未有極宮室
之高麗以彫弊百姓之財力者也桀作
璇室象廊紂爲傾宮鹿臺以喪其社稷楚

【第二十二紙】

琁象廊紂為傾宮鹿臺以喪其社稷楚靈以築章華而身受其禍秦始皇作阿房而殃及其子二世而滅夫不度万人之力以從耳目之欲未有不亡者陛下當以堯舜禹湯文武為法則夏桀殷紂楚靈秦皇為深誡巍〻大業猶恐失之不夙夜敬止允恭恤民而乃自暇自逸唯宮室是侈是飾必有顛覆危亡之禍方今二虜合從謀危宗廟十万之軍東

方今二虜合從謀危宗廟十万之軍東
西奔赴邊境無百日之娛農夫廢業民
有飢色陛下不是為憂而營作宮室無
有已時君作元首臣為股肱存亡一體
得失同之臣雖駑怯敢忘爭臣之義言
不切至不足以感悟陛下陛下不察臣
言恐皇祖烈考之祚將墜于地使臣身
死有萬一則死之日猶生之年也奏御
天子感其忠言手筆詔答

天子感其忠言手筆詔荅
高堂隆字升平泰山人也為散騎常侍
侍青龍中大治殿舍西取長安大鐘隆
上疏曰昔周景王不儀文武之明德忽
公旦之聖制既鑄大錢又作大鐘單穆
公諫而不聽泠州鳩對而不從遂迷不
反周德以衰良史記焉以為永鑒然今
之小人好説秦漢之奢靡以蕩聖心求
取亡国不度之器勞役費損以傷德政

取亡国不度之器勞役費損以傷悳政
非所以興礼樂之和保神明之休也是
曰帝幸上方隆與下蘭從帝以隆表授
蘭使難隆曰興衰在政樂何爲也化之
不明豈鍾之罪隆對曰夫礼樂者爲治

【第二十三紙】

之大本也故簫韶九成鳳皇來儀雷鼓
六變天神以降政是以平形是以措和
之至也新聲發響商辛以殞大鍾既
鑄周景以斃存亡之機恒由此作安在

鑄周景以斃存亡之機恒由此作安在
廢興之不陛也君舉必書古之道也作
而不法何以示後帝稱善遷侍中猶領
太史令崇華殿災問隆此何咎於禮寧
有祈禳之義乎對曰夫災變之發皆所
以明教誡也雖率禮脩悳可以勝之易
傳曰上不儉下不節孽火燒其室又
曰君高其臺天火為災此人君苟飾宮
室不知百姓空竭故天應之以旱火從

室不知百姓窮竭故天應之以旱火從
高殿起也上天降鑒故譴告陛下陛下
宜增崇大道以答天意陵霄闕始搆
有鵲巢其上帝以問隆隆對曰詩云惟
鵲有巢惟鳩居之今興宮室而鵲巢之此
宮室未成身不得居之象也夫天道無
親惟與善人不可不深慮夏商之季皆
繼體也不欽承上天之明命惟讒諂是
從癈悳適欲故其亡也忽焉臣備腹心

【第二十四紙】

從癡意適欲故其亡也忽焉臣備腹心
苟可以繁礼聖躬安存社稷雖灰身
破族猶生之年也豈憚忤逆之灾而令
陛下不聞至言乎於是帝政容動色帝
愈憎崇宮殿彫飾觀閣鑿太行之石英
采穀城之文石起景陽山於芳林園建
昭陽殿於太極之北鑄作黄龍鳳皇奇
偉之獸飾陵雲臺陵霄闕百役繁興作
者万數公卿以下至於學生莫不展力

者万數公卿以下至於學生莫不展力
帝乃躬自掘土以率之而遼東不朝悼
皇后崩天作淫雨冀州水出漂沒民物
隆上疏切諫曰昔在伊唐洪水滔天災
青之甚過於彼力役之興莫久於此堯
舜君臣南面而已禹敷九州庶士庸勳
各有等差君子小人物有服章今無若
時之急而使公卿大夫並與廝徒共供
事役聞之四夷非嘉聲也垂之竹帛非

【第二十五紙】

事役聞之四夷非嘉聲也垂之竹帛非
令名也是以古先哲王上畏天之明命
矜々業々唯有違灾異既發懼而脩政
未有不延期流祚者也爰曁末葉闇君
荒主不崇先王之令軌不納正士之直
言以遂其情志輕忽變戒未有不至於
顛覆者也秦始皇不築道悳之基而築
阿房之宮不憂蕭墻之變而脩長城之
役當其君臣爲此計也亦欲立萬世之

使當其君臣為此計也亦欲立萬世之
業使子孫長有天下豈意一朝匹夫大
呼而天下傾覆哉故臣以為使先代之
君知其所行必將至於敗則弗為之矣
是以亡国之主自謂不亡然後至於亡
賢聖之君自謂將亡然後至於不亡昔
漢文帝稱為賢主射行約儉惠下養民
而賈誼方之以為天下倒懸可為痛哭
者一可為流涕者二可為長歎息者

者一十可為流涕者二可為長歎息者
六況今天下彫弊巳無擔石之儲國無
終年之福外有彊敵六軍暴邊内興土
功州郡騷動若有寇警則臣懼板築之
士不能投命虜庭矣又將吏奉祿稍見
減方之於昔五分居一祿賜穀帛人主
之所以惠養吏民而為之司命者也若
今有廢是奪其命既之而又之此生怨
之府也今陛下所與共坐廊廟治天下

【第二十六紙】

之府也今陛下所與共坐廊廟治天下
者非三司九列則臺閣近臣皆腹心造
膝宜在無諱若見豊省而不敢以告從
命奔走唯恐不勝是則具臣非鯁輔也
昔李斯教二世曰為人主而不恣欲命
之曰天下桎梏二世用之秦以覆斯亦滅
族是以史遷其不正諫而世誡書奏帝
覧焉謂中書監令曰觀隆此奏使朕懼
哉隆寢疾篤口占上疏曰臣常疾世主

𢦏隆寢疾篤口占上疏曰臣常疾世主莫不思紹堯舜湯武之治而蹈踵桀紂幽厲之跡莫不蚩笑季世惑乱亡國之主而不登踐虞夏殷周之軌悲夫尋觀三代之有天下聖賢相承歷載數百尺土莫非其有一民莫非其臣癸辛之徒恃其旅力智足以拒諫才足以飾非諂諛是尚臺觀是崇淫樂是好倡優是悅上天不弼眷然迴顧宗国爲墟天子之尊

天不錮眷然迴顧宗国爲墟天子之尊
湯武有之豈伊異人皆明王之冑也且
當六國之時天下殷熾秦既兼之不循
聖道乃搆阿房之宮築長城之守矜夸
中國威服百蠻天下震竦道路以目自
謂本枝百世永垂洪暉豈悟二世而滅
社稷崩圮哉臣觀黃初之際異類之鳥
育長燕巢口爪胸赤此魏室之大異也
宜防鷹揚之臣於蕭墻之内可選諸王

圮皮美反毀也案岸毀又覆也又ら下作地字雖畫如一而其音各別玉篇並皮美反成矣

【第二十七紙】

宜防鷹揚之臣於蕭墻之内可選諸王
使軍國典兵往〻棊跱鎮撫皇基翼亮
帝室昔周之東遷晉鄭是依漢呂之
亂實賴朱虛斯蓋前代之明鑒也夫皇
天無親唯悳是輔民詠悳政則延期歷
下有怨歎則輟錄授能由此觀之則天
下之天下非獨陛下之天下也臣百疾
所鍾氣力稍微輙自扶輿出還里舍若
遂沉淪魂而有知結草以報

遂沆淪魂而有知結草以報

田豫字國讓漁陽人也為護烏丸校尉

魏略曰鮮卑素利等數來客見多以牛馬遺豫ゝ輙送官胡乃密懷金卅斤謂豫曰我見公貧故前後遺公牛馬公輙送官令密以此上公可以為家資豫張袖受之荅其厚意胡去之後皆悉付外於是詔褒之曰昔魏絳開懷以納戎今卿舉袖以受狄朕甚嘉焉乃賜青縑五百疋也

徐邈字景山燕國人也為涼州刺史西域流通戎入貢皆邈勳也賞賜皆散與將士無入家者妻子衣食不充天子聞而嘉之隨時供給其家彈邪繩枉州界

【第二十八紙】

而嘉之隨時供給其家彈邪繩枉州界
肅清嘉平六年朝廷追思清節之士詔
曰夫顯賢表德聖王所重舉善而教仲
尼所美故司空徐邈征東將軍胡質衛
尉田豫皆服職前朝歷事四世出統戎
馬入讚庶事忠清在公憂國忘私不營
産業身沒之後家無餘財朕甚嘉之其
賜邈等穀二千斛錢卅萬布告天下王
昶字文舒太原人也為兗州刺史為兄

昶字文舒太原人也為兗州刺史為兄
子及子作名字皆依謙實以見其意故
兄子默字處沉字處道其子渾字玄
沖深字道沖遂書戒之曰夫為人子之
道莫大於寶身全行以顯父母此三者
人知其善而或危身破家陷於滅亡之
禍者何也由所祖習非其道也夫孝敬
仁義百行之首而立身之本也孝敬則
宗族安之仁義則鄉黨重之此行成於

宗族安之仁義則鄉黨重之此行成於内名著於外者矣苟不篤於至行而背本逐末以陷浮華與以成朋黨與浮華則有虛僞之累朋黨則有彼此之患此二者之戒昭然著明而循覆車滋衆逐末彌甚皆由惑當時之譽昧目前之利故也夫富貴聲名人情所樂而君子或得而不處何也惡不由其道耳患人知進而不知退知欲而不知足故有困辱

【第二十九紙】

進而不知退知欲而不知足故有困辱
之累悔吝之咎語曰不知足則所欲故
知足之足常足矣賢往事之成敗察將
來之吉凶未有干名要利欲而不厭能
保世持家永全福祿者也欲使汝曹立
身行己遵儒者之教履道家之言故以
玄默冲虛為名欲使汝曹顧名思義不
敢違越也古者盤盂有銘几杖有誡俯
仰察焉用無過行況在己名可不戒之

仰察与用無過行況在己名可不戒之
哉夫物速成則疾亡晚就善終朝華之
草夕而零落松栢之茂隆寒不衰是以
大雅君子悪速成戒闕黨也若范匄對
秦客而武子撃之折其委笄悪其掩人
也夫人有善鮮不自伐有能寡不自矜
伐則掩人矜則陵人掩人者人亦掩之陵
人者人亦陵之故三郤為戮於晉王叔負
罪於周不惟矜善自伐好善爭之咎乎

【第三十紙】

罪於周不唯矜善自代好善爭之咎乎故君子不自稱非以讓人惡其善人也夫能屈以為申讓以為得弱以為强鮮不遂矣夫毀譽愛惡之原而禍福之機也是以聖人慎之孔子曰吾之於人誰毀誰譽如有所譽必有所試以聖人之悳猶尚如此況庸ゝ之徒而輕毀譽者哉昔伏波將軍馬援戒其兄子言聞人之惡當如聞父母之名耳可得聞口不

【第三十紙】

之惡當如聞父母之名耳可得聞口不
可得道也斯戒至矣人或毀己當退而
求之於身若己有可毀之行則彼言當
矣若己無可毀之行則彼言妄矣當則
無怨於彼妄則無害於身又何反報焉
且聞人毀己而忿者惡醜聲之加人也
報者滋甚不如默自脩也諺曰救寒莫
如重裘止謫莫如自脩斯言信矣若與
是非之士凶險之人近猶不可況與對

是非之士凶險之人近猶不可况與對校乎其害深矣可不愼與吾與時人從事雖出處不同然各有所取頴川郭伯益好尚通達敏而有智然其爲人弘曠不足輕貴有餘得其人也重之如山不得其人忽之如草吾所以知親之昵之不願兒子爲之北海徐偉長不治名高不求苟得澹然自守惟道是務其有所是非則託古人以見其當時無所褒貶

【第三十一紙】

是非則託古人以見其當時無所褒貶
吾敬之願兒子師之樂安任昭先淳粹
履道内敏外恕處不避洿怯而義勇吾
友之善之願兒子遵之若引而申之觸
類而長之汝其庶幾舉一隅耳及其則
先九族其施舍務周急其出入存故老
其議論貴無貶其進仕尚忠節其取人
務道實其處勢戒驕淫其貧賤無戚其
進退念合宜其行事加九思如此而已吾

進退念合宜其行事加九思如此而吾復何憂哉

鍾會字士季潁川人也司馬文王欲圖蜀以會為鎮西將軍從駱谷入姜維等悉降會詔以會為司徒會內有異志因鄧艾承制專事密白艾有反狀（世論曰會善効人書於劍閣要艾章表白事皆易其言令辭指倨傲多自矜伐也）於是檻車徵艾既禽而會統大衆威震西土自謂功名蓋世不可復為人下遂謀反諸軍兵殺會（漢晉春秋曰文王聞鍾會功曹向雄之收葬會也召而

誅反諸軍兵殺會漢晉春秋曰文王聞鍾會功
曹向雄之收葬會也召而
責之曰往王經之死卿哭於東市而我不問也今
鍾會躬為叛逆而輒收葬若復相容其如王法何
雄曰昔先王掩骸埋胔仁流朽骨當時豈先卜其
功罪而後收葬哉今王誅既加於法已備雄感義收葬
教亦無闕法立於上教弘於下以此訓物雄曰可矣
何必使雄背死違生以立於時殿下讎對枯骨捐之
中[illegible]所笑豈人賢所掩哉王悅之
與宴談而遣之習鑿齒曰向伯茂可謂勇於蹈義也
哭王經而哀感市人葬鍾會而義動明主彼皆忠烈
奮劍而死而往非存生也尋丁奉死之心可以見事
生之情覽其忠貞之即足以愧背
義之士矣王加禮而遣可謂[illegible]矣

治要卷第廿九

648　647

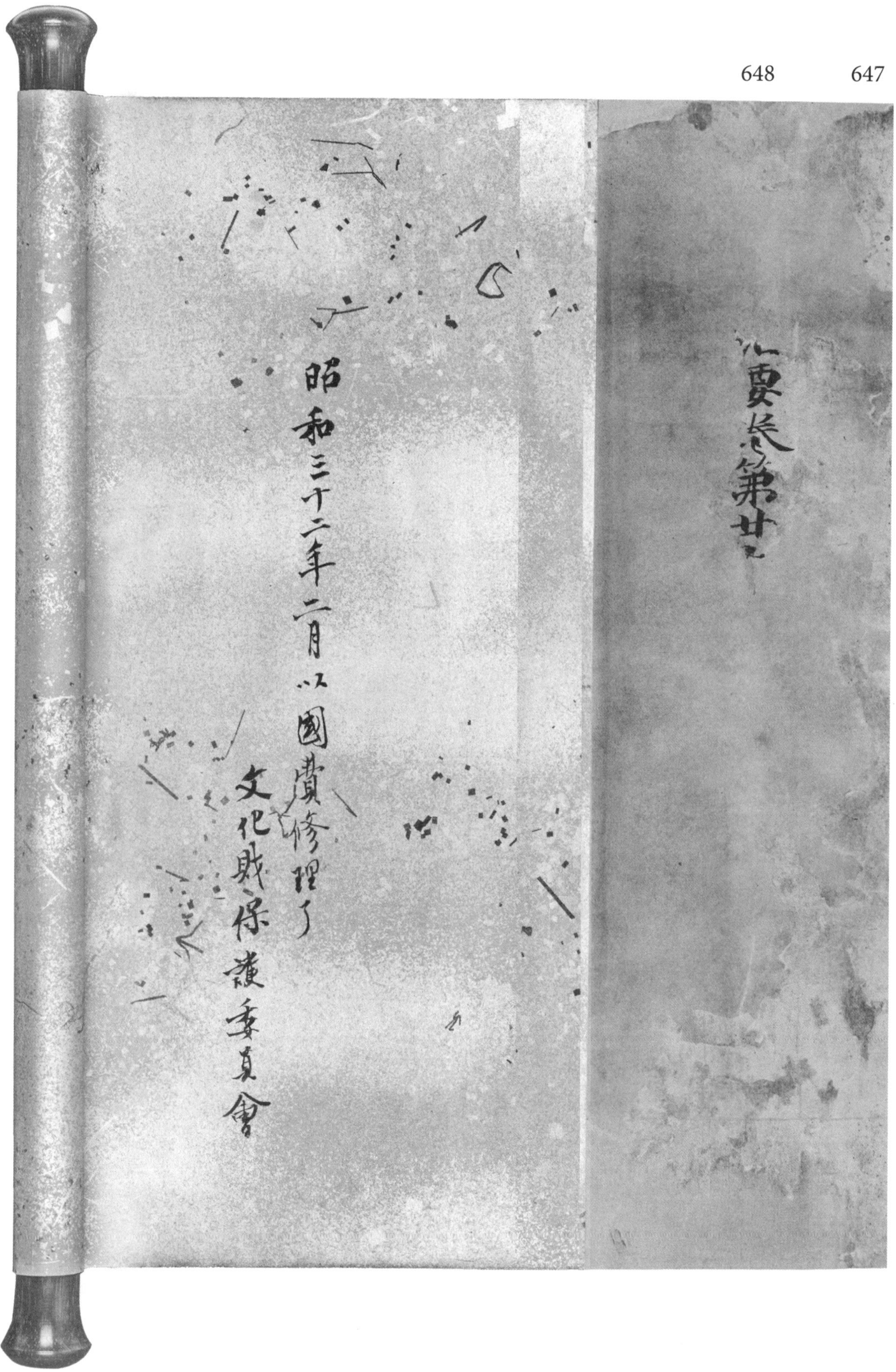

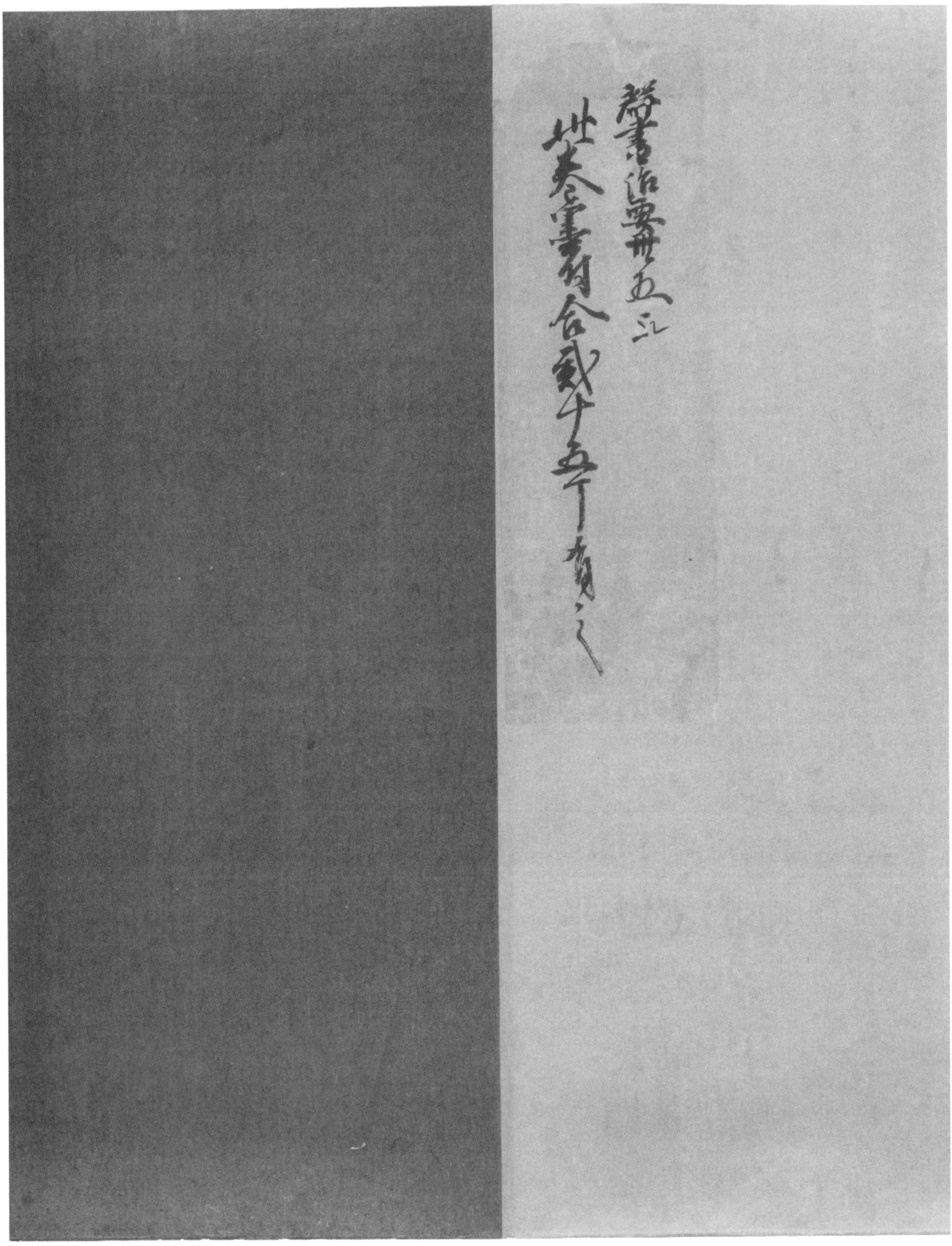

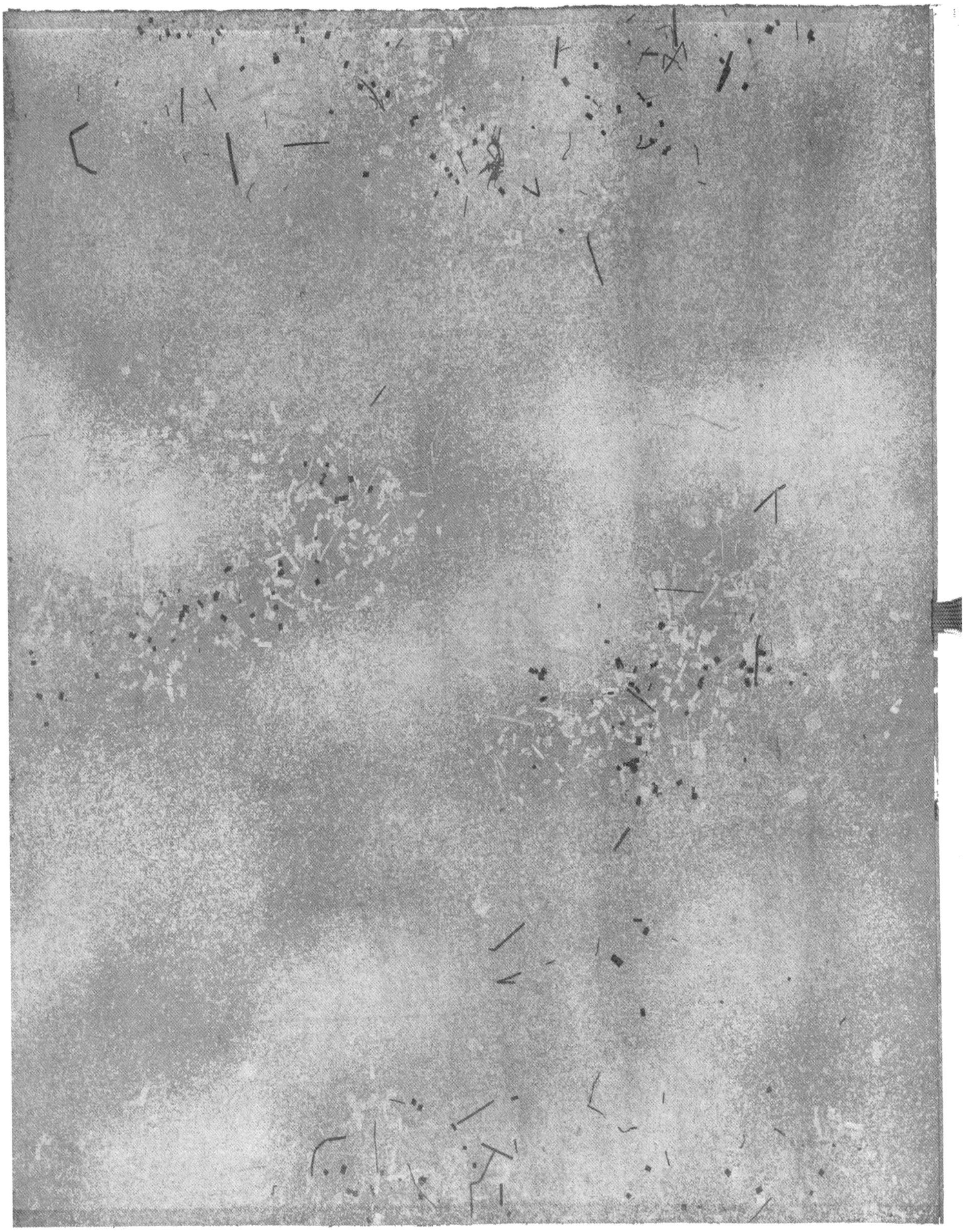

文韜
文王問太公曰天下一亂一治其所以
然者何天時天時變化當自有之
乎太公曰君不肖則國危而民亂君
賢聖則國家安而天下治禍福在
君不在天時文王曰古之賢君可得
聞乎太公曰昔帝堯上世之所謂賢
君也堯王天下之時金銀珠玉不服
錦繡文綺不衣奇怪異物不視玩好

錦繡文綺不衣奇怪異物不視玩好
之器不寶淫佚之樂不聽宮垣室屋
不甍桷椽之蓋不翦衣履不弊盡不
更爲滋味重累不食不以私曲之故
留耕種之時削心約志從事乎無爲其
自奉也甚薄役賦甚宜故萬民冨樂而
無飢寒之色百姓戴其君如日月視其
君如父母文王曰大哉賢君之德矣文
王問太公曰願聞爲國之道太公曰愛

王問太公曰願聞爲國之道太公曰愛民奈何太公曰利而勿害成而勿敗生而勿殺与而勿奪樂而勿苦喜而勿怒文王曰奈何太公曰民不失其所務則利之也農不失其時業則成之也

【第二紙】

省刑罰則生之也薄賦斂則与之也無多宮臺池則樂之也吏清不苛則喜之也民失其務則害之也農失其時則敗之也無罪而罰則殺之也重賦斂

則敗之也無罪而罰則斂之也重賦斂
則奪之也多宮室遊觀以疲民則苦之
也吏為苛擾則怒之也故善為國者
馭民如父母之愛子如兄之慈弟也見
之飢寒則為之哀見之勞苦則為之
悲文王曰善哉
文王問於太公曰賢君治國何如對曰
賢君之治國其政平吏不苛其賦斂
節其自奉薄不以私善害公法賞賜不

節其自奉薄不以私善害公法賞賜不加於無功刑罰不施於無罪不因喜以賞不因怒以誅害民者有罪進賢舉過者有賞後宮不荒女謁不聽上無淫匿下無陰害不供宮室以費財不多遊觀臺池以罷民不雕文刻鏤以逞耳目官無腐蠹之藏國無流餓之民國也

文王曰善哉

文王問師尚父曰王人者何上何取何

【第三紙】

文王問師尚父曰王人者何上何取何
去何禁何止尚父曰上賢下不肖取誠
信去詐僞禁暴亂止奢侈故王人者
有六賊七害六賊者一曰大作宮殿臺池
遊觀淫樂哥舞傷王者德二曰不事
農桑任業任勢遊俠犯歷法禁不從吏
教傷王之威三曰結連朋黨比周爲權
以蔽賢智傷王者治四曰侃智高節以
爲氣勢傷吏威五曰輕爵位賤有司羞

為氣勢傷吏威五曰輕爵位賤有司羞
為上犯難傷功臣（之害）六曰宗強侵奪淩侮貧
弱傷庶民七害者一曰無智略大謀而
以重賞尊爵之故強勇輕戰僥倖於外
王者慎勿使將二曰有名而無用出入異
言揚善掩惡進退為功（巧本）王者慎莫与謀
三曰朴（樸本）其身頭惡其衣服語無為以求名
言無欲以求得此偽人也王者慎勿近四
曰慎（博聞本）文辭諱高行論議而非時俗此姦

【第四紙】

曰慎文辭辞高行論議而非時俗此姦
人也王者慎勿寵五曰果敢輕死苟以貪
得尊爵重祿不圖大事待利而動王
者慎勿使六曰為雕文刻鏤技巧華飾以
傷農事王者必禁之七曰為方技呪詛
作蠱道鬼神不驗之物不祥訛言欺詐良
民王者必禁止之故民不盡其力非吾民
士不誠信而巧偽非吾士臣不忠諫非吾臣
民士不誠信而巧偽非吾士臣不忠諫非吾

民士不誠信而巧僞非吾士臣不忠諫非吾
士臣不忠諫非吾吏宰相不能冨國强兵
調和陰陽以安萬乘之主簡練群臣定之名
實明賞罰令百姓冨樂非吾宰相也故王
人之道如龍之首高居而遠望徐視而審
聽神其刑散其精若天之高不可極若
川之深不可測也文王問太公曰君務舉
賢而不獲其功世亂愈甚以致危亡者何
也太公曰舉賢而不用是有舉賢之名

也太公曰舉賢而不用是有舉賢之名
也無得賢之也(實)文王曰其失安　在太公曰
其失在好用世俗之所譽不得真賢文
王曰好用世俗之所譽(舉)者何也太公曰好聽
世俗之所譽者或以非賢為賢或以非智
為智或以非忠為忠或以非信為信君
以世俗之所譽者為賢智以世俗之所毀
者為不肖則多黨者進少黨者退是以群
邪比周而蔽賢忠臣死於無罪邪臣虛譽

【第五紙】

耶比周而蔽賢忠臣死於無罪耶臣虛譽
以取爵位是以世亂愈甚故其國不免於
危亡
文王曰舉賢奈何太公曰將相分職而君
以官舉人案名察實選才考能令能當名
〻得其實則得賢人之道文王曰善哉
文王問太公曰願聞治國之所貴太公曰貴
法令之必行〻則治道通〻則民太利〻則君
德彰矣君不法天地而隨世俗之所善以為

德彰矣君不法天地而隨世俗之所善以爲
法故令出必亂亂則復更爲法是以法令
數變則群邪成俗而君沉於世是以國不免
危亡矣
文王問太公曰願聞爲國之大失太公曰爲
國之大失作而不法法國君不悟是爲大失
文王曰願聞不法法國君不悟太公曰不法法
則令不行令不行則主威傷不法法則邪不
正邪不止則禍亂起矣不法法則刑妄行刑
正本

正耶不止則禍亂起矣不法〻則刑妄行刑
妄行則賞無功不法〻則國昏亂國昏亂
則臣為變不涤〻則水旱發水旱發則
萬民病君不悟則兵〻草〻起〻則失天下也
文王問太公曰人主動作舉事善惡有禍殃
之應鬼神之福無太公曰有之主動作舉
事惡則天應之以刑善則地應之以德逆
則人備之以力順則神授之以職故人主
好重賦斂大宮室多遊臺則民多病溫霜

【第六紙】

好重賦斂大宮室多遊臺則民多病温霜
露殺五穀絲麻不成人主好田獵畢弋不避
時禁則歲多大風禾穀不實人主好破壞
名山壅塞大川決通名水則歲多大水傷
民五穀不滋人主好武事兵革不息則日月
薄蝕太白失行故人主動作舉事善則天
應之以德惡則人備之以力神奪之以職如
嚮之應聲如影之隨形文王曰誠哉
文王問太公曰君國主民其所以失之者

文王問太公曰君國主民其所以失之者何也太公曰不慎所與也人君有六守三寶六守者一曰仁二曰義三曰忠四曰信五曰勇六曰謀是謂六守文王曰慎擇此六者柰何太公曰冨之而觀其無犯貴之而觀其無驕付之而觀其無轉使之而觀其無隱危之而觀其無恐事之而觀其無窮冨之而不犯者仁也貴之而不驕者義也付之而不轉者忠也使之而不隱者信也危之而

不轉者忠也使之而不隱者信也危之而
不恐者勇也事之而不窮者謀也人君慎
此六者以爲君用君無以三寶借人以三寶
借人則君將失其威大農大工大商謂
之三寶六守長則國昌三寶完則國安
文王問太公曰先聖之道可得聞乎太（先或本）

【第七紙】

公曰義勝欲則從欲勝義則凶敬勝怠
則吉怠勝敬則滅故義勝怠者王怠勝
敬者亡武

敬者亡武
武王問太公曰桀紂之時獨無忠臣良士乎
太公曰忠臣良士天地之所生何為無有
武王曰為人臣而令其主殘虐為後世笑可
謂忠臣良士乎太公曰是諫者不必聽賢
者不必用武王曰諫不聽是不忠賢而不用
是不賢也太公曰不然諫有六不聽强諫〔按六韜无强諫二字〕
有四必亡賢者有七不用武王曰願聞六不
聽四必亡七不用太公曰主好作宮室臺池

聽四必臣七不用太公曰主好作宮室臺池
諫者不聽主好忿怒忌妄諫戮人諫者不
聽主好所愛無功德而富貴者諫者不聽
主好財利巧奪萬民諫者不聽主好珠玉
奇怪異物諫者不聽是謂六不聽四必臣一曰
強諫不可止必臣二曰強諫知而不肯用
必臣三曰以宜正強臣衆邪必臣四曰以宜直
強正衆曲必臣七不用一曰主弱親強賢者
不用二曰主不明正者少邪者衆賢者

【第八紙】

不用二曰主不明正者少耶者衆賢者
不用三曰賊臣在外姧臣在内賢者不
用四曰法政阿宗族賢者不用五曰以欺爲 辱
忠賢者不用六曰忠諫者死賢者不用七曰
貨財上流賢者不用武王伐殷得二丈夫
而問之曰殷之將亡亦有妖乎其一人對曰
有殷國嘗雨血雨灰雨石小者如椎大者
如箕六月雨雪深尺餘其一人曰是非國之
大妖也殷君喜以人餧虎喜剖人心喜殺

大賊也殷君喜以人餧虎喜剖人心喜殺
孕婦喜殺人之父孤人之子喜奪喜淫
以信為欺欺者為真以忠為不忠忠諫者死
阿諫者賞以君子為下急令暴取好田
獵出入不時喜治宮室脩臺池日夜無已
喜為酒池肉林糟丘而牛飲者三千飲人
無長幼之序貴賤之禮喜聽讒用譽無
功者賞無德者富所愛專制而擅令無
禮義無忠信無聖人無賢士無法度無升

【第九紙】

禮義無忠信無聖人無賢士無法度無升
斛無尺丈無稱衡此殷國之大妖也

武韜

文王在酆召太公曰商王罪殺不辜汝尚
助余憂民今我何如太公曰王其脩身下
賢惠民以觀天道天道無殃不可以先唱
人道無災不可以先謀必見天殃又見人
災乃可以謀与民同利同利相救同情相
成同惡相助同好相趣無甲兵而勝無

【第九紙】

成同惡相助同好相趣無甲兵而勝無
衝機而攻無渠塹而守利人者天下啓
之害人者天下閉之天下非一人之天
下也取天下者若逐野獸得之而天下皆
有分肉若同舟而濟天下皆同其利舟
敗天下皆同其害然則皆有啓之無有
閉之矣無取於民者取民者也無取於
國者也無取於天下者取天下者也
取民者民利之取國者國利之取天下

取民者民利之取國者國利之取天下
者天下利之故道在不可見事在不
可聞勝在不可知微哉微哉鷙鳥將
擊卑飛翕（許及反）翼猛獸將擊俛耳俯伏聖
人將動必有愚色唯文唯德誰為之惑
弗觀弗視安知其極今彼殷商衆口相
惑吾觀其野草茅勝穀吾觀其群衆曲
勝直吾觀其吏暴虐殘賊敗法亂刑而
上不覺此亡國之則也夫上好貨群臣

【第十紙】

上不覺此臣罔之則也夫上好貨群臣
好得而賢者逃伏其亂至矣太公曰天
下之人如流水鄣之則止啓之則行動之
則濁靜之則清嗚呼神哉聖人見其所
始則知所終矣文王曰靜之柰何太公
曰天天有常刑民有常生與天人共
其生而天下靜矣
文王在岐周召
太公曰爭權於天下者何先太公曰先太

太公曰争權於天下者何先太公曰先太
公曰先人人与地稱則萬物備矣今君之
位尊矣待天下之賢士勿臣而友之則
仰而臣之宜將何以得之太公曰可以天下於也
君以得天下矣文王曰吾地賢者得之
天下有粟賢者食之天下有民賢者
牧之天下者非一人之天下莫常有
之唯賢者取之夫以賢而為人下何人
不與以貴從人曲直何人不得屈一人之
下則申萬人之上者唯聖人而後能為

有則申萬人之上者唯聖人而後能為
之文王曰善請著之金板於是文王所
就而見者六人所求而見者七十人所呼
而友者千人
文王曰何如而可以為天下太公對曰大
蓋天下然後能容天下信蓋天下然後
可約天下仁蓋天下然後可以求天下
恩蓋天下然後王天下權蓋天下然後
可以不失天下事而不疑然後天下時

【第十一紙】

可以不失天下事而不殺然後天下時
此六者備然後可以為天下政故利天下
者天下啓之害天下者天下閉之生天
下者天下德之然（殺）天下者天下賊之窮（安）
天下者天下恃之危天下者天下灾
之天下者非一人之天下唯有道者得
天下也
武王問太公曰論將之道柰何太公曰將
有五才十過所謂五才者勇智仁信忠也

有五才十過所謂五才者勇智仁信忠也
勇則不可犯智則不可亂仁則愛人信
則不欺人忠則無二心所謂十過者有
勇而輕死者有急而心速者有貪而喜
利者有仁而不忍於人者有智而心怯者
有信而喜信於人者有廉潔而不愛民
者有智而心緩者有剛毅而自用者有懦
心而喜用人者有勇而輕死者可暴也急而
心速者可久也貪而喜利者可遺也仁

心速者可久也貪而喜利者可遺也仁而不忍於人者可勞也智而心怯者可窘也信而喜信於人者可誑也廉潔而愛人者可侮也智而心緩者可襲也剛毅而自用者可事也懦心而喜用人者可欺也故兵者國之大器存亡之事命在於將也先王之所重故置將不可不審察也

【第十二紙】

武王問太公曰王者舉兵欲簡練英雄知士之高下為之奈何太公曰知之有八徵一

之高下為之奈何太公曰知之有八徴一
曰徴察問之以觀其辭二曰窮之以辭以
觀其變三曰與之間謀以觀其誠四曰明
白顯問以觀其德五曰遠使以財以觀其
貪六曰試之以色以觀其貞七曰告之以
難觀其勇八曰醉之以酒以觀其態八
徴皆備則賢不肖別矣
龍韜
武王曰士高下豈有法乎太公曰有九法

武王曰士高下豈有差乎太公曰有九差
武王曰願聞之太公曰人才參差大小猶斗
不以盛石滿則棄矣非其人而使之安
得不殆多言多語惡口惡舌終日言惡寢
臥不絕為衆所憎為人所疾此可使要
問閭里察對伺猾擢數好事夜臥早
起雖遽不悔此妻子將也先語察事實
長希言賦物平均此十人之將也切切截
截不用諫言數行刑戮不避親戚此百人

【第十三紙】

〻不用諫言殺行刑戮不避親戚此百人之將也訟辨好勝疾賊侵陵斥人以刑欲正一衆此千人之將也外貌作〻言語切〻欲人飢飽習人劇易此萬人之將也戰〻慄〻日慎一日進賢進謀使人以節言語不慢忠心誠必此十萬之將也溫良實長用心无兩見賢進之行法不枉此百萬之將也動〻怜〻隣國皆聞出入居處百姓所親誠信緩大明於領世能教成事又

所親誠信綏大明於領世能教成事又
能救敗上知天文下知地理四海之内皆如
妻子此英雄之率乃天下之王（主）也
武王問太公曰立將之道柰何太公曰凡國
有難君居正殿召將而詔之曰社稷安危一
在將軍將軍受命乃齊於太廟擇日
授斧鉞君入（人）廟西南（面）而立將軍入北面
立君親操鉞持其首受其柄曰從此以往
上至於天將軍制之乃復操柄授与其刃

上至於天將軍制之乃復操柄授与其刃
曰從此以下至於泉將軍制之既受命曰
民(臣)聞治國不可從外治軍不可從中御二
心不可以事君疑志不可以應敵臣既受命
專斧鉞之威臣不敢還請願君赤(亦)垂一言
之命於臣君不許臣臣不敢將君許之乃辭
而行軍中之事不可閒(聞)君命皆由將軍
出將臨敵決戰无有二心若此无夫(天)於上
无地於下无敵於前无主於後是故智

【第十四紙】

无地於下无敵於前无主於後是故智
者為之慮勇者為之鬭氣厲青雲疾若
馳騖兵不接刃而敵降服武王問太公曰將
何以為威何以為明何以為審何以為禁
止而令行太公曰以誅大為威以賞小為明
以罰審為禁止而令行故殺一人而三軍振
者殺之殺一人而萬人慄者殺之殺一人而萬（千）
人怨者殺之故殺貴大賞貴小殺及貴重當
路之臣是刑上極也賞及牛馬廝養是賞

路之臣是刑上極也賞及牛馬廝養是賞下通也刑上極賞下通是威將之所行也夫殺一人而三軍不聞殺一人而萬民不知殺一人而千万人不恐雖多殺之其將不重封一人而三軍不悅爵一人而萬人不勸賞一人万人不欣是為賞无功貴无能也若此則三軍不為使是失衆之紀也

武王問太公曰吾欲令三軍之衆親其將如父母攻城爭先登野戰爭先赴聞金聲

【第十五紙】

如父母攻城爭先登野戰爭先赴聞金聲
而怒聞鼓音而喜爲之奈何太公曰將有
三礼冬日不服裘夏日不操扇天雨不張
蓋幕名曰三礼也將身不服礼無以知士
卒之寒暑出陥〔隘〕塞犯泥塗將必不〔下〕步名
曰力將〻身不服力無以知士卒之勞苦
士卒軍皆定次將乃就舍炊者皆熟將乃
敢食軍不舉火將亦不火食名曰止欲將
不身服止欲无以知士卒之飢飽故上將与

不身服心欲无以知士卒之飢飽故上將与士卒共寒暑共飢飽勤苦故三軍之衆聞鼓音而喜聞金聲而怒矣高城深池矢石繁下士爭先登白刃始合士爭先赴非好死而樂傷為其將念其寒苦之極知其飢飽之審而見其勞苦之明也

武王問太公曰攻伐之道奈何太公曰資因敵家之動變生於兩陣之間奇正傳於無窮之源故至事不語用兵不言其事之

窮之源故至事不語用兵不言其事之
成者其言不足聽兵之用者其狀不足見
倏然而往忽然而來能獨轉而不制者也（兵）
善戰者不待張軍善除患者理其未
生善勝敵者勝於無形上戰無與戰矣故
爭於白刃之前者非良將也備已失之
後者非上聖也智與衆同非人師也伎與
衆同非國工也事莫大於必成用莫大（貴）
於必成用莫貴於玄眇動莫神於不意

【第十六紙】

於必成用莫貴於玄眇動莫神於不意勝莫大於不識夫必勝者先弱敵而後戰者也故事半而功自倍兵之害猶豫最大兵之災莫大於狐疑善者見利不失遇時不疑失利後時及受其災善者從而不擇巧者一決而不猶豫故疾雷不及掩耳卒電不及瞬目赴之若驚用之若狂當之者破近之者亡孰能待之武王曰善武王問太公曰凡用兵之極天道地利人

武王問太公曰凡用兵之極天道地利人事三者孰先太公曰天道難見地利人事易得天道在上地道在下人事以飢飽勞逸文武也故順天道不必有吉違之不必有害失地之利則士卒迷惑人事不和則不可以戰矣故戰不必任天道飢飽勞逸文武最急地利爲寶王曰天道鬼神順之者存逆之者亡何以獨不貴天道太公曰此聖人之所生也欲以止後世故作爲

【第十七紙】

公曰此聖人之所生也欲以止後世故作爲
譎（古要反 詐也）書而寄勝於天道無益於兵勝而衆將
所拘者九王曰敢問九者奈何太公曰法令
不行而任侵誅無德厚而用日月之數不
順敵之強弱幸於天道無智慮而候氣
氛少勇力而望天福不知地形（利）而歸過（遇）
敵人怯弗敢擊而待龜筮士卒不募而
法鬼神設伏不巧而任背向之道凡夫
道鬼神視之不見聽之不聞索之不得

【第十七紙】

道鬼神視之不見聽之不聞意之不得不可以治勝敗不能制死生故明將不法也太公曰天下有粟聖人食之天下有民聖人收之天下有物聖人裁之利天下者取天下安天下者有天下愛天下者久天下仁天下者化天下

虎韜

武王勝殷召太公問曰今殷民不安其處奈何使天下安乎太公曰夫民之所利譬

奈何使天下安乎太公曰夫民之所利譬
之如冬日之陽夏日之陰冬日之從陽夏
日之從陰不召自來故生民之道先定其
所利而民自至民有三機不可數動動之有
凶明賞則不足不足則民怨生明罰則民
懾畏民懾畏則變故出明察則民擾民
擾則不安其處易以成變故明王之民不
知所好不知所惡不知所從不知所去使民
各安其所生而天下靜矣樂哉聖人与

咎安其所生而天下靜矣樂哉聖人与
天下之人皆安樂也武王曰為之奈何太
公曰聖人守無窮之府用無窮之財而天下
仰之仰之而天下治矣神農之禁春夏之
所生不傷不害謹脩地利以成萬物無奪民

【第十八紙】

之所利而農順其時矣任賢使能而官有
材而賢者歸之矣故賞在於成民之生罰
在於使人無罪是以賞罰施於民而天
下化矣

下化矣
犬鞱
武王至殷將戰紂之卒握炭流湯者
十八人以手爲禮以朝者三千人舉百石
重沙者廿四人超行五百里而矯矛致百步
之外者五千人介士億有八萬武王懼曰夫
天下以紂爲大以周爲細以紂爲衆以周爲
寡以周爲弱以紂爲強以周爲危以紂爲安
以周爲諸侯以紂爲天子今日之事以諸

以周爲諸侯以紂爲天子今日之事以諸
侯擊天下以細擊大以少擊多以弱擊
强以危擊安以此五短擊此五長其可以濟
功成事乎太公曰審天子不可擊審大
不可擊審衆不可擊審强不可擊審
安不可擊王大恐以懼太公曰王無恐且
懼所謂大者盡得天下之民所謂衆者
盡得天下之衆所謂强者盡用天下之
力所謂安者能得天下之所欲所謂天子

【第十九紙】

力所謂兵者能得天下之所欲所謂天子者天下相愛如父子此之謂天子今日之爲天下除殘去賊也周雖細曾殘賊一人之不當乎王大喜曰何謂殘賊太公曰所謂殘者收天下珠玉美女金銭綵帛狗馬穀粟藏之不休此謂殘也所謂賊者收暴虐之吏殺天下之民無貴無賤非以法度此謂賊也

武王問太公曰欲与兵深謀進必斬敵退

武王問太公曰欲与兵深謀進必斬敵退
必克全其略云何太公曰主以礼使将〻以
忠受命國有難君召将而詔曰見其虛則
進見其實則避勿以三軍為貴而輕敵勿
以授命為重而苟進勿以貴而賤人勿以獨
見而違衆勿以辯士為必然勿以謀簡於
人勿以謀後於人士未坐勿坐未食勿
食寒暑必同敵可勝也陰謀
武王問太公曰賢君治國教民其法何如太

【第二十紙】

武王問太公曰賢君治國教民其法何如太公對曰賢君治國不以私害公賞不加於无功罰不加於无罪法不廢於仇讎不避於所愛不因怒以誅不因喜以賞不高臺深池以役下不雕文刻書以害農不極耳目之欲以亂政此是賢君之治國也不好生而好殺不好殺不好殺不好成而好敗不好利而好害不好与而好奪不好賞而好罰妄予爲政使内外相疑君臣不和拓人田宅以爲

為政使内外相疑君臣不和柘人田宅以為
臺觀發人丘墓以為苑囿僕虜衣文繡
禽獸犬馬与人同食而萬民糟糠不
厭裋褐不完其上不知而重斂奪民財
物藏之府庫賢人逃隱於山林小人任大
職无功而爵无德而貴專恣倡樂男女昬
亂不恤萬民違陽陰之氣忠諫不聽信
用邪佞此亡國之君治國也
武王問太公曰吾欲輕罰而重威少其賞而

武王問太公曰吾欲輕罰而重威少其賞而
觀善多簡其令而衆皆化為之何如太公
曰殺一人千人懼者殺之殺二人而万人懼
者殺之殺三人三軍振者殺之賞一人而千人
喜者賞之賞二人而万人喜者賞之賞三人三
軍喜者賞之令一人千人得者令之禁二
人而萬人止者禁之教三人而三軍正者教
之殺一以懲萬賞宜而觀衆此明君之威
福也

【第二十一紙】

禍也
武王問太公曰吾欲以一言与身相終再言
与天地相承三言爲諸侯雄四言爲海内
宗五言傳之天下无窮可得聞乎太公
曰一言与身相終者是内寳而外仁也再言
天地相承者是言行相制若天地无私也
三言爲諸侯雄者是敬賢用諫謙下於士
也四言爲海内宗者敬接不肖无貧富无
貴賤无善惡无憎愛也五言傳之天下无

貴賤无善惡无憎愛也五言傳之天下无
窮者通於否泰順時容養貴也
武王問尚父曰五帝之戒可聞乎尚父曰
黄帝之時戒曰吾之居民上也搖々恐夕
不至朝堯之居民上振々如臨深川舜
之居民上兢々如履薄氷禹之居民上慄
々恐不滿日湯之居民上戰々恐不見旦王曰
宜人今新并殷居民上翼々懼不敢怠
鬻子

鬻子

君子不與人之謀則已矣若與人謀之則非道無由也故君子之謀能必用道而不能必見受也能必忠而不能必入也能必信而不能必見信也君子非仁者不出之於辞而施之於行故非非者行是而惡惡者行善而道諭矣文王問於鬻子曰敢問人有大忌乎對曰有文王曰敢問大忌奈何鬻子對曰大忌知身之惡而不改也以問

【第二十二紙】

鬻子對曰大忌知身之惡而不改也以周
其身乃喪其軀有行如此之謂大忌也
昔之帝王其所以爲明者以其吏也昔之
君子其所以爲功者以其民也功生於民
而功冣於吏福歸於君
民者至庳也而使之取吏焉必取所愛故十
人愛之則十人之吏也百人愛之則百人
之吏也千人愛之則千人之吏也萬人愛
之則萬人愛之則萬民之吏也周公曰吾

之則萬人愛之則萬民之吏也周公曰吾
聞之於政也知善不行者（則）謂之狂知惡不
改則謂之惑夫狂与惑者聖王之戒也不
肖者不自謂不肖而不肖見於行不肖者
雖自謂賢人猶皆謂之不肖也愚者不
自謂愚而愚見於言愚者雖自謂智人猶
皆謂之愚也禹之治天下也以五聲聽門
懸鼓鍾鐸磬而置鞀以待四海之士為銘
於簨簴（思尹反　其呂反）曰教寡人以道者擊鼓教寡人

於簨簴（思尹反 其呂反）曰教寡人以道者擊鼓教寡人
以義者擊鐘教寡人以事者振鐸語寡
人以憂者擊磬語寡人以訟獄者搖鞀
此之謂五聲是以禹嘗據一饋而七十
起日中而不暇飽食曰吾不恐四海之士
留於道路吾恐其留吾門廷也是以四海

【第二十三紙】

之士皆至是以禹朝廷間可以
羅雀
者非夫卿相無世賢者有之國無固治矯

者非夫卿相無世賢者有之國無固治智
者理之智者非一日之志也治者非一日
之謀也治志治謀在於帝王然後民知所
保而知所避發政施令為天下福者謂
之道上下相親謂之和民不求而得所欲
謂之信除天下之害謂之仁仁與信和與
道帝王之器也凡萬物皆有器故欲有為
而不成也欲王者亦然不用帝王之器者亦
不成也

不成也
昔者魯周公使衛康叔往守於殷戒之
曰與殺不辜寧失有罪無有無罪而見諫（誅）
無有功而不賞戒之封誅賞慎焉

群書治要卷第卅一

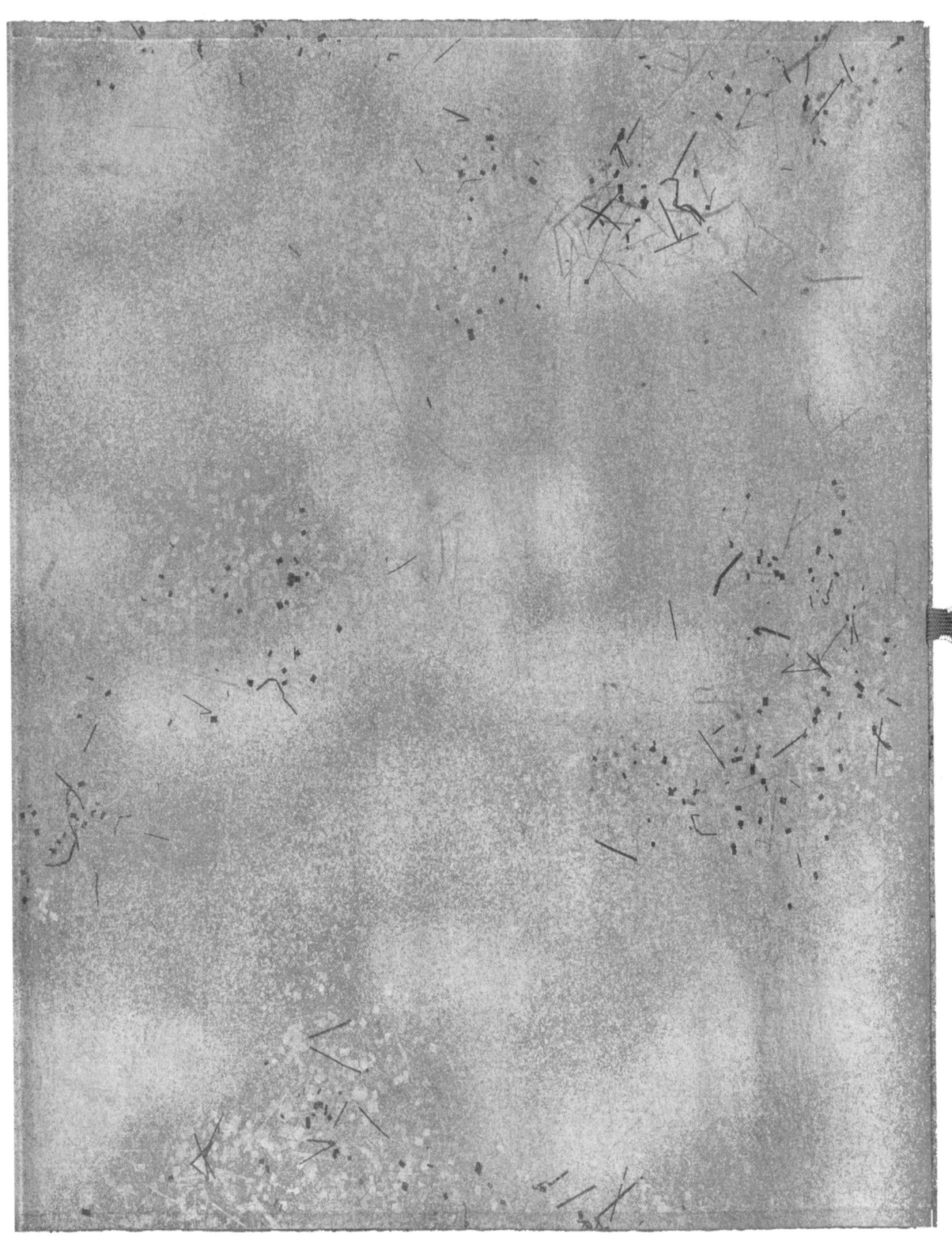

【第一紙】

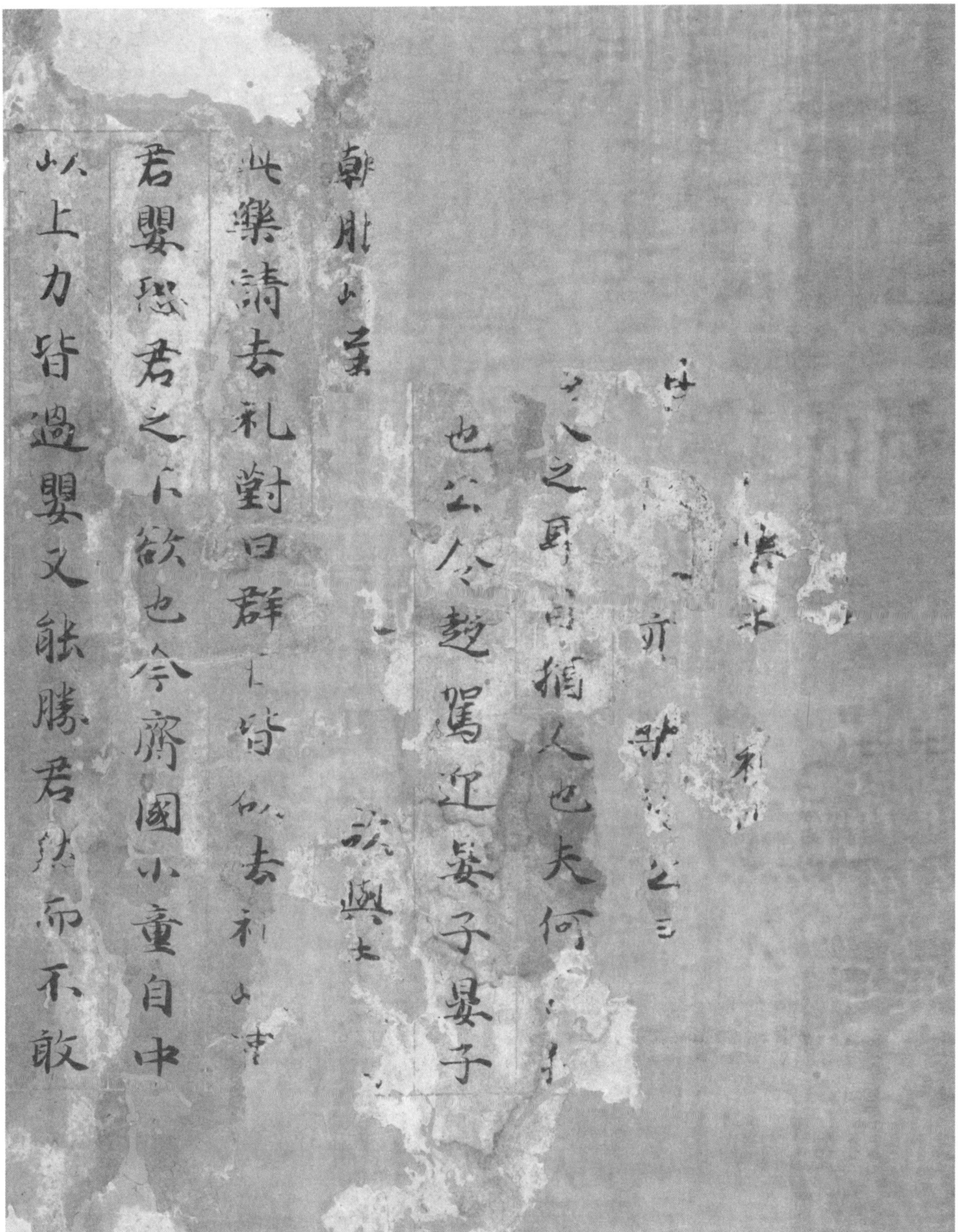
之耳目
稱人也夫何
也公今趨駕迎晏子晏子
朝服以至
此樂請去禮對曰群臣皆欲去禮以事
君嬰恐君之不欲也今齊國小童自中
以上力皆過嬰又能勝君然而不敢

【第二紙】

以上力皆過嬰又能勝君然而不敢
畏以義也君若无[illegible]若
无礼无以事上夫人之所以貴於禽獣
者以有礼也嬰聞之君無礼無以臨其
邦大夫無禮官吏不恭父子無禮其
家必凶詩曰人而無禮胡不遄死
不可去也公曰寡人不敏無良左右淫
蠱寡人以至於此請殺之晏子曰左
右無罪君若无礼則好礼者去无礼

右無罪君若无礼則好礼者去无礼
者至君若好礼則有礼者至无礼者
去矣公曰善請易衣冠糞洒改席召
晏子晏子入門三讓升降用三獻礼
[illegible]拜送之徹酒去樂
[illegible]之教也景公之時雨
雪三日而不霽公被[illegible]坐於
堂側階晏子入見立有閒公曰怪哉
雨雪三日而天不寒晏子對曰天不

雨雪三日而天不寒晏子對曰天不
寒乎公笑晏子曰嬰聞古之賢君飽
而知人之飢溫而知人之寒逸而知
人之勞今君不知也公曰善宜人聞
矣乃命出裘發粟以與飢寒孔子
聞之曰晏子能明其所欲景公行其
所善淳于人納女於景公生孺子荼
景公愛之諸臣謀欲廢公子陽生而
立荼公以告晏子晏子曰不可夫以賤

立荼公以告晏子晏子曰不可夫以賤
匹貴國之害也置子立少亂之本也
夫陽生長而國人戴之君其勿易夫
服位有等故賤不陵貴立子有礼故
孽不亂宗廢長立少不可以教下尊

【第三紙】

孽卑宗不可以利所愛長少無等宗
孽无別是設賊樹之本也君其圖之
古之明君非不知繁樂也以為淫樂
則哀非不知立愛也以為義失而憂

則哀非不知立愛也以為義失而憂
是故制樂以節立子以道若夫持讒
諛以事君者不足以責信今君用讒
人之謀乱夫之言廢長立少臣恐後
人之有因君之過以資其邪廢少而
立長以成其利者君其圖之公不聽
景公設田氏殺荼立陽生殺陽生立
簡公殺簡公而取齊國　景公燕賞
於國內萬鍾者三千鍾者五令三出

於國內萬鍾者三千鍾者五命三出
而職計莫之公怒令之免職計命三
出而士師莫之公不悅晏子見公謂
晏子曰寡人聞君國者愛人則能利
之惡人則能疏之今寡人愛人不能
利惡人不能疏失君道矣晏子曰嬰
聞之君正臣從謂之順君僻臣從謂
之逆今君賞讒諛之臣而令吏必從
則使君失其道臣失其守也先王之

【第四紙】

則使君失其道自失其守也先王之
立愛以觀善也其立惡以禁暴也昔
者三代之興也利於國者愛之害於
國者惡之故明所愛而賢良衆明所
惡而耶僻滅是以天下平治百姓和
集及其衰也行安簡易身安逸樂順
於己者愛之逆於己者惡之故明所愛
而邪僻繁明所惡而賢良滅離散百
姓危覆社稷君上不度聖王之興而

姓危覆社稷君上不度聖王之興而
下觀惰君之衰逆政之行有司不敢
争以覆社稷危宗廟矣公曰寡人不
知也請從士師之美景公觀於淄上
喟然而曰嗚呼使國可長保而傳子
孫豈不樂哉晏子對曰嬰聞之明王
不徒立百姓不虛至今君以政乱國
以行弃民久矣而欲保之不亦難乎
嬰聞之能長保國者能終善者也諸

嬰聞之能長保國者能終善者也諸
侯並能終善者為長列士並立能終
善者為師昔先君桓公方任賢而贊
息之時亡國恃以存危國仰以安是
以民樂其政而世高其惪行遠征暴
勞者不疾駈海內使朝天子諸侯不
怨當是時盛君之行不能進焉及其

【第五紙】

卒而衰怠於惪而并於樂身溺於婦
俗而謀因於豎刀是以民苦其政而

俗而誹因於豎刀是以民苦其政而
世非其行故身死胡宮而不舉虫出
而不收當是也桀紂之卒不能惡焉詩
曰靡不有初鮮克有終不能善者不遂
其國今君臨民若寇讎見善若避熱亂
政而危賢必逆於衆肆欲於民而虐
誅其下恐及於身矣嬰之年老不能
待君使矣行不能革則持節以沒世
矣　景公出遊北面望睹齊國曰烏

矣 景公出遊北面望睹齊國曰嗚呼使古而无死如何晏子曰昔者上帝以人之沒為善仁者息焉不仁者伏焉若使古而無死丁公將有齊國桓襄文武將皆相之吾君將戴笠衣褐執銚耨以蹲行畎畝之中孰暇患死公不悅无幾何梁丘據乘六馬而來公曰據與我和者夫晏子曰此所謂同也所謂和者君甘則臣酸君淡

謂同也所謂和者君甘則臣酸君淡
則臣鹹今據也君甘亦甘所謂同也
安得爲和公不悅無幾何公西北望
睹彗星呂伯常騫使攘而去之晏子
曰不可此天教也以識不敬今君若
設[誤]文而受諫雖不去彗星將自亡今
君嗜酒而并於樂政不飾而寬於小
人近讒好優何暇在彗茀又將見矣
公不悅无幾何晏子卒公出屏而立

公不悦无幾何晏子卒公出屛而立
曰烏呼昔者從夫子而遊夫子一日
而三責我今孰責寡人哉景公射鳥
野人駭之公令吏誅之晏子曰野人
不知也臣聞之賞無功謂之亂罪不
知謂之虐兩者先王之禁也以飛鳥
犯先王之禁不可今君不明先王之
制而无仁義之心是以從欲而輕誅
也夫鳥獸固人之養也野人駭之不

也夫鳥獸固人之養也野人駭之不亦宜乎公曰善自今以來施鳥獸之禁无以拘民

諫下

景公築路寢之臺三年未息而又為長康之役二年未息又為鄒之長余晏子諫曰百姓之力勤矣君不息乎公曰余將成矣請成而息之對曰君屈民財者不得其利窮民力者不得

【第七紙】

屈民財者不得其利窮民力者不得
其樂昔者楚靈王作爲傾宮三年未
息也又爲章華之臺五年未息也而
又爲乾谿之役八年百姓之力不足
而自息也靈王死乾谿而民不与歸
令君不道明君之義而循靈王之迹嬰
懼君之有暴民之行而不睹長康之
樂也不若息之公曰善非夫子寡人
不知得罪於百姓深也於是令斬板

不知得罪於百姓深也於是令斬板
而去之
景公成路寢之臺逢於何遭晏子於
途再拜於馬前曰於何之母死兆在
路寢之臺牖下願請合骨晏子曰嘻
難矣雖然嬰將為子復之遂入見公
曰有逢於何者母死兆在路寢當牖
下願請合骨公作色不悅曰自古及
今子亦嘗聞請葬人主宮者乎晏子

今子亦當聞請葬人主宮者乎晏子
對曰古之君治其宮室節不侵生人
之居其臺榭儉不殘死人之墓未嘗
聞請葬人主宮者也今君侈為宮室
奪人之居廣為臺榭殘人之墓是生
者愁憂不得驩處死者離析不得合
【第八紙】
骨豐樂侈遊兼傲死生非仁人之行
也遂欲滿求不顧細民非存之道也
且嬰聞之生者不安命之日蓄憂死

且嬰聞之生者不安命之日蓄憂死
者不葬命之日蓄哀蓄憂者怨蓄哀
者危君不如許之公曰諾晏子出梁
丘據曰自古及今未嘗聞求葬公宮
者也若何許之公曰削人之居殘人
之墓淩人之喪而禁其葬是於生者
無施於死者無礼也且詩曰穀則異
室死則同穴吾敢不許乎逢於何遂
葬路寢臺之牖下解衰去絰布衣玄

葬路寢臺之牖下解衰去絰布衣玄冠踊而不哭辟而不拜已垠夷而去之梁丘據死景公召晏子而告之曰據忠且愛我我欲封厚其葬高大其壟晏子曰敢問據之所以忠愛君者可得聞乎公曰吾有喜於玩好有司未能我供也則據以其財供我吾是以知其忠也每有風雨暮夜求之必存吾是以知其愛也晏子曰嬰對則為罪不對則

知其愛也晏子曰嬰對則為衆不對則
無以事君敢不對乎嬰聞之臣專其君
謂之不忠子專其父謂之不孝妻專其夫
【第九紙】
謂之嫉妬為臣道君親於父兄有礼於群
臣有恵於百姓有義於諸侯謂之忠也
為子道父以愛於兄（或兄）弟施行於諸侯父
慈恵於衆子誠信於明友謂之孝也為
妻使衆妾皆得驩欣於夫謂之不妬也
今四封之民皆君之臣也而唯攖盡力

令四封之民皆君之臣也而唯據盡力
以愛君何愛者之少耶四封之貨皆君
之有也而唯據也以其私財忠於君何
忠者之寡耶據之防塞群臣壅蔽君無
乃甚乎公曰善哉微子寡人不知據之
至於是也遂罷為壟之役廢厚葬之令
令有司據法而責群臣陳過而諫故官
無廢法臣無隱忠而百姓大悅
問上　景公問晏子曰君子常行曷若

【第十紙】

問上　景公問晏子曰君子常行曷若
對曰衣冠不中不敢以入朝所言不義
不敢以要君身行不順治事不公不敢
以涖衆衣冠中故朝無奇僻之服所言
義故下無偽上之報身行順治事公故
國無阿黨之義三者君子常行也
景公問晏子曰請問臣道對曰見善必
通不私其私薦善而不有其名稱身居
位不為苟進稱事受祿不為苟得君用

【第十紙】

位不為苟進稱事受祿不為苟得君用其言人得其利不伐其功此臣道也

景公問晏子曰明王之教民何若對曰明其教令而先之以行養民不苛而防之以刑所求於下者不務於上所禁於民者不行於身故下從其教也稱事以任民中聽以禁邪不窮之以勞不害之以罰上以愛民為諸下以相親為義是以天下不相違也此明王之教民也

天下不相違也此明王之教民也
景公問晏子曰忠臣之事君何若對曰
有難不死出亡不送公不悅曰君裂地
而富之疏爵而貴之有難不死出亡不
送其說何也對曰言而見用終身無難
臣何死焉謀而見從終身不出臣何送
焉若言不用有難而死是妄死也謀而
不從出亡而送是詐僞也忠臣也者能
檀善於君而不與君陷於難者也

擅善於君而不與君陷於難者也
景公問晏子曰忠臣之行何如對曰選
賢進賢能不私乎內稱身就位計能受
祿睹賢不居其上受祿不過其量不權君
以為行不稱位以為忠不掩賢以隱長

【第十一紙】

不刻下以諛上順即進否即退不與君
行邪景公問晏子曰臨國蒞民所患
何也對曰所患者三忠臣不信一患也
信臣不忠二患也君臣異心三患也是

信臣不忠二患也君臣異心三患也是
以明君居上無忠而不信無信而不忠
者是以君臣無獄而百姓無怨也莊子
問晏子曰威當世而服天下時耶對曰
行也公曰何行對曰能愛邦內之臣者
能服境外之不善重士臣之死力者能禁
暴國之耶中聽任聖者能威諸侯安仁
義而樂利世者能服天下不能愛邦內
之臣者不能服境外之不(イ元)不善輕士臣

之臣者不能服境外之不（イ无）不善輕士臣
之死力者不能禁暴國之邪逆諫傲賢
者不能威諸侯背仁義而貪名實者不能
服天下威當世而服天下者此其道已公不
用任勇力之士而輕臣僕之死用兵無休國
疲民害朞年百姓大亂而身及崔氏
景公問晏子曰聖人之不得意也何如晏
子對曰上作事反天時從政逆鬼神藉斂
單百姓四時易序神祇並怨道忠者不聽

單百姓四時易序神祇並怨道忠者不聽
薦善者不行諛過者有賞救失者有罪故
聖人伏遥隱處不干長上靜身守道不與
世陷乎邪 是以卑而不失義葬而不失廉
此聖人之不得意也公曰聖人之得意何如
晏子對曰世治政平舉事調乎天籍斂和
乎民百姓樂其政遠者懷其德四時不失
序風雨不降虐天明象而致贊地育長而
具物神降福而不靡民服教而不偽治無

具物神降福而不靡民服教而不僞治無
怨業居無廢民此聖人之得意也
景公問求賢晏子對曰通則視其所舉
窮則視其所不爲富則視其所分貧則視
其所不取夫上難進而易退也其次易進
而易退也其下易進而難退也以此數物
者取人其可乎　景公問晏子曰古之蒞國
治民者其任人何如對曰地不同宜而任之以人
一種責其俱生不可得也人不同能而任之

一種責其俱生不可得也人不同能而任之以事不可責徧成責焉無已智者有不能給矣求焉無饜天地有不能贍矣故明王之任人諂諛不邇乎左右阿黨不治乎本朝任人之長不彊其短任人之工不彊其拙此任人之大略也　景公問晏子曰富民安衆難乎對曰易節欲則民富中聽則民安【第十三紙】行此兩者而已矣　景公問晏子曰古者離散其民而隕失其國者其常行何如對曰國

其臣而隕失其國者其常行何如對曰國貧而好大智薄而好專尚讒諛而賤賢人樂簡慢而輕百姓國無常法臣無經紀好辯以爲智刻臣以爲忠流湎而忘國好兵而忘臣肅於罪誅而慢於慶賞樂人之衰利人之害息不足以懷人政不足以匡臣賞不足以勸善刑不足以防非此亡國之行也今臣聞公令如寇讎此古之離其臣隕其國常行也

景公問晏子曰謀必得事必成有術乎對曰

景公問晏子曰謀必得事必成有術乎對曰
有公曰其術何如晏子曰謀度於義者必得
事因於民者必成反義而謀背民而動未聞
存者也昔三代之興也謀必度於義事必因
於民及其衰也謀者反義興事傷民故度
義因民事謀之術也
景公問晏子曰治國之患亦有常乎對曰讒
夫佞人之在君側者好惡良臣而行與小人此
治國之常患也公曰讒佞人則然誠不善矣雖

【第十四紙】

治國之常患也公曰讒佞人則然誠不善矣雖
然則奚曾爲國常患乎晏子曰君以爲耳
目而好繆事則是君之耳目繆也夫上乱君
之耳目而下使群臣皆失其職豈不誠足患
哉公曰如是乎寡人將去之晏子曰公不能去
也公曰不悦曰夫子何少寡人之甚也對曰臣
非敢矯也夫能自周於君者材能皆非常也
夫藏大不誠於中者必謹小誠於外以成其
大不誠入則求君之嗜欲能順之君怨良

大不誠入則求君之嗜欲能順之君怨良
臣則其具往失而益之出則行威以取富夫
可密近不爲大利變而務與君至義者此
難得而其難知也公曰然則先聖奈何對曰先
聖之治也審見賓客聽治不留患日不足群
臣皆得畢其誠讒諛安得容其私公曰然則
夫子助寡人止之寡人亦事勿用矣對曰讒夫
佞人之在君側者若社之有鼠也不可熏去
讒佞之人隱君之威以自守也是故難去也

讒佞之人隱君之威以自守也是故難去也
景公問晏子曰古之盛君其行何如對曰薄
於身而厚於民約於身而廣於世處上也
足以明政行教而不以威下其取財也權有
無均貧富不以養嗜欲誅不避貴賞不
遺賤不淫於樂不遁於哀盡智道民而不
伐焉勞力事民而不責焉政尚相利故下不
以相害為行教尚相愛故民不以相惡為名
刑罰中於法廢罪順於民是以賢者處上

【第十五紙】

刑罰中於法廢罪順於民是以賢者處上而不華不肖者處下而不怨四海之內一意同欲生有厚利死有遺教此盛君之行也

問下　景公出游問於晏子曰吾欲循海而南至於琅耶寡人何脩以則夫先王之游也晏子曰嬰聞之天子之諸侯為巡狩諸侯之天子為述職故春省耕而補不足者謂之游秋省實而助不給者謂之豫夏諺曰吾君不游我曷以休吾君不豫我曷以助壹游壹豫

游我曷以休吾君不豫我曷以助壹游壹豫
為諸侯度今君之游不然師行而貧苦不備
勞者不息夫從高歷時而不反謂之流從下
歷時而不反謂之連從獸而不歸謂之荒從
樂而忘歸謂之亡古者聖王無流連之游無
荒亡之行公曰善令吏出粟以與貧者三千
鍾公所身見老者七十人然後歸景公問晏
子曰寡人意氣衰身甚病今吾欲具珪
璋牲令祝宗薦之乎上下宗廟意者礼可以

犧牲令祝宗薦之乎上下宗廟意者礼可以干福乎晏子對曰嬰聞之古者先君之干福也政必合乎民行必順乎神節宮室不敢大斬伐以無偪山林節飲食無多田漁以毋偪川浦祝宗用事辭罪而不敢有祈求也是以神民俱順而山川納祿今君政反乎民而行

【第十六紙】

悖乎神大宮室多斬伐以偪山林羨飲食多田漁以偪川浦是以神民俱怨而山川收祿司過薦至而祝宗祈福意者逆公曰寡人非夫

過薦至而祝宗祈福意者逆公曰寡人非夫
子無所聞此請革心易行於是廢公之游止
海食之獻斬伐者以時田漁者有數居處飲
食節之勿羨祝宗用事辭罪而不敢有祈
求焉　景公問晏子曰寡人欲從夫子而善齊
國之政可乎對曰嬰聞之國有具官然後其
政可善公作色不悅曰齊國雖小則可謂不
具乎對曰昔吾先君桓公身體惰解辭令不
給則隰朋暱侍左右多譽獄不中則弦寧

給則隱朋暱侍左右多譽獄不中則强寧
暱侍田野不脩民萌不安則寧戚暱侍軍
士惰戎士𨽻則王子城甫暱侍居處逸怠左
右懾畏則東郭牙暱侍悳義不中意行衰
怠則管子暱侍先君能以人之長續其短以
人之厚補其薄是故諸侯朝其悳而天子致
胙焉今君之過失多矣未有一士以聞者也
故曰官不具公曰善景公問晏子曰昔吾先
君桓公從車三百乘九合諸侯一匡天下今吾

【第十七紙】

君桓公從車三百乘九合諸侯一匡天下今吾從車千乘可以逺先君桓公之後乎對曰桓公從車三百乘九合諸侯一匡天下者左有鮑叔右有仲父今君左爲倡右爲優讒人在前諛人在後又焉可逺先君桓公之後乎高子問晏子曰子事靈公莊公景公皆敬子三君一心耶夫子之心三耶對曰嬰聞一心可以事百君三心不可以事一君故三君之心非一心也而嬰之心非三心也

而嬰之心非三心也
雜上　景公使晏子為阿宰三年而毀聞於
國公不悅召而免之晏子謝曰嬰知嬰之過矣
請復治阿三年而譽必聞於國公復使治
阿三年而譽聞於國公悅召而賞之辭而不受公
問其故對曰昔者嬰之治阿也築蹊徑急門
閭之政而淫民惡之舉儉力孝悌罰偷窳而
惰民惡之決獄不避貴強貴強惡之左右之所
求法則與非法則否而左右惡之事貴人體

求法則與非法則否而左右惡之事貴人體
不過礼而貴人惡之是以三邪毀乎外三讒毀
乎內三年而毀聞乎君也今官吏之不築蹊徑
而緩門閭之政而讒臣悅不舉儉力孝悌不罰
偷窳而惰臣悅決獄阿貴強而貴彊悅左右
所求言之諾而左右悅事貴人體過禮而貴
人悅是以三邪譽於外二讒譽乎內三年而
譽聞於君也昔者嬰之所以當誅者宜賞而

【第十八紙】

今之所以當賞者宜誅是故不敢受景公乃

【第十八紙】

令之所以當賞者宜誅是故不敢受景公乃
任以國政焉　景公正晝被髮乘六馬御婦人
以出正閨刖跪擊馬而反之曰尔非吾君也
公慙而不朝晏子入見景公曰昔者寡人有罪
被髮乘六馬以出正閨刖跪擊馬而反之曰
尔非吾君也寡人以子大夫之賜得率百姓以
守宗廟今見戮於刖跪以辱社稷吾猶可
以齊於諸侯乎晏子對曰君勿惡焉臣聞之
下無直辭上有惰君民多諱言君有驕行

下無直辭上有惰君民多諱言君有驕行
古者明君在上下多直辭君上好善民無
諱言今君有失行而刑戮禁之是君之福
也故臣來慶請賞之以明君之好善禮之
以明君之受諫公笑曰可晏子曰可於是
令刑戮倍資无征時朝無事景公飲酒夜
移於晏子前驅款門曰君至晏子被玄立
於門曰諸侯得微有故乎國家得微有事
乎君何為非時而夜辱公曰酒醴之味金石

【第十九紙】

乎君何為非時而夜辱公曰酒醴之味金石
之聲願與夫子樂之晏子曰夫布薦席陳
簠簋者有人臣不敢與焉公移於司馬穰
苴之家前驅欵門曰君至穰苴介胄操
戟立於門曰諸侯得微有兵乎大臣得微
有兵乎大臣得微有不服乎君何為非時
而來公曰酒醴之味金石之聲願與夫子
樂之穰苴對曰夫布薦席陳簠簋者有
人臣不敢與焉公移於梁丘據之家前驅

人臣不敢與焉公移於梁丘據之家前驅
款門曰君至梁丘據左擁琴右挈竽行歌
而至公曰樂哉今夕吾飲也微彼二子者何
以治吾國微此一臣者何以樂吾身
景公探雀鷇〻弱而反之晏子聞之不時
而入見北面再拜賀曰吾君有聖王之道
矣公曰寡人探雀鷇〻弱故反之其當聖王
之道者何也晏子曰君探雀鷇〻弱故反之
是長幼也君曾禽獸之加焉而況乎人此

是長幼也君嘗禽獸之加焉而況乎人此
聖王之道也　景公使養所愛馬暴病死
公命人操刀解養馬者是時晏子侍前左
右執刀而進晏子止之而問於公曰敢問古
時堯舜支解人從何軀始公懼焉遂止曰
以屬獄晏子曰請數之使自知其罪然後
致之獄公曰可晏子數之曰尓有三罪公使
汝養馬殺之當死罪一也又殺公之最善馬
當死罪二也使公以一馬之故而殺人百姓聞之

【第二十紙】

當死罪二也使公以一馬之故而殺人百姓聞之
必怨吾君諸侯聞之必輕吾國汝殺公馬使
怨積於百姓兵弱於鄰國汝當死罪三也
令以屬獄公喟然曰赦之魯哀公失國走齊
齊景公問焉曰子之遷位新奚道至于此乎
哀公對曰吾少之時人多愛我者吾體不能
親人多諫我者吾志不能用是以內無拂外
無輔〻拂無一人諂諛我者甚衆譬之猶秋
蓬也孤其根茇密其枝葉春氣至僨以揭

逢也孤其根荄蜜其枝葉春氣至僨以揭
也景公以其言語晏子曰使是須（復）及其國豈
不為古之賢君乎晏子曰不然夫愚者多悔
不肖者自賢溺者不問墜迷者不問路辟
之猶臨難而遽鑄兵噎而遽掘井雖速亦
無及景公遊於麦丘問其封人曰年幾何對
曰鄙人之年八十五矣公曰壽哉子其祝我
封人曰使君之年長於宜國家公曰善哉子
其復之封人曰使君壽皆若鄙臣之年公曰

【第二十一紙】

其濵之封人曰使君壽皆若鄙臣之年公曰
善哉子其濵之封人曰使君无得罪於民
公曰誠有鄙民得罪於君則可安有君得
罪於民者乎晏子對曰君過矣敢問桀紂
君誅乎民誅乎公曰寡人於是賜封人麦丘
以為邑晏子侍於景公朝寒曰請進煖食
對曰嬰非君奉餽之臣也敢辭公曰請進服
裘對曰嬰非茵席之臣也敢辭公曰然夫子
之於寡人何為者也對曰社稷之臣也公問社

之於寡人何爲者也對曰社稷之臣公問社
稷之臣若何對曰能立社稷別上下之義使
當其理制百官之序使得其所作爲辭令
可布於四方也自是之後君不以禮不見晏子
難下晏子朝乘弊車駑馬景公見之曰嘻
夫子之祿寡耶何乘不佼之甚也晏子出公使
梁丘據遺之輅輿乘馬三反不受公不悅趣
召晏子晏子至公曰夫子不受寡人亦不乘對
曰君使臣監百官之吏臣節其衣服食飲

曰君使臣監百官之吏臣節其衣服食飲
之養以先齊國之臣然猶恐侈靡而不顧行
也今路輿乘馬君乘之上也臣亦乘之下臣
之無義侈其衣食而不顧其行者臣無以禁
之遂不受　晏子相景公其論人也見賢即
進之不同君所欲見不善則廢之不避君不所
愛行巳已無私言直而無諱景公游淄聞晏
子卒公乘而驅自以為遲下車而趨知不若
車之速則又乘比至於國者四下而趨行哭而

【第二十二紙】

車之速則又棄比至於國者四下而趍行哭而往至伏尸而號曰子大夫日夜責寡人不遺尺寸寡人猶且淫逸而不收怨罪重責於百姓今天降禍於齊國不加寡人而加之夫子齊國之社稷危矣百姓將誰告乎晏子沒十有七年景公飲諸大夫酒公射出質堂上唱善若出一口公作色太息播弓矢弦章入公曰章自吾失晏子於今十有七年矣未嘗聞吾不善今射出質唱善者如出一口弦

嘗聞吾不善今射出質唱善者如出一口弦
章對曰此諸臣之不肖也智不足以知君不
善勇不足以犯君之顏然而有一焉臣聞君之
好則臣服之君嗜之則臣食之尺蠖食黃其
身黃食蒼其身蒼君其猶有食諂人之
言乎公曰善　司馬法　古者以仁為本以義治
之〻謂正治民用兵平亂討暴必以義人故殺之可也以殺止殺〻可以生也攻
其國愛其民攻之可也除民害去亂君也以戰去戰雖
戰可也故仁見親義見說智見恃勇見方信

戰可也故仁見親義見悅智見恃勇見身信
見信將有五材則民親悅恃方而信之也故內得愛焉所以守也
外得威焉所以戰也利加於民則守固威加敵民則戰勝故戰道
不違時不歷民病所以愛吾民也春秋興師為違時飢
疫不行所以愛己也不加喪不因凶所以愛夫其民敵有喪飢
疲不加兵愛彼民也冬夏不興師所以兼愛民也大寒甚暑吏士
懈倦難以警戒大寒以露則生外疾甚暑以暴則生內疾故不出師愛己被之民也故國雖大
好戰必亡天下雖平忘戰必危天下既
平春蒐秋獮振旅治兵所以不忘戰也古

【第二十三紙】

平春蒐秋獮振旅治兵所以不忘戰也古
者逐奔不遠從綏不過三舍不窮不能
而哀憐傷病是以明其仁也成列讓而鼓
爭義不爭利是以明其義也又能舍服是
以明其勇也知始知終是以明其智也五悳
以時合殺以為民紀古之道也仁義勇信智民之本隨時而施舍
為民納紀古之所傳政道也先王之治順天之道設地之宜官
人之悳而正名治物正者正官名也名正則可法立國辨職
立國治民分守境界各治其職諸侯悅懷海外來服服從已也獄弭

立國治民分守境界各治其職諸侯悅懷海外來服服從己也獄弭而兵寢聖德之治也其次賢王制禮樂法度乃作五刑興甲兵以討不義巡狩省方會諸侯考不同其有失命亂常悖德逆天之時危告于諸侯章明有罪天子正刑刑者正天子之法也刑以征不義伐不從王者之法也冢宰與伯布命于軍曰入罪國之地無暴神祇行無獵田無有暴虐無毀土功無燔牆屋無伐樹木無取六畜無取禾粟無取器械見其老幼奉歸勿傷

【第二十四紙】

無取禾粟無取器械見其老幼奉歸勿傷
雖遇壯者不校勿敵〻若傷之醫藥歸之既
誅有罪王及諸侯脩正其國舉賢更立明正
復職王者与四方諸侯伐無道之國發頻其民人舉賢良更立為君奉其王法復五官之職事也古者
逐奔不遠從綏不及所以示君子且有礼不
遠則難誘不及則難陷以礼為固以仁為勝
既勝之後其教可復是以君子貴之也故礼
與法表裏也文與武左右也古者賢王明民
之悳盡民之善故無廢悳無簡民賞無所

之意盡民之善故無廢意無簡民賞無所生罰無所誡也民有一善處一事故〻能盡民之善無損意弃民也能堪其事故賞罰無所施也有虞氏不賞不罰而民可用至意也夏賞而不罰至教也殷罰而不賞至威也周以賞罰意衰也賞不踰時欲民速得為善之利也罰不遷列欲民速覩不善之害也賞功不移景罰惡不轉列所以觀善懲惡欲速疾也大捷不賞上下皆不伐善也一軍皆勝上下俱不取功也上苟不伐善則不驕矣下苟不伐善必不登矣上下不伐善若此讓之至也大敗不誅上下皆不善在己也

若此讓之至也必不登矣上下不伐善大敗不誅上下皆不善在已也一軍奔北人皆有罪故不誅上下俱有過失也上為人以不善在已必悔其過上下分患若此讓之至也上下不取其善君不驕下〻不求進也孫子

子兵法

孫子曰凡用兵之法全國為上破國次之興兵深入長驅距其都邑絕其外內敵舉國來服為上以兵擊破敗得之為次也全軍為上破軍次之全卒為上破卒次之是故百戰百勝非善之善者也不戰而屈人之兵善之善者也未戰而敵自屈服也故上兵伐謀敵始有謀伐之易也其次伐交交將合也

【第二十五紙】

未戰而敵自屈服也故上兵伐謀敵始有謀伐之易也其次伐交交將合也
其次伐兵兵形已成下攻城敵國已收其外糧城守攻之為下攻故善用
兵者屈人之兵而非戰也拔人之城而非攻
也毀人之國而不久也必以全爭於天下故
兵不鈍而利可全也兵形象水水之行避
高而就下兵之形避實而擊虛故水因地
而制行兵因敵而制勝故兵無成勢水無
常形能與敵變化而取勝者謂之神
孫子曰凡用兵之法君命有所不受苟便於事不拘

孫子曰凡用兵之法君命有所不受苟便於事不拘
於君命也無恃其不來恃吾有以能待之也無恃
其不攻恃吾之不可攻也　夫唯無慮而易
於敵者必禽於人故卒未附親而罰之即
不ゝ服ゝ即難用也卒已附親而罰不行者
即不可用矣故合之以文齊之以武是謂必取
令素行則民服令素信者與衆相待也戰
道必勝主曰无戰必戰ゝ道不勝主曰必戰
无戰故進不求名退不避罪唯民是保而

无戰故進不求名退不避罪唯民是保而
利合於主國之寶也視卒如嬰兒故可與之
赴谿視卒如愛子故可与之俱死厚而不能
使愛而不能令亂而不能治恩不可用罰不可獨任譬若
驕子不可用也知吾卒之可以擊而不知敵
之不可擊勝之半也知敵之可擊而不知吾
卒之不可以擊勝之半也知敵之可擊知吾
卒之可以擊而不知地形不可以戰勝之半也
勝之半者未可知也故曰知彼知己勝乃不殆知地知天勝

【第二十六紙】

（勝之半者未可知也）故曰知彼知巳勝乃不殆知地知天勝
乃可全明主慮之良將脩之非利不動非得
不用非危不戰（不得巳而用兵）主不可以怒興軍將
不可以慍而戰合於利而用不合於利而止怒
可復喜慍可復悅亡國不可復存死者不可
復生也故曰明主慎之良將敬之此安國之道
也師興十万出師千里百姓之費公家之奉日
千金內外騷動不得操事者七十万家（古者
八家為隣一家從軍七家奉之言十万之師不事不耕者凡七十万家也）相守數年以爭

八家爲隣一家從軍七家奉之言十万之師不事不耕者凡七十万家也相守數年以争一日之勝而愛爵祿百金於知敵之情者不仁之至也非民之將也非主之佐也非勝之主也故明王聖主賢將所以動而勝人成功出於衆者先知也先知不可取於鬼神不可禱祀以求也不可象於事也不可以事類求也不可驗於度不可以行事度也必取於人知敵之情者也

群書治要卷第卅三

【第一紙】

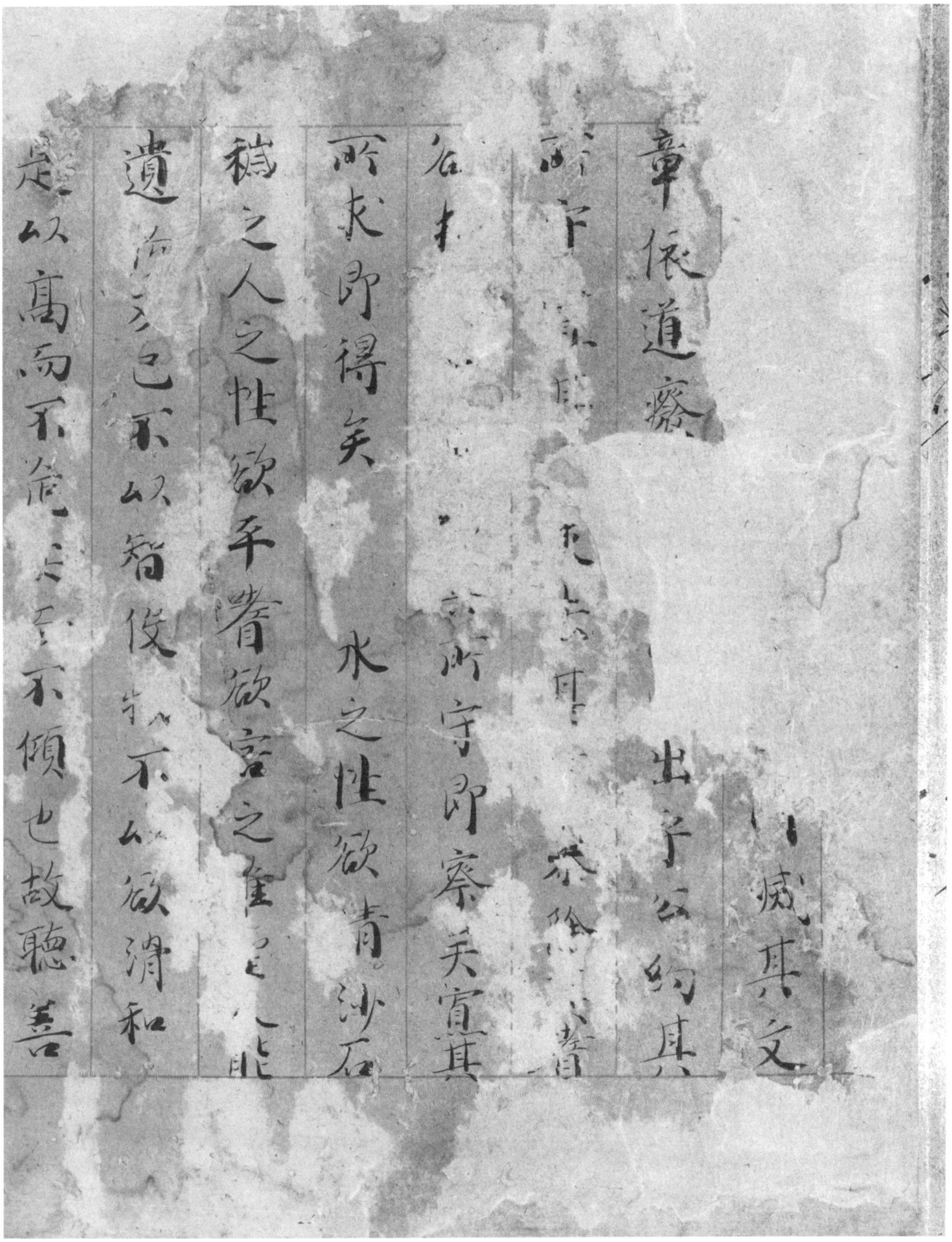
威其文
章依道察　出乎公約其
在未　所守即察矣實其
所求即得矣　水之性欲青沙石
穢之人之性欲平嗜欲害之　能
遺物反己不以智役物不以欲滑和
是以高而不危安而不傾也故聽善

是以高而不危不傾也故聽善
言便計雖[illegible]依而行
雖不肖者知慕之悦之者衆而用之
者寡慕之者多而行之者少
精誠　夫水濁者魚噞政苛則民
亂上　欲則下多詐上煩擾則下不
定上多求則下交爭不治其本而救
之於末以異於鑿渠而止水抱薪而
救火也聖人事省而治求寡而贍不

【第二紙】（原第二、三紙闕）

救大也聖人事省而治求寡而贍不
人之情服於德不服於力故古之聖王
以其言下人以其身後人即天下推而
不厭戴而不重此德有餘而氣順也故
知與之爲得知後之爲先即幾道矣

道德

文子問道老子曰夫道者小行之小得
福大行之大得福盡行之天下服
文子問德仁義禮老子曰德者民之所

文子問德仁義禮老子曰德者民之所
貴也仁者人之所懷也義者民之所
畏也禮者民之所敬也此四者聖人
之所以御萬物也君子无德則下怨无
仁則下爭无義則下暴无禮則下亂
四經不立謂之无道无道而不亡者未
之有也心之精者可以神化而不可以
説道故同言而信々在言前同令而行
令而行誠在令外聖人在上民化如神

令而行誠在令外聖人在上民化如神
情以先之也動於上不應於下者情令
殊也三月嬰兒未知利害而慈母之
愛諭焉者情也故言之用者小不言
之用者大矣夫信君子之言也忠君
子之意也忠信形於内感動應乎外

【第三紙】

賢聖之化也
能成霸王者必得勝者也能勝敵者
必強者〻也能強者必用人力者也能

必強者〻也能强者必用人力者也能用人力者必得人心者也能得人心者必自得者也能自得者必柔弱者也

上德

日月欲明浮雲蓋之河水欲清沙土穢之叢蘭欲脩秋風敗之人性欲平嗜欲害之蒙塵而欲无眯不可得也山致其高而雲雨起焉水致其深而蛟龍生焉君子致其道而德澤流焉夫有陰德者必有陽報有隱

澤深焉夫有陰德者必有陽報有隱
行者必有昭名
微明　相坐之法立即百姓怨減爵
之令張即功名叛故察於刀筆之迹者
即不知治亂之本習於行陣之事者
即不知廟戰之權聖人見福於重關
之内慮患於冥冥之外愚者惑於小
利而忘大害而事有利於小而害於
大得於此而亡於彼故仁莫大於愛

【第四紙】

大得於此而亡於彼故仁莫大於愛
人也智莫大於知人也愛人即无寃
刑知人即无亂政見本而知末執一而
應萬謂之術居知所爲行知所之事知
所之事知所秉動知所止謂之道言出
於口不可止於人行發於迩不可禁於
遠事者難成易敗名者難立易廢凡人
皆以輕小害易微事以至於大患也
夫積愛成福積憎成禍人皆知救患

夫積愛成福積憎成禍人皆知救患莫知使患无生夫使患无生易於救患今不務使患无生而務於救之雖神聖人不能為謀也患禍之所由來萬萬无方故聖人深居以避害靜默以待時小人不知禍福之門動作而陷於刑雖曲為之備不足以全身故上士先避患而後就利先遠辱而後求名故聖人常從事於无形之外而不留心盡慮於已成之

於无形之外而不留心盡慮於已成之
内是以患禍无由至非譽不能塵垢也
曰凡人之道心欲小志欲大智欲圓行欲
方能欲多事欲小所謂心小者慮患未生
戒禍慎微不敢縱其欲者也志大者兼
苞萬國一齊殊俗是非輻湊中爲之轂
也智圓者終始端方无流四遠深泉而
不竭也行方者直立而不撓素白而不

【第五紙】

汙窮不易操達不肆志也能多者文武

【第五紙】

行窮不易操達不肆志也能多者文武備具動靜中儀也事少者執約以治廣處靜以待躁也故心小者禁於微也志大者无不懷也圓者无不知也行方者有不為也能多者无不治也事少者約所持也故聖人之於善也无小而不行其於過也无微而不改行不用巫祝而鬼神不敢先可謂至貴矣然而戰〻慄〻日慎一日是以无為而不成有功離仁義

曰慎一日是以无為而不成有功離仁義
者即見疑有罪不失仁心者必見信故仁
義者事之順常也天下之尊爵也雖謀
得計當慮患而患解圖國而國存其事
有離仁義者其功必不遂矣言雖无中
策其計无益於國而心周於君合於義者
身必存矣故百言百當不若舍趣而審仁也
教本乎君子小人被其澤利本乎小人君
子享其功使君子小人各得其宜則通功

【第六紙】

子享其功使君子小人各得其宜即道功
易食而道達矣人多欲即傷義多憂即
害智故治國樂其所以存亡國其所以亡
水下流而廣大君下臣而聰明君不不与
臣爭功而治道通故君根本也臣枝葉
也根本不美枝葉茂者未之有也慈
父之愛子也非求報也不可内解於心
聖王之養臣非求爲己用也性不能已及
恃其力賴其功勳而必窮矣有以爲即恩

恃其力賴其功勳而必窮矣有以爲即恩
不接矣故用衆人之所愛即得衆人之力
舉衆人之所善即得衆人之心見所始即
知所終矣故人之將疾也必先不甘魚
肉之味國之將亡也必先惡忠臣之語
故疾之將死者不可爲良醫國之將亡
者不可爲忠謀古者親近不以言來遠
不以言使近者悦遠者來与臣同欲即
和与臣同守即固与臣同念即智得臣

和与臣同守即固与臣同念即智得臣
力者富得臣譽者顯行有召罰言有致
禍
道自然
昔者堯之治天下其導民也水處者漁
山處者木谷處者牧陸處者田地宜其
事且其械〻便其人知是外臣得以所有
易所无以所巧易所拙也是以離叛者寡
聽從者衆若風之過簫忽然感之各以

聽從者衆若風之過簫忽然感之各以
清濁應矣物莫不就其所利避其所害
【第七紙】
是以鄰國相望雞狗之音相聞而足跡
不接於諸侯之境車軌不結於千里之
外皆安其居也夫亂國若盛治國若虛
亡國若不足存國若有餘虛者非无人各
守其職也盛者非多人皆徼於末也有
餘者非多財欲節事宜也不足者非无
貨民躁而費多也故先王之法非所作

貨民躁而費多也故先王之法非所作
也所因也其禁誅非所爲也所守也上德
之道也
以道治天下非易民性也因其有條暢之
故瀆水者因水之流產稼者因地之宜征
伐者因民之欲能因即无敵於天下矣故
先王之制法因民之性而爲之節文无其
性无其養不可使遵道也人之性有仁義
之資非聖王爲之法度不可使向方也因

之資非聖王爲之法度不可使向方也因
其所惡以禁姦故刑罰不用威行如神矣
因其性即天下聽從咈其性即法度而不
用帝者貴其德也王者尚其義也霸者
迫於理也道狹然後任智德薄然後任
刑明淺然後任察
主道者處无爲之事行不言之教因脩任
下責成不勞謀无失策擧无過事進退
【第八紙】
應時動靜脩理美醜弗好憎賞罰不喜

應時動靜脩理義醜弗好憎賞罰不喜怒其聽治也虛心弱志是故羣臣輻湊並進无愚智不肖莫不盡其能君得所以制臣臣得所以事君即治國之道明矣智而好問者聖勇而好問者勝乘衆人之智即无不任也用衆人之力即无不勝也用衆人之力烏獲不足恃也乘衆人之勢天下不足用也故聖人舉事未嘗不因其資而用之也有一刑者處一位有一能

其資而用之也有一刑者處一位有一能
者服一事力勝其任即舉者不重也能
勝其事即爲者弗難也聖人兼而用之故
人無弃人物無弃材矣所謂无爲者非謂
其引之不来推之不往迫而不應感而
不動堅滯而不流捲握而不散也謂其
私志不入公道嗜欲不枉正術脩理而舉
事因資而立功推自然之勢也聖人不恥
身之賤惡道之不行不憂命之短憂百姓

【第九紙】

身之賤惡道之不行不憂命之短憂百姓
之窮也故常虛无无爲抱素見樸不與物
雜古之立帝王者非以奉養其欲也聖人
之踐位者非以逸樂其身也爲天下之民
强掩弱衆暴寡詐者欺愚勇者侵怯又
爲其懷智詐不以相教積財貨不以相分
故立天子以齊一之爲一人明不能徧照
海内故立三公九卿以輔翼之爲絶國殊
俗不得被澤故立諸侯以教誨之是以地

俗不得被澤故立諸侯以教誨之是以地无不任時无不應官无隱事國无遺利所以衣寒食飢養老弱勞息倦无不以也神農形悴堯瘦臞舜黎黑禹胼胝伊尹負鼎而干湯呂望鼓刀而入周百里奚傳賣管仲束縛孔子无黔突墨子無煖席非以貪祿慕位將欲起天下之利除萬民之害也自天子至于庶人四體不勤思慮不用於事贍者未之聞也

用於事贍者末之閑也

下德　治身太上養神其次養形神清意平百節皆寧養生之本也肥肌膚充腹腸開嗜欲養生之末也治國太上養化其次正法民交讓爭處卑財利爭受少事力爭就勞日化上而遷善不知其所以然治之本也利賞而勸善畏刑而不敢為非法令正於上百姓服於下治之末也上世養本而下世事末欲法之主不世出可與

（原第十二至二十紙闕）

【第十紙】

養本而下世事未欲法之主不世出可與所憎以禁姦賞一人而天下趨之罰一人而天下畏之至賞不費至刑不濫聖人守約而治廣此之謂也

君臣異道即治同道即亂各得其宜處其當即上下有以相使也故枝不得大於幹末不得強於本言輕重大小有以相制也夫得威勢者所持甚小所任甚大所守甚約所制甚廣十圍之木持千鈞

所守甚約，所制甚廣，十圍之木持千鈞之屋，得勢也；五寸之關能制開闔，所居要也。下必行之令，從之者利，逆之者害，天下莫不聽從者順也。義者非能盡利天下之臣也，利一人而天下從；暴者非能盡害海內也，害一人而天下叛。故舉措廢置不可不審也。屈寸而伸尺，小枉而大直，聖人為之。今人君之論臣也，不計其大功，揔其細行，而求其小善，即失賢之道也。故人

其細行而求其小善即失賢之道也故人
有厚德無問其小節人有大譽無疵其
小故夫人情莫不有所短誠其大略是也
雖有小過不足以為累誠其大略非也閭
里之行未足多也
自古及今未有能全其行也故君子不

【第十一紙】

扶傷流血千里暴體盈野義之下也
國之所以強者必死也所以必死者義
也義之所以行者威也威義並行是謂

也義之所以行者威也威義並行是謂
必強白刃交接矢石若雨而士爭先者
賞信而罰明也上視下如子下事上如
父上視下如弟下視上如兄上視下如子
必王四海下視上如父必正天下視下如
弟即不之難為之死下視上如兄即不難
為之亡故父子兄弟之寇不可與鬭是
故義君內脩其政以積其德外塞其
邪以明其勢察其勞逸以知飢飽戰期

所以明其勢察其勞逸以知飢飽戰期有日視死若歸恩之加也上禮昔之聖王仰取象於天俯取度於地中取法於人調陰陽之氣和四時之節察高下之宜除飢寒之患行仁義之道以治人倫列地而州之分職而治之立大學而教之此其治之紀綱也得道即舉失道即廢失物未嘗有張而不施盛而不敗者也唯聖人可盛而不衰聖人初作樂

者也唯聖人可盛而不衰聖人初作樂
也以歸神反淫反其天心至其衰也流而
不反淫而好色至以亡國其作書也以領
理百事愚者以不忘智者以記事及其
衰也為姦偽以解有罪而致不辜其作
囿也以奉宗廟之具簡士卒戒不虞及
其衰也馳騁弋獵以奪民時其上賢也
以平教化正獄訟賢者在位能者在職
澤施於下萬民懷至德其衰也明黨比

澤施於下萬民懷至德其衰也朋黨比周各推其與廢公趍私外内相擧姦人在位賢者隱處天地之道反益即損故聖人治弊而改制事終而更爲美聖人之道非脩禮義廉恥不立民無廉恥不可治也不知禮義不可以行法ゝ能教不能使人孝能刑盗者不能使人孝能刑盗者不能使人廉恥聖王在上明好惡以示人經非譽以導之親賢而進之賤不肖而退之

【第十三紙】

非譽以導之親賢而進之賤不肖而退之刑措而不用禮義脩而任賢得也夫使天下畏刑而不敢盜竊豈若使無有盜心哉故知其無所用雖貪者皆辭之知其無所用廉者不能讓夫人之所以亡社稷身死人手爲天下笑者未嘗非欲也知冬日之扇夏日之裘無用於己則萬物之變爲塵垢故以湯止沸沸乃益甚知其本去火而已　夫有餘則讓不足則爭讓則禮

【第十三紙】

而已　夫有餘則讓不足則争讓則禮
義生争則暴亂起故物多則欲省求贍
則争止故世治則小人守正而利不能動也
世亂則君子爲姧而法不能禁也
鄷水之深十仞而不受塵垢金鐵在中形見
於外非不深且清也魚鼈莫之歸石上不
生五穀禿山不游麋鹿无所蔭蔽也故爲
政以苛爲察以切爲明以刻下爲忠以訐多
爲功如此者譬猶廣革者也大即大矣裂

為功如此者譬猶廣草者也大即大矣裂
之道也
曾子　条
脩身
曾子曰君子攻其惡求其過強其所不能
去私欲從事於義可謂學矣君子愛日
以學及時以行難者弗避易者弗從唯
義所在日旦就業夕而自省思以沒其身
亦可謂守業矣君子學必由其業問必

亦可謂守業矣君子學必由其業問必以其序問而不決承間觀色而復之君子既學之患其不博也既博之患其不習也既習之患其不知也既知之患其不能行也既能行之貴其能以讓也君子學致

【第十四紙】

此五者而已矣君子博學而淺守之微言而篤行之行欲先人言欲後人見利思辱見難思詬嗜欲思恥忿怒思患君子終身守此戰〻也君子已善亦樂人之

終身守此戚〻也君子已善亦樂人之
善也已能亦樂人之能也君子好人之為
善而弗趍也惡人之為不善而弗疾也不
先人以惡不疑人以信不說人之過而成人
之美朝有過夕改則与之夕有過朝改則
與之君子終日言不在尤之中小人一言終
身為罪矣君子之於不善也身勿為可能
也色勿為不可能也色勿為可能也心勿
為不可能也太上樂善其次安之其下亦

為不可能也太上樂善其次安之其下亦
能自强也太上不生惡其次生而能夙絶
之其下復而能改復而不改殞身覆家大
者傾社稷是故君子出言愕行身戰々亦
殆免於罪矣昔者天子日旦思其四海之
內戰々唯恐不能乂也諸侯日旦思其四封
之內戰々唯恐失損之也大夫日旦思其官
戰々唯恐不能勝々庶人日旦思其事戰々
唯恐刑罰之至也是故臨事而慄者鮮不

唯恐刑罰之至也是故臨事而慄者鮮不
濟矣

【第十五紙】

立孝　曾子曰君子立孝其忠之用也
礼之貴也故為人子而不能孝其父者不
敢言人父不能畜其子者為人弟而不能
承其兄者不敢言人兄不能順其弟者
為人臣不能事其君者不敢言人君不能
使其臣者故与父言〻畜子言〻孝父与
兄言〻順弟言〻承兄与君言〻使臣与

兄言〻順弟言〻承兄与君言〻使臣与臣言〻事君〻子之孝也忠愛以敬反是亂也盡力而有礼敬而安之微諫不倦聽從不怠驩欣忠信咎故不生可謂孝矣盡力而无礼則小人也致敬而不忠則不仁也是故礼以將其力敬以入其忠詩云夙興夜寐毋忝尓所生不恥其親君子之孝也是故未有君而忠臣可知者孝子之謂也未有長而順下可知者悌弟之謂也未有治而

（下原第二十八、二十九紙闕）

長而順下可知者悌弟之謂也未有治而能仕可知者先脩之謂也故孝子善事君悌弟善事長君子壹孝壹悌可謂知終矣

制言　曾子曰夫行也者行礼之謂也夫礼貴者敬焉老者孝焉幼者慈焉小者友

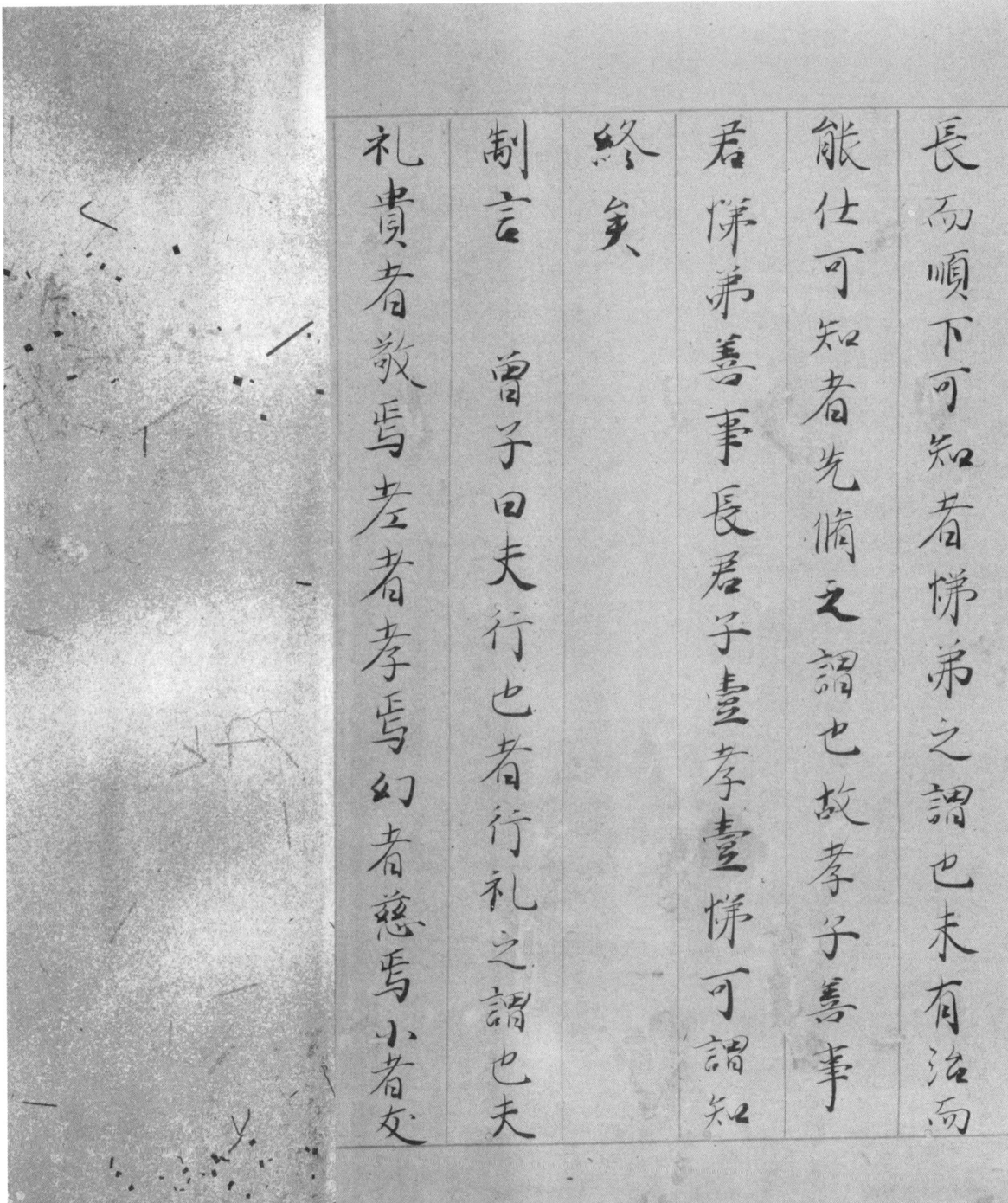

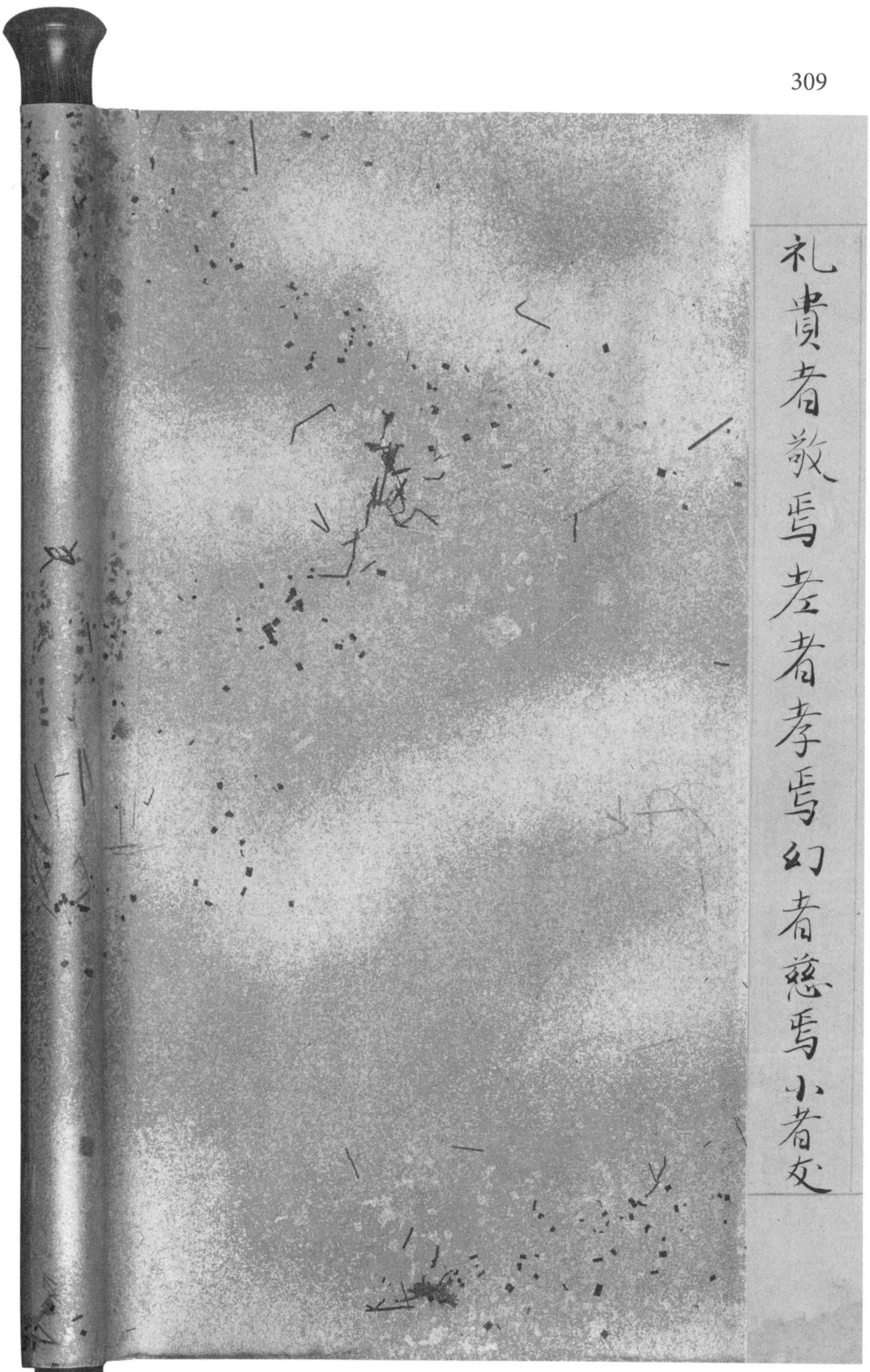

礼貴者敬焉老者孝焉幼者慈焉小者友

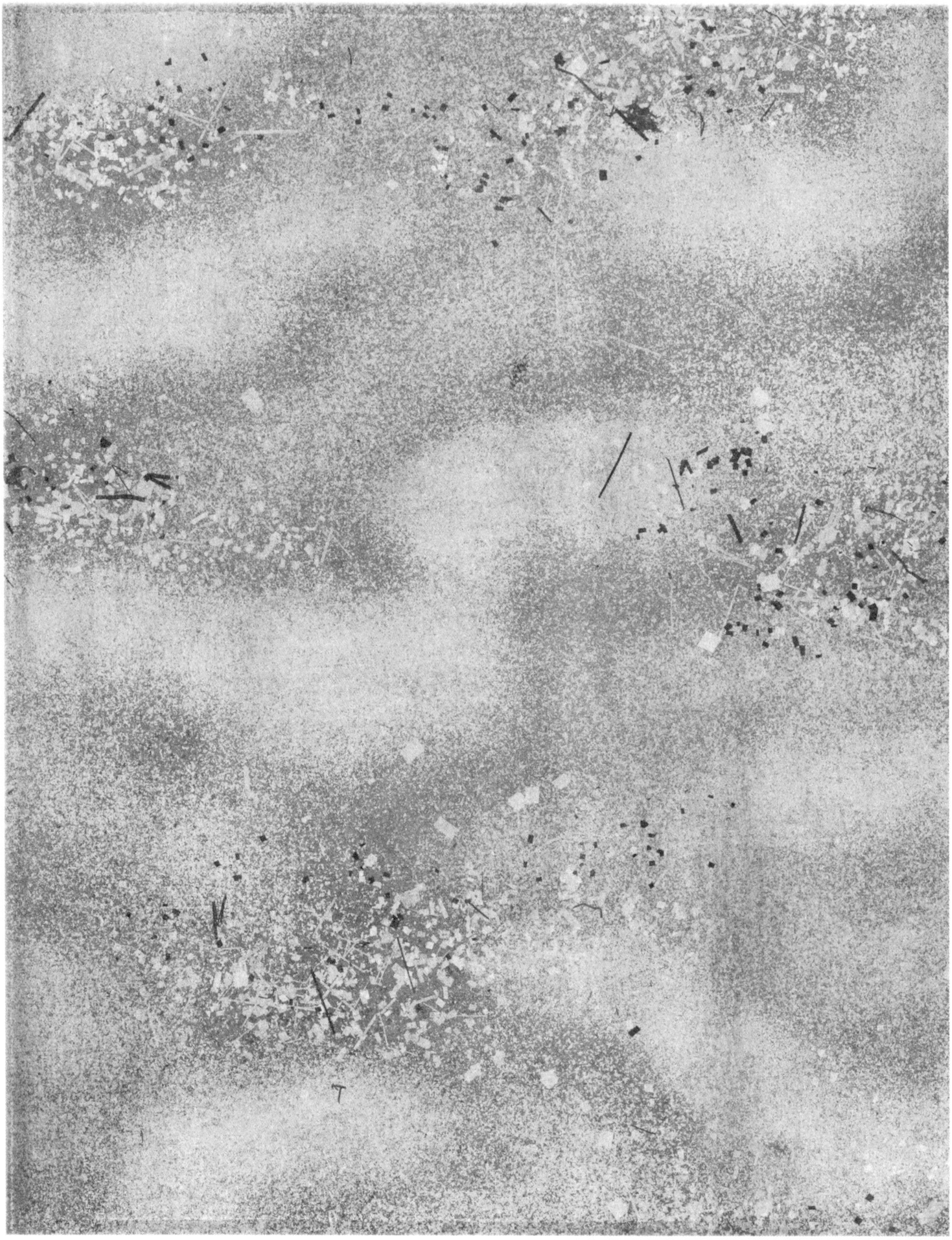

【第一紙】（原首四行闕）

子曰古之圖國家者必先教百姓
而親万民々有三一々和々於國不
可以出軍不和於軍不可以出陣不
和於陣不可以進戰凡兵所起者五
一曰爭名二曰爭利三曰積德四曰內
乱五曰因飢其名又五一曰義兵二曰
強兵三曰剛兵四曰暴兵五曰逆
禁暴救乱曰義恃衆以伐曰強因怒

禁暴救乱曰義恃衆以伐曰強因怒
興師曰剛棄礼貪利曰暴國乱民疲
舉事動衆曰逆五者之數各有其道
退義必以礼服強必以讓服剛必以辞
服暴必以詐服逆必以權服此其勢也夫
總文武者軍之將也兼剛柔者兵之
事也凡人之論將恒觀之於勇々之於
將乃數分之一耳夫勇者輕々合々
而不知利未可也故將之所慎者五

【第二紙】

而不知利未可也故將之所慎者五
一曰理二曰備三曰果四曰戒五曰約
理者治衆如治寡者出門如見敵
果者臨敵不懷生戒者雖克如始
戰約者法令省不煩受命而辭不
言反將之礼也故師出之日有死而
榮無生而辱也凡制國治軍必教
之以礼厲以義在大足以戰在小足
以守矣然戰勝易守勝難是故以

以守矣然戰勝易守勝難是故以勝得天下者稀以亡者衆武侯曰願聞陣必定戰必勝守必固之道對曰君使賢者居上不肖處下則陣已定矣民安其田宅親其有司則守已固矣百姓皆是吾君而非隣國則戰已勝矣武侯問曰兵以何為勝吴子曰兵以治為勝又問不在衆乎對曰若法令不

勝又問不在衆寡對曰若法令不
明賞罰不信金之不止皷之不進
雖有百万之師何益於用所謂治者
居則有礼動則有威進不可當退
不可追前却如節左右應麾投之
所往天下莫當名曰文子之兵也武
侯曰嚴刑明賞足以勝敵乎吴子

【第三紙】

曰嚴明之事非所恃也發號布令
而民樂聞興師動衆而民樂戰交

而民樂聞興師動衆而民樂戰交
兵接刃而民安死此三者人之所
恃武侯曰致之奈何對曰君舉有
功而進之饗無功而厲之於是武
侯設坐廟庭為三行饗士大夫上
功坐前行肴席無重器上牢次
功中行肴席器差減無功後行
肴席無重饗畢而出乃又班賜
有功者之父〻母〻沒則妻子於

有功者之父〻母〻没則妻子於廟門之外亦以功為差數唯無功者不得耳死事之家歳使〻者勞賜其父母行之五年秦人興師臨於西河魏士聞之介胄不待吏令奮擊之者以万數吴子曰臣聞之人有壯長氣有盛衰君試發無功者五万人臣請率以當之其可乎今使一死賊伏於曠野千人追之

【第四紙】

乎今使一死賊於曠野千人追之莫不梟視狼顧何者恐其暴起而害己也是則一人投命足懼千夫今臣以五万之衆而爲死賊以卒討之固難當矣武侯從之無車五百乘騎三千返而以破秦五十万衆此厲士之功也

魏武侯嘗謀事群臣莫能及罷朝而有喜色吴起進曰昔楚莊王謀

而有喜色吳起進曰昔楚莊王謀事群臣莫及罷朝而有憂色曰寡人聞之世不絶聖人不乏賢能得其師者王能得其友者霸今寡人不才而莫之過國其殆矣莊王所憂而君悅之臣竊懼矣於是武侯乃慙

商君書 商鞅

六法

六法
先王當時而立法度務而制事法
宜其時則治事適其務故有功然
則法有時而治事有當而功今時移
而法不變務易而事以古是法与時
詭而事与務易也故法立而乱益為
事癈故聖人之治國也不法古不循
今當時而立功在難而能免今民能
變俗矣而法不易國形更勢矣而

【第五紙】

變俗矣而法不易國形更埶矣而
務以古夫法者民之治也務者事之
用也國失法則危事失用則不成故
法不當時而務不適用而不危者未
之用也

權脩

國之所以治者三一曰法二曰信三曰權
法者君臣之所共操也信者君臣之所
共立也權者君之所獨制也人主失

共立也權者君之所獨制也人主失
守則危君臣釋法任私則乱故立法明
分而不以私害法則治權制獨斷於君
則威民信其賞則事功下信其刑則
姦無端矣唯明主愛權重信而不以私
害法也故乱上多惠言而不克其賞則
下不用數加嚴命而不致其刑則民傲
罪凡者文也刑者武也文武者法之約
也故明主慎法明主者不蔽之謂明

也故明主慎法明主者不蔽之謂明不欺之謂察故賞厚而信刑重而信刑重而必不失疏遠不私親近故臣不蔽主而下不欺上世之為治者多釋治而任私議此國之所以亂也先王懸權衡立尺寸而至今法之其分明也夫釋權衡而

【第六紙】

斷輕重廢尺寸而意長短雖察商賈不用為其不必也故法者國之權衡也夫背法度而任私議皆不知類者也故

夫背法度而任秘議皆不知類者也故
立法明分中程者賞毀公者誅賞誅
之法不失其議故民不爭不以爵祿
便近親則勞臣不怨不以刑罰隱疏
遠則下親上故官賢選能不以其勞
則忠臣不進行賞賦祿不稱其功則
戰士不用凡人臣之事君也多以主之
好事君〻好法則臣以法事君〻好言
則臣以言事君之好法則端直之士在

則臣以言事君之好法則端直之士在
前君好言則毀譽之臣在側公私之
分明則小人不嫉賢而不肖者不妬功
故三王以義親天下五伯以法正諸侯
皆非私天下之利也今乱世之君臣
區區然皆欲擅一國之利而筦一官之
重以便其私此國之所以危也夫廢法
度而好私議則姦臣鬻權以約祿秩
官之吏隱下而漁民諺曰蠹衆而木

官之吏隱下而漁民諺曰蠧衆而木
折隟大而廧壞故大臣爭於私而不顧
其民則下離上下離上者國之隟也故

【第七紙】

官之吏隱下以漁百姓此民之蠧也故
國有隟蠧而不亡者天下鮮矣故明
王任法去私而国無隟蠧矣
定分
法令者民之命也為治之本也所以備
民也智者不得過愚不得不及名

民也智者不得過愚不得不及名分不定而欲天下之治是猶欲無飢而去食無寒而去衣也其不幾明矣一兔走而百人逐之非以兔爲可分以爲百由名之未定也夫賣兔者滿市盜不敢取由名分之定也故名分未定堯舜禹湯且皆加務而逐之名分已定貧盜不取今法令不明其名不定天下之人得議之此所謂名分不

不定天下之人得議之此所謂名分不定也天名分不定堯舜猶將皆折而爭之而況衆人乎故聖人必為法令置官也置吏也為天下師所以定分也名分定則大詐貞信巨盜愿愨而各自治也故夫名分定勢治之道也名分不定勢亂之道也故勢治者不可亂大勢亂者不可治也夫勢亂而欲治之一愈亂亂矣勢治而治之則治矣故聖人治治不

【第八紙】

乱矣勢治而之則治矣故聖人治〻不
治乱也聖人為民法必使之明白易
知愚智偏能之万民無陷於險危也
故聖人立天下而天下無刑死者非
可刑殺而不刑殺也万民皆和所以避禍
就福而皆自治也明主自治之故天下
大治也
尸子　尸佼
勸學

勸學
學不倦所以治己也教不厭所以治人也
是故子路卞之野人子贛衛之賈人
顔涿聚盗也顓孫師駔也孔子教之
皆為顯士夫學譬之猶礪也夫昆吾之
金而銖父之錫使干越之工鑄之以為劒
勿加砥礪則以刺不入以擊不斷磨之礱
礪加之以黄砥則其刺也無前其擊也
無下自是觀之礪之与弗礪其相去

之下自是觀之礪之與弗礪其相去遠矣今人皆知礪其劍而弗知礪其身夫學身之礪砥也夫子曰車唯恐地之不堅也舟唯恐水之不深也有其器則以人之難為易天道以人之難為易

【第九紙】

也是故曾子曰父母愛之嘉而不忘父母惡之懼而無咎然則愛與惡其於成孝無擇也史鰌曰君親而近之至敬以遜貌而疏之無怨然則

近之至敬以遊貌而疏之無惡然則
親與疏其於成忠無擇也孔子曰自
設於隱括之中直已而不直人以善廢
而不邑々蘧伯玉之行也然則興廢其
於成善無擇也屈侯附曰賢者易知
也觀其富之所分達之所進窮之所
不取然則窮達皆可以成義有其
器也桓公之舉管仲穆公之舉百
里比其德也此所以國其僻小身至

里比其德也此所以國其僻小身至
穢行而為政於天下也今非比志意
也容自非比德行也而論爵列亦可
以劫歒勝遠矣農夫比粟商賈比財
列士比義是故監門逆旅農夫陶人
皆得與為爵列私貴也德行公貴也
奚為下之子罕曰古之所謂良人者
良其行也貴人者貴其心也今天
爵而人良其行而貴其心吾敢弗敬乎

爵而人良其行而貴其心吾敢弗敬乎
以是觀之古之所謂貴非爵列也所

【第十紙】

謂良非先故也人君貴於一國而不達
於天下天子貴於一世而不達於後
世唯德行与天地相弊也爵列者德
行之舍也其所息也詩曰蔽芾甘
棠勿翦勿敗召伯所憩仁者之所息
人不敢敗也天子諸侯人之所以貴
也桀紂處之敗賤矣是故曰爵列非

也桀紂處之敗賤矣是故曰爵列非貴也今天下貴爵列而賤德行是貴甘棠而賤召伯也亦反矣夫德義也者親之弗見聽之弗　者地以正万物以偏無爵而貴不祿而尊也

貴言

范獻子遊於河大夫皆存君曰孰知欒氏之子大夫莫荅舟人清涓舍檝而荅曰君奚問欒氏之子以

舍檝而荅曰君奚問欒氏之子以為君曰自吾亡欒氏也其老者未死而少者壯矣吾是以問之清涓曰君善脩晉國之政内得大夫而外不失百姓雖欒氏之子其若君何若不脩晉國之政内不得大夫而外失百姓則舟中之人皆欒氏之子也君曰善哉言明日朝令賜舟人清涓

【第十一紙】

田万百清涓辭君曰以由此也易彼

田方百清消諍君曰以由此也易彼
言也子尚裘寡人猶也古之貴言
也若此臣天下一天下一天下者令
於天下則行禁焉則止桀紂令天
下者不行禁焉而不止故不得臣也
目之所義心以為不義弗敢視也是
所甘心以為非義弗敢食也耳之所
樂以心為不義不敢聽也身之所安
心以為不義弗政服也然則令於天下

心以為不義弗敢服也然則令於天下
而行禁焉而止者心也故曰心者身之
君也天子以天子受令於心不當則
天下禍諸侯以國受令於心〻不當則
國亡匹夫以身受令於心〻不當則身
為僇矣禍之始也易除其除之不可
者避二及其成也欲除之不可欲避
之不可治於神者其事少而功多十
圍之木始若蘖足易去也及其

【第十二紙】

胥之未始若蘗足易書也及其
成達也百人用斧斤弗能僨也熛
火始起易息也及其焚雲夢孟諸
雖以天下之役抒江漢之水弗能
救也夫禍之始也猶熛火蘗足也易
止也及其措於大事雖孔子墨翟
之賢弗能救也屋焚而人救之則知
德之年老者使塗隙戒突故終身
無失火之患而不知德也人於囹圄

無失文之患而不知德也人於囹圄解於患難者則三後德之教之以仁義慈悌則終身無患而莫之德夫禍亦有突賢者行天下而務塞之則天下無兵患矣而莫之知德也故曰聖人治於神而愚人爭於神也天地之道莫見其所以長物而物長莫見其所以長物而物長莫見其所以亡物而物亡聖人之道亦然其興福也

臣物而物臣聖人之道亦然其樂福也人莫之見而福興矣其除禍也人莫之知而禍除矣故曰神人益天下以財者為仁勞天下以力為義分天下以生為神脩先王之術除禍難之本使天下大夫耕而食婦人織而衣皆得戴其首父子相保此其分万物以生益天下以財不可勝計也神也者万物之始万事之紀四儀

【第十三紙】

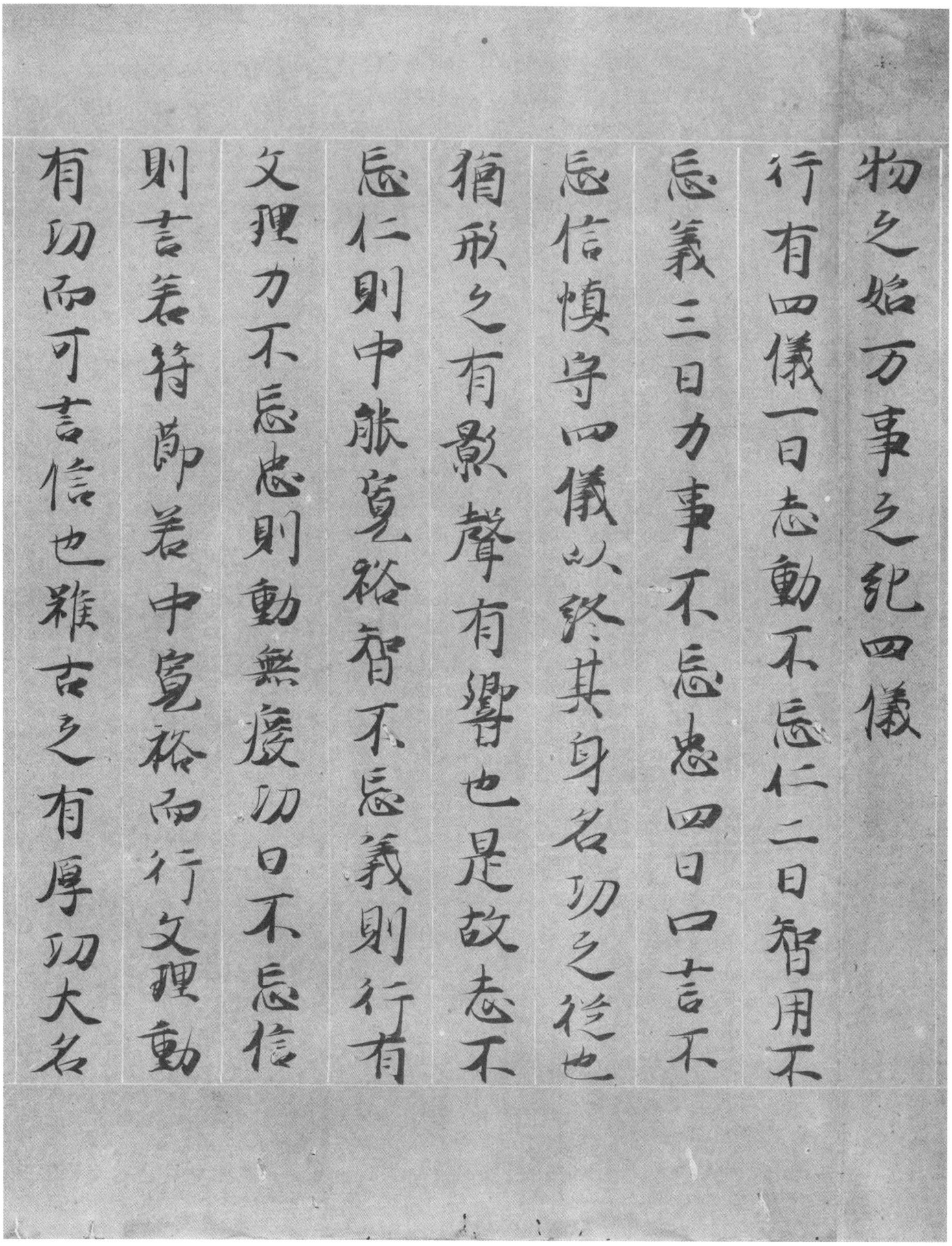

物之始万事之紀四儀行有四儀一曰志動不忘仁二曰智用不忘義三曰力事不忘忠四曰口言不忘信慎守四儀以終其身名功之從也猶形之有影聲有響也是故志不忘仁則中能寛裕智不忘義則行有文理力不忘忠則動無廢功口不忘信則言若符節若中寛裕而行文理動有功而可言信也雖古之有厚功大名

有功而可言信也雖古之有厚功大名見於四海之外知万世之後者其行身也無以於此矣

明堂

夫高顯尊貴利天下之徑也有仁者之所以輕也何以知其然耶日之能燭遠勢高也使日在井中則不能燭十步矣舜之方陶也不能耕其巷下南面而君天下蠻夷戎狄皆被其福目在

而君天下蠻夷戎狄皆被其福目在
足下則不可覩矣天高明然後能燭
臨万物地廣大然後能載任羣體其
本不美則其枝葉莖心不得美矣此
古今之大經也是故聖王謹循其身以
君天下則天道至焉地道普焉万物度

【第十四紙】

焉古者明王之求賢也不避遠近不
論貴賤卑爵以下賢輕身以先士故堯
從於畎畝之中北面而見之不爭礼貌

從於畎畝之中北面而見之不爭禮貌
此先王之所以能正天地利萬物之故也
今諸侯之侯之君廣其土地之富而奮
其兵革之強以驕士之亦務其德行美
其道術以輕上此仁主之所非也曾子
曰取人者必畏與人者必驕今說者
懷畏而德者懷驕以此行義不亦難
乎非求賢務也而能致太名於天下
者未之嘗聞也夫士不可妄致也覆巢

者未之嘗聞也是士不可妄致也覆巢
破卵則鳳皇不至焉刳胎焚夭則
騏驎不往焉竭澤漉魚則神龍不
焉夫禽獸之愚而不可妄致也而況於
火食之民乎是故曰得士不敬舉士不
俱則善士不往焉德無耳目不瞿視德
不　則善言不往焉孔子曰大哉河海
乎下之也夫河下天下之川故廣人下
天下之士故大故曰下士者得賢下敵

【第十五紙】

天下之士故大禹曰下士者得賢下敵
者得友下衆者得譽故度於往古觀
於先王非求賢務士而能立功於天下
成名於後世者未之嘗有也夫求士
不焉其道而能致士者未之嘗見也
然則者王之道可知已務行之而已
矣
天地生萬物聖人裁之物以制分便事
以立官君臣父子上下長幼貴賤親

以立官君臣父子上下長幼貴賤親
踈皆得其分曰治愛得分曰仁施得
分曰義慮得分曰智動得分曰適言得
分曰信皆得其分而後為成人明王之
治民也事少而功立身逸而國治言寡
而令行事少而功多身逸而國
治用賢也言寡而令行正名也君人
者爲能正名愚智盡情執一以靜令
名自正令事自定賞罰隨名民莫不

【第十六紙】

名自正令事自定賞罰隨名民莫不敬周公之治天下也酒肉不徹於前鐘皷不解於懸聽樂而國治勞無事焉飲酒而賢舉智無事焉自爲而民富仁無事焉知此道也者衆賢爲役愚智盡情矣

明王之道易行也勞不進一步聽獄不後皐陶食不損一味富民不後虞舜樂不損一日用兵不後湯武書之不盈

【第十六紙】

桀不顧一日用兵不復湯武書之不盈
尺簡南面而立一言而國治堯舜復生
弗能更也身無變而治國無變而王湯
武復生弗能更也執一之道去智無巧
有虞之君天下也使天下貢善殷周之
君天下也使天下貢才夫至衆賢而能
用之此有虞之盛德也
三人之所廢天下弗能興也三人之所
興天下弗能廢也觀曰不孝君曰不

興天下弗能廢也親曰不孝君曰不忠友曰不信天下弗能興也親言其孝君言其忠友言其信天下弗能廢也符節合之則是非自見行亦有符三者合則行自見矣此所以觀行也諸治官臨衆者上比度以觀其賢案法以觀其罪吏雖有耶僻無所逃之所以觀勝任也群臣之愚智日効於前擇其知事者而令之謀群臣之所舉日

其知事者而令之謀群臣之所舉曰
効於前擇其知人者而令之舉群臣
之治乱曰効於前擇其勝任者而令之
治群臣之行可得而察也擇其賢者
而舉之則民競於行勝任者治則百

【第十七紙】

官不乱知人者舉則賢者不隱知事
者謀則大舉不失聖王正無於朝而四
方治矣是故曰正名者偽事成為化以
實覆名百事皆成夫用賢使能不勞

實覈名百事皆成夫用賢使能不勞
而治正名覈實不罰而威達情見素
則是非不蔽復本原始則無若符
節良工之馬易御也聖王之民易治
也甚此之謂乎

發蒙

若夫名分聖王之所審也造父之所与
交者少操轡馬之百節皆与明王之所
以与　下交者少審名分羣臣莫

以与下交者少審名分羣臣莫
敢不盡為竭智矣天下之可治分成
也是非之可辯名定之也無過其實
罪也弗及愚也是故情盡而不偽
質素而無能故有過之君其無易
德此名分之所審也若夫臨　治事
者案其法則民敬事任士進賢者
保其後則民慎舉議國觀事者盡
其實則民敬言孔子曰臨事而懼希

其實則民敬言孔子曰臨事而懼希
不落易曰若履虎尾終之吉君羣
【第十八紙】
臣之衆皆戒慎恐懼若履虎尾則
何不落之有乎君明則臣少罪夫
使衆者詔作則遲分地則速是何
也無所逃其罪也言亦有地不可分也
君臣同地則臣有所逃其罪矣故
陳繩則木之枉者有罪措準則地
之險者有罪審名分則羣臣之不

之險者有罪審名分則群臣之不
審者有罪夫愛民且利之也愛而
不利則非慈母之德也好士且知之也
好而弗知則衆而無用也力於朝且治
之也力而弗治則勞而無功矣三者雖
異道一也是故曰審一之經百事乃
成審一之紀百事乃理名實判爲兩
合爲一是非隨名實賞罰隨是非
是則有賞非則有罰人君之所獨斷

是則有賞非則有罰人君之所獨斷
也明君之立也正其貌莊其心虛其視
不躁其聽不淫審分應辭以立於
廷則隱匿疏遠雖有非焉必不多
矣明君不用長耳目不行閒諜不
強聞見形至而觀聲至而聽事至
而應近者不過則遠者治矣明者

【第十九紙】

不失則微者敬矣家人子姪和臣妾
力則家富丈人雖厚衣食無傷也

力則家富丈人雖厚衣食無傷也子姓不和臣妾不力家貧丈人雖薄衣食無益也而况於万乘之君乎國之所以不治者三不知用賢此其一也雖知用賢求不能得此其二也雖得賢不能盡此其三也正名以御之則堯舜之智必盡矣明分以示之則桀紂之暴必止矣賢者盡暴者止則治民之道不可以加矣聽朝之道使人

民之道不可以加矣聽朝之道使人
有分大善者必問孰進之有大過者
必云孰任之而行賞罰焉且以觀賢
不肖也今有大善不問孰進之有大
過者不問孰任之則有分無益已問孰
任之而不行賞罰焉則問之無益已
是非不得　見得之蔽見而弗能知
謂之虛知而弗能賞罰謂之縱三者亂
之本也明分則不蔽正名則不虛賞

【第二十紙】

之本也明分則不蔽正名則不虛賞
賢罰暴則不縱三者治之為也於
群臣之中賢則貴之不肖則賤之
治則使之不治則愛之不忠則罪之
賢不肖治不治忠不忠由 觀之猶
白黑也陳繩而斷之則巧拙易知也
夫觀群臣必有繩以名引之則雖堯
舜必服矣廣事而當不若進賢
而當不若知賢々々又能用之備矣

而當不若知賢〻〻又能用之備矣
治天下之要在於正〻名〻去僞事
若化茍能正名夫成地平為人臣者
以進賢為功為人君者以用賢為功
為人臣者進賢是自為置上也自
為置上而無賞是故不為也進不
肖者是自為置下也自為置下而
無罪是故為之也使進賢者必有
賞進不肖者必有罪無敢進也者

賞進不肖者必有罪無敢進也者
爲無能之人若此則必多進賢矣
怒
怒者以身爲度者也已所不欲毋加諸
人惡諸人則去諸已欲諸人則求諸已
此怒也農夫之耨去害苗者也賢者
之治者害義者也慮之無益於義
而慮之此心之穢也道之無益於義
而道之此言之穢也爲之無益於義

416（下原第二十一至二十八紙闕）

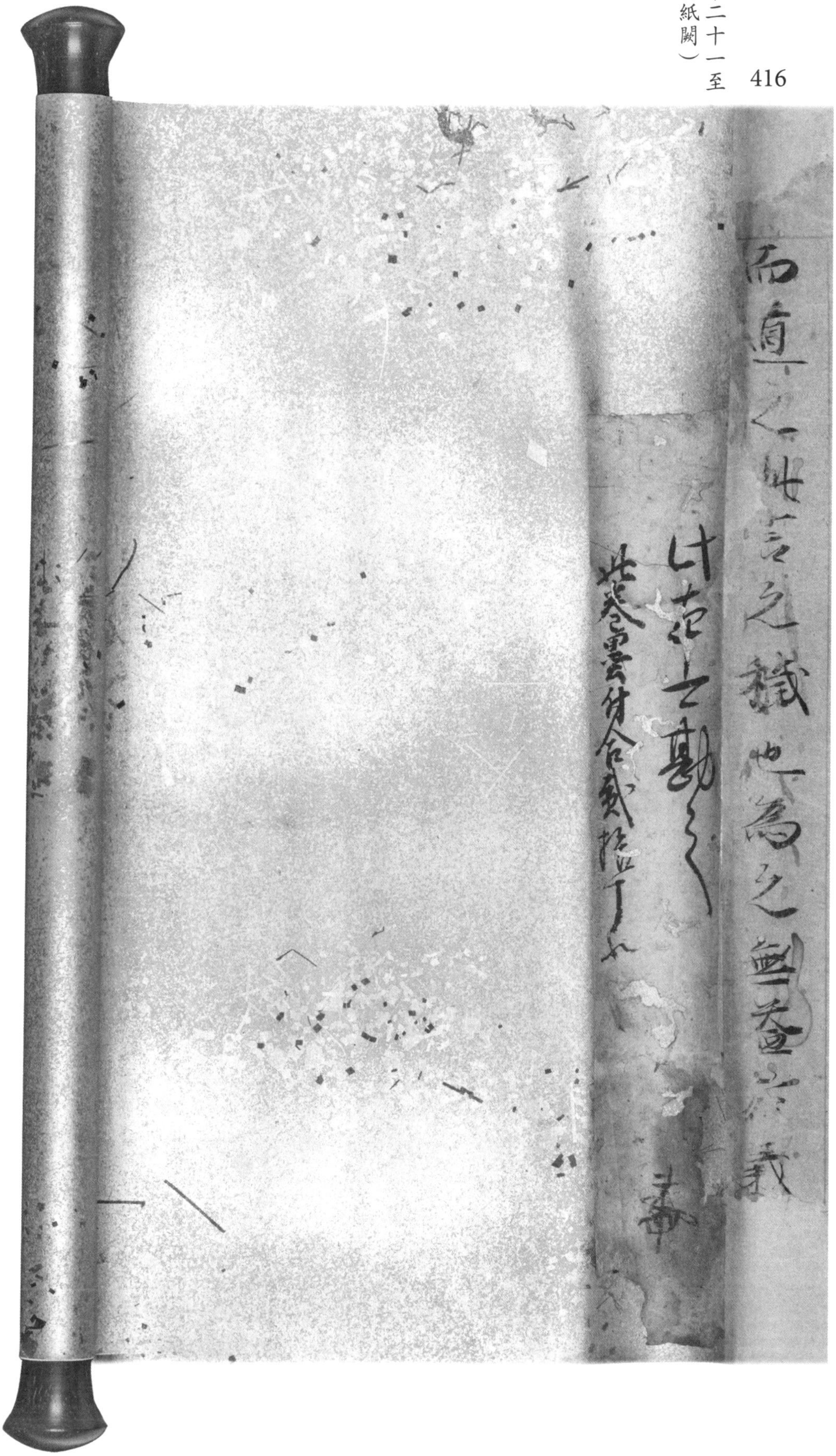

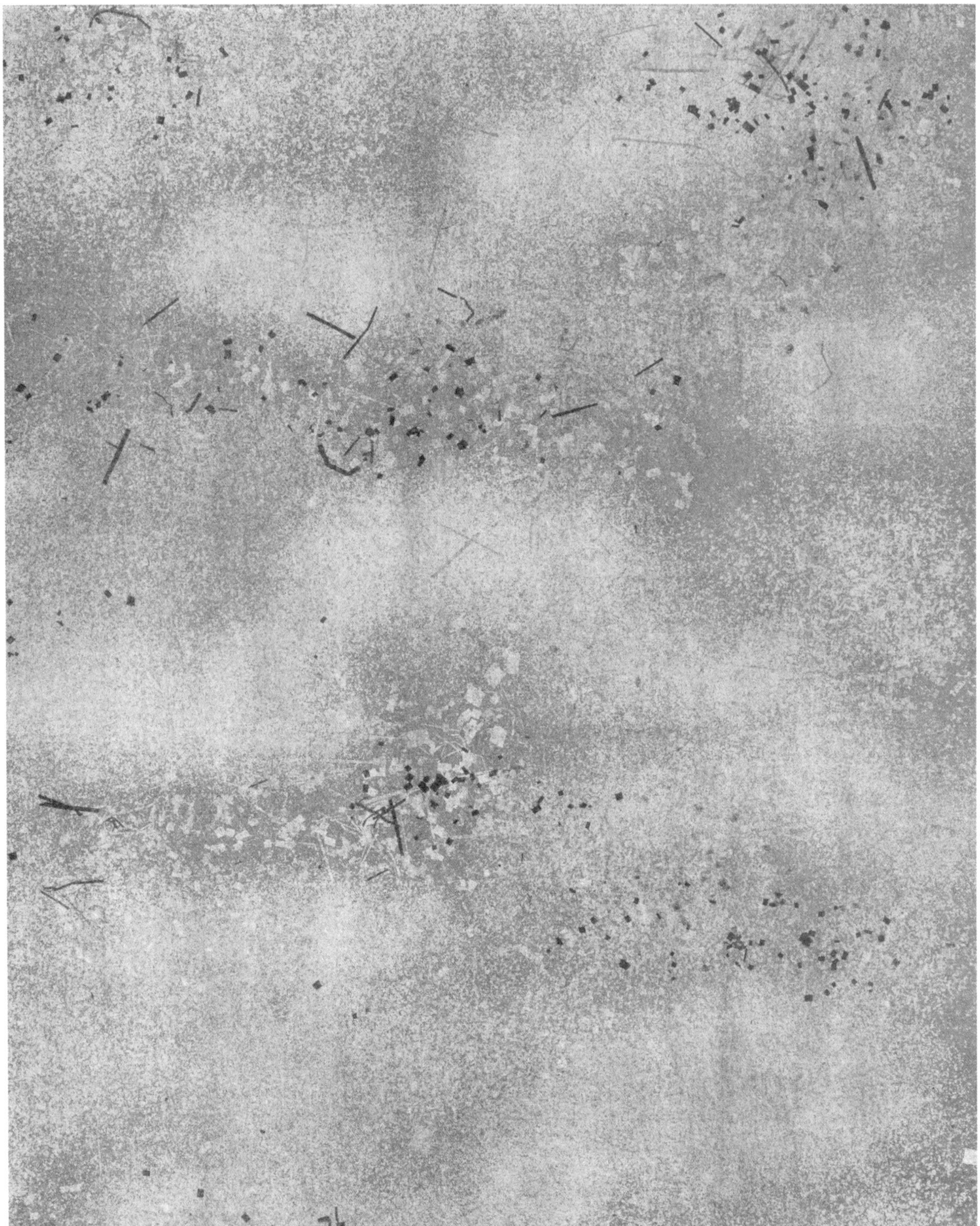

【第一紙】

群書治要卷第卅七　秘書監鉅鹿男臣魏徵等奉　勅撰

孟子　慎子　尹文子　莊子　尉繚子

孟子　（梁惠王）

孟子見於梁惠王王曰叟不遠千里而來

亦將有以利吾國乎孟子對曰王何必曰

利亦有仁義而已矣（王何必以利為名乎亦有仁義之道可以利為名耳）

（以利為名則有不利之患矣）王曰何以利吾國大夫曰何

以利吾家士庶人曰何以利吾身上下交

以利吾家士庶人曰何以利吾身上下交
征利而國危矣征取也從王至庶人各欲取利其利人至於篡殺未有
仁而遺其親未有義而後其者也梁惠王
曰宜人願安承教願安意承受孟子之教命孟子對曰殺
人也以梃與刃有以異乎梃杖也曰無以異
也以刃與以政有以異乎曰無以異也以刃
與殘殺人無異也庖有肥馬民有飢色野有餓殍此
率獸而食人也獸相食人且惡之爲民父
母行政不免率獸而食人惡在其爲父母

【第二紙】

母行政不免率獸而食人惡在其爲父母
也爲政乃若率禽獸食人安在其爲民父母之道齊宣王問曰文王之
囿方七十里有諸孟子曰有之曰若是大
乎王怪其大曰民猶以爲小也曰寡人之囿方
卌里耳民以猶爲大何也曰文王之囿方
七十里芻蕘者往焉雉兔者往焉與民
同之民以爲小不亦宜乎臣聞郊關之內
有囿方卌里殺其麋鹿者如殺人之郊關齊四境之郊皆
有關也則是以卌里爲阱於國中也民以爲

有關也則是以卅里爲阱於國中也臣以爲
大不亦宜乎設陷阱者丈尺之間耳今陷阱乃方卅里臣患其大不亦宜乎公孫
丑孟子曰人皆有不忍人之心言人〻皆不忍加惡於人
〻之心也先王有不忍人之心斯不忍人之政
矣以不忍人之心行不忍人之政治天下
可運之於掌上先聖推不忍害人之心以行不忍傷民之政以是治天下亦易於轉丸於掌上
也所以〻之人皆有不忍人之心者今有
乍見孺子入於井則皆有怵惕惻隱之心
由此觀之無惻隱之非也無羞惡之非人

由此觀之無惻隱之非也無羞惡之非人也無辭之心非臣也無是非之心非人也言無此四者當若禽獸非人之心也惻隱之心仁之端也羞惡之心義之端也辭讓之心禮之端也是非之心智之端也端者首也人之有是四端也猶其有四體也有是四端而自謂不能者自賊者也自賊害其性使為不善謂其君不能者賊其君者也謂其君不能為善不匡而正者賊其君使陷惡者也

孟子曰矢人豈不仁於函人哉矢人唯恐

【第三紙】

孟子曰矢人豈不仁於函人哉矢人唯恐不傷人函人唯恐傷人巫匠亦然故術枝不可不

矢箭也函鎧也作箭之人其性非獨不仁於作鎧之人也術使之然巫欲祝活人匠作棺欲其早售利在人死度故治術不可不慎脩其善者

孟子曰子路人告之以其過則喜禹聞善言則拜大舜又甚焉善與人同舍已從人樂取人以為善耕稼陶漁以至為帝無非取於人者取人以為善是與人為善也故君子莫大乎與人為善

舜從耕於歷山及陶漁皆取人之善謀而從故曰莫大与人為善也

爲善舜從耕於歷山及陶漁皆取人之善謀而從故曰莫大与人爲善也

滕文公　陳相見孟子道許行之言曰賢者與民並耕而食孟子曰天下有大人之事有小人之事或勞心或勞力勞心者治人勞力者治於人故能治人者食人不能治人者食於人天下之通義勞心者君也勞力者民也君施教以治之民竭力治公田以奉食其上天下通義所常行也當堯之時水橫流沉濫於天下堯獨憂之舉舜而治焉舜使禹疏九河決汝漢八年於外三過其門而

禹疏九河決汝漢八年於外三過其門而
不入雖欲耕得乎堯以不得舜爲己憂舜
以不得禹皐陶爲己憂分人以財謂之惠
教人以善謂之忠爲天下得人謂之仁是
故以天下與人易爲天下得人難
離婁　孟子曰離婁子之明公輸子之

【第四紙】

巧不以規矩不能爲方圓師曠之聽不以
六律不能正五音堯舜之仁不以仁政不
能平治天下（言當行仁恩之政天下乃可平）今有仁心仁聞

能平治天下 言當行仁恩之政天下乃可平 今有仁心仁聞
而民不被澤不可治於後世者不行先王
之道也 人心性仁也仁聲遠聞也雖然猶須行先王之道使百姓被澤乃可爲後法也 故曰
徒善不足以爲政徒法不能以自行 但有善心
行之不足以爲政但有善法度而不施之法度亦不能獨自行 聖人既竭目力焉
繼之以規矩准繩以爲方圓既竭耳力焉
繼之以六律正五音既竭心思焉繼之不
忍人之政而仁覆天下也故爲高必因丘
陵爲下必因川澤爲政不因先王之法可

陵為下必因川澤為政不因先王之法可
謂智乎言因自然則用力少而成功多是以唯仁者宜在高
位是播于惡于衆也仁者能由先王之道不仁者逆道則播揚其惡於衆人也
孟子曰三代之得天下也以仁其失天下
也以不仁國家之所以廢興存亡者亦然
天子不仁不保四海之内諸侯不仁不保
社稷卿大夫不仁不保宗廟士庶人不仁
不保四體今惡死亡而樂不仁猶惡醉而
強酒孟子告齊宣王曰君之視臣如手足

【第五紙】（原第五紙闕）

強酒孟子告齊宣王曰君之視臣如手足則臣之視君如腹心君之視臣如犬馬則臣之視君如國人君之視臣如土芥則臣

人危也百姓准上而比於其下必取己必安焉則聖人无事矣故聖人處上能无害人不能使人无己害也則百姓除其害矣聖人之有天下也受之也非取之也有光明之悳故百姓推而興之耳豈其心哉百姓之於聖人也養之也非使聖人養己也則聖人無事矣

聖人養己也則聖人無事矣
毛嬙西施天下之至姣也衣之以皮倛則
見之者皆走荀卿曰仲尼之狀面若蒙倛易之以玄緆則行
者皆止緆謂細踈由是觀之則玄緆則行者皆
止緆謂細踈由是觀之則玄緆色之助也姣者
辟之則色厭矣走背跋蹻窮谷野走千里
藥也走背辟藥則足廢理有相須而作事有待具而成故雖資傾
城之觀必俟衣裳之飾雖捷越常之足必假藥物而疾故有才無勢將顛墜於溝谿有勢無才亦騰乎風
雲万動云々咸皆然耳故騰蛇遊霧飛龍乘雲々罷霧

雲万動云〻
咸皆然耳
故騰蛇遊霧飛龍乘雲〻罷霧
霽與丘蚓同則失其所乘也故賢而屈於
不肖者權輕也不肖而服於賢者位尊也
堯為匹夫不能使其隣家至南面而王則
令行禁止由此觀之賢不足以服不肖而
勢位足以服不肖而勢位足以服不肖而
勢位足以服不肖而勢位足以屈賢矣故
无名而斷者權重也弩弱而矰高者乘於
風也身不肖而令行者得助於衆也故舉

【第六紙】

風也身不肖而令行者得助於衆也故舉
重越高者不慢於藥愛赤子者不慢於保
絶險歷遠者不慢於鄉此得助則成釋助
則廢矣夫三王五伯之德參於天地通於
鬼神周於生物者其得助博也古者工不
兼事士不兼官工不兼事則事〻省〻則
易勝士不兼官則職〻寡〻則易守故士
位可世工事可常 古之審物皆用其一〻能以成其一事是以用无弃人使无弃才
若乃任使於過分之中役物於異便之地則上下顛倒事能猾乱矣 百工之子不學

若乃任使於過凡之中役物於異便之地則上下顛倒事能循亂矣百工之子不學
而能者非生巧也言有其常事也今也國
無常道官無常法是以國家日繆教雖成
官ヽ不ヽ足ヽ則道ヽ理ヽ遺ヽ則慕ヽ
賢ヽ智ヽ則國家之政要在一人之心矣
人之情也莫不自賢則不相推政要在一人從一人之所欲不必善則政教陵遲矣古者立天
子而貴之者非以利一人也曰天下無一
貴理无由通ヽ理以為天下也故立天子
以為天下也非立天下以為天子也立國

【第七紙】

以爲天下也非立天下以爲天子也立國也非立國以爲君也立官長以爲官也非立官以爲長也法雖不善猶愈於無法（所以一人心也）夫投鈎以分財投策以分馬非鈎策爲均也使得美者不知所以賜得惡者不知所以塞怨望使不之上也明君動事必由慧定罪分財必由法行悳制中必由礼（法者所以齊民礼者所以更事）故欲不得干時（必於農隙也）愛不得犯法（當官而行）貴不得踰親祿不得踰位慧不得兼官工

貴不得踰親，祿不得踰位，慧不得兼官，工不得兼事。以能受事，以事受利，若是者，上無羨賞，臣無羨財（羨猶溢也）。

因循　天道因則大（因百姓之情，遂自然之性，則其功至高，其道至大也），化則細（化使從我，物所樂其理褊狹，其意細小也）。因也者，因人之情也。人莫不自爲也，化而使之爲我，則莫可得而用矣（違性矯情，剋彼就我，則怨處亦違，莫有從之者矣）。是故先王不受祿者不臣，祿不厚者不與入難。人不得其所以自爲也，則上不取用

入難人不得其所以自為也則上不取用焉夫君上取用必須天機之動性分之道然後上下交泰經世可久耳故放使自為則無不得仕而使之則无不失矣故用人之自為不用人之為我則莫不可得而用矣此之謂因

民雜

民雜處而各有所能所能者不同此民之情也故聖人不安備於一人也大君者太上也兼畜下者也下之所能不同而皆上之用也是以大君因民之能為資盡苞而畜之无去取焉夫人君之御世也皆由盡百姓之能兼羅萬物之材因其長短就而用之使能文者為文能武

（原第九紙闕）

去取焉 夫人君之御世也皆由盡百姓之能兼羅萬物之分因其長短就而用之使能文者爲文能武
者爲武聾者使其視盲者使其聽故理有盡用物无弃財 是故不設一方以求

【第八紙】

任人者逸自任者勞也
知忠　亂世之中亡國之臣非獨無忠
臣也治國之中顯君之臣非獨能盡忠也
治國之人忠不偏於其君亂世之人道不
不偏於其臣然而治亂之世同有忠道之
人臣之欲忠者不絶世而君未得寧其上
也 夫滅亡之国皆有忠臣耳然賢君千載一會忠臣世〻有之值其一隆之時則相與而交興矣

也夫藏亡之国皆有忠臣耳然賢君千載一會忠臣世〻有之值其一隆之時則相與而交興矣
遇其闇乱之主則相与而俱亡矣無過比干子胥之忠而毀
瘁主君於闇墨之遂涂溺藏名而死由是
観之忠未足以救亂世而適足以重非何
以識其然也曰父有良子而舜放瞽叟桀
有忠臣而過盈天下然則孝子不生慈父
之義六親不和有孝慈也而忠臣不生聖君之下國家昏乱有貞臣也
故明主之使其臣也忠不得過職而職不
得過官是以過脩於身而下不敢以善驕

【第九紙】

得過官是以過脩於身而下不敢以善驕矜守職之吏人務其治而莫敢淫偷其事官正以敬其業和順以事其上如此則至治已（此五帝三王之業也）亡國之君非一人之罪也（衆不足亡其亡之也）治國之君非一人之力也（善不多則不足以興治也）將治亂在乎賢使任職而不在於忠也故智盈天下澤及其君忠盈天下害及其國故桀之所以亡堯不能以為存然而堯有不勝之善（言其善道可可勝言也）而桀有運非之名（天下之惡皆歸）

不勝之善（言其善道可可勝言也）而桀有運非之名（天下之惡皆歸之也）則得人與失人也故廊廟之材蓋非一木之枝也狐白之裘蓋非一狐之皮也治亂安危存亡榮辱之施非一人之力也悳立天子者不使諸侯疑焉立諸侯者不使大夫疑焉立正妻者不使嬖妾疑焉立嫡子者不使庶孽疑焉疑則動兩則爭雜則相傷害在有與不在獨也故臣有兩位者國必亂臣兩位而國不亂者君猶在

位者國必亂臣而位而國不亂者君猶在
也恃君而不亂失君必亂子而位者家必
亂子有而位而家不亂者親猶在也恃親
而不亂失親必亂臣疑其君無不危之國
孼疑其宗无不危之家
君人 君人者舍法而以身治則誅賞奪
与從君心出矣然則受賞者雖當望多無
窮受罰者雖當望輕无已 臣之所信者法也今在賞者欲多在罰者欲少
无法以限之則不知所論矣雖撿聰明以窮轉重盡心以斑棄与夫何解於怨望哉 君舍法而以

【第十紙】

无法以限之則不知所論矣雖極聡明以窮轉重盡心以斑棄与夫何解於怨望哉君舍法而以

心裁輕重則是同功而殊罰也怨之所由

生也是以分馬者之用策分田者之用鉤

也非以鉤策為過人智也所以去私塞怨

也故曰大君任法而弗躬為則事斷於法

矣法之所加各以其分蒙其賞罰而無望

於君也是以怨不生而上下和矣

君臣　為人君者不多聽物有本事有原據法倚

數以觀得失无法之言不聽於耳無法之

數以觀得失无法之言不聽於耳無法之
勞不圖於功無勞之親不任於官〻不私
親法不遺愛上下無事唯法所在法令者主臣之命主
治之命天下之程式萬事之儀表智者不得過遇者不得不及焉　君文子
大道
古人以度審長短以量受少多以衡平輕
重以律均清濁以名稽虛實以法定治亂
以簡制煩惑以易御險難萬事皆歸於一
百度准於法歸一者簡之至准法者易之

百度准於法歸一者齊之至准法者易之
如此則頑嚚聾瞽可與察慧聰明同渓矣
天下萬事不可備能責其備能於人則賢
聖其猶病諸設一人能備能天下之事則
左右前後之宜遠邇遲疾之間必有不兼
者焉苟有不兼於治闕矣全治而無闕者
大小多少各當其分農商工仕不易其業
則處上者何事哉有理而無益於治者君
子不言有能而無益於事者君子弗為君

【第十一紙】

子不言有能而無益於事者君子弗為君子非樂有言有益於治不得不言君子非樂有為有益於事不得不為故所言者不出於名法權術所為者不出於農稼軍陣同務而已故明主任之治外之理外人之所必言事外之能小人之所必為小人亦知言有損於治而不能不言小人亦知能有損於治而不能不為故所言者極於儒墨是非之所辯為者極於堅僞偏抗之行

墨是非之所辯爲者擬於堅僞偏抗之行
求名而已故明主誅之故古語曰不知無
害爲君子知之無損爲小人工巧不能無
害於巧君子不知無害於治此言信矣爲
善使人不能得從爲巧使人不能得爲此
獨善獨巧者也未盡巧善之理爲善与衆
行之爲巧与衆能之此善之善者巧之巧
者故所貴聖人之治不貴其獨治貴能與
衆共治也所貴工倕之巧不貴其獨其獨

衆共治也所貴工倕之巧不貴其獨巧其獨巧貴其與衆共巧也令世之行欲獨賢事欲獨能辯欲出群勇欲絕衆獨行之賢不足以成化獨能之事不足以周務出群之辯不可為戶說絕衆之勇不可與征陣凡此四者亂之所由生是以聖人任道以通

（原第十四至十七紙闕）

【第十二紙】

慎者也父之於子也令有必行者有不必行者去貴妻賣愛妾此令必行者也因曰汝無敢恨汝無敢思令必不行者也故為

汝無敢恨汝無敢怨令必不行者也故為人上者必慎所令爲人貧則怨人富則驕人怨人者苦人之不禄施於己也起於情所難安而不能安猶可恕也驕人者無所共而無故驕人此情所易遺弗能遺不可恕矣貧賤之望富貴徵甚而富貴不能酬其甚徵之望夫富者之所遺貧者之所羨貴者之所輕賤者之所榮也而弗酬不與同苦故也雖不酬之於我弗傷令萬民之

同苦故也雖不酬之於我弗傷今萬民之望人君亦如貧賤者之望富貴其所望者蓋欲料長幼平賦斂時其飢寒省其疾痛賞罰濫使役以時如此而已則於人君弗損也然而弗酬弗與同勞逸焉故也故為人君不可不與人同勞逸焉故富貴者可不酬貧賤而人君不可不酬萬民則萬民之所不願戴所不願戴君立替矣危莫甚焉禍莫大焉

【第十三紙】

爲禍莫大焉

莊子 胠篋

昔者容成氏大庭氏伯皇氏中央氏栗陸氏驪畜氏軒轅氏赫胥氏尊盧氏祝融氏伏羲氏神農氏當之時民結繩而用之（足以紀要而已）甘其食美其服（適常甘當故常美若思夫侈靡則无時慊意矣）樂其俗安其居鄰國相望鷄犬之音相聞人至老死而不相往來（无求之至）若此時則至治已今遂至使民延頸舉踵曰某所有賢者

已今遂至使民延頸舉踵曰某所有賢者
贏粮而趣之則內弃其親而外弃其主之
事足迹接乎諸侯之境車軌結乎千里之
外至治之迹猶致其弊則是上之好智之過也在上者謂至治知也
而好之則有斯過矣上誠好智而无道天下大亂矣何
以知其然耶夫弓弩畢弋機變之智多則
鳥亂於上鉤餌罔罟罾笱之智多則魚亂
於水矣削格羅落罝罘之智多則獸亂於
澤矣攻之逾密避之逾巧雖禽獸猶不可圖之以智而況人哉故治天下者唯不任々知々則无妙也

【第十四紙】

澤矣攻之逾密避之逾巧雖禽獸猶不可圖之以智而況人哉故治天下者唯不任〻知〻則无妙也
智詐同異之變多則俗惑於辯矣上之所多者下不能安其少也性少而以逐多則迷矣
天地
堯觀乎華〻封〻人曰嘻聖人
請祝聖人使聖人壽堯曰辭使聖人富堯
曰辭使聖人多男子堯曰辭封人曰辭封
人曰壽富多男子之人所欲汝獨不用何
也堯曰多男子則多懼富則多事壽則多
辱是三者皆非所以養悳故辭封人曰始也

辱是三者皆非所以養德故辭封人曰始也
我以汝為聖人也今然君子也天生萬民
必授之職多男子而授之職則何懼之〻
有（物皆得所而志定）富而使人分之則何事之有（寄之
天下故無事也）聖人鶉居（无事而期安也）而鷇食（仰物而足）鳥行
無（率性而動無常迹也）天下有道則與物皆昌天下無
道則脩德就閒（雖湯武之事苟順天應人未為不閒故无為而无不為者非不閒也）
千歲厭世去而上僊（夫志人極壽命之長任窮理之變其生也天行其死物
化故云厭世而上僊）乘彼白雲至于帝鄉（氣之散無不之）三患莫

化故去厭世而上僊乘彼白雲至于帝鄉氣之散無不之三患莫
至身常无殃則何辱之有堯治天下伯成
子高立為諸侯堯授舜〻授禹伯成子高
辭為諸侯而耕禹往見之則耕在野趨就
下立而問焉曰昔堯治天下吾子立為諸
侯堯授舜〻授予而吾子辭為諸侯而耕
敢問其故何也子高曰昔堯治天下不賞
而民勸不罰而民畏今子賞罰而民且不
仁惪自此衰刑自此立後世之乱自此始

仁悳自此衰刑自此立後世之乱自此始
矣
天運　夫帝之悳以天地為宗以道悳為
主以無為〻常無為也則用天下而有餘
有餘者閑暇之謂也有為也則為天下用而不足不足者汲〻然

【第十五紙】

欲為物用者也欲物為用故可得而臣也故古之人貴夫无為也下
亦無為也是下與上同悳也下與上同悳
則不臣下有為也上亦有為也是上與下
同道也上與下同道則不主夫工人無為於刻木而有為於

同道也上與下同道則不非夫工人無爲於刻木而有爲於
用斧主上無爲於親事而有爲於用臣〻能親事主能臣斧能臣斧能刻木而工能用斧各當其能
則天理自然非有爲也若乃主代臣事則非主矣臣秉主用則非臣也故各司其任則上下咸得而
無爲之理至矣上必無爲而用天下〻必有爲〻
天下用此不易之道故古之王天下者智
雖落天地不自慮也辯雖彫萬物而不自
說也能雖窮海内不自爲也夫在上者患於不能无爲也而
代人臣之所司使各鯀不得行其明斷后稷不得施其播殖則羣才失其任而主上困於役矣冕旒垂自付之
天〻下〻皆得其爲者乃無爲而无不爲者也故上下皆无爲矣但上之无爲則下〻之爲則自用矣
天

天〻下〻皆得其爲也乃無爲而无不爲者也故上下皆无爲矣但上之无爲則下〻之爲則自用矣

天不產而萬物化地不長而萬物育所謂自尔帝王無爲而天下功功自彼成故曰莫神於天莫富於地莫大於帝王故曰帝王之悳配天地同乎天地之無爲也此乘天地馳万物而用人群之道也本在於上末在於下要在主群在於臣三軍五兵之運悳之末也賞罰利害五刑之辟教之末也礼法數度刑名比詳治之末也鍾鼓之音羽旄之容樂之末也哭

【第十六紙】

之末也鐘鼓之音羽旄之容樂之末也哭
泣衰絰降殺之服哀之末也此五末者須
精神之運心術之動然後從者也夫精神心術者五末
之本也任自然而運動則五事之末振而自舉也末學古之人有之
而非所以先也所先者本君先而臣從長先而
從男先而女從夫尊卑先後天地之行也
故聖人取象焉言此先後雖是人事然皆在至理中來聖人之所作也天
尊地卑神明之位也春夏先秋冬四時之
序也萬物化作盛衰之殺變化之流也夫

序也萬物化作盛衰之殺變化之流也夫地至神也而有尊卑先後之序而況人道乎（明夫尊卑先後之序國有物之所不能无也）宗廟尚親朝廷尚尊鄉黨尚齒行事尚賢大道之序也（言非但人倫之所尚也）愚智處宜貴賤履位（官各當其才也）必分其能（无相易業）必由其名（其當其實故由名而實不濫也）以此事上以此畜下以此治物以此脩身智謀不用必歸其天此之謂太平治之至也礼法數度刑名比詳古之人有之此下之所以事

【第十七紙】

慶刑名比詳古之〻有之此下之所以事
上非上之所以畜下也（寄此事於群下斯乃畜下者之也）昔
者舜問於堯曰天王之用心何如堯曰吾
不教无告（无告者所謂頑民）不廢窮民（恒加思也）吉死
者嘉孺子而哀婦人此吾用心已舜曰美
則美矣而未大也堯曰然則何如舜曰天
德而出寧（与天合德則雖出而静也）日月照而四行若晝
夜之有經雲行雨施耳（此皆不為而時然者也）堯曰子
天之命也我人之合也夫天地者古之所

天之命也我人之合也夫天地者古之所大也而黃帝堯舜之所共美也故古之王天下者奚爲哉天地而已矣

智北遊

聖人行不言之教任其自行斯不言之教道不可致也道在然非可言致也失道而後悳失悳而後仁失仁而後義失義而後礼礼者道之華亂之首也礼有常則故矯效之所由生也故曰爲道者日損損華僞也損之又損之以至於無爲而無不爲也華去而朴全則雖爲而非爲也天地有大美而不言四

爲也〔華去而朴全則雖爲而非爲也〕天地有大美而不言四時有明法而不議萬物有成理而不說〔此孔子之所云予欲無言〕聖人無爲〔任其自爲而已〕大聖不作〔唯自任也〕觀於天地之謂也〔觀其形容象其物宜与天地無異者〕

徐無鬼

黄帝將見太隗乎具茨之山方明爲御昌寓驂乘張若謵朋前馬昆閽滑稽後車至襄地之野七聖皆迷無所問塗適遇牧馬童子問塗焉曰若知具茨之山乎曰然曰

（原第二十四至二十七紙首十行闕）

【第十八紙】

童子問塗焉曰若知具茨之山乎曰然曰
知太隗之所存乎曰然黄帝曰異哉小童
非徒知具茨之山又知太隗之所在請問
為天下小童曰天為天下者亦何以異乎

兵令

兵者凶器也戰者逆悳也爭者事之末也
王者所以伐暴亂而定仁義也戰國所以
立威侵敵也弱國所以不能廢兵者以武
為橦以文為桓以武為表以文為裏以武

【第十八紙】356

【第十七紙】355

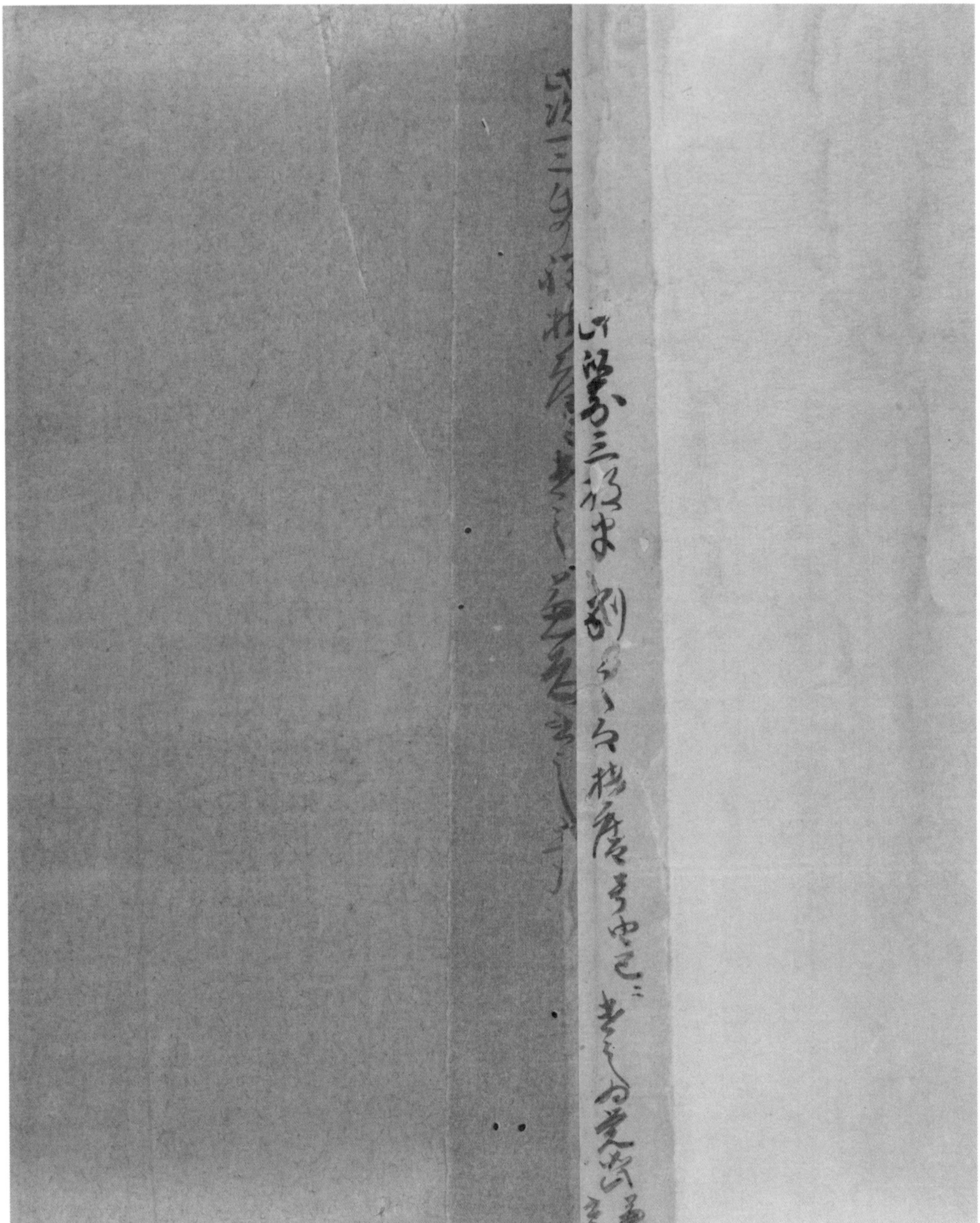

【第十九紙】

爲橦以文爲桓以武爲表以文爲裏以武爲外以文爲内能審此三者知所以勝敗矣武者所以凌敵分死生也文者所以視利害觀安危武者所以犯敵也文者所以守之也兵用文武也如響應聲也如影之隨身將有威則生無威則死有威則勝無威則敗卒有將則鬬無將則北有將則死無將則辱威者賞罰之謂也卒畏將於敵者戰勝卒畏敵於將者戰北夫戰而知所

者戰勝卒畏敵於將者戢北夫戰而知所
以勝敗者国稱將於敵也敵之與將也猶
權衡之也將之於卒也非有父母之惻血
屬之屬六親之私然而見敵走之如歸前
雖有千刃之谿不測之淵入湯火如蹈者
前見全明之賞後見必之刑也將之能制
士卒其在軍營之內行陳之間明慶賞嚴
刑罰陳斧鉞飾章旗有功必賞犯令必
及至兩敵相至行陳薄近將提抱而鼓之

及至兩敵相至行陳薄近將提抱而鼓之

存亡生存死抱之端矣雖有天下善者

能圖大鼓之後矣

群書治要卷第卅七

此卷書之著者々依後慈眼院之新點　康義云

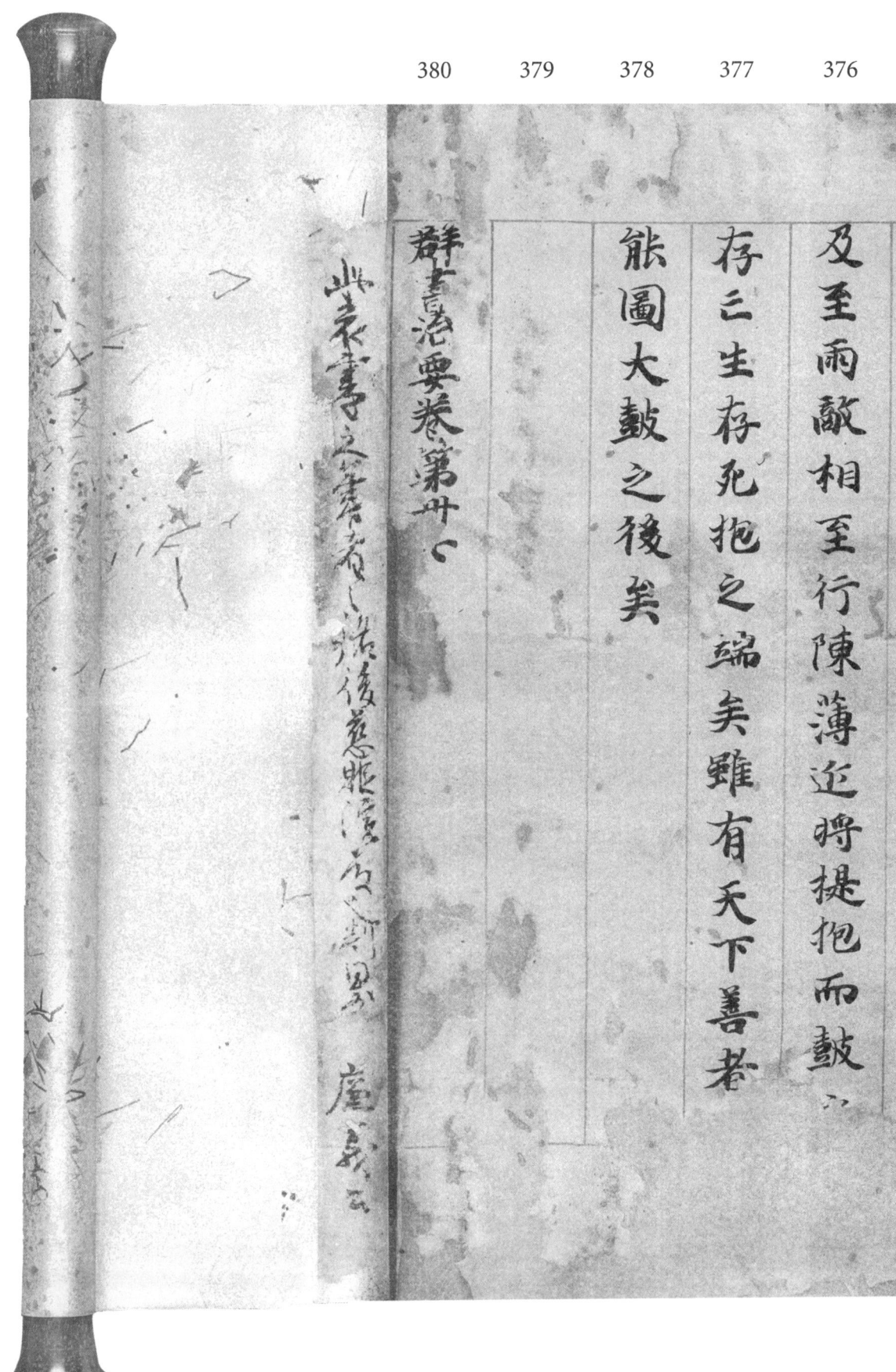

古抄本群書治要二種

九條家本 群書治要

校理

下

〔唐〕魏徵 等撰

潘銘基 校理 解題

上海古籍出版社

本册目録

九條家本群書治要解題*

潘銘基

群書治要之成書、流傳與版本

唐初，天下方定，唐太宗李世民欲以古爲鑑，明治亂之道。彼以爲類書如皇覽等，「隨方類聚，名目互顯，首尾淆亂，文義斷絶，尋究爲難」，〔一〕因而命魏徵、虞世南、褚亮、蕭德言等，博采群書，以治要爲目的，編撰群書治要一書五十卷。〔二〕

群書治要之編撰，用意乃在「昭德塞違，勸善懲惡」，希望君主可以借鑑典籍所載治國之要道，以見爲國者之所應爲。然而，歷代典籍衆多，「百家踳駁，窮理盡性，則勞而少功，周覽汎觀，則博而寡要」。魏徵等遂於群籍之中，擇其「務乎政術」者，「以備勸戒，爰自六經，訖乎諸子，上始五帝，下盡晉年，凡爲五袠，合五十卷，本求治要，故以『治要』爲名」。〔三〕

兩唐書俱未載群書治要之成書年份，惟唐會要云：「貞觀五年九月二十七日，祕書監魏徵撰群書政要上之。」〔四〕可知貞觀五年(631)爲治要書成之時。魏徵謂此書「合五十卷」。舊唐書經籍志下載「群書理要五十卷」，〔五〕新唐書藝文志三載「群書治要五十卷」，〔六〕皆同。此後，群書治要漸有佚失，南宋時陳騤所編中興館閣書目云「十卷」，〔七〕宋史藝文志六所載亦

* 本文原載中國文化研究所學報第 65 期(2018 年 8 月)，頁 1—40，題作「日藏平安時代九條家本群書治要研究」，收入本書作爲解題時嘗作補充。又案：本人於 2016 年 2 月赴東京國立博物館觀覽九條家本群書治要，得學芸企劃部主任研究員惠美千鶴子女士提供有關此本收入東京國立博物館之資料，又蒙君波妙子女士擔任翻譯工作，使事情得以順利完成。學芸研究部熊賴加女士在筆者申請前往該館的過程中多番協助，張冠雄先生幫忙解讀日文原典，在此一併致謝！

〔一〕魏徵奉敕撰，尾崎康、小林芳規解題：群書治要，東京汲古書院，1989 年，第 1 册，序頁 10。本文所載群書治要，除非特別注明，悉據此本。

〔二〕群書治要原書五十卷，中國本土久佚，在日本却可見其流傳。日藏諸本爲本文之考察對象，然今可見者僅四十七卷，闕卷四(春秋左氏傳上)、卷十三(漢書一)、卷二十(漢書三)。

〔三〕群書治要，第 1 册，序頁 5、7、10。

〔四〕王溥：唐會要，中華書局，1955 年，卷三六，頁 651。唐會要作「政」者，蓋避唐高宗李治諱。

〔五〕劉昫等：舊唐書，中華書局，1975 年，卷四七，頁 2035。舊唐書作「理」者，蓋避唐高宗李治諱。譚樸森(P. M. Thompson)慎子逸文一書謂群書治要有不同名稱，或作「政要」，或作「理要」，却未指出當爲避唐高宗李治名諱之事。見 P. M. Thompson, *The Shen Tzu Fragments* (Oxford: Oxford University Press, 1979), p. 64。

〔六〕歐陽修、宋祁：新唐書，中華書局，1975 年，卷五九，頁 1536。

〔七〕陳騤中興館閣書目今佚，趙士煒有輯本。此條據王應麟玉海所引中興書目，云：「十卷，祕閣所録唐人墨蹟。乾道七年寫副本藏之，起第十一，止二十卷，餘不存。」見王應麟：玉海，臺北華文書局影印元至元慶元路儒學刻明遞修本，1964 年，卷五四藝文，頁二九上。

爲「十卷」。〔一〕阮元謂「宋史藝文志即不著録，知其佚久矣」，〔二〕其説可商。宋志以後，公私書目俱不載群書治要，蓋已散佚。

據尾崎康群書治要解題所言，群書治要保留不少唐前古文獻，有重要之文獻價值。其時房玄齡等修撰之晉書尚未成，魏徵等所見者當爲十八家晉書；漢書注亦皆顔師古以前之舊注；子書皆兩晉或以前作品。群書治要摘録諸書最爲珍貴之部，採用六朝後期寫本（即公元七世紀以前）入文，吉光片羽，彌足珍貴。〔三〕

群書治要雖在國内久佚，却在日本流傳不輟。日人藤原良房（804—872）續日本後紀仁明天皇「承和五年六月壬子」下云：「天皇御清涼殿，令助教正六位上直道宿禰廣公讀群書治要第一卷，有五經文故也。」〔四〕承和五年（838）即唐文宗開成三年，正值日本之平安時代（794—1192），此爲日本人閲讀群書治要之最早記載。準此，群書治要此前已傳入日本。除了仁明天皇（810—850、833—850 在位），平安時期尚有三名天皇曾讀過群書治要，即清和天皇（850—880、858—874 在位）、宇多天皇（867—931、889—897 在位）、醍醐天皇（885—930、897—930 在位）。由是觀之，群書治要應在平安時代之日本皇室廣爲流傳。〔五〕以下即將探討之九條家本群書治要即爲平安時代中期之抄本，反映了此時傳鈔、閲讀是書之風尚。

清嘉慶年間，群書治要流傳回國，〔六〕爲阮元收入宛委別

〔一〕脱脱等：宋史，中華書局，1977年，卷二百七，頁5301。譚樸森云：「The last catalogue in which it was listed, the *Chung Hsing Kuan Ke Shu Mu* (1178), knew only a fragment (*chüan* nos. 11 – 20).」（*The Shen Tzu Fragments*, p. 65）宋史雖成於元代，然其藝文志所據乃宋代國史藝文志，故譚樸森以爲群書治要於宋代載録漸少，並謂中興館閣書目爲群書治要於中國本土之最後著録，其説是。

〔二〕阮元：群書治要五十卷提要，載阮元撰、鄧經元點校：揅經室集，中華書局，1993年，外集，卷二，頁1216。

〔三〕尾崎康：群書治要解題，載群書治要，第7册，頁473：「これらの群書は、經史はほぼ後漢以前の著作であるが、晉書が當時未撰の通行の唐修晉書のはずはなくて、六朝時代に十八家が撰したといわれるものの一であり、同じく、漢書注が顔師古以前のものであり、また子書には魏吴晉代のものまでを含む。初唐に編纂が行われたのであるから、依據した本はそれ以前、おそらくは六朝後期の寫本で、本文に今本と異同があることは當然であろう。十一世紀以降の宋刊本に先行する經史子の寫本はほとんど傳存しないから、七世紀以前の寫本、それも勅命を奉じて祕府の藏書を用いたこの五十卷の本文は、各書とも抄出であってもすこぶる貴重である。」

〔四〕藤原良房撰，伴信友校訂：續日本後紀，東京佚存書坊，1883年，卷七，頁四下。

〔五〕孫猛謂群書治要「於奈良或平安初期傳入日本」，是。見孫猛：日本國見在書目録詳考，上海古籍出版社，2015年，頁1166。

〔六〕尾崎康群書治要解題云：「群書治要は天明七年に尾張藩で刊刻され、その寛政三年修本が同八年（一七九六）に清國へ運ばれた。」（頁473）此言群書治要有天明七年（1787，乾隆五十二年）尾張藩刊本，其寛政三年（1791，乾隆五十六年）修版本於寛政八年（1796，嘉慶元年）運返中國。

藏。〔一〕今四部叢刊本、續修四庫全書本群書治要悉據此本影印。宛委別藏本群書治要收入日本天明（1781—1788）刻本，〔二〕惟據細井德民所言：「我孝昭二世子好學，及讀此書，有志校刊。幸魏氏所引原書，今存者十七八，乃博募異本於四方，日與侍臣照對是正。」〔三〕知天明刻本乃日人對照魏徵所引原書重新校刊之本。是以阮元、王念孫等所見群書治要，皆是嘗經細井等校正之天明刻本。

其實，島田翰古文舊書考已嘗言日本金澤文庫藏有群書治要卷子本。金澤文庫本書寫於日本鎌倉時代（1192—1333），約當中國宋元之時，較之天明刻本爲近古。金澤位於東京都神奈川縣橫濱市內，金澤文庫原爲日本中世紀時代武家北條氏政權之文教設施。金澤文庫本群書治要乃鎌倉僧人所抄，各卷卷末多附有奥書（卷末識語），此等奥書乃由清原教隆、北條實時等人所添。島田翰云：「予以元和活字刊本對校祕府卷子本，稍有異同。」又云：「乃知卷子本不但有異同，又可以知舊本之卷第矣。」〔四〕可見島田翰亦嘗對勘二本，以爲有別。島田翰又謂「活字本之根於此書亦可知也」，〔五〕即駿河版出於金澤文庫本。〔六〕又如前文所言，有平安時代中期九條家十三卷殘本，現藏東京國立博物館。此本根據唐代鈔本寫成，爲群書治要現存最古之手鈔本，被日本人視爲「國寶」。

由是觀之，倘用群書治要勘證古籍，必須以九條家本（最古）、金澤文庫本（最全）爲主，天明刻本爲輔。島田翰云：「是書所載，皆初唐舊本，可藉以訂補今本之訛誤者，亦復不鮮。」〔七〕其言良是。以下旨在考察九條家本群書治要之文獻價值，首論其概要，次舉其勘正文獻之例，復論其與金澤文庫本之關係。

平安時代九條家本群書治要概要

九條家本群書治要僅存十三卷，現藏日本東京國立博物館。據是澤恭三群書治要について一文所載，1950 年成立之文化財保護委員會討論有何文化財產應予特別保護，九條家

〔一〕阮元所輯宛委別藏共收宋元鈔本三十六種及其他稀見難得之書，並仿四庫全書之例，每部撰寫提要，收入揅經室外集中。

〔二〕天明乃日本光格天皇之年號，群書治要天明本即指刊刻於天明七年之本。又，此本乃尾張藩所刊刻，故又稱「尾張本」。

〔三〕細井德民：刊群書治要考例，載群書治要，四部叢刊初編影印日本尾張藩刻本，上海商務印書館，1936 年，頁一下至二上。

〔四〕島田翰撰，杜澤遜、王曉娟點校：古文舊書考，上海古籍出版社，2014 年，卷一群書治要四十七卷，頁 77、79。

〔五〕同上書，卷三聚分韻略五卷，頁 258。

〔六〕嚴紹盪云：「『駿河版』刊印的群書治要，是以鎌倉僧人謄寫的金澤文庫本爲原本的。」見嚴紹盪：漢籍在日本的流布研究，江蘇古籍出版社，1992 年，頁 161。

〔七〕古文舊書考，卷一群書治要四十七卷，頁 79。

本群書治要即在討論之列。至1952年，此本終被定爲日本國寶。〔一〕九條家本群書治要原藏東京赤板之九條公爵府内，在1945年之空襲中，九條家財産損失嚴重，群書治要原藏府邸内一處倉庫中，亦因殃及而受損。九條家本群書治要後歸東京國立博物館。據尾崎康所言，九條家本最初只有卷二十二、卷二十六完成修復；〔二〕時至今天，其可見者則爲七卷，此可見東京國立博物館修復之勤矣。據該館學芸企劃部主任研究員惠美千鶴子表示，九條家本群書治要運抵館時，部分紙張與表紙脱落，雖然尚屬卷狀，但亟待修復。據筆者目測，各紙表面有水漬、蟲蠹，在館方重新裱褙以後，已能恢復古書寫卷之遺風。〔三〕1986年，東京和京都兩所博物館的「日本美術名寶展」曾展出卷廿二。1990年，「日本國寶展」將九條家本群書治要卷廿二列爲第95號展品。2013年2月，東京國立博物館復展出卷廿二。2017年2月14日至3月12日，九條家本群書治要卷卅一亦作展覽。

九條家本群書治要各卷以紫、藍、茶等深淺不同之各色染色紙，以及一種在紙張剛漉成之際，加入有顔色之纖維以呈現如雲朵般紋樣之花紋紙連接而成。抄者在紙上施以金泥界欄，筆致優雅而端正，爲和樣化書風，日本學界以之爲書跡珍寶，並斷定爲平安時代中期（十一世紀）抄本。〔四〕九條家本群書治要現存十三卷，各卷之存佚狀況見是澤恭三群書治要について一文，〔五〕轉録如下：

卷次	切斷欠佚枚數	現存枚數
廿二*	卷尾欠	三十一
廿六*		三十一
卅一*	第一紙欠	廿三
卅三*		廿六

〔一〕孫猛云：「日本今存平安時期鈔本殘卷，1945年從東京赤坂九條公爵邸宅發現，習稱九條家本。昭和二十七年（1952年）指定爲國寶，今藏國立東京博物館。」（日本國見在書目録詳考，頁1166）

〔二〕尾崎康：群書治要とその現存本，載斯道文庫論集第25號（1990年），頁134。

〔三〕東京國立博物館修復九條家本群書治要，仍有不盡善處，兹舉二例説明。一爲各紙之黏合。即以本人親覽之卷卅七爲例，據治要各本推之，此卷當有二十八紙，惟今存者僅十九紙（包括十八紙全頁，另一紙僅存十一行），當中存頁並不全數相連，而今復修以卷狀出之，仿佛前後相續，實則不然。此誠卷子鈔本修復者今後當多注意之事。二爲「裏書」之處理。據是澤恭三所言，九條家本卷卅七第一紙「裏書」（第一紙之背面）有云：「此文表書之筆者之銘，尚後滋眼院殿也，判同前。」（是澤恭三：群書治要について，Museum：東京國立博物館美術誌第110號，1960年5月，頁17）惟據筆者目驗，卷卅七第一紙背頁並無文字，此文則在修復以後補貼在卷卅七末紙末句。若非是澤恭三撰文，實不知此句原在第一紙「裏書」。

〔四〕嚴紹璗漢籍在日本的流布研究云：「著者多年訪查，在日本特藏唐寫本中，得三十二種可以確認爲平安時代傳入日本的唐人寫本。」（頁27）然而當中並無九條家本群書治要，嚴氏未免失檢矣。

〔五〕是澤恭三：群書治要について，頁16。此表尾崎康群書治要とその現存本頁134轉載。

續表

卷次	切斷欠佚枚數	現存枚數
卅五*	第二、三紙欠 第十二至廿紙迄九紙欠 第廿六、廿七紙（獻上）	十五
卅六*	第二十紙以下欠	二十
卅七*	第五、九紙（獻上） 第十四至十七紙迄四紙欠 第廿四、廿五、廿六紙 第廿七紙之内十行	十九
四二	第一紙欠、第十一紙（獻上）	二十三
四三	第十四紙（獻上）	十七
四五	第十二紙（獻上）	二十六
四七	第廿八紙（獻上）	二十八
四八	第三紙（獻上）	二十六
四九		二十七

説明：各卷篇號後之「*」號爲筆者所加，代表該卷已修復完畢，並由東京國立博物館掃描存放於「e-Museum」網站，可供研究者參考。

九條家本群書治要各卷長度不一，就今所能見之七卷而論，卷廿二有三十一紙、卷廿六有三十一紙、卷卅一有二十四紙、卷卅三有二十六紙、卷卅五有二十九紙、卷卅六有二十八紙、卷卅七有二十八紙。各卷皆有散佚，原因不明，或因藏書者奉獻權貴（上表列爲「獻上」〔一〕者）而殘缺不全。以卷卅七爲例，第一紙裏書載有此卷爲藤原賴忠（謚號廉義公，924—989）所書，而第二十三紙裏書則寫著九條兼孝（1553—1636）將卷卅七部分（第二十四紙、第二十五紙、第二十六紙、第二十七紙之其中十行）贈與梅庵大村由己（約 1536—1596）之事。〔二〕此處雖未題作「獻上」，但可見九條家將此珍貴抄本當作禮物，贈予他人，致使今所見九條家本群書治要多有缺佚。太田晶二郎「群書治要」の殘簡討論群書治要殘簡數種，〔三〕其中提及平安時代中期至後期所書寫之殘簡四十二行（晉書），以及孟子告子篇斷簡三行，二本今俱藏於日本奈良縣天理市天理大學附屬天理圖書館，尾崎康載之於九條家本群書治要之下。此亦可以補充説明九條家本群書治要散佚之情況。又

〔一〕據是澤恭三所言，九條家本群書治要共有九紙題有「獻上」二字。今東京國立博物館「e 國寶」網站可供瀏覽此本之七卷，即此次上海古籍出版社所影印之七卷，包括以上所欠十紙之卷卅五、卷卅七。然而，卷卅五之第廿六、廿七紙，今實可見於「e-Museum」網站内。準此，卷卅五所缺紙當爲第廿八、廿九紙，是澤恭三所言或誤。又據尾崎康説，此「獻上」之十紙乃時任權大納言之九條道房（1609—1647）於寬永二年（1625）上獻後水尾天皇（1596—1680，1611—1629 在位）。

〔二〕卷卅七第廿七紙裏書云：「此以前三枚半別之而梅庵号由己遣之，爲覺如此兼孝書之。」

〔三〕「群書治要」の殘簡爲太田氏於 1951 年 4 月 12 日所發表之報告，當時九條家本群書治要尚未被日本文化財保護委員會列爲「國寶・重要文化財」，乃現今可見最早關於平安時代九條家本群書治要之論述。見太田晶二郎：「群書治要」の殘簡，載日本學士院紀要第 9 卷第 1 號（1951 年），頁 41—48。

九條家本各卷紙背亦間有「裏書」，可助揭示此本之流傳情況及其佚失之因由。

九條家本群書治要所用料紙高27.1釐米，紙長54.7釐米，每行寬2.2釐米。〔一〕尾崎康以卷廿二爲例，以爲此卷有金界，界高20.5釐米，界幅寬度爲2.3至2.4釐米。每行二十一字。一紙二十一行，然而第一紙只有二十行。〔二〕就今見七卷而言，能得見第一紙者皆爲二十行。〔三〕九條家本群書治要僅餘十三卷，其中七卷（卷廿二、卷廿六、卷卅一、卷卅三、卷卅五、卷卅六、卷卅七）可透過日本「e-Museum」網站瀏覽。〔四〕餘六卷，據東京國立博物館聲明，乃因保存狀態較差，有待修復，不供外界瀏覽。可供閱覽之七卷，内容概略如下：

卷次	書名/篇名	具體内容（原書卷次）	備注
廿二	後漢列傳第十六〔五〕	宋弘、韋彪（卷二六）、杜林（卷二七）、桓譚、馮衍（卷二八上）、申屠剛、鮑永、郅惲（卷二九）、郭伋（卷三一）、樊宏、陰識、陰興（卷三二）、朱浮（卷三三）、陳元（卷三六）、桓榮（卷三七）、第五倫、鍾離意、宋均、寒朗（卷四一）、東平王蒼（卷四二）、朱暉（卷四三）、袁安（卷四五）、郭躬、陳寵、陳忠（卷四六）、楊終（卷四八）、龐參（卷五一）、崔駰（卷五二）	除卷尾數行稍有破損以外，全卷保存良好。全卷共三十一紙，無缺紙。

續表

卷次	書名/篇名	具體内容（原書卷次）	備注
廿六	魏志下傳〔六〕	陳思王植（卷十九）、中山恭王衮〔七〕（卷二十）、王粲、衛覬、劉廙（卷二一）、陳群、陳矯、盧毓（卷二二）、和洽、杜襲（卷二三）、高柔（卷二四）、辛毗、楊阜、高堂隆（卷二五）、田豫（卷二六）、徐邈、王昶（卷二七）、鍾會（卷二八）	全卷保存良好，乃九條家本今可見最完整之卷帙。全卷共三十一紙，無缺紙。

〔一〕是澤恭三：群書治要について，頁16—17。

〔二〕尾崎康：群書治要とその現存本，頁135。

〔三〕今可見第一紙者，分别爲卷廿二、卷廿六、卷卅七。其餘各卷皆未能得見第一紙，或第一紙有所殘缺，故未可推知其總行數。

〔四〕九條家本群書治要：http://www.emuseum.jp/detail/100168/000/000?mode=detail&d-lang=zh&s-lang=zh&class=&title=&c-e=&region=&era=&century=&cptype=&owner=&pos=57&num=8.

〔五〕九條家本群書治要卷廿二第一紙題作「後漢列傳第十六」，其文始以「宋弘」之傳，此篇在今後漢書卷二六「伏侯宋蔡馮趙牟韋列傳第十六」。然此卷自第三紙「杜林」始，已非後漢書列傳第十六之文。是以第一紙題作「後漢列傳第十六」，僅用以提示此卷始自後漢書列傳第十六，並不表示全卷俱出此篇。

〔六〕群書治要題作「魏志」者，今三國志作「魏書」。

〔七〕九條家本群書治要卷廿六應在第六紙載中山恭王衮傳（據金澤文庫本群書治要推之），惟今東京國立博物館「e-Museum」網站於第六紙重複貼上陳思王植傳之文，當爲電腦技術出錯所致。

續表

卷次	書名/篇名	具體內容(原書卷次)	備注
卅一	六韜	文韜、武韜、龍韜、虎韜、犬韜	缺第一紙，校諸他本，缺去者乃六韜序。餘下二十三紙，無缺。全卷共二十四紙，缺一紙，實存二十三紙。
	陰謀	陰謀	
	鬻子	鬻子(卷上撰吏五帝三王傳政乙第五、大道文王問第八、貴道五帝三王周政乙第五、撰吏五帝三王傳政乙第三；卷下曲阜魯周公政甲第十四、道符五帝三王傳政甲第二、上禹政第六、道符五帝三王傳政甲第五、慎誅魯周公第六)	
卅三	晏子	1. 諫上 諫上(1.2, 1.20, 1.11, 1.7, 1.16, 1.18, 1.24) 2. 諫下 諫下(2.7, 2.20, 2.22) 3. 問上 問上(3.16)、問下(4.5)、問上(3.18, 3.19, 3.20, 3.29, 3.1, 3.22, 3.13, 3.24)、問下(4.7)、問上(3.25, 3.12)、外篇上(7.14)、問上(3.11) 4. 問下 問下(4.1)、問上(3.10, 3.6)、問下(4.3)、外篇上(7.19) 5. 雜上 雜上(5.4, 5.11, 5.12, 5.9)、諫上(1.25)、雜上(5.20)、諫上(1.13)、雜上(5.13)	第一紙破損嚴重，第二紙亦有破損。司馬法之首(第二十二紙)，九條家本並無另開新行頂格書寫，仍承上晏子文。孫子兵法之名亦未有另開新行頂格書寫(第二十四紙)。全卷二十六紙，無缺紙。

續表

卷次	書名/篇名	具體內容(原書卷次)	備注
卅三	晏子	6. 雜下 雜下(6.25)、外篇上(7.22)、外篇下(8.16, 8.18)[一]	
	司馬法	仁本、天子之義	
	孫子兵法	謀攻、虛實、九變、行軍、地形、火攻、用間	
卅五	文子	1 道原、2 精誠、4 符言、5 道德、6 上德、7 微明、8 自然、9 下德、11 上義、12 上禮	此卷散佚頗多，今所存者爲本卷之第一紙、第四至十一紙、第二十一紙、第二十三至二十七紙。校諸金澤文庫本，此卷末後當缺二紙，即全卷共有二十九紙。今所存者十五紙。至於所缺紙，第二紙及第三紙當爲文子精誠、九守二篇文。第十二紙至二十紙，當爲文子下德、上行、上義諸篇。第二十八、二十九紙，當爲曾子制言、疾病文。
	曾子	脩身、立孝、制言	

[一] 晏子各章節之編號據劉殿爵編：晏子春秋逐字索引，香港商務印書館，1993年。

續表

卷次	書名/篇名	具體內容（原書卷次）	備注
			又是澤恭三、尾崎康等謂本卷之第二十六、二十七紙屬「獻上」，惟今據「e-Museum」所示，二紙實可供閱覽，與卷卅七之第五、九紙不同。又本卷缺第二十八、二十九紙，惟是澤恭三、尾崎康皆未嘗言之。
卅六	吴子	圖國、論將、治兵、勵士	此卷有缺紙，今實存二十紙。所存者爲本卷第一紙至第二十紙，此下皆缺。據各本卷卅六頁數推算，九條家本卷卅六當有二十八紙。第一紙有破損，缺首四行。校諸各本，本卷所缺者當爲尸子恕之後半部，治天下、仁意、廣、綽子、處道、神明，以及申子大體文。又九條家本引吴子各條皆不題篇名，與金澤文庫本同。〔一〕亦不另開新行。
	商君子	六法、權脩、定分	
	尸子	勸學、貴言、四儀、明堂、分〔二〕、發蒙、恕	

續表

卷次	書名/篇名	具體內容（原書卷次）	備注
卅七	孟子	梁惠王 1.1，1.4，2.2；公孫丑 3.6，3.7，3.8；滕文公 5.4；離婁 7.1〔三〕	本卷有缺紙，其中第五、九、十四至二十六紙皆缺。第二十七紙首十行缺，只餘下後半部分十一行。全卷應有二十八紙，今實存者十九紙。本卷所缺者，第五紙當爲孟子離婁（部分）、告子、盡心，以及慎子威德（部分）。第九紙當爲慎子民雜文。
	慎子	威德、因循、民雜、知忠、德、君人、君臣	
	尹文子	聖人	
	莊子	胠篋、天地、天運、智北遊、徐無鬼	

〔一〕駿河版、尾張藩本、宛委別藏本均有篇名，九條家本、金澤文庫本則無，保存群書治要原貌。金澤文庫本群書治要卷三六卷末附有奥書（批注）云：「長寬二年（1164）五月十五日，正五位下行大內記藤原朝臣敦周點進。」「文應元年（1260）孟冬之候，爲進上革命勘文，參花之次，申出蓮華王院寶藏御本，校之點之了。」「直講清原。」（卷三六，頁 434—435。奥書之釋文見第 7 册，頁 519）據此可知金澤文庫本校勘之時代。又金澤文庫本卷三六第一紙眉上即有校語「圖國」二字，第二紙有「論將」二字，此即吴子各篇篇名。準此，以後群書治要諸本，即據金澤文庫之校語，題上吴子各篇篇名。

〔二〕九條家本引尸子分篇，未有題篇名。此本全書均引篇名，唯獨此處不引，當係誤脱。金澤文庫本卷三六引尸子此篇有題作「分」者（398/301）。

〔三〕孟子章節編號據楊伯峻：孟子譯注，中華書局，2005 年。

續表

卷次	書名/篇名	具體内容(原書卷次)	備注
卌七	尉繚子	兵令	第十四至十七紙當爲尹文子大道(部分)、聖人(部分)文。第二十四至二十六紙，以及第二十七紙首十行，當爲莊子徐無鬼(部分)，以及尉繚子天官、兵談、戰威文。

上表爲九條家本各卷所載内容之大要，以下概略言之：

一、所載各書之篇題。群書治要摘取經、史、子部文獻與治道相關者，據各本所見，或題篇名，或不題之。今就九條家本觀之，亦可見此，惟當中亦不無差異。舉例而言，卷卌六引吴子，九條家本皆不題篇名，金澤文庫本同。然清原教隆（1199—1265）校點金澤文庫本時，則補上吴子各篇篇題，如圖國、論將、治兵、勵士等。自金澤文庫本校補篇名以後，駿河版、天明本皆見吴子各篇篇名矣。由此可見，治要傳抄既久，不復見其舊貌，惟九條家本可存其本真。

二、卷卌一載鬻子俱見今本鬻子，各篇次序亦同，惟治要所引不題篇名。考鬻子一書，真僞言人人殊，黄雲眉更以爲「今本鬻子，與今本新書，皆唐以來人所依託」。[一] 今據治要各本考之，所引鬻子文已與今本無大分别。治要爲初唐典籍，其所引蓋爲六朝寫本文獻，則今本鬻子成書下限不當後於六朝。黄氏所言有待商榷，未可盡信。又四庫提要以爲今本鬻子「標題甲乙，故爲佚脱錯亂之狀」，「古無此體」，[二] 遂以爲僞書。惟治要引鬻子並無標題，則今本鬻子之標題甲乙，或爲唐後所出，與其書之真僞無直接關係。

三、卷卌三載晏子之序次與歸屬問題。群書治要引用晏子六篇，即諫上、諫下、問上、問下、雜上、雜下，書名題作「晏子」。今本晏子春秋分作内篇與外篇，其中内篇有六篇，依次爲「内篇諫上第一」「内篇諫下第二」「内篇問上第三」「内篇問下第四」「内篇雜上第五」「内篇雜下第六」；外篇有兩篇，依次爲「外篇第七」「外篇第八」。晏子一書，漢書藝文志載録八篇，[三] 劉向敘録云：「其書六篇，皆忠諫其君，文章可觀，義理可法，皆合六經之義。又有複重，文辭頗異，不敢遺失，復列以爲一篇。又有頗不合經術，似非晏子言，疑後世辯士所爲者，故亦不敢失，復以爲一篇。凡八篇。」[四] 據此，今所見前六篇即内篇，後二篇即外篇也。鄭良樹以爲「文辭頗異，不敢遺失」者即外篇上篇，「頗不合經術，亦不敢失」者即外篇

[一] 黄雲眉：古今僞書考補證，齊魯書社，1980年，頁120。
[二] 永瑢等：四庫全書總目，中華書局，1965年，卷一一七，頁1006。
[三] 班固：漢書，中華書局，1962年，卷三十，頁1724。
[四] 劉向：敘録，載吴則虞晏子春秋集釋，中華書局，1962年，頁50。

下篇。[一] 由是觀之，晏子自漢世至今，卷帙無大分別。[二] 治要所引只及内篇六篇之篇名，可見「文辭頗異」「不合經術」之外篇，大抵不符合「昭德塞違，勸善懲惡」之旨，遂爲治要編者所棄。

九條家本、金澤文庫本群書治要所引晏子，題雖用内篇篇題，文字却見諸外篇之中，可知魏徵等所見晏子與今本之編次實不盡相同。細考治要引書頗爲嚴謹，皆順次爲序，如此情況實屬罕見，當爲治要所見晏子之編排序次與今本有異。如上表所載，治要引問上之第十四則故事，不出今本晏子春秋問上，而見外篇上「7.14 景公問治國之患晏子對以佞人讒夫在君側第十四」；問下第五則故事，則見外篇上「7.19 高子問子事靈公莊公景公皆敬晏子對以一心第十九」。即在一篇之中，治要所引晏子春秋之序次亦與今本多不相同，試將群書治要引晏子問上與今本晏子春秋問上各則比較如下：

群書治要次序		**今本晏子春秋次序及章節名稱**
一	問上	3.16 景公問君子常行曷若晏子對以三者
二	問下	4.5 景公問爲臣之道晏子對以九節
三	問上	3.18 景公問明王之教民何若晏子對以先行義
四		3.19 景公問忠臣之事君何若晏子對以不與君陷于難
五		3.20 景公問忠臣之行何如晏子對以不與君行邪

續表

群書治要次序		**今本晏子春秋次序及章節名稱**
六	問上	3.29 景公問臨國莅民所患何也晏子對以患者三
七		3.1 莊公問威當世服天下時耶晏子對以行也
八		3.22 景公問聖人之不得意何如晏子對以不與世陷乎邪
九		3.13 景公問善爲國家者何如晏子對以舉賢官能
一〇		3.24 景公問古之莅國者任人如何晏子對以人不同能
一一	問下	4.7 景公問富民安衆晏子對以節欲中聽
一二	問上	3.25 景公問古者離散其民如何晏子對以今聞公令如寇讎
一三		3.12 景公問謀必得事必成何術晏子對以度義因民
一四	外篇上	7.14 景公問治國之患晏子對以佞人讒夫在君側
一五	問上	3.11 景公問古之盛君其行如何晏子對以問道者更正

[一] 鄭良樹：論晏子春秋的編寫及成書過程，載鄭良樹諸子著作年代考，北京圖書館出版社，2001 年，頁 21。

[二] 董治安云：「現在通行的晏子春秋，應該就是劉向所校録過的本子。」其説可參。見董治安説晏子，載山東大學學報（中國語言文學版）1959 年第 4 期，頁 19。

由上表所見，治要所引晏子與今本晏子春秋之序次多有分別。

四、卷卅五載文子多載録内容，不録文子問於老子之對話關係。治要引文子十篇，其序次與今本文子相同。王利器文子疏義序云：「考唐貞觀年間，由祕書監鉅鹿男魏徵等奉敕撰之群書治要五十卷，其卷三十五登載文子四十五條，今所見日本古鈔本及日本天明五年（一七八五，當清乾隆五十年）尾張國刻本，其引文自章頭提行另起者，率未冠以『老子曰』字樣。」〔一〕其實九條家本治要卷卅五所引文子，除第四紙引道德有「文子問道」「文子問德仁義禮」外，俱不載對話關係，亦不載「老子曰」，只保留其中之内容而已。

五、佚書與佚注。群書治要保留了不少今已佚失的典籍，金光一群書治要研究有專章論述，不贅。〔二〕就九條家本所能見者，即有卷卅三司馬法舊注及卷卅六尸子、申子等。司馬法一書，如明人閻禹錫司馬法集解所云，「久無註解」。〔三〕惟治要所引司馬法文附有注釋，則當時必有注釋之本，而爲治要所兼採。〔四〕觀治要所載各書，所用注釋例必名家，如論語用何晏集解，史記用裴駰集解，老子用河上公注，則治要所採司馬法注釋，亦必當世流行之舊注。據隋志所載，「梁有司馬法三卷，李氏訓記三卷」，〔五〕此訓記當爲司馬法之注釋，或即治要之注釋。至於卷卅七所載慎子，亦附注文。考之意林，蓋即滕輔注，詳見後文討論。

至於九條家本群書治要抄成之年代，今可據各卷之避諱情況尋其端倪。卷廿二避唐太宗李世民名諱，「民」字缺末筆。據尾崎康説，此卷「世」字有缺筆，「民」字缺末筆，或於「民」字右旁標記「人」字，此皆其避唐太宗李世民名諱之證。〔六〕島谷弘幸更進一步，以爲九條本乃從唐寫本轉抄而來。〔七〕除卷廿二外，卷卅三引晏子「人得其利」（第十紙），今晏子春秋問下作「民得其利」（4.5），則屬改字避諱。卷卅七引孟子「民有飢色」（第一紙），「民」字缺末筆，避李世民名諱。準此，九條家本所據之底本避唐太宗諱。

又卷卅一第二十四紙引鬻子「智者理之」（24/3，金澤文庫本 29/482—483）句，今本鬻子作「智者治之」，「蓋避唐高宗李

〔一〕王利器：文子疏義序，載王利器文子疏義，中華書局，2000 年，序頁 3。

〔二〕參金光一群書治要研究，復旦大學博士論文，2010 年，頁 83—95。

〔三〕閻禹錫：司馬法集解，續修四庫全書影印北京圖書館藏明弘治元年（1488）邢表刻本，上海古籍出版社，1995 年，頁三下。

〔四〕田旭東云：「我國唐代魏徵等人所編的群書治要，其中就有司馬法，此書較爲重要，它基本收録司馬法原文中前兩篇的内容，並附古注，爲我們了解司馬法在唐代的情况提供了一個重要線索。」則田氏嘗注意群書治要載録司馬法之古注，惜未作申論。見田旭東司馬法淺説，解放軍出版社，1989 年，頁 34。

〔五〕魏徵、令狐德棻：隋書，中華書局，1973 年，卷三二，頁 924。

〔六〕尾崎康：群書治要とその現存本，頁 135：「なお、『世』字は欠画しないが、『民』字は多く末画を欠き、その上で右に『人』と傍記する場合がある。」

〔七〕島谷弘幸：群書治要（色紙），載週刊朝日百科·日本の國寶第 44 號（1997 年 12 月 21 日），頁 104。

治諱」。[一] 然考諸九條家本群書治要，「治」字或避或不避，與「民」字幾乎皆避顯有差異，然則九條家本治要者，蓋能保持初唐舊貌。

九條家本群書治要上亦有後人施加斷句、訓點及注音、校勘文字，眉批位置時有補充字義。下表爲各卷之概況：

卷次	硃砂斷句	訓點及注音	校勘	眉注
卷廿二	✓	✓	✓	✓
卷廿六	✓	✓	✓	✓
卷卅一	✓	✓	✓	×
卷卅三	✓	✓	✓	×
卷卅五	×	×	×	×
卷卅六	×	×	×	×
卷卅七	×	×	×	×

就上表所見，卷卅五、卷卅六、卷卅七在抄成以後完全未有整理。卷廿二、卷廿六、卷卅一、卷卅三有硃砂斷句，方便閱讀。訓點爲日人用以注明漢文讀音之法，注音則爲漢文反切，卷廿二、卷廿六、卷卅一、卷卅三皆有相關資料。小林芳規指出九條家本之訓點乃鐮倉中期加上，其中卷廿六之訓點尤其重要。此因金澤文庫本卷廿六並無訓點，今如欲研讀治要卷廿六之訓點，只能依據九條家本。此外，小林芳規更指出九條家本卷廿二之訓點與金澤文庫本基本一致。[二] 有關二本之關係，詳待下文討論。再就校勘文字而論，卷廿二、卷廿六、卷卅一、卷卅三皆有改正誤字，或補充脱文，或删去衍文。以卷廿二爲例，其校改結果多可與金澤文庫本相合看。最後爲眉注，九條家本上眉注，以卷廿二較多，卷廿六只兩條（第十五紙、第二十六紙），他卷則無。眉注之内容，多爲治要所引書之原注，如卷廿二眉注所引多爲後漢書李賢注。亦有例外者，如卷廿二第六紙乃後漢書卷二八上馮衍傳文，其中有「挈瓶」一詞，李賢注只云：「解見左傳。」[三] 九條家本校點者並無引李賢此注，而直引左傳昭公七年杜預注，云：「左傳杜預注：『挈瓶，汲器，論小智也。』」今本左傳杜預注作「挈缾，汲者，喻小知」，[四] 與九條家本所引稍異（見插頁圖二）。又如卷廿六第二十六紙引三國志卷二五高堂隆傳，其中「社稷崩圮」之「圮」字，裴松之無注，惟九條家本眉注有解説（見插頁圖三）。此亦可補今三國志所闕。

[一] 鍾肇鵬：鬻子校理，中華書局，2010年，頁13。九條家本群書治要卷卅一下文引鬻子有「治者」「治志治謀」之文，不避高宗名諱，乃後世傳鈔回改所致。至於上引文作「理」者，乃其原來避諱改字之證。

[二] 小林芳規：金澤文庫本群書治要の訓點，載群書治要，第7册，頁480—81。

[三] 范曄：後漢書，中華書局，1965年，卷二八上，頁971。

[四] 春秋左傳注疏，載十三經注疏（整理本），北京大學出版社，2000年，卷四四，頁1431。

利用九條家本群書治要校勘古籍用例

汪辟疆云：「書鈔在六朝唐初最盛，但鈔而不類，故與類書不同。今存者如群書治要、意林，皆可看。亦因其保存古書至多也。」〔一〕群書治要所以爲後世學者重視，除保存久佚之古籍外，亦因其所採用各書遠較今日所見爲古。阮元云：「如晉書二卷，尚爲未修晉書以前十八家中之舊本。」〔二〕前引尾崎康亦云：「晉書が當時未撰の通行の唐修晉書のはずはなくて、六朝時代に十八家が撰したといわれるものの一であり。」皆言群書治要所録晉書二卷，彌爲近古。貞觀二十年(646)，唐太宗命房玄齡、褚遂良等重撰晉書。〔三〕房、褚等遂以臧榮緒晉書爲底本，參以「十八家晉書」及其他晉人典籍而成晉書。群書治要成於貞觀五年，時房、褚等之晉書未撰，治要所載或即臧榮緒晉書，可藉此考見臧書舊貌。

王念孫讀書雜志校勘古籍，成就卓越，其校讎古籍之法衆多，其一爲比勘唐宋類書徵引典籍與今本之異同。就讀漢書雜志而言，王念孫即用初學記、北堂書鈔、群書治要、藝文類聚、白帖、太平御覽等類書作爲旁證，其中用群書治要者約有二十六次。王念孫所用群書治要，乃係阮元宛委別藏所收之日本天明刻本，即今四部叢刊本之底本。〔四〕讀書雜志利用群書治要校理古籍，多所創獲。王念孫讀書雜志云：「凡治要所引之書，於原文皆無所增加，故知是今本遺脱也。」〔五〕此可證群書治要於校勘之作用也。下文即以群書治要卷廿二所載後漢書、卷卅七所載孟子、慎子爲例，〔六〕説明利用九條家本校勘古籍之重要性，並論其優勝於金澤文庫本之處：

一、後漢書

例1：馮衍傳

〔一〕汪辟疆：讀書説示中文系諸生，載汪辟疆文集，上海古籍出版社，1988年，頁70。
〔二〕四庫全書總目附録四庫未收書提要，頁1852。
〔三〕王溥唐會要載：「(貞觀)二十年閏三月四日，詔令修史所更撰晉書，銓次舊聞，裁成義類。其所須，可依修五代史故事。若少學士，量事追取。於是司空房玄齡、中書令褚遂良、太子左庶子許敬宗掌其事。」(卷六三，頁1091)又太宗修晉書詔下於「貞觀二十年閏二月」。見宋敏求編唐大詔令集，商務印書館，1959年，卷八一，頁467。
〔四〕王念孫撰寫讀書雜志在清嘉慶年間，其時可見之群書治要，惟嘉慶元年流傳回國之天明刻本而已。
〔五〕王念孫：讀書雜志，上海古籍出版社，2015年，淮南内篇第九，頁2158。
〔六〕本文所用後漢書據北京中華書局1965年校點本，孟子據北京大學出版社2000年整理本，慎子據北京中華書局2013年許富宏慎子集校集注本。群書治要方面，九條家本據此次東京國立博物館所提供影印之圖片，金澤文庫本據東京汲古書院1989年影宮内廳書陵部所藏本，駿河版據東京大學東洋文化研究所漢籍善本全文影像資料庫，宛委別藏本據續修四庫全書本。援引諸本時，爲省行文，不另出注。

後漢書	繕甲養士
九條家本	繕甲養士
金澤文庫本	繕甲羗良士

案：「繕甲養士」一語，九條家本不誤。金澤文庫本誤「養」字爲「羗良」，蓋誤分其字爲二矣。

例 2：朱浮傳

後漢書	六年有日食之異
九條家本	建武六年有日食之異
金澤文庫本	建武六六年有食之異
駿河版	建武六年有日食之異
宛委別藏本	建武六年有日食之異

案：後漢書脱「建武」二字，據治要各本可知。又金澤文庫本衍一「六」字。

例 3：第五倫傳（一）

後漢書	斯皆明聖所鑒
九條家本	斯由明聖所鑒

續表

金澤文庫本	斯由明聖所鑒
駿河版	斯皆明聖所鑒
宛委別藏本	斯皆明聖所鑒

案：後漢書及諸本治要之中，唯九條家本、金澤文庫本作「由」，他皆作「皆」。金澤文庫本卷廿二校點者改「由」爲「皆」，此後治要各本皆作「皆」。九條家本卷廿二亦嘗經校改，而此「由」字未嘗改動，則校勘者亦以之不誤。

例 4：第五倫傳（二）

後漢書	倫奉公盡節
九條家本	倫奉公盡節
金澤文庫本	倫以盡節
駿河版	倫奉公盡節
宛委別藏本	倫奉公盡節

案：金澤文庫本「奉公」二字作「以」，校點者改「以」爲「奉公」，與九條家本同，是。由此可見九條家本有勝於金澤文庫本者。

例5：鍾離意傳

後漢書	常以事怒郎藥崧
九條家本	嘗以事怒郎藥崧
金澤文庫本	當以事怒郎藥崧
駿河版	常以事怒郎藥崧
宛委別藏本	常以事怒郎藥崧

案：後漢書「常」字九條家本治要引作「嘗」；金澤文庫本作「當」，校改爲「嘗」。駿河版、宛委別藏本作「常」，與後漢書同。黄山後漢書校補云：「『常』當作『嘗』，各本皆失正。」[一]北京中華書局校點本後漢書據黄氏所云校改爲「嘗」，惟未有證據。據九條家本治要所載，可正後漢書此字矣。

例6：東平憲王蒼傳(一)

後漢書	東平憲王蒼
九條家本	東平王蒼，顯宗同母弟也。
金澤文庫本	東平王蒼，顯宗同母弟也。
駿河版	東平王蒼，顯宗同母弟也。
宛委別藏本	東平王蒼，顯宗同母弟也。

案：後漢書僅作「東平憲王蒼」，無「顯宗同母弟也」句，治要各本俱有之，可補今本後漢書之缺。李瀚蒙求卷上「東平爲善，司馬稱好」句下徐子光注云：「後漢東平憲王蒼，顯宗同母弟。少好經書，雅有智思。」[二]正與治要諸本所引同。蓋其時後漢書一本有「顯宗同母弟也」句，與治要所本同。

例7：東平憲王蒼傳(二)

後漢書	今送光烈皇后假紒帛巾各一
九條家本	今送光烈皇后假髻帛巾各一
金澤文庫本	今送光烈皇后假髮帛巾各一
駿河版	今送光烈皇后假髻帛巾各一
宛委別藏本	今送光烈皇后假髻帛巾各一

案：後漢書「紒」字治要各本作「髻」。金澤文庫本原作「髮」，誤，後改「髮」爲「髻」。尾崎康以爲九條本與金澤文庫本卷廿二關係密切，二本訓點幾乎一致，今見「髻」字旁二本俱注音「古計反」。説文新附云：「髻，總髮也。从髟，吉聲。古通

[一] 黄山：後漢書校補，載王先謙後漢書集解，續修四庫全書影印上海辭書出版社圖書館藏民國王氏虛受堂刻本，卷四一校補，頁二上。

[二] 李瀚撰、徐子光注：蒙求集注，文淵閣四庫全書本，上海古籍出版社，1987年，卷上，頁七五上。

用結。」[一] 又集韻「紒」字吉詣切，音髻；[二] 類篇「結」作「紒」。[三] 準此，是「髻」與「紒」字音義相通。

例8：郭躬傳

後漢書	法令有故、誤
九條家本	法令有故、有誤
金澤文庫本	法令有故、有誤
駿河版	法令有故、誤
宛委別藏本	法令有故、誤

案：後漢書「法令有故、誤」句，九條家本、金澤文庫本治要引「誤」前多一「有」字，駿河版、宛委別藏本則與後漢書同。范曄後漢書此文實本司馬彪續漢書之郭躬傳。司馬彪續漢書已佚，此據太平御覽卷六百四十刑法部六所引。太平御覽引續漢書之文如下：「郭躬字仲孫，潁川人。辟公府，以明法律，特預朝議。時有兄弟共以繩絞殺人，各持一端，辜不可分。中常侍孫章傳詔命，兄不教導弟，報兄重，弟減死。章誤言兩報重，獄已斷，尚書奏矯制當斬。上問躬，躬曰：『當罰金。』上曰：『矯殺人，如何罰金？』躬曰：『法令有故有誤。章不故指，傳命誤，即報重，是故爲無所放也。周道如砥，其直如矢。君子不逆詐，王法大刑，不可委曲生意。』上曰：『善。』」[四] 可見司馬彪續漢書亦作「有故有誤」，周天游八家後漢書輯注引御覽此文，復以晉書刑法志「其知而死之，謂之故。不意誤犯，謂之過失」作注，並謂「過失即誤」。[五] 準此，是「故」爲「知而死之」，「誤」爲「不意誤犯」。九條家本治要引後漢書作「有故、有誤」不誤。九條家本、金澤文庫本皆有校改符號以示「有誤」之「有」字當删，及後駿河版等即不復作「有故、有誤」。

例9：陳忠傳

後漢書	以示聖朝無諱之美。若有道之士
九條家本	以示聖朝無諱之矣。美若有道之士
金澤文庫本	以宋聖朝無諱之義。美若有道之士
駿河版	以示聖朝無諱之美。若有道之士
宛委別藏本	以示聖朝無諱之美。若有道之士

[一] 許慎：說文解字，中華書局影印清同治十二年陳昌治刻本，1963年，卷九上，頁十一上。
[二] 丁度等編：宋刻集韻，中華書局影印北京圖書館所藏宋刻本，2005年第2版，去聲七，頁一八下。
[三] 司馬光：類篇，文淵閣四庫全書本，卷三七，頁十七下。
[四] 李昉等：太平御覽，中華書局影印上海涵芬樓影印宋本，1960年，卷六百四十，頁二下。
[五] 周天游：八家後漢書輯注，上海古籍出版社，1986年，頁417。

案：九條家本「諱之」後有「矣」字，金澤文庫本「諱之」後有「義」字。觀二本皆有鐮倉時代學者校點，均無以他字代之，唯九條家本校點者以硃砂删去「矣」字。九條家本「美」字屬下讀，作「美若有道之士」，於義可通。

例 10：楊終傳

後漢書	善善及子孫，惡惡止其身
九條家本	脩善善及子孫，行惡惡止其身
金澤文庫本	脩善善及子孫，行惡惡止其身
駿河版	修善善及子孫，行惡惡止其身
宛委別藏本	善善及子孫，惡惡止其身

案：後漢書文字與宛委別藏本治要所引同。然而，宛委別藏本嘗據所引原書回改，失却治要保留文獻之價值。就此例而言，九條家本、金澤文庫本、駿河版皆六字爲句，增「脩／修」字及「行」字。就文義而論，指出「脩善」便可以「善及子孫」，「行惡」則希望「惡止其身」，文從字順。九條家本、金澤文庫本、駿河版所載較是，今本後漢書脱「脩」「行」二字。

二、孟子

孟子十一篇，漢書藝文志列入諸子略儒家類。〔一〕及至唐初編撰隋書，隋志仍次孟子於子部儒家類。〔二〕群書治要臚列經、史、子部典籍，以供君主治國之用，其中卷一至卷十引用經籍，卷十一至卷三十引用史書，卷三一至卷五十則引用子書。準此，群書治要卷三七引用孟子，自必視其爲子書無疑。其時孟子雖不在經部，然其書與治國相關，故群書治要亦加引用。今考群書治要引用孟子共十三章節，〔三〕其概略如下：

例 11：梁惠王上趙岐注

孟子	王何以利爲名乎？亦有仁義之道可以爲名。
九條家本	王何必以利爲名乎？亦唯有仁義之道可以利爲名耳。
金澤文庫本	王何必以利爲名乎？亦唯有仁義之道可以利爲名耳。
駿河版	王何必以利爲名乎？亦唯有仁義之道者可以利爲名耳。
宛委別藏本	王何必以利爲名乎？亦唯有仁義之道可以利爲名耳。

案：治要諸本引趙注「王何必以利爲名乎」句有「必」字，「亦唯有仁義之道可以利爲名耳」有「唯」「利」「耳」三字，俱可視爲今本孟子趙注之脱文。阮元云：「閩、監、毛三本同，孔本、韓本、考文古本『何』下有『必』字，足利本『王何』作

〔一〕漢書，卷三十，頁 1725。
〔二〕魏徵、令狐德棻：隋書，中華書局，1973 年，卷三四，頁 997。
〔三〕群書治要引孟子以下十三章節：1.1，1.4，2.2，3.6，3.7，3.8，5.4，7.1，7.3，8.3，11.18，11.19，13.12（編號據楊伯峻孟子譯注）。

『可必』。」〔一〕據此可知治要所引孟子文有與別本孟子相同者。

例12：公孫丑上趙岐注（一）

孟子	矢，箭也。函，甲也。周禮曰：「函人爲甲。」作箭之人，其性非獨不仁於作甲之人也，術使之然。
九條家本	矢，箭也。函，鎧也。作箭之人，其性非獨不仁於作鎧之人也，術使之然。
金澤文庫本	矢，箭也。函，鎧也。作箭之人，其性非獨不仁於作鎧之人也，術使之然。
駿河版	矢，箭也。函，鎧也。作箭之人，其性非獨不仁於作鎧之人也，術使之然。
宛委別藏本	矢，箭也。函，鎧也。作箭之人，其性非獨不仁於作鎧之人也，術使之然。

案：孟子趙岐注：「函，甲也。」下文亦謂「其性非獨不仁於作甲之人也」，是皆訓「函」爲「甲」；治要引趙注則訓爲「鎧」。太平御覽卷三五六引孟子此注亦作「函，鎧也」。〔二〕孫奭孟子音義云：「函，音含。鎧，苦愛切，又苦亥切。」〔三〕是孫氏所見本作「鎧」。阮元十三經注疏校勘記云：「閩、監、毛三本同，廖本、孔本、韓本『甲』作『鎧』，下『作甲』同。音義出『鎧』字。」〔四〕焦循正義云：「閩、監、毛三本作『函甲也』，音義出『鎧』字，則鎧是也。」〔五〕焦氏引武億釋甲云「鎧爲甲之通名」，〔六〕其言是也。大抵治要能存趙注之舊，較之今本孟子爲是矣。廖本、孔本、韓本經注本孟子皆作「鎧」，與治要所引正同。

例13：公孫丑上趙岐注（二）

孟子	故治術當慎，修其善者也。
九條家本	故治術不可不慎，修其善者。
金澤文庫本	故治術不可不慎，修其善者也。
駿河版	故治術不可不慎，修其善者也。
宛委別藏本	故治術不可不慎，修其善者也。

案：孟子「故治術當慎」，群書治要諸本皆作「故治術不可不慎」。究其文義，「當慎」與「不可不慎」相差無幾，惟二者終

〔一〕阮元：孟子注疏校勘記，載阮元十三經注疏校勘記，續修四庫全書影印南京圖書館藏清嘉慶阮氏文選樓刻本，卷一上，頁三上至三下。「孔本」即乾隆壬辰（1772）曲阜孔繼涵微波榭刊本，「韓本」即乾隆辛丑（1781）安丘韓岱雲刊本，「考文古本」即日本國古本之經注本，「足利本」亦經注本。

〔二〕太平御覽，卷三五六，頁二上。

〔三〕孫奭：孟子音義，文淵閣四庫全書本，卷上，頁六上。

〔四〕阮元：孟子注疏校勘記，卷三下，頁四上。「廖本」即廖瑩中世綵堂本。

〔五〕焦循撰，沈文倬點校：孟子正義，中華書局，1987年，卷七，頁237。

〔六〕武億：三禮義證，續修四庫全書影印上海辭書出版社圖書館藏清道光二十三年（1843）刻本，周禮夏官卷，頁六下。

有所別。準此，今本孟子與群書治要所本孟子之文字實不盡相同。

例14：滕文公上

孟子	故曰或勞心，或勞力。勞心者治人，勞力者治於人。治於人者食人，治人者食於人，天下之通義也。
九條家本	或勞心，或勞力。勞心者治人，勞力者治於人。故能治人者食人，不能治人者食於人，天下之通義。
金澤文庫本	或勞心，或勞力。勞心者治人，勞力者治於人。故能治人者食人，不能治人者食於人，天下之通義。
駿河版	或勞心，或勞力。勞心者治人，勞力者治於人。故能治人者食人，不能治人者食於人，天下之通義。
宛委別藏本	或勞心，或勞力。勞心者治人，勞力者治於人。故治於人者食人，不能治人者食於人，天下之通義也。

案：今本孟子作「治於人者食人，治人者食於人」，意謂被統治者養活別人，統治者靠人養活。至於九條家本、金澤文庫本、駿河版群書治要所引，則作「故能治人者食人，不能治人者食於人」，與今本孟子相異，意謂治國者養活別人，不能治國者靠人養活。準此，是今本孟子與九條家本、金澤文庫本、駿河版治要所引前後句文義剛好相反，合而言之則無甚分別。

例15：滕文公上趙岐注

孟子	君施教以治理之，民竭力治公田以奉養其上，天下通義，所常行者也。
九條家本	君施教以治之，民竭力治公田以奉食其上，天下通義所常行也。
金澤文庫本	君施教以治之，民竭力治公田以奉食其上，天下通義所常行也。
駿河版	君施教以治之，民竭力治公田以奉食其上，天下通義所常行也。
宛委別藏本	君施教以治之，民竭力治公田以奉食其上，天下通義所常行也。

案：趙注「君施教以治理之」，群書治要諸本皆引作「君施教以治之」，無「理」字。孟子此文作「治理」者，或涉唐高宗李治之名諱。孟子原作「治」，因高宗名諱而改爲「理」，回改之時忘記將「理」字刪除，故「治」「理」二字並存。群書治要諸本所引俱無「理」字，只有「治」字，較是。清人周廣業嘗以後漢書爲例，以爲唐高宗之名諱在後世文獻傳鈔之時頗易混淆：「後漢書係范蔚宗撰，章懷作注，乃并本文改之，今傳本雖經後人是正，然避太宗、高宗諱尚多，蓋『景』、『獸』等字不難辨識，還其本字。世、代，民、人，治、理與化，最易蒙混故也。」〔一〕趙注「治」「理」二字並存，蓋亦因此之故。

〔一〕周廣業：經史避名彙考，上海古籍出版社，2015年，卷十五，頁413。

例16：離婁上（一）

孟子	孟子曰：離婁之明，公輸子之巧，不以規矩，不能成方員。
九條家本	孟子曰：離婁子之明，公輸子之巧，不以規矩，不能爲方圓。
金澤文庫本	孟子曰：離婁子之明，公輸子之巧，不以規矩，不能成方圓。
駿河版	孟子曰：離婁子之明，公輸子之巧，不以規矩，不能成方圓。
宛委別藏本	孟子曰：離婁子之明，公輸子之巧，不以規矩，不能成方圓。

案：今本孟子作「離婁」，而群書治要諸本皆作「離婁子」。離婁，相傳爲黄帝時人，目力極强，能於百步之外察秋毫之末，莊子作「離朱」。〔一〕考孟子諸本無題「離婁」作「離婁子」者，唐宋類書引文亦然。然唐代柳宗元與吕恭書有「離婁子眇然睨之」句，〔二〕亦稱離婁爲離婁子，與治要同。則唐本孟子或有作「離婁子」者，亦未可知。

例17：離婁上（二）

孟子	國之所以廢興存亡者亦然。天子不仁，不保四海；
九條家本	國家之所以廢興存亡者亦然。天子不仁，不保四海之内；

續表

金澤文庫本	國家之所以廢興存亡者亦然。天子不仁，不保四海之内；
駿河版	國家之所以廢興存亡者亦然。天子不仁，不保四海之内；
宛委別藏本	國家之所以廢興存亡者亦然。天子不仁，不保四海之内；

案：今本孟子「國」後無「家」字，「不保四海」後無「之内」二字；反之，群書治要諸本皆作「國家之所以廢興存亡者亦然」與「不保四海之内」，文意較爲完整。考諸唐宋類書，馬總意林卷一引孟子作「不保四海」，〔三〕無「之内」二字；太平御覽引孟子作「國之所以廢興存亡者亦然」「不保四海」，〔四〕皆與治要相異。準此，群書治要所引孟子蓋與他家稍别，或非一本也。

三、慎子

史記孟子荀卿列傳謂慎到著「十二論」，集解引徐廣注：

〔一〕「離朱」見莊子駢拇、胠篋、天地，其人目明，能察秋毫之末。又，趙岐云：「離婁者，古之明目者，蓋以爲黄帝之時人也。黄帝亡其玄珠，使離朱索之。離朱即離婁也。能視於百步之外，見秋毫之末。」（孟子注疏，載十三經注疏「整理本」，卷七上，頁 218）

〔二〕柳宗元：與吕恭論墓中石書書，載柳宗元集，中華書局，1979 年，卷三一，頁 828。

〔三〕王天海、王韌：意林校釋，中華書局，2014 年，卷一，頁 35。

〔四〕太平御覽，卷四一九，頁四下。

「今慎子，劉向所定，有四十一篇。」〔一〕漢書藝文志著録爲四十二篇。〔二〕至宋代崇文總目，慎子仍記爲三十七篇。〔三〕然王應麟云：「漢志四十二篇，今三十七篇亡，唯有威德、因循、民襍、德立、君人五篇。滕輔注。」〔四〕可知南宋之時，慎子只餘五篇，與今本接近。及至明代，慎子五篇本盛行，陶宗儀説郛本、子彙本等皆其例。至萬曆年間，慎懋賞注慎子，只有内、外篇，各段落皆無標題，自言：「今纔數篇，闕略頗多。予走四方，自書肆以及士大夫藏書之家，索之勤矣。全書卒不可得，故爲輯其可知者，而其不可考者闕焉。」〔五〕據此，可知慎氏此本乃自輯者，並非襲自原書。王叔岷更直斥此本之非。〔六〕清人整理慎子者，以嚴可均、錢熙祚最爲重要。嚴可均云：「余所見明刻本亦皆五篇。今從群書治要寫出七篇，有注，即滕輔注。其多出之篇，曰知忠，曰君臣。其威德篇又多出二百五十三字，雖亦節本，視陳振孫所見本爲勝。」〔七〕錢熙祚云：「今以治要爲主，更據唐宋類書所引，隨文補正。」〔八〕二人所本俱爲群書治要，惜乎嚴氏罕有所見，錢氏雖有精校，却删去滕輔注，未竟全功。

群書治要卷三十七録有慎子，乃慎子輯佚之重要來源。〔九〕慎子爲法家著述，而群書治要採録法家典籍四部，「儒家思想仍是貫串全書」。〔一〇〕大抵治要所採仍從王道仁政之治國大道著眼，並非法家刑名之學。舉例而言，治要引慎子「聖人有德，而不憂人之危也」(37/7/104)、「立天子以爲天下也，非立天下以爲天子也；立國也，非立國以爲君也；立官長以爲官也，非立官以爲長也。法雖不善，猶愈於無法」(37/11/142)。〔一一〕就此二句觀之，治要所引慎子俱見以德治爲本、以法治爲輔之治國理念。

〔一〕司馬遷：史記，中華書局，1982年第2版，卷七四，頁2347。

〔二〕漢書，卷三十，頁1735。

〔三〕陳振孫直齋書録解題謂崇文總目言慎子三十七篇。見陳振孫撰，徐小蠻、顧美華點校直齋書録解題，上海古籍出版社，1987年，卷十，頁292。

〔四〕王應麟：漢藝文志考證，文淵閣四庫全書本，卷六，頁十八上。

〔五〕慎懋賞：慎子考，載慎子三種合帙，臺北廣文書局，1975年，頁17。

〔六〕王叔岷疑此本「即慎懋賞所僞託，借以光大其先人慎到耳。故研究慎子之學，決不可據四部叢刊景印明慎懋賞本。（王斯睿慎子校正，即據此本。）」見王叔岷：先秦道法思想講稿，臺北「中研院」中國文哲研究所，1992年，頁175。

〔七〕嚴可均：慎子敘，載嚴可均：鐵橋漫稿，叢書集成續編影印清光緒乙酉(1885)長洲蔣氏重刊心矩齋叢書本，臺北新文豐出版公司，1989年，卷五，頁十九上。

〔八〕錢熙祚：慎子跋，載慎子，清道光二十四年(1844)金山錢氏刊守山閣叢書本，頁一上。

〔九〕Thompson, *The Shen Tzu Fragments*, pp. 63–64: *Chüan* 37 contains extracts purportedly from seven different *p'ien* of the *Shen Tzu*. These extracts alone account for more than half of the attested material under discussion and make the *Ch'ün Shu Chih Yao* potentially the most important single source for the fragments of the medieval *Shen Tzu*.

〔一〇〕潘銘基：「昭德塞違，勸善懲惡」——論群書治要所引先秦諸子與治國之道，載諸子學刊第11輯(2014年12月)，頁319。

〔一一〕此下群書治要引用慎子，除非特別注明，悉據金澤文庫本。括號内數字爲東京汲古書院1991年據宮内廳所藏金澤文庫本群書治要之卷、紙、行。九條家本雖爲最古，然其第九紙已「獻上」予後水尾天皇，故本文所依據主要爲足本之金澤文庫本。

群書治要卷三十七引用慎子七篇，其概略如下：

金澤文庫本序次	書名	篇名
第七紙	慎子	威德
第八紙	慎子	威德
第九紙	慎子	威德
第十紙	慎子	威德
第十一紙	慎子	威德、因循
第十二紙	慎子	因循、民雜
第十三紙	慎子	民雜、知忠
第十四紙	慎子	知忠、德
第十五紙	慎子	德、君人、君臣

群書治要所引慎子，約有以下特點：

一、威德篇不題篇名。此篇群書治要九條家本、金澤文庫本、駿河版、宛委別藏本均載，皆不題篇名。王叔岷云：

> 治要本缺篇名，明陶宗儀説郛本、周子義子彙本並標「威德一」三字，清張海鵬墨海金壺本、錢熙祚守山閣叢書校本並標威德篇名。孫毓修慎子內篇校文第一節，亦標威德篇名，校云：「題依治要補。」不知治要本無題（篇名）。其校文多本錢熙祚之説，錢氏標威德篇名之後，即據治要校此篇首句，孫氏蓋誤以錢氏所據治要有威德篇名，遂未檢原書而臆説耳。錢本之有篇名，蓋據明本補之也。〔一〕

王氏所言是矣。據治要諸本所見，其引慎子皆無威德篇名，有篇題者蓋從明本補足。許富宏云：「説郛本、子彙本、百子全書本作『威德一』。治要本脱此篇目。慎懋賞本無題。」〔二〕其言是也。

二、德篇之篇名。此篇群書治要九條家本（37/11）、金澤文庫本（37/14）、駿河版（37/14b）皆題作德，並以「立天子者，不使諸侯疑焉」爲句。宛委別藏本始題作德立，正文仍作「立天子者，不使諸侯疑焉」（37/12b）。九條家本、金澤文庫本慣於書寫篇題以後空一格，而接之以該篇正文。舉例而言，九條家本篇題知忠後空一格，接之以正文，即「亂世之中」云云（37/10）。然則篇題德後空一格，接之以「立天子者」云云（37/11），即表明篇題僅有「德」字。許富宏云：「名曰『德立』，意即善立爲德。」〔三〕是其以「德立」爲篇名矣。説郛本、子彙本、墨海金

〔一〕王叔岷：群書治要節本慎子義證，載臺灣大學文史哲學報第 32 期（1983 年），頁 1—2。

〔二〕許富宏：慎子集校集注，頁 2。

〔三〕同上書，頁 47。

壺本、百子全書本慎子皆以「德立」爲篇名。宛委別藏本治要每多回改，失卻治要之本貌，此亦一例。

三、群書治要引用典籍每多兼引其注，引慎子亦不例外。檢治要所引注釋，例不注明其注釋者，然將其文與馬總意林所引慎子對照，知治要所引慎子注釋乃係滕輔注。嚴可均云：「滕輔，東漢人。蓺文類聚六十有漢滕輔祭牙文，亦作滕撫，又作騰撫。後漢書『滕撫字叔輔』，有傳。元和姓纂：『騰本滕氏，因避難改爲騰氏。後漢相騰撫。』蓋滕、騰一姓，輔、撫一聲，故二文隨作矣。東晉亦有滕輔，隋志梁有晉『太學博士滕輔集五卷，録一卷。亡』。舊、新唐志皆五卷。慎子注爲漢爲晉，未敢定之。」〔一〕嚴氏指出滕輔有二，一爲漢人，一爲晉人，未知孰是。譚樸森亦指出群書治要所引慎子注當屬滕輔，究其原因，一爲舊唐書經籍志所載慎子題爲滕輔注，二爲意林所引慎子亦爲滕輔注本，〔二〕然而並無考察滕輔當爲漢人或晉人。徐漢昌云：「兩唐書均著録晉人滕輔集五卷，嚴可均不能定注慎子者爲漢爲晉。若以晉時尚清談、重黄老之情況言，及後漢之滕撫一生戎馬觀之，以晉之滕輔爲較可能也。」〔三〕徐氏從兩人行誼著眼，以爲滕輔當爲晉人，近是。隋書經籍志亦只載録慎子十卷，而無滕輔注。群書治要所載典籍，與隋志之載録關係密切；所載注釋，亦多當世名家。今隋志「慎子」條下無録注釋之本，則滕輔雖似爲晉人，恐未爲的論。

四、據許富宏説，今傳本慎子主要有四個系統。一爲「子彙本系統」，此本分爲五篇，題爲威德一、因循二、民雜三、德立四、君人五。二爲「群書治要本系統」，有七篇，首篇無「威德」二字，有注。三爲「説郛本系統」，有五篇，題爲威德一、因循二、民雜三、德立四、君人五，有滕輔注。四爲「慎懋賞本系統」，在篇數、正文、注文、附録上均另成體系。〔四〕其中治要載文七篇，較諸「子彙本系統」和「説郛本系統」所載更多，更爲近古，自必更加可靠。

五、九條家本群書治要只引慎子威德之片段（因缺此卷第五紙）、因循、民雜之片段（因缺此卷第九紙）、知忠、德、君人、君臣等。此因群書治要九條家本卷卅七第五紙、第九紙已佚，在寬永二年（1625）「獻上」後水尾天皇之列。

〔一〕嚴可均：慎子敍，頁十九上至十九下。

〔二〕Thompson, *The Shen Tzu Fragments*, p. 69: There are two reasons for identifying this commentary as that of T'eng Fu. The first is that the *Shen Tzu* in the official collections of the T'ang dynasty in the eighth century, which in all probability descended from the copy known to Wei Cheng in the seventh, was the T'eng Fu *Shen Tzu*. The second is that the few extracts in the *I Lin* (compiled late eighth century) which are explicitly attributed to the T'eng Fu *Shen Tzu* contain one passage of commentary in common with the *Ch'ün Shu Chih Yao Shen Tzu*.

〔三〕徐漢昌：慎子校注及其學説研究，臺北嘉新水泥公司文化基金會，1976年，頁41。

〔四〕許富宏：慎子集校集注，前言，頁12—20。

今人整理慎子卓然有成，惟其中所採群書治要，皆爲嘗經回改之四部叢刊本，而非九條家本、金澤文庫本、駿河版等較爲近古之本。徐漢昌慎子校注及其學説研究所引治要，據其凡例，乃係商務四部叢刊初編本。許富宏慎子集校集注所據治要爲叢書集成初編本（據四部叢刊本排印）。王叔岷群書治要節本慎子義證一文所據亦爲「四部叢刊景印日本天明七年刊本」，則諸家所據治要似皆有未備。[一]誠如前文所論，倘用群書治要勘證古籍，必須以九條家本（最古）、金澤文庫本（最全）爲主，天明刻本（即四部叢刊本所據者）爲輔。準此，慎子實有重新據諸本治要校勘之必要。

例 18：威德（一）

慎子	衣之以皮倛，則見者皆走。
九條家本	衣之以皮倛，則見之者皆走。
金澤文庫本	衣之以皮倛，則見之者皆走。
駿河版	衣之以皮僛，則見之者皆走。
宛委別藏本	衣之以皮僛，則見之者皆走。

案：慎子「見」下無「之」字，治要諸本有之，有「之」字者是。

例 19：威德（二）

慎子	百工之子不學而能者，非生巧也，言有常事也。
九條家本	百工之子不學而能者，非生巧也，言有其常事也。
金澤文庫本	百工之子不學而能者，非生巧也，言有其常事也。
駿河版	百工之子不學而能者，非生巧也，言有其常事也。
宛委別藏本	百工之子不學而能者，非生巧也，言有其常事也。

案：慎子「有」下無「其」字，治要有之，當據補。錢熙祚此處失校，許富宏本諸錢氏，因亦無校。

例 20：威德（三）

慎子	地雖不憂人之貧，伐木刈草必取己富焉，則地無事也；聖人雖不憂人之危，百姓准上而比於下，其必取己安焉。
九條家本	人危也，百姓准上，而比於其下，必取己必安焉。
金澤文庫本	地雖不憂人之貧也，伐木刈草，必取己富焉，則地无事矣。聖人雖不憂人危也，百姓准上，而比於其下，必取己必安焉。
駿河版	地雖不憂人之貧也，伐木刈草，必取己富焉，則地無事矣。聖人雖不憂人危也，百姓準上，而比於其下，必取己安焉。
宛委別藏本	地雖不憂人之貧也，伐木刈草，必取己富焉，則地無事矣。聖人雖不憂人之危也，百姓準上，而比於其下，必取己安焉。

[一] 徐漢昌：慎子校注及其學説研究，頁 6；許富宏：慎子集校集注，例言，頁 1；王叔岷：群書治要節本慎子義證，頁 1。

案：今本慎子「於」下無「其」字，「其」字在「下」字後。許富宏以「其」字屬下句，斷爲「百姓准上而比於下，其必取己安焉」。證之以前文「必取己富焉」句，慎子此處仍當以「必取己安焉」爲句。校之以治要諸本，皆同。今本慎子「其下」二字誤倒，後人不識，而以「其」字屬下句，蓋誤。

例 21：民雜

慎子	民雜處而各有所能者不同，此民之情也。
九條家本	民雜處而各有所能，所能者不同，此民之情也。
金澤文庫本	民雜處而各有所能，所能者不同，此民之情也。
駿河版	民雜處而各有所能，所能者不同，此民之情也。
宛委別藏本	民雜處而各有所能，所能者不同，此民之情也。

案：慎子「所能」二字不重，治要重之。錢熙祚云：「原刻『所能』二字不重，依治要補。」〔一〕許富宏云：「『所能』，説郛本、子彙本、慎懋賞本、四庫本、墨海金壺本、百子全書本均脱。」〔二〕二説並是。

例 22：德

慎子	臣兩位國不亂者，君在也。
九條家本	臣兩位而國不乱者，君猶在也。

續表

金澤文庫本	臣兩位而國不乱者，君猶在也。
駿河版	臣兩位而國不亂者，君猶在也。
宛委別藏本	臣兩位而國不亂者，君猶在也。

案：治要各本「位」下有「而」字，「君」後有「猶」字。觀下文治要作「親猶在也」，而慎子諸本作「父在也」，無「猶」字，二處當據治要補。王叔岷云：「一九七三年十一月至七四年初，湖南長沙馬王堆漢墓中發現甲、乙本帛書老子，乙本卷前有古佚書經法、十大經、稱、道原四種，其中稱篇之文詞，往往與治要所載慎子有關，最爲可貴。」〔三〕至於此處「猶」字，王氏云：「古佚書稱云：『臣有兩位者，其國必危。國若不危，君臾存也。失君必危，失君不危者，臣故⿰足左(佐)也。子有兩位者，家必亂。家若不亂，親臾存也。〔失親必〕危。失親不亂，子故⿰足左(佐)也。』兩「臾」字帛書原作「申」，聞唐蘭氏定爲臾，云：『據慎子，帛書臾字當讀爲猶。』蓋是。『臣故、子故』兩故字，亦與猶同義。」〔四〕據王説，馬王堆帛書稱兩「臾」字即「猶」字，則治要諸本引慎子皆有之，實有存舊之功。又，錢熙祚以爲原刻

〔一〕慎子（守山閣叢書本），頁三下。
〔二〕許富宏：慎子集校集注，頁 30。
〔三〕王叔岷：群書治要節本慎子義證，頁 1。
〔四〕同上書，頁 10。

「脱『而』字」，當「依治要補正」。〔一〕其説是也。

例23：威德（四）

慎子	法雖不善，猶愈於無法，所以一人心也。
九條家本	法雖不善，猶愈於無法（所以一人心也）。
金澤文庫本	法雖不善，猶愈於無法（所以一人心也）。
駿河版	法雖不善，猶愈於無法（所以一人心也）。
宛委別藏本	法雖不善，猶愈於無法（所以一人心也）。

案：據治要諸本，慎子「所以一人心也」句爲滕輔注文。錢熙祚於「所以一人心也」句下云：「治要以此句爲注文。」〔二〕許富宏云：「『法』字下原有『所以一人心也』，注文訛爲正文。」〔三〕二人所説並是。

例24：威德（五）

慎子	使得美者，不知所以德；使得惡者，不知所以怨，此所以塞願望也。
九條家本	使得美者 不知所以賜，得惡者不知所以塞怨望，使不之上也。
金澤文庫本	使得美者 不知所以賜，得惡者不知所以怨，此所以塞怨望，使不之上也。

續表

駿河版	使得美者不知所以賜，得惡者不知所以怨，此所以塞怨望，使不上也。
宛委別藏本	使得美者不知所以賜，得惡者不知所以怨，此所以塞怨望，使不上也。

案：慎子作「願望」，治要諸本作「怨望」。錢熙祚云：「治要願作怨，與御覽六百三十八引此文合。」〔四〕王叔岷云：「子彙本、慎懋賞本、墨海金壺本、守山閣本皆作『此所以塞願望也』。『怨望』，複語，史、漢中習見，願字誤。」〔五〕王説是。今見九條家本、金澤文庫本治要俱作「怨」，益證王説不誤。

例25：知忠

慎子	守職之吏，人務其治，而莫敢淫偷其事。
九條家本	守軄之吏，人務其治，而莫敢淫偷其事。
金澤文庫本	守軄之吏，人務其治，而莫敢淫偷其事。
駿河版	守職之吏，人務其治，而莫敢淫偷其事。
宛委別藏本	守職之吏，人務其治，而莫敢淫偷其事。

〔一〕慎子（守山閣叢書本），頁五下。
〔二〕同上書，頁二下。
〔三〕許富宏：慎子集校集注，頁18。
〔四〕慎子（守山閣叢書本），頁二下。
〔五〕王叔岷：群書治要節本慎子義證，頁4。

案：錢熙祚於知忠篇首注云：「此篇原刻全脱，依治要補。」又於「守職之吏」下云：「『吏』原作『史』。」〔一〕慎子傳本既無知忠，而治要諸本皆作「吏」，則錢氏所言「原作」云云，實未知所指。至許富宏不知錢氏之誤，而謂「『吏』，治要本作『史』」，〔二〕幾欲習非勝是矣。王叔岷以治要所引慎子爲據，指出「吏未誤爲史，錢氏失檢」，〔三〕是也。

略論九條家本與金澤文庫本群書治要之關係

金澤文庫本群書治要原本藏於日本宫内廳書陵部，珍而重之，人所罕覯。1989年，東京汲古書院據1941年版影印本再行影印成書出版，遂得爲學界普遍使用。2015年，群書治要與杜氏春秋經傳集解、世説新語、太平御覽、論語注疏、史記等六部漢籍被列入「宫内廳書陵部收藏漢籍集覽」計劃，〔四〕其全文書影皆可供讀者閲覽。此中全文影像掃瞄極其清晰，使金澤文庫本群書治要更便於翻檢研讀。然而，鈔寫於平安時代之九條家本群書治要才是此書最古之本。日本所藏諸部群書治要之中，只有九條家本獲評爲「國寶」，〔五〕其重要性不輸金澤文庫本不言而喻。較諸金澤文庫本，九條家本群書治要字體秀麗，書寫工整，九條兼孝以三枚半紙贈予大村由己，九條道房將十紙獻予後水尾天皇，皆是此本極爲珍貴之明證。據譚樸森分析，金澤文庫本治要有五類校改資料，其中第一種情況是删去竄入之語，第二種是改正錯字。〔六〕至於金澤文庫本未被校改前之狀態，部分卷帙與九條家本文字大抵相同。此外，亦有部分金澤文庫本之校改，恰與九條家本原文相同。凡此種種，皆可證二者關係密切。

九條家本群書治要雖爲殘本，惟就今所見卷廿二而言，其較諸金澤文庫本爲善者所在多有。上文以治要引後漢書爲例，已可見九條家本不誤而金澤文庫本有誤之例，下文以金澤文庫本衍文爲例復加説明：

例26：「周然後政調於時而躁人可定昔董仲舒」（229/86）共十六字乃重複上文而衍，九條家本無之（4/19—20），是也。金澤文庫本卷廿二校點者於此十六字用「。」符號表

〔一〕慎子（守山閣叢書本），頁四上、四下。

〔二〕許富宏：慎子集校集注，頁42。

〔三〕王叔岷：群書治要節本慎子義證，頁8。

〔四〕「宫内廳書陵部收藏漢籍集覽」網址：http://db.sido.keio.ac.jp/kanseki/T-bib-search.php.

〔五〕截至2015年9月，日本國寶中「書跡・典籍」共有224件，九條家本群書治要即屬其一。

〔六〕Thompson, *The Shen Tzu Fragments*, p.182:「Categories i and ii [interpolations deleted and errors corrected] appear to be the work of the scribe himself or of a proof-reader and the corrections may safely be taken to reflect the directly ancestral manuscript.」

示衍文。〔一〕

例27：「書矯稱識記以欺惑貪耶詿誤人主」（231/100—101）共十四字乃重複上文而衍，九條家本無之（5/14），是也。校點者於此十四字以「。」符號表示衍文。

例28：「群下所及然詔書每下寬和而政急不解」（262/346）共十六字乃重複上文而衍，九條家本無之（17/16—17），是也。校點者於此十六字以「。」符號標記在字之左側，以爲衍文。

例29：「煞務爲嚴苦吏民愁怨莫不疾之而今之」（263/353）共十六字乃重複上文而衍，九條家本無之（18/2），是也。校點者於此十六字以「。」符號標記在字之左側，以爲衍文。

例30：「克責而比日密雲遂無大潤豈政有未得」（266/381）共十六字乃重複上文而衍，九條家本無之（19/12），是也。校點者於此十六字以「。」符號標記在字之左側，以爲衍文。

例31：「朗心傷其冤誠以建等物色獨忠平而二」（272/428）共十六字乃重複上文而衍，九條家本無之（22/2），是也。校點者於此十六字以「。」符號標記在字之左側，以爲衍文。

就此等金澤文庫本之衍文情況而論，九條家本均不衍，可見九條家本更有勝處。

尾崎康以卷廿二爲例，以爲金澤文庫本群書治要與九條家本之訓點幾乎一致，而且金澤文庫本之校勘結果亦與九條家本極爲接近，推斷二本屬同一系統，關係密切。〔二〕二本多於相同位置注音，而注音文字亦相同。例如：（一）「眄睨」二字，九條家本旁注讀爲「妄見反，五計反」（12/15），金澤文庫本同（249/247）；（二）「愕」字，九條家本夾注讀爲「五故反」（22/2），金澤文庫本同（272/429）；（三）「詆」字，九條家本夾注讀爲「都禮」（27/3），金澤文庫本同（284/526）。

除卷廿二外，其他各卷亦可見九條家本與金澤文庫本關係密切。如卷卅一引鬻子原句當作「是以禹朝廷間可以羅雀者」，九條家本卷卅一第二四紙分作三行，第一行爲前文及「是以禹朝廷間可以」，第二行爲「羅雀」，第三行「者」字連後文。相同文字金澤文庫本卷卅一第二九紙分列於480、481、482三行。如此分行，正可見九條家本與金澤文庫本屬同一系統，抄寫者在書寫金澤文庫本時，必參考九條家本或與此本系統相同之本子方下筆（見插頁圖六、圖七）。

又如卷卅六引商君書之權脩篇，九條家本作「權脩」（5/5），金澤文庫本亦作「權脩」（372/89），惟金澤文庫本於二字之旁有校語，改作「修權」。及後駿河版、宛委別藏本皆作

〔一〕金澤文庫本群書治要嘗經學者加點和校勘，各卷卷末多附有奧書，此等奧書乃由清原教隆、北條實時（1224—1276）、北條貞顯（1278—1333）於建長五年（1253）至延慶元年（1308）之間加上。細究此等奧書，可知各卷抄寫、訓點、校勘之具體時間，以及此書在鎌倉時代之流傳。上文所舉金澤文庫本衍文數例，見諸卷二二，此卷卷末有北條實時識語，而此卷之訓點則由日野家藤原俊國從仙洞御本移寫。

〔二〕尾崎康：群書治要とその現存本，頁135。

「脩權」，亦諸本據金澤文庫本校語而改之也。今商君書此篇題作「修權」。群書治要諸本唯九條家本、金澤文庫本誤，他本皆不誤，可證二本關係密切。

又如卷卅七引孟子文，亦可見九條家本與金澤文庫本關係密切，舉例如下：

例32：梁惠王上

孟子	未有仁而遺其親者也，未有義而後其君者也。
九條家本	未有仁而遺其親，未有義而後其者也。
金澤文庫本	未有仁而遺其親，未有義而後其者也。
駿河版	未有仁而遺其親，未有義而後其君者也。
宛委別藏本	未有仁而遺其親者也，未有義而後其君者也。

案：九條家本與金澤文庫本無「者也」與「君」字，二本文字最爲相近。駿河版補回「君」字，而宛委別藏本更與今本孟子文字全同，蓋據以回改之證也。

例33：梁惠王下

孟子	曰：「寡人之囿 方四十里，民猶以爲大，何也？
九條家本	曰：「寡人之囿，方卌里耳，民以猶爲大，何也？
金澤文庫本	曰：「寡人之囿，方卌里耳，民以猶爲大，何也？

續表

駿河版	曰：「寡人之囿，方四十里耳，民以猶爲大，何也？
宛委別藏本	曰：「寡人之囿，方四十里耳，民猶以爲大，何也？

案：孟子「四十」二字九條家本、金澤文庫本群書治要俱寫作「卌」，後文「有囿方卌里」「則是以卌里爲阱於國中也」「今陷阱乃方卌里」等句，九條家本、金澤文庫本皆寫成「卌」，可見二書關係密切。玉篇卌部云：「卌，四十也。」〔一〕駿河版、宛委別藏本俱作「四十」，可見已據孟子原書回改矣。

例34：公孫丑上（一）

孟子	由是觀之，無惻隱之心，非人也；無羞惡之心，非人也；無辭讓之心，非人也；無是非之心，非人也。
九條家本	由此觀之，無惻隱之、非也。無羞惡之，非人也。無辭之心、非民也；無是非之心、非人也。
金澤文庫本	由此觀之，無惻隱之、非也。無羞惡之，非人也。無辭之心、非民也；無是非之心、非人也。
駿河版	由此觀之，無惻隱之心，非人也。無羞惡之心，非人也。無辭讓之心，非人也；無是非之心，非人也。
宛委別藏本	由此觀之，無惻隱之心，非人也。無羞惡之心，非人也。無辭讓之心，非人也；無是非之心，非人也。

〔一〕陳彭年等重修：大廣益會玉篇，四部叢刊初編影印建德周氏藏元刊本，卷三十，頁一下。

案：此文九條家本與金澤文庫本脱漏頗多，而又非常一致，均於「無惻隱之」下脱「心」字、「非」下脱「人」字、「無羞惡之」下脱「心」字、「無辭」下脱「讓」字，可見金澤文庫本確實來自九條家本，或與九條家本所本相同。又，清原教隆校點金澤文庫本時，在文字旁邊稍作校語，在「無惻隱之、非也」句「之」下補「心」字，「非」下補「人」字；「無羞惡之」句「之」下補「心」字；「無辭之心」句「辭」下補「讓」字。〔一〕其所校補皆與今傳本孟子相同。

例35：公孫丑上（二）

孟子	矢人豈不仁於函人哉！矢人惟恐不傷人，函人惟恐傷人。
九條家本	矢人豈不仁於函人哉？矢人唯恐不傷人，函人唯恐不傷人。
金澤文庫本	矢人豈不仁於函人哉？矢人唯恐不傷人，函人唯恐不傷人。
駿河版	矢人豈不仁於函人哉？矢人唯恐不傷人，函人唯恐傷人。
宛委別藏本	矢人豈不仁於函人哉？矢人唯恐不傷人，函人唯恐傷人。

案：此言矢人造箭，唯恐不傷人；函人造甲，唯恐不能抵禦刀箭而使人受傷。九條家本與金澤文庫本治要「函人唯恐不傷人」之「不」字當爲衍文，函人所恐應在傷人。駿河版、宛委別藏本治要俱已校正，唯九條家本與金澤文庫本同誤。

例36：離婁上（三）

孟子	今有仁心仁聞，而民不被其澤，不可法於後世者，不行先王之道也。
九條家本	今有仁心仁聞，而民不被澤，不可治於後世者，不行先王之道也。
金澤文庫本	今有仁心仁聞，而民不被澤，不可治於後世者，不行先王之道也。
駿河版	今有仁心仁聞，而民不被澤，不可法於後世者，不行先王之道也。
宛委別藏本	今有仁心仁聞，而民不被澤，不可法於後世者，不行先王之道也。

案：孟子「不可法於後世者」，九條家本、金澤文庫本群書治要引「法」作「治」，駿河版、宛委別藏本治要所引則與孟子同。觀後文趙岐注謂「雖然，猶須行先王之道，使百姓被澤，乃可爲後世之法也」，則孟子作「法」者較是。各本治要唯九條家與金澤文庫本同作「治」，殆形近而訛。

又卷卅七引慎子文，亦可見九條家本與金澤文庫本關係密切，舉例如下：

〔一〕金澤文庫本群書治要卷三七篇末，清原教隆云：「爲進上辛酉勘文參花之次申出、蓮華王院寶藏御本加交點了，依越州使君尊閤教命而已。」(511/581—512/583)可知清原教隆嘗爲此卷作校勘。

例37：威德（一）

慎子	天雖不憂人之暗，闢户牖必取己明焉，則天無事也；
九條家本	
金澤文庫本	天雖不憂人之闇也，闢户牖必取己明焉，則天无事也。
駿河版	天雖不憂人之闇也，闢户牖必取己明焉，則天無事也。
宛委别藏本	天雖不憂人之闇也，闢户牖必取己明焉，則天無事也。

慎子	地雖不憂人之貧，伐木刈草 必取己富焉，則地無事也；
九條家本	
金澤文庫本	地雖不憂人之貧也，伐木刈草，必取己富焉，則地无事矣。
駿河版	地雖不憂人之貧也，伐木刈草，必取己富焉，則地無事矣。
宛委别藏本	地雖不憂人之貧也，伐木刈草，必取己富焉，則地無事矣。

慎子	聖人雖不憂人之危，百姓准上而比於下，其必取己安焉，則聖人無事也。
九條家本	人危也，百姓准上，而比於其下，必取己必安焉，則聖人无事矣。
金澤文庫本	聖人雖不憂人危也，百姓准上，而比於其下，必取己必安焉，則聖人无事矣。
駿河版	聖人雖不憂人危也，百姓準上，而比於其下，必取己安焉，則聖人無事矣。
宛委别藏本	聖人雖不憂人之危也，百姓準上，而比於其下，必取己安焉，則聖人無事矣。

案：據上文「必取己明」「必取己富」，知治要引此文當作「必取己安」。慎子、駿河版治要、宛委别藏本治要皆無「必」字，是矣。九條家本、金澤文庫本皆有「必」字，並誤。金澤文庫本治要此「必」字之上有「×」符號，意爲校改者清原教隆建議將「必」字删去。此删改結果，即爲駿河版所據，故無「必」字。金澤文庫本祖九條家本，故二本並誤。

例38：威德（二）

慎子	故立天子以爲天下，非立天下以爲天子也；立國君以爲國，非立國以爲君也；立官長以爲官，非立官以爲長也。
九條家本	故立天子以爲天下也，非立天下以爲天子也；立國也，非立國以爲君也；立官長以爲官也，非立官以爲長也。
金澤文庫本	故立天子以爲天下也，非立天下以爲天子也；立國也，非立國以爲君也；立官長以爲官也，非立官以爲長也。
駿河版	故立天子以爲天下也，非立天下以爲天子也；立國君以爲國也，非立國以爲君也；立官長以爲官也，非立官以爲長也。
宛委别藏本	故立天子以爲天下也，非立天下以爲天子也；立國君以爲國也，非立國以爲君也；立官長以爲官也，非立官以爲長也。

案：九條家本、金澤文庫本群書治要無「君以爲國」四字，慎子及其他各本治要皆有之。金澤文庫本於「立國」下校補「君以爲國」四字，後爲駿河版之所據。治要此處唯九條家本

與金澤文庫本誤，益可證二本關係密切。

例 39：威德(三)

慎子	故欲不得干時，愛不得犯法，貴不得逾親，禄不得踰位，士不得兼官，工不得兼事。
九條家本	故欲不得干時（必於農隙也），愛不得犯法（當官而行），貴不得踰親，禄不得踰位，慧不得兼官，工不得兼事。
金澤文庫本	故欲不得干時（必於農隙也），愛不得犯法（當官而行），貴不得踰親，[一] 禄不得踰位，慧不得兼官，工不得兼事。
駿河版	故欲不得干時（必於農隙也），愛不得犯法（當官而行），貴不得踰規，禄不得踰位，惠不得兼官，工不得兼事。
宛委别藏本	故欲不得干時（必於農隙也），愛不得犯法（當官而行），貴不得踰規，禄不得踰位，惠不得兼官，工不得兼事。

案：慎子「士」九條家本、金澤文庫本治要引作「慧」，駿河版、宛委别藏本作「惠」。王叔岷曰：「説郛本、子彙本、墨海金壺本、守山閣本惠皆作士，當從之。惠字涉上文『必由惠』而誤，上文『工不兼事，士不兼官』。韓非子用人篇：『使士不兼官。』淮南子主術篇：『工無二伎，士不兼官。』(又見文子下德篇。)皆作士。又韓非子難一篇：『明主之道，一人不兼官，一官不兼事。』」[二] 王氏舉證極豐，以爲當如宛委别藏本慎子作「士」，其言是矣。諸本之中，唯九條家本、金澤文庫本治要誤作「慧」字，亦可見二本關係密切。

結　語

汪紹楹云：「古類書可用以來校理古籍，但是它的本身也有待於校理。」[三] 此説極有理。但後人校理類書時，又往往據錯誤之原典更改類書，是以今日所見類書，亦非全數可靠。九條家本群書治要雖然極爲珍貴，然其中亦有訛誤之處，借他本異文對校可知。據上所論，可總結如下：

一、群書治要自清代回流中國以後，傳者漸衆，卻不得善本。就治要現存諸本而言，當以平安時代之九條家本爲最古，鎌倉時代金澤文庫本最全，如能並用二本，功莫大焉。然後世校勘慎子者，如錢熙祚、王叔岷、許富宏等，皆只據四部叢刊本爲文，深爲可惜。

二、群書治要自傳入日本以後，地位舉足輕重，平安時期之天皇多加誦習。今所見九條家本治要，即爲其時之重要傳本。此本雖因戰火、自然災害、上獻等致使只餘下十三卷，但其文化意義卻是毋庸置疑。日本文化財保護委員會列此本爲

[一] 金澤文庫本校改「親」爲「規」。(37/151)
[二] 王叔岷：群書治要節本慎子義證，頁 5。
[三] 歐陽詢撰、汪紹楹校：藝文類聚，上海古籍出版社，1999 年新 2 版，前言，頁 13。

日本國寶，即可見其重要性。

三、清人錢熙祚以群書治要爲本，輯録並校勘慎子，用力甚多，考證翔實，功亦大矣。錢氏所據自爲天明本治要無疑，惟今取治要諸本證之，則見錢氏失校者亦不在少數。後來者如許富宏每據錢校入文，亦似未有直追治要諸本，稍失之矣。

四、九條家本治要於引用吴子、鬻子、晏子、文子時頗具特色，其或列篇題與否、篇章之序次、引文之方式，皆足深入討論，可爲各書之研究補苴。又，群書治要諸本引用孟子，與今本孟子序次相同，足證今本與唐本孟子相去不遠。至於其引用孟子之文，則間與今本孟子稍有不同，或爲各本異文，或爲今本孟子脱誤。至其引用慎子，雖與今本慎子序次相同，唯多知忠、君臣兩段文字，足證治要本與明清本慎子（除慎懋賞本外）相去不遠。至於其引用慎子之文，則間與傳本慎子稍有不同，多爲慎子脱誤。

五、九條家本治要與金澤文庫本關係密切，系統接近。九條家本成於平安時代中期，金澤文庫本則成於鎌倉時期，而九條家本於鎌倉中期嘗經校改、訓點，金澤文庫本亦然。今觀金澤文庫本及其校改結果，似校勘者取九條家本爲底本勘正而來，其校勘成果則與後來之駿河版如出一轍。此可補充説明群書治要在日本之流傳，亦可見是書諸本之關係。

校理凡例

一、本書所載文字，以平安時代九條家本爲底本，校本爲金澤文庫本、元和二年駿河版、天明七年尾張藩本。

二、本書以校理九條家本爲中心，因此以保存九條家本原貌爲要務。天明本治要多以所引原書回改治要之文，失却治要之舊，因而本書基本上慎以天明本和所引典籍之今本校改九條家本。

三、九條家本各卷偶有闕紙或闕行，補以駿河版，並校以金澤文庫本、天明本。金澤文庫本時代較早，但多異體、俗寫以及誤字，並有大量旁校，或屬原鈔之誤，或屬後人校補，難作録文校理之依據。而駿河版乃據金澤文庫本校正而成，文本較爲清晰。

四、今所見九條家本爲卷廿二、廿六、卅一、卅三、卅五、卅六、卅七，各卷所引爲當時所見唐前舊典，本書取群書治要所引書之通行本，作爲「今本」以作比對。在校勘記裏所言「今本」，即以下各書：

卷廿二：後漢書，採用1965年中華書局點校二十四史本（該本以宋紹興本爲底本，校以汲古閣本、武英殿本等）。

卷廿六：三國志，採用1982年中華書局點校二十四史本（該本以『百衲本』、武英殿刻本、金陵活字本、江南書局本互相勘對）。

卷卅一：六韜，採用2004年中華書局六韜集解（王震集解。該本以宋刻武經七書本爲底本）；鬻子，採用2010年中華書局鬻子校理（鍾肇鵬校理。該本以觀古堂本爲底本）。

卷卅三：晏子，採用2014年中華書局晏子春秋校注（張純一校注，梁運華點校。該本以湖北書局爲主，輔以江南書局本，參考『孫、盧、黄藏諸本並江南圖書館藏明活字本』）；司馬法，採用2018年中華書局司馬法集釋（王震集釋。該本以宋刻武經七書本爲底本，武經七書本無注，集釋所引注之依據並不明確，其凡例但言「諸家注文如有明顯脱文誤字，皆徑改不出校」，故注文部分不列於今本異文）；孫子，採用1999年中華書局十一家注孫子校理（楊炳安校理。該本以宋刻十一家注孫子爲底本）。

卷卅五：文子，採用正統道藏本文子（題通玄真經）；曾子，採用2017年中華書局曾子輯校（王永輝、高尚舉輯校。該本以四部叢刊影印明袁氏嘉趣堂刊大戴禮記爲底本）。

卷卅六：吴子，採用2010年中州古籍出版社吴子（徐勇注譯。該本以宋刻武經七書本爲底本）；商君書，採用2012年知識産權出版社商君書校疏（張覺校疏。該本匯校嚴本、范本、馮本、李本、程本、吴本、朱本、陳本、四庫本、崇文本等）；尸子，採用2000年香港商務印書館何志華點校尸子逐字索引

（該本以湖海樓叢書所收汪繼培輯本爲底本）；申子，採用2012年知識産權出版社張覺商君書校疏附録八申子（該本申子佚文，其中部分乃是「據臺灣商務印書館1981年影印之宛委别藏本群書治要」，即與天明本爲同一系統。惟因張氏載録後復取嚴可均全上古三代秦漢三國六朝文相校，故仍予以採用）。

卷卅七：孟子，採用2000年北京大學出版社十三經注疏整理本孟子注疏（廖名春、劉佑平整理，錢遜審定。該本以阮元刻本爲底本）；慎子，採用2013年中華書局慎子集校集注（許富宏校注。該本以清錢熙祚守山閣叢書本爲底本）；尹文子，採用1965年臺灣商務印書館尹文子校正（王愷鑾校正。該本以四部叢刊影印明翻宋本爲底本）；莊子，正文採用1988年臺灣「中研院」歷史語語研究所專刊本莊子校詮（王叔岷撰。該本以續古逸叢書影宋本爲底本），注釋則採用1961年中華書局莊子集釋（郭慶藩撰，王孝魚點校。該本以古逸叢書覆宋本爲底本，校以續古逸叢書本、明世德堂本、道藏本等）；尉繚子，採用1989年解放軍出版社尉繚子校勘記（徐勇尉繚子淺説所附，以宋武經七書本爲底本）。

五、本書旨在整理群書治要，其所引典籍只用作參考之用，不以之校改治要之文。

六、避諱字與九條家本之鈔寫年代關係密切，各卷如淵、世、民、治等多有規避，此中改字者固然如實出校，而缺筆者則不出校。

群書治要卷第廿二

秘書監鉅鹿男魏徵等奉〔一〕勑撰

後漢列傳第十六〔二〕

宋弘字仲子，長安人也。世祖嘗〔問〕弘通博之士，〔三〕弘薦沛國桓譚才學洽聞，〔四〕幾能及揚雄、劉向父子。於是召譚拜議郎，給事中。〔五〕帝每讌，輒令皷琴，好其繁聲。弘聞之不悦，悔於薦舉，伺譚内出，正朝服坐府上，遣吏召之。〔六〕譚至，〔不與〕席而讓之曰：〔七〕「吾所以薦子〔者〕，〔八〕欲令輔國家以道德也，而今數進鄭聲以亂雅頌，非忠正者也。能自改耶？將令相舉以法乎？」譚頓首辭謝，良久乃遣之。後大會群臣，帝使譚〔琴皷〕〔皷琴〕，〔九〕譚見弘，失其常度。帝恠而問之。弘乃免冠謝曰：「〔臣〕所以薦桓譚者，〔一〇〕望能以忠正導主，而〔令〕朝廷躭悦鄭聲，〔一一〕臣之罪也。」帝改容謝〔之〕，〔一二〕使反服，其後遂不復令譚給事〔中〕。〔一三〕弘推〔進〕賢士卅餘人，〔一四〕或相及爲公卿者。

〔一〕秘書監鉅鹿男魏徵等奉　「等」，金澤文庫本原闕，旁校補之；駿河版、天明本同底本。

〔二〕後漢列傳第十六　「後漢」，諸本治要皆作「後漢書」。又金澤文庫本於「後漢書」下旁補「二」字；天明本作「後漢書二」，駿河版無「二」字。又「第十六」，諸本治要皆無。

〔三〕世祖嘗〔問〕弘通博之士　「問」，原闕，旁校補之，據補；諸本治要、今後漢書皆有之。又「世祖」，今後漢書作「帝」。

〔四〕弘薦沛國桓譚才學洽聞　「沛」，金澤文庫本原作「浦」，旁校作「沛」；駿河版、天明本、今後漢書同底本。

〔五〕於是召譚拜議郎給事中　「是」下金澤文庫本重一「是」字，旁校刪之；駿河版、天明本、今後漢書同底本。又「召」，金澤文庫本原作「名」，旁校作「召」；駿河版、天明本、今後漢書同底本。

〔六〕遣吏召之　「遣」，金澤文庫本原作「追」，旁校作「遣」；駿河版、天明本、今後漢書同底本。

〔七〕〔不與〕席而讓之曰　「不與」，原闕，旁校補之，據補；諸本治要、今後漢書皆有之。

〔八〕吾所以薦子〔者〕　「者」，原闕，旁校補之，據補；諸本治要、今後漢書皆有之。

〔九〕帝使譚〔琴皷〕〔皷琴〕　皷琴，原作「琴皷」，據諸本治要乙；今後漢書作「鼓琴」。

〔一〇〕〔臣〕所以薦桓譚者　「臣」，原漫漶不清，據諸本治要、今後漢書補。

〔一一〕而〔令〕朝廷躭悦鄭聲　「令」，原漫漶不清，據諸本治要、今後漢書補。又「躭」，金澤文庫本原作「躬」，旁校作「躭」；駿河版、天明本、今後漢書作「耽」。

〔一二〕帝改容謝〔之〕　「之」，原漫漶不清，據諸本治要補；今後漢書無此字。

〔一三〕其後遂不復令譚給事〔中〕　「中」，原闕，旁校補之，據補；諸本治要、今後漢書皆有之。

〔一四〕弘推〔進〕賢士卅餘人　「進」，原漫漶不清，據諸本治要、今後漢書補。又，「卅」，駿河版、天明本、今後漢書作「三十」，金澤文庫本同底本。

弘嘗〔譙〕見，〔一〕御坐新施屏風，〔二〕圖〔畫〕列女，〔三〕帝數顧視〔之〕。〔四〕弘正容言曰：「未見好德如〔見〕〔好〕色者。」〔五〕帝即爲徹之。笑謂弘曰：「聞義則服，可乎？」對曰：「陛下進德，臣不勝其喜。」時帝姊湖陽公主新寡，帝與共論朝臣，微觀其意。主曰：「宋公威容德器，群臣莫及。」帝曰：「方且圖之。」後弘被引見，帝令〔王〕〔主〕坐屏風後。〔六〕因謂弘曰：「諺言貴易交，富易妻，人情可乎？」〔七〕弘曰：「臣聞貧賤之知不可忘，糟糠之妻不下〔嘗〕〔堂〕。」〔八〕帝顧謂主曰：「事不諧矣！」

〔一〕弘嘗〔譙〕見　「嘗」，駿河版、天明本作「當」，金澤文庫本同底本。又「譙」，原漫漶不清，據諸本治要、今後漢書補。

〔二〕御坐新施屏風　「施」，今後漢書無；諸本治要皆有之。

〔三〕圖〔畫〕列女　「畫」，原闕，旁校補之，據補；諸本治要、今後漢書皆有之。

〔四〕帝數顧視〔之〕　「之」，原漫漶不清，據諸本治要、今後漢書補。

〔五〕未見好德如〔見〕〔好〕色者　「好」，原作「見」，旁校作「好」，據改；諸本治要、今後漢書皆作「好」。

〔六〕帝令〔王〕〔主〕坐屏風後　「主」，原作「王」，旁校作「主」，據改；諸本治要、今後漢書皆作「主」。

〔七〕人情可乎　「可」，金澤文庫本原闕，旁校補之；駿河版、天明本、今後漢書皆無「可」字。

〔八〕糟糠之妻不下〔嘗〕〔堂〕　「堂」，原作「嘗」，旁校作「堂」，據改；諸本治要、今後漢書皆作「堂」。

韋彪字孟達，扶風人也。拜大鴻臚。是時陳事者，多言郡國貢舉率非功次，故守職益懈而吏事浸疎，〔一〕咎在州郡。彪上議曰：「孔子曰：『事親孝故忠可移於君，〔二〕是以求忠臣必於孝子之門。』夫人才行少能相兼，是以孟公〔卓〕〔綽〕優於趙、魏老，〔三〕不可以爲滕、薛大夫。忠孝之人，治心近厚；〔四〕鍛練之吏，治心近薄。〔五〕三代之所以直道而行者，在其所以摩之故也。〔六〕士宜以才行爲先，不可純以閥閱。〔七〕然其要歸，在於選二千石。二千石賢，〔八〕則貢舉皆得其人矣。」帝深納之。

〔一〕故守職益懈而吏事浸疎　「浸」，駿河版、天明本、今後漢書作「寖」；金澤文庫本同底本。

〔二〕事親孝故忠可移於君　「事親」，駿河版作「親事」，金澤文庫本、天明本、今後漢書同底本。又「於」下金澤文庫本重一「於」字，並有旁校符號以示其重。

〔三〕是以孟公〔卓〕〔綽〕優於趙魏老　「綽」，原作「卓」，旁校作「綽」，據改；金澤文庫本原作「卓」，旁校作「綽」；駿河版、天明本、今後漢書皆作「綽」。

〔四〕治心近厚　「治」，駿河版、天明本、今後漢書作「持」；金澤文庫本同底本。

〔五〕治心近薄　「治」，駿河版、天明本、今後漢書作「持」；金澤文庫本同底本。

〔六〕在其所以摩之故也　「以」下金澤文庫本有「以靡」二字，並有旁校符號以示其爲衍文。

〔七〕不可純以閥閱　「可」下金澤文庫本有「此」字；駿河版、天明本、今後漢書同底本。

〔八〕二千石賢　「二千石」三字，金澤文庫本原闕，旁校補之；駿河版、天明本、今後漢書同底本。

彪以世承二帝〔吏〕治之後，〔一〕多以（荷）〔苛〕刻爲能，〔二〕又置官選職，不必以才，上疏諫曰：「農民急於務而苛吏奪其時，〔三〕賦發充常調而貪吏割其財，此其巨患也。夫欲急民所務，〔四〕當先除其所患。天下樞要，在於尚書，〔尚書〕之選，〔五〕豈可不重？而間者多從郎官超升此位，雖曉習文法，長於應對，然察察小惠，類無大能。〔宜〕簡嘗歷州宰素有名者，〔六〕雖進退舒遲，時有不逮，然端心向公，奉職周密。宜鑒嗇夫捷急之對，〔七〕深思絳侯木訥之功也。往時楚獄大起，故置令史以助郎職，而類多小人，好爲姦利。今者務簡，可皆停省。又諫議之職，〔八〕應用公直之士，〔九〕通才謇正，有補益於朝者。今或從徵試輩爲大夫。又御史外遷，動據州郡，並宜清選其任，責以言績。其二千石視事雖久，而爲吏民所便安者，〔一〇〕宜增秩重賞，勿妄遷徙，惟留聖心。」〔一一〕書奏，帝納之。

〔一〕彪以世承二帝〔吏〕治之後　「吏」，原闕，據諸本治要補，今後漢書亦有之。又「治」，今後漢書作「化」。

〔二〕多以（荷）〔苛〕刻爲能　「苛」，原作「荷」，旁校作「苛」，據改；諸本治要、今後漢書皆作「苛」。又「爲」下金澤文庫本重一「爲」字，並有旁校符號以示其重；駿河版、天明本、今後漢書同底本。

〔三〕農民急於務而苛吏奪其時　「其」下金澤文庫本重一「其」字，並有旁校符號以示其重。又「民」，今後漢書作「人」。

〔四〕夫欲急民所務　「民」，今後漢書作「人」。

〔五〕〔尚書〕之選　「尚書」，原闕，據諸本治要補；今後漢書亦有之。

〔六〕〔宜〕簡嘗歷州宰素有名者　「宜」，原闕，旁校補之，據補；諸本治要、今後漢書皆有之。

〔七〕宜鑒嗇夫捷急之對　「急」，金澤文庫本原闕，旁校補之；駿河版、天明本、今後漢書同底本。

〔八〕又諫議之職　「又」，金澤文庫本原闕，旁校補之；駿河版、天明本、今後漢書同底本。

〔九〕應用公直之士　「應」「公」，金澤文庫本原闕，旁校補之；駿河版、天明本、今後漢書同底本。

〔一〇〕而爲吏民所便安者　「民」缺末筆，旁校作「人」；諸本治要、今後漢書皆作「民」。又「便」，金澤文庫本原作「使」，旁校作「便」；駿河版、天明本、今後漢書同底本。

〔一一〕惟留聖心　「惟」，金澤文庫本原闕，旁校補之；駿河版、天明本、今後漢書同底本。

杜林字伯山，扶風人也。爲光禄勳。建武十四年，〔一〕

(郡)〔群〕臣上言：〔二〕「古者肉刑嚴重，則民畏法令；〔三〕今憲章輕薄，〔四〕故奸〔宄〕不勝。〔五〕宜增科禁，以防其源。」詔下公卿。林奏曰：「夫人情挫辱，則義節之風損；法防繁多，則苟免之行興。孔子曰：『導之以政，齊之以刑，民免而無恥。導之以德，齊之以禮，有恥且格。』古之明王，深識遠慮，動居其厚，不務多辟，〔六〕周之五刑，不過三千。大漢初興，詳覽失得，故破(雉)〔矩〕爲圓，〔七〕斲雕爲(林)〔朴〕，〔八〕蠲除苛(岐)〔政〕，〔九〕更立踈(納)〔網〕，〔一〇〕海内歡欣，人懷寛德。及至其後，漸以滋章，吹毛索疵，〔一一〕詆欺無限。果桃菜茹之饋，集以成贓，小事無妨於義，以爲大戮，故國無廉士，〔一二〕家無完行。至於〔法〕不能禁，〔一三〕令不能止，上下相遁，爲弊彌深。臣愚以爲宜如舊制。」帝從之。

〔一〕建武十四年　「建武」二字，今後漢書無。案：此屬杜林傳首見紀年，故治要補充年號。

〔二〕(郡)〔群〕臣上言　「群」，原作「郡」，據諸本治要改；今後漢書亦作「群」。

〔三〕則民畏法令　「民」，今後漢書作「人」。

〔四〕今憲章輕薄　「章」，今後漢書作「律」。又「薄」，金澤文庫本原闕，旁校補之；駿河版、天明本同底本。

〔五〕故奸〔宄〕不勝　「宄」，原闕，旁校補之，據補；金澤文庫本亦有「宄」字；駿河版、天明本、今後漢書作「軌」。

〔六〕不務多辟　「辟」，旁校作「群」；金澤文庫本亦作「群」；駿河版、天明本、今後漢書同底本。

〔七〕故破(雉)〔矩〕爲圓　「矩」，原作「雉」，旁校作「矩」，據改；諸本治要、今後漢書皆作「矩」。

〔八〕斲雕爲(林)〔朴〕　「朴」，原作「林」，旁校作「朴」，據改；諸本治要皆作「朴」；今後漢書作「樸」。

〔九〕蠲除苛(岐)〔政〕　「政」，原作「岐」，旁校作「政」，據改；諸本治要、今後漢書皆作「政」。

〔一〇〕更立踈(納)〔網〕　「網」，原作「納」，據駿河版、天明本改；今後漢書亦作「網」；金澤文庫本同底本。

〔一一〕吹毛索疵　「疵」，駿河版作「疪」；金澤文庫本、天明本、今後漢書同底本。

〔一二〕故國無廉士　「士」，金澤文庫本原作「上」，旁校作「士」；駿河版、天明本、今後漢書同底本。

〔一三〕至於〔法〕不能禁　「法」，原闕，旁校補之；諸本治要、今後漢書皆有「法」字。

桓譚字君山，沛國人也。拜議郎給事中，(國)〔因〕上疏陳時政所宜，〔一〕曰：「臣聞國家之廢興，〔二〕在於政事；政事得失，由乎輔佐。〔三〕輔佐賢明，〔四〕則俊士充朝，(則)而治合世務；〔五〕輔佐不明，則論時失宜，〔六〕而舉多過事。夫有國之君，俱欲興化建善，然而治道未理者，〔七〕其所謂賢者異也。〔八〕蓋善治者，〔九〕視俗而施教，察失而立防，威德更興，文武(失)〔迭〕用，〔一〇〕然後政調於時，而躁人可定。昔董仲舒言，〔一一〕『治國譬若琴瑟，〔一二〕其不調者則解而更張』。夫更張難行，〔一三〕而咈衆者亡，是故賈誼以才逐，而朝錯以智死。世雖有殊能而終莫敢談者，〔一四〕懼於前事也。

〔一〕（國）〔因〕上疏陳時政所宜　「因」，原作「國」，旁校作「因」，據改；諸本治要、今後漢書皆作「因」。

〔二〕臣聞國家之廢興　「家」，今後漢書闕。

〔三〕由乎輔佐　「乎」，金澤文庫本原作「字」，旁校作「乎」；駿河版、天明本、今後漢書同底本。

〔四〕輔佐賢明　「輔佐」，金澤文庫本原闕，旁校有上句「輔佐」二字之重文符號；駿河版亦無此二字；天明本、今後漢書同底本。

〔五〕（則）而治合世務　「則」，諸本治要、今後漢書皆無，據刪。又「治」，今後漢書作「理」。

〔六〕則論時失宜　「時失」，駿河版、天明本、今後漢書作「失時」；金澤文庫本同底本。

〔七〕然而治道未理者　「治」，今後漢書作「政」。

〔八〕其所謂賢者異也　「其」，金澤文庫本、駿河版無；天明本、今後漢書同底本。

〔九〕蓋善治者　「治」，今後漢書作「政」。

〔一〇〕文武（失）〔迭〕用　「迭」，原作「失」，旁校作「迭」，據改；諸本治要、今後漢書皆作「迭」。

〔一一〕昔董仲舒言　「舒」下金澤文庫本誤衍「周然後政調於時而蹤人可定昔董仲舒」十六字。

〔一二〕治國譬若琴瑟　「治」，今後漢書作「理」。

〔一三〕夫更張難行　「夫更張」三字，金澤文庫本原闕，旁校補之；駿河版、天明本、今後漢書同底本。

〔一四〕世雖有殊能而終莫敢談者　「雖」，駿河版作「難」，金澤文庫本、天明本、今後漢書同底本。

且設法禁者，非能盡塞天下之姦，皆合衆人之所欲也，大抵取便國利事多者，則可矣。又見法令（矣）決事，〔一〕輕重不齊，或一事殊法，〔二〕同罪異論，姦〔吏〕得因緣爲市，〔三〕所欲活則出生議，所欲陷則與死比，是爲刑開二門也。今可令通義理明習法〔律〕者，〔四〕校定科比，一其法度，班下郡國，蠲除故條。如此，天下知方，而獄無冤濫矣。」〔五〕書奏，不省。

〔一〕又見法令（矣）決事　「矣」，原校刪之，諸本治要、今後漢書俱無。

〔二〕或一事殊法　「或」，金澤文庫本原闕，旁校補之；駿河版、天明本、今後漢書同底本。

〔三〕姦〔吏〕得因緣爲市　「吏」，原闕，旁校補之，據補；諸本治要、今後漢書皆有之。

〔四〕今可令通義理明習法〔律〕者　「律」，原闕，旁校補之，據補；諸本治要、今後漢書皆有之。

〔五〕而獄無冤濫矣　「冤」，金澤文庫本原作「究」，旁校作「冤」；駿河版無「冤」字，天明本、今後漢書作「怨」。

是時帝方信讖，多以決定嫌疑。譚復上疏曰：「今諸巧慧小才伎數之人，〔一〕增益圖書，〔二〕矯稱讖記，以欺惑貪邪，〔三〕詿誤人主，〔四〕焉可不抑遠之哉！其事雖有時合，譬猶卜數隻偶之類。陛下宜垂明聽，發聖意，屏群小之曲說，述五經之正義，略雷同之俗語，詳通人之雅謀。」帝省奏，愈不悦。

〔一〕今諸巧慧小才伎數之人　「慧」，金澤文庫本作「惠」；駿河版、天明本、今後漢書同底本。

〔二〕增益圖書　「圖」，金澤文庫本原闕，旁校補之；駿河版、天明本、今後漢書同底本。

〔三〕以欺惑貪邪　「惑」，金澤文庫本原作「戒」，旁校作「惑」；駿河版、天明本、今後漢書同底本。

〔四〕詿誤人主　此句下金澤文庫本誤衍「書矯稱讖記以欺惑貪耶詿誤人主」十四字。

其後有詔會議靈臺所處，帝謂譚曰：「吾欲以讖決（定）〔之〕，〔一〕何如？」譚默然良久，曰：「臣不讀讖。」帝問其故，（復）譚復極言讖之非經。〔二〕帝大怒曰：「桓譚非聖無法，將下斬之。」譚叩頭流血，良久（乃）得解。〔三〕出爲六安郡丞，意忽忽不樂，道病卒。

〔一〕吾欲以讖決（定）〔之〕　「以」，今後漢書原闕，補之，校勘記：「校補引錢大昭説，謂閩本『欲』下有『以』字；又謂今案東觀記、袁紀、通鑑均有『以』字。又張森楷校勘記謂治要『欲』下有『以』字。今據補。」又「之」，原作「定」，旁校作「之」，據改；金澤文庫本原作「定」，旁校作「之」；駿河版、天明本亦作「之」。

〔二〕（復）譚復極言讖之非經　「譚」上之「復」字，原校删之；諸本治要、今後漢書皆無此「復」字。

〔三〕良久（乃）得解　「久」下原有「乃」字，原校删之，今據删；金澤文庫本、今後漢書有「乃」字；駿河版、天明本皆無。

馮衍字敬通，京兆人也。更始二年，遣尚書僕射鮑永行大將軍事，安集北方。乃以衍爲立漢將軍，與上黨太守田邑等繕甲養士，〔一〕扞衛并（士）〔土〕。〔二〕

〔一〕與上黨太守田邑等繕甲養士　「養」字，金澤文庫本原訛爲「恙良」二字，旁校作「養」；駿河版作「養良」二字；天明本、今後漢書同底本。

〔二〕扞衛并（士）〔土〕　「土」，原作「士」，據諸本治要改；今後漢書亦作「土」。

及世祖即位，〔一〕後邑聞更始敗，乃遣〔使〕詣洛陽獻璧馬，〔二〕即拜爲上黨太守。〔三〕因遣使者招永、衍，永、衍等疑不肯降，而忿邑背前約，衍乃遺邑書曰：〔四〕「衍聞之，委質爲臣，無有二心；挈瓶之智，守不假器。是以晏嬰臨盟，〔五〕擬以曲戟，不易其辭；謝息守城，〔六〕脅以晉、魯，不喪其邑。由是言之，内無鉤頸之禍，外無桃萊之利，而被叛人之聲，蒙降城之恥，竊爲左右羞之。」

〔一〕及世祖即位　「位」下天明本有「遣宗正劉延攻天井關與田邑連戰十餘合」等十七字。

〔二〕乃遣〔使〕詣洛陽獻璧馬　「使」，原闕，旁校補之，據補；諸本治要、今後漢書皆有之。

〔三〕即拜爲上黨太守　「爲」，金澤文庫本原闕，旁校補之；駿河版、天明本、今後漢書同底本。

〔四〕衍乃遺邑書曰　「遺」，金澤文庫本原作「遣」，旁校作「遺」；駿河版、天明本同底本；今後漢書亦作「遺」。

〔五〕是以晏嬰臨盟　「盟」，金澤文庫本原作「要」，旁校作「盟」；駿河版、天明本今後漢書同底本。

〔六〕謝息守城　「城」，天明本、今後漢書作「郕」，是。

時訛言更始隨赤眉在北地，〔一〕永、衍信之，故屯兵界休，方移書上黨，云皇帝在雍，〔二〕以惑百姓。審知更始已歿，乃共罷兵，幅巾降于河内。〔三〕

〔一〕時訛言更始隨赤眉在北地　「時」，今後漢書作「或」。又「地」，今後漢書闕。

〔二〕云皇帝在雍　「云」，金澤文庫本原闕，旁校補之；駿河版、天明本、今後漢書同底本。

〔三〕幅巾降于河内　「幅」，金澤文庫本原作「揊」，旁校作「幅」；駿河版、天明本、今後漢書同底本。

帝怨衍等不時至，永以立功得贖罪，遂任用之，而衍獨見黜。〔一〕永謂衍曰：「昔高祖賞季布之罪，誅丁固之功。今遭明主，〔二〕亦何憂哉！」衍曰：「記有之，人有挑其鄰之妻者，挑其長者，〔長者〕詈之，〔三〕挑其少者，少者報之，後其夫死而取其長者。或謂之曰：『夫非罵尒者耶？』曰：『在人欲其報我，在我欲其罵人也。』〔四〕夫天命難知，人道易守，〔守〕道之臣，〔五〕何患死亡？」頃之，帝以衍爲曲陽令，〔六〕誅斬劇賊郭勝等，降〔五〕五千餘人，〔七〕論功當封，以讒毀，故賞不行。

〔一〕而衍獨見黜　「黜」，金澤文庫本原作「默」，旁校作「黜」；駿河版、天明本、今後漢書同底本。

〔二〕今遭明主　「遭」，金澤文庫本原作「賣」，旁校作「遭」；駿河版、天明本、今後漢書同底本。

〔三〕〔長者〕詈之　「長者」二字原闕，旁校有上文「長者」重文符號，據補；諸本治要、今後漢書皆有此二字。

〔四〕在我欲其罵人也　「我」，金澤文庫本原闕，旁校補之；駿河版、天明本、今後漢書同底本。

〔五〕〔守〕道之臣　「守」，原闕，據諸本治要補；今後漢書亦有之。

〔六〕帝以衍爲曲陽令　「爲」下金澤文庫本重一「爲」字；駿河版、天明本、今後漢書同底本。

〔七〕降〔五〕五千餘人　「五」，諸本治要、今後漢書皆無，據删。

建武六年日蝕，〔一〕衍上書陳八事：其一曰顯文德，二曰褒武列，三曰修舊功，四曰招俊（桀）〔傑〕，〔二〕五曰明好惡，六曰簡法令，七曰（箸）〔差〕秩禄，〔三〕八曰撫邊境。書奏，帝將召見。初，衍爲狼孟長，〔四〕以罪摧陷大姓令狐略，是時略爲司空長史，讒之於尚書令王護、尚書周生豊曰：〔五〕「衍所以求見者，欲毀君也。」護等懼之，〔六〕即共排間，衍遂不得入。

〔一〕建武六年日蝕　「建」，金澤文庫本原作「達」，旁校作「建」；駿河版、天明本、今後漢書同底本。又「蝕」，駿河版、天明本、今後漢書作「食」；金澤文庫本同底本。

〔二〕四曰招俊〔桀〕〔傑〕　「四」，金澤文庫本原闕，旁校補之；駿河版、天明本、今後漢書同底本。又「傑」，原作「桀」，據駿河版、天明本改；金澤文庫本同底本；今後漢書亦作「傑」。

〔三〕七曰〔箸〕〔差〕秩禄　「差」，原作「箸」，旁校作「差」，據改；諸本治要、今後漢書皆作「差」。

〔四〕衍爲狼孟長　「長」下金澤文庫本有「狼」字；駿河版、天明本、今後漢書同底本。

〔五〕尚書周生豊曰　「豊」，駿河版、天明本、今後漢書作「豐」；金澤文庫本同底本。

〔六〕護等懼之　「等懼」二字，金澤文庫本原闕，旁校補之；駿河版、天明本、今後漢書同底本。

後衛尉陰興、新陽侯陰就以外戚貴顯，深敬重衍，衍遂与之交結，〔一〕由是爲諸王所聘請，尋爲司隸從事。帝懲西京外戚賓客，故皆以法繩之，〔二〕大者抵死徙，其餘至貶黜。〔三〕衍由此得罪，嘗自詣獄，〔四〕（自）〔有〕詔赦不治。〔五〕歸故郡，閉門自保，不敢復与親故通。

〔一〕衍遂与之交結　「衍」，金澤文庫本無，駿河版、天明本、今後漢書同底本。

〔二〕故皆以法繩之　「皆」，駿河版、天明本無，金澤文庫本、今後漢書同底本。

〔三〕其餘至貶黜　「黜」，金澤文庫本原作「默」，旁校作「黜」；駿河版、天明本、今後漢書同底本。

〔四〕嘗自詣獄　「自」，駿河版作「是」，金澤文庫本、天明本、今後漢書同底本。

〔五〕（自）〔有〕詔赦不治　「有」，原作「自」，據諸本治要改；今後漢書亦作「有」。又「治」，駿河版、天明本、今後漢書作「問」。又金澤文庫本原闕「不治歸故」四字，旁校補之。

建武末，〔一〕上疏自陳曰：「臣伏念高祖之略而陳平之謀，毀之則疎，譽之則親。以文帝之明而魏尚之忠，〔二〕繩之以法則爲罪，施之以德則爲功。逮至晚世，董仲舒言道德，見妒於公孫弘，李廣奮節於匈奴，見排於衛青，此忠臣之常所爲流涕也。〔三〕臣衍自惟微賤之臣，上無〔無知之薦，下無〕馮唐之説，〔四〕〔乏〕董生之才，〔五〕寡李廣之勢，而欲免讒口，濟怨嫌，豈不難哉！臣衍之先祖，以忠貞之故，成私門之禍。而臣衍復遭擾攘之時，值兵革之際，不敢回行求世之利，〔六〕事君無傾邪之謀，將帥無虜掠之心。衛尉陰興，敬慎周密，內自脩勑，〔七〕外遠嫌疑，故与交通。興（和）〔知〕臣之貧，〔八〕數欲本業之。臣〔自〕惟無三益之才，〔九〕不敢處三損之地，固讓而不受之。昔在更始，大原執貨財之柄，居倉卒之間，據位食禄廿餘年，〔一〇〕而財產歲狹，居處日貧，家無布帛之積，身無（與）〔輿〕馬之飾。〔一一〕於今遭清明之世，勑躬力行之秋，而怨讎叢興，讒議橫世。蓋富貴易爲善，貧賤難爲工也。〔一二〕疎遠壟畝之臣，無望高闕之下，惶恐自陳，以救罪尤。」書奏，猶以前過不用。

〔一〕建武末　「建」，金澤文庫本原作「達」，旁校作「建」；駿河版、天明本同底本。

〔二〕以文帝之明而魏尚之忠　「帝之」二字，金澤文庫本原闕，旁校補之；駿河版、天明本、今後漢書同底本。

〔三〕此忠臣之常所爲流涕也　「忠」，金澤文庫本原作「患」，旁校作「忠」；今後漢書同底本；駿河版、天明本無「忠」字。

〔四〕上無〔無知之薦下無〕馮唐之説　「無知之薦下無」六字，原無，旁校補之，據補；諸本治要、今後漢書皆有之。

〔五〕〔乏〕董生之才　「乏」，原闕，據駿河版、天明本補；金澤文庫本原闕，旁校補之；今後漢書有之。

〔六〕不敢回行求世之利　「世」，今後漢書作「時」。

〔七〕内自脩勑　「勑」旁注有「整」字。

〔八〕興〔和〕〔知〕臣之貧　「知」，原作「和」，據駿河版、天明本改；金澤文庫本同底本；今後漢書亦作「知」。

〔九〕臣〔自〕惟無三益之才　「自」，原闕，據諸本治要補；今後漢書亦有之。

〔一〇〕據位食禄廿餘年　「廿」，駿河版、天明本、今後漢書作「二十」；金澤文庫本同底本。

〔一一〕身無〔與〕〔輿〕馬之飾　「身」，駿河版作「年」；天明本、今後漢書作「出」；金澤文庫本同底本。又「輿」，原作「與」，據駿河版、天明本改；金澤文庫本原作「与」，旁校作「輿」；今後漢書作「輿」。

〔一二〕貧賤難爲工也　「爲工」二字，金澤文庫本原作「而土」，旁校作「爲工」；駿河版、天明本、今後漢書同底本。

論曰：馮衍之引挑妻子之譬，〔一〕得矣。夫納妻皆知取詈己者，而取士則不能。何〔也〕？〔二〕豈非〔及〕〔反〕妬情易，〔三〕而恕義情難。光武雖得之於鮑永，猶失之於馮衍。夫然，義直所以見屈〔於〕既往，〔四〕守節故亦彌阻於來情。嗚呼！

〔一〕馮衍之引挑妻子之譬　「子」，諸本治要、今後漢書皆無。

〔二〕何〔也〕　「也」，原闕，旁校補之，據補；金澤文庫本原闕，旁校補之；駿河版、天明本、今後漢書皆有之。

〔三〕豈非〔及〕〔反〕妬情易　「反」，原作「及」，旁校作「反」，據改；金澤文庫本原作「及」，旁校作「反」；駿河版、天明本、今後漢書皆作「反」。

〔四〕義直所以見屈〔於〕既往　「於」，原闕，據諸本治要補；今後漢書亦有之。

申屠剛字〔臣〕〔巨〕卿，〔一〕扶風人也。遷尚書令。世祖嘗欲出遊，〔二〕剛以隴蜀未平，不宜〔晏〕安逸豫。〔三〕諫不見聽，遂以頭軔乘輿輪，〔四〕帝遂爲止。〔五〕

〔一〕申屠剛字〔臣〕〔巨〕卿　「巨」，原作「臣」，據駿河版、天明本改；金澤文庫本此字漫漶不清；今後漢書亦作「巨」。

〔二〕世祖嘗欲出遊　「世祖」，今後漢書作「光武」。

〔三〕不宜〔晏〕安逸豫　「晏」，原闕，據諸本治要補；今後漢書作「宴」。又「安」，金澤文庫本原闕，旁校補之；駿河版、天明本同底本。

〔四〕遂以頭軔乘輿輪　「輿」，金澤文庫本原作「与」，旁校作「輿」；駿河版、天明本、今後漢書同底本。

〔五〕帝遂爲止　「遂」，金澤文庫本作「逐」；駿河版、天明本、今後漢書同底本。

時内外群(臣)〔官〕，〔一〕多帝自選舉，〔二〕加以法理嚴察，職事過苦，尚書近臣，至乃捶撲牽曳於前，群臣莫敢正言。剛每輒極諫，又數言皇太子宜時就東宮，〔三〕簡任賢保，以成其德。

〔一〕時内外群(臣)〔官〕　「官」，原作「臣」，旁校作「官」，據改；諸本治要、今後漢書皆作「官」。

〔二〕多帝自選舉　「選」，金澤文庫本作「巽」；駿河版、天明本、今後漢書同底本。

〔三〕又數言皇太子宜時就東宮　「又」，駿河版作「文」；金澤文庫本、天明本、今後漢書同底本。

鮑永字君長，上黨人也。父宣，爲王莽所煞。〔一〕事後母至孝，妻嘗於母前叱狗，而永即去之。

〔一〕父宣爲王莽所煞　「父」，金澤文庫本原闕，旁校補之；駿河版、天明本同底本。又「煞」，駿河版、天明本、今後漢書作「殺」，金澤文庫本同底本。

莽以宣不附己，欲滅其子孫。太守苟諫擁護，〔一〕召以爲吏。更始二年徵，再遷尚書僕射，行大將軍事，持節〔將〕兵，〔二〕安集河東、并州、朔部。世祖即位，〔三〕遣諫議大夫儲大伯，持節徵永。永乃收繫大伯，遣使馳至長安。既知更始已亡，乃發喪，出大伯等，封上將軍列侯印綬，悉罷兵，(佰)〔但〕幅巾與諸將及同心客百餘人詣河内。〔四〕帝見永，問曰：「卿衆所在？」永離席叩頭曰：「臣事更始，不能令全，誠慚以其衆幸富貴，故悉罷之。」帝曰：「卿言大！」而意不悦。

〔一〕太守苟諫擁護　「守」，金澤文庫本原作「字」，旁校作「守」；駿河版、天明本、今後漢書同底本。又「字」下金澤文庫本有「簡」字，旁校作「荀」，又校作「苟」。

〔二〕持節〔將〕兵　「將」，原闕，旁校補之，據補；諸本治要、今後漢書皆有之。

〔三〕世祖即位　「世祖」，今後漢書作「光武」。

〔四〕(佰)〔但〕幅巾與諸將及同心客百餘人詣河内　「但」，原作「佰」，據旁校改；金澤文庫本原作「永」，旁校作「但」；駿河版、天明本、今後漢書作「但」。

爲司隸校尉。行縣到霸陵，路經更始墓，引車入陌，從事〔諫〕止之。〔一〕永曰：「親北面事人，寧有過墓不拜！雖以獲罪，司隸所不避也。」遂下拜，哭盡哀而去。西至扶風，椎牛上苟諫冢。〔二〕帝聞之，意〔不〕平，〔三〕問公卿曰：「奉使如此何如？」太中大夫張湛對曰：「仁者行之宗，忠者義之主也。仁不遺舊，忠不忘君，行之高者也。」帝乃釋。〔四〕

〔一〕從事〔諫〕止之　「諫」，原闕，旁校補之，據補；金澤文庫本原闕，旁校補之；駿河版、天明本、今後漢書皆有「諫」字。

〔二〕椎牛上苟諫冢　「苟」，駿河版、天明本無；金澤文庫本、今後漢書同底本。

〔三〕意〔不〕平　「不」，原闕，旁校補之，據補；諸本治要、今後漢書皆有之。

〔四〕帝乃釋　「帝」下天明本、今後漢書有「意」字；金澤文庫本、駿河版同底本。

論曰：鮑永守義於故主，斯可以事新主矣。恥以其衆受寵，斯可以受大寵矣。若乃言之者雖誠，而聞之者未譬，〔一〕豈(茍)〔苟〕進之悦，〔二〕易以情納，持正之忤，難以理求乎？〔三〕誠能釋利以循道，〔四〕居方以從義，君子之槩也。

〔一〕而聞之者未譬　「者」，今後漢書無。

〔二〕豈(茍)〔苟〕進之悦　「苟」，原作「茍」，據諸本治要改；今後漢書亦作「苟」。

〔三〕難以理求乎　「求」，金澤文庫本原闕，旁校補之；駿河版、天明本、今後漢書同底本。

〔四〕誠能釋利以循道　「循」，金澤文庫本原闕，旁校作「脩」；駿河版、天明本、今後漢書同底本。

惲郅字君章，汝南人也。舉(者)〔孝〕廉，〔一〕爲上東城門候。帝嘗出獵，車駕夜還，惲拒關不開。帝令從者見面於門(聞)〔間〕。〔二〕惲曰：「火明遼遠。」遂不受詔。帝乃迴從東中門入。明日，〔三〕惲上書〔諫〕曰：〔四〕「陛下遠獵山林，夜以繼(書)〔晝〕，〔五〕其如社稷宗廟何？暴虎憑河，〔六〕未至之誡，誠小臣〔所〕竊憂也。」〔七〕書奏，賜布百匹，貶東中門候爲參封尉。〔八〕

〔一〕舉(者)〔孝〕廉　「孝」，原作「者」，據諸本治要改。

〔二〕帝令從者見面於門(聞)〔間〕　「門」，金澤文庫本原闕，旁校補之；駿河版、天明本同底本。又「間」，原作「聞」，旁校作「間」，據改；金澤文庫本、天明本、今後漢書作「閒」，駿河版作「間」。

〔三〕明日　「日」，金澤文庫本原闕，旁校補之；駿河版、天明本、今後漢書同底本。

〔四〕惲上書〔諫〕曰　「上」下金澤文庫本原重一「上」字，旁校符號以爲衍文。又「諫」，原闕，旁校補之，據補；諸本治要、今後漢書皆有「諫」字。

〔五〕夜以繼(書)〔晝〕　「晝」，原作「書」，據諸本治要改；今後漢書亦作「晝」。

〔六〕暴虎憑河　金澤文庫本、天明本、今後漢書作「馮」；駿河版同底本。

〔七〕誠小臣〔所〕竊憂也　「所」，原闕，旁校補之，據補；金澤文庫本原闕，旁校補之；駿河版、天明本、今後漢書皆有之。

〔八〕貶東中門候爲參封尉　「尉」，金澤文庫本原闕，旁校補之；駿河版、天明本、今後漢書同底本。又「封」，駿河版無；金澤文庫本、天明本、今後漢書同底本。

郭伋字細侯，扶風人也。王莽時爲并州牧。建武九年，拜潁川太守。十一年，調爲并州刺〔史。引〕見，〔一〕讌語。伋因言選補衆職，當簡天下賢俊，不宜專用南陽人。帝納之。伋前在并州，素結恩德，〔二〕及後入界，所〔到〕縣邑，〔三〕老幼相攜，逢迎道路。所過問民疾苦，聘求耆（舊）德雄俊，〔四〕設几杖之禮，朝夕與參政事。

〔一〕調爲并州刺〔史引〕見　「爲」，今後漢書作「伋」。又「刺史」，今後漢書作「牧」。又「史引」二字，原闕，旁校補之，據補；諸本治要皆有之。

〔二〕素結恩德　「素」，駿河版作「表」；金澤文庫本、天明本、今後漢書同底本。

〔三〕所〔到〕縣邑　「到」，原闕，旁校補之，據補；諸本治要、今後漢書皆有之。

〔四〕聘求耆（舊）德雄俊　「聘」，金澤文庫本作「娉」；駿河版、天明本、今後漢書同底本。又「舊」，諸本治要、今後漢書皆無，據刪。

始至行部，到西河美稷，有童兒數百，各騎竹馬於道次〔迎〕拜。〔一〕伋問曰：〔二〕「兒曹何自遠來？」〔三〕對曰：「聞使君到，喜，故來奉迎。」伋辭謝之。及事訖，諸兒復送至〔郭〕外，〔四〕問「使君何日當還」。〔五〕伋計日告之。〔六〕〔既還〕，〔七〕先（斯）〔期〕一日，〔八〕伋爲違信於諸兒，遂止于野亭，須期乃入。

〔一〕各騎竹馬於道次〔迎〕拜　「於」，今後漢書無。又「迎」，原闕，旁校補之，據補；金澤文庫本原闕，旁校補之；駿河版、天明本、今後漢書皆有「迎」字。

〔二〕伋問曰　「曰」，今後漢書無。

〔三〕兒曹何自遠來　「何」，金澤文庫本作「阿」；駿河版、天明本、今後漢書同底本。

〔四〕諸兒復送至〔郭〕外　「送」，金澤文庫本作「逸」；駿河版、天明本、今後漢書同底本。又「復」，天明本作「後」；金澤文庫本、駿河版、今後漢書同底本。又「郭」，原闕，據諸本治要補；今後漢書亦有之。

〔五〕問使君何日當還　「日」，金澤文庫本原作「月」，旁校作「日」；駿河版、天明本同底本。

〔六〕伋計日告之　案：後漢書「日」下原有「當」字，後刪之。後漢書校勘記：「據刊誤刪。案：王先謙謂類聚五十、文選沈約齊安陸昭王碑文注引續漢書，並無『當』字。」

〔七〕〔既還〕　二字原闕，旁校補之，據補；金澤文庫本原闕，旁校補之；駿河版、天明本、今後漢書皆有此二字。

〔八〕先（斯）〔期〕一日　「期」，原作「斯」，旁校作「期」，據改；諸本治要、今後漢書皆作「期」。

樊宏字靡卿，南陽人，世祖之舅〔也〕。〔一〕宏爲人謙柔畏慎，不求苟進。常戒其子曰：「富貴盈溢，未有能終者。吾非不喜榮勢也，天道惡滿而好謙，前代貴戚皆明戒也。〔二〕保身全己，豈不樂哉！」宗族染其化，未嘗犯法。帝甚重之。

〔一〕世祖之舅〔也〕　「也」，原闕，旁校補之，據補；金澤文庫本原闕，旁校補之；駿河版、天明本亦有「也」字；今後漢書無。

〔二〕前代貴戚皆明戒也　「代」，今後漢書作「世」。

陰識字次(佰)〔伯〕，〔一〕南陽人，光烈皇后之兄也。以征伐軍功增封，〔二〕識叩頭讓曰：「天下初定，將帥有功者衆，臣託屬掖庭，仍加爵邑，〔三〕不可以示天下。」帝甚美之。

〔一〕陰識字次(佰)〔伯〕　「伯」，原作「佰」，旁校作「伯」，據改；諸本治要、今後漢書皆作「伯」。

〔二〕以征伐軍功增封　「功」，金澤文庫本原闕，旁校補之；駿河版、天明本、今後漢書同底本。

〔三〕仍加爵邑　「加」，金澤文庫本作「如」；駿河版、天明本、今後漢書同底本。又「邑」，金澤文庫本原作「色」，旁校作「邑」；駿河版、天明本、今後漢書同底本。

興字君陵，識弟也。帝後召興，欲封之，置印綬於前，興固讓曰：「臣未有先登陷陣之功，而一家數人並蒙爵土，令天下觖望，誠爲盈溢。臣蒙陛下、貴人恩深至厚，〔一〕富貴已極，不可復加，至誠不願。」帝嘉興之讓，不奪〔其〕志。〔二〕貴人問其故，興曰：「貴人不讀書記耶？〔三〕『亢龍有悔。』外戚家苦不知謙退，嫁女欲配侯王，取婦眄睨公主，〔四〕愚心實不安也。富貴有極，人當知足，〔五〕(本)〔夸〕奢益爲觀聽所譏。」〔六〕貴人感其言，深自降挹，卒不爲宗族求位。〔七〕帝後復欲以興代吳漢爲大司馬。〔八〕興叩頭流涕，固讓曰：「臣不敢惜身，誠虧損聖德，〔九〕不可苟冒。」至誠發中，感慟左右，帝遂聽之。

〔一〕貴人恩深至厚　「深」，駿河版、天明本、今後漢書作「澤」；金澤文庫本同底本。

〔二〕不奪〔其〕志　「其」，原闕，據諸本治要補；今後漢書亦有之。

〔三〕貴人不讀書記耶　「不」，金澤文庫本原闕，旁校補之；駿河版、天明本、今後漢書同底本。

〔四〕取婦眄睨公主　「婦」，金澤文庫本作「姉」；駿河版、天明本、今後漢書同底本。

〔五〕人當知足　「足」，金澤文庫本原作「之」，旁校作「足」；駿河版、天明本、今後漢書同底本。

〔六〕(本)〔夸〕奢益爲觀聽所譏　「夸」，原作「本」，據諸本治要改；今後漢書亦作「夸」。又「奢」，金澤文庫本原作「大者」，旁校作「奢」；駿河版、天明本、今後漢書同底本。

〔七〕卒不爲宗族求位　「族」，今後漢書作「親」。

〔八〕帝後復欲以興代吳漢爲大司馬　「帝後復」三字，非後漢書原文，蓋爲治要編者改寫。

〔九〕誠虧損聖德　「誠」下金澤文庫本有「戲」字；駿河版、天明本、今後漢書同底本。

朱浮字叔元，沛國人也。〔一〕爲幽州牧。漁陽太守彭寵敗後，〔二〕世祖以二千石長吏多不勝任，〔三〕時有纖微之過者，必見斥罷，交易紛擾，百姓不寧。建武六年，〔四〕有日蝕之異，〔五〕

浮因上疏曰：「臣聞日者衆陽之宗，〔六〕君上之位也。凡居官治民，據郡（曲）〔典〕縣，〔七〕皆爲陽〔爲〕上，〔八〕爲尊爲長。〔九〕若陽上不明，尊長不足，則干動三光，垂示王者。陛下哀愍海内〔新〕離禍毒，〔一〇〕保宥生民，〔一一〕使得蘇息。而今牧民之〔吏〕，〔一二〕多未稱職，小違治實，〔一三〕輒見斥罷，豈不察然白黑分明哉！〔一四〕然以堯舜之盛，猶如三考，大漢之興，亦（異）〔累〕功効矣。〔一五〕吏皆積久，養老於官，至名子孫，因爲氏姓。當時吏職，何能悉治；〔一六〕論議之徒，豈不諠譁。蓋以爲天地之功不可倉卒，艱難之業當累日也。（聞）〔間〕者守宰數見換易，〔一七〕迎（雜）〔新〕相代，〔一八〕疲勞道路。尋其視事日淺，未足昭見其職，既〔加〕嚴〔切〕，〔一九〕人不自保，各相顧望，無自安之心。有司或因睚眥以騁私怨，苟求長短，求媚上意。二千石及長吏迫於舉劾，〔二〇〕懼于刺譏，故争飾詐僞，以希虛（舉）〔譽〕。〔二一〕斯皆群陽（駱）〔騷〕動，〔二二〕日月失行之應。夫物暴長者必夭折，功卒成者必亟壞，如摧長久之業，而造速成之功，非陛下之福也。天下非一時之用也，海内非一旦之功也。願陛下遊意於經年之外，望化於一世之後。天下幸甚。」帝下其議，群臣多同於浮，自是牧守代易頗簡。〔二三〕

〔一〕沛國人也　「沛」，金澤文庫本原作「浦」，旁校作「沛」；駿河版、天明本、今後漢書同底本。

〔二〕漁陽太守彭寵敗後　此句乃治要編者整合後漢書之文，後漢書本無此句。

〔三〕世祖以二千石長吏多不勝任　「世祖」，今後漢書作「帝」。

〔四〕建武六年　「建武」，今後漢書無。又「六」下金澤文庫本重一「六」字；駿河版、天明本同底本。

〔五〕有日蝕之異　「日」，金澤文庫本原闕，旁校補之；駿河版、天明本、今後漢書同底本。

〔六〕臣聞日者衆陽之宗　「之」下今後漢書有「所」字。

〔七〕據郡（曲）〔典〕縣　「典」，原作「曲」，據諸本治要改；今後漢書亦作「典」。

〔八〕皆爲陽〔爲〕上　「陽」下原闕「爲」字，旁校補之，據補；諸本治要、今後漢書皆有之。

〔九〕爲尊爲長　「爲尊」二字，金澤文庫本原闕，旁校補之；駿河版、天明本、今後漢書同底本。

〔一〇〕陛下哀愍海内〔新〕離禍毒　「新」，原闕，據諸本治要補；今後漢書亦有之。又「離」，旁校作「雜」；諸本治要、今後漢書皆作「離」。

〔一一〕保宥生民　「民」，今後漢書作「人」。

〔一二〕而今牧民之〔吏〕　「民」，今後漢書作「人」。又「吏」，原闕，旁校補之，據補；諸本治要、今後漢書皆有之。

〔一三〕小違治實　「治」，今後漢書作「理」。

〔一四〕豈不察然白黑分明哉　「察」，駿河版、天明本、今後漢書作「粲」；金澤文庫本同底本。又「白黑」，今後漢書作「黑白」。

〔一五〕亦（異）〔累〕功効矣　「累」，原作「異」，據諸本治要改；今後漢書亦作「累」。又「矣」，駿河版、天明本、今後漢書無；金澤文庫本同底本。

〔一六〕何能悉治　「治」，今後漢書作「理」。

〔一七〕（聞）〔間〕者守宰數見換易　「聞」，旁校作「間」，據改；金澤文庫本作「聞」，駿河版、今後漢書作「閒」，天明本作「間」。

〔一八〕迎（雜）〔新〕相代　「新」，原作「雜」，旁校作「新」，據改；諸本治要、今後漢書皆作「新」。

〔一九〕既〔加〕嚴〔切〕　「加」，原闕，旁校補之，據補；諸本治要、今後漢書皆有之。又「切」，原闕，旁校補之，據補；諸本治要、今後漢書皆有之。

〔二〇〕二千石及長吏迫於舉劾　「劾」，金澤文庫本原闕，旁校補之；駿河版、天明本同底本；今後漢書作「劾」。

〔二一〕以希虛（舉）〔譽〕　「譽」，原作「舉」，旁校作「譽」，據改；諸本治要、今後漢書皆作「譽」。

〔二二〕斯皆群陽（駱）〔騷〕動　「騷」，原作「駱」，旁校作「騷」，據改；諸本治要、今後漢書皆作「騷」。

〔二三〕自是牧守代易頗簡　「代易」，駿河版、天明本、今後漢書作「易代」；金澤文庫本同底本。

舊制，州牧奏二千石長吏不任位者，事皆先下三公，〔三公〕遣掾史案驗，〔一〕然後黜退。帝時用明察，不復委任三府，而權歸刺舉之吏。浮復上疏曰：「陛下清明履約，率禮無違，自宗室諸王、外家后親，皆奉繩墨，〔二〕無黨勢之名。斯固法令整齊，〔三〕下無作威者也。求之於事，宜以和平，而灾異猶見者，而豈徒然哉？〔四〕天道信誠，不可不察。竊見陛下疾往者上威不行，下專國命，即位以來，不用舊典，信刺舉之官，黜鼎輔之任，至於有所劾奏，便加免退，〔五〕覆案不關三府，罪譴不蒙（登）〔澄〕察。〔六〕陛下以使者爲腹心，而使者以從事爲耳目，是爲尚書之平，決於百石之吏，〔七〕故群下苛刻，各自爲能。兼以私情（客）〔容〕長，〔八〕憎愛在職，皆競張空虛，以要時利，故有罪者心不厭服，〔无〕咎者坐被空文，〔九〕不可經盛衰，貽後王也。夫事積久則吏自重，吏安則〔民〕自靜。〔一〇〕傳曰：『五年再閏，天道乃備。』夫以天地之靈，猶五載以成其化，况人道哉！」

〔一〕〔三公〕遣掾史案驗　「三公」，原闕，據駿河版、天明本補；今後漢書亦有之；金澤文庫本同底本。又「掾」，金澤文庫本原作「椽」，旁校作「掾」；駿河版、天明本、今後漢書同底本。

〔二〕皆奉繩墨　「奉」，金澤文庫本原闕，旁校補之；駿河版、天明本、今後漢書同底本。

〔三〕斯固法令整齊　「令」，金澤文庫本作「合」；駿河版、天明本、今後漢書同底本。

〔四〕而豈徒然哉　「哉」，今後漢書無。

〔五〕便加免退　「免退」，駿河版、天明本作「退免」；金澤文庫本、今後漢書同底本。

〔六〕罪譴不蒙（登）〔澄〕察　「澄」，原作「登」，據諸本治要改；今後漢書亦作「澄」。

〔七〕決於百石之吏　「吏」，金澤文庫本原作「更」，旁校作「吏」；駿河版、天明本、今後漢書同底本。

〔八〕兼以私情（客）〔容〕長　「容」，原作「客」，據諸本治要改；今後漢書亦作「容」。

〔九〕〔无〕咎者坐被空文　「无」，原闕，旁校補之，據補；諸本治要、今後漢書皆有之。

〔一〇〕吏安則〔民〕自静　「民」，原闕，據諸本治要補；今後漢書作「人」。

陳元字長孫，蒼梧人也。以父任爲郎。時大司農江馮上言，宜令司隸校尉督察三府。〔一〕元上疏曰：「臣聞師臣者帝，賓臣者霸。故武王以太公爲師，齊桓以夷吾爲仲父。〔二〕孔子曰：〔三〕『百官惣己聽於冢宰。』〔四〕近則高帝優相國之禮，太宗假宰輔之權。及亡新王莽，〔五〕遭漢中衰，專操國柄，以偷天下，况己自喻，不信〔郡〕〔群〕臣。〔六〕奪公輔之任，損宰相之威，以刺舉爲明，徼訐爲直。至乃倍僕告其君長，子弟變其父兄，網〔容〕〔密〕法峻，〔七〕大臣無所措手足。然不能禁董忠之謀，身爲世戮。故人君患在自驕，〔不患驕〕臣；〔八〕失在自任，不在任人。是以文王有日〔異〕〔昃〕之勞，〔九〕周公執吐握之恭，〔一〇〕不聞其崇刺舉，〔務〕督察也。〔一一〕方今四方尚擾，天下未一，〔一二〕百姓觀〔聽〕，〔一三〕咸張耳目。陛下宜脩文武之聖典，襲祖宗之遺德，勞心下士，屈節待賢，誠不宜使有伺察公輔之名。」〔一四〕帝從之。

〔一〕宜令司隸校尉督察三府　「府」，今後漢書作「公」。案：今後漢書該句作「宜令司隸校尉督察三公事下三府」。

〔二〕齊桓以夷吾爲仲父　「夷」，旁校作「吏」；諸本治要、今後漢書皆作「夷」。

〔三〕孔子曰　「子」，金澤文庫本作「父」；駿河版、天明本、今後漢書同底本。

〔四〕百官惣己聽於冢宰　「己」，金澤文庫本原闕，旁校補之；駿河版、天明本、今後漢書同底本。

〔五〕及亡新王莽　「亡」，金澤文庫本原作「壬」，旁校作「亡」；駿河版、天明本、今後漢書同底本。又「新」上金澤文庫本有一「親」字，並有校删符號；駿河版、天明本、今後漢書同底本。

〔六〕不信〔郡〕〔群〕臣　「群」，原作「郡」，據諸本治要改；今後漢書亦作「群」。

〔七〕網〔容〕〔密〕法峻　「密」，原作「容」，旁校作「密」，據改；諸本治要、今後漢書皆作「密」。

〔八〕〔不患驕〕臣　「不患驕」三字，原闕，旁校補之，據補；諸本治要、今後漢書皆有之。

〔九〕是以文王有日〔異〕〔昃〕之勞　「昃」，原作「異」，據金澤文庫本、天明本改；今後漢書亦作「昃」。

〔一〇〕周公執吐握之恭　「握」，金澤文庫本原闕，旁校補之；駿河版、天明本、今後漢書同底本。

〔一一〕〔務〕督察也　「務」，原闕，旁校補之，據補；金澤文庫本原闕，旁校補之；駿河版、天明本、今後漢書皆有之。

〔一二〕天下未一　「天下」，金澤文庫本作「下天」，駿河版、天明本、今後漢書同底本。

〔一三〕百姓觀〔聽〕　「聽」，原漫漶不清，據諸本治要補；今後漢書亦作

「聽」字。

〔四〕誠不宜使有伺察公輔之名　「伺」，今後漢書作「司」。

桓榮字春卿，沛郡人也。以（經明）〔明經〕入授太子。〔一〕每朝會，輒令榮於公卿前敷〔奏〕經書。〔二〕帝稱善，曰：「得卿幾晚！」建武廿八年，〔三〕大會百官，詔問誰善可傅太子者，群臣承望上意，皆言太子舅執金吾陰識可。〔四〕博士張佚正色曰：「今陛〔下〕立太子，〔五〕爲陰氏乎？爲天下乎？即爲陰氏，則陰侯可；爲天下，則固宜用天下之賢才。」帝稱善，曰：「欲置傅者，以輔太子也。今博士不難正朕，況太子乎？」即拜佚爲太子大傅，〔六〕而以榮爲少傅，賜以輜車、乘馬。

〔一〕以（經明）〔明經〕入授太子　「明經」，原作「經明」，據駿河版、天明本乙。又「授」，金澤文庫本原闕，旁校補之；駿河版、天明本同底本。案：此句乃治要編者整合後漢書之文而爲之，「以」字今後漢書無，治要編者補之，並比合後漢書「選求明經」「入使授太子」二句而成。

〔二〕輒令榮於公卿前敷〔奏〕經書　「奏」，原闕，旁校補之，據補；諸本治要、今後漢書皆有之。

〔三〕建武廿八年　「廿」，駿河版、天明本、今後漢書作「二十」；金澤文庫本同底本。又案：年號「建武」乃治要編者所補，後漢書則已見前文。

〔四〕皆言太子舅執金吾陰識可　「舅」下金澤文庫本、駿河版有「令」字，天明本、今後漢書同底本。

〔五〕今陛〔下〕立太子　「陛」，金澤文庫本作「階」；駿河版、天明本、今後漢書同底本。又「下」，原闕，旁校補之，據補；諸本治要、今後漢書皆有之。

〔六〕即拜佚爲太子大傅　「佚」，金澤文庫本原闕，旁校補之；駿河版、天明本、今後漢書同底本。

第五倫字伯魚，京兆人也。舉孝廉。帝問以政事，大悦。與語至夕。帝謂倫曰：「聞卿爲吏篣婦公，〔一〕不過從兄飯，寧有之耶？」倫對曰：「〔臣〕三娶妻皆無父母。〔二〕少遭飢亂，實不敢妄過人飡。」〔三〕帝大笑。拜會稽太守，會稽俗多淫祀，好卜筮。民常以牛祭神，〔四〕百姓財産以之困匱，其有自食牛肉而不以薦祠者，〔五〕發病且死先爲牛鳴，前後郡將莫敢禁。倫到官，移書屬懸，曉告百姓。其巫祝有依託鬼神詐（或）〔怖〕愚民，〔六〕皆案驗之。〔七〕有妄屠牛者，吏輒行罰。民初頗恐懼，〔八〕或祝詛妄言，倫案之愈急，〔九〕後遂斷絶，百姓以安。

〔一〕聞卿爲吏篣婦公　「篣」，金澤文庫本原作「勞」，旁校作「篣」；駿河版、天明本、今後漢書同底本。

〔二〕〔臣〕三娶妻皆無父母　「臣」，原闕，旁校補之，據補；諸本治要、今後漢書皆有之。又「三」，金澤文庫本原闕，旁校補之；駿河版、天明本、今後漢書同底本。又「母」，今後漢書無。

〔三〕實不敢妄過人飡　「飡」，今後漢書作「食」。

〔四〕民常以牛祭神　「民」字缺末筆，旁校作「人」；金澤文庫本原闕，旁校作「人」；駿河版、天明本皆作「人」；今後漢書作「民」。

〔五〕其有自食牛肉而不以薦祠者　「有」，金澤文庫本原闕，旁校補之；駿河版、天明本同底本；今後漢書無。

〔六〕其巫祝有依託鬼神詐（或）〔怖〕愚民　「怖」，原作「或」，旁校作「怖」，據改；金澤文庫本原作「惑」，旁校作「怖」；駿河版、天明本、今後漢書皆作「怖」。

〔七〕皆案驗之　「驗」，今後漢書作「論」。

〔八〕民初頗恐懼　「頗」，駿河版、天明本無；金澤文庫本、今後漢書同底本。

〔九〕倫案之愈急　「急」，金澤文庫本原作「焉」，旁校作「急」；駿河版、天明本、今後漢書同底本。

肅宗初，爲司空。及馬防爲車騎將軍，當出征西羌，倫上疏曰：〔一〕「臣愚以爲貴戚可封侯以富之，不當職事以任之。何者？繩以法〔則〕傷恩，〔二〕私以親則違憲。〔三〕伏（間）〔聞〕馬防今當西征，〔四〕臣以太后恩仁，陛下至孝，恐卒有纖（不）〔介〕，〔五〕難爲意愛也。」〔六〕

〔一〕倫上疏曰　「疏」，金澤文庫本作「跡」；駿河版、天明本、今後漢書同底本。

〔二〕繩以法〔則〕傷恩　「則」，原闕，據諸本治要補；今後漢書亦有之。又「恩」，金澤文庫本原作「思」，旁校作「恩」；駿河版、天明本、今後漢書同底本。

〔三〕私以親則違憲　「以」「則」，金澤文庫本原闕，旁校補之；駿河版、天明本、今後漢書同底本。

〔四〕伏（間）〔聞〕馬防今當西征　「聞」，原作「間」，旁校作「聞」，據改；諸本治要、今後漢書皆作「聞」。

〔五〕恐卒有纖（不）〔介〕　「介」，原作「不」，旁校作「介」，據改；諸本治要、今後漢書皆作「介」。

〔六〕難爲意愛也　「爲」，駿河版作「以」；金澤文庫本、天明本、今後漢書同底本。又「也」，今後漢書無。

倫雖峭直，然常疾俗吏苛刻。及〔爲〕三公，〔一〕值帝長者，屢有善政，乃上疏褒稱盛美，因以勸成風德，曰：「陛下即位，躬天然之德，〔二〕體晏晏之姿，以寬弘臨下，出入四年，前歲誅刺史、二千石貪殘者六人。斯（由）〔皆〕明聖所鑒，〔三〕非群下所及。然詔書每下寬和而政急不解，〔四〕務存節儉而奢侈不止者，〔五〕咎在俗弊，群下不稱（故）也。〔六〕世祖承王莽之餘，〔七〕頗以嚴猛爲治，〔八〕後世因之，〔九〕遂成風化。〔一〇〕郡國所舉，類多辯職俗吏，殊未有寬博之選以應上求者也。陳留令劉預，〔一一〕冠軍令駟協，並以刻薄之姿，臨民宰邑，〔一二〕專念掠煞，〔一三〕務爲嚴苦，吏民愁怨，莫不疾之，而今之議者反以爲能，〔一四〕違天心，失經義，誠不可不慎也。〔一五〕非徒應坐預、協，〔一六〕亦當宜譴舉者。〔一七〕務進仁賢以任時政，不過數人，則風俗自化矣。臣嘗讀書記，知〔秦〕以酷急亡國，〔一八〕又目見王莽亦以苛法自滅，〔一九〕故勤勤懇懇，實在於此。又聞（王諸）〔諸王〕主貴戚，〔二〇〕驕者踰制，京師尚然，何以示遠？故曰：『其身不正，雖令不從。』〔二一〕以身教者從，以言教者訟。夫陰陽和歲乃（豊）〔豐〕，〔二二〕君臣同心化乃成也。其刺史、太守以下，拜除京師及道出洛陽者，宜皆召見，可因博問四方，兼以觀察其人。諸上書〔言〕事有不合者，〔二三〕可但報歸田（呈）〔里〕，〔二四〕不宜過加（嘉）〔喜〕怒，〔二五〕以明在寬也。」〔二六〕

〔一〕及〔爲〕三公　「爲」，原闕，旁校補之，據補；諸本治要、今後漢書皆有之。

〔二〕躬天然之德　「之」，金澤文庫本原闕，旁校補之；駿河版、天明本、今後漢書同底本。

〔三〕斯（由）〔皆〕明聖所鑒　「皆」，原作「由」，據駿河版、天明本改；金澤文庫本原作「由」，旁校作「皆」；今後漢書亦作「皆」。

〔四〕然詔書每下寬和而政急不解　「急」，金澤文庫本原作「焉」，旁校作「急」；駿河版、天明本、今後漢書同底本。又此句下金澤文庫本誤衍「群下所及然詔書每下寬和而政焉不解」十六字。

〔五〕務存節儉而奢侈不止者　「存」，金澤文庫本原作「在」，旁校作「存」；駿河版、天明本、今後漢書同底本。

〔六〕群下不稱〔故〕也　「故」，原闕，旁校補之，據補；諸本治要、今後漢書皆有之。

〔七〕世祖承王莽之餘　「世祖」，今後漢書作「光武」。

〔八〕頗以嚴猛爲治　「治」，今後漢書作「政」。

〔九〕後世因之　「世」，今後漢書作「代」。

〔一〇〕遂成風化　「遂」，金澤文庫本作「逐」；駿河版、天明本、今後漢書同底本。

〔一一〕陳留令劉預　「預」，駿河版、天明本、今後漢書作「豫」；金澤文庫本同底本。

〔一二〕臨民宰邑　「民」，金澤文庫本原作「且」，旁校作「民」；駿河版、天明本同底本；今後漢書作「人」。

〔一三〕專念掠煞　「煞」，金澤文庫本原闕，旁校補之；駿河版、天明本、今後漢書作「殺」。

〔一四〕而今之議者反以爲能　「之」下金澤文庫本誤衍「煞務爲嚴苦吏民愁怨莫不疾之而今之」十六字。

〔一五〕誠不可不慎也　「不慎」之「不」，金澤文庫本原闕，旁校補之；駿河版、天明本、今後漢書同底本。

〔一六〕非徒應坐預協　「徒」下金澤文庫本重一「徒」字，旁有校刪符號；駿河版、天明本、今後漢書同底本。又「預」，駿河版、天明本、今後漢書作「豫」；金澤文庫本同底本。

〔一七〕亦當宜譴舉者　「宜」，金澤文庫本原闕，旁校補之；駿河版、天明本、今後漢書同底本。

〔一八〕知〔秦〕以酷急亡國　「秦」，原闕，旁校補之，據補；諸本治要、今後漢書皆有之。

〔一九〕又目見王莽亦以苛法自滅　「目」，駿河版作「自」；金澤文庫本、天明本、今後漢書同底本。

〔二〇〕又聞（王諸）〔諸王〕主貴戚　「諸王」，原作「王諸」，據諸本治要乙，今後漢書亦作「諸王」。

〔二一〕雖令不從　「從」，旁校作「行」；金澤文庫本原作「從」，旁校作「行」；駿河版、天明本皆作「行」。今後漢書原作「行」，校改作「從」；校勘記：「據汲本、殿本改，與今論語合。」

〔二二〕夫陰陽和歲乃（豈）〔豐〕　「豐」，原作「豈」，據駿河版、天明本改，今後漢書亦作「豐」；金澤文庫本同底本。

〔二三〕諸上書〔言〕事有不合者　「言」，原闕，旁校補之，據補；諸本治要、今後漢書皆有之。

〔二四〕可但報歸田（呈）〔里〕　「里」，原作「呈」，據諸本治要改；今後漢書亦作「里」。

〔二五〕不宜過加（嘉）〔喜〕怒　「喜」，原作「嘉」，據諸本治要改；今後漢書亦作「喜」。

〔二六〕以明在寬也　「也」，今後漢書無。

倫奉公盡節，〔一〕言事無所依違。或問倫曰：「公有私乎？」〔二〕對曰：「昔人有與吾千里馬者，〔三〕吾雖不受，每三公有所選舉，心不能忘，而亦終不用也。吾兄子嘗病，一夜十往，退而安寢；吾子有疾，雖不省視而竟夕不眠。若是者，豈謂無私乎？」

〔一〕倫奉公盡節　「奉公」，金澤文庫本原作「以」，旁校有「奉公」二字；駿河版、天明本、今後漢書同底本。

〔二〕公有私乎　「乎」，金澤文庫本原闕，旁校補之；駿河版、天明本、今後漢書同底本。

〔三〕昔人有與吾千里馬者　「昔」，金澤文庫本原作「若」，旁校作「昔」；駿河版、天明本、今後漢書同底本。

鍾離意字子阿，會稽人也。顯宗即位，徵爲尚書。時交阯太守坐贓千金，〔一〕徵〔還〕伏法，〔二〕資物詔班賜群臣。〔三〕意得珠璣，悉以委地而不拜賜。帝怪而問其故。對曰：「臣聞孔子忍渴於盜泉之水，曾參迴車於勝母之閭，惡其名也。此贓穢之寶，〔四〕誠不敢拜。」帝嗟歎曰：「清乎尚書之言！」乃更以庫錢卅萬賜〔意〕，〔五〕（輔）〔轉〕爲尚書僕射。〔六〕車駕數幸廣成苑，意〔嘗〕當車陳諫般樂遊田之事，〔七〕天子即時還宮。永平三年夏（早）〔旱〕，〔八〕而大起北宮，意詣闕免冠上疏曰：〔九〕「伏〔見陛下〕以天時小旱，〔一〇〕憂念元元，降避正殿，躬自克責，而比日密雲，遂無大潤，豈政有未得應天心者耶？〔一一〕昔成湯遭旱，以六事自責曰：『政不節耶？使民疾耶？〔一二〕宮室榮耶？女謁盛耶？苞苴行耶？讒夫昌耶？』竊見北宮大作，民失農時，〔一三〕此所謂宮室榮也。自古非苦宮室小狹，但患民不安寧，〔一四〕宜且罷止，以應天心。」帝策詔報曰：「湯引六事，咎在一人。（甚）〔其〕冠履，〔一五〕勿謝。今又勑大匠止作諸宮，減省不急，庶消災譴。」詔因謝公卿百僚，遂應時澍雨焉。

〔一〕時交阯太守坐贓千金　「太」，金澤文庫本原闕，旁校補之；駿河版、天明本、今後漢書同底本。又「贓」，旁校作「藏」；金澤文庫本原作「贓」，旁校作「藏」；駿河版、天明本皆作「藏」；今後漢書作「臧」。

〔二〕徵〔還〕伏法　「還」，原闕，據駿河版、天明本補；金澤文庫本亦闕，旁校補「還」字；今後漢書有「還」字。

〔三〕資物詔班賜群臣　「班」，金澤文庫本原闕，旁校補之；駿河版、天明本、今後漢書同底本。又「物」下天明本、今後漢書有「簿入太司農」等五字。

〔四〕此贓穢之寶　「贓」，旁校作「藏」；金澤文庫本原作「贓」，旁校作「藏」；駿河版、天明本作「藏」；今後漢書亦作「臧」。

〔五〕乃更以庫錢卅萬賜〔意〕　「卅」，駿河版、天明本、今後漢書作「三十」；金澤文庫本同底本。又「意」，原闕，旁校補之，據補；金澤文庫本亦闕，旁校補之；駿河版、天明本、今後漢書皆有「意」字。

〔六〕（輔）〔轉〕爲尚書僕射　「轉」，原作「輔」，據諸本治要改。又「書」，金澤文庫本原闕，旁校補之；駿河版、天明本同底本。

〔七〕意〔嘗〕當車陳諫般樂遊田之事　「嘗」，原闕，旁校補之，據補；金澤文庫本原闕，旁校補之；駿河版、天明本、今後漢書作「常」。又「般」，金澤文庫本作「盤」；駿河版、天明本、今後漢書同底本。

〔八〕永平三年夏（早）〔旱〕　「旱」，原作「早」，據駿河版、天明本改，今後漢書亦作「旱」；金澤文庫本原作「早」，旁校作「旱」。

〔九〕意詣闕免冠上疏曰　「詣」下金澤文庫本重一「詣」字，旁有校刪符號；駿河版、天明本、今後漢書同底本。又「曰」，金澤文庫本原闕，旁校補之；駿河版、天明本、今後漢書同底本。

〔一〇〕伏〔見陛下〕以天時小旱　「見陛下」三字，原闕，旁校補之，據補；諸本治要、今後漢書皆有此三字。又「旱」，金澤文庫本作「早」；駿河版、天明本、今後漢書同底本。

〔一一〕豈政有未得應天心者耶　「得」下金澤文庫本誤衍「克責而比日密雲遂無大潤豈政有未得」十六字，旁有校刪符號；駿河版、天明本、今後漢書同底本。

〔一二〕使民疾耶　「民」，今後漢書作「人」。

〔一三〕民失農時　「民」，今後漢書作「人」。

〔一四〕但患民不安寧　「民」，今後漢書作「人」。

〔一五〕（甚）〔其〕冠履　「其」，原作「甚」，據諸本治要改；今後漢書亦作「其」。

時詔賜降胡〔子〕縑，〔一〕尚書案事，〔二〕誤以十爲百。帝見薄大怒，〔三〕召郎將笞之。〔四〕意因入叩頭曰：「過誤之失，常人所容。若以懈慢爲僁，〔五〕則臣位大，罪重，郎位小，罪輕，咎皆在臣，臣當先坐。」〔六〕乃解（元）〔衣〕就〔格〕。〔七〕帝意解，〔八〕使復冠而貰郎。〔九〕

〔一〕時詔賜降胡〔子〕縑　「降」下金澤文庫本原有「朝」字，旁校刪之；駿河版、天明本、今後漢書同底本。「子」，原闕，旁校補之，據補；金澤文庫本原闕，旁校補之；駿河版、天明本、今後漢書皆有之。

〔二〕尚書案事　「案」，金澤文庫本原闕，旁校補之；駿河版、天明本、今後漢書同底本。

〔三〕帝見薄大怒　「薄」，天明本、今後漢書作「簿」；金澤文庫本、駿河版同底本。

〔四〕召郎將笞之　「笞」，金澤文庫本原作「苔」，旁校作「笞」；駿河版、天明本、今後漢書同底本。

〔五〕若以懈慢爲僁　「僁」，天明本、今後漢書作「愆」；金澤文庫本、駿河版同底本。

〔六〕臣當先坐　「坐」下金澤文庫本誤衍「先坐」二字，旁校删之；駿河版、天明本、今後漢書同底本。

〔七〕乃解〔元〕〔衣〕就〔格〕　「衣」，原作「元」，旁校作「衣」，據改；諸本治要、今後漢書皆作「衣」。又「格」，原闕，旁校補之，據補；諸本治要、今後漢書皆有之。

〔八〕帝意解　「意」，金澤文庫本原作「竟」，旁校作「意」；駿河版、天明本、今後漢書同底本。

〔九〕使復冠而貰郎　「貰」，金澤文庫本原作「貫」，旁校作「貰」；駿河版、天明本、今後漢書同底本。

帝性褊察，好以耳目隱察爲明，〔一〕故公卿大臣數被譖毀，〔二〕近臣尚書以下至見提曳。〔三〕嘗以事怒郎藥（徵）〔崧〕，〔四〕以杖撞之。（徵）〔崧〕走入牀下，〔五〕帝怒甚，疾言曰：「郎出！郎出！」（徵）〔崧〕曰：〔六〕「天子穆穆，諸侯惶惶。未聞人君〔自〕起撞郎。」〔七〕帝乃赦之。〔八〕朝廷莫不悚慄，争爲〔嚴〕切，〔九〕〔以〕避誅責；〔一〇〕唯意獨敢諫争，數封還詔書，臣下過失（輙）〔輒〕救解之。〔一一〕帝知其誠，〔一二〕然亦以此故不得久留，〔一三〕出爲魯相。後德陽殿成，百官大會。帝思意言，謂公卿曰：「鍾離尚書若在，〔一四〕此殿不立。」

〔一〕好以耳目隱察爲明　「察」，駿河版、天明本、今後漢書作「發」；金澤文庫本同底本。

〔二〕故公卿大臣數被譖毀　「譖」，駿河版、天明本、今後漢書作「詆」；金澤文庫本同底本。

〔三〕近臣尚書以下至見提曳　「臣」，金澤文庫本原闕，旁校補之；駿河版、天明本、今後漢書同底本。

〔四〕嘗以事怒郎藥（徵）〔崧〕　「嘗」，金澤文庫本原作「當」，旁校作「嘗」；駿河版、天明本作「常」；今後漢書原作「常」，校正爲「嘗」，校勘記：「校補謂『常』當作『嘗』，各本皆失正。今據改。」又「崧」，原作「徵」，旁校作「崧」，據改；諸本治要、今後漢書皆作「崧」。

〔五〕（徵）〔崧〕走入牀下　「崧」，原作「徵」，旁校作「崧」，據改；諸本治要、今後漢書皆作「崧」。又「牀」，旁校作「林」，金澤文庫本亦作「林」；駿河版、天明本、今後漢書皆作「牀」。

〔六〕（徵）〔崧〕曰　「崧」，原作「徵」，旁校作「崧」，據改；諸本治要、今後漢書皆作「崧」。

〔七〕未聞人君〔自〕起撞郎　「自」，原闕，據諸本治要補；今後漢書亦有「自」字。

〔八〕帝乃赦之　「乃」，今後漢書無。

〔九〕争爲〔嚴〕切　「嚴」，原闕，據諸本治要補；今後漢書亦有「嚴」字。

〔一〇〕〔以〕避誅責　「以」，原闕，據諸本治要補；今後漢書亦有「以」字。

〔一一〕臣下過失（輙）〔輒〕救解之　「輒」，原作「輙」，旁校作「輒」，據改；諸本治要、今後漢書亦作「輒」。

〔一二〕帝知其誠　「帝」下駿河本有「然」字，天明本、今後漢書有「雖不能用然」五字。又「其」下天明本、今後漢書有「至」字；金澤文庫本、駿河版同底本。

〔三〕然亦以此故不得久留　「然」，駿河版、天明本、今後漢書無，金澤文庫本同底本。

〔四〕鍾離尚書若在　「在」，金澤文庫本原闕，旁校補之；駿河版、天明本、今後漢書同底本。

意卒，遺言上書陳升平之世，難以急治，〔一〕宜少寬假。帝感傷其意，下詔嗟歎，賜錢廿萬。〔二〕

〔一〕難以急治　「治」，今後漢書作「化」。

〔二〕賜錢廿萬　「廿」，駿河版、天明本、今後漢書作「二十」，金澤文庫本同底本。

宋均字叔庠，〔一〕南陽人也。遷九江太守。郡多虎暴，數爲民患，常募設檻穽而猶多傷害。均到，下記屬縣曰：「夫虎豹在山，〔二〕黿鼉在水，〔三〕各有所託。且江淮之有猛獸，猶北土之有鷄豚也。今爲人患，〔四〕咎在殘吏，而勞勲張捕，〔五〕非憂卹之本也。〔六〕其務退姦貪，思進忠善，〔七〕可一去檻穽，除削課制。」其後傳言虎相与東游度江。〔八〕中元元年，山陽、楚、沛多蝗，其飛至九江界者，輒東西散去，由是名稱遠近。浚遒縣有唐、后二山，〔九〕民共祠之，衆巫遂取百姓男女以爲山（姬）〔嫗〕，〔一〇〕歲歲改易，〔既〕而不敢嫁娶，〔一一〕前後守令莫敢禁斷。〔一二〕〔均〕乃下書曰：〔一三〕「自今以後，爲山娶者皆娶巫家，勿擾良人。」〔一四〕於是遂絶。

〔一〕宋均字叔庠　「宋」，金澤文庫本原作「宗」，旁校作「宋」；駿河版、天明本、今後漢書同底本。又「庠」，旁校爲「章」；金澤文庫本亦作「庠」，旁校作「章」；駿河版、天明本、今後漢書皆作「庠」。

〔二〕夫虎豹在山　「豹」，金澤文庫本原作「狗」，旁校作「豹」；駿河版、天明本、今後漢書同底本。

〔三〕黿鼉在水　「鼉」下金澤文庫本有「龜」字，駿河版、天明本、今後漢書同底本。

〔四〕今爲人患　「今」，金澤文庫本原作「令」，旁校作「今」；駿河版、天明本同底本。又「人患」，今後漢書作「民害」。

〔五〕而勞勲張捕　「勲」，金澤文庫本原作「勤」，旁校作「勲」；駿河版、天明本、今後漢書皆作「勤」。

〔六〕非憂卹之本也　「卹」，金澤文庫本原作「郵」，旁校作「卹」；駿河版、天明本同底本；今後漢書作「恤」。

〔七〕思進忠善　「忠」，金澤文庫本原作「患」，旁校作「忠」；駿河版、天明本、今後漢書同底本。

〔八〕其後傳言虎相与東游度江　「後」，駿河版作「復」；金澤文庫本、天明本、今後漢書同底本。

〔九〕浚遒縣有唐后二山　「浚遒」二字，金澤文庫本原闕，旁校補之；駿河版、天明本、今後漢書同底本。

〔一〇〕衆巫遂取百姓男女以爲山（姬）〔嫗〕　「山」，今後漢書作「公」。又「嫗」，原作「姬」，金澤文庫本旁校、駿河版、天明本、今後漢書皆作「嫗」，據改。

〔一一〕〔既〕而不敢嫁娶　「既」，原闕，旁校補之，據補；金澤文庫本原闕，旁校補之；駿河版、天明本、今後漢書皆有之。又「娶」，金澤文庫本原作「聚」，旁校作「娶」；駿河版、天明本、今後漢書同底本。

〔一二〕前後守令莫敢禁斷　「斷」，今後漢書無。

〔一三〕〔均〕乃下書曰　「均」，原闕，旁校補之，據補；諸本治要、今後漢書皆有之。

〔一四〕勿擾良人　「人」，今後漢書作「民」。

徵拜尚書令。嘗刪翦疑事，帝以爲有姧，大怒，收郎即縛格之。〔一〕諸尚書惶恐，皆叩頭謝罪。均顧厲色曰：「蓋忠臣執義，無有二心。若畏威失正，均雖死，不〔易〕志也。」〔二〕小黄門在傍，入具以聞。帝善其不撓，即令貰郎，遷〔均〕司隸校尉。〔三〕

〔一〕收郎即縛格之　「即」，今後漢書無。

〔二〕不〔易〕志也　「易」，原闕，旁校補之，據補；諸本治要、今後漢書皆有之。又「也」，今後漢書無。

〔三〕遷〔均〕司隸校尉　「均」，原闕，旁校補之，據補；諸本治要、今後漢書皆有之。

寒朗，〔一〕魯國人也。守侍御史，与三府掾屬共考案楚獄顔忠、王平等，辤連及（遂）〔隧〕鄉侯耿建、〔二〕朗陵侯臧信、濩澤侯鄧鯉、曲成侯劉建。建等（未辤）〔辤未〕嘗与忠、平相見。〔三〕是時顯宗怒甚，吏皆惶恐，諸所連及，率一切陷入，無敢以情（怒）〔恕〕者。〔四〕朗心傷其冤，試以建等物色獨問忠、平，〔五〕而二人錯愕不能對。〔六〕朗知其詐，乃上言建等無姧，專爲忠、平所誣，疑天下無辜類多如此。帝乃召朗入，問曰：「建等即如是，忠、平何故引之？」朗對曰：「忠、平自知所犯不道，故多有虚引，冀以自明也。」〔七〕帝曰：「即如是，四侯無事，何不早奏，而久繫至今耶？」朗對曰：「臣雖考之無事，然〔恐〕海内別有發其姧者，〔八〕故未敢時上。」帝怒罵曰：「吏持兩端，促提下。」左右方引去，朗曰：「願一言而死。小臣不敢〔欺〕，〔九〕欲助國耳。誠冀陛下一覺悟而已矣。〔一〇〕〔臣〕見考（内）〔囚〕在事者，〔一一〕咸共言妖惡大故，〔一二〕臣子所宜同疾，今出之不如入之，可無後責。是〔以考〕一連十，〔一三〕考十連百。又公卿朝會，〔一四〕陛下問以得失，皆長跪言，舊制大罪禍及九族，陛下大恩，裁止於身，天下幸甚。及其歸舍，〔口〕雖不言，〔一五〕而仰屋竊歎，莫不知其多冤，〔一六〕無敢忤陛下者。臣今所陳，誠死無悔。」帝意解，詔遣朗出。後二日，車駕自幸洛陽獄録囚徒，理出千餘人。

〔一〕寒朗　「朗」下駿河版、天明本、今後漢書有「字伯奇」三字；金澤文庫本同底本。

〔二〕辤連及（遂）〔隧〕鄉侯耿建　「隧」，原作「遂」，據諸本治要改；今後漢書亦作「隧」。

〔三〕建等（未辤）〔辤未〕嘗与忠平相見　「辤未」，原倒，據諸本治要、今後漢書乙。

〔四〕無敢以情〔怒〕〔恕〕者　「恕」，原作「怒」，據諸本治要改；今後漢書亦作「恕」。

〔五〕試以建等物色獨問忠平　「試」，金澤文庫本、駿河版作「誠」；天明本、今後漢書同底本。又「問」，金澤文庫本原闕，旁校補之；駿河版、天明本、今後漢書同底本。

〔六〕而二人錯愕不能對　「人」下金澤文庫本衍「朗心傷其冤誠以建等物色獨忠平而二人」十七字。

〔七〕冀以自明也　「冀」，金澤文庫本原作「莫」，旁校作「冀」；駿河版、天明本、今後漢書同底本。又「也」，駿河版、天明本、今後漢書無；金澤文庫本同底本。

〔八〕然〔恐〕海内別有發其姦者　「恐」，原闕，旁校補之，據補；諸本治要、今後漢書皆有之。又「内」，金澤文庫本原闕，旁校補之；駿河版、天明本、今後漢書同底本。

〔九〕小臣不敢〔欺〕　「欺」，原闕，旁校補之，據補；諸本治要、今後漢書皆有之。

〔一〇〕誠冀陛下一覺悟而已矣　「矣」，諸本治要、今後漢書皆闕。

〔一一〕〔臣〕見考〔内〕〔囚〕在事者　「臣」，原闕，旁校補之，據補；諸本治要、今後漢書皆有之。又「囚」，原作「内」，據諸本治要改；今後漢書亦作「囚」。

〔一二〕咸共言妖惡大故　「大」，金澤文庫本、駿河版作「太」；天明本、今後漢書同底本。

〔一三〕是〔以考〕一連十　「以考」二字，原闕，旁校補之，據補；諸本治要、今後漢書皆有之。

〔一四〕又公卿朝會　「朝」，金澤文庫本、駿河版作「胡」；天明本、今後漢書同底本。

〔一五〕〔口〕雖不言　「口」，原闕，旁校補之，據補；諸本治要、今後漢書皆有之。

〔一六〕莫不知其多冤　「多」下金澤文庫本有「究」字；駿河版、天明本、今後漢書同底本。

論曰：左丘明有言：「仁人之言，其利博哉！」晏子〔一〕言，〔一〕齊侯省刑。〔二〕若鍾離意之就格請過，寒朗之廷争冤獄，篤矣乎，仁者之情也！

〔一〕晏子〔一〕言　「一」，原闕，據諸本治要補；今後漢書亦有之。

〔二〕齊侯省刑　「刑」，金澤文庫本原作「利」，旁校作「刑」；駿河版、天明本、今後漢書同底本。

東平王蒼，顯宗同母弟也。〔一〕少好經書，雅有智思，顯宗甚〔愛〕重之。〔二〕及即位，拜驃騎將軍，位在三公上。在朝數載，多所隆益，而〔自〕以至親輔政，〔三〕聲〔重意〕〔望日〕重，〔四〕意不自安，數上疏：「乞上印綬，〔五〕退就藩國。」詔不聽。〔六〕其後數數陳乞，〔七〕辞甚懇切。乃許還國，而不聽上將軍印綬。〔八〕加賜錢五千萬，布十萬匹。

〔一〕顯宗同母弟也　此句今後漢書無。

〔二〕顯宗甚〔愛〕重之　「愛」，原闕，據諸本治要補；今後漢書亦有之。

〔三〕而〔自〕以至親輔政　「自」，原闕，據諸本治要補；今後漢書亦有之。

〔四〕聲〔重意〕〔望日〕重　「望日」二字，原作「重意」，旁校作「望日」，據改；諸本治要、今後漢書皆作「望日」。

〔五〕數上疏乞上印綬　「綬」，金澤文庫本原作「緩」，旁校作「綬」；駿河版、天明本、今後漢書同底本。

〔六〕詔不聽　「聽」，金澤文庫本原作「敢」，旁校作「聽」；駿河版、天明本、今後漢書同底本。

〔七〕其後數數陳乞　「數數」，駿河版、天明本、今後漢書不重「數」字；金澤文庫本同底本。

〔八〕而不聽上將軍印綬　「聽」，金澤文庫本原作「敢」，旁校作「聽」；駿河版、天明本、今後漢書同底本。又「綬」，金澤文庫本原作「緩」，旁校作「綬」；駿河版、天明本、今後漢書同底本。

永平十一年，〔一〕蒼与諸王朝京師。月餘，還國。帝臨送歸宮，悽然懷思，乃遣使手詔〔告〕諸國中傅曰：〔二〕「辭別之後，獨坐不樂，因就車歸，伏軾而吟，瞻望永懷，實勞我心，誦及採菽，以（憎）〔增〕歎息。〔三〕日者問東平王〔處〕家何等最樂，〔四〕王言爲善最樂，其言甚大，副是腰腹矣。」

〔一〕永平十一年　「永平」，乃治要編者所補，今後漢書無。

〔二〕乃遣使手詔〔告〕諸國中傅曰　「告」，原闕，旁校補之，據補；諸本治要皆有之。又「告諸」，今後漢書無。

〔三〕以（憎）〔增〕歎息　「增」，原作「憎」，據諸本治要改；今後漢書亦作「增」。

〔四〕日者問東平王〔處〕家何等最樂　「處」，原闕，旁校補之，據補；諸本治要、今後漢書皆有之。

肅宗即位，尊重恩禮踰於前世，諸王（自是朝廷每有）莫與爲比。〔一〕建初元年，〔二〕地震，蒼上便宜，〔三〕帝從而止。〔自是朝廷每有〕疑政，〔四〕輒驛使諮問。蒼悉心以〔對〕，〔五〕皆見納用。

〔一〕諸王（自是朝廷每有）莫與爲比　「自是朝廷每有」六字旁校改在下文「帝從而止」後，據移。諸本治要、今後漢書此六字亦在「帝從而止」後。

〔二〕建初元年　「元」，金澤文庫本原作「九」，旁校作「元」；駿河版、天明本、今後漢書同底本。

〔三〕蒼上便宜　「宜」下天明本有「後帝欲爲原陵顯節陵起縣邑蒼聞之遽上疏諫」十九字；金澤文庫本、駿河版、今後漢書同底本。

〔四〕〔自是朝廷每有〕疑政　「自是朝廷每有」六字，原闕，據諸本治要補；今後漢書亦有之。又「是」，金澤文庫本原闕，旁校補之。

〔五〕蒼悉心以〔對〕　「對」，原闕，旁校補之，據補；諸本治要、今後漢書皆有之。

帝饗衛士於南宮，因從皇太后周行掖庭池閣，乃閲陰太后舊時器服，愴然動容，乃命留五時衣各一襲，及常所御衣，餘悉分布諸王及子孫在京師者。〔一〕特賜〔蒼〕及琅耶王京書曰：〔二〕「歲月（驚）（鶩）過，〔三〕山陵浸遠，孤心悽愴，如何如何！（問）（間）饗衛士於南宮，〔四〕因閱視舊時衣物，〔五〕聞於師曰：『其物存，其人亡，〔六〕不言哀而哀自至。』信矣。惟王孝友之德，亦豈不然！今送光烈皇后假髻帛巾各一，〔七〕及衣一篋，可時奉瞻，以慰凱風寒泉之思，又欲令後生子孫得見先后衣服之製。願王保精神，〔八〕加供養。苦言至戒，望聖之如渴。」

〔一〕餘悉分布諸王及子孫在京師者　「王」下天明本、今後漢書有「主」字；金澤文庫本、駿河版同底本。

〔二〕特賜（蒼）及琅耶王京書曰　「蒼」，原闕，旁校補之，據補；諸本治要、今後漢書皆有之。

〔三〕歲月（驚）（鶩）過　「鶩」，原作「驚」，據諸本治要改；今後漢書亦作「鶩」。

〔四〕（問）（間）饗衛士於南宮　「間」，原作「問」，據諸本治要改；今後漢書作「閒」。

〔五〕因閱視舊時衣物　「閱」，駿河版作「関」；金澤文庫本、天明本、今後漢書同底本。

〔六〕其人亡　「亡」，金澤文庫本原作「王」，旁校作「亡」；駿河版、天明本、今後漢書同底本。

〔七〕今送光烈皇后假髻帛巾各一　「髻」，今後漢書作「紒」。

〔八〕願王保精神　「保」，駿河版、天明本、今後漢書作「寶」；金澤文庫本同底本。

建初六年，冬，請朝。〔一〕帝許之。後有司奏遣諸王歸國，〔二〕帝特留蒼。八月，飲酎畢，有司復奏遣蒼，〔三〕乃許之。手詔賜蒼曰：「骨肉天性，誠不以遠近爲親疎，然數見（顔）色，〔四〕情重昔時。念王久勞，思得還（伏）（休），〔五〕欲署大鴻臚奏，不忍下筆，顧授小黄門，中心戀戀，惻然不能言。」於是車駕祖送，流涕而訣。

〔一〕請朝　「請」，今後漢書無。又「朝」下天明本、今後漢書有「明年正月」四字；金澤文庫本、駿河版同底本。

〔二〕後有司奏遣諸王歸國　「後有司」，今後漢書作「大鴻臚」。

〔三〕有司復奏遣蒼　「奏」下金澤文庫原闕「遣」字，旁校補「之遣」二字，駿河版、天明本無「之」字。又「蒼」，駿河版、天明本無，金澤文庫本、今後漢書同底本。

〔四〕然數見（顔）色　「顔」，原闕，據諸本治要補；今後漢書亦有之。

〔五〕思得還（伏）（休）　「休」，原作「伏」，旁校作「休」，據改；諸本治要、今後漢書皆作「休」。

蒼薨後，帝東巡狩，〔一〕幸東平宮，追感（念）蒼，〔二〕謂其諸子曰：「思其人，至其鄉；其處存，〔三〕其人亡。」因泣下沾襟，遂幸蒼陵，祠以大牢，親拜祠前坐，〔四〕哭（泣）盡哀，〔五〕賜御劍於（陵）前而去。〔六〕

〔一〕蒼薨後帝東巡狩　「蒼薨後帝」四字，乃治要編者約取後漢書之文。又「帝」，今後漢書作「行」。

〔二〕追感（念）蒼　「念」，原闕，旁校補之，據補；駿河版、天明本、今後漢書皆有之；金澤文庫本「念」在「蒼」下。

〔三〕其處存　「存」，駿河版、天明本、今後漢書作「在」；金澤文庫本同底本。

〔四〕親拜祠前坐　「前」，天明本、今後漢書無；金澤文庫本、駿河版同底本。

〔五〕哭〔泣〕盡哀　「泣」，原闕，旁校補之，據補；諸本治要、今後漢書皆有之；金澤文庫本闕「哭」字。

〔六〕賜御劍於〔陵〕前而去　「陵」，原闕，旁校補之，據補；諸本治要、今後漢書皆有之。又「而去」，今後漢書無。

朱暉字文季，南陽人也。爲尚書僕射。是時穀貴，〔一〕縣官經用不足，朝廷憂之。尚書張林上言：「穀所以貴，〔二〕由（餞錢）〔錢賤〕故也。〔三〕可（書）〔盡〕封錢，〔四〕一取布帛爲（祖）〔租〕，〔五〕以通天下之用。又鹽，食之急者，雖貴，民不得不須，〔六〕官可自鬻。又宜因交阯、益州上計吏往來，市珍寶，（牧）〔收〕採其利，〔七〕武帝時所謂均〔輸者也〕。」〔八〕帝然之，有詔施行。暉獨奏曰：「王制，天（下）〔子〕不言有無，〔九〕諸侯不言多少，食祿之家不与百姓争利。今均輸之法与賈販無異，鹽利歸官，則下人窮怨，布帛爲租，則吏多姧盜，誠非明主所宜行也。」〔一〇〕帝本以林等言爲然，〔一一〕得暉重議，因發怒，切責諸尚書。暉因稱（疾）〔病〕篤，〔一二〕不肯復署議。〔一三〕尚書令以下惶怖，謂暉曰：「今臨得譴讓，柰何稱疾，其禍不細！」暉曰：「行年八十，蒙恩得在機密，當以死報。若心〔知〕不可而順旨雷同，〔一四〕負臣子之義。今耳目無所聞見，伏待死命。」遂閇口不言。諸尚書不知所爲，乃共（初）〔劾〕奏暉。〔一五〕帝意解，寢其事。

〔一〕是時穀貴　「穀」，金澤文庫本原作「聲」，旁校作「槃」；駿河版、天明本、今後漢書同底本。

〔二〕穀所以貴　「穀」，金澤文庫本作「槃」；駿河版、天明本、今後漢書同底本。

〔三〕由（餞錢）〔錢賤〕故也　「錢賤」，原作「餞錢」，據諸本治要改；今後漢書亦作「錢賤」。

〔四〕可（書）〔盡〕封錢　「書」，旁校作「盡」，據改；諸本治要、今後漢書皆作「盡」。

〔五〕一取布帛爲（祖）〔租〕　「租」，原作「祖」，據諸本治要改；今後漢書亦作「租」。

〔六〕民不得不須　「民」，今後漢書作「人」。又「得不」二字，金澤文庫本原闕，旁校補之；駿河版、天明本同底本。

〔七〕（牧）〔收〕採其利　「收」，原作「牧」，旁校作「收」，據改；諸本治要、今後漢書皆作「收」。

〔八〕武帝時所謂均〔輸者也〕　「輸者也」三字，原闕，旁校補之，據補；諸本治要、今後漢書皆有此三字。

〔九〕天（下）〔子〕不言有無　「下」，旁校作「子」，據改；諸本治要皆作「子」。

〔一〇〕誠非明主所宜行也　「宜行也」，今後漢書作「當宜行」。

〔一一〕帝本以林等言爲然　「本」，駿河版、天明本、今後漢書作「卒」；

金澤文庫本同底本。

〔二〕暉因稱（疾）〔病〕篤　「疾」，旁校作「病」，據改；諸本治要、今後漢書皆作「病」。

〔三〕不肯復署議　「署」，金澤文庫本作「暑」；駿河版、天明本、今後漢書同底本。

〔四〕若心〔知〕不可而順旨雷同　「知」，原闕，旁校補之，據補；金澤文庫本原闕，旁校補之；駿河版、天明本、今後漢書有之。

〔五〕乃共（初）〔劾〕奏暉　「劾」，原作「初」，據駿河版、天明本改；金澤文庫本同底本；今後漢書亦作「劾」。

袁安字邵公，〔一〕（河）〔汝〕南人也。〔二〕爲司徒時，和帝幼弱，太后臨朝。〔三〕安以天子幼弱，外戚擅權，每朝會進見，及与公卿言國家事，未嘗不（意烏）〔噫嗚〕流涕。〔四〕自天子及大臣皆倚賴之。〔五〕章和四年，〔六〕薨，朝廷痛惜焉。後數月，竇氏敗，帝始親萬機，追思前議者耶正之節，〔七〕乃除安子賞爲郎。

〔一〕袁安字邵公　「袁」，金澤文庫本原作「遠」，旁校作「袁」；駿河版、天明本、今後漢書同底本。

〔二〕（河）〔汝〕南人也　「汝」，原作「河」，據諸本治要改。

〔三〕爲司徒時和帝幼弱太后臨朝　此三句節録自今後漢書：「章和元年，代桓虞爲司徒。和帝即位，竇太后臨朝。」

〔四〕未嘗不（意烏）〔噫嗚〕流涕　「噫」，原作「意」，據駿河版、天明本改；今後漢書亦作「噫」。又「嗚」，原作「烏」，據金澤文庫本改；今後漢書亦作「嗚」；駿河版、天明本作「鳴」。

〔五〕自天子及大臣皆倚賴之　「倚」，今後漢書作「恃」。

〔六〕章和四年　「章和」，乃治要編者所補，今後漢書無。

〔七〕追思前議者耶正之節　「耶」，駿河版、天明本、今後漢書作「邪」；金澤文庫本同底本。

郭躬字仲孫，潁川人也。明法律，有兄弟共煞人〔者〕，〔一〕而罪未有所歸。帝以兄不訓弟，故報兄重而減弟死。中常侍孫章宣詔，誤言兩報重，尚書奏章矯制，罪當腰斬。帝復召躬問之，躬對「章應罰金」。帝曰：「章矯〔詔〕煞人，〔二〕何謂罰金？」躬曰：「法令有故、有誤，〔三〕章傳命之謬，於事爲誤，誤者其（人）〔文〕則輕。」〔四〕帝曰：「章与囚同縣，疑其故也。」躬曰：「『周道如砥，其直如矢。』『君子不逆詐。』且王法天，〔五〕刑不可以委曲生意。」帝曰：「善。」遷躬廷尉正。

〔一〕有兄弟共煞人〔者〕　「煞」，駿河版、天明本、今後漢書作「殺」；金澤文庫本同底本。又「者」，原闕，旁校補之，據補；金澤文庫本原闕，旁校補之；駿河版、天明本、今後漢書有之。

〔二〕章矯〔詔〕煞人　「詔」，原闕，旁校補之，據補；諸本治要、今後漢書皆有之。又「煞」，駿河版、天明本、今後漢書作「殺」，金澤文庫本同底本。

〔三〕法令有故有誤　「令」，金澤文庫本原作「令」，旁校作「令」；駿河版、天明本、今後漢書同底本。又「有誤」之「有」，旁校删之；金澤文庫本此字亦有校删符號；駿河版、天明本、今後漢書無「有」字。

〔四〕誤者其(人)〔文〕則輕　「文」，原作「人」，旁校作「父」；諸本治要、今後漢書皆作「文」，據改。

〔五〕且王法天　「且」，駿河版、天明本、今後漢書作「君」；金澤文庫本同底本。

陳寵字昭公，〔一〕沛國人也。〔章〕帝初爲尚書。〔二〕是時承永平故事，吏治尚嚴切，〔三〕尚書決事率近於重。寵乃上疏曰：「臣聞先王之政，賞不僭，刑不濫，与其不得已，寧僭不濫。陛下即位，數詔群僚，弘崇晏晏。而有司執事，〔四〕猶尚深刻。〔五〕治獄者急於篣格酷烈之痛，〔六〕執憲者煩於詆欺放濫之文，或因公行私，逞縱威福。夫爲政猶張琴瑟，大弦急者小絃絶。故子貢非臧孫之猛法，而美鄭喬之仁政。詩云：『不剛不柔，布政優優。』方今聖德充塞，格于上下，〔七〕宜降先王之道，蕩滌煩苛之法。輕薄箠楚，以濟群生。」帝敬納寵言，每事務於寬厚。其後遂詔有司，絶諸慘酷之科，解妖惡之禁，(又)〔除文〕致〔之〕請讞五十餘事，〔八〕定著于令。是後民俗和平，〔九〕屢有嘉瑞。

〔一〕陳寵字昭公　「昭」，金澤文庫本原作「照」，旁校作「昭」；駿河版、天明本、今後漢書同底本。

〔二〕〔章〕帝初爲尚書　「章」，原闕，旁校補之，據補；諸本治要皆有之。又「章帝」，今後漢書作「肅宗」。

〔三〕吏治尚嚴切　「治」，今後漢書作「政」。

〔四〕而有司執事　「執」，金澤文庫本原作「報」，旁校作「執」；駿河版、天明本、今後漢書同底本。

〔五〕猶尚深刻　「深刻」，金澤文庫本原作「淨列」，旁校作「深刻」；駿河版、天明本、今後漢書同底本。

〔六〕治獄者急於篣格酷烈之痛　「治」，今後漢書作「斷」。又「痛」，金澤文庫本原作「病」，旁校作「痛」；駿河版、天明本、今後漢書同底本。

〔七〕格于上下　「格」，駿河版、天明本、今後漢書作「假」；金澤文庫本同底本。

〔八〕(又)〔除文〕致〔之〕請讞五十餘事　「除文」，原作「又」，旁校爲「除文」，據改；諸本治要、今後漢書皆作「除文」。又「之」，原闕，據駿河版、天明本補；今後漢書亦有之；金澤文庫本同底本。

〔九〕是後民俗和平　「民」，今後漢書作「人」。

寵子忠字(佰)〔伯〕始。〔一〕擢拜尚書。安帝初始親朝事。〔二〕連有灾異，詔舉有道，公卿百僚各上封事。忠以詔書既開諫争，(盧)〔慮〕言事者必多激切，〔三〕或致不能容，乃上疏豫通廣帝意。曰：「臣聞仁君廣山藪之大，納切直之謀；忠臣盡謇愕之節，〔四〕不畏逆耳之害。是以高祖舍周昌桀紂之譬，孝文嘉爰盎人豕之譏，〔五〕世宗納東方朔宣室之正，〔六〕元帝容薛廣德自刎之切。〔七〕昔者晉平公問於叔向曰：〔八〕『國家之患孰爲大？』〔九〕對曰：『大臣〔重〕禄不極諫，〔一〇〕小臣畏罪不敢言，下情不上通，此患之大者。』今明詔崇高宗之德，推宋景之誠，〔一〕引咎尅躬，〔二〕諮訪群吏。言事者見杜根、成翊世等新蒙表録，顯列二臺，必承風（嚮）〔響〕應，〔三〕争爲切直。若嘉謀異策，宜輒納用。如其管穴，〔四〕妄有譏刺，雖苦口逆耳，不得事實，且優遊寬容，以示聖朝無諱之（矣）〔美〕。〔五〕若有道之士，對問高者，宜垂省覽，特遷一等，以廣直言之路。」

〔一〕寵子忠字（佰）〔伯〕始　「伯」，原作「佰」，旁校作「伯」，據改；諸本治要、今後漢書皆作「伯」。

〔二〕安帝初始親朝事　「初」，駿河版、天明本、今後漢書無；金澤文庫本同底本。

〔三〕（盧）〔慮〕言事者必多激切　「慮」，原作「盧」，據諸本治要改；今後漢書亦作「慮」。

〔四〕忠臣謇愕之節　「愕」，駿河版、天明本、今後漢書作「諤」；金澤文庫本同底本。

〔五〕孝文嘉爰盎人豕之譏　「豕」，金澤文庫本原作「遂」，旁校作「豕」；駿河版、天明本、今後漢書同底本。

〔六〕世宗納東方朔宣室之正　「世宗」，今後漢書作「武帝」。

〔七〕元帝容薛廣德自刎之切　「刎」，金澤文庫本原作「别」，旁校作「刎」；駿河版、天明本、今後漢書同底本。

〔八〕昔者晉平公問於叔向曰　「者」，今後漢書無。

〔九〕國家之患孰爲大　「孰」，金澤文庫本原作「郭」，旁校作「孰」；駿河版、天明本、今後漢書同底本。

〔一〇〕大臣〔重〕禄不極諫　「重」，原闕，旁校補之，據補；諸本治要、今後漢書皆有之。

〔一〕推宋景之誠　「宋」，金澤文庫本原作「宗」，旁校作「宋」；駿河版、天明本、今後漢書同底本。

〔二〕引咎尅躬　「躬」，金澤文庫本原闕，旁校補之；駿河版、天明本、今後漢書同底本。

〔三〕必承風（嚮）〔響〕應　「響」，原作「嚮」，據諸本治要改；今後漢書亦作「嚮」。

〔四〕如其管穴　「穴」，金澤文庫本原作「究」，旁校作「穴」；駿河版、天明本、今後漢書同底本。

〔五〕以示聖朝無諱之（矣）〔美〕　「示」，金澤文庫本原作「宋」，旁校作「示」；駿河版、天明本、今後漢書同底本。又「美」，原作「矣」，據駿河版、天明本改；今後漢書亦作「美」；金澤文庫本作「義美」二字。

楊終字子山，蜀郡人。徵詣（蔄壹）〔蘭臺〕，〔一〕拜校書郎。建初元年，大旱穀貴，〔二〕終以爲廣陵、楚、淮陽、濟南之獄，徙者（數萬）〔萬數〕人，〔三〕遠屯絶域，〔吏〕民怨曠，〔四〕乃上疏曰：「臣聞『脩善善及子孫，〔五〕行惡惡止其身』，〔六〕百王常典，不易之道也。秦政酷烈，違忤天心，〔七〕一人有罪，延及三族。高祖平亂，約法三章。太宗至仁，除去收孥。萬姓（廊）〔廓〕然，〔八〕蒙被更生，〔九〕澤及昆虫，功垂萬世。陛下聖明，德被四表。（令）〔今〕以比年久旱，〔一〇〕牛疫未息，〔一一〕躬自菲薄，廣訪得失，〔一二〕往代之隆，〔一三〕無以加焉。臣竊案春秋水旱之變，皆應暴急，〔一四〕惠不下流。自永平以來，仍連大獄，有司窮考，轉相牽〔引〕，〔一五〕掠治冤濫，〔一六〕家屬徙邊。加以北征匈奴，〔一七〕西開卅六國。〔一八〕又遠屯伊吾、樓蘭、車師、戊己，〔一九〕人懷土思，〔二〇〕怨結邊城。〔二一〕昔殷民近遷洛邑，且猶怨望，何況去中土之肥饒，寄不毛之荒極乎？且愁（因）〔困〕之民，〔二二〕足以感動天地，移變陰陽矣。惟陛下留念省察，〔二三〕以濟元元。〔二四〕絶西域之國，不以介鱗易我衣裳。〔二五〕今伊吾之役，樓蘭之屯，久而不還，〔二六〕非（大）〔天〕意也。」〔二七〕帝從之，〔二八〕聽還徙者，悉罷邊屯。

〔一〕徵詣（茼壹）〔蘭臺〕　「蘭臺」，原作「茼壹」，旁校作「蘭臺」，據改；諸本治要、今後漢書皆作「蘭臺」。

〔二〕大旱穀貴　「穀」，金澤文庫本原訛爲二字，旁校改作「槩」；駿河版、天明本、今後漢書同底本。

〔三〕徙者（數萬）〔萬數〕人　「萬數」，原作「數萬」，旁校作「萬數」，據乙；金澤文庫本原作「數万」，旁有校改符號乙正；駿河版、天明本、今後漢書作「萬數」。又「人」，駿河版、天明本、今後漢書無；金澤文庫本同底本。

〔四〕（吏）民怨曠　「吏」，原闕，據諸本治要補；今後漢書亦有「吏」字。

〔五〕脩善善及子孫　「脩」，天明本、今後漢書闕；金澤文庫本、駿河版同底本。

〔六〕行惡惡止其身　「行」，天明本、今後漢書闕；金澤文庫本、駿河版同底本。

〔七〕違忤天心　「忤」，今後漢書作「牾」。

〔八〕萬姓（廊）〔廓〕然　「廓」，原作「廊」，據諸本治要改；今後漢書作「廓」。

〔九〕蒙被更生　「生」，金澤文庫本原闕，旁校補之；駿河版、天明本、今後漢書同底本。

〔一〇〕（令）〔今〕以比年久旱　「今」，原作「令」，旁校作「今」，據改；諸本治要、今後漢書皆作「今」。又「久」，金澤文庫本原作「之」，旁校作「久」；駿河版、天明本、今後漢書同底本。

〔一一〕牛疫未息　「牛」，駿河版、天明本、今後漢書作「灾」；金澤文庫本同底本。

〔一二〕廣訪得失　「得失」，今後漢書作「失得」。

〔一三〕往代之隆　「往」，駿河版、天明本、今後漢書作「三」；金澤文庫本同底本。

〔一四〕皆應暴急　金澤文庫本重一「應」字，旁校有衍文符號；駿河版、天明本、今後漢書同底本。

〔一五〕轉相牽〔引〕　「引」，原闕，旁校補之，據補；諸本治要、今後漢書皆有之。

〔一六〕掠治冤濫　「治」，今後漢書作「考」。

〔一七〕加以北征匈奴　「加」，金澤文庫本作「如」，駿河版、天明本、今後漢書同底本。

〔一八〕西開卅六國　「卅」，駿河版、天明本、今後漢書作「三十」；金澤文庫本同底本。

〔一九〕戊己　「戊」，金澤文庫本原作「伐」，旁校作「戊」；駿河版、天明本、今後漢書同底本。

〔二〇〕人懷土思　「人」，今後漢書作「民」。

〔二一〕怨結邊城　「城」，諸本治要、今後漢書皆作「域」。

〔二二〕且愁（因）〔困〕之民　「且」下天明本、今後漢書有「南方暑濕障毒互生」等八字。又「困」，原作「因」，據駿河版、天明本改；金澤文庫本同底本。

〔二三〕惟陛下留念省察　「惟」，今後漢書闕。

〔二四〕以濟元元　「元元」下天明本有「孝元棄珠崖之郡光武」九字，今後漢書亦有此文。

〔二五〕不以介鱗易我衣裳　「介」，駿河版作「分」，金澤文庫本、天明本、今後漢書同底本。

〔二六〕久而不還　「不」，今後漢書作「未」。

〔二七〕非（大）〔天〕意也　「天」，原作「大」，據駿河版、天明本改；今後漢書亦作「天」；金澤文庫本原作「本」，旁校作「天」。

〔二八〕帝從之　「帝」，金澤文庫本原作「常」，旁校作「帝」；駿河版、天明本、今後漢書同底本。

龐參字仲達，河南人也。順帝以爲太尉。〔一〕是時三公之中，參（石）〔名〕忠直，〔二〕數爲左右所陷，以所舉用忤帝旨，司隸承風案之。時會茂才孝廉，〔三〕上計掾廣陵段恭因會上疏曰：〔四〕「伏見道路行人，農夫織婦，皆曰『太尉龐〔參〕，〔五〕竭忠（書）〔盡〕節，〔六〕徒以直道不能曲心，孤立群（耶）〔邪〕之間，〔七〕自處中傷之地』。臣猶冀〔在〕陛下之世，〔八〕當蒙安全，而復以讒佞傷毀忠正，〔九〕此天地之大禁，人主之至誡。昔白起賜死，諸侯酌酒相賀；季子來歸，〔一〇〕魯人喜其紓難。〔一一〕夫國以賢治，〔一二〕君以忠安。今天下咸欣陛下有此忠（願）〔賢〕，〔一三〕（賢平）〔願卒〕寵任，〔一四〕以（要）〔安〕社稷。」〔一五〕書奏，詔即遣小黃門視參疾，太醫致羊酒。復爲太尉。

〔一〕順帝以爲太尉　後漢書原有「順帝時」三字，今後漢書刪之。校勘記：「沈欽韓謂上有永建元年事，此『順帝時』三字衍文。今據刪。」

〔二〕參（石）〔名〕忠直　「石」，旁校作「名」，據改；諸本治要、今後漢書皆作「名」。

〔三〕時會茂才孝廉　「廉」下天明本、今後漢書有「參以被疾稱疾不得會」九字。

〔四〕上計掾廣陵段恭因會上疏曰　「掾」，金澤文庫本原作「極」，旁校作「掾」；駿河版、天明本、今後漢書同底本。又「陵」，駿河版、天明本、今後漢書作「漢」；金澤文庫本同底本。又「段」，金澤文庫本原作「殿」，旁校作「段」；駿河版、天明本作「叚」；今後漢書作「段」。

〔五〕太尉龐〔參〕　「參」，原闕，旁校補之，據補；駿河版、天明本、今後漢書同底本。

〔六〕竭忠（書）〔盡〕節　「盡」，原作「書」，據諸本治要改；今後漢書亦作「盡」。

〔七〕孤立群（耶）〔邪〕之間　「邪」，原作「耶」，據金澤文庫本旁校改；駿河版、天明本、今後漢書皆作「邪」。

〔八〕臣猶冀〔在〕陛下之世　「在」，原闕，旁校補之，據補；金澤文庫本原闕，旁校補之；駿河版、天明本、今後漢書皆有之。
〔九〕而復以讒佞傷毀忠正　「佞」，駿河版作「侫」，金澤文庫本、天明本、今後漢書同底本。
〔一〇〕季子來歸　「季」，金澤文庫本原作「秀」，旁校作「季」；駿河版、天明本、今後漢書同底本。
〔一一〕魯人喜其紓難　「紓」，金澤文庫本原作「綿」，旁校作「紓」；駿河版、天明本、今後漢書同底本。
〔一二〕大國以賢治　「治」，今後漢書作「化」。
〔一三〕今天下咸欣陛下有此忠（願）〔賢〕　「賢」，原作「願」，據諸本治要改，今後漢書作「賢」。
〔一四〕（賢平）〔願卒〕寵任　「願卒」，原作「賢平」，據諸本治要改；今後漢書亦作「願卒」。
〔一五〕以（要）〔安〕社稷　「安」，原作「要」，據諸本治要改；今後漢書亦作「安」。

崔駰字亭（佰）〔伯〕，〔一〕涿郡安平人也。〔二〕竇太后臨朝，竇憲以重戚出内詔命。〔三〕駰獻書戒之曰：「『生而富者驕，生而貴者傲。』生富貴而能不驕傲者，未之有也。今寵禄初〔隆〕，〔四〕百僚觀行，當堯舜之盛世，處光華之顯時，豈可不庶幾夙夜，以永衆（舉）〔譽〕，〔五〕弘申伯之美，致周邵之事乎？語曰：『不患無位，患所以立。』昔馮野王以外戚居位，稱爲賢臣；近陰衛尉剋己復禮，終受多福。（鄰）〔郯〕氏之宗，〔六〕非不尊也；陽侯之族，〔七〕非不盛也。重侯累將，建天樞，〔執斗〕柄。〔八〕其所以獲譏於時，垂愆於後者，何也？蓋在滿〔而〕不挹，〔九〕位有餘而〔仁〕不足也。〔一〇〕漢（書曰）興以後，〔一一〕迄于哀、平，（公）〔外〕家廿，〔一二〕保族全身，四人而已。書曰：『鑒於有殷。』可不〔慎〕哉！〔一三〕夫謙德之光，周易所美；滿溢之位，道家所戒。〔一四〕故君子福大而愈懼，爵隆而益恭。遠察近覽，俯仰有則，銘諸机杖，刻諸槃（杆）〔杅〕。〔一五〕矜矜業業，〔一六〕無殆無荒。如此，則百福是（苛）〔荷〕，〔一七〕慶流無窮矣。」

〔一〕崔駰字亭（佰）〔伯〕　「崔」，金澤文庫本原作「雀」，旁校作「崔」；駿河版、天明本、今後漢書同底本。又「伯」，原作「佰」，旁校作「伯」，據改；諸本治要、今後漢書皆作「伯」。
〔二〕涿郡安平人也　「安」，金澤文庫本原作「案」，旁校作「安」。
〔三〕竇憲以重戚出内詔命　「竇」，駿河版、今後漢書無，金澤文庫本、天明本同底本。
〔四〕今寵禄初〔隆〕　「隆」，原闕，旁校補之，據補；諸本治要、今後漢書皆有之。
〔五〕以永衆（舉）〔譽〕　「譽」，原作「舉」，旁校作「譽」，據改；諸本治要、今後漢書皆作「譽」。
〔六〕（鄰）〔郯〕氏之宗　「郯」，原作「鄰」，據諸本治要改；今後漢書亦作「郯」。
〔七〕陽侯之族　「侯」，今後漢書改爲「平」，校勘記：「刊誤謂案文『侯』當作『平』，王鳳封陽平侯，前書亦謂陽平之王也。今據改。案：集解引黄山説，謂鳳乃嗣侯，始封陽平者，鳳父頃侯禁也。」
〔八〕〔執斗〕柄　「執斗」二字，原作一字「叔」，旁校改之，據改；諸本治要、今後漢書皆作「執斗」二字。
〔九〕蓋在滿〔而〕不挹　「而」，原闕，據旁補及諸本治要補；　今後漢書亦有之。
〔一〇〕位有餘而〔仁〕不足也　「仁」，原闕，旁校補之，據補；　駿河版、天明本、今後漢書皆有之；　金澤文庫本原闕，旁校補之。
〔一一〕漢〔書曰〕興以後　「書曰」二字，旁校刪之，據刪；　諸本治要、今後漢書皆無此二字。
〔一二〕（公）〔外〕家廿　「外」，原作「公」，據駿河版、天明本、今後漢書改。　又「廿」，駿河版、天明本、今後漢書作「二十」；　金澤文庫本原作「廿」，旁校作「世」。
〔一三〕可不〔慎〕哉　「可」，金澤文庫本原闕，旁校補之；　駿河版、天明本、今後漢書同底本。　又「慎」，原闕，旁校補之，據補；　諸本治要、今後漢書皆有之。
〔一四〕道家所戒　「家」下天明本有「之」字；　金澤文庫本、駿河版、今後漢書同底本。
〔一五〕刻諸槃（杆）〔杅〕　「杅」，原作「杆」，據金澤文庫本、天明本改；　今後漢書亦「杅」，駿河版同底本。　案：　後漢書章懷注：「杅亦盂也。」據此則作「杅」者是也。
〔一六〕矜矜業業　「矜矜」，駿河版作「矝矝」；　金澤文庫本、天明本、今後漢書同底本。
〔一七〕則百福是（苛）〔荷〕　「荷」，原作「苛」，旁校作「荷」，據改；　諸本治要、今後漢書皆作「荷」。

及憲爲車騎將軍，辟駰爲掾。〔一〕憲擅權驕（盜）〔恣〕，〔二〕駰數諫之。及出擊匈奴，道路愈多不法，駰爲主簿，前後奏記數十，指切長短。憲不能容，稍疎之，因〔察駰〕高第，〔三〕出爲長岑長。駰自〔以〕遠去，〔四〕不得志，〔五〕遂不之官而歸。〔卒〕于家。〔六〕

〔一〕辟駰爲掾　「掾」，金澤文庫本原作「椽」，旁校作「掾」；　駿河版、天明本、今後漢書同底本。
〔二〕憲擅權驕（盜）〔恣〕　「恣」，原作「盜」，旁校作「恣」，據改；　諸本治要、今後漢書皆作「恣」。
〔三〕因〔察駰〕高第　「察駰」二字，原闕，旁校補之，據補；　金澤文庫本原有「察」字，並旁補「駰」字；　駿河版、天明本、今後漢書皆有此二字。
〔四〕駰自〔以〕遠去　「以」，原闕，據諸本治要補；　今後漢書亦有之。
〔五〕不得志　「志」，旁校作「意」；　諸本治要、今後漢書皆作「意」。　案：　作「意」者，蓋避後漢桓帝劉志名諱所改。
〔六〕〔卒〕于家　「卒」，原漫漶不清，據諸本治要補；　今後漢書亦有之。

群書治要卷廿二〔一〕

〔一〕此句據諸本治要補。　底本末頁有所破損，故未見此句，然據今所見九條家本各卷之卷末皆有此相關文字。

群書治要卷第廿六

秘書監鉅鹿男臣魏徵等奉　勑撰

魏志下〔一〕

陳思王植字子建。每進見難問，應聲而對，見寵愛。〔二〕既以才見異，而丁儀、丁廙、〔三〕楊脩等爲之羽翼。太〔祖狐疑〕，〔四〕幾爲太子者數矣。黄初三年，〔立爲〕鄄城王。〔五〕太和元年，〔六〕（徒）〔徙〕爲雍丘王。〔七〕三年，徙封東阿王。〔八〕五年，上疏求存問，〔九〕因致其意曰：臣聞天稱其高，以無不覆；地稱其廣，以無不載；日月稱其明，以無不照；四海稱其大，〔一〇〕以無不容。故孔子曰：「大哉堯之爲君！唯天爲大，唯堯則之。」夫天德之於萬物，可謂弘廣矣。蓋堯之爲教，〔一一〕先親後疏，自近及遠。（及）周之文王亦崇厥化。〔一二〕昔周人弔管、蔡之不咸，〔一三〕廣封懿親以藩屏王室，傳曰：「周之同盟，〔一四〕異姓爲後。」成骨肉之恩爽而不離，〔一五〕親親之義寔在敦固，〔一六〕未有義而後其君，仁而遺其親者也。臣伏惟陛下姿帝唐欽明之德，〔一七〕體文王翼翼之仁，惠洽椒房，恩照九親，〔一八〕群后百寮，番休遞上，〔一九〕執政不廢於公朝，下情得展於私室，親理之路通，慶弔之情展，誠可謂恕己治人，〔二〇〕推惠施恩者矣。至於臣等。〔二一〕婚媾不通，兄弟乖絶，吉凶之問塞，慶弔之礼廢，恩紀之違，甚於路人，隔閡之異，外於胡越。〔二二〕以一切無朝覲之望，〔二三〕至於注心皇極，〔二四〕結情紫闥，神明知之矣。願陛下霈然垂詔，〔二五〕使諸國慶問得展，〔二六〕以救骨肉之虧恩，〔二七〕（金）〔全〕怡怡之篤義。〔二八〕妃妾之家，膏沐之遺，歲得再通，齊義於貴宗，等惠於百司，如此，則風雅所詠，復存於聖世矣。臣伏自思惟，〔二九〕錐刀之用。〔三〇〕及觀陛下之所（或）〔戒〕授，〔三一〕若臣爲異姓，〔三二〕竊自料度，不復於朝士矣。〔三三〕若得辭遠遊，戴武弁，解朱組，佩青紱，駙馬、奉車，趣得一号，安宅京室，執鞭珥筆，出從華蓋，入侍輦轂，承荅聖問，拾遺左右，乃臣丹誠之至願也。〔三四〕遠慕鹿鳴君臣之宴，中詠常棣匪他之戒，〔三五〕下思伐木友生之義，終懷蓼莪罔極之哀；每四節之會，塊然獨處，左右唯僕隸，所對唯妻子，高談無〔所〕與陳，〔三六〕發義無所與展，未嘗不聞樂而拊心，臨（觸）〔觴〕而歎息也。〔三七〕臣伏以爲（太）〔犬〕馬之誠不能動人，〔三八〕譬人之誠不能動天。崩城、隕霜，臣初信之，以臣心況，徒虚語耳。若葵藿之傾葉，太陽不爲之迴光，亦終向〔之者〕誠也。〔三九〕竊自比葵藿，若降天地之施，垂三光之明者，寔在陛下。今之否隔，（反）〔友于〕同憂，〔四〇〕而臣獨唱言者，〔四一〕竊不願聖世使有不蒙施之物。〔四二〕必有慘毒之懷，故栢舟有「天只」之怨，谷風有「弃予」之歎。故伊尹恥其君不如堯舜。〔四三〕臣之愚蔽，欲使陛下崇光日月被時雍之美者，〔四四〕是臣悽悽之誠也。〔四五〕詔報曰：「夫忠厚仁及草木，〔四六〕則行葦之詩作；（思）〔恩〕澤衰薄，〔四七〕不親九族，〔四八〕則角弓之章刺。今令諸國兄弟，情〔礼〕簡〔怠〕；〔四九〕妃妾之家，膏沐踈略，縱不能敦而睦之，王授古喻義俻矣悉矣，〔五〇〕何言精誠不足以感通哉？夫明貴賤，崇親親，禮賢良，順少長，國之綱紀，本無禁諸國通問之詔也，〔五一〕矯枉過正，下吏懼譴，以至於此耳。已勑有司，如王所訴。」植復上疏陳審舉之義，曰：臣聞天地協氣而萬物生，居臣合悳而庶政成；五帝之（未）世非皆智，〔五二〕三季之未非皆愚，〔五三〕用與不（同）〔用〕，〔五四〕知與不知也。書曰：「有不世之君，必能用不世之臣；用不世之臣，必〔能〕立不世之功。」〔五五〕昔樂毅奔趙，心不忘燕；廉頗在楚，思爲（趣）〔趙〕將。〔五六〕臣生乎亂，長乎軍，又數承教于武皇帝，伏見行師用兵之要，不取孫、吴而闇與之合。〔五七〕竊揆之於心，常願得一奉朝覲，〔五八〕排金門，蹈玉陛，列有職之臣，賜須臾之閒，〔五九〕使臣得一散所懷，攄盡蘊積，〔六〇〕死不恨矣。然天高聽遠，情不上通，徒獨望素雲而拊心，〔六一〕仰高風而歎息耳。〔六二〕屈平曰：「國有驥而不知乘，焉遑遑而更索！」昔管、蔡放誅，周、邵作弼；（魚叔）〔叔魚〕陷形，〔六三〕叔向匡國。三監之（疉）〔釁〕，〔六四〕臣自當之；二南之輔，求必不遠。華宗貴族，藩王之中，必有應斯舉者。故傳曰：「無周公之親，不得行周公事。」〔六五〕唯陛下顧留意焉。〔六六〕近者漢氏，廣建藩王，豐〔則〕連城數十，〔六七〕約則饗食祖祭而已，未若姬周之樹國，五〔等〕之品制也。〔六八〕若扶蘇之諫始〔皇〕，〔六九〕淳于越之難周青臣，〔七〇〕可謂知時變矣。夫能使天〔下〕傾耳注目者，〔七一〕當權者是矣，故謀能移主，威能慴下。〔七二〕豪在執政，〔七三〕不在親戚；權之所在，雖踈必重，（執）〔勢〕之所去，〔七四〕雖親必輕，蓋取齊者田族，非呂宗也。分晉者趙、魏，非姬姓也。唯陛下（祭）〔察〕之。〔七五〕苟吉專其位，凶離其患者，異姓之臣也。欲國之安，祈家之貴，存共其榮，没同其禍者，公族之臣也。今反公族踈而異姓親，臣竊惑焉。今臣與陛下踐冰履炭，高下共之，豈得離陛下哉？不勝憤滿拜表展陳情。〔七六〕若有不合，乞且藏之書（應）〔府〕，〔七七〕不便滅弃。臣死之後，事或可思。〔七八〕魏略曰：植以近前諸國士息已見發，其遺孤稚弱，〔七九〕在者無幾，而復被取，乃上書曰：「臣聞古之聖君，〔八〇〕与日月齊其明，四時等其信，恩不中絶，教無二可，以此臨朝，則臣下知所死矣。受任在萬里之外，審主之所以授官，〔八一〕必己之所以投命，〔八二〕雖構會之徒，〔八三〕泊然不以爲懼者，蓋君臣相信之明效也。初受封，〔八四〕策書曰：『授植茲青社，〔八五〕爲魏蕃輔。』而所得兵百五十人，〔八六〕皆年耳順，〔八七〕或不俞矩，旅賁官騎及親工凡二百餘人。〔八八〕皆使年壯，俻有不虞，檢校乘城，顧不足以自救，况皆復耄耋疲曳乎？而名爲魏東蕃，使屏（幹）〔翰〕王室，〔八九〕臣竊自羞矣。就諸國，〔九〇〕〔國〕有士子，〔九一〕合不過五百人，伏以爲三軍益損。〔不復賴〕此，〔九二〕方外定否，〔九三〕必當須辨者，〔九四〕願將部曲倍道奔赴，〔九五〕夫負妻戴襁，〔九六〕子懷粮，〔九七〕陷鋒履刃，以殉國難，〔九八〕何但習業小兒哉？愚誠以揮涕河，〔九九〕鼷鼠飲海，於朝萬無損益，於臣家計甚有廢損。〔一〇〇〕又臣士息前後三送，兼人已竭。唯尚有小兒，七八歲已上，十六七已還，卅餘人。〔一〇一〕今部曲皆年耆，卧在床席，非糜不食，眼〔不〕能視，〔一〇二〕息裁屬者，〔一〇三〕凡卅七人；〔一〇四〕瘙癈風痱，〔一〇五〕瘂盲聾聵者，〔一〇六〕廿三人。〔一〇七〕唯正須此小兒，〔一〇八〕大者捔可宿衛，〔一〇九〕雖不足以禦寇，粗可以警小盜；小者未堪大使，爲可使（私）〔耘〕鋤穢草，〔一一〇〕駈護鳥雀。〔一一一〕伏候人則一事發，〔一一二〕一日獨則衆業散，〔一一三〕不卜親自經營則功不攝；〔一一四〕常自躬親，不委下吏而已。陛下聖仁，恩許三至，〔一一五〕士子給國，長不復發。明詔之下，有若噉日，保金石之恩，必明神之信。定習業者並復見送，晻若晝晦，〔一一六〕悵然失圖。〔一一七〕伏以爲陛下既爵臣百僚之右，〔一一八〕居之（潘）〔藩〕國之任，〔一一九〕爲置卿士，屋名爲宮，冢名爲陵，〔一二〇〕不使其危居獨立，無異於凡庶。若陛下聽臣悉還部曲，〔一二一〕罷官屬，省監官，〔一二二〕使解（雷）〔璽〕釋紱，〔一二三〕追柏成、子仲之業，營顔淵、原憲之事，居子臧之廬，宅延陵之室。如此，雖進無成功，退可守節，〔一二四〕身死之日，猶松、喬也。然伏度國朝終未肯聽臣之若是，固當羈絆於世繩，維繫于禄位，〔一二五〕懷屑屑之小憂，執無已之百念，〔一二六〕安得蕩然肆心，〔一二七〕逍遥於宇宙之外哉？此願未從，陛下必欲崇親親，篤骨肉，潤（自）〔白〕骨而（營）〔榮〕枯木者，〔一二八〕唯遂仁恴以副前恩。」有詔皆送還之也。〔一二九〕六年，封植爲陳王。時法制，待藩國既自然峻逼，〔一三〇〕寮屬皆賈豎下才，〔一三一〕兵人給其殘老，大數不過二百〔人〕。〔一三二〕十一年而三徙都，〔一三三〕常汲汲無歡，遂發疾薨。孫盛曰：異哉，魏氏之封建也！不度先王之典，〔一三四〕不思藩屏之術，違敦穆之風，〔一三五〕背維〔城〕之義。〔一三六〕漢初之封，或權侔人主，雖云不度，時世然也。〔一三七〕魏氏諸侯，陋同匹夫，雖懲七國，矯枉過也。且魏之代漢，非積恴之由，風澤既微，〔一三八〕六合未一，而凋翦枝幹，委權異族，勢同瘣木，〔一三九〕危若巢幕，退五嗣忽諸，〔一四〇〕非天喪也。五等之制，万世不易之（曲）〔典〕。〔一四一〕六代興亡，曹冏論之詳矣也。〔一四二〕

〔一〕案：天明本另開一行有「傳」字。

〔二〕見寵愛　「見」上天明本、今三國志有「特」字；金澤文庫本、駿河版同底本。

〔三〕丁廙　「丁」，金澤文庫本無；駿河版、天明本、今三國志同底本。

〔四〕太〔祖狐疑〕　「祖狐疑」三字，底本破損，據諸本治要補；今三國志有之。

〔五〕〔立爲〕鄄城王　「立爲」二字，底本破損，據諸本治要補；今三國志有之。

〔六〕太和元年　「元」，今三國志作「四」。

〔七〕（徒）〔徙〕爲雍丘王　「徙」，原作「徒」，據駿河版、天明本改；金澤文庫本同底本；今三國志亦作「徙」。又「雍」，天明本作「壅」；金澤文庫本、駿河本同底本。又「爲」，今三國志作「封」。

〔八〕徙封東阿王　「王」，今三國志無。

〔九〕上疏求存問　「問」下天明本、今三國志有「親戚」二字；金澤文庫本、駿河版同底本。天明本眉校：「舊無『親戚』二字，補之。」

〔一〇〕四海稱其大　「四」，天明本、今三國志作「江」；金澤文庫本、駿河版同底本。

〔一一〕蓋堯之爲教　「蓋」，金澤文庫本作「善」；駿河版、天明本、今三國志同底本。

〔一二〕（及）周之文王亦崇厥化　「及」，諸本治要皆無，據删；今三國志亦無此字。

〔一三〕昔周人弔管蔡之不咸　「人」，旁校謂一本作「公」；駿河版、天明本，今三國志皆作「公」；金澤文庫本同底本。

〔一四〕周之同盟　「同」，旁校作「宗」；金澤文庫本、駿河版、天明本同底本；今三國志作「宗」。又「盟」，金澤文庫本、天明本作「盟」，駿河版、今三國志同底本。

〔一五〕成骨肉之恩爽而不離　「成」，旁校謂一本作「誠」；駿河版、天明本、今三國志皆作「誠」；金澤文庫本同底本。

〔一六〕親親之義寔在敦固　「寔」，今三國志作「實」；諸本治要同底本。

〔一七〕臣伏惟陛下姿帝唐欽明之德　「姿」，旁校謂一本作「資」。又「臣」，今三國志無；諸本治要同底本。

〔一八〕恩照九親　「照」，駿河版、天明本、今三國志皆作「昭」；金澤文庫本同底本。又「親」，今三國志作「族」；諸本治要同底本。

〔一九〕畓休遞上　「畓」，天明本、今三國志作「番」；金澤文庫本、駿河版同底本。又「上」，金澤文庫本、駿河版作「工」；天明本、今三國志同底本。

〔二〇〕誠可謂恕己治人　「恕」，金澤文庫本作「怒」；駿河版、天明本、今三國志同底本。

〔二一〕至於臣等　「等」，旁校謂一本作「者」；今三國志作「者」；諸本治要同底本。

〔二二〕外於胡越　「外」，旁校作「殊」；諸本治要、今三國志皆作「殊」。

〔二三〕以一切無朝覲之望　「切」下旁校補「之制永」，並云：「一本有三字。」駿河版、天明本、今三國志皆有「之制」二字；金澤文庫本同底本。

〔二四〕至於注心皇極　「至」，諸本治要、今三國志皆無。

〔二五〕願陛下霈然垂詔　「霈」，駿河版、天明本、今三國志皆作「沛」；金澤文庫本同底本。

〔二六〕使諸國慶問得展　「得展」二字前旁校謂一本有「四節」二字。案：今三國志作「四節得展」。

〔二七〕以救骨肉之虧恩　「救」，旁校作「叙」；駿河版、天明本、今三國志皆作「叙」；金澤文庫本同底本。又「虧」，旁校謂一本作「歡」；駿河版、天明本、今三國志皆作「歡」；金澤文庫本同底本。

〔二八〕（金）〔全〕怡怡之篤義　「全」，原作「金」，旁校作「全」，據改；諸本治要、今三國志皆作「全」。

〔二九〕臣伏自思惟　「思惟」，今三國志作「惟省」。

〔三〇〕錐刀之用　「錐」上天明本、今三國志有「無」字；金澤文庫本、駿河版同底本。

〔三一〕及觀陛下之所（或）〔戒〕授　「戒」，原作「或」，據諸本治要改；旁校作「拔」；今三國志作「拔」；天明本眉校：「『弁』作『拔』。」

〔三二〕若臣爲異姓　「若」下天明本、今三國志有「以」字；金澤文庫本、駿河版同底本。

〔三三〕不復於朝士矣　「復」，旁校作「後」；駿河版、天明本、今三國志皆作「後」；金澤文庫本同底本。

〔三四〕乃臣丹誠之至願也　「也」，今三國志無。

〔三五〕中詠常棣匪他之戒　「戒」，今三國志作「誡」；諸本治要同底本。

〔三六〕高談無〔所〕與陳　「所」，原闕，旁校補之，據補；諸本治要、今三國志皆有之。

〔三七〕臨（觸）〔觴〕而歎息也　「觴」，原作「觸」，旁校作「觴」，據改；諸本治要、今三國志皆作「觴」。

〔三八〕臣伏以爲（太）〔犬〕馬之誠不能動人　「犬」，原作「太」，據諸本治要改；今三國志亦作「犬」。

〔三九〕亦終向〔之者〕誠也　「之者」，底本原作空圍，旁校補「之者」二字，據補；金澤文庫本作「也」；今三國志亦有此二字。又「之」，駿河版、天明本皆無。

〔四〇〕（反）〔友于〕同憂　「友于」，原作一字「反」，據旁校及諸本治要、今三國志改補。

〔四一〕而臣獨唱言者　「唱」，旁校謂一本作「倡」；駿河版、天明本、今三國志皆作「倡」；金澤文庫本同底本。

〔四二〕竊不願聖世使有不蒙施之物　此句下旁校謂一本有「有不蒙施之物」。又「願」下天明本、今三國志有「於」字；金澤文庫本、駿河版同底本。又「世」，金澤文庫本、駿河版無；天明本、今三國志同底本。

〔四三〕故伊尹恥其君不如堯舜　「如」，今三國志作「爲」。

〔四四〕欲使陛下崇光日月被時雍之美者　「日月」「者」，今三國志無。

〔四五〕是臣悽悽之誠也　「悽悽」，天明本、今三國志作「慺慺」；金澤文庫本、駿河版同底本。又「也」，今三國志無。

〔四六〕夫忠厚仁及草木　「及」，今三國志作「極」。

〔四七〕（思）〔恩〕澤衰薄　「恩」，原作「思」，旁校作「恩」，據改；諸本治要、今三國志皆作「恩」。

〔四八〕不親九族　「族」，諸本治要作「屬」；今三國志同底本。

〔四九〕情〔礼〕簡〔怠〕　「情」下旁校謂一本有「礼」字；又「簡」下旁校謂一本有「怠」字，據補。天明本、今本三國志皆作「情理簡怠」；金澤文庫本同底本。

〔五〇〕王授古喻義俻矣悉矣　「授」，天明本、今三國志作「援」；金澤文庫本、駿河版同底本。又「備矣」之「矣」，今三國志無。

〔五一〕本無禁諸國通問之詔也　「禁」下旁校謂一本有「固」字；今三國志亦有「固」字。

〔五二〕五帝之（未）世非皆智　「未」，諸本治要、今三國志皆無，據刪。

〔五三〕三季之未非皆愚　「未」，諸本治要、今三國志皆作「末」。

〔五四〕用與不（同）〔用〕　「不用」之「用」，原作「同」，旁校作「用」，據改；金澤文庫本作「同」；駿河版、天明本、今三國志皆作「用」。

〔五五〕必〔能〕立不世之功　「能」，原無，據駿河版、天明本補；今三國志亦有之；金澤文庫本同底本。

〔五六〕思爲（趣）〔趙〕將　「趙」，原作「趣」，旁校作「趙」，據改；諸本治要、今三國志皆作「趙」。

〔五七〕不取孫吳而闇與之合　「不」下天明本、今三國志有「必」字；金澤文庫本、駿河版同底本。

〔五八〕常願得一奉朝覲　「得」，金澤文庫本無；駿河版、天明本、今三國志同底本。

〔五九〕賜須臾之閒　「閒」，旁校謂一本作「問」；金澤文庫本、駿河版、天明本作「閒」；今三國志作「問」。

〔六〇〕攄盡蘊積　「盡」，今三國志作「舒」。

〔六一〕徒獨望素雲而拊心　「望」，金澤文庫本無；駿河版、天明本、今三國志同底本。又「素」，旁校謂一本作「青」；駿河版、天明本、今三國志皆作「青」；金澤文庫本同底本。

〔六二〕仰高風而歎息耳　「風」，旁校謂一本作「天」；天明本、今三國志作「天」；金澤文庫本、駿河版同底本。

〔六三〕（魚叔）〔叔魚〕陷形　「叔魚」，原作「魚叔」，旁校謂一本作「叔魚」，據改；駿河版、天明本、今三國志皆作「叔魚」；金澤文庫本同底本。

〔六四〕三監之〔疊〕〔舋〕　「舋」，原作「疊」，旁校謂一本作「舋」，據改；金澤文庫本作「疊」，駿河版、天明本作「疊」，今三國志作「舋」。

〔六五〕不得行周公事　「公」下諸本治要、今三國志皆有「之」字。

〔六六〕唯陛下顧留意焉　「下」，金澤文庫本無；駿河版、天明本、今三國志同底本。「顧」，旁校作「少」；駿河版、天明本、今三國志皆作「少」；金澤文庫本同底本。

〔六七〕豐〔則〕連城數十　「則」，原無，旁校補之，據補；諸本治要、今三國志皆有之。

〔六八〕五〔等〕之品制也　「五」下旁校謂一本有「等」字，據補；駿河版、天明本、今三國志皆有之；金澤文庫本無「等」字。又「之品」二字，金澤文庫本作「品之」；駿河版、天明本、今三國志同底本。

〔六九〕若扶蘇之諫始〔皇〕　「始」下旁校補「皇」字，據補；諸本治要、今三國志皆有之。

〔七〇〕淳于越之難周青臣　「之」，諸本治要、今三國志皆無。

〔七一〕夫能使天〔下〕傾耳注目者　「夫」，諸本治要、今三國志皆無。又「天」下旁校補「下」字，據補；諸本治要、今三國志皆有「下」字。

〔七二〕威能慴下　「慴」，旁校謂一本作「懾」；今三國志作「懾」；諸本治要同底本。

〔七三〕豪在執政　「在」，旁校作「右」；諸本治要、今三國志皆作「右」。

〔七四〕〔執〕〔勢〕之所去　「勢」，原作「執」，據諸本治要改；今三國志亦作「勢」。

〔七五〕唯陛下〔祭〕〔察〕之　「察」，原作「祭」，旁校作「察」，據改；駿河版、天明本、今三國志皆作「察」；金澤文庫本同底本。

〔七六〕不勝憤滿拜表展陳情　「展」，諸本治要、今三國志皆無。

〔七七〕乞且藏之書〔應〕〔府〕　「府」，原作「應」，旁校作「府」，據改；金澤文庫本作「應」；駿河版、天明本、今三國志皆作「府」。

〔七八〕事或可思　「或」，諸本治要皆無；今三國志同底本。

〔七九〕其遺孤稚弱　「孤」，金澤文庫本作「孔」；駿河版、天明本、今三國志同底本。

〔八〇〕臣聞古之聖君　「之」，今三國志作「者」。

〔八一〕審主之所以授官　「以」，今三國志無。

〔八二〕必己之所以投命　「可」，駿河版、天明本作「可」；金澤文庫本、今三國志同底本。

〔八三〕雖構會之徒　「雖」下旁校補「有」字；天明本、今三國志皆有之；金澤文庫本、駿河版同底本。

〔八四〕初受封　「初」上天明本、今三國志有「臣」字；金澤文庫本、駿河版同底本。又「受」，駿河版作「愛」；金澤文庫本、天明本、今三國志同底本。

〔八五〕授植茲青社　「授植」，天明本、今三國志皆作「植受」；駿河版作「植授」；金澤文庫本同底本。

〔八六〕而所得兵百五十人　「兵」，金澤文庫本作「近」；駿河版、天明本、今三國志同底本。

〔八七〕皆年耳順　「年」下旁校補「在」字；天明本、今三國志皆有之；金澤文庫本、駿河版同底本。

〔八八〕旅賁官騎及親工凡二百餘人　「旅」，旁校作「虎」；駿河版、天明本、今三國志皆作「虎」；金澤文庫本同底本。又「工」，旁校作「事」；駿河版、天明本、今三國志皆作「事」；金澤文庫本同底本。

〔八九〕使屏（幹）〔翰〕王室　「幹」，駿河版、天明本、今三國志皆作「翰」，據改；金澤文庫本同底本。

〔九〇〕就諸國　「就」下天明本、今三國志有「之」字；金澤文庫本、駿河版同底本。又「國」下金澤文庫本有有一重文符號「〻」。

〔九一〕〔國〕有士子　「有」上旁校補「國」字，據補；諸本治要、今三國志皆有「國」字。

〔九二〕〔不復賴〕此　「不復賴」三字原無，旁校補之，據補；諸本治要、今三國志皆有之。

〔九三〕方外定否　「定否」，天明本、今三國志作「不定」；金澤文庫本、駿河版同底本。

〔九四〕必當須辨者　「辨」，天明本、今三國志作「辦」；金澤文庫本、駿河版同底本。

〔九五〕願將部曲倍道奔赴　「願」上諸本治要、今三國志皆有「臣」字。

〔九六〕夫負妻戴襁　「負妻」，駿河版、天明本、今三國志皆作「妻負」；金澤文庫本同底本。又「戴」，天明本、今三國志無；金澤文庫本、駿河版同底本。

〔九七〕子懷粮　「子」下天明本、今三國志有「弟」字；金澤文庫本、駿河版同底本。

〔九八〕以殉國難　「殉」，駿河版作「殆」，今三國志作「徇」；金澤文庫本、天明本同底本。

〔九九〕愚誠以揮涕河　「涕」下旁校補「增」字；天明本、今三國志有之；金澤文庫本、駿河版同底本。

〔一〇〇〕於臣家計甚有廢損　「損」，金澤文庫本作「頓」；駿河版、天明本、今三國志同底本。

〔一〇一〕卅餘人　「卅」，駿河版、天明本、今三國志皆作「三十」；金澤文庫本同底本。

〔一〇二〕眼〔不〕能視　「不」，原無，據駿河版、天明本補；今三國志亦有之；金澤文庫本同底本。

〔一〇三〕息裁屬者　「息」上天明本、今三國志有「氣」字；金澤文庫本、駿河版同底本。

〔一〇四〕凡卅七人　「卅」，駿河版、天明本、今三國志皆作「三十」；金澤文庫本同底本。

〔一〇五〕瘥癈風疿　「瘥」，旁校作「疲」；駿河版、天明本、今三國志皆作「疲」；金澤文庫本同底本。又「癈」，旁校作「瘵」；駿河版、天明本、今三國志皆作「瘵」；金澤文庫本同底本。又「疿」，旁校作「糜」；駿河版、天明本、今三國志皆作「靡」；金澤文庫本同底本。

〔一〇六〕瘂盲聾聵者　「瘂」，駿河版、天明本、今三國志皆作「疣」；金澤文庫本同底本。

〔一〇七〕廿三人　「廿」，駿河版、天明本、今三國志皆作「二十」；金澤文庫本同底本。

〔一〇八〕唯正須此小兒　「此」，旁校謂一本作「比」。

〔一〇九〕大者捔可宿衛　「捔可」，旁校作「可俻」；駿河版、天明本、今三國志皆作「可備」；金澤文庫本作「捕可」。

〔一一〇〕爲可使（私）〔耘〕鋤穢草　「耘」，原作「私」，據駿河版、天明本改；今三國志亦作「耘」；金澤文庫本同底本。又「鋤」，今三國志作「鉏」。

〔一一一〕斲護鳥雀　「斲」，駿河版、天明本、今三國志皆作「驅」；金澤文庫本同底本。
〔一二〕伏候人則一事發　「伏」，駿河版、天明本、今三國志皆作「休」；金澤文庫本同底本。又「發」，旁校作「廢」；天明本、今三國志作「廢」；金澤文庫本、駿河版同底本。
〔一三〕一日獨則衆業散　「獨」，駿河版、天明本、今三國志皆作「獵」；金澤文庫本同底本。
〔一四〕不卜親自經營則功不攝　「卜」，駿河版、天明本、今三國志皆無；金澤文庫本同底本。
〔一五〕恩許三至　「許」，諸本治要、今三國志皆作「詔」。
〔一六〕晻若晝晦　「晝」，金澤文庫本作「盡」，天明本作「晝」；駿河版、今三國志同底本。
〔一七〕恨然失圖　「恨」，駿河版、天明本、今三國志皆作「悵」；金澤文庫本同底本。
〔一八〕伏以爲陛下既爵臣百僚之右　「僚」，今三國志作「寮」。
〔一九〕居之〔潘〕〔藩〕國之任　「藩」，原作「潘」，據駿河版、天明本、今三國志改；金澤文庫本同底本。
〔二〇〕冢名爲陵　「冢」，金澤文庫本作「家」，天明本作「晝」；駿河版、今三國志同底本。
〔二一〕若陛下聽臣悉還部曲　「還」，旁校作「罷」。
〔二二〕省監官　「省」，旁校作「自」。
〔二三〕使解〔雷〕〔璽〕釋紱　「雷」，旁校作「璽」；駿河版、天明本、今三國志皆作「璽」，據改；金澤文庫本作「雲」。
〔二四〕退可守節　「可」字，旁校作「有可」。駿河版、天明本、今三國志皆作「退有可守」；金澤文庫本同底本。
〔二五〕維縶于禄位　「于」，金澤文庫本作「干」；駿河版、天明本、今三國志同底本。
〔二六〕執無已之百念　「執」，旁校作「報」；諸本治要、今三國志皆作「執」。
〔二七〕安得蕩然肆心　「心」，旁校作「志」；諸本治要、今三國志皆作「志」。
〔二八〕潤〔自〕〔白〕骨而〔營〕〔榮〕枯木者　「白」，原作「自」，據天明本改；今三國志亦作「白」；金澤文庫本、駿河版無之。又「榮」，原作「營」，據諸本治要改；今三國志亦作「榮」。
〔二九〕有詔皆送還之也　「有」「也」，今本三國志無。又「送」，駿河版、天明本、今三國志皆作「遂」；金澤文庫本同底本。
〔三〇〕待藩國既自然峻逼　「然」，旁校謂一本無；駿河版、天明本、今三國志皆無；金澤文庫本同底本。又「逼」，今三國志作「迫」。
〔三一〕寮屬皆賈賣下才　「賣」，旁校作「豎」；駿河版、天明本、今三國志作「豎」；金澤文庫本同底本。
〔三二〕大數不過二百〔人〕　「人」，原無，旁校補之，據補；駿河版、天明本、今三國志皆有之；金澤文庫本同底本。
〔三三〕十一年而三徙都　「年」下旁校補「中」字。又「徙」，金澤文庫本作「徒」；駿河版、天明本、今三國志同底本。
〔三四〕不度先王之典　「典」，金澤文庫本作「曲」；駿河版、天明本、今三國志同底本。
〔三五〕違敦穆之風　「穆」，今三國志作「睦」。
〔三六〕背維〔城〕之義　「城」，原無，據諸本治要補；今三國志亦有之。
〔三七〕時世然也　「世」，旁校作「勢」；駿河版、天明本、今三國志皆作

「勢」；金澤文庫本同底本。

〔三八〕風澤既懲　「懲」，駿河版、天明本、今三國志皆作「微」；金澤文庫本同底本。

〔三九〕勢同瘣木　「瘣木」，眉注：「胡罪反。詩云：譬彼瘣木。」

〔四〇〕退五嗣忽諸　「退五」，駿河版、天明本、今三國志皆作「不」；金澤文庫本無「退」字。

〔四一〕万世不易之(曲)〔典〕　「典」，原作「曲」，據諸本治要改；今三國志亦作「典」。

〔四二〕曹冏論之詳矣也　「冏」，金澤文庫本作「同」。又「也」，諸本治要、今三國志皆無。

中山恭王(哀)〔衮〕。〔一〕每兄弟遊娛，衮獨譚思經(曲)〔典〕，〔二〕文學防輔遂共陳表稱衮美。〔三〕聞之，〔四〕大驚懼，責讓文學曰：「脩身自守，常人之行耳，而諸君乃以上聞，是適所以增其負累也。且如有善，何患不聞，而遽共如是，是非益我。」其誡慎如此。〔五〕尚約儉，教勑妃妾紡績織紝，〔六〕習爲家人之事。病困，〔七〕令世子曰：「汝幼少，未聞義方，早爲人君，但知樂，不知苦；必將以驕奢爲失也。接大臣，務以禮。雖非大臣，老者猶宜荅拜。〔八〕事兄以敬，恤弟以慈；兄弟有不良之行，當造厀諫之。諫之不從，流涕喻之；喻之不改，乃白其母。若猶不改，當以奏聞，并辭國(士)〔土〕，〔九〕與其守寵羅禍，不若貧賤全身也。此亦謂大罪惡耳，其微過細愆，〔一〇〕故當奄覆之。嗟乎小子，〔一一〕慎脩乃身，奉聖朝以忠貞，事太妃以孝敬。閨闈之内，〔一二〕奉令於太妃；閫閾之外，受教於沛王。無怠於心，〔一三〕以慰余靈。」〔一四〕薨。使大鴻臚持節(典)護喪事，〔一五〕贈賵甚厚。

〔一〕中山恭王(哀)〔衮〕　「衮」，原作「哀」，據諸本治要、今三國志改。下「哀」字同。

〔二〕衮獨譚思經(曲)〔典〕　「譚」，今三國志作「覃」。又「典」，原作「曲」，旁校作「典」，據改；諸本治要、今三國志皆作「典」。

〔三〕文學防輔遂共陳表稱哀美　「陳表稱」，駿河版、天明本、今三國志皆作「表稱陳」；金澤文庫本同底本。

〔四〕聞之　「聞」上天明本、今三國志有「衮」字；金澤文庫本、駿河版同底本。

〔五〕其誡慎如此　「誡」，天明本作「誠」，今三國志作「戒」；金澤文庫本、駿河版同底本。又「此」下天明本有「衮」字；金澤文庫本、駿河版、今三國志同底本。

〔六〕教勑妃妾紡績織紝　「績」，金澤文庫本、駿河版作「續」；天明本、今三國志同底本。又「織」，諸本治要無；今三國志同底本。

〔七〕病困　「病」上天明本有「衮」字；金澤文庫本、駿河版、今三國志同底本。又「病」，今三國志作「疾」。

〔八〕老者猶宜荅拜　「荅」，金澤文庫本作「益」；駿河版、天明本、今三國志同底本。

〔九〕并辭國(士)〔土〕　「土」，原作「士」，駿河版、天明本、今三國志作

「土」；金澤文庫本同底本。
〔一〇〕其微過細愆　「愆」，今三國志無。
〔一一〕嗟乎小子　「乎」，駿河版、天明本「呼」，今三國志作「爾」；金澤文庫本同底本。
〔一二〕閨闈之内　「閨」，金澤文庫本作「聞」；駿河版、天明本、今三國志同底本。
〔一三〕無怠於心　「於」，駿河版、天明本、今三國志皆作「乃」；金澤文庫本同底本。
〔一四〕以慰余靈　「余」，今三國志作「予」。
〔一五〕使大鴻臚持節〔典〕護喪事　「使」上天明本、今三國志有「詔」字；金澤文庫本、駿河版同底本。又「典」，原無，據諸本治要補；今三國志亦有之。

(詳)〔評〕曰：〔一〕魏氏王公，徒有國(士)〔土〕之名，〔二〕而無社稷之實，又禁防擁隔，〔三〕同於囹圄；位号靡定，大小歲易；骨肉之恩乖，棠棣之義廢。〔四〕爲法之弊，一至于此乎！魏氏春秋載宗室曹冏上書曰：〔五〕「臣聞古之王者，必建同姓以明親親，必封異姓(姓)以明賢賢。〔六〕故傳曰：『庸勳親親，〔七〕昵近尊賢。』書曰：『克明俊悳，以親九族。』詩云：『懷悳惟寧，宗子維城。』由斯觀之，非賢無與功，〔八〕非親無與輔治也。〔九〕夫親親之道，專用則其漸也微弱；賢賢之道，偏任則其弊也劫奪。先聖知其然也。故(傳)〔博〕兼親疏而並用之；〔一〇〕近則有宗盟藩衛之固，遠則有仁賢輔佐之助，興則有與共其治，〔一一〕衰則有與守其(士)〔土〕，〔一二〕安則有與享〔其〕福，〔一三〕危則有與同其禍。夫然，故能有其国家，本枝百世也。今魏尊賢之法雖明，〔一四〕親親之道未備。詩不云乎『鶺鴒在原，兄弟急難』，以斯言之，明兄弟相救於喪亂之際，同心於憂禍之間，雖有鬩墻之忿，不忘禦侮之事。何則？憂患同也。今則不然，或釋而不任，〔一五〕一旦疆埸稱驚，關門反距，股肱不扶，匈心無衛。〔臣〕竊惟此，〔一六〕寢不安席。謹撰合所聞，叙論成敗。論曰：昔夏、殷、周歷世數十，而秦二世(三)〔而亡〕。〔一七〕何則？三代之君，與天下共民，〔一八〕故天下同其憂也。〔一九〕秦王獨制其民，故傾危莫救也。〔二〇〕夫與人共其樂者，〔二一〕人必憂其憂，〔二二〕與人同其安者，〔二三〕人必(極)〔拯〕其危。〔二四〕先王知獨治之不能久也，故與人共治之；知獨守之不能固也，故與人共守之。兼親疏而兩用，參異同而並建。〔二五〕是以輕重足以相鎮，親疏足以相衛，并兼路塞，逆節不生。及其衰也，桓、文帥礼；王綱(施)〔弛〕而復〔張，諸侯傲而復〕肅，〔二六〕二霸之後，侵以陵遲。吳、楚憑陵江、漢，〔二七〕負固方城，雖心希九鼎，而畏迫宗姬，姦情散於匈懷，〔二八〕逆謀消於脣吻；斯豈非信重親戚，任用賢能，枝葉碩茂，本根賴之？〔二九〕自此之後，轉相攻(代)〔伐〕；〔三〇〕暨于戰国，諸姬微矣。至於王赧，〔三一〕降爲庶人，猶枝葉相持，〔三二〕得居虛位，海内無主，(卅)〔卌〕餘年。〔三三〕秦據形勝之地，〔三四〕騁譎(作)〔詐〕之術，〔三五〕至於始皇，乃定天位。〔三六〕曠日若彼，用力若此，豈非深固根蔕不拔之道乎？秦觀周之弊，以爲(以)〔小〕弱〔見〕奪，〔三七〕於是廢五等之爵，立郡縣之官；子弟無尺土之封，〔三八〕功臣无立錐之(主)〔土〕，〔三九〕内無宗子以自毗輔，外無諸侯以爲藩衛，仁心不加於親戚，惠澤不流於枝葉；譬猶芟刈(般)股肱，〔四〇〕獨任匈腹，浮(丹)〔舟〕江海，〔四一〕弃捐櫂楫，觀者爲之塞心，而始皇晏然自以爲關中之固，金城千里，〔四二〕子孫帝王萬世之業也，豈不悖哉！至於身死之日，無所(奇)〔寄〕付，〔四三〕委天下之重於凡人之手，〔四四〕廢立之命於奸臣之口，〔四五〕至令趙高之徒，誅鋤宗室。〔四六〕故胡亥少習刻薄之教，〔四七〕長遵凶父之業，不能改制易法，寵任兄弟，而乃師謨申、商，〔四八〕諮謀趙高；自幽深宮，委政讒賊，身殘望夷，求爲黔首，豈可得哉？遂〔乃〕郡國離心，〔四九〕衆庶潰叛，勝、廣唱之於前，劉、項斃之於後。〔五〇〕向使始（遑）〔皇〕納淳于之策，〔五一〕抑李斯之論，割裂州國，分王子弟，封三代之後，報功臣之勞，士有常君，人有定主，〔五二〕枝葉相扶，首尾爲用，雖使子孫有失道之行，時人无湯、武之賢，姦謀未發，而身已屠戮，何區區之陳、項而得措其手足哉？故（漠）〔漢〕祖奮三尺之劍，〔五三〕駈烏合之衆，五年之中，而成帝業。〔五四〕自開闢已來，其興功立勳，〔五五〕未有若漢〔祖〕之易者也。〔五六〕夫伐深根者難爲功，摧枯朽者易爲力，理勢然也。漢鑒秦之失，〔五七〕封（桓）〔植〕子弟，〔五八〕及諸吕擅權，圖危劉氏，而天下所以（所）〔不〕傾動者，〔五九〕百姓所以不易心者，徒以諸侯强大，盤石膠固，東牟、朱虚授命於内，〔六〇〕齊、代、〔六一〕吴、楚，作衛于外也。然向〔使〕高祖踵亡秦之法，〔六二〕忽先王之制，則天下已傳，非劉氏有也。然高祖封建，地過（吉）〔古〕制，〔六三〕大者跨州兼郡，小者連城數十，上下無別，權侔京室，故有吴、楚七國之患。賈誼曰：『諸侯强盛，長亂起姦。莫若衆建諸侯而少其力，則下無背叛之心，上無誅伐之事（事）。』〔六四〕文帝不從。至於孝景，猥用晁錯之計，削黜諸侯，〔六五〕親者怨恨，疏者震恐，吴、越唱謀，〔六六〕五國從風。兆發高帝，釁成文、景，〔六七〕由寬之過制，急之不漸故也。所謂末大必折，尾大難掉。尾同於躰，猶或不從，况乎非體之尾，其可掉哉？武帝從主父之策，下推恩之令，自是後，〔六八〕齊分爲七，趙分爲六，淮南三（群）〔割〕，〔六九〕梁、代五分，遂以陵遲，子孫微弱，衣食租税，不豫政事，或以酎金免削，或以無後國除。至於（平）〔成〕帝，〔七〇〕王氏擅朝。劉向諫曰：『臣聞公族者，国之枝葉；枝落則本根無庇蔭。』〔七一〕其言深切，多所稱引，成帝雖悲傷歎息而不能用。至于哀、平，異姓秉（椎）〔權〕，〔七二〕假周公之事，而爲田常之亂，高拱而竊天位，一朝而臣四海。漢宗室王侯，解印釋綬，〔七三〕貢奉社稷，〔七四〕猶懼不得爲臣妾，或乃爲之符命，頌莽恩悳，豈不哀哉！由斯言之，非宗子獨忠孝於惠、文之間，而叛逆於哀、平之際也。〔徒〕權輕執弱，〔七五〕不能有定耳。賴光武皇帝挺不世之恣，〔七六〕〔禽〕王莽於已成，〔七七〕紹漢嗣於既絶，斯豈非宗子之力耶？而曾不鑒秦之〔失〕策，〔七八〕襲周之舊制，踵亡國之法，而僥倖無疆之期。至於桓、靈，閹竪執衡，朝無死難之臣，外无同憂之國，君孤立於上，臣弄權於下，本末不能相御，身首不能相使。由是天下鼎沸，姦凶並争，宗廟焚爲灰炭，〔七九〕宫室變爲榛藪，君九州之地，而身无所安處，悲夫！漢氏奉天，禪位於太魏。〔八〇〕太魏之興，于今廿四年矣，〔八一〕觀五代之存亡而不用其長策，〔八二〕覩前車之傾覆而不改其徹迹；〔八三〕子弟王空虚之地，君不使之民，宗〔室〕竄於閭（闢）〔閻〕，〔八四〕不聞邦国之政，權均匹夫，（執）〔勢〕齊凡庶；〔八五〕内无深根不拔之固，外无宗盟盤石之助，〔八六〕非所以保守社稷，〔八七〕爲万（止）〔世〕之策。〔八八〕且今以州牧、〔八九〕郡守，古之方伯、諸侯，皆跨有千里之（士）〔土〕，〔九〇〕兼軍武之任，或比國數人，或兄弟並據；而宗室子弟曾无一人（問）〔間〕廁其間，〔九一〕非所以强幹弱（枚）〔枝〕，〔九二〕俻萬一之（慮）〔虞〕也。〔九三〕今之用賢，或一超爲名都之主，〔九四〕或爲偏師之帥，〔九五〕而宗室有文者必限小（限山）縣之宰，〔九六〕有武者必置於百人之上，使夫廉高之士，畢志於衡枙之内，〔九七〕才能之人，恥与非類爲伍，非所以勸進賢能，褒異宗族之礼，夫泉涸則流竭，〔九八〕根朽則枯葉，〔九九〕枝繁者蔭根，條落者本孤。〔一〇〇〕故語曰：百足之虫，〔一〇一〕至死不（僵）〔僵〕，〔一〇二〕扶之者衆也。此言雖小，可以譬大。〔一〇三〕且墉基不可倉卒而成，威名不可一朝而立，皆爲之有漸，建之有素。譬之種樹，久則深固其根本，〔一〇四〕茂盛其枝葉，若造次〔徙〕於山林之中，〔一〇五〕殖於宫闕之下，雖雍之以黑墳，〔一〇六〕煖之以春日，〔一〇七〕猶不救於枯槁，何暇蓄育哉？〔一〇八〕夫樹猶親戚，（士）〔土〕猶士民，〔一〇九〕建置不久，則輕下慢上，平居猶懼其離叛，危急將如之何？〔一一〇〕是以聖王安而不逸，以慮危也。存而設備，以懼亡也，〔一一一〕故（病）〔疾〕風卒至无（懼）〔摧〕拔之憂，〔一一二〕天下有變而无傾危之患矣。」

〔一〕（詳）〔評〕曰　「評」，原作「詳」，旁校作「評」，據改；諸本治要、今三國志皆作「評」。

〔二〕徒有國（士）〔土〕之名　「土」，原作「士」，據駿河版、天明本、今三國志改；金澤文庫本同底本。

〔三〕又禁防擁隔　「擁」，今三國志作「壅」。

〔四〕棠棣之義癈　「棠」，今三國志作「常」。

〔五〕魏氏春秋載宗室曹冏上書曰　「冏」，駿河版、天明本、今三國志皆作「囧」；金澤文庫本同底本。

〔六〕必封異姓（姓）以明賢賢　「姓」，旁校謂一本無，據刪；諸本治要、今三國志皆無之。

〔七〕庸勳親親　「勳」，金澤文庫本作「動」；駿河版、天明本、今三國志同底本。

〔八〕非賢無與功　「非」，金澤文庫本、駿河版無；天明本、今三國志有之。又「與」下天明本、今三國志有「興」字；駿河版同底本。

〔九〕非親無與輔治也　「也」，今三國志無。

〔一〇〕故（傅）〔博〕兼親疎而並用之　「博」，原作「傅」，據駿河版、天明本、今三國志改；金澤文庫本同底本。又「兼」，今三國志作「求」。

〔一一〕興則有與共其治　「興」，今三國志作「盛」。

〔一二〕衰則有與守其（士）〔土〕　「土」，原作「士」，據駿河版、天明本、今三國志改；金澤文庫本同底本。

〔一三〕安則有與享〔其〕福　「其」，原無，旁校補之，據補；駿河版、天明本、今三國志皆有之。

〔一四〕今魏尊賢之法雖明　「賢」，駿河版、天明本、今三國志皆作「尊」；金澤文庫本同底本。

〔一五〕或釋而不任　「或」下旁校謂一本有「任而不重」；天明本、今三國志有「或任而不重」；金澤文庫本同底本。天明本眉校：「舊無『或任而不重』五字，補之。」

〔一六〕〔臣〕竊惟此　「臣」，據諸本治要補；今三國志亦有之。

〔一七〕而秦二世（三）〔而亡〕　「而亡」，原作「三」，旁校補「而亡」二字，據補；駿河版、天明本、今三國志皆作「而亡」；金澤文庫本同底本。

〔一八〕與天下共民　「共」下駿河版、天明本、今三國志皆有「其」字；金澤文庫本同底本。

〔一九〕故天下同其憂也　「也」，今三國志無。

〔二〇〕故傾危莫救也　此句今三國志作「故傾危而莫救」。

〔二一〕夫與人共其樂者　「人」，今三國志作「民」。

〔二二〕人必憂其憂　「其憂」之「憂」，金澤文庫本、駿河版無；天明本、今三國志同底本。

〔二三〕與人同其安者　「人」，今三國志作「民」。

〔二四〕人必（極）〔拯〕其危　「拯」，原作「極」，旁校作「拯」，據改；金澤文庫本、駿河版同底本；天明本、今三國志皆作「拯」。

〔二五〕參異同而並建　「異同」，駿河版、天明本、今三國志皆作「同異」；金澤文庫本同底本。

〔二六〕王綱（施）〔弛〕而復〔張諸侯傲而復〕肅　「弛」，原作「施」，旁校作「弛」，據改；駿河版、天明本作「弛」，今三國志作「弛」；金澤文庫本同底本。又「張諸侯傲而復」六字，旁校有之，據補；諸本治要、今三國志皆有之。

〔二七〕吴楚憑陵江漢　「陵」，天明本、今三國志無；金澤文庫本、駿河版同底本。又「漢」，今三國志無。

〔二八〕姦情散於匈懷　「於」，金澤文庫本、駿河版無；天明本、今三國志同底本。又「匈」，今三國志作「胸」。

〔二九〕本根賴之　「之」下天明本、今三國志有「與」字；金澤文庫本、駿河版同底本。

〔三〇〕轉相攻（代）〔伐〕　「伐」，原作「代」，據諸本治要改；今三國志亦作「伐」。

〔三一〕至於王𧹞　「𧹞」，駿河版、天明本、今三國志皆作「赧」；金澤文庫本同底本。

〔三二〕猶枝葉相持　「葉」，今三國志作「幹」。

〔三三〕（卅）〔卌〕餘年　「卌」，原作「卅」，旁校謂一本作「卌」，據改；駿河版、天明本、今三國志皆作「四十」；金澤文庫本作「卅」。

〔三四〕秦據形勝之地　「秦」，駿河版作「奉」，金澤文庫本、天明本、今三國志同底本。又「形」，今三國志作「勢」；諸本治要同底本。

〔三五〕騁譎（作）〔詐〕之術　「詐」，原作「作」，據駿河版、天明本改；今三國志亦作「詐」；金澤文庫本同底本。

〔三六〕乃定天位　「天」，旁校作「大」；諸本治要、今三國志皆作「天」。

〔三七〕以爲（以）〔小〕弱〔見〕奪　「小」，原作「以」，據駿河版、天明本改；今三國志亦作「小」；金澤文庫本同底本。又「見」，原無，旁校補之，據補；天明本、今三國志有「見」字；金澤文庫本同底本。

〔三八〕子弟無尺土之封　「土」，駿河版、天明本、今三國志皆作「寸」；金澤文庫本同底本。

〔三九〕功臣无立錐之（主）〔土〕　「土」，原作「主」，旁校作「土」，據改；諸本治要作「土」，今三國志作「地」。

〔四〇〕譬猶芟刈（般）股肱　「般」，諸本治要、今三國志皆無，據刪。

〔四一〕浮（丹）〔舟〕江海　「舟」，原作「丹」，據諸本治要改；今三國志亦作「舟」。

〔四二〕「弃捐櫂楫」至「金城千里」　金澤文庫本、駿河版無「捐櫂楫觀者爲之寒心而始皇晏然自以爲關中之固金」等二十二字；天明本有之。今三國志「弃」作「棄」，上有「捐」字，下有「楫櫂觀者爲之寒心而始皇晏然自以爲關中之固金」等二十一字。天明本眉校：「舊無『捐楫』至『固金』二十二字，補之。」

〔四三〕無所（奇）〔寄〕付　「寄」，原作「奇」，旁校作「寄」，據改；諸本治要、今三國志皆作「寄」。

〔四四〕委天下之重於凡人之手　「人」，今三國志作「夫」。

〔四五〕癈立之命於奸臣之口　「癈」上旁校補「託」。

〔四六〕誅鋤宗室　「鋤」，今三國志作「鉏」。

〔四七〕故胡亥少習刻薄之教　「故」，諸本治要、今三國志皆無。

〔四八〕而乃師謨申商　「謨」，駿河版、天明本、今三國志皆作「譚」；金澤文庫本同底本。

〔四九〕遂〔乃〕郡國離心　「乃」，原無，旁校補之，據補；諸本治要、今三國志皆有之。

〔五〇〕劉項斃之於後　「斃」，駿河版、天明本、今三國志皆作「弊」；金澤文庫本同底本。

〔五一〕向使始〔湟〕〔皇〕納淳于之策　「皇」，原作「湟」，旁校作「皇」，據改；諸本治要、今三國志皆作「皇」。

〔五二〕人有定主　「人」，今三國志作「民」。

〔五三〕故〔漠〕〔漢〕祖奮三尺之劍　「漢」，原作「漠」，據諸本治要改；今三國志亦作「漢」。

〔五四〕而成帝業　「而」，今三國志作「遂」。

〔五五〕其興功立勳　「功立」，駿河版、天明本、今三國志皆作「立功」；金澤文庫本同底本。

〔五六〕未有若漢〔祖〕之易者也　「祖」，原無，旁校補之，據補；諸本治要、今三國志皆有之。又「者」，今三國志無。

〔五七〕漢鑒秦之失　「鑒」，諸本治要、今三國志皆作「監」。

〔五八〕封〔桓〕〔植〕子弟　「植」，原作「桓」，旁校作「植」，據改；駿河版、天明本、今三國志皆作「殖」；金澤文庫本同底本。

〔五九〕而天下所以〔所〕〔不〕傾動者　「不」，原作「所」，據諸本治要、今三國志改。

〔六〇〕東牟朱虛授命於内　「授」，駿河版、天明本、今三國志皆作「受」；金澤文庫本同底本。

〔六一〕代　旁校作「伐」；駿河版、天明本、今三國志皆作「代」；金澤文庫本同底本。

〔六二〕向〔使〕高祖踵亡秦之法　「使」，原無，據駿河版、天明本補；今三國志亦有之；金澤文庫本同底本。

〔六三〕地過〔吉〕〔古〕制　「古」，原作「吉」，旁校作「古」，據改；諸本治要、今三國志皆作「古」。

〔六四〕上無誅伐之事〔事〕　「事」字原重，據諸本治要、今三國志删。

〔六五〕削黜諸侯　「黜」，金澤文庫本作「點」；駿河版、天明本、今三國志同底本。

〔六六〕吴越唱謀　「越」，今三國志作「楚」。

〔六七〕疊成文景　「成」，駿河版、天明本、今三國志皆作「鍾」；金澤文庫本同底本。

〔六八〕自是後　「是」下天明本、今三國志有「之」字；金澤文庫本、駿河版同底本。

〔六九〕淮南三〔群〕〔割〕　「割」，原作「群」，旁校作「割」，據改；駿河版、天明本、今三國志皆作「割」；金澤文庫本同底本。

〔七〇〕至於〔平〕〔成〕帝　「成」，原作「平」，據駿河版、天明本、今三國志改；金澤文庫本同底本。

〔七一〕枝落則本根無庇蔭　「枝」下天明本、今三國志有「葉」字，「無」下有「所」字；金澤文庫本、駿河版同底本。

〔七二〕異姓秉〔椎〕〔權〕　「權」，原作「椎」，據諸本治要改；今三國志亦作「權」。

〔七三〕解印釋綬　「綬」，今三國志作「紱」。

〔七四〕貢奉社稷　「社稷」二字，金澤文庫本作「禝」；駿河版、天明本、今三國志同底本。

〔七五〕〔徒〕權輕埶弱　「徒」，原無，旁校補之，據補；諸本治要、今三國志皆有之。

〔七六〕賴光武皇帝挺不世之逖　「逖」，駿河版、天明本、今三國志皆作「姿」；金澤文庫本同底本。

〔七七〕〔禽〕王莽於已成　「禽」，原無，據駿河版、天明本補；今三國志亦有之；金澤文庫本同底本。

〔七八〕而曾不鑒秦之〔失〕策　「鑒」，駿河版作「竪」，天明本、今三國志作「監」；金澤文庫本同底本。又「失」，原無，旁校補之，據補；天明本、今三國志皆有之；金澤文庫本同底本。

〔七九〕宗廟焚爲灰炭　「炭」，旁校作「燼」；天明本、今三國志皆作「燼」；金澤文庫本、駿河版無此字。

〔八〇〕禪位於太魏　「於」，今三國志無。

〔八一〕于今廿四年矣　「廿」，駿河版、天明本、今三國志皆作「二十」；金澤文庫本同底本。

〔八二〕觀五代之存亡而不用其長策　「五代」，金澤文庫本作「立伐」；駿河版、天明本、今三國志同底本。

〔八三〕覩前車之傾覆而不改其徹迹　「其」，今三國志作「於」。

〔八四〕宗〔室〕竄於閭（闢）〔閻〕　「室」，原無，旁校補之，據補；諸本治要、今三國志皆有之。又「閻」，原作「闢」，據駿河版、天明本、今三國志改；金澤文庫本同底本。

〔八五〕（執）〔勢〕齊凡庶　「勢」，原作「執」，據駿河版、天明本、今三國志改；金澤文庫本同底本。案：「執」與「埶」形似而誤，「埶」即「勢」字。

〔八六〕外无宗盟盤石之助　「宗盟盤石」四字，駿河版、天明本、今三國志皆作「盤石宗盟」；金澤文庫本同底本。

〔八七〕非所以保守社稷　「保」，今三國志無。又「守」，金澤文庫本作「字」；駿河版、天明本、今三國志皆作「安」。又「社稷」二字，金澤文庫本作「禯」；駿河版、天明本、今三國志同底本。

〔八八〕爲万（止）〔世〕之策　「世」，原作「止」，據諸本治要、今三國志改。又「策」，旁校作「業」；諸本治要同底本；今三國志作「業」。

〔八九〕且今以州牧　「以」，天明本、今三國志作「之」；金澤文庫本、駿河版同底本。

〔九〇〕皆跨有千里之（士）〔土〕　「土」，原作「士」，旁校作「土」，據改；駿河版、天明本、今三國志皆作「土」；金澤文庫本同底本。

〔九一〕而宗室子弟曾无一人（問）〔間〕廁其間　「間」，原作「問」，據諸本治要改；今三國志亦作「間」。

〔九二〕非所以强幹弱（枚）〔枝〕　「枝」，原作「枚」，旁校作「枝」，據改；諸本治要、今三國志皆作「枝」。

〔九三〕傋萬一之（慮）〔虞〕也　「虞」，原作「慮」，旁校作「虞」，據改；駿河版、天明本、今三國志皆作「虞」；金澤文庫本同底本。

〔九四〕或一超爲名都之主　「一」，駿河版、天明本、今三國志皆無；金澤文庫本同底本。

〔九五〕或爲偏師之帥　「帥」，金澤文庫本無；駿河版、天明本、今三國志同底本。

〔九六〕而宗室有文者必限小（限山）縣之宰　「限山」，天明本、今三國志無，據刪；駿河版同底本；金澤文庫本原有，但有校刪符號。

〔九七〕畢志於衡枙之内　「枙」，駿河版、天明本、今三國志皆作「軛」；金澤文庫本同底本。

〔九八〕夫泉涸則流竭　「夫」，今三國志無。又「涸」，今三國志作「竭」。又「竭」，今三國志作「涸」。

〔九九〕根朽則枯葉　「枯葉」，駿河版、天明本、今三國志皆作「葉枯」；金澤文庫本同底本。

〔一〇〇〕條落者本孤　「孤」，金澤文庫本作「流」；駿河版、天明本、今三國志同底本。

〔一〇一〕百足之虫　「之」，金澤文庫本、駿河版無；天明本、今三國志同底本。

〔一〇二〕至死不（僵）〔僵〕　「僵」，原作「僵」，旁校作「僵」，據改；今三國志作「殭」；駿河版、天明本皆作「僵」；金澤文庫本同底本。

〔一〇三〕可以譬大　「大」，金澤文庫本作「天」；駿河版、天明本、今三國志同底本。

〔一〇四〕久則深固其根本　「根本」，今三國志作「本根」。

〔一〇五〕若造次〔徙〕於山林之中　「徙」，原無，旁校補之，據補；駿河版、天明本、今三國志皆有之；金澤文庫本作「徒」。

〔一〇六〕雖雍之以黑壤　「雍」，駿河版、天明本、今三國志皆作「壅」；金澤文庫本同底本。

〔一〇七〕煖之以春日　「以」，金澤文庫本作「似」；駿河版、天明本、今三國志同底本。

〔一〇八〕何暇蓄育哉　「暇」，金澤文庫本作「眼」；駿河版、天明本、今三國志同底本。又「蓄」，今三國志作「繁」。

〔一〇九〕（土）〔士〕猶士民　「士」，原作「土」，據駿河版、天明本改；今三國志亦作「士」。又「士猶」二字，金澤文庫本皆無。

〔一一〇〕危急將如之何　「如」，今三國志作「若」。

〔一一一〕以懼亡也　「懼」，金澤文庫本作「惟」；駿河版、天明本、今三國志同底本。

〔一一二〕故（病）〔疾〕風卒至无（懼）〔摧〕拔之憂　「疾」，原作「病」，據駿河版、天明本、今三國志改；金澤文庫本同底本。又「至」下駿河版、天明本、今三國志皆有「而」字；金澤文庫本同底本。又「摧」，原作「懼」，據旁校及駿河版、天明本、今三國志改。

王粲字仲宣，山陽高平人也。〔一〕拜侍中。始文帝爲五官將，及平原侯植，皆好文學。粲與徐幹、陳琳、阮瑀、〔二〕劉楨並見（善友）〔友善〕。〔三〕琳字孔璋，避難冀州，袁紹使典文章。魏氏春秋載紹使琳作檄文曰：〔四〕「司空曹操祖父騰，故中常侍，與左悺、徐（横）〔璜〕並作妖孽，〔五〕（饕）〔饕〕餮放横，〔六〕傷化虐民。〔七〕（人）〔父〕嵩，〔八〕乞攜養，〔九〕因贓（昌）〔假〕位，〔一〇〕輿金輦寶，〔一一〕輸貨權門，〔一二〕卒盜鼎司，〔一三〕傾覆重器。操閹遺醜，〔一四〕本無令悳，僄狡鋒俠，好亂樂禍。莫府昔遇董卓侵官暴國，〔一五〕方羅英（碓）〔雄〕，〔一六〕弃瑕録用，謂其鷹犬之才，爪牙可任。遂（垂）〔乘〕兹跋扈，〔一七〕肆行酷裂，剥割元元，〔一八〕殘賢害善。放志專行，威劫省禁，〔一九〕卑侮王宮，敗法亂紀，坐（名）〔召〕三臺，〔二〇〕專制〔朝〕政，〔二一〕爵賞由心，〔二二〕刑罰由口，〔二三〕所（受）〔愛〕光五宗，〔二四〕所惡滅三族，群談者受顯誅，〔二五〕腹議者蒙隱戮，道路以目，百寮鉗口。梁孝王先帝母昆，〔二六〕墳陵尊顯。操率將士，〔二七〕親臨發掘，破棺稞尸，〔二八〕掠取金寶，〔二九〕又（暑）〔署〕發丘中郎將、〔三〇〕摸金校尉，所過随突，〔三一〕无骸不露。身處三公之官，而行虜之態，〔三二〕汙國虐民，〔三三〕毒流人鬼。〔三四〕加其細政苛慘，科防（牙）〔互〕設，〔三五〕（憎）〔繒〕繳充蹊，〔三六〕坑穽塞路。歷觀古今書籍所載，〔三七〕貪殘虐裂無道之臣，於操爲甚也。」〔三八〕袁氏敗，琳歸太祖。〔太祖〕謂曰：〔三九〕「卿昔爲本初移書，但可罪狀孤而已，惡惡止其身，何乃上及祖父耶？」琳謝罪。文士傳稱琳謝曰：「楚、（漢）〔漢〕未分，〔四〇〕（崩）〔蒯〕通進策於韓信。〔四一〕乾時之戰，管仲肆力於子糺。〔四二〕唯欲效計其主，取福一時。〔四三〕故跖之客，〔四四〕可使刺由；桀之犬，可使吠堯也。〔四五〕今明公必能進賢於忿後，弃愚於愛前，四方革命，而英豪宅心矣。〔四六〕唯明公裁之。」〔四七〕太祖愛其才而不咎也。〔四八〕太祖以琳爲軍謀祭酒，管記室。

〔一〕山陽高平人也　「高平」二字，天明本無；金澤文庫本、駿河版、今三國志同底本。

〔二〕阮瑀　「瑀」下天明本有「應瑒」二字；金澤文庫本、駿河版、今三國志同底本。天明本眉校：「舊無『應瑒』二字，補之。」

〔三〕劉楨並見（善友）〔友善〕　「友善」，原作「善友」，旁校改之，據乙；駿河版、天明本、今三國志皆作「友善」；金澤文庫本同底本。

〔四〕魏氏春秋載紹使琳作檄文曰　此句今三國志作「魏氏春秋載紹檄州郡文曰」。

〔五〕徐（横）〔璜〕並作妖孽　「璜」，原作「横」，旁校作「璜」，據改；諸本治要、今三國志皆作「璜」。

〔六〕〔饕〕餮放横　「饕」，原無，旁校補之，據補；諸本治要、今三國志皆有之。

〔七〕傷化虐民　「虐」，金澤文庫本作「庸」；駿河版、天明本、今三國志同底本。

〔八〕（人）〔父〕嵩　「父」，原作「人」，據駿河版、天明本改；今三國志亦作「父」；金澤文庫本作「文」。

〔九〕乞攜養　「乞」下旁校補「匄」字；「乞」下天明本、今三國志有「匄」字；金澤文庫本、駿河版同底本。

〔一〇〕因贓（昰）〔假〕位　「假」，原作「昰」，據駿河版、天明本改；今三國志亦作「假」；金澤文庫本同底本。

〔一一〕輿金輦寶　「輿」，金澤文庫本作「與」；駿河版、天明本、今三國志同底本。又「寶」，駿河版、天明本、今三國志皆作「璧」；金澤文庫本同底本。

〔一二〕輸貨權門　「權」，金澤文庫本作「壦」；駿河版、天明本、今三國志同底本。

〔一三〕卒盜鼎司　「卒」，駿河版、天明本、今三國志皆作「竊」；金澤文庫本同底本。

〔一四〕操閹遺醜　「操」下旁校補「姦」字；金澤文庫本有此「姦」字；「操」下駿河版、天明本、今三國志皆有「贅」字。

〔一五〕莫府昔遇董卓侵官暴國　「莫」，旁校作「幕」；駿河版、天明本、今三國志皆作「幕」；金澤文庫本同底本。

〔一六〕方羅英（碓）〔雄〕　「雄」，原作「碓」，據諸本治要改；今三國志亦作「雄」。

〔一七〕遂（垂）〔乘〕玆跋扈　「乘」，原作「垂」，據諸本治要、今三國志改。

〔一八〕剥割元元　「剥割」，諸本治要、今三國志皆作「割剥」。

〔一九〕威劫省禁　「威劫」，今三國志作「脅遷」。

〔二〇〕坐（名）〔召〕三臺　「召」，原作「名」，據駿河版、天明本改；今三國志亦作「召」；金澤文庫本同底本。

〔二一〕專制〔朝〕政　「朝」，原無，旁校謂一本有「朝」，補之；駿河版、天明本、今三國志皆有「朝」字；金澤文庫本同底本。

〔二二〕爵賞由心　「賞」，金澤文庫本、駿河版無；天明本、今三國志皆有之。

〔二三〕刑罰由口　「罰由」，今三國志作「戮在」。

〔二四〕所(受)〔愛〕光五宗　「愛」，原作「受」，旁校作「愛」，據改；駿河版、天明本、今三國志皆作「愛」；金澤文庫本同底本。

〔二五〕群談者受顯誅　「受」，駿河版、天明本、今三國志皆作「蒙」；金澤文庫本同底本。

〔二六〕梁孝王先帝母昆　「昆」，駿河版、天明本、今三國志皆作「弟」；金澤文庫本同底本。

〔二七〕操率將士　「將」下旁校補「吏」字。

〔二八〕破棺裸尸　「裸」，金澤文庫本、駿河版無；天明本今三國志作「裸」。

〔二九〕掠取金寶　「掠」，駿河版、天明本、今三國志作「略」；金澤文庫本同底本。

〔三〇〕又(暑)〔署〕發丘中郎將　「署」，原作「暑」，據諸本治要改；今三國志亦作「署」。

〔三一〕所過隨突　「隨」，旁校作「隳」；駿河版、天明本、今三國志皆作「墮」；金澤文庫本同底本。

〔三二〕而行虜之態　「行」下天明本、今三國志有「桀」字；金澤文庫本、駿河版同底本。

〔三三〕汙國虐民　「汙」，駿河版、天明本、今三國志皆作「殄」；金澤文庫本同底本。

〔三四〕毒流人鬼　「流」，金澤文庫本作「施」；駿河版、天明本、今三國志同底本。

〔三五〕科防(牙)〔互〕設　「互」，原作「牙」，據駿河版、天明本改；金澤文庫本同底本；今三國志亦作「互」。

〔三六〕(憎)〔繒〕繳充蹊　「繒」，原作「憎」，據駿河版、天明本、今三國志改；金澤文庫本同底本。

〔三七〕歷觀古今書籍所載　「書」，金澤文庫本無；駿河版、天明本、今三國志同底本。

〔三八〕於操爲甚也　「甚」下金澤文庫本、駿河版有「之」字。又「也」，天明本、今三國志無；金澤文庫本、駿河版同底本。

〔三九〕〔太祖〕謂曰　「太祖」，原無，據諸本治要補；今三國志亦有之。

〔四〇〕楚(漠)〔漢〕未分　「漢」，原作「漠」，據諸本治要改。

〔四一〕(崩)〔蒯〕通進策於韓信　「蒯」，原作「崩」，旁校作「蒯」，據改；駿河版、天明本皆作「蒯」；金澤文庫本同底本。

〔四二〕管仲肆力於子糺　「糺」，天明本作「糾」；金澤文庫本、駿河版同底本。

〔四三〕取福一時　「福」，諸本治要皆作「禍」。

〔四四〕故跖之客　「跖」「客」，金澤文庫本作「路」「容」；駿河版、天明本同底本。

〔四五〕可使吠堯也　「堯」，金澤文庫本作「克」；駿河版、天明本同底本。

〔四六〕而英豪宅心矣　「宅」，駿河版、天明本皆作「託」；金澤文庫本同底本。

〔四七〕「文士傳稱琳謝曰」至「唯明公裁之」　此段今三國志無。

〔四八〕太祖愛其才而不咎也　「其」，諸本治要、今三國志皆無。又「咎」下金澤文庫本、駿河版有「之」字；天明本、今三國志同底本。又「也」，今三國志無。

衛覬，字伯儒，河東安邑人也。〔一〕爲尚書。明帝即位，百姓凋遺而侈務方殷，〔二〕覬上疏曰：「夫變情厲性，强所不能，人臣言之既不易，人主愛之又艱難。〔三〕且人之所樂者，富貴榮顯也；〔四〕所惡者，貧賤死亡也。然此四者，君上之所制，〔君〕愛之則富貴（縈）〔榮〕顯，〔五〕君惡之則貧賤死亡。順指者愛所由來也，〔六〕逆意者惡所從至也。故人臣皆争順指而避逆意，非破家爲國，殺身成君者，誰能犯顔色，觸忌諱，〔建〕一言，〔七〕開一説哉？陛下留意察之，則臣下之情可見矣。今議者多好悦耳，其言治，則比陛下於堯舜；其言征伐，則比二虜於狸鼠。臣以爲不然。漢文之時，諸侯强大，賈誼累息以爲至危。况今四海之内，分而爲三，群士陳力，各爲其主。是與六國分治，無以爲異也。當今千里無烟，遺民困苦，〔八〕陛下不善留意，將遂凋弊，難可復振。〔九〕礼，天子之器必有金玉之餙，飲食之肴必有八珍之味，至於凶荒，則徹膳降服。〔一〇〕然奢儉之節，〔一一〕必視世之豐約也。武帝之時，〔一二〕後宫食不過一肉，〔一三〕衣不用錦繡，茵蓐不（糸）〔緣〕飾，〔一四〕器物無（冈）〔丹〕漆，〔一五〕用能平定天下，遺福子孫。此皆陛下之所親覽也。當今之務，宜君臣上下，量入爲出。深思句踐滋民之術，由恐不及，〔一六〕而尚方所造金銀之物，漸更增廣，侈靡日崇，帑藏日竭。昔漢武信神仙之道，〔一七〕謂當得雲表之露以湌玉屑，故立仙掌以承高露。（階）〔陛〕下至通，〔一八〕每所非笑。漢武有求於露，而〔由〕尚見非，〔一九〕陛下無求於露空而設之；〔二〇〕不益於好而糜費功夫，誠皆聖慮所宜裁制也。」

〔一〕河東安邑人也　「安邑」，天明本無；金澤文庫本、駿河版、今三國志同底本。

〔二〕百姓凋遺而侈務方殷　「遺」，駿河版、天明本、今三國志皆作「匱」；金澤文庫本同底本。又「侈」，駿河版、天明本、今三國志皆作「役」；金澤文庫本同底本。

〔三〕人主愛之又艱難　「愛」，諸本治要、今三國志皆作「受」。

〔四〕富貴榮顯也　「榮顯」，今三國志作「顯榮」。

〔五〕〔君〕愛之則富貴（縈）〔榮〕顯　「君」，原無，旁校補之，據補；諸本治要、今三國志皆有之。又「榮」，原作「縈」，旁校作「榮」，據改；諸本治要、今三國志皆作「榮」。又「縈顯」，諸本治要、今三國志皆作「顯榮」。

〔六〕順指者愛所由來也　「也」，今三國志無。

〔七〕〔建〕一言　「建」，原無，旁校補之，據補；駿河版、天明本、今三國志皆有之；金澤文庫本同底本。

〔八〕遺民困苦　「苦」，旁校作「共」；駿河版、天明本、今三國志皆作「苦」；金澤文庫本作「共」。

〔九〕難可復振　「難」，今三國志作「不」。

〔一〇〕則徹膳降服　「降服」下金澤文庫本重覆「降服」二字，駿河版、天明本、今三國志同底本。

〔一一〕然奢儉之節　「然」下駿河版、天明本、今三國志皆有「則」字；金澤文庫本同底本。

〔一二〕武帝之時　「帝」下旁校作「皇」字；諸本治要、今三國志皆不作「皇」字。

〔一三〕後宮食不過一肉　「肉」，金澤文庫本作「内」；駿河版、天明本、今三國志同底本。

〔一四〕茵蓐不(系)〔緣〕飾　「緣」，原作「系」，旁校作「緣」，據改；駿河版、天明本、今三國志皆作「緣」；金澤文庫本同底本。

〔一五〕器物無(冈)〔丹〕漆　「丹」，原作「冈」，旁校作「丹」，據改；駿河版、天明本、今三國志皆作「丹」；金澤文庫本作「囙」。

〔一六〕由恐不及　「恐」，旁校作「惡」；金澤文庫本作「惡」；駿河版、天明本、今三國志皆作「恐」。又「及」字，金澤文庫本無。

〔一七〕昔漢武信神仙之道　「信」下旁校謂一本作「求」字；諸本治要、今三國志皆作「信」。

〔一八〕(階)〔陛〕下至通　「陛」，原作「階」，據駿河版、天明本改；金澤文庫本、今三國志亦作「陛」。

〔一九〕而〔由〕尚見非　「由」，原無，據諸本治要補；今三國志亦有此字。

〔二〇〕陛下無求於露空而設之　「空而」，諸本治要、今三國志皆作「而空」。

劉(廣)〔廙〕字恭嗣，〔一〕南陽安衆人也。〔二〕爲五官將文學。〔三〕魏諷反，廙弟偉爲諷所引，當相坐誅。太祖令曰：「叔向不坐弟虎，古之制也。」特原不(門)〔問〕。〔四〕廙別傳載廙表論治道曰：「昔周有亂臣十人，有婦人焉，孔子稱『才難，不〔其〕然乎！』〔五〕明賢者難得也。況亂弊之後，百姓彫盡，士之孝者蓋(尒)〔亦〕無幾。〔六〕其股肱大職，〔七〕及至州郡督司，〔八〕邊方重任，〔九〕雖俻其官，亦未得其人也。〔一〇〕此非選者之不用意，蓋才遺使之然耳。〔一一〕況長史已下，〔一二〕群職小位，〔一三〕皆能簡練俻得其人乎？〔一四〕其計莫如督之以法也。〔一五〕不爾而數轉易，往來不已，送迎之煩，不可勝計。轉易之間，輒有姦巧，〔一六〕既於事不省，〔一七〕爲政者亦以其不得久安之故，〔一八〕知惠益不得成於己，而苟且之可免於患，〔一九〕皆將不念盡心於恤民，而夢想於(卒)〔聲〕譽，〔二〇〕此非所以爲政之本意也。今之所〔以〕爲黜陟者，〔二一〕近頗以州郡之毀譽，聽往來之浮，〔二二〕非皆得其事實而課其能否也？〔二三〕長吏之所以爲(往)〔佳〕者，〔二四〕奉法也，憂公也，恒民也。〔二五〕此三事者，或州郡有所不便，往來者有所(安不)〔不安〕。〔二六〕而長吏執之不已，於治雖得計，其聲譽未爲美；闕而從人，〔二七〕於治雖失計，其聲譽必集也。長吏皆知(點)〔黜〕陟之在(放)〔於〕此也，〔二八〕亦(可)〔何〕能不去本而〔就末〕哉？〔二九〕以爲長吏皆宜使小久，〔三〇〕足使自展。歲課能不，〔三一〕三年揔計，乃加黜陟。〔三二〕課之皆當以事，不得依名也。〔三三〕事者，皆以其户口〔率〕其墾田之多少，〔三四〕及盜賊發興，〔三五〕民之亡叛者，爲得負之計。如此行之，則無能之吏脩名無益；〔有能〕之人無名無損。〔三六〕法之壹行，雖无部司之監，姦譽忘毀，〔三七〕可得而盡也。」〔三八〕事上，太祖甚善之也。〔三九〕

〔一〕劉(廣)〔廙〕字恭嗣　「廙」，原作「廣」，旁校作「廙」，據改；駿河版、天明本、今三國志皆作「廙」；金澤文庫本同底本。下文徑改。

〔二〕南陽安衆人也　「安衆」，天明本無；金澤文庫本、駿河版、今三國志同底本。

〔三〕爲五官將文學　「爲」，今三國志作「轉」。

〔四〕特原不（門）〔問〕　「問」，原作「門」，據諸本治要改；今三國志亦作「問」。

〔五〕不〔其〕然乎　「其」，原無，旁校補之，據補；諸本治要、今三國志皆有「其」字。

〔六〕士之孝者蓋（尒）〔亦〕無幾　「孝」，天明本、今三國志作「存」；金澤文庫本、駿河版同底本。又「亦」，原作「尒」，據諸本治要改；今三國志亦作「亦」。

〔七〕其股肱大職　「其」，今三國志無；諸本治要同底本。

〔八〕及至州郡督司　「至」，今三國志無；諸本治要同底本。

〔九〕邉方重任　「邉」，天明本、今三國志作「邊」；金澤文庫本、駿河版同底本。

〔一〇〕亦未得其人也　「亦」，金澤文庫本作「示」；駿河版、天明本、今三國志同底本。又「其」，今三國志無。

〔一一〕蓋才遺使之然耳　「遺」，駿河版、天明本、今三國志皆作「匱」；金澤文庫本同底本。

〔一二〕況長史已下　「史」，駿河版、天明本、今三國志皆作「吏」；金澤文庫本同底本。又「已」，今三國志作「以」。

〔一三〕群職小位　「位」，旁校謂一本作「任」；駿河版、天明本、今三國志皆作「任」；金澤文庫本同底本。

〔一四〕皆能簡練倫得其人乎　「皆能」，駿河版、天明本、今三國志皆作「能皆」；金澤文庫本同底本。又「乎」，今三國志作「也」。

〔一五〕其計莫如督之以法也　「也」，今三國志無。

〔一六〕輒有姦巧　「輒」，金澤文庫本作「轉」；駿河版、天明本、今三國志同底本。

〔一七〕既於事不省　「於」下旁校補「其」字；諸本治要、今三國志皆無。

〔一八〕爲政者亦以其不得久安之故　「爲」上天明本、今三國志有「而」字；金澤文庫本、駿河版同底本。

〔一九〕而苟且之可免於患　「免」，駿河版作「兑」；金澤文庫本、天明本、今三國志同底本。

〔二〇〕而夢想於（卒）〔聲〕譽　「聲」，原作「卒」，旁校作「聲」，據改；駿河版作「声」，天明本、今三國志作「聲」；金澤文庫本同底本。

〔二一〕今之所〔以〕爲黜陟者　「以」，原無，旁校補之，據補；駿河版、天明本、今三國志皆有之；金澤文庫本同底本。又「黜」，金澤文庫本作「點」；駿河版、天明本、今三國志同底本。

〔二二〕聽往來之浮　「浮」下旁校謂一本有「言耳」二字；天明本、今三國志皆有此二字；金澤文庫本、駿河版同底本。

〔二三〕非皆得其事實而課其能否也　「非」，旁校謂一本作「亦」；今三國志作「亦」；諸本治要同底本。

〔二四〕長吏之所以爲（住）〔佳〕者　「佳」，原作「住」，據駿河版、天明本、今三國志改；金澤文庫本同底本。

〔二五〕恒民也　「恒」，諸本治要、今三國志皆作「卹」。

〔二六〕往來者有所（安不）〔不安〕　「不安」，原作「安不」，據諸本治要乙；今三國志亦作「不安」。

〔二七〕闕而從人　「闕」，天明本、今三國志作「屈」；金澤文庫本、駿河版同底本。

〔二八〕長吏皆知〔點〕〔黜〕陟之在〔放〕〔於〕此也　「黜」「於」，原作「點」「放」，據諸本治要改；今三國志亦作「黜」「於」。

〔二九〕亦〔可〕〔何〕能不去本而〔就末〕哉　「何」，原作「可」，據諸本治要改；今三國志亦作「何」。又「就末」，原無，據駿河版、天明本補；金澤文庫本作「就末」；今三國志亦作「就末」。

〔三〇〕以爲長吏皆宜使小久　「小」，天明本作「少」；駿河版、今三國志同底本。

〔三一〕乃加黜陟　「陟」，金澤文庫本無；駿河版、天明本、今三國志同底本。

〔三二〕歲課能不　「不」，旁校作「否」；金澤文庫本作「否」。又「能不」，駿河版、天明本、今三國志皆作「之能」；金澤文庫本作「能否」。

〔三三〕不得依名也　「也」，今三國志無。

〔三四〕皆以其户口〔率〕其墾田之多少　「以其」之「其」，今三國志無。又「率」，原無，據諸本治要補。

〔三五〕及盜賊癈興　「癈」，駿河版、天明本、今三國志皆作「發」；金澤文庫本同底本。

〔三六〕〔有能〕之人無名無損　「有能」二字，底本破損，據諸本治要補；今三國志有之。

〔三七〕姦譽忘毀　「忘」，諸本治要、今三國志皆作「妄」。案：「忘」通「妄」。

〔三八〕可得而盡也　「也」，今三國志無。

〔三九〕太祖甚善之也　「也」，天明本、今三國志無；金澤文庫本、駿河版同底本。

陳群字長文，潁川人也。爲司空。録尚書事。青龍中，營治宮室，百姓失農時。群上疏曰：「禹承唐、虞之盛，猶卑宮而惡衣服，〔一〕況今喪亂之後，人民至少。吳、蜀未滅，社稷不安。今舍此急而先宮室，臣懼百姓遂困，將何以應敵？此安危之機也，唯陛下慮之。」帝荅曰：「王者宮〔室〕，〔二〕亦宜並立。滅〔賊〕之後，〔三〕但當罷守耳，豈可復興役耶？是故君之職，蕭何之大略也。」〔郡〕〔群〕又曰：〔四〕「昔漢祖唯與項羽爭天下，羽已滅，宮室燒〔楚〕〔焚〕，〔五〕是以蕭何起武庫、〔六〕太倉，皆是急要，〔七〕然猶非壯麗。〔八〕今二虜未平，誠不宜與古同也。夫人之所欲，莫不有辞，況乃天下，〔九〕莫之敢違。前欲壞武庫，謂不可不壞也；後欲置之，謂不可壞也。〔一〇〕若必作之，固非臣下辭言所屈；若少留神，卓然迴意，亦非臣下之所及也。漢明帝欲起德陽殿，鍾離意諫，即用其言，後乃復作之；殿成，謂群臣曰：『鍾離尚書在，不得成此殿也。』夫王者豈憚一臣，蓋爲百姓也。今臣曾不能少疑聖意，〔一一〕不及意遠矣。」帝於是有所減省。

〔一〕猶卑宮而惡衣服　「宮」下旁校補「室」字；天明本、今三國志有之；金澤文庫本、駿河版同底本。

〔二〕王者宮〔室〕　「室」，原無，旁校補之，據補；諸本治要、今三國志皆有之。

〔三〕滅〔賊〕之後　「賊」，原無，旁校謂一本有「賊」字，據補；駿河版、天明本、今三國志皆有之；金澤文庫本無「滅賊」二字。

〔四〕(郡)〔群〕又曰　「群」，原作「郡」，旁校作「群」，據改；駿河版、天明本、今三國志皆作「群」；金澤文庫本同底本。

〔五〕宮室燒(楚)〔焚〕　「焚」，原作「楚」，旁校作「焚」，據改；駿河版、天明本、今三國志皆作「焚」；金澤文庫本同底本。

〔六〕是以蕭何起武庫　「起」，今三國志作「建」。

〔七〕皆是急要　「急要」，駿河版、天明本、今三國志皆作「要急」；金澤文庫本同底本。

〔八〕然猶非壯麗　「非」下天明本、今三國志有「其」字；金澤文庫本、駿河版同底本。

〔九〕況乃天下　「下」，今三國志作「王」。

〔一〇〕謂不可壞也　「壞」，旁校謂一本作「不置」；駿河版、天明本、今三國志皆作「不置」；金澤文庫本同底本。

〔一一〕今臣曾不能少疑聖悳　「疑」，駿河版、天明本、今三國志皆作「凝」；金澤文庫本同底本。又「悳」，旁校謂一本作「聽」；駿河版、天明本、今三國志皆作「聽」；金澤文庫本同底本。

陳矯，字季弼，廣陵人也。遷尚書令。帝嘗卒至尚書門，〔一〕矯跪問帝曰：「陛下欲之？」〔二〕曰：「欲案行文書耳。」矯曰：「此自臣職分，非陛下所宜臨也。臣若不稱其職，〔三〕則請就黜退。陛下宜還。」帝慙，迴車而反。其亮直如此。〔四〕

〔一〕帝嘗卒至尚書門　「帝」上駿河版、天明本、今三國志皆有「明」字；金澤文庫本同底本。

〔二〕陛下欲之　「欲」下旁校補「何」字；天明本、今三國志皆有「何」字；金澤文庫本、駿河版同底本。

〔三〕臣若不稱其職　「臣若」，駿河版、天明本、今三國志皆作「若臣」；金澤文庫本同底本。

〔四〕其亮直如此　「亮」，金澤文庫本作「高」；駿河版、天明本、今三國志同底本。

盧毓字子家，涿人也。〔一〕青龍中，〔二〕入爲侍中。侍中高堂隆數以宮室事切諫，〔三〕帝不悦，毓進曰：「臣聞君明則臣直，〔四〕古之聖王恐不聞其過，〔五〕故有敢諫之鼓。近臣盡規，此乃臣等所以不及隆。隆諸生，名爲狂直，陛下宜容之。」爲吏部尚書。前此諸葛誕等馳名譽，有四窗八達之謡，〔六〕帝深疾之。〔七〕時舉中書郎，〔八〕詔曰：「得其人與不，〔九〕在盧生耳。選舉莫取有名，名如畫地作餅，不可啖。」毓對曰：「名不足以致異人，而可以得常士。常士畏教慕善，然後有名，非所當疾也。愚臣既不足以識異。〔一〇〕又主者正以脩名案常爲職，〔一一〕但當有以驗其後。故古者敷奏以言，明試以功。」〔一二〕(常)〔帝〕納其言。〔一三〕

〔一〕涿人也　「涿」下旁校補「郡」字；金澤文庫本、駿河版同底本；天明本「涿」下有「郡」字，今三國志「涿」下有「郡涿」二字。

〔二〕青龍中　「中」，今三國志作「二年」。

〔三〕侍中高堂隆數以宮室事切諫　「切」，金澤文庫本、駿河版作「功」；天明本、今三國志同底本。

〔四〕臣聞君明則臣直　「直」，金澤文庫本作「真直」；駿河版、天明本、今三國志同底本。

〔五〕古之聖王恐不聞其過　「王」，旁校謂此字一本無；金澤文庫本、駿河版無；天明本、今三國志皆有「王」字。

〔六〕有四窓八達之謡　「窓」，駿河版作「窻」，天明本作「窻」；今三國志據諸葛誕傳注改「窗」作「聰」；金澤文庫本同底本。又「謡」，旁校作「誚」；駿河版、天明本、今三國志皆作「誚」；金澤文庫本同底本。

〔七〕帝深疾之　「深」，今三國志無。

〔八〕時舉中書郎　「郎」，金澤文庫本作「即」；駿河版、天明本、今三國志同底本。

〔九〕得其人與不　「不」，旁校作「否」；駿河版、天明本、今三國志皆作「否」；金澤文庫本同底本。案：「不」「否」同。

〔一〇〕愚臣既不足以識異　「異」下旁校補「人」字；駿河版、天明本、今三國志皆有「人」字；金澤文庫本同底本。

〔一一〕又主者正以脩名案常爲職　「脩」，駿河版、天明本、今三國志皆作「循」；金澤文庫本同底本。

〔一二〕明試以功　「明」，金澤文庫本作「朋」；駿河版、天明本、今三國志同底本。

〔一三〕（常）〔帝〕納其言　「帝」，原作「常」，據駿河版、天明本改；金澤文庫本同底本；今三國志亦作「帝」。又「其」，金澤文庫本、駿河版無；天明本、今三國志同底本。

和洽字陽士，汝南人也。爲丞相掾屬。時毛玠、崔琰並以忠清幹事，其選用先（向）〔尚〕儉節。〔一〕洽言曰：「天下大器，在位與人，不可以一節儉也。儉素過中，自以處身則，〔二〕以此格物，所失或多。今朝廷之議，吏有著新衣、〔三〕乘好車者，謂之不清；形容不飾，衣（表）〔裘〕弊壞，〔四〕謂之廉潔。至令士大夫故汙辱其衣，〔五〕藏其輿服；朝府（大夫，府大夫）大（史）〔吏〕，〔六〕或自挈壺飡以入官寺。〔七〕夫立教觀俗，貴處中庸，爲可繼也。今崇一槩難堪之行以檢殊塗，勉而爲之，心有疲瘁。〔八〕古之大教，務在通人情。而凡激詭之行，則容隱爲矣。」〔九〕孫盛曰：夫矯枉過正則巧僞滋生，以刻訓下則民志險隘，〔一〇〕非聖王所以陶化萬物，〔一一〕閑耶存誠之道。〔一二〕和洽之言，於是（无）〔允〕矣之也。〔一三〕爲侍中。後有白毛玠（謫）〔謗〕毀太祖，〔一四〕太祖見近臣，怒甚。洽陳玠素行有本，求案實其事。罷朝，太祖令曰：「今言事者白玠不但（謫）〔謗〕吾也。〔一五〕乃復爲崔琰觖。〔一六〕此損君臣恩義，妄爲死友怨歎，殆不可忍也。」和侍中比求實之，所以不聽，欲重參之耳。」洽對曰：「如言，玠罪過深重，非天地所覆載，臣非（天地所非）敢曲理玠以枉大倫也。〔一七〕以玠出群吏之中，特見（狀）〔拔〕擢，〔一八〕顯在首職，歷年荷寵，剛直忠公，爲衆所憚，不宜有此。然人情難保，要宜考核，兩驗其〔實〕。〔一九〕〔今〕聖恩垂含垢之仁，〔二〇〕不忍致之于理，更使曲直之分不明，疑自近始。」太祖曰：「所以不（孝）〔考〕，〔二一〕欲兩全玠及言事者耳。」洽對曰：「玠信有（謫）〔謗〕主之言，〔二二〕當肆之朝市（朝）；〔二三〕若玠無此，言事者加誣大臣以誤主聽；二者不加檢校，〔二四〕臣竊不安。」太祖曰：「方有軍事，安可受人言便考之耶？」轉爲太常，清貧守約，至賣田宅以自給。明帝聞之，加賜穀帛。

〔一〕其選用先（向）〔尚〕儉節　「尚」，原作「向」，據諸本治要改；今三國志亦作「尚」。

〔二〕自以處身則　「則」下天明本、今三國志有「可」字；金澤文庫本、駿河版同底本。

〔三〕吏有著新衣　「有」，諸本治要、今三國志皆無。

〔四〕衣（表）〔衺〕弊壞　「衺」，原作「表」，旁校作「衺」，據改；諸本治要、今三國志皆作「衺」。又「壞」下天明本、今三國志有「者」字；金澤文庫本、駿河版同底本。

〔五〕至令士大夫故汙辱其衣　「汙」，金澤文庫本、駿河版作「汗」；天明本、今三國志同底本。

〔六〕朝府（大夫府大夫）大（史）〔吏〕　「大夫府大夫」五字，旁校謂一本無，據刪；駿河版、天明本、今三國志皆無此五字；金澤文庫本同底本。「吏」，原作「史」，據諸本治要改；今三國志亦作「吏」。

〔七〕或自𢍁壺饗以入官寺　「𢍁」，旁校作「挈」；駿河版、天明本、今三國志皆作「挈」；金澤文庫本同底本。又「饗」，天明本、今三國志作「餐」；金澤文庫本、駿河版同底本。

〔八〕心有疲瘁　「心」，今三國志作「必」。

〔九〕則容隱爲矣　「爲」，旁校作「僞」；諸本治要、今三國志皆作「僞」。案：「爲」通「僞」。

〔一〇〕以刻訓下則民志險隘　「刻」，旁校作「克」；駿河版、天明本、今三國志皆作「克」；金澤文庫本同底本。又「民」，金澤文庫本、駿河版作「己」；天明本、今三國志同底本。

〔一一〕非聖王所以陶化萬物　「萬」，今三國志作「民」。

〔一二〕閑耶存誠之道　「閑」，金澤文庫本作「門」；駿河版、天明本、今三國志同底本。

〔一三〕於是（无）〔允〕矣之也　「允」，原作「无」，旁校謂一本作「允」。又眉校云：「允，惟蠢反。當也，信也。」駿河版、天明本、今三國志皆作「允」，據改。又「之也」二字，駿河版、天明本、今三國志皆無；金澤文庫本同底本。又「矣」下天明本、今三國志有「魏國既建」。天明本眉校：「舊無『魏國既建』四字，補之。」

〔一四〕後有白毛玠（謫）〔謗〕毀太祖　「謗」，原作「謫」，旁校作「謗」，據改；駿河版、天明本、今三國志皆作「謗」；金澤文庫本同底本。

〔一五〕今言事者白玠不但（謫）〔謗〕吾也　「今」，金澤文庫本作「令」；駿河版、天明本、今三國志同底本。又「謗」，原作「謫」，旁校作「謗」，據改；駿河版、天明本、今三國志皆作「謗」；金澤文庫本同底本。

〔一六〕乃復爲崔琰觖　「觖」下天明本、今三國志有「望」字；金澤文庫本、駿河版同底本。

〔一七〕臣非（天地所非）敢曲理玠以枉大倫也　「天地所非」四字，旁校以爲本無，據刪；諸本治要、今三國志皆無此四字。又「理」，金澤文庫本無；駿河版、天明本、今三國志同底本。

〔一八〕特見（狀）〔拔〕擢　「拔」，原作「狀」，旁校作「拔」，據改；駿河版、天明本、今三國志皆作「拔」；金澤文庫本同底本。

〔一九〕兩驗其〔實〕　「實」，原無，旁校補之，據補；天明本、今三國志有之；金澤文庫本、駿河版無。

〔二〇〕〔今〕聖恩垂含垢之仁　「今」，原無，旁校補之，據補；天明本、今三國志有之；金澤文庫本、駿河版無。

〔二一〕所以不(孝)〔考〕　「考」，原作「孝」，旁校作「考」，據改；諸本治要、今三國志皆作「考」。

〔二二〕玠信有(謫)〔謗〕主之言　「謗」，原作「謫」，旁校作「謗」，據改；駿河版、天明本、今三國志皆作「謗」；金澤文庫本同底本。又「主」，駿河版、天明本、今三國志皆作「上」；金澤文庫本同底本。

〔二三〕當肆之朝市(朝)　「市」下之「朝」，駿河版、天明本、今三國志皆無，據刪；金澤文庫本同底本。

〔二四〕二者不加檢校　「校」，駿河版、天明本、今三國志皆作「覈」；金澤文庫本同底本。

杜襲字子緒，潁川人也。爲侍中。將軍許遊擁部曲，〔一〕不附太祖而有慢言。〔二〕太祖大怒，先欲討之。〔三〕群臣多諫：「可招懷遊，〔四〕共討彊敵。」太祖横刀於膝，作色不聽。襲入欲諫，太祖逆謂之曰：「吾計已定，卿勿復言之。」〔五〕襲曰：「若殿下計是耶，臣方共殿下成之；〔六〕若殿下計非耶，雖成宜(敗)〔改〕之。〔七〕殿下逆臣，令勿言，何待下之不闡乎？」〔八〕太祖曰：「許遊漫吾，〔九〕如何置乎？」〔一〇〕襲曰：「殿下謂許遊何如人耶？」〔一一〕太祖曰：〔「凡人也。」襲曰：〕〔一二〕「夫唯賢知賢，〔一三〕唯聖知聖，凡人安能知非凡人耶？〔一四〕方今犲狼當路而狐狸是先，人將謂殿下避彊攻弱，進不爲勇，退不爲仁。臣聞千石之弩不爲鼷鼠發機，〔一五〕萬(鈞)〔石〕之鍾不以挺撞起音，〔一六〕今區區之許遊，〔一七〕何足以勞神哉？」〔一八〕太祖曰：「善。」遂厚撫遊，遊即歸服。〔一九〕

〔一〕將軍許遊擁部曲　「遊」，旁校謂一本作「攸」；駿河版、天明本、今三國志皆作「攸」；金澤文庫本同底本。

〔二〕不附太祖而有慢言　「而」，金澤文庫本、駿河版無；天明本、今三國志同底本。又「慢」，天明本作「謾」；金澤文庫本、駿河版、今三國志同底本。

〔三〕先欲討之　「討」，今三國志作「伐」。

〔四〕可招懷遊　「遊」，旁校作「攸」；駿河版、天明本、今三國志皆作「攸」；金澤文庫本同底本。

〔五〕卿勿復言之　「之」，今三國志無。

〔六〕臣方共殿下成之　「共」，旁校作「助」；駿河版、天明本、今三國志皆作「助」；金澤文庫本同底本。

〔七〕雖成宜(敗)〔改〕之　「改」，原作「敗」，據駿河版、天明本、今三國志改；金澤文庫本同底本。

〔八〕何待下之不闡乎　「乎」，旁校作「争」；金澤文庫本作「争」；駿河版、天明本、今三國志同底本。

〔九〕許遊漫吾　「遊」，旁校作「攸」；駿河版、天明本、今三國志皆作「攸」；金澤文庫本同底本。又「漫」，駿河版、天明本、今三國志皆作「慢」；金澤文庫本同底本。

〔一〇〕如何置乎　「何」下駿河版、天明本、今三國志皆有「可」字；金澤文庫本同底本。

〔一一〕殿下謂許遊何如人耶　「遊」，駿河版、天明本、今三國志皆作「攸」；金澤文庫本同底本。

〔一二〕太祖曰〔凡人也襲曰〕　「凡人也襲曰」五字原無，據旁校補；天明本、今三國志有之；金澤文庫本、駿河版同底本。

〔一三〕夫唯賢知賢　「知賢」二字，金澤文庫本、駿河版無；天明本、今三國志同底本。

〔一四〕凡人安能知非凡人耶　「耶」，駿河版無；天明本、今三國志同底本；金澤文庫本作「聖」。

〔一五〕臣聞千石之弩不爲鼷鼠發機　「石」，今三國志作「鈞」。

〔一六〕萬（鈞）〔石〕之鍾不以挺撞起音　「石」，原作「鈞」，旁校作「石」，據改；金澤文庫本作「鈎」；駿河版、天明本作「鈞」；今三國志作「石」。又「挺」，旁校作「莛」；駿河版、天明本、今三國志皆作「莛」；金澤文庫本同底本。

〔一七〕今區區之許遊　「遊」，旁校作「攸」；駿河版、天明本、今三國志皆作「攸」；金澤文庫本同底本。

〔一八〕何足以勞神哉　「神」下駿河版、天明本、今三國志皆有「武」字；金澤文庫本同底本。

〔一九〕遂厚撫遊遊即歸服　二「遊」，旁校作「攸」；駿河版、天明本、今三國志皆作「攸」；金澤文庫本同底本。

高柔字文惠，〔一〕陳留人。拜丞相理曹掾。置校事盧洪、〔二〕趙達等，使察群下，柔諫曰：「設官分職，各有所司。置校事，〔三〕既非居上信下之指。又達等數以憎愛擅作威福，宜檢治之。」太祖曰：「卿知達等，恐不如吾也。要能刺舉而辯衆事，使賢人君子爲之，則不能。〔四〕昔叔孫通用群盗，良有以也。」達等後姦利發，太祖殺之以謝於柔。〔五〕文帝踐祚，〔六〕轉治書（勢）〔執〕法。〔七〕時人間數有誹（謫）〔謗〕妖言，〔八〕帝疾之，有妖言輒殺，而賞告者。柔上疏曰：「今妖言者必戮，告之者輒賞。既使過誤無反善之路，又將開凶狡之群，相誣罔之漸，〔九〕誠非所以息姦省訟，緝熙治道也。〔一〇〕昔周公作誥，稱（殿）〔殷〕之祖宗，〔一一〕咸不顧小人之怨。在漢太宗，亦除妖言誹謗之令。臣愚以爲宜除妖謗賞告之法，以隆天父養物之仁。」帝不即從，而相誣告者滋〔甚〕。〔一二〕帝乃下詔：「敢以誹謗相告者，〔一三〕以所告罪罪之。」於是遂絶。遷廷尉。〔一四〕〔時〕獵法甚峻。〔一五〕而典農劉龜竊於禁内射〔兔〕，〔一六〕〔其功〕曹張京詣校事言之。〔一七〕帝匿京名，收龜付獄。柔表請告者名。大怒曰：〔一八〕「劉龜當死，乃敢獵吾禁地。送龜廷尉，廷尉便當（孝）〔考〕掠，〔一九〕何復請告者主名，吾豈妄收龜耶？」柔曰：「廷尉，天下之平也，安得以至尊喜（恕）〔怒〕而毀法乎？」〔二〇〕重復以爲奏，〔二一〕辭指深切。帝意（竊）〔寤〕，〔二二〕乃下京名。即（逯）〔還〕訊，〔二三〕各當其罪。

〔一〕高柔字文惠　「惠」，駿河版、天明本作「慧」；金潭文庫本、今三國志同底本。

〔二〕置校事盧洪　「置」上諸本治要、今三國志皆有「時」字。

〔三〕置校事　「置」上天明本、今三國志有「今」字；金澤文庫本、駿河版同底本。

〔四〕則不能　「能」下天明本、今三國志有「也」字；金澤文庫本、駿河版同底本。

〔五〕太祖殺之以謝於柔　「以」，金澤文庫本、駿河版無；天明本、今三國志同底本。

〔六〕文帝踐祚　「祚」，今三國志作「阼」。

〔七〕轉治書（勢）〔執〕法　「執」，原作「勢」，據駿河版、天明本、今三國志改；金澤文庫本同底本。

〔八〕時人間數有誹（謫）〔謗〕妖言　「謗」，原作「謫」，旁校作「謗」，據改；駿河版、天明本、今三國志皆作「謗」；金澤文庫本同底本。

〔九〕相誣罔之漸　「罔」，金澤文庫本作「内」；駿河版、天明本、今三國志同底本。

〔一〇〕緝熙治道也　「熙」，金澤文庫本作「遐」；駿河版、天明本、今三國志同底本。

〔一一〕稱（殿）〔殷〕之祖宗　「殷」，原作「殿」，據駿河版、天明本改；今三國志亦作「殷」；金澤文庫本同底本。

〔一二〕而相誣告者滋〔甚〕　「甚」，原無，旁校補之，據補；諸本治要、今三國志皆有之。

〔一三〕敢以誹謗相告者　「者」，諸本治要、今三國志皆無。

〔一四〕遷廷尉　「遷」下駿河版、天明本、今三國志有「爲」字；金澤文庫本同底本。又「尉」下天明本有「明帝即位」；金澤文庫本、駿河版、今三國志皆無。天明本眉校：「舊無『明帝即位』四字，補之。」

〔一五〕〔時〕獵法甚峻　「時」，原無，旁校補之，據補；諸本治要、今三國志皆有之。

〔一六〕而典農劉龜竊於禁内射〔兔〕　「兔」，原無，旁校補之，據補；諸本治要、今三國志皆有之。

〔一七〕〔其功〕曹張京詣校事言之　「其」，原無，旁校補之，據補；諸本治要、今三國志皆有之。又「功」，原無，據諸本治要補；今三國志亦有之。

〔一八〕大怒曰　「大」上旁校補「帝」字。

〔一九〕廷尉便當（孝）〔考〕掠　「考」，原作「孝」，旁校作「考」，據改；諸本治要、今三國志皆作「考」。

〔二〇〕安得以至尊喜（恕）〔怒〕而毁法乎　「怒」，原作「恕」，據諸本治要改；今三國志亦作「恕」。

〔二一〕重復以爲奏　「以」，天明本、今三國志無；金澤文庫本、駿河版同底本。

〔二二〕帝意（竊）〔寤〕　「寤」，原作「竊」，據駿河版、天明本、今三國志改；金澤文庫本同底本。

〔二三〕即（逯）〔還〕訊　「還」，原作「逯」，旁校作「還」，據改；駿河版、天明本、今三國志皆作「還」；金澤文庫本同底本。

辛毗字佐治，潁川人也。文帝踐阼，〔一〕遷侍中。帝欲徙冀州士家十万户實河南。〔二〕時連蝗民飢，群司以爲不可，而帝意甚盛。毗與朝臣俱求見，帝知其欲諫，作色以見，〔三〕皆莫敢言。毗曰：「陛下欲徙士家，〔四〕其計安出？」帝曰：「卿（我謂）〔謂我〕徙之非耶？」〔五〕毗曰：「誠以爲非。」帝曰：「吾不與卿共議。」毗曰：「陛下不以臣不肖，置之左右，廁之謀議之官，安得不與臣議也！〔六〕臣所云非私也，〔七〕乃社稷之慮，〔八〕（容）〔安〕得怒臣！」〔九〕帝不荅，起入内。毗隨而引其裾，帝遂奮衣不還，良久乃出，曰：「佐治，卿持我何太急耶？」毗曰：

「今徙既失人心，〔一〇〕又無以食也。」帝遂徙其半。〔一一〕嘗從帝射雉，帝曰：「射雉樂哉！」毗曰：「於陛下甚樂，於群下甚苦。」帝默然，〔一二〕後（老）〔遂〕爲之希出。〔一三〕明帝即位，時中書監劉放、令孫資見信於主，制斷密政，〔一四〕大臣莫不交好，而毗〔不〕與往來。〔一五〕毗子敝諫曰：〔一六〕「今劉、孫用事，衆皆影附，大人宜小降意，和光同塵；不然必有（謪）〔謗〕言。」〔一七〕毗正色曰：「主上雖未稱聰明，不爲闇劣。吾之身，〔一八〕自有本末。就劉、孫不平，不過令吾不作三公而已，何危害之有焉？〔一九〕豈有大（夫丈）〔丈夫〕欲爲公而毀其高節者耶？」〔二〇〕冗從僕射畢軌表言：「尚書僕射王思精勤舊吏，忠亮計略不如辛毗，毗宜代思。」〔二一〕帝以訪放、資，放、資對曰：「陛下用思者，誠欲取其效力，不貴虛名也。毗實亮直，〔二二〕然性剛跣而專，〔二三〕聖慮所當深察也。」〔二四〕遂不用。出爲衛尉。

〔一〕文帝踐阼　「阼」，金澤文庫本、天明本作「祚」；駿河版、今三國志同底本。

〔二〕帝欲徙冀州士家十万户實河南　「徙」，金澤文庫本作「徒」；駿河版、天明本、今三國志同底本。

〔三〕作色以見　「色以」，金澤文庫本作「以色」；駿河版、天明本、今三國志同底本。又「見」下旁校補「之」字；今三國志有之；諸本治要同底本。

〔四〕陛下欲徙士家　「徙」，金澤文庫本作「徒」；駿河版、天明本、今三國志同底本。

〔五〕卿（我謂）〔謂我〕徙之非耶　「謂我」，原倒作「我謂」，據諸本治要、今三國志乙。又「徙」，金澤文庫本作「徒」；駿河版、天明本、今三國志同底本。

〔六〕安得不與臣議也　「也」，今三國志作「邪」。

〔七〕臣所云非私也　「云」，今三國志作「言」。

〔八〕乃社稷之慮　「慮」下旁校補「也」字。

〔九〕（容）〔安〕得怒臣　「安」，原作「容」，旁校作「安」，據改；駿河版、天明本、今三國志皆作「安」；金澤文庫本同底本。

〔一〇〕今徙既失人心　「徙」，金澤文庫本作「徒」；駿河版、天明本、今三國志同底本。又「人」，今三國志作「民」。案：作「人」者乃避改唐太宗李世民名諱。

〔一一〕帝遂徙其半　「徙」，金澤文庫本作「徒」；駿河版、天明本、今三國志同底本。

〔一二〕帝默然　「默」，金澤文庫本作「黙」；駿河版、天明本、今三國志同底本。

〔一三〕後（老）〔遂〕爲之希出　「遂」，原作「老」，旁校作「遂」，據改；駿河版、天明本、今三國志皆作「遂」；金澤文庫本同底本。

〔一四〕制斷密政　「密」，旁校作「時」；駿河版、天明本、今三國志皆作「時」；金澤文庫本同底本。

〔一五〕而毗〔不〕與往來　「不」，原無，旁校補之，據補；諸本治要、今三國志皆有之。

〔一六〕毗子敝諫曰　「毗」，金澤文庫本作「略」；駿河版、天明本、今三國志同底本。又「敝」，諸本治要、今三國志皆作「敞」。

〔一七〕不然必有（謪）〔謗〕言　「謗」，原作「謪」，旁校作「謗」，據改；駿河版、天明本、今三國志皆作「謗」；金澤文庫本同底本。

〔一八〕吾之身　「之」下天明本、今三國志有「立」字；金澤文庫本、駿河版同底本。

〔一九〕何危害之有焉　「焉」，駿河版、天明本、今三國志皆無；金澤文庫本同底本。

〔二〇〕豈有大（夫丈）〔丈夫〕欲爲公而毁其高節者耶　「豈」，駿河版、天明本、今三國志皆作「焉」；金澤文庫本同底本。又「丈夫」，原作「夫丈」，據諸本治要改；今三國志亦作「丈夫」。

〔二一〕忠亮計略不如辛毗毗宜代思　二「毗」字，金澤文庫本作「略」；駿河版、天明本、今三國志同底本。

〔二二〕毗實亮直　「實」，金澤文庫本作「寶」；駿河版、天明本、今三國志同底本。

〔二三〕然性剛踈而專　「踈」，駿河版、天明本、今三國志皆無；金澤文庫本同底本。

〔二四〕聖慮所當深察也　「察」，駿河版無；金澤文庫本、天明本、今三國志同底本。

楊阜字義山，天水人也。爲將作大匠。〔一〕時初治宮室，發美女充後庭，數出入弋獵。〔二〕阜上䟽曰：「陛下奉武皇帝開（祏）〔拓〕之大〔業〕，〔三〕守文皇帝克終之元緒，〔四〕誠宜思齊往古聖賢之善治，揔觀季世放蕩之惡政。所謂善治者，務儉約、重民力也；所謂惡政者，縱心恣欲，觸情而發也。惟陛下稽古世代之初所以明赫（明赫），〔五〕及季世所以衰弱至乎泯滅，〔六〕近覽漢末之變，足以動心（識）〔誡〕懼矣。〔七〕曩使桓、靈不廢高祖之法，文、景之恭儉，太祖雖有神武，於何所施其能耶？而陛下何由處斯尊哉？今吳、蜀未定，軍旅在外，願陛下動則三思，慮而後行，重慎出入，以往鑒來，言之若輕，成敗甚重。」詔報曰：「間得密表，〔八〕先陳往古明王聖主，以諷闇政，切至之辭，款誠篤實。〔九〕將順匡救，備矣悉〔矣〕。〔一〇〕覽思苦言，吾甚喜之。」〔一一〕遷少府。後詔大議政治之不便於民者，阜議以爲：「致治在於任賢，興國在於務農。若舍賢而任所私，此忘治之甚也。〔一二〕廣開宮館，高爲臺榭，以妨民務，〔此〕害農之甚者也。〔一三〕百工不敦其器，而競作奇巧，以合上欲，此傷本甚者也。〔一四〕孔子曰：『苛政甚於猛虎。』今守功文吏，爲政不通治體，苟好煩苛，此乱民之甚者也。當今之爲，〔一五〕爲宜去四甚。」帝既新〔作〕許昌宮，〔一六〕又營洛陽宮殿觀閣。阜上䟽曰：「古之聖帝明王，未有極宮室之高麗以彫弊百姓之財力者也。桀作琁〔室〕、〔一七〕象廊，〔一八〕紂爲（須）〔傾〕室、〔一九〕鹿臺，以喪其社稷，楚靈以築章華而身受其禍；秦始皇作阿房而殃及其子，二世而滅。夫不度万人之力，〔二〇〕以從耳目之欲，未有不亡者。陛下當以堯、舜、禹、湯、文、武爲法則，夏桀、殷紂、楚靈、秦皇爲深誡。巍巍大業，猶恐失之。不夙夜敬止，允恭恤民，而乃自暇自逸，〔二一〕唯宮室是侈是飭，〔二二〕必有顛覆危亡之禍。方今二虜合從，謀危宗廟，十万之軍，東西奔赴，邊境無百日之娛；〔二三〕農夫癈業，民有飢色。陛下不是爲憂，而營作宮室，無有已時。

君作元首，臣爲股肱，存亡一躰，〔一四〕得失同之。臣雖駑怯，敢忘争臣之義？言不切至，不足以感寤陛下。陛下不察臣言，恐皇祖烈考之（作）〔祚〕，〔一五〕將墜于地。使臣身死有萬一，〔一六〕則死之日，猶生之年也。」奏御，天子感其忠言，手筆詔荅。

〔一〕爲將作大匠　「爲」，今三國志作「遷」；諸本治要同底本。

〔二〕數出入弋獵　「弋」，金澤文庫本作「戈」；駿河版、天明本、今三國志同底本。

〔三〕陛下奉武皇帝開（祏）〔拓〕之大〔業〕　「拓」，原作「祏」，據駿河版、天明本改，今三國志亦作「拓」；金澤文庫本同底本。又「業」，原無，旁校補之，據補；駿河版、天明本、今三國志皆有之；金澤文庫本同底本。

〔四〕守文皇帝克終之元緒　「元」，金澤文庫本、駿河版無；天明本、今三國志皆有之。

〔五〕惟陛下稽古世代之初所以明赫（明赫）　「初」，金澤文庫本作「物」；駿河版、天明本、今三國志同底本。又句末之「明赫」，駿河版、天明本皆不重，據刪；今三國志亦不重；金澤文庫本同底本。

〔六〕及季世所以衰弱至乎泯滅　「乎」，駿河版、天明本、今三國志皆作「于」；金澤文庫本同底本。

〔七〕足以動心（識）〔誠〕懼矣　「誠」，原作「識」，據旁校及駿河版、天明本、今三國志改；金澤文庫本同底本。

〔八〕間得密表　「密」，金澤文庫本作「察」；駿河版、天明本、今三國志同底本。

〔九〕款誠篤實　「實」下旁校謂一本有「退思補過」四字；今三國志有此四字；諸本治要同底本。

〔一〇〕備矣悉〔矣〕　末「矣」，原無，據金澤文庫本補；駿河版、天明本此句作「備悉矣」；今三國志亦作「備至悉矣」。

〔一一〕吾甚喜之　「喜」，駿河版、天明本、今三國志皆作「嘉」；金澤文庫本同底本。

〔一二〕此忘治之甚也　「甚」下天明本、今三國志有「者」字；金澤文庫本、駿河版同底本。

〔一三〕〔此〕害農之甚者也　「此」，原無，旁校補之，據補；諸本治要、今三國志皆有之。

〔一四〕此傷本甚者也　「甚」上有「之」字；諸本治要、今三國志皆有之。

〔一五〕當今之爲　「爲」，諸本治要、今三國志皆作「急」。

〔一六〕帝既新〔作〕許昌宮　「作」，原無，旁校補之，據補；諸本治要、今三國志皆有之。又「昌」，今三國志無。

〔一七〕桀作琁〔室〕　「室」，原無，旁校補之，據補；諸本治要、今三國志皆有之。

〔一八〕象廊　「象」，金澤文庫本作「蒙」；駿河版、天明本、今三國志同底本。

〔一九〕紂爲（須）〔傾〕室　「傾」，原作「須」，旁校作「傾」，據改；駿河版、天明本、今三國志皆作「傾」；金澤文庫本同底本。又「室」，天明本、今三國志作「宮」；金澤文庫本、駿河版同底本。

〔二〇〕夫不度万人之力　「人」，今三國志作「民」。案：作「人」者乃避改唐太宗李世民名諱。

〔二一〕而乃自瑕自逸　「乃自瑕」三字，駿河版、天明本皆無；金澤文庫本無「自瑕」二字；今三國志作「乃自暇」。

〔二二〕唯宮室是侈是飭　「室」，今三國志作「臺」。

〔二三〕邊境無百日之娛　「百」，旁校謂一本作「一」；駿河版、天明本、今三國志皆作「一」。又「日」，金澤文庫本無；駿河版、天明本、今三國志同底本。

〔二四〕存亡一躰　「存」，金澤文庫本、駿河版作「有」；天明本、今三國志同底本。

〔二五〕恐皇祖烈考之（作）〔祚〕　「祚」，原作「作」，旁校謂一本作「祚」，據改；駿河版、天明本、今三國志皆作「祚」；金澤文庫本同底本。

〔二六〕使臣身死有萬一　「有」下天明本、今三國志有「補」字；金澤文庫本、駿河版同底本。

高堂隆字升平，泰山人也。爲散騎常侍（侍）。〔一〕青龍中，大治殿舍，西取長安大鍾。隆上疏曰：「昔周景王不儀文、武之明悳，〔二〕忽公旦之聖制，既鑄大錢，又作大鍾，單穆公諫而不聽，〔三〕（洽）〔泠〕州鳩對而不從，〔四〕遂迷不反，周悳以衰，良史記焉，以爲永監。〔五〕然今之小人，好説秦、漢之奢靡以蕩聖心，求取亡國不度之器，勞役費損，以傷悳政，非所以興礼樂之和，保神明之休也。」是日，帝幸上方，隆與（下）〔卞〕蘭從。〔六〕帝以隆表授蘭，使難隆曰：「興衰在政，樂何爲也？化之不明，豈鍾之罪？」隆對曰：〔七〕「夫礼樂者，爲治之大本也。故簫韶九成，鳳皇來儀，雷鼓六變，天神以降，政是以平，形是以措，〔八〕和之至也。新聲發響，商辛以殞，〔九〕大（鑄）〔鍾〕既鑄，〔一〇〕周景以斃，存亡之機，恒由此作，〔一一〕安在癈興之不（陛）〔階〕也？〔一二〕君舉必書，古之道也，作而不法，何以示後？」帝稱善。遷侍中，猶領太史令。崇華殿灾，問隆：〔一三〕「此何咎？於礼，寧有祈禳之義乎？」〔一四〕對曰：「夫灾變之發，皆所以明教誡也，雖率礼脩悳，〔一五〕可以勝之。易傳曰：『上不儉，下不節，孽火燒其室。』又曰：『君高其臺，天火爲灾。』此人君苟飾宮室，不知百姓空竭，〔一六〕故天應之以旱，火從高殿起也。上天降鑒，故譴告陛下；陛下宜增崇大道，〔一七〕以荅天意。」〔一八〕陵（宵）〔霄〕闕始構，〔一九〕有鵲巢其上，帝以問隆。隆對曰：〔二〇〕「詩云『惟鵲有巢，惟鳩居之』。今興室，〔二一〕而鵲巢之，此宮室未成身不得居之象也。夫天道無親，唯與善人，不可不深慮。夏、商之季，皆繼體也，不欽承上天之明命，惟讒諂是從，癈悳適欲，故其亡也忽焉。臣備腹心，苟可以繁（礼）〔祉〕聖躬，〔二二〕安存社稷，雖灰身破族，猶生之年也。豈憚忤逆之灾，而令陛下不聞至言乎？」於是帝（政）〔改〕（灾）〔容〕動色。〔二三〕帝愈（憎）〔增〕崇宮殿，〔二四〕彫飾觀閣，鑿太行之石英，采穀城之文石，起景陽山於芳林園，〔二五〕建昭陽殿於太極之北，〔二六〕鑄作黄龍鳳鳥奇偉之獸，〔二七〕飾陵雲臺、陵霄闕。百役繁興，作者万數，公卿以下至於學生，莫不展力，帝乃躬自掘土以率之。而遼東不朝。悼皇后崩。天作淫雨，冀州水出，漂没民物。隆上疏切諫曰：「昔在伊唐，洪水滔天，灾（青）〔眚〕之甚，〔二八〕過於彼，〔二九〕力役之興，莫久於此，堯、舜君臣，南面而已。禹敷九州，庶士庸勳，各有等差，君子小人，物有服章。今無若時之急，而使公卿大夫並與廝徒共供事役，聞之四夷，非嘉聲也，

(乘)〔垂〕之竹帛，〔三〇〕非令名也。是以古先哲王，上畏天之明命，矜矜業業，唯有違。〔三一〕灾異既發，懼而脩政，未有不延期流祚者也。爰曁末葉，〔三二〕闇君荒主，不崇先王之令軌，不納正士之直言，以遂其情志，輕忽變戒，〔三三〕未有不至於顛覆者也。秦始皇不築道悳之基，而築阿房之宫，不憂蕭墻之變，而脩長城之役。當其君臣爲此計也，亦欲立萬世之業，使子孫長有天下，豈意一朝匹夫大呼，而天下傾覆哉？故臣以爲使先代之君，知其所行必將至於敗，則弗爲之矣。是以亡國之主自謂不亡，然後至於亡；賢聖之君自謂將亡，然後至於不亡。昔漢文帝稱爲賢主，(射)〔躬〕行約儉，〔三四〕惠下養民，而賈誼方之，以爲天下倒縣，可爲痛哭者一(十)，〔三五〕可爲流涕者二，可爲長歎息者(六)〔三〕。〔三六〕況今天(可)〔下〕彫弊，〔三七〕民無擔石之儲，〔三八〕國無終年之(福)〔畜〕，〔三九〕外有彊敵，六軍曝邊，内興土功，州郡騷動，若有寇警，則臣懼板築之士不能投命虜庭矣。〔四〇〕又，將吏奉禄，稍見〔折〕减，〔四一〕方之於昔，五分居一；禄賜穀帛，〔四二〕人主之所以惠養吏民而爲之司命者也，〔四三〕若今有廢，是奪其命。既〔得〕之而又〔失〕之，〔四四〕此生怨之府也。今陛下所與共坐廊廟治天下者，非三司九列，則臺閣近臣，皆腹心造膝，宜在無諱。若見豐省而不敢以告，從命奔走，唯恐不勝，是則具臣，非鯁輔也。昔李斯教〔秦〕二世曰：〔四五〕『爲人主而不恣欲，〔四六〕命之曰天下桎〔梏〕。』〔四七〕二世用之，秦以覆，〔四八〕斯亦滅族。是以史遷其不正諫，〔四九〕而〔爲〕世誡。〔五〇〕書奏，帝覽焉，謂中書監、令曰：「觀隆此奏，使朕懼哉！」隆寝疾篤，〔五一〕口占上疏曰：「臣常疾世主莫不思紹堯、舜、(陽)〔湯〕、武之治，〔五二〕而踵蹈桀、紂、幽、厲之跡，〔五三〕莫不蚩笑季世惑乱亡國之主，而不登踐虞、夏、殷、周之軌。悲夫！尋觀三代之有天下，聖賢相承，歷載數百，尺(士)〔土〕莫非有，〔五四〕一民莫非其臣。癸、辛之徒，恃其旅力，智足以拒諫，才足以飾非，諂諛是尚，臺觀是崇，淫樂是好，倡優是悦。上天不蠲，眷然迴顧，〔五五〕宗国爲墟；天子之尊，湯、武有之，豈伊異人，皆明王之冑也。且當六國之時，天下殷熾，秦既兼之，不脩聖道，乃構阿房之宫，築長城之守，矜夸中國，威服百蠻，天下震竦，道路以目；自謂本枝百世，〔五六〕永垂洪暉，豈悟二世而滅，〔五七〕社稷崩圮哉？〔五八〕臣觀黄初之際，異類之鳥，育長燕巢，口爪句赤，〔五九〕此魏室之大異也，宜防鷹揚之臣於蕭墻之内。〔六〇〕可選諸王，使軍國典兵，〔六一〕徃徃棊跱，〔六二〕鎮撫皇基，〔六三〕翼亮帝室。〔六四〕昔周之東遷，晉、鄭是依，漢吕之乱，實頼朱虚，斯蓋前代之明鑒也。〔六五〕夫皇天無親，唯悳是輔。民詠悳政，則延期曆，〔六六〕下有怨歎，則掇録授能。〔六七〕由此觀之，則天下之天下，〔六八〕非獨陛下之天下也。〔六九〕臣百疾所鍾，氣力稍微，輙自扶輿出，〔七〇〕還里舍，〔七一〕若遂沉淪，魂而有知，結草以報。」

〔一〕爲散騎常侍(侍)　「侍」字原重，旁校删之，據删；諸本治要、今三國志皆不重。

〔二〕昔周景王不儀文武之明悳　「儀」下天明本、今三國志有「刑」

字；金澤文庫本、駿河版同底本。

〔三〕單穆公諫而不聽　「不」，今三國志作「弗」。

〔四〕（治）〔泠〕州鳩對而不從　「泠」，原作「治」，據駿河版、天明本改；今三國志亦作「泠」；金澤文庫本同底本。又「對」下金澤文庫本有「曰」字；駿河版、天明本、今三國志同底本。又「不」，今三國志作「弗」。

〔五〕以爲永監　「監」，天明本、今三國志作「鑒」；金澤文庫本、駿河版同底本。

〔六〕隆與（下）〔卞〕蘭從　「卞」，原作「下」，據諸本治要改；今三國志亦作「卞」。

〔七〕隆對曰　「對」，今三國志無。

〔八〕形是以措　此四字駿河版、天明本、今三國志皆作「刑是以錯」；金澤文庫本同底本。

〔九〕商辛以殞　「殞」，今三國志作「隕」。

〔一〇〕大（鑄）〔鍾〕既鑄　「鍾」，原作「鑄」，據金澤文庫本、駿河版改；天明本、今三國志作「鐘」。

〔一一〕恒由此作　「此」，今三國志作「斯」。

〔一二〕安在癈興之不（陛）〔階〕也　「階」，原作「陛」，旁校作「階」，據補；諸本治要、今三國志皆作「階」。

〔一三〕問隆　「問」上天明本、今三國志有「詔」字；金澤文庫本、駿河版同底本。

〔一四〕寧有祈禳之義乎　「祈」，金澤文庫本、駿河版作「所」；天明本、今三國志同底本。

〔一五〕雖率礼脩慝　「雖」，旁校作「惟」；金澤文庫本、駿河版作「雖」；天明本、今三國志作「惟」。

〔一六〕不知百姓空竭　「不知」下金澤文庫本重覆「不知」二字；駿河版、天明本、今三國志同底本。

〔一七〕陛下宜增崇大道　「大」，駿河版、天明本、今三國志皆作「人」；金澤文庫本同底本。

〔一八〕以荅天意　「天」，金澤文庫本無；駿河版、天明本、今三國志同底本。

〔一九〕陵（宵）〔霄〕闕始構　「霄」，原作「宵」，據諸本治要及今三國志改。下文徑改。

〔二〇〕隆對曰　「隆」，駿河版、天明本、今三國志皆無；金澤文庫本同底本。

〔二一〕今興室　「興」下天明本、今三國志有「宫」字；金澤文庫本、駿河版同底本。

〔二二〕苟可以繁（礼）〔祉〕聖躬　「祉」，原作「礼」，據旁校改；駿河版、天明本、今三國志皆作「祉」；金澤文庫本同底本。

〔二三〕於是帝（政）〔改〕（灾）〔容〕動色　「改」，原作「政」，據諸本治要改；今三國志亦作「改」。又「容」，原作「灾」，旁校作「容」，據改；駿河版、天明本、今三國志皆作「容」；金澤文庫本同底本。

〔二四〕帝愈（憎）〔增〕崇宫殿　「增」，原作「憎」，據駿河版、天明本、今三國志改；金澤文庫本同底本。

〔二五〕起景陽山於芳林園　「林」下天明本、今三國志有「之」字；金澤文庫本、駿河版同底本。

〔二六〕建昭陽殿於太極之北　「昭」，金澤文庫本作「照」；駿河版、天明本、今三國志同底本。

〔二七〕鑄作黄龍鳳鳥竒偉之獸　「鳥」，今三國志作「皇」。

〔二八〕灾（青）〔眚〕之甚　「眚」，原作「青」，據駿河版、天明本、今三國志改；金澤文庫本作「靑」。

〔二九〕過於彼　「過」上天明本、今三國志有「莫」字；金澤文庫本、駿河版同底本。

〔三〇〕（乘）〔垂〕之竹帛　「垂」，原作「乘」，據駿河版、天明本、今三國志改；金澤文庫本同底本。

〔三一〕唯有違　「唯」，金澤文庫本作「准」；駿河版、天明本、今三國志同底本。又「唯」下天明本、今三國志有「恐」字；金澤文庫本、駿河版同底本。

〔三二〕爰曁末葉　「曁」，駿河版、天明本、今三國志皆作「及」；金澤文庫本同底本。又「未」，諸本治要、今三國志皆作「末」。

〔三三〕輕忽變戒　「輕」，駿河版、天明本、今三國志皆作「恬」；金澤文庫本同底本。

〔三四〕（射）〔躬〕行約儉　「躬」，原作「射」，據諸本治要改；今三國志亦作「躬」。又「行」，金澤文庫本、駿河版無；天明本、今三國志皆有之。

〔三五〕可爲痛哭者一（十）　「哭」，金澤文庫本作「坐」；駿河版、天明本、今三國志同底本。又「一」字下衍「十」，據駿河版、天明本、今三國志刪；金澤文庫本同底本。

〔三六〕可爲長歎息者（六）〔三〕　「三」，原作「六」，據駿河版、天明本、今三國志改；金澤文庫本同底本。

〔三七〕況今天（可）〔下〕彫弊　「下」，原作「可」，旁校作「下」，據改；諸本治要、今三國志皆作「下」。

〔三八〕民無擔石之儲　「擔」，駿河版、天明本、今三國志皆作「儋」；金澤文庫本同底本。

〔三九〕國無終年之（福）〔畜〕　「畜」，原作「福」，據諸本治要、今三國志改。

〔四〇〕則臣懼板築之士不能投命虜庭矣　「投」，金澤文庫本作「授」；駿河版、天明本、今三國志同底本。

〔四一〕稍見〔折〕減　「折」，原無，據諸本治要補；今三國志亦有之。

〔四二〕禄賜穀帛　「禄」上天明本、今三國志有「夫」字；金澤文庫本、駿河版同底本。

〔四三〕人主之所以惠養吏民而爲之司命者也　「人主之所以」之「之」，今三國志無。

〔四四〕既〔得〕之而又〔失〕之　「得」「失」，原闕，據駿河版、天明本、今三國志補；金澤文庫本同底本。

〔四五〕昔李斯教〔秦〕二世曰　「秦」，原無，旁校補之，據補；諸本治要、今三國志皆有之。

〔四六〕爲人主而不恣欲　「欲」，旁校作「睢」；駿河版作「雎」；天明本、今三國志作「睢」；金澤文庫本同底本。

〔四七〕命之曰天下桎〔梏〕　「梏」，原無，旁校補之，據補；天明本、今三國志皆有「梏」字；金澤文庫本、駿河版同底本。

〔四八〕秦以覆　「秦」下天明本、今三國志有「國」字；金澤文庫本、駿河版同底本。

〔四九〕是以史遷其不正諫　「史遷」下天明本、今三國志有「議」字；金澤文庫本、駿河版同底本。

〔五〇〕而〔爲〕世誡　「爲」，原無，旁校補之，據補；諸本治要、今三國志皆有之。

〔五一〕隆寢疾篤　「寢」，駿河版、天明本、今三國志皆無；金澤文庫本同底本。

〔五二〕臣常疾世主莫不思紹堯舜（陽）〔湯〕武之治　「湯」，原作「陽」，據諸本治要改；今三國志亦作「湯」。

〔五三〕而踵蹈桀紂幽厲之跡　「踵蹈」，駿河版、天明本、今三國志皆作「蹈踵」；金澤文庫本同底本。

〔五四〕尺（士）〔土〕莫非有　「土」，原作「士」，據駿河版、天明本改；今三國志亦作「土」；金澤文庫本同底本。又「非」下天明本、今三國志有「其」字；金澤文庫本、駿河版同底本。

〔五五〕眷然迴顧　「眷」，金澤文庫本作「春」；駿河版、天明本、今三國志同底本。

〔五六〕自謂本枝百世　「世」，今三國志作「葉」。

〔五七〕豈悟二世而滅　「悟」，今三國志作「寤」。

〔五八〕社稷崩圮哉　眉校云：「圮，皮美反，毀也。宋云岸毀，又覆也。又与下邳地字點畫如一，而其音義別，玉篇並張蒙宿或矣。」

〔五九〕口爪句赤　「句」，駿河版、天明本、今三國志皆作「胸」；金澤文庫本同底本。

〔六〇〕宜防鷹揚之臣於蕭墻之内　「揚」，金澤文庫本無；駿河版、天明本、今三國志同底本。

〔六一〕使軍國典兵　「軍」，天明本、今三國志作「君」；金澤文庫本、駿河版同底本。

〔六二〕徃徃棊跱　「棊」，金澤文庫本作「基」；駿河版、天明本、今三國志同底本。

〔六三〕鎮撫皇基　「基」，天明本、今三國志作「畿」；金澤文庫本、駿河版同底本。

〔六四〕翼亮帝室　「亮」，金澤文庫本、駿河版作「高」；天明本、今三國志同底本。

〔六五〕斯蓋前代之明鑒也　「斯」，駿河版、天明本、今三國志皆無；金澤文庫本同底本。又「也」，今三國志無。

〔六六〕則延期曆　「期」下旁校補「過」字。

〔六七〕則掇録授能　「則」，今三國志無。

〔六八〕則天下之天下　句末之「下」下金澤文庫本有「也」字；駿河版、天明本、今三國志同底本。

〔六九〕非獨陛下之天下也　此句金澤文庫本、駿河版無；天明本、今三國志有之。天明本眉校：「舊無『非獨』至『下也』八字，補之。」

〔七〇〕輙自扶輿出　「扶」，駿河版、天明本、今三國志皆無；金澤文庫本同底本。

〔七一〕還里舍　「里」，諸本治要、今三國志皆無。

田豫字國讓，漁陽人也。爲護烏丸校尉。魏略曰：鮮卑素利等數來客見，〔一〕多以牛馬遺豫；豫輙送官。〔二〕胡乃密懷金卅斤，〔三〕謂豫曰：「我見公貧，故前後遺公牛馬，公輙送官，今密以此上公，可以爲家資。」豫張袖受之，荅其厚意。胡去之後，皆悉付外。於是詔褒之曰：「昔魏絳開懷以納（我）〔戎〕，〔四〕今卿舉（神）〔袖〕以受狄〔金〕，〔五〕朕甚嘉焉。」乃賜青縑五百匹也。〔六〕

〔一〕鮮卑素利等數來客見　「素」，金澤文庫本作「索」；駿河版、天明本、今三國志同底本。

〔二〕豫輒送官　「輒」，駿河版、天明本、今三國志皆作「轉」；金澤文庫本同底本。

〔三〕胡乃密懷金卅斤　「卅」，駿河版、天明本、今三國志皆作「三十」；金澤文庫本同底本。

〔四〕昔魏絳開懷以納（我）〔戎〕　「戎」，原作「我」，據諸本治要改；今三國志亦作「戎」。

〔五〕今卿舉（神）〔袖〕以受狄〔金〕　「袖」，原作「神」，據駿河版、天明本改；今三國志亦作「袖」；金澤文庫本同底本。又「金」，原無，旁校補之，據補；駿河版、天明本、今三國志皆有之；金澤文庫本同底本。

〔六〕乃賜青縑五百匹也　「乃」下今三國志有「即」字；諸本治要同底本。又「縑」，旁校謂一本作「絹」，今三國志亦作「絹」；駿河版、天明本同底本；金澤文庫本同底本。又「也」，今三國志無。

徐邈字景山，燕國人也。爲涼州刺史。西域流通，〔荒〕戎入貢，〔一〕皆邈勳也。〔二〕賞賜皆散與將士，無入家者，妻子衣食不充；天子（間）〔聞〕而嘉之，〔三〕隨時供給其家，彈耶繩枉，州（男）〔界〕肅清。〔四〕嘉平六年，朝廷追思清節之士，詔曰：「夫顯賢表悳，聖王所重；舉善而教，仲尼所美。故司空徐邈、征東將軍胡質、衛尉田豫皆服職前（胡）〔朝〕，〔五〕歷事四世，出統戎馬，入讚庶政，〔六〕忠清在公，憂国忘（秘）〔私〕，〔七〕不營產業，身没之後，家無餘財，朕甚嘉之。其賜邈等穀二千斛，〔八〕錢卅萬，〔九〕布告天下。」

〔一〕〔荒〕戎入貢　「荒」，原無，旁校補之，據補；諸本治要、今三國志皆有之。

〔二〕皆邈勳也　「勳」，駿河版、天明本作「勛」；今三國志作「勳」；金澤文庫本作「動」。

〔三〕天子（間）〔聞〕而嘉之　「聞」，原作「間」，據諸本治要改；今三國志亦作「聞」。

〔四〕州（男）〔界〕肅清　「界」，原作「男」，據諸本治要改；今三國志亦作「界」。

〔五〕衛尉田豫皆服職前（胡）〔朝〕　「朝」，原作「胡」，旁校謂一本作「朝」，據改；駿河版、天明本、今三國志皆作「朝」；金澤文庫本同底本。

〔六〕入讚庶政　「讚」，今三國志作「贊」。

〔七〕憂国忘（秘）〔私〕　「私」，原作「秘」，旁校作「私」，據改；駿河版、天明本、今三國志皆作「私」。

〔八〕其賜邈等穀二千斛　「等」下旁校補「家」字；駿河版、天明本、今三國志皆有之；金澤文庫本同底本。

〔九〕錢卅萬　「卅」，駿河版、天明本、今三國志皆作「三十」；金澤文庫本同底本。

王昶字文舒，太原人也。爲兖州刺史。〔一〕爲兄子及子作名字，皆依謙實，以見其意，故兄子默字處，〔二〕沉字處道，其子渾字玄沖，深字道沖。〔三〕遂書戒之曰：「夫爲人子之道，〔四〕莫大於寶身全行，以顯父母。此三者人知其善，而或危身破家，陷於滅亡之禍者，何也？由所祖習非其道也。夫孝敬仁義，百行之首，而立身之本也。孝敬則宗族安之，仁義則（卿）〔鄉〕黨重之，〔五〕此行成於内，〔六〕名著於外者矣。若不篤於至行，而背本逐末，以陷浮華焉，以成朋黨焉；浮華則有虚僞之累，〔七〕朋黨則有彼此之患。〔八〕此二者之戒，照然著明，〔九〕而（脩）〔循〕覆車滋衆，〔一〇〕逐末弥甚，皆由或當時之譽，〔一一〕昧目前之利故也。夫富貴聲名，人情所樂，而君子或得而不處，何也？惡不由其道耳。患人知進而不知退，知欲而不知足，故有困辱之累，悔吝之咎。〔一二〕語曰：『不知足，則〔失〕所欲。』〔一三〕故知足之足常足矣。（賢）〔覽〕往事之成敗，〔一四〕察將來之吉凶，未有干名要利，欲而不厭，能保世持家，〔一五〕永全福禄者也。欲使汝曹立身行己，遵儒者之教，履道家之言，故以玄默沖虚爲名，欲使汝曹顧名思義，不敢違越也。古者盤（孟）〔杅〕有銘，〔一六〕（凡）〔几〕杖有誡，〔一七〕俯仰察焉，用無過行；况在己名，可不戒之哉！夫物速成則疾亡，晚就善終。〔一八〕朝華之草，夕而零落；松柏之茂，隆寒不衰。〔一九〕是以大雅君子惡速成，戒闕黨也。若范（与）〔匄〕對秦客而武子擊之折其委笄，〔二〇〕惡其掩人也。夫人有善鮮不自伐，有能寡不自矜；〔二一〕伐則掩人，矜則陵人。掩人者人亦掩之，〔二二〕陵人者人亦陵之。故三郤爲戮於晉，〔二三〕王叔負罪於周，不唯矜善自（代）〔伐〕好善争之咎乎？〔二四〕故君子不自稱，非以讓人，惡其（善）〔蓋〕人也。〔二五〕夫能屈以爲申，讓以爲得，弱以爲强，鮮不遂矣。夫毁譽，愛惡之原而禍福之機也，是以聖人慎之。孔子曰：『吾之於人，誰毁誰譽；如有所譽，必有所試。』〔二六〕以聖人之德，猶尚如此，况庸庸之徒而輕毁譽者哉？昔伏波將軍馬援戒其兄子，言：『聞人之惡，當如聞父母之名；耳可得聞，口不可得道也。』〔二七〕斯戒至矣。人或毁己，當退而求之於身。若己有可毁之行，則彼言當矣；若己無可毁之行，則彼言妄矣。當則無怨於彼，妄則无害於身，又何反報焉？且聞人毁己而忿者，惡醜聲之加人也，報者滋甚，不如默自脩也。〔二八〕諺曰：『救寒莫如重裘，止（謫）〔謗〕莫如自脩。』〔二九〕斯言信矣。若與是非之士，凶險之人，近猶不可，况與對校乎？其害深矣。可不慎與！吾與時人從事，〔三〇〕雖出處不同，然各有所取。潁川郭伯益，好尚通達，敏而有智。其爲人弘曠不足，〔三一〕輕貴有餘；得其人也重之如山，〔三二〕不得其人忽之如草。吾（所以）〔以所〕知親之昵之，〔三三〕不願兒子爲之。北海徐偉長，不治名高，不求苟得，澹然自守，唯道是務。其有所是非，則託古人以見其〔意〕，〔三四〕當時無所褒貶。吾敬之〔重之〕，〔三五〕願兒子師之。樂安任昭先，淳粹履道，内敏外恕，〔三六〕處不避洿，怯而義勇。吾友之善之，願兒子遵之。〔三七〕若引而申之，〔三八〕觸類而長之，汝其庶幾舉一隅耳。及其（則）〔用財〕先九族，〔三九〕其施舍務周急，其出入存故老，〔四〇〕其議論貴無貶，〔四一〕其進仕尚忠節，其取人務道實，〔四二〕其處勢戒驕淫，〔四三〕其貧賤〔慎〕無戚，〔四四〕其進退念合宜，其行事加九思，如此而〔已〕。〔四五〕吾復何憂哉？」

〔一〕爲兖州刺史　「爲」，駿河版、天明本、今三國志皆作「遷」；金澤文庫本同底本。

〔二〕故兄子默字處　「處」下天明本、今三國志有「静」字；金澤文庫本、駿河版同底本。

〔三〕深字道沖　「沖」，金澤文庫本作「仲」；駿河版、天明本、今三國志同底本。

〔四〕夫爲人子之道　「爲人」，駿河版、天明本、今三國志皆作「人爲」；金澤文庫本同底本。

〔五〕仁義則（卿）〔鄉〕黨重之　「鄉」，原作「卿」，據駿河版、天明本改；今三國志亦作「鄉」；金澤文庫本同底本。

〔六〕此行成於内　「行」，金澤文庫本無；駿河版、天明本、今三國志同底本。

〔七〕浮華則有虚僞之累　「虚」，金澤文庫本作「靈」；駿河版、天明本、今三國志同底本。

〔八〕朋黨則有彼此之患　「此」，金澤文庫本無；駿河版、天明本、今三國志同底本。

〔九〕照然著明　「照」，金澤文庫本、駿河版、今三國志作「昭」；天明本同底本。又「著」，金澤文庫本、駿河版作「者」；天明本、今三國志同底本。

〔一〇〕而（脩）〔循〕覆車滋衆　「循」，原作「脩」，據旁校及駿河版、天明本、今三國志改；金澤文庫本同底本。

〔一一〕皆由或當時之譽　「或」，駿河版、天明本、今三國志皆作「惑」；金澤文庫本同底本。

〔一二〕悔忝之咎　「忝」，駿河版、天明本、今三國志皆作「吝」；金澤文庫本同底本。

〔一三〕則〔失〕所欲　「失」，原無，旁校補之，據補；諸本治要、今三國志皆有之。

〔一四〕（賢）〔覽〕往事之成敗　「覽」，原作「賢」，據駿河版、天明本改；金澤文庫本同底本；今三國志亦作「覽」。

〔一五〕能保世持家　「能」上天明本、今三國志有「而」字；金澤文庫本、駿河版同底本。

〔一六〕古者盤（盂）〔杅〕有銘　「杅」，原作「盂」，據駿河版、天明本改；今三國志亦作「杅」；金澤文庫本同底本。

〔一七〕（凡）〔几〕杖有誡　「几」，原作「凡」，據駿河版、天明本改；金澤文庫本同底本；今三國志亦作「几」。

〔一八〕晚就善終　「就」下天明本、今三國志有「則」字；金澤文庫本、駿河版同底本。

〔一九〕隆寒不衰　「不衰」，金澤文庫本、駿河版無；天明本、今三國志皆有之。

〔二〇〕若范（与）〔匄〕對秦客而武子擊之折其委笄　「匄」，原作「与」，旁校作「匄」，據改；駿河版、天明本、今三國志皆作「匄」；金澤文庫本同底本。又「而」，駿河版、天明本作「至」；金澤文庫本、今三國志同底本。又「笄」，金澤文庫本作「竿」；駿河版、天明本、今三國志同底本。

〔二一〕有能寡不自矜　「有」，駿河版作「自」；金澤文庫本、天明本、今三國志作「有」。又「能」下天明本、今三國志有「者」字；金澤文庫本、駿河版同底本。

〔二二〕掩人者人亦掩之　「人亦」之「人」，金澤文庫本、駿河版無；天明本、今三國志同底本。

〔二三〕故三郄爲戮於晉　「郄」，駿河版、天明本、今三國志皆作「郤」；金澤文庫本同底本。

〔二四〕不唯矜善自〔代〕〔伐〕好善争之咎乎　「伐」，原作「代」，據駿河版、天明本改；金澤文庫本同底本；今三國志亦作「伐」。又「善」，諸本治要、今三國志皆無。

〔二五〕惡其〔善〕〔蓋〕人也　「蓋」，原作「善」，據旁校及駿河版、天明本、今三國志改；金澤文庫本同底本。

〔二六〕如有所譽必有所試　「如有所譽」「必有」之「有」，金澤文庫本、駿河版無；天明本、今三國志同底本。

〔二七〕口不可得道也　「道」，今三國志作「而言」。

〔二八〕不如默自脩也　「默」下天明本、今三國志有「而」字；金澤文庫本、駿河版同底本。

〔二九〕止〔謫〕〔謗〕莫如自修　「謗」，原作「謫」，旁校作「謗」，據改；駿河版、天明本、今三國志皆作「謗」。

〔三〇〕吾與時人從事　「吾與」，金澤文庫本重覆「吾與」二字，據刪；駿河版、天明本、今三國志皆無此二字。

〔三一〕其爲人弘曠不足　「其」上金澤文庫本有「然」字；駿河版、天明本、今三國志同底本。

〔三二〕得其人也重之如山　「也」，駿河版、天明本、今三國志皆無；金澤文庫本同底本。

〔三三〕吾〔所以〕〔以所〕知親之昵之　「以所」，原倒，據諸本治要、今三國志乙。

〔三四〕則託古人以見其〔意〕　「意」，原無，旁校補之，據補；駿河版、天明本、今三國志皆有之；金澤文庫本同底本。

〔三五〕吾敬之〔重之〕　「重之」二字，原無，旁校補之，據補；諸本治要、今三國志皆有之。

〔三六〕内敏外怒　「怒」，天明本、今三國志作「恕」；金澤文庫本、駿河版同底本。

〔三七〕願兒子遵之　「遵之」，金澤文庫本、駿河版作「之遵」；天明本、今三國志同底本。

〔三八〕若引而申之　「申」，旁校謂一本作「伸」。

〔三九〕及其〔則〕〔用財〕先九族　「用財」二字，原作「則」，旁校謂一本作「用財」，據改；駿河版、天明本、今三國志皆作「用財」；金澤文庫本同底本。

〔四〇〕其出入存故老　「存」，金澤文庫本作「在」；駿河版、天明本、今三國志同底本。

〔四一〕其議論貴無貶　「議論」，今三國志作「論議」。

〔四二〕其取人務道實　「道實」，今三國志作「實道」。

〔四三〕其處勢戒驕淫　「勢」，駿河版、天明本、今三國志皆作「世」；金澤文庫本同底本。

〔四四〕其貧賤〔慎〕無戚　「慎」，原無，旁校補之，據補；諸本治要、今三國志皆有之。

〔四五〕如此而〔已〕　「已」，原無，旁校補之，據補；諸本治要、今三國志皆有之。

鍾會字士季，潁川人也。司馬文王欲圖蜀，以會爲鎮西將軍。〔一〕從駱谷入。姜維等悉降會。〔二〕詔以會爲司徒。會内有異志，因鄧艾承制專事，〔三〕密白艾有反狀。〔四〕世論曰：〔五〕會善效人書，於劍閣要艾章表白事，皆易其言，令辭指倨傲，〔六〕多自矜伐也。〔七〕於是檻車徵艾。既禽而會統大衆，〔八〕威震西土。自謂功名蓋世，不可復爲人下，遂謀反。諸軍兵殺會。漢晉春秋曰：文王聞鍾〔會〕功曹向雄之收葬會也，〔九〕召而責之曰：「往王經之死，卿哭於東市而我不問也，〔一〇〕今鍾會躬爲叛逆而輒收葬，若復相容，其如王法何！」雄曰：「昔先王掩骸〔理〕〔埋〕胔，〔一一〕仁流朽骨，當時豈先卜其功罪而後〔收〕葬哉？〔一二〕今王誅既加，於法已備，雄感義收葬，教亦无闕。法立於上，教弘於下，以此訓物，雄曰可矣！何必使雄背死違生，以立於時。殿下讎對枯骨，捐之中〔野，百歲之後，爲臧獲所〕笑，〔一三〕豈人賢所掩哉？」〔一四〕王悅之，與宴談而遣之。〔一五〕習鑿齒曰：向伯茂可謂勇於蹈義也。哭王經而哀感市人，葬鍾會而義〔動〕明主，〔一六〕彼皆忠烈奮〔到〕〔勁〕，〔一七〕知死而往，非存生也。尋其奉死之心，〔一八〕可以見事生之情，覽其忠貞之〔即〕〔節〕，〔一九〕足以愧背義之士矣。〔二〇〕王加礼而遣，可謂〔明〕矣。〔二一〕

〔一〕以會爲鎮西將軍　「爲」，金澤文庫本原無，旁校補之；駿河版、天明本、今三國志同底本。

〔二〕姜維等悉降會　此句今三國志作「遣使敕維等令降于會」。

〔三〕因鄧艾承制專事　「鄧」，駿河版作「劉」；金澤文庫本、天明本、今三國志同底本。

〔四〕密白艾有反狀　「白」，金澤文庫本、駿河版作「自」；天明本、今三國志同底本。

〔五〕世論曰　「論」，諸本治要、今三國志皆作「語」。

〔六〕令辭指倨傲　「倨」，駿河版作「指」；天明本、今三國志作「悖」；金澤文庫本同底本。

〔七〕多自矜伐也　「也」，今三國志無。

〔八〕既禽而會統大衆　「會」，駿河版、天明本、今三國志皆無；金澤文庫本同底本。又「既」上天明本、今三國志有「艾」字；金澤文庫本駿河版同底本。又「會」下天明本有「獨」字，今三國志「會」下有「尋至獨」三字。

〔九〕文王聞鍾〔會〕功曹向雄之收葬會也　「會」，原無，旁校補之，據補；天明本、今三國志皆有之；金澤文庫本、駿河版同底本。

〔一〇〕卿哭於東市而我不問也　「也」，今三國志無。

〔一一〕昔先王掩骸〔理〕〔埋〕胔　「骸」，今三國志作「骼」。又「埋」，原作「理」，據天明本改；今本三國志亦作「埋」；金澤文庫本、駿河版同底本。

〔一二〕當時豈先卜其功罪而後〔收〕葬哉　「收」，原無，旁校補之，據補；駿河版、天明本、今三國志皆有之；金澤文庫本同底本。

〔一三〕捐之中〔野百歲之後爲臧獲所〕笑　「野百歲之後爲臧獲所」等九字，底本破損，據諸本治要補；今三國志亦有此九字。

〔一四〕豈人賢所掩哉　「人」，天明本、今三國志作「仁」；金澤文庫本、駿河版同底本。

〔一五〕與宴談而遣之　「遣」，駿河版作「違」；金澤文庫本、天明本、今三國志同底本。

〔一六〕「向伯茂」至「明主」　「也哭王經而哀感市人葬鍾會而」十三字，金澤文庫本、駿河版無之。又「動」，底本破損，據諸本治要補；今三國志亦有之。

〔一七〕彼皆忠烈奮〔到〕〔勁〕　「勁」，原作「到」，旁校作「勁」，據改；駿河版、天明本、今三國志皆作「勁」；金澤文庫本同底本。

〔一八〕尋其奉死之心　「其」下金澤文庫本有「養」字，駿河版有「美」字，天明本、今三國志同底本。

〔一九〕覽其忠貞之〔即〕〔節〕　「其」，金澤文庫本作「至」；駿河版、天明本、今三國志同底本。「節」，原作「即」，旁校作「節」，據改；諸本治要、今三國志皆作「節」。

〔二〇〕足以愧背義之士矣　「足」，金澤文庫本、駿河版作「之」；天明本、今三國志同底本。

〔二一〕可謂〔明〕矣　「明」，底本破損，據諸本治要補；今三國志亦作「明」。又「明」下天明本有「達」字；金澤文庫本、駿河版、今三國志同底本。又「矣」，今三國志作「達」。

群書治要卷第廿六〔一〕

〔一〕底本破損，「群書治」「六」據諸本治要補。又「廿」，駿河版、天明本作「二十」；金澤文庫本同底本。

群書治要卷第卅一〔一〕

秘書監鉅鹿男臣魏徵等奉　勑撰

六韜〔二〕　陰謀　鬻子

六韜

序〔三〕

文王田乎渭之陽，見太公坐茅而釣。〔四〕問之曰：「子樂得魚耶？」〔五〕太公曰：「夫釣以求得也。其情深，可以觀大矣。」文王曰：「願聞其情。」太公曰：「夫魚食餌，〔六〕乃牽於緡；人食於禄，〔七〕乃服於君。故以餌取魚，魚可殺；〔八〕以禄取人，人可竭；以家取國，國可拔；以國取天下，天下可畢也。〔九〕天下者非一人之天下，〔一〇〕天下之天下也。與天下同利者，〔一一〕則得天下；〔一二〕擅天下之利者，失天下。〔一三〕天有時，地有財，〔一四〕能與人共之者，仁也；仁之所在，天下歸之。免人之死，〔一五〕解人之難，救人之患，濟人之急者，德也；德之所在，天下歸之。與人同憂同樂、同好同惡者，義也。〔一六〕義之所在，天下歸之。〔一七〕凡人惡死而樂生，好得而歸利。〔一八〕能生利者，道也；道之所在，天下歸之。」

〔一〕卷卅一缺首紙，包括卷端之書名、卷次、撰者及該卷所録書名、六韜序等内容皆佚。今據駿河版補。

〔二〕案：王震六韜集解云：「唐初魏徵等纂輯群書治要，是書卷三一節録六韜之序、文韜、武韜、龍韜、虎韜、犬韜，又節録陰謀之篇，與今本六韜有較大差異。」

〔三〕序　底本原接上「六韜」二字下，天明本另起新行，今據以調整；金澤文庫本同底本。又金澤文庫本「六韜序」下有「太公」二字，底本無。王震云：「治要此章不在文韜，而在序篇。」

〔四〕見太公坐茅而釣　「而釣」，今六韜作「以漁」。

〔五〕子樂得魚耶　「得」，今六韜無。

〔六〕夫魚食餌　「食」下天明本有「其」字；金澤文庫本同底本。

〔七〕人食於禄　「於」，今六韜作「其」。

〔八〕魚可殺　「殺」，金澤文庫本作「煞」；天明本、今六韜同底本。

〔九〕天下可畢也　今六韜無「也」字。

〔一〇〕天下者非一人之天下　「者」，今六韜無。

〔一一〕與天下同利者　此句今六韜作「同天下之利者」。

〔一二〕則得天下　「則」，金澤文庫本原作「澤」，旁校作「則」；天明本、今六韜同底本。

〔一三〕失天下　「失」上今六韜有「則」字。

〔一四〕地有財　「財」，金澤文庫本原作「時」，旁校作「財」；天明本、今六韜同底本。

〔一五〕免人之死　「之死」，金澤文庫本作「死之」；天明本、今六韜同底本。

〔六〕義也　二字金澤文庫本原無，旁校補之；天明本、今六韜同底本。

〔七〕天下歸之　「歸」，今六韜作「赴」。案：銀雀山簡亦作「赴」。

〔八〕好得而歸利　「得」，今六韜作「德」。

文鞱〔一〕

文王問太公曰：「天下一亂一治，〔二〕其所以然者何？〔三〕天時（天時）變化當（曰）自有之乎？」〔四〕太公曰：「君不肖則國危而民亂，君賢聖則國家安而天下治。〔五〕禍福在君，不在天時。」文王曰：「古之賢君可得聞乎？」太公曰：「昔帝堯，上世之所謂賢君也。〔六〕堯王天下之時，金銀珠玉弗服，〔七〕錦繡文綺弗衣，〔八〕奇怪異物弗視，〔九〕玩好之器弗寶，淫佚之樂弗聽，宮垣室屋弗崇，〔一〇〕茅茨之蓋不剪。〔一一〕衣履不弊盡不更爲，滋味重累不（不）食。〔一二〕不以私曲之故，〔一三〕留耕種之時，〔一四〕削心約志，從事乎無爲。其自奉也甚薄，役賦甚宜。〔一五〕故萬民富樂，而無飢寒之色。百姓戴其君如日月，視其君如父母。」文王曰：「大哉，賢君之德矣！」〔一六〕

〔一〕文鞱　「鞱」，駿河版、天明本皆作「韜」；金澤文庫本同底本。下同。

〔二〕天下一亂一治　今六韜作「一治一亂」。

〔三〕其所以然者何　「其」，今六韜無。

〔四〕天時（天時）變化當（曰）自有之乎　「天時」二字，旁注云：「或本無之。」駿河版、天明本皆無之，據删。金澤文庫本亦有此二字，旁有校删符號。又「當」，天明本、今六韜皆無；金澤文庫本同底本。又「當」下原有「曰」字，旁校删之，據删；諸本治要、今六韜皆無。又「有之」二字，今六韜作「然」。

〔五〕君賢聖則國家安而天下治　「家」，今六韜無。

〔六〕上世之所謂賢君也　「之」，今六韜無。

〔七〕金銀珠玉弗服　「弗服」，今六韜作「不飾」。又案：此下五「弗」字，今六韜皆作「不」。

〔八〕錦繡文綺弗衣　「衣」，金澤文庫本旁校謂本作「服」；駿河版、天明本同底本。

〔九〕奇怪異物弗視　「異物」，今六韜作「珍異」。

〔一〇〕宮垣室屋弗崇　「崇」，今六韜作「堊」。

〔一一〕茅茨之蓋不剪　「之蓋」，今六韜作「偏庭」。

〔一二〕滋味重累不（不）食　「重」，旁注云：「或本無之。」金澤文庫本旁有「本无」二字；駿河版、天明本皆有之。下「不」字，旁注云：「或本無之。」金澤文庫本同底本；駿河版、天明本皆無，據删。案：王震謂「鹿裘禦寒，布衣掩形，糲粱之飯，藜藿之羹」十六字，治要作「衣履不弊盡不更爲，滋味重累不重食」。今案：諸本治要實作「滋味重累不食」。

〔一三〕不以私曲之故　「私曲」，駿河版、天明本、今六韜皆作「役作」；金澤文庫本同底本，其旁校謂本書作「役作」。

〔一四〕留耕種之時　「留」，旁校作「害」；諸本治要皆作「留」。又「留耕種」，今六韜作「害民耕績」。

〔一五〕役賦甚宜　「賦」下駿河版、天明本、今六韜有「也」字。又「役賦」，今六韜作「賦役」。又「宜」，旁注云：「寡，或本。」金澤文庫本作「稟」；駿河版、天明本皆作「寡」。案：「宜」即「寡」字異體。

〔一六〕賢君之德矣　「矣」，今六韜作「也」。

文王問太公曰：〔一〕「願聞爲國之道。」太公曰：「愛民。」〔文王曰：「愛民〕奈何？」〔二〕太公曰：「利而勿害，成而勿敗，生而勿煞，〔三〕与而勿奪，樂而勿苦，喜而勿怒。」文王曰：「奈何？」〔四〕太公曰：「民不失其所務，則利之也；〔五〕農不失其時業，則成之也；〔六〕省刑罰，則生之也；〔七〕薄賦斂，則与之也；〔八〕無多宮〔室〕臺池，〔九〕則樂之也；吏清不苛，則喜之也；民失其務，則害之也；〔一〇〕農失其時，則敗之也；〔一一〕無罪而罰，則殺之也；〔一二〕重賦斂，則奪之也；〔一三〕多〔營〕（害）〔宮〕室遊觀以疲民，〔一四〕則苦之也；〔一五〕吏爲苛擾，則怒之也。〔一六〕故善爲國者，御民如父母之愛子，如兄之慈弟也。〔一七〕見之飢寒，〔一八〕則爲之哀；〔一九〕見之勞苦，〔二〇〕則爲之悲。」文王曰：「善哉！」〔二一〕

〔一〕文王問太公曰　「曰」，金澤文庫本原無，旁校補之；駿河版、天明本同底本。王震謂「治要無『曰』字」，是其未見九條家本也。

〔二〕〔文王曰愛民〕奈何　「文王曰愛民」五字，原無，據諸本治要補；今六韜亦有此五字。

〔三〕生而勿煞　「煞」，駿河版、天明本、今六韜皆作「殺」；金澤文庫本同底本。下同，不另出校。

〔四〕奈何　此句今六韜作「敢請釋其故」。

〔五〕民不失其所務則利之也　「其所」「也」，今六韜無。

〔六〕農不失其時業則成之也　「其」「業」「也」，今六韜無。

〔七〕則生之也　「也」，今六韜無。

〔八〕則与之也　「也」，今六韜無。

〔九〕無多宮〔室〕臺池　「室」，原無，據駿河版、天明本補；金澤文庫本同底本。今六韜此句作「儉宮室臺榭」。

〔一〇〕則害之也　「也」，今六韜無。

〔一一〕則敗之也　「也」，今六韜無。

〔一二〕則殺之也　「也」，今六韜無。

〔一三〕則奪之也　「也」，今六韜無。

〔一四〕多〔營〕（害）〔宮〕室遊觀以疲民　「營」，原無，據駿河版、天明本補；金澤文庫本同底本；今六韜亦作「營」。又「宮」，原作「害」，旁校作「宮」，據改；駿河版、天明本皆作「宮」；金澤文庫本原作「害」，旁校作「宮」；今六韜亦作「宮」。又「遊觀」，今六韜作「臺榭」。

〔一五〕則苦之也　「也」，今六韜無。

〔一六〕則怒之也　「也」，今六韜無。

〔一七〕如兄之慈弟也　「慈」，今六韜作「愛」。又「也」，今六韜無。

〔一八〕見之飢寒　「之」，今六韜作「其」。

〔一九〕則爲之哀　「哀」，今六韜作「憂」。

〔二〇〕見之勞苦　「之」，今六韜作「其」。

〔二一〕文王曰善哉　此句今六韜無。

文王問於太公曰：「賢君治國何如？」對曰：「賢君之治國，其政平，吏不苛；其賦斂節，其自奉薄；不以私善害公法，賞賜不加於無功，刑罰不施於無罪；不因喜以賞，不因怒以誅；害民者有罪，進賢舉過者有賞；〔一〕後宮不荒，女謁不聽；上無淫慝，下無陰〔害〕；〔二〕不供宮室以費財，不多遊觀臺池以罷民，不雕文刻鏤以逞耳目；官無腐蠹之藏，國無流餓之民（國）也。」〔三〕文王曰：「善哉！」〔四〕

〔一〕進賢舉過者有賞　「舉過」二字，駿河版、天明本無；金澤文庫本同底本。

〔二〕下無陰〔害〕　「害」，原漫漶，旁校作「害」，據補；諸本治要皆作「害」。

〔三〕國無流餓之民（國）也　下「國」字，旁注云：「或本無之。」據删。諸本治要皆無此「國」字。

〔四〕案：今六韜不見此段文字，蓋爲今六韜佚文。

文王問師尚父曰：〔一〕「王人者，何上〔何下〕？〔二〕何取何去？何禁何止？」尚父曰：〔三〕「上賢，下不肖；取誠信，去詐僞；禁暴亂，止奢侈。故王人者有六賊七害。六賊者，一曰大作宮殿臺池遊觀，〔四〕淫樂哥舞，〔五〕傷王者德；〔六〕二曰不事農桑，作業作勢，〔七〕遊俠犯歷法禁，不從吏教，傷王之威；〔八〕三曰結連朋黨，〔九〕比周爲權，〔一〇〕以蔽賢智，〔一一〕傷王者治；〔一二〕四曰伉智高節，〔一三〕以爲氣勢，傷吏威；〔一四〕五曰輕爵位，賤有司，羞爲上犯難，傷功臣〔之勞〕；〔一五〕六曰宗强侵奪，〔一六〕淩侮貧（敬）〔弱〕，〔一七〕傷庶民矣。〔一八〕七害者，一曰無智略大謀，〔一九〕而以重賞尊爵之故，强勇輕戰，僥倖於外，王者慎勿使將；二曰有名而無用，〔二〇〕出入異言，揚美掩惡，〔二一〕進退爲功，〔二二〕王者慎莫与謀；〔二三〕三曰朴其身頭，〔二四〕惡其衣服，語無爲以求名，言無欲以求得，〔二五〕此僞人也，王者慎勿近；〔二六〕四曰慎文辨辭，〔二七〕高行論議，〔二八〕而非時俗，〔二九〕此姦人也，王者慎勿寵；五曰果敢輕死，苟以貪得尊爵重禄，〔三〇〕不圖大事，待利而動，〔三一〕王者慎勿使；六曰爲雕文刻鏤，技巧華飾，〔三二〕以傷農事，〔三三〕王者必禁之；七曰爲方（枝）〔伎〕咒詛，〔三四〕作蠱道鬼神不驗之物、〔三五〕不祥訛言，〔三六〕欺詐良民，〔三七〕王者必禁止之。〔三八〕故民不盡其力，非吾民；士不誠信而巧僞，〔三九〕非吾士；臣不忠諫，非吾〔臣〕；〔四〇〕（民；士不誠信而巧僞，非吾士；臣不忠諫，非吾士，臣不忠諫，非吾）〔吏不平潔愛人，非吾〕吏；〔四一〕宰相不能富國强兵，〔四二〕調和陰陽，以安萬乘之主，簡練群臣，〔四三〕定名實，明賞罰，令百姓富樂，〔四四〕非吾宰相也。〔四五〕故（壬）〔王〕人之道，〔四六〕如龍之首，〔四七〕高居而遠望，徐視而審聽，〔四八〕神其刑，〔四九〕散其精，〔五〇〕若天之高不可極，若川之深不可測也。」〔五一〕

〔一〕文王問師尚父曰　「師尚父」，今六韜作「太公」。

〔二〕何上〔何下〕　「何下」，原無，旁校補之，據補；金澤文庫本原無，旁校補之；駿河版、天明本、今六韜皆有二字。

〔三〕尚父曰　「尚父」，今六韜作「太公」。

〔四〕一曰大作宫殿臺池遊觀　「殿」，今六韜作「室」。又「臺」，今六韜無。

〔五〕淫樂哥舞　「哥」，駿河版、天明本作「歌」；金澤文庫本同底本。又此句，今六韜作「倡樂者」。

〔六〕傷王者德　「者」，今六韜作「之」。

〔七〕作業作勢　四字今六韜作「任氣」。

〔八〕傷王之威　「威」，駿河版、天明本、今六韜作「化」；金澤文庫本原同底本，旁校作「化」。

〔九〕三曰結連朋黨　「連」，今六韜無。

〔一〇〕比周爲權　此句今六韜無。

〔一一〕以蔽賢智　「以」，今六韜無。

〔一二〕傷王者治　「者」，駿河版、天明本、今六韜作「之」；金澤文庫本同底本。又「治」，駿河版、天明本、今六韜作「權」；金澤文庫本同底本。

〔一三〕四曰伉智高節　「伉智」，今六韜作「抗志」。

〔一四〕傷吏威　「吏」，今六韜作「王之」。

〔一五〕傷功臣〔之勞〕　「之勞」，原無，旁校補之，據補；駿河版、天明本、今六韜皆有之；金澤文庫本原無，旁校補之。

〔一六〕六曰宗强侵奪　「宗强」，金澤文庫本旁校作「强宗」；駿河版、天明本同底本；今六韜作「强宗」。

〔一七〕淩侮貧〔敬〕〔弱〕　「弱」，原作「敬」，駿河版、天明本、今六韜作「弱」，金澤文庫本原同底本，旁校作「弱」，據改。

〔一八〕傷庶民矣　「民」，今六韜作「人」，避唐太宗李世民名諱改。又「矣」，今六韜作「之業」。

〔一九〕一曰無智略大謀　「大」，今六韜作「權」。

〔二〇〕二曰有名而無用　「用」，今六韜作「實」。

〔二一〕揚美掩惡　此句今六韜作「掩善揚惡」。

〔二二〕進退爲功　「功」，旁注云：「巧，或本。」駿河版、天明本、今六韜皆作「巧」；金澤文庫本原作「功」，旁校作「巧」。

〔二三〕王者慎莫与謀　「莫」，金澤文庫本旁校作「勿」；駿河版、天明本同底本；今六韜作「勿」。

〔二四〕三曰朴其身頭　「朴」，旁注云：「樸，或本。」諸本治要皆作「朴」。又「頭」，駿河版、天明本、今六韜作「躬」；金澤文庫本作「頭」，旁校作「躬」。

〔二五〕言無欲以求得　「得」，今六韜作「利」。

〔二六〕王者慎勿近　「近」，金澤文庫本原作「進」，旁校作「近」；駿河版、天明本、今六韜同底本。

〔二七〕四曰慎文辨辭　「慎文」，旁注云：「博聞，或本。」今六韜正作「博聞」。又「慎」，天明本作「博」；金澤文庫本、駿河版同底本。

〔二八〕高行論議　今六韜作「虚論高議」。

〔二九〕而非時俗　「非」，今六韜作「誹」。

〔三〇〕苟以貪得尊爵重禄　此句今六韜作「以食禄秩」。

〔三一〕待利而動　「待」，今六韜作「得」。

〔三二〕技巧華飾　「技」，旁校作「伎」；諸本治要、今六韜皆作「技」。

〔三三〕以傷農事　「以」，今六韜作「而」。

〔三四〕七曰爲方〔枝〕〔伎〕咒詛　「伎」，原作「枝」，據駿河版、天明本改；金澤文庫本原作「枝」，旁校作「伎」；今六韜亦作「技」。

〔三五〕作蠱道鬼神不驗之物　此句今六韜作「巫蠱左道」。

〔三六〕不祥訛言　「祥」，天明本、今六韜作「詳」；金澤文庫本、駿河版同底本。又「訛」，今六韜作「之」。

〔三七〕欺詐良民　「欺詐」，今六韜作「幻惑」。

〔三八〕王者必禁止之　「禁」，今六韜無。

〔三九〕士不誠信而巧僞　「而巧僞」三字，今六韜無。

〔四〇〕非吾〔臣〕　「臣」，原無，旁校補之，據補；金澤文庫本原無，旁校補之；駿河版、天明本、今六韜皆有之。

〔四一〕（民士不誠信而巧僞非吾士臣不忠諫非吾士臣不忠諫非吾）〔吏不平潔愛人非吾〕吏　「民」至「非吾」二十四字，與前文重複，當是底本誤衍，據删；駿河版無此二十四字。又「吏不平潔愛人，非吾」八字，原無，據駿河版補。又案：金澤文庫本「吏不平潔愛人非吾吏」九字，其眉校云：「已上九字，本書有之，但傳本无之。」此卷嘗經誰人點校，卷末並無明言。然據其所示，九字在當時所見六韜有之，但在治要傳本則無。

〔四二〕宰相不能富國强兵　「宰」，今六韜無。

〔四三〕簡練群臣　「簡練」，今六韜作「正」。

〔四四〕今百姓富樂　今六韜此句作「樂萬民」。

〔四五〕非吾宰相也　「宰」，今六韜無。

〔四六〕故（壬）〔王〕人之道　「王」，原作「壬」，旁校作「王」，據改；金澤文庫本原作「壬」，旁校作「王」；駿河版、天明本、今六韜皆作「王」。

〔四七〕如龍之首　「之」，今六韜無。

〔四八〕徐視而審聽　「徐」，今六韜作「深」。

〔四九〕神其刑　「神」，旁校指出當作「示」；今六韜作「示」。又「刑」，旁校作「神」。此二字金澤文庫本同底本，校改亦同。

〔五〇〕散其精　此句今六韜作「隱其情」

〔五一〕若川之深不可測也　「川」，今六韜作「淵」，知治要所載或出避唐高祖李淵名諱所至。

文王問太公曰：「君務舉賢而不獲其功，世亂愈甚，以致危亡者，何也？」太公曰：「舉賢而不用，是有舉賢之名也，〔一〕無得賢之〔實〕也。」〔二〕文王曰：「其失安在？」太公曰：「其失在〔君〕，〔三〕好用世俗之所譽，不得其真賢。」〔四〕文王曰：「好用世俗之所譽者何也？」〔五〕太公曰：「好聽世俗之所譽者，或以非賢爲賢，或以非智爲智，或以非忠爲忠，或以非信爲信。〔六〕君以世俗之所譽者爲賢智，〔七〕以世俗之所毀者爲不肖，則多黨者進，少黨者退。是以群邪比周而蔽賢，〔八〕忠臣死於無罪，邪臣虚譽以取爵位。〔九〕是以世亂愈甚，故其國不免於危亡。」〔一〇〕文王曰：「舉賢奈何？」太公曰：「將相分職，而君以官舉人，〔一一〕案名察實，〔一二〕選才考能，令能當名，〔一三〕名得其實，〔一四〕則得賢人之道。」〔一五〕文王曰：「善哉！」〔一六〕

〔一〕是有舉賢之名也　「也」，今六韜無。

〔二〕無得賢之〔實〕也　「得」，今六韜作「用」。又「實」，原無，旁校補之，據補；駿河版、天明本皆有之。

〔三〕其失在〔君〕　「君」，原無，旁校補之，據補；諸本治要皆無；今六韜有之。

〔四〕不得其真賢　「其」，今六韜無。

〔五〕好用世俗之所譽者何也　「譽」，旁校作「舉」；駿河版、天明本皆作「譽」；金澤文庫本原作「舉」，旁校作「譽」。

〔六〕「好用世俗之所譽者何也」至「或以非信爲信」　此四十五字，今六韜無。

〔七〕君以世俗之所譽者爲賢智　「譽」，金澤文庫本原作「舉」，旁校作「譽」；駿河本、天明本同底本。又「智」，今六韜無。

〔八〕是以群耶比周而蔽賢　「以」，今六韜作「則」。又「蔽」，駿河版作「弊」，天明本、金澤文庫本同底本。

〔九〕耶臣虚譽以取爵位　「以」，駿河版、天明本、今六韜在「臣」下；金澤文庫本在「臣」下旁補「以」字，原本「以取爵位」之「以」旁則云「本无」。

〔一〇〕故其國不免於危亡　「故其」，今六韜作「則」。

〔一一〕而君以官舉人　「君」，金澤文庫本原作「君」，旁校作「各」；駿河版、天明本、今六韜作「各」。

〔一二〕案名察實　「察」，今六韜作「督」。

〔一三〕今能當名　「能」，今六韜作「實」。又「當」下天明本、今六韜有「其」字，金澤文庫本、駿河版同底本。

〔一四〕名得其實　「得」，今六韜作「當」。

〔一五〕則得賢人之道　「賢人」，今六韜作「舉賢」。

〔一六〕文王曰善哉　此五字今六韜無。

文王問太公曰：「願聞治國之所貴。」太公曰：「貴法令之必行，〔必〕行則治道通，〔一〕〔通〕則民太利，〔二〕〔太〕利則君德彰矣。〔三〕君不法天地，而隨世俗之所善以爲法，故令出必亂，亂則復更爲法。是以法令數變，則群耶成俗，而君沉於世，是以國不免危亡矣。」〔四〕

〔一〕〔必〕行則治道通　「必」，原無，據諸本治要補。

〔二〕〔通〕則民太利　「通」，原無，旁校補之，據補；諸本治要皆有之。

〔三〕〔太〕利則君德彰矣　「太」，原無，據諸本治要補。

〔四〕案：今六韜無此段文字。

文王問太公曰：「願聞爲國之大失。」太公曰：「爲國之大失，作而不法法，國君不悟，是爲大失。」文王曰：「願聞不法法，國君不悟。」太公曰：「不法法，則令不行，令不行，則主威傷。不法法，則耶不正，〔一〕耶不止，〔二〕則禍亂起矣。不法法，則刑妄行，刑妄行，則賞無功。不法法，則國昏亂，國昏亂，則臣爲變。不法法，則水旱發，水旱發，則萬民病。君不悟，則兵革起，兵革起，則失天下也。」〔三〕

〔一〕則耶不正　「正」，駿河版、天明本作「止」；金澤文庫本原作「正」，旁校作「止」。

〔二〕耶不止　「止」，旁注云：「正，或本。」諸本治要皆作「止」。

〔三〕案：今六韜無此段文字。

文王問太公曰：「人主動作舉事，善惡有禍殃之應。鬼神之福無？」〔一〕太公曰：「有之。主動作舉事，惡則天應之以刑，善則地應之以德；逆則人備之以力，順則神授之以職。故人主好重賦斂，大宮室，多游臺，則民多病温，霜露煞五穀，絲麻不成。人主好田獵畢（戈）〔弋〕，〔二〕不避時禁，則歲多大風，禾穀不實。人主好破壞名山，壅塞大川，決通名水，則歲多大水傷民，五槩不滋。人主好武事，兵革不息，則日月薄蝕，太白失行。故人主動作舉事，善則天應以之德，〔三〕惡則人備之以力，神奪之以職，如（嚮）〔響〕之應聲，〔四〕如影之隨刑。」〔五〕文王曰：「誡哉！」〔六〕

〔一〕鬼神之福無　「之」，金澤文庫本原無，旁校補之；駿河版、天明本同底本。

〔二〕人主好田獵畢（戈）〔弋〕　「弋」，原作「戈」，據金澤文庫本、駿河版改；天明本同底本。

〔三〕善則天應以之德　「以之」，諸本治要作「之以」。

〔四〕如（嚮）〔響〕之應聲　「響」，原作「嚮」，旁校作「響」，據改；金澤文庫本原作「嚮」，旁校作「響」；駿河版、天明本皆作「響」。

〔五〕如影之隨刑　「刑」，旁校作「形」；金澤文庫本原作「刑」，旁校作「形」；駿河版、天明本皆作「形」。

〔六〕誡哉　「誡」，諸本治要皆作「誠」。又案：今六韜無此段文字。

文王問太公曰：「君國王民，〔一〕其所以失之者何也？」太公曰：「不慎所與也。人君有六守、三寶。六守者，〔二〕一曰仁，二曰義，三曰忠，四曰信，五曰勇，六曰謀，是謂六守。」文王曰：「慎擇此六者奈何？」〔三〕太公曰：「富之而觀其無犯，貴之而觀其無驕，付之而觀其無轉，使之而觀其無隱，危之而觀其無恐，事之而觀其無窮。富之而不犯者，仁也；貴之而不驕者，義也；付之而不轉者，忠也；使之而不隱者，信也；危之而不恐者，勇也；事之而不窮者，謀也。人君慎此六者以爲君用。〔四〕君無以三寶借人，以三寶借人，〔五〕則君將失其威。〔六〕大農、大工、高大商，〔七〕謂之三寶。六守長則國昌，〔八〕三寶完則國安。」

〔一〕君國王民　「王」，諸本治要、今六韜皆作「主」。又「民」下駿河版、天明本、今六韜有「者」字；金澤文庫本原無，旁校補之。

〔二〕六守者　案：今六韜作「文王曰：六守何也」，以問答方式呈現。

〔三〕慎擇此六者奈何　今六韜此句作「慎擇六守者何」。

〔四〕人君慎此六者以爲君用　此句今六韜無。

〔五〕君無以三寶借人以三寶借人　今六韜不重「以三寶借人」五字。

〔六〕則君將失其威　「將」，今六韜無。

〔七〕大農大工高大商　「高」，駿河版、天明本、今六韜無；金澤文庫本同底本。

〔八〕六守長則國昌　「國」，今六韜作「君」。

文王問太公曰：「先聖之道可得聞乎？」〔一〕太公曰：「義勝欲則從，〔二〕欲勝義則凶。〔三〕敬勝怠則吉，怠勝敬則滅。故義勝怠者王，怠勝敬者亡（武）。」〔四〕

〔一〕先聖之道可得聞乎　「先」，旁注云：「失，或本。」今六韜亦作「先」。
〔二〕義勝欲則從　「從」，駿河版、天明本、今六韜作「昌」；金澤文庫本原作「從」，旁校作「昌」。
〔三〕欲勝義則凶　「凶」，駿河版、天明本、今六韜作「亡」；金澤文庫本原作「凶」，旁校作「亡」。
〔四〕故義勝怠者王怠勝敬者亡（武）　案：二句今六韜無。又「武」，駿河版、天明本皆無，據刪；金澤文庫本同底本。

武王問太公曰：「桀、紂之時，獨無忠臣良士乎？」太公曰：「忠臣良士，天地之所生，何爲無有？」武王曰：「爲人臣而令其主殘虐，爲後世笑。可謂忠臣良士乎？」太公曰：「是諫者不必聽，賢者不必用。」武王曰：「諫不聽，是不忠；賢而不用，是不賢也。」太公曰：「不然。諫有六不聽，〔一〕强諫有四必亡，〔二〕賢者有七不用。」武王曰：「願聞六不聽、四必亡、七不用。」太公曰：「主好作宮室臺池，諫者不聽；主好忿怒，（忘）妄誅殺人，〔三〕諫者不聽；主好所愛，無功德而富貴者，諫者不聽；主好財利，巧奪萬民，諫者不聽；主好珠玉奇怪異物，諫者不聽。是謂六不聽。四必亡：一曰强諫不可止，必亡；二曰强諫知而不肯用，必亡；三曰以寡正强、亡衆耶，〔四〕必亡；四曰以寡直强，〔五〕正衆曲，必亡。七不用：一曰主弱親强，賢者不用；二曰主不明，正者少，耶者衆，賢者不用；三曰賊臣在外，奸臣在内，賢者不用；〔六〕四曰法政阿宗族，賢者不用；五曰以欺妄爲忠，〔七〕賢者不用；六曰忠諫者死，賢者不用；七曰貨財上流，賢者不用。」〔八〕

〔一〕諫有六不聽　「不」，金澤文庫本原無，旁校補之；駿河版、天明本同底本。
〔二〕强諫有四必亡　「强」，旁校作「旃」，旁注云：「六韜无『旃諫』二字。」
〔三〕（忘）妄誅殺人　「忘」，駿河版、天明本無，據刪；金澤文庫本同底本。
〔四〕亡衆耶　「亡」下金澤文庫本旁補「正」字；駿河版、天明本同底本。
〔五〕四曰以寡直强　「曰」，金澤文庫本原無，旁校補之。
〔六〕三曰賊臣在外奸臣在内賢者不用　此十四字金澤文庫本原無，旁校補之；駿河版、天明本同底本。
〔七〕五曰以欺〔妄〕爲忠　「妄」，原無，旁校補之，據補；諸本治要皆無之。
〔八〕案：今六韜無此段文字。

武王伐殷，得二丈夫而問之曰：「殷之將亡，亦有妖乎？」其一人對曰：「有。殷國嘗雨血、雨灰、雨石，小者如椎，大者如箕，六月雨雪深尺餘。」其一人曰：「是非國之大妖也。殷君喜以人餧虎，〔一〕喜割人心，喜煞孕婦，喜煞人之父、孤人之子。喜奪喜誣，以信爲欺，欺者爲貞，以忠爲不忠，忠諫者死，阿諫者賞，〔二〕以君子爲下。急令暴取，好田獵，出入不時，喜治宮室脩臺池，日夜無已；喜爲酒池肉林糟丘，而牛飲者三千；飲人無長（幻）〔幼〕之序、〔三〕貴賤之禮；喜聽讒用舉，無功者賞，無德者富；所愛專制而擅令，無禮義，無忠信，無聖人，無賢士，無法度，無升斛，無尺丈，無稱衡。此殷國之大妖也。」〔四〕

〔一〕殷君喜以人餧虎　「殷」，金澤文庫本原無，旁校補之；駿河版、天明本同底本。

〔二〕阿諫者賞　「諫」，天明本作「諛」；金澤文庫本、駿河版同。

〔三〕飲人無長（幻）〔幼〕之序　「幼」，原作「幻」，據諸本治要改。

〔四〕案：今六韜無此段文字。

武韜

文王在酆，召太公曰：「商王罪煞不辜，汝尚助余憂民，〔一〕今我何如？」〔二〕太公曰：「王其脩身下賢，〔三〕惠民以觀天道。天道無殃，不可以先唱；〔四〕人道無災，不可以先謀；〔五〕必見天殃，又見人災，乃可以謀。与民同利，同利相救，〔六〕同情相成，同惡相助，同好相趣，無甲兵而勝，無衡機而改，〔七〕無渠塹而守。〔八〕利人者天下啟之，害人者天下閉之。〔九〕天下非一人之天下也。取天下若逐野獸，得之而天下皆有分肉；〔一〇〕若同舟而濟，天下皆同其利，〔一一〕舟敗，天下皆同其害。〔一二〕然則皆有啟之，無有閉之矣。〔一三〕無取於民者，取民者也；無取於國者，〔取國者〕也；〔一四〕無取於天下者，取天下者也。取民者民利之，取國者國利之，取天下者天下利之。〔一五〕故道在不可見，事在不可聞，勝在不可知。（徵）〔微〕哉！微（鷙）哉！〔鷙〕鳥將擊，〔一六〕卑飛翕翼；猛獸將擊，〔一七〕俛耳俯伏；〔一八〕聖人將動，必有過色。〔一九〕唯文唯德，誰爲之或？〔二〇〕弗觀弗視，安知其極！〔二一〕今被殷商，〔二二〕衆口相或。〔二三〕吾觀其野，草茅勝穀；〔二四〕吾觀其群，衆曲勝直；〔二五〕吾觀其吏，暴虎殘賊。〔二六〕敗法亂刑而上不覺，〔二七〕此亡國之則也。〔二八〕夫上好貨，群臣好得，而賢者逃伏，其亂至矣。」〔二九〕太公曰：「天下之人如流水，鄣之則止，啟之則行，動之則濁，〔三〇〕靜之則清。嗚呼神哉！聖人見其所〔始，則知〕其所終矣。」〔三一〕文王曰：「靜之奈何？」太公曰：「夫天有常刑，〔三二〕民有常生。與天人共其生，〔三三〕而天下靜矣。」

〔一〕汝尚助余憂民　「汝」「余」，今六韜作「公」「予」。

〔二〕今我何如　「今我」二字，今六韜無。

〔三〕王其脩身下賢　「身」，今六韜作「德」。

〔四〕不可以先唱　「以」，今六韜無。

〔五〕不可以先謀　「以」，今六韜無。

〔六〕与民同利同利相救　此二句今六韜無。又後「利」字，天明本作「病」；金澤文庫本、駿河版同底本。

〔七〕無衡機而改　「衡」，今六韜作「衝」。又「改」，旁校作「攻」；金澤文庫本原作「改」，旁校作「攻」；駿河版、天明本、今六韜皆作「攻」。

〔八〕無渠塹而守　「渠」，今六韜作「溝」。

〔九〕利人者天下啟之害人者天下閉之　二句之「人」字，今六韜皆作「天下」。

〔一〇〕得之而天下皆有分肉　「得之」，今六韜無。

〔一一〕天下皆同其利　「天下」，駿河版、天明本、今六韜作「濟則」；金澤文庫本同底本。

〔一二〕舟敗天下皆同其害　「舟」，今六韜無。「天下」，駿河版、天明本、今六韜皆無；金澤文庫本同底本。

〔一三〕無有閉之矣　「矣」，今六韜作「也」。

〔一四〕〔取國者〕也　「取國者」三字，原無，據駿河版、天明本補；金澤文庫本原無，旁校補之；今六韜亦有此三字。

〔一五〕取民者民利之取國者國利之取天下者天下利之　三「取」字之上，今六韜皆有「無」字。

〔一六〕(徵)〔微〕哉微(鷙)哉〔鷙〕鳥將擊　上「微」字原作「徵」，據駿河版、天明本改；金澤文庫本作「嶶」，乃「微」之異體字；今六韜亦作「微」。又「鷙」原誤倒在哉上，據駿河版、天明本改置「鳥」上。金澤文庫本二字原亦誤倒，旁校改正之；今六韜亦置「鳥」上。

〔一七〕猛獸將擊　「擊」，今六韜作「搏」。

〔一八〕俛耳俯伏　「俛」，駿河版作「悗」，金澤文庫本、天明本同底本；今六韜作「弭」。

〔一九〕必有過色　「過」，今六韜作「愚」。

〔二〇〕誰爲之或　「或」，諸本治要皆作「惑」。

〔二一〕「唯文唯德」至「安知其極」　案：此十六字今六韜無。

〔二二〕今被殷商　「被」，金澤文庫本原作「被」，旁校作「彼」；駿河版、天明本、今六韜皆作「彼」。

〔二三〕衆口相或　「或」，諸本治要、今六韜皆作「惑」。

〔二四〕草茅勝穀　「茅」，今六韜作「菅」。

〔二五〕吾觀其群衆曲勝直　「群」「衆」，今六韜作「衆」「邪」。

〔二六〕暴虎殘賊　「虎」，駿河版、天明本、今六韜作「虐」；金澤文庫本原作「虎」，旁校作「虐」。

〔二七〕敗法亂刑而上不覺　「而」，今六韜無。又「上」金澤文庫本旁校補「下」字；駿河版、天明本、今六韜皆有「下」字。

〔二八〕此亡國之則也　「則」，駿河版、天明本、今六韜作「時」；金澤文庫本原作「則」，旁校作「時」。

〔二九〕「夫上好貨」至「其亂至矣」　此十七字今六韜無。

〔三〇〕動之則濁　此句今六韜無。案：銀雀山簡有之。

〔三一〕聖人見其所〔始則知〕其所終矣　「始則知」三字，底本殘缺不清，據諸本治要補；今六韜亦有此三字。又「矣」，今六韜無。

〔三二〕夫天有常刑　「夫」，今六韜無。又「刑」，金澤文庫本原作「刑」，旁校作「形」；駿河版、天明本、今六韜皆作「形」。

〔三三〕與天人共其生　「人」，天明本、今六韜作「下」；金澤文庫本、駿河版同底本。

文王在岐周，召太公曰：「争權於天下者，何先？」太公曰(先太公曰)：〔一〕「先人。人与地稱，則萬物備矣。今君之位尊矣，待天下之賢士，勿臣而友之，則君以得天下矣。」文王曰：「吾地〔小而民寡，將何以得之？」太公曰：「可。天下有地」，〔二〕賢者得之；天下有粟，賢者食之；天下有民，賢者收之。天下者非一人之天下也，莫常有之，唯賢者取之。夫以賢而爲人下，何人不與？以貴從人曲直，何人不得？屈一人之下，則申萬人之上者，唯聖人而後能爲之。」文王曰：「善。請著之金板。」於是文王所就而見者六人，所求而見者七十人，所呼而友者千人。〔三〕

〔一〕太公曰（先太公曰）「先太公曰」旁校作衍文，諸本治要皆無此四字，據刪。

〔二〕「小而民寡」至「天下有地」此十七字，原無，旁校補之，據補；諸本治要皆有之。

〔三〕案：今六韜無此段文字。

文王曰：「何如而可以爲天下？」太公對曰：〔一〕「大蓋天下，然後能容天下；信蓋天下，然後可約天下；〔二〕仁蓋天下，然後可以求天下；〔三〕恩蓋天下，然後王天下；〔四〕（接）〔權〕蓋天下，〔五〕然後可以不失天下；事而不疑，然後天下（時）〔恃〕。〔六〕此六者備，然後可以爲天下政。故利天下者，天下啟之；害天下者，天下閉之；生天下者，天下德之；（然）〔殺〕天下者，〔七〕天下賊之；窮天下者，天下恃之；〔八〕危天下者，天下災之。天下者，非一人之天下，唯有道者得天下也。」〔九〕

〔一〕太公對曰　「對」，今六韜無。

〔二〕然後可約天下　「約」，今六韜無。

〔三〕然後可以求天下　「可以求」，今六韜作「能懷」。

〔四〕然後王天下　「後」下金澤文庫本補一「可」字，駿河版、天明本同底本。又「王」，今六韜作「能保」。

〔五〕（接）〔權〕蓋天下　「權」，原作「接」，據駿河版、天明本改；金澤文庫本原作「接」，旁校作「權」。

〔六〕然後天下（時）〔恃〕　「恃」，原作「時」，據駿河版、天明本改；金澤文庫本原作「時」，旁校作「恃」；今六韜亦作「權」。

〔七〕（然）〔殺〕天下者　「殺」，原作「然」；據駿河版、天明本改；金澤文庫本原作「然」，旁校作「殺」；今六韜作「殺」。

〔八〕窮天下者天下恃之　「窮」，旁校作「安」。又此句駿河版、天明本、今六韜作「窮天下者，天下仇之。安天下者，天下恃之」，底本無「天下仇之安天下者」八字。金澤文庫本「窮」字下旁補「徹天下者天下通之窮天下者天下仇之安」十七字；今六韜有此十七字。

〔九〕唯有道者得天下也　「得天下也」，今六韜作「處之」。

武王問太公曰：「論將之道奈何？」太公曰：「將有五才十過。所謂五才者，勇、智、仁、信、（必）〔忠〕也。〔一〕勇則不可犯，智則不可亂，仁則愛人，信則不欺人，（必）〔忠〕則無二心。〔二〕所謂十過者，將有勇而輕死者，〔三〕有急而心速者，有貪而喜利者，〔四〕有仁而不忍於人者，〔五〕有智而心怯者，〔六〕有信而喜信於人者，〔七〕有廉潔而不愛民者，〔八〕有智而心緩者，有剛毅而自用者，有懦心而喜用人者。〔九〕勇而輕死者，可暴也；急而心速者，可久也；〔一〇〕貪而喜利者，可遺也；仁而不忍於人者，〔一一〕可勞也；智而心怯者，可窘也；信而喜信於人者，〔一二〕可誑也；廉潔而愛人者，〔一三〕可侮也；智而心緩者，可襲也；剛毅而自用者，可事也；懦心而喜用人者，〔一四〕可欺也。故兵者國之大器，〔一五〕存亡之事，〔一六〕命在於將也。〔一七〕先王之所重，故置將不可不審察也。」〔一八〕

〔一〕勇智仁詿（必）〔忠〕也　「詿」，駿河版、天明本、今六韜作「信」；金澤文庫本原作「詿」，旁校作「信」。又「忠」，原作「必」，旁校作「忠」，據改；金澤文庫本原作「必」，旁校作「忠」；駿河版、天明本、今六韜皆作「忠」。

〔二〕（必）〔忠〕則無二心　「忠」，原作「必」，旁校作「忠」，據改；駿河版、天明本皆作「忠」；金澤文庫本原作「必」，旁校作「忠」。

〔三〕將有勇而輕死者　「將」，今六韜無。

〔四〕有貪而喜利者　「喜」，今六韜作「好」。

〔五〕有仁而不忍於人者　「於」，今六韜無。

〔六〕有智而心怯者　「怯」，旁校作「悟」；諸本治要、今六韜皆作「怯」。

〔七〕有信而喜信於人者　「於」，今六韜無。

〔八〕有廉潔而不愛民者　「民」，今六韜作「人」。

〔九〕有懦心而喜用人者　「懦」，諸本治要皆作「愞」，今六韜作「懦」。又「心」，今六韜無。又「用」，今六韜作「任」。

〔一〇〕可久也　「久」，金澤文庫本、駿河版作「反」，天明本、今六韜同底本。

〔一一〕仁而不忍於人者　「於」，今六韜無。

〔一二〕信而喜信於人者　「於」，今六韜無。

〔一三〕廉潔而愛人者　「而」下駿河版、天明本、今六韜皆有「不」字；金澤文庫本原無「不」字，旁校補之。

〔一四〕懦心而喜用人者　「懦」，諸本治要皆作「愞」，今六韜作「懦」。又「心」，今六韜無。又「用」，今六韜作「任」。

〔一五〕故兵者國之大器　「器」，今六韜作「事」。

〔一六〕存亡之事　「事」，今六韜作「道」。

〔一七〕命在於將也　「也」，今六韜無。

〔一八〕故置將不可不審察也　「審」，今六韜無。又案：今六韜此段文字在龍韜。

武王問太公曰：「王者舉兵，欲簡練英雄，知士之高下，爲之奈何？」太公曰：「知之有八（微）〔徵〕：〔一〕一曰微察問之，〔二〕以觀其辭；〔三〕二曰窮之以辭，以觀其變；三曰與之間（謀）〔諜〕，〔四〕以觀其誠；四曰明白顯問，以觀其德；五曰遠使以財，〔五〕以觀其貪；〔六〕六曰試之以色，〔七〕以觀其貞；七曰告之以難，觀其勇；〔八〕八曰醉之以酒，以觀其態。八（微）〔徵〕皆備，〔九〕則賢不肖別矣。」

〔一〕知之有八（微）〔徵〕　「徵」，原作「微」，旁校作「徵」，據改；駿河版、天明本、今六韜皆作「徵」；金澤文庫本作「嵌」。

〔二〕一曰微察問之　「之」下駿河版、天明本皆有「以言」二字；金澤文庫本同底本；今六韜作「問之以言」。

〔三〕以觀其辭　「以」，駿河版、天明本皆闕；金澤文庫本、今六韜同底本。又「以」下金澤文庫本旁校補「言」字。

〔四〕三曰與之間（諜）〔諜〕　「諜」，原作「諜」，據駿河版、天明本改。底本有旁注云：「諜，徒協反。」是其校改亦作「諜」；金澤文庫本原作「諜」，旁校作「諜」；今六韜作「諜」。

〔五〕五曰遠使以財　「遠」，天明本、今六韜無；金澤文庫本、駿河版同底本。又今六韜「使」下有「之」字。

〔六〕以觀其貪　「貪」，今六韜作「廉」。

〔七〕六曰誡之以色　「誡」，駿河版、天明本、今六韜皆作「試」；金澤文庫本原作「誡」，旁校作「試」。

〔八〕觀其勇　「觀」上今六韜有「以」字。

〔九〕八（微）〔徵〕皆備　「徵」，原作「微」，旁校作「徵」，據改；金澤文庫本作「嶶」；駿河版、天明本、今六韜皆作「徵」。

龍韜

武王曰：「士高下豈有差乎？」太公曰：「有九差。」武王曰：「願聞之。」太公〔曰〕：〔一〕「人才參差大小，猶斗不〔可〕以盛石，〔二〕滿則棄矣，非其人而使之，安得不殆？多言多語，惡口惡舌，終日言惡，寢臥不絶，爲衆所憎，爲人所疾，此可使要問閭里。察姧伺猾，權數好事，夜臥早起，雖遽不悔，此妻子將也。先語察事，實長希言，〔三〕賦物平均，此十人之將也。切切截截，不用諫言，數行刑（戳）〔戮〕，〔四〕不避親戚，此百人之將也。訟辨好勝，疾賊侵陵，斥人以刑，欲正一衆，此千人之將也。外貌咋咋，言語切切，欲人飢飽，〔五〕習人劇易，此萬人之將也。戰戰慄慄，日慎一日，近賢進謀，使人以節，言語不慢，忠心誠必，〔六〕此十萬之將也。溫良實長，用心无（雨）〔兩〕，〔七〕見賢進之，行法不枉，此百萬之將也。動動紛紛，鄰國皆聞，出入居處，百姓所親，誠信緩大，〔八〕明於領世，能教成事，又能救敗，上知天文，下知地理，四海之內，皆如妻子，此英雄之率，乃天下之王也。」〔九〕

〔一〕太公〔曰〕　「曰」，原無，據駿河版、天明本補；金澤文庫本原無，旁校補之。

〔二〕猶斗不〔可〕以盛石　「可」，原無，旁校補之，據補；諸本治要皆無之。

〔三〕實長希言　「實」，旁校作「審」；諸本治要皆作「實」。又「長」，旁校作「諦」；諸本治要皆作「長」。

〔四〕數行刑（戳）〔戮〕　「戮」，原作「戳」，旁校作「戮」，據改；駿河版、天明本皆作「戮」；金澤文庫本原作「戳」，旁校作「戮」。

〔五〕欲人飢飽　「欲」，旁注云：「知，或本。」金澤文庫本原作「欲」，旁校作「知」；駿河版、天明本作「知」。

〔六〕忠心誠必　「忠」，旁注云：「中，或本。」諸本治要皆作「忠」。

〔七〕用心无（雨）〔兩〕　「兩」，原作「雨」，據諸本治要改。

〔八〕誠信緩大　「緩」，金澤文庫本作「緣」；駿河版、天明本同底本。

〔九〕乃天下之王也　「王」，旁校作「主」；金澤文庫本原作「王」，旁校作「主」；駿河版、天明本皆作「主」。又案：今六韜無此段文字。

武王問太公曰：「立將之道奈何？」太公曰：「凡國有難，君（居）〔避〕正殿，〔一〕（名）〔召〕將而詔之曰：〔二〕『社稷安危，一在將軍。』將軍受命，〔三〕乃齊於太廟，擇日授斧鉞。〔四〕君入廟，〔五〕西（南）〔面〕而立，〔六〕將軍入北面立。〔七〕君親操鉞，持其首，〔八〕受其柄，〔九〕曰：『從此以往，〔一〇〕上至於天，將軍制之。』乃復操柄，〔一一〕授与其刃，〔一二〕曰：『從此以下，〔一三〕至於泉，〔一四〕將軍制之。』既受命曰：『（民）〔臣〕聞治國不可從外，〔一五〕治軍不可從中御；〔一六〕二心不可以事君，疑志不可以應敵。臣既受命，專斧鉞之威，臣不敢還請，〔一七〕願君（赤）〔亦〕垂一言之命於臣。〔一八〕君不許臣，〔臣〕不敢將。』〔一九〕君許之，乃辭而行。軍中之事，不可問君命，〔二〇〕皆由將軍出。〔二一〕將臨敵決戰，〔二二〕无有二心。若此，无（夫）〔天〕於上，〔二三〕无地於下，无敵於前，无主於後。〔二四〕是故智者爲之慮，〔二五〕勇者爲之鬥，氣厲青雲，疾若馳騖，兵不接刃，而敵降服。」

〔一〕君（居）〔避〕正殿　「避」，原作「居」，據駿河版、天明本改。金澤文庫本原作「居」，旁校作「避」；今六韜亦作「避」。

〔二〕（名）〔召〕將而詔之曰　「召」，原作「名」，據駿河版、天明本改。金澤文庫本原作「名」，旁校作「召」；今六韜亦作「召」。

〔三〕將軍受命　「軍」，今六韜作「既」。

〔四〕乃齊於太廟擇日授斧鉞　此二句今六韜作「乃命太史卜，齋三日，之太廟，鑽靈龜，卜吉日，以授斧鉞」。

〔五〕君入廟　「入」，旁校作「人」；諸本治要、今六韜皆作「入」。

〔六〕西（南）〔面〕而立　「面」，原作「南」，旁校作「面」，據改；駿河版、天明本皆作「面」；金澤文庫本原作「南」，旁校作「面」；今六韜亦作「面」。

〔七〕將軍入北面立　此句今六韜作「將入廟門，北面而立」。

〔八〕持其首　「其」，今六韜無。

〔九〕受其柄　「受」，駿河版、天明本、今六韜皆作「授」；金澤文庫本原作「受」，旁校作「授」。

〔一〇〕從此以往　「以往」，今六韜無。

〔一一〕乃復操柄　「乃」，今六韜無。又「操」下金澤文庫本旁校補「斧持」二字；駿河版、天明本同底本；駿河版、天明本、今六韜皆有「斧持」二字。

〔一二〕授与其刃　「与」，駿河版、天明本、今六韜皆作「將」；金澤文庫本原作「与」，旁校作「將」。

〔一三〕從此以下　「以」，今六韜無。

〔一四〕至於泉　「於」，今六韜無。又「泉」，今六韜作「淵」。

〔一五〕（民）〔臣〕聞治國不可從外　「臣」，原作「民」，旁校作「臣」，據改；駿河版、天明本、今六韜皆作「臣」；金澤文庫本原作「民」，旁校作「臣」。又「治」，今六韜置於「外」下。

〔一六〕治軍不可從中御　「治」，今六韜以爲當屬上句。

〔一七〕臣不敢還請　「臣」，駿河版、天明本皆無；金澤文庫本原有，旁校刪之；今六韜有「臣民」二字。又「還請」，今六韜作「請還」。

〔一八〕願君（赤）〔亦〕垂一言之命於臣　「亦」，原作「赤」，旁校作「亦」，據改；駿河版、天明本、今六韜皆作「亦」；金澤文庫本原作「赤」，旁校作「亦」。

〔九〕〔臣〕不敢將　「臣」，原無，據駿河版、天明本補；金澤文庫本同底本。

〔一〇〕不可問君命　「可」，今六韜無。又「問」，旁校作「聞」；諸本治要、今六韜皆作「聞」。

〔一一〕皆由將軍出　「軍」旁有衍文符號；駿河版、天明本、今六韜皆無「軍」字；金澤文庫本有「軍」字，旁校作衍文，並校有「本无」二字。

〔一二〕將臨敵決戰　「將」旁校作衍文；駿河版、天明本、今六韜皆無「將」字；金澤文庫本有「將」字，旁有衍文符號，並校有「本无」二字。

〔一三〕若此无（夫）〔天〕於上　「天」，原作「夫」，旁校作「天」，據改；駿河版、天明本、今六韜皆作「天」；金澤文庫本原作「夫」，旁校作「天」。

〔一四〕无主於後　「主」，今六韜作「君」。

〔一五〕是故智者爲之慮　「慮」，今六韜作「謀」。

武王問太公曰：「將何以爲威？何以爲明？何以爲審？〔一〕何以爲禁止而令行？」太公曰：「以誅大爲威，以賞小爲明，以罰審爲禁止而令行。故煞一人而三軍振者，煞之；（煞）〔賞〕一人而萬人（標）〔慄〕者，〔二〕煞之；煞一人而〔千〕萬人恐者，煞之。〔三〕故煞貴大，〔四〕賞貴小。煞及貴重當路之臣，〔五〕是刑上極也；賞及牛馬廝養，是賞下通也。刑上極，賞下通，是威將之所行也。〔六〕夫煞一人而三軍不聞，煞一人而萬民不知，煞一人而千万人不恐，雖多煞之，其將不重。封一人而三軍不悦，爵一人而萬人不勸，賞一人万人不欣，〔七〕是爲賞无功、貴无能也。若此則三軍不爲使，是失衆之紀也。」〔八〕

〔一〕何以爲審　此句天明本、今六韜無；金澤文庫本、駿河版同底本。

〔二〕（煞）〔賞〕一人而萬人（標）〔慄〕者　「賞」，原作「煞」，據駿河版改；金澤文庫本原作「煞」，旁校作「賞」。又「慄」，原作「標」，據金澤文庫本、駿河版改。

〔三〕煞一人而〔千〕萬人恐者煞之　「千」，原無，旁校補之，據補。金澤文庫本、駿河版有之。案：天明本、今六韜此數句作「故殺一人而三軍振者殺之，賞一人而萬人説者賞之」，與底本、金澤文庫本、駿河版皆不同。

〔四〕故煞貴大　「故」，今六韜無。

〔五〕煞及貴重當路之臣　「貴重當路」，今六韜作「當路貴重」。

〔六〕是威將之所行也　「威將」，天明本、今六韜作「將威」；金澤文庫本、駿河版同底本。

〔七〕賞一人万人不欣　「人」下天明本有「而」字；金澤文庫本、駿河版同底本。

〔八〕是失衆之紀也　「紀」，旁校作「道」；駿河版、天明本皆作「紀」。又金澤文庫本原誤重「衆之」二字，旁校有衍文符號。又案：「夫殺一人而三軍不聞」至「是失衆之紀也」等八十二字，今六韜無。

武王問太公曰：「吾欲令三軍之衆，〔一〕親其將如父母，〔二〕攻城争先登，野戰争先赴，聞金聲而怒，聞鼓音而喜，〔三〕爲之奈何？」太公曰：「將有三禮。〔四〕冬日不服裘，〔五〕夏日不操扇，〔六〕天雨不張蓋幕，〔七〕名曰三禮也。〔八〕將身不服禮，無以知士卒之寒暑。出（陁）〔隘〕塞，〔九〕犯泥塗，將必（不）〔下〕步，〔一〇〕名曰力將。將身不服力，〔一一〕無以知士卒之勞苦。士卒軍皆定次，〔一二〕將乃就舍。炊者皆熟，將乃敢食。〔一三〕軍不舉火，將亦不火食，〔一四〕名曰止欲。將不身服止欲，无以知士卒之飢飽。故上將与士卒共寒暑，〔一五〕共飢飽勤苦。〔一六〕故三軍之衆，聞鼓音而喜，〔一七〕聞金聲而怒矣。〔一八〕高城深池，（夭）〔矢〕石繁下，〔一九〕〔士〕争先登；〔二〇〕白刃始合，士争先赴。非好死而樂傷，爲其將念其寒苦之極，〔二一〕知其飢飽之審，〔二二〕而見其勞苦之明也。」〔二三〕

〔一〕吾欲令三軍之衆　「令」，旁校作「合」；諸本治要、今六韜皆作「令」。

〔二〕親其將如父母　此句今六韜無。

〔三〕聞鼓音而喜　「音」，今六韜作「聲」。

〔四〕將有三禮　「禮」，今六韜無。

〔五〕冬日不服裘　「冬日」，今六韜作「將冬」。

〔六〕夏日不操扇　「日」，今六韜無。

〔七〕天雨不張蓋幕　「天」「幕」，今六韜無。

〔八〕名曰三禮也　「三禮也」，今六韜作「禮將」。

〔九〕出（陁）〔隘〕塞　「隘」，原作「陁」，旁校作「隘」，據改；駿河版、天明本、今六韜皆作「隘」；金澤文庫本原作「陁」，旁校作「隘」。

〔一〇〕將必（不）〔下〕步　「下」，原作「不」，旁校作「下」，據改；駿河版、天明本、今六韜皆作「下」；金澤文庫本原作「不」，旁校作「下」。

〔一一〕將身不服力　「身不」，今六韜作「不身」。

〔一二〕士卒軍皆定次　「士卒」，今六韜無。又「軍」，金澤文庫本原作「車」，旁校作「軍」；駿河版、天明本、今六韜同底本。案：王震以爲「治要作『車』」，此可知王震並未注意金澤文庫本之旁校，更因其不見九條家本，故言之若此。

〔一三〕將乃敢食　「敢」，今六韜作「就」。

〔一四〕將亦不火食　「火食」，今六韜作「舉」。

〔一五〕故上將与士卒共寒暑　「故上」，今六韜無。

〔一六〕共飢飽勤苦　此句今六韜作「共寒暑、勞苦、飢飽」。

〔一七〕聞鼓音而喜　「音」，今六韜作「聲」。

〔一八〕聞金聲而怒矣　「矣」，今六韜無。

〔一九〕（夭）〔矢〕石繁下　「矢」，原作「夭」，旁校作「矢」，據改；金澤文庫本原作「夭」，旁校作「矢」；駿河版、天明本、今六韜皆作「矢」。

〔二〇〕〔士〕争先登　「士」，原無，旁校補之，據補；諸本治要、今六韜皆有之。

〔二一〕爲其將念其寒苦之極　「念其」，今六韜作「知」。又「苦之極」，今六韜作「審」。

〔二二〕知其飢飽之審　「知其」，今六韜無。

〔二三〕而見其勞苦之明也　「其」，今六韜無。

武王問太公（攻曰）〔曰：「攻〕伐之道，〔一〕奈何？」太公曰：「資因敵家之動，變生於兩陣之間，〔二〕奇正傳於無窮之源。〔三〕故至事不語，用兵不言。其事之成者，〔四〕其言不足聽。兵之用者，其狀不足見。倏然而往，忽然而來，〔五〕能獨轉而不制者，〔兵〕也。〔六〕善戰者，不待張軍；善除患者，理其未生；善勝敵者，勝於無形；上戰無与戰矣。〔七〕故争於白刃之前者，非良將也；備已失之後者，〔八〕非上聖也；智与衆同，非人師也；〔九〕伎与衆同，非國工也。事莫大於必成，〔一〇〕用莫大於必成，〔一一〕用莫貴於玄眇，〔一二〕動莫神於不意，勝莫大於不識。〔一三〕夫必勝者，〔一四〕先弱敵而後戰者也，〔一五〕故事半而功自倍。〔一六〕兵之害，猶豫㝡大；兵之灾，〔一七〕莫大於孤疑。〔一八〕善者見利不失，遇時不疑，失利後時，及受其灾。〔一九〕善者從而不擇，〔二〇〕巧者一決而不猶豫。故疾雷不及掩耳，〔二一〕卒電不及瞬目。〔二二〕起之若驚，〔二三〕用之若狂，當之者破，近之者亡，孰能待之？」〔二四〕武王曰：「善！」

〔一〕武王問太公（攻曰）〔曰攻〕伐之道　「曰攻」，原作「攻曰」，據諸本治要改；今六韜亦作「曰攻」。

〔二〕變生於兩陣之間　「間」，金澤文庫本、駿河版作「聞」；天明本、今六韜同底本。

〔三〕奇正傳於無窮之源　「傳」，旁注云：「發，或本。」諸本治要皆作「傳」；今六韜作「發」。

〔四〕其事之成者　「其」「成」，今六韜作「且」「至」。

〔五〕倏然而往忽然而來　二「而」字，今六韜無。

〔六〕〔兵〕也　「兵」，原無，旁校補之，據補；諸本治要皆無；今六韜有之。

〔七〕上戰無与戰矣　「矣」，今六韜無。

〔八〕備已失之後者　「備」下天明本、今六韜有「於」字；金澤文庫本、駿河版同底本。

〔九〕非人師也　「人」，今六韜作「國」。

〔一〇〕事莫大於必成　「成」，今六韜作「克」。

〔一一〕用莫大於必成　此句今六韜無。

〔一二〕事莫大於必成用莫大於必成用莫貴於玄眇　「大於必成，用莫貴」旁有表示衍文之符號，並旁校補一「貴」字，蓋以爲三句當作「事莫大於必成，用莫貴於玄眇」二句而已。諸本治要皆有三句。又「玄」上「於」字，駿河版、天明本無；金澤文庫本、今六韜同底本。又「眇」，今六韜作「默」。

〔一三〕勝莫大於不識　「大」，今六韜作「善」。又「識」，旁注云：「戰，別本。」諸本治要皆作「識」。

〔一四〕夫必勝者　「必」，今六韜作「先」。

〔一五〕先弱敵而後戰者也　「先」下天明本、今六韜有「見」字；金澤文庫本、駿河版同底本。又「弱」下天明本、今六韜有「於」字；金澤文庫本、駿河版同底本。

〔一六〕故事半而功自倍　「自」，今六韜無。

〔一七〕兵之灾　「兵」，今六韜作「三軍」。

〔一八〕莫大於孤疑　「大於」，今六韜作「過」。

〔一九〕及受其灾　「及」「灾」，今六韜作「反」「殃」。

〔二〇〕善者從而不擇　「善」「擇」，今六韜作「智」「釋」。

〔二一〕故疾雷不及掩耳　「故」，今六韜作「是以」。

〔二二〕卒雹不及瞬目　「卒」「瞬」，今六韜作「迅」「瞑」。

〔二三〕起之若驚　「起」，今六韜作「赴」。

〔二四〕孰能待之　「待」，今六韜作「禦」。

武王問太公曰：「凡用兵之極，天道、地利、人事，三者孰先？」太公曰：「天道難見，地利、人事易得。天道在上，地道在下，人事以飢飽勞逸文武也。故順天道不必有吉，違之不必有害。失地之利，則士卒迷惑；人事不和，則不可以戰矣。故戰不必任天道，飢飽勞逸文武㝡急，地利爲寶。」王曰：「天道鬼神，順之者存，逆之者亡，〔一〕何以獨不貴天道？」太公曰：「此聖人之所生也。欲以止後世，故作爲譎書，而寄勝於天道，無益於兵勝，而衆將所拘者九。」王曰：「敢問九者奈何？」太公曰：「法令不行而任侵誅；無德厚而用日月之數；不順敵之强弱，幸於天道；無智慮而候氛氣；少勇力而望天福；〔二〕不知地形而歸過；〔三〕敵人怯弗敢擊而待龜筮；士卒不募而法鬼神；設伏不巧而任背向之道。凡天道鬼神，〔四〕視之不見，聽之不聞，索之不得，不可以治勝敗，不能制死生，故明將不法也。」〔五〕

〔一〕逆之者亡　「亡」，金澤文庫本原作「巳」，旁校作「亡」；駿河版、天明本同底本。

〔二〕少勇力而望天福　「而」，金澤文庫本原無，旁校補之；駿河版、天明本同底本。

〔三〕不知地形而歸過　「形」，旁校作「利」；諸本治要皆作「形」。又「過」，旁校作「遇」；諸本治要皆作「過」。

〔四〕凡天道鬼神　「天」，金澤文庫本原作「夫」，旁校作「天」；駿河版、天明本同底本。

〔五〕案：今六韜無此段文字。

太公曰：「天下有粟，聖人食之；天下有民，聖人收之；天下有物，聖人裁之。利天下者取天下，安天下者有天下，愛天下者久天下，仁天下者化天下。」〔一〕

〔一〕案：今六韜無此段文字。

虎韜

武王勝殷，召太公問曰：「今殷民不安其處，奈何使天下安乎？」太公曰：「夫民之所利，譬之如冬日之陽、夏日之陰。冬日之從陽，夏日之從陰，不召自來。故生民之道，先定其所利，而民自至。民有三機，〔一〕不可數動，〔動〕之有凶。〔二〕明賞則〔民〕不足，〔三〕〔民〕不足則民怨生；〔四〕明罰則民懾畏，〔五〕民懾畏則變〔生〕。〔六〕故出明察則民擾，民擾則不安其處，易以成變。故明王之民，不知所好，不知所惡，不知所從，不知所去。使民各安其所生，而天下靜矣。樂哉！聖人与天下之人，皆安樂也。」武王曰：「爲之奈何？」太公曰：「聖人守無窮之府，用無窮之財，而天下仰之。〔七〕〔天下〕仰之，〔八〕而天下治矣。神農之禁，春夏之所生，不傷不害，謹脩地利，以成萬物，無奪民之所利，而農順其時矣。任賢使能，而官有材，而賢者歸之矣。故賞在於成民之生，罰在於使人無罪。〔九〕是以賞罰施於民，〔一〇〕而天下化矣。」〔一一〕

〔一〕民有三機　「機」，諸本治要皆作「幾」。

〔二〕〔動〕之有凶　「動」，原無，旁校補之，據補。駿河版、天明本皆有之；金澤文庫本原無，旁校補之。又「有」，旁校作「者」；諸本治要皆作「有」。

〔三〕明賞則〔民〕不足　「民」，原無，旁校補之，據補。諸本治要皆無。

〔四〕〔民〕不足則民怨生　「民」，原無，旁校補之，據補。諸本治要皆無。

〔五〕明罰則民攝畏　「攝」，天明本作「懾」；金澤文庫本、駿河版同底本。

〔六〕民攝畏則變〔生〕　「生」，原無，旁校補之，據補；諸本治要皆無。

〔七〕而天下仰之　「仰」，金澤文庫本作「御」；駿河版、天明本同底本。

〔八〕〔天下〕仰之　「天下」，原無，旁校補之，據補；金澤文庫本原無，旁校補之；駿河版、天明本皆有此二字。又「仰」，駿河版作「御」；金澤文庫本、天明本同底本。

〔九〕罰在於使人無罪　「罰」，金澤文庫本抄手誤分爲上下二字，旁校爲「罸」，他本無此誤。

〔一〇〕是以賞罰施於民　「於」，諸本治要皆無。

〔一一〕案：今六韜無此段文字。

犬韜

武王至殷將戰，紂之卒握（戾）〔炭〕流湯者十八人，〔一〕以（手）〔牛〕爲禮以朝者三千人，〔二〕舉百石重（涉）〔沙〕者廿四人，〔三〕趍行五百里而矯矛煞百步之外者五千人，介士億有八萬。武王懼曰：「夫天下以紂爲大，以周爲細；以紂爲衆，以周爲寡；以周爲弱，〔以〕紂爲强；〔四〕以周爲危，以紂爲安；以周爲諸侯，以紂爲天子。今日之事，以諸侯擊天下，〔五〕以細擊大，以少擊多，以弱擊强，以危擊安，以此五短擊此五長，其可以濟功成事乎？」太公曰：「審天子不可擊，審大不可擊，審衆不可擊，審强不可擊，審安不可擊。」王大恐以懼。太公曰：「王無恐且懼。所謂大者，盡得天下之民；所謂衆者，盡得天下之衆；所謂强者，盡用天下之力；所謂安者，能得天下之所欲；所謂天子者，天下相愛如父子，此之謂天子。今日之爲天下除殘去賊也。〔六〕周雖細，曾殘賊一人之不當乎？」王大喜，曰：「何謂殘賊？」太公曰：「所謂殘者，收天下珠玉美女金錢綵帛狗馬穀粟，藏之不休，此謂殘也。〔七〕所謂賊者，收暴虎之吏，〔八〕煞天下之民，無貴無賤，非以法度，此謂賊也。」〔九〕

〔一〕紂之卒握（戾）〔炭〕流湯者十八人　「炭」，原作「戾」，旁校作「炭」，據改；駿河版、天明本皆「炭」；金澤文庫本原作「戾」，旁校作「炭」。

〔二〕以（手）〔牛〕爲禮以朝者三千人　「牛」，原作「手」，據諸本治要改。

〔三〕舉百石重（涉）〔沙〕者廿四人　「沙」，原作「涉」，旁校作「沙」，據改；駿河版、天明本皆作「沙」；金澤文庫本原作「涉」，旁校作「沙」。又「廿」，駿河版、天明本作「二十」；金澤文庫本同底本。

〔四〕（以）紂爲强　「以」，原無，旁校補之，據補；駿河版、天明本皆有之；金澤文庫本原無，旁校補之。

〔五〕以諸侯擊天下　「下」，駿河版、天明本作「子」；金澤文庫本原作「下」，旁校作「子」。

〔六〕今日之爲天下除殘去賊也　「之」下駿河版、天明本有「事」字；金澤文庫本原無，旁校補之。

〔七〕此謂殘也　「此」，金澤文庫本、駿河版無；天明本同底本。

〔八〕收暴虎之吏　「虎」，諸本治要皆作「虐」。

〔九〕案：今六韜無此段文字。

武王問太公曰：「欲与兵深謀，進必斬敵，退必克全，其略云何？」太公曰：「主以禮使將，將以忠受命。國有難，君召將而詔曰：『見其虛則進，見其實則避；〔一〕勿以三軍爲費而輕敵，〔二〕勿以授命爲重而苟進；〔三〕勿以貴而賤人，〔四〕勿以獨見而違衆，勿以辨士爲必然；〔五〕勿以謀簡於人，勿以謀後於人；〔六〕士未坐（未）勿坐，〔七〕〔士〕未食勿食；〔八〕寒暑必同：敵可勝也。』」〔九〕

〔一〕見其實則避　「避」，今六韜作「止」。

〔二〕勿以三軍爲費而輕敵　「費」，駿河版、天明本作「貴」。金澤文庫本原作「貴」，旁校作「費」；今六韜作「衆」。

〔三〕勿以授命爲重而苟進　「授」「苟進」，今六韜作「受」「必死」。

〔四〕勿以貴而賤人　「以」下今六韜有「身」字。

〔五〕勿以辨士爲必然　「辨」，天明本作「辯」；金澤文庫本、駿河版同底本。又「士」，今六韜作「説」。

〔六〕勿以謀簡於人勿以謀後於人　二句今六韜無。

〔七〕士未坐（未）勿坐　後「未」字旁有表示衍文符號，據删；諸本治要、今六韜皆無。

〔八〕〔士〕未食勿食　「士」，原無，據駿河版、天明本補；今六韜亦有之；金澤文庫本原無，旁校補之。

〔九〕案：此段唯「見其虛則進」至「寒暑必同」見今六韜。

陰謀〔一〕

武王問太公曰：「賢君治國教民，其法何如？」太公對曰：「賢君治國，不以私害公；賞不加於无功，罰不加於无罪，法不廢於仇讎，不避於所愛；不因（怨）〔怒〕以誅，〔二〕不因喜以賞；不高臺深池以役下，不雕文刻書以害農，〔三〕不極耳目之欲以亂政，此是賢君之治國也。〔四〕不好生而好煞，不好（煞不好煞不好）成而好敗，〔五〕不好利而好害，不〔好〕与而好奪，〔六〕不好賞而好罰；妾孕爲（攻）〔政〕，〔七〕使內外相疑、君臣不和；（柘）〔拓〕人田宅以爲臺觀，〔八〕發人丘墓以爲苑囿，僕（勝）〔媵〕衣文繡，〔九〕禽獸犬馬与人同食，而（暮）萬民糟糠不厭，〔一〇〕裘褐不完；其上不知而重斂，奪民財物藏之府庫；賢人逃隱於山林，〔一一〕小人任大職，无功而爵，无德而貴；專恣倡樂，男女昏亂，不恤萬民，違陽陰之氣；忠諫不聽，信用邪佞。此亡國之君治國也。」

〔一〕陰謀　二字原接上文，今另作標題。又案：治要所載即爲今所見較早之陰謀，世無善本，故無可靠資料堪供作校勘。嚴可均全上古三代秦漢三國六朝文即嘗輯有太公陰謀數則，其中四則來自治要。

〔二〕不因（怨）〔怒〕以誅　「怒」，原作「怨」，據諸本治要改。

〔三〕不雕文刻書以害農　「書」，諸本治要皆作「畫」。

〔四〕此是賢君之治國也　「此」，駿河版、天明本皆無；金澤文庫本同底本。

〔五〕不好（煞不好煞不好）成而好敗　「煞不好煞不好」旁校作衍文，據删；駿河版、天明本皆無之；金澤文庫本則校删「不好煞不好煞」六字，其實皆以「不好成而好敗」爲是。

〔六〕不〔好〕与而好奪　「好」，原無，旁校補之，據補。金澤文庫本原無，旁校補之；駿河版、天明本皆有之。

〔七〕妾孕爲（攻）〔政〕　「政」，原作「攻」，據諸本治要改。

〔八〕（柘）〔拓〕人田宅以爲臺觀　「拓」，原作「柘」，據駿河版、天明本改；金澤文庫本同底本。

〔九〕僕（勝）〔媵〕衣文繡　「媵」，原作「勝」，據諸本治要改。

〔一〇〕而（暮）萬民糟糠不厭　「暮」旁校作衍文，據删；金澤文庫本原有，旁校删之；駿河版、天明本皆無。

〔一一〕賢人逃隱於山林　「隱」，駿河版作「陰」；金澤文庫本、天明本同底本。

武王問太公曰：「吾欲輕罰而重威，少其賞而（觀）〔勸〕善多，〔一〕簡其令而衆皆化，〔二〕爲之何如？」太公曰：「煞一人千人懼者，煞之；煞二人而万人懼者，煞之；煞三人三軍振者，煞之。賞一人而千人喜者，〔三〕賞之；〔賞〕二人而万人喜者，〔四〕賞之；賞三人三軍喜者，賞之。令一人千人得者，令之；禁二人而萬人止者，禁之；教三人而三軍正者，教之。煞一以懲萬，賞寡而（觀）〔勸〕衆，〔五〕此明君之威福也。」

〔一〕少其賞而（觀）〔勸〕善多　「勸」，原作「觀」，據駿河版、天明本改。金澤文庫本原作「觀」，旁校作「勸」。

〔二〕簡其令而衆皆化　「令」，金澤文庫本原作「合」，旁校作「令」；駿河版、天明本同底本。

〔三〕賞一人而千人喜者　「賞一人」之「人」，金澤文庫本原無，旁校補之；駿河版、天明本同底本。

〔四〕〔賞〕二人而万人喜者　「賞」字，原無，旁校補之，據補。金澤文庫本原無，旁校補之；駿河版、天明本皆有之。

〔五〕賞寡而（觀）〔勸〕衆　「寡」，駿河版、天明本作「一」；金澤文庫本同底本。又「勸」，原作「觀」，據駿河版、天明本改。金澤文庫本原作「觀」，旁校作「勸」。

武王問太公曰：「吾欲以一言与身相終，再言与天地相承，〔一〕三言爲諸侯雄，四言爲海内宗，五言傳之天下无窮，可得聞乎？」太公曰：「一言与身相終者，是内實而外仁也；〔二〕再言天地相承者，〔三〕是言行相制，〔四〕若天地无私也；三言爲諸侯雄者，是敬賢用諫，謙下於士也；四言爲海内宗者，敬接不肖，无貧富，无貴賤，无善惡，无憎愛也；五言傳之天下无窮者，通於否泰，順時容養也。」

〔一〕再言与天地相承　「承」，駿河版、天明本作「永」；金澤文庫本同底本。

〔二〕是内實而外仁也　「是」，駿河版、天明本皆無；金澤文庫本同底本。又「實」，旁校作「寳」；諸本治要皆作「寛」。

〔三〕再言天地相承者　「言」下金澤文庫本有「与」字；駿河版、天明本同底本。

〔四〕是言行相制　「制」，駿河版、天明本作「副」；金澤文庫本原作「制」，旁校作「副」。

武王問尚父曰：「五帝之戒可聞乎？」尚父曰：「黄帝之時戒曰：吾之居民上也，摇摇恐夕不至朝。堯之居民上，振振如臨深川；舜之居民上，兢兢如履薄冰。禹之居民上，慄慄恐不滿日。湯之居民上，戰戰恐不見旦。」王曰：「寡人今新并殷，居民上，翼翼懼不敢怠。」

鬻子

君子不與人之謀則已矣，〔一〕若與人謀之，則非道無由也。故君子之謀，能必用道，而不能必見受也；〔二〕能必忠，而不能必入也；〔三〕能必信，而不能必見信也。〔四〕君子非仁者，〔五〕不出之於辭，而施之於行。故非非者行是，而惡惡者行善，〔六〕而道諭矣。

〔一〕君子不與人之謀則已矣　「之謀」，今鬻子作「謀之」。

〔二〕而不能必見受也　「也」，今鬻子無。

〔三〕而不能必入也　「也」，今鬻子無。

〔四〕而不能必見信也　「也」，今鬻子無。

〔五〕君子非仁者　「仁」，今鬻子作「人」。

〔六〕而惡惡者行善　「而」，今鬻子無。

文王問於鬻子曰：〔一〕「敢問人有大（忘）〔忌〕乎？」〔二〕對曰：「有。」文王曰：「敢問大（忘）〔忌〕奈何？」鬻子對曰：「大（忘）〔忌〕知身之惡而不改也，〔三〕以問其身，〔四〕乃喪其軀。有行如此，之謂大（忘）〔忌〕也。昔之帝王其所以爲明者，〔五〕以其吏也。昔之君子其所以爲功者，〔六〕以其民也。力生於民，而功取於吏，〔七〕福歸於君。民者至庫也，而使之取吏焉，必取所愛。故十人愛之，則十人之吏也；百人愛之，則百人之吏也；千人愛之，則千人之吏也；萬人愛之，（則萬人愛之，）〔八〕則萬民之吏也。」〔九〕

〔一〕文王問於鬻子曰　「曰」，今鬻子無。

〔二〕敢問人有大（忘）〔忌〕乎　「忌」，原作「忘」，據諸本治要改；今鬻子亦作「忌」。鍾肇鵬：「『忌』，原作『忘』，誤。忘、忌形近而誤。治要作『忌』是，今據治要校正。」下文同改不出校。

〔三〕大（忘）〔忌〕知身之惡而不改也　「大忌」「也」，今鬻子無。

〔四〕以問其身　「問」，天明本、今鬻子作「賊」；金澤文庫本、駿河版同底本。

〔五〕昔之帝王其所以爲明者　「其」，今鬻子無。又「以」，金澤文庫本原無，旁校補之；駿河版、天明本同底本。

〔六〕昔之君子其所以爲功者　「其」，今鬻子無。

〔七〕而功取於吏　「取」，駿河版、天明本、今鬻子作「最」；金澤文庫本同底本。

〔八〕（則萬人愛之）　此句駿河版、天明本、今鬻子皆無，據删。案：金澤文庫本「愛之則萬民」五字旁有校删符號，據此則金澤文庫本以爲此句爲「萬人愛之，則萬人之吏也」，與駿河版、天明本無異。

〔九〕則萬民之吏也　「民」，駿河版、天明本、今鬻子作「人」；金澤文庫本同底本。

周公曰：「吾聞之於政也，知善不行者，〔則〕謂之狂；〔一〕知惡不改〔者〕，〔二〕則謂之惑。」〔三〕夫狂与惑者，聖王之戒也。

〔一〕〔則〕謂之狂　「則」，原無，旁校補之，據補；金澤文庫本原無，旁校補之；駿河版、天明本、今鬻子皆有之。

〔二〕知惡不改〔者〕　「者」，原無，據駿河版、天明本補；金澤文庫本原無，旁校補之；今鬻子亦有之。

〔三〕則謂之惑　「則」，今鬻子無。

不肖者不自謂不肖，而不肖見於行，不肖者雖自謂賢，〔一〕人猶皆謂之不肖也；〔二〕愚者不自謂愚，而愚見於言。愚者雖自謂智，〔三〕人猶皆謂之愚也。〔四〕

〔一〕不肖者雖自謂賢　「不肖者」三字，今鬻子無。又「賢」，金澤文庫本旁校有「聖」字，謂一本作此；駿河版、天明本同底本。

〔二〕人猶皆謂之不肖也　「皆」，今鬻子無。

〔三〕愚者雖自謂智　「愚者」二字，今鬻子無。

〔四〕人猶皆謂之愚也　「皆」，今鬻子無。

禹之治天下也，以五聲聽，門懸鼓鍾鐸磬而置鞀，〔一〕以待四海之士。爲銘於簨簴曰：〔二〕「教寡人以道者擊鼓，教寡人以義者擊鍾，教寡人以事者振鐸，語寡人以憂者擊磬，〔三〕語寡人以訟獄者揮鞀。」此之謂五聲。是以禹嘗據一饋而七十起，〔四〕日中而不暇飽食，曰：「吾不恐四海之士留於道路，〔五〕吾恐其留吾門廷也。」〔六〕是以四海之士皆至，是以禹朝廷（問）

〔間〕可以羅（省）〔雀〕者。〔七〕

〔一〕門懸鼓鍾鐸磬而置鞀　「鼓鍾」，天明本、今鬻子作「鍾鼓」，金澤文庫本、駿河版同底本。又「磬」，金澤文庫本原作「聲」，旁校作「磬」；駿河版、天明本同底本。

〔二〕爲銘於簨簴曰　「簨」，旁注云：「思尹反。」駿河版作「箕」，天明本、今鬻子作「筍」，金澤文庫本同底本。又「簴」，旁注云：「其呂反。」金澤文庫本皆有注二字之反切。

〔三〕語寡人以憂者擊磬　「語」，天明本作「告」；金澤文庫本、駿河版、今鬻子同底本。案：鍾肇鵬謂「群書治要『語』作『告』」，顯爲其只據天明本而已，治要他本皆作「語」。又「磬」，金澤文庫本原作「聲」，旁校作「磬」；駿河版、天明本同底本。

〔四〕是以禹嘗據一饋而七十起　「十」，駿河版、天明本、今鬻子無；金澤文庫本同底本。鍾肇鵬：「『七起』，原作『七十起』，『十』字誤衍。蓋古本有作『七』，有作『十』者，校者注于旁，而後人鈔書誤爲『七十』。群書治要三一、藝文類聚卷十一、太平御覽八二引均無『十』字，可證古本作『七』，今據刪。」案：鍾氏未指明治要所用本子，但依此可知其未有以九條家本爲據，故以爲治要所引作「七」，今九條家本正作「七十」，與鍾氏所言相異。

〔五〕吾不恐四海之士留於道路　「不」，今鬻子作「猶」。

〔六〕吾恐其留吾門廷也　此句今鬻子無。

〔七〕是以禹朝廷（問）〔間〕可以羅（省）〔雀〕者　「間」，原作「問」，據金澤文庫本、駿河版、天明本改；駿河版作「閒」；今鬻子亦作「間」。又「雀」，原作「省」，據諸本治要改；今鬻子作「爵」。又「者」，今鬻子無。

非夫卿相無世，〔一〕賢者有之；國無固治，〔二〕智者理之。〔三〕智者非一日之志也，〔四〕治者非一日之謀也。〔五〕治志治謀，在於帝王，然後民知所保，而知所避。發政施令爲天下福者，謂之道。上下相親，謂之和。民不求而得所欲，謂之信。除天下之害，謂之仁。仁與信，和與道，帝王之器也。〔六〕凡萬物皆有器，故欲有爲而不成也。〔七〕欲王者亦然，不用帝王之器者，亦不成也。〔八〕

〔一〕非夫卿相無世　「非夫」，今鬻子作「夫國者」。

〔二〕國無固治　「固」，諸本治要、今鬻子皆作「因」。

〔三〕智者理之　「理」，今鬻子作「治」。案：作「理」者蓋避唐高宗李治名諱而避改。

〔四〕智者非一日之志也　「也」，今鬻子無。

〔五〕治者非一日之謀也　「也」，今鬻子無。

〔六〕帝王之器也　「也」，今鬻子無。

〔七〕故欲有爲而不成也　「而」下天明本、今鬻子有「不行其器者」等五字，金澤文庫本、駿河版同底本。又「而」「也」，今鬻子無。

〔八〕亦不成也　「亦」「也」，今鬻子無。

昔者魯周公使衛康叔往守於殷，〔一〕戒之曰：「與煞不辜，〔二〕寧失有罪；無有無罪而見（諫）〔誅〕，〔三〕無有有功而不賞。戒之封，誅賞慎焉！」〔四〕

〔一〕昔者魯周公使衛康叔往守於殷　「衛」，今鬻子無。

〔二〕與煞不辜　「辜」，金澤文庫本作「事」；駿河版、天明本、今鬻子同底本。

〔三〕無有無罪而見（諫）〔誅〕　「誅」，原作「諫」，旁校作「誅」，據改。諸本治要、今灩子皆作「誅」。

〔四〕誅賞慎焉　「賞」下天明本、今灩子有「之」字；金澤文庫本、駿河版同底本。

群書治要卷第卅一

群書治要卷第卅三

秘書監鉅鹿男臣魏徵等奉　勑撰

晏子　司馬法　孫子

晏子 晏嬰

諫上〔一〕

〔景公飲酒數日，去冠被裳，自鼓盆甕，問於左右曰：〔二〕「仁人〕〔三〕亦〔樂此樂乎？〕」〔四〕梁丘據對曰：「〔仁〕〔五〕人之耳目，猶人也，夫何〔爲獨不樂此樂〕也？」〔六〕公令趍駕迎晏子，晏子朝服以至。〔公曰：「寡人甚樂〕，〔七〕欲與夫〔子同〕此樂，〔八〕請去禮。」對曰：「群臣皆欲去禮以事君，嬰恐君之不欲也。今齊國小童，自中以上，〔九〕力皆過嬰，又能勝君，然而不敢〔者〕，〔一〇〕畏禮義也。君若无〔禮，無以使〕下；〔一一〕下若无禮，无以事上。夫人之所以貴於禽〔獸〕者，〔一二〕以有禮也。嬰聞之：〔人〕君無禮，〔一三〕無以臨其邦；〔一四〕大夫無禮，官吏不恭；父子無禮，其〔家〕必凶。〔一五〕詩曰：『人而無禮，胡不遄〔死〕。』〔一六〕〔故禮〕不可去也。」〔一七〕公曰：「寡人不敏，無良左右淫蠱寡人，以至於此，請殺之。」晏子曰：「左右無罪。〔一八〕君若无禮，則好禮者去，无禮者至；君若好禮，則有禮者至，无禮者去矣。」〔一九〕公曰：「善。請易衣〔冠〕。」〔二〇〕糞洒改席，召晏子。晏子入門，三讓，升降，〔二一〕用三獻禮焉；再拜而〔出〕。〔二二〕〔公下〕拜，〔二三〕送之，徹酒去樂，〔二四〕〔曰：「吾以章晏子〕之教也。」〔二五〕

〔一〕案：此爲群書治要卷第卅三，第一紙缺首四行，包括書名、此卷所引書、書名等。此據諸本治要補。

〔二〕問於左右曰　「問於」，今晏子春秋作「謂」。

〔三〕「景公飲酒數日」至「仁人」　此二十一字，底本破損，今據諸本治要補。又「甕」，金澤文庫本原誤作「雍瓦」二字，旁校作「甕」；駿河版、天明本皆作「甕」。

〔四〕仁人亦樂此樂乎　「此樂」，今晏子春秋作「是」。

〔五〕「樂此樂乎梁丘據對曰仁」　此十字，底本破損，今據諸本治要補。

〔六〕「爲獨不樂此樂」　此六字，底本破損，今據諸本治要補。又案：「何」，今晏子春秋作「奚」。又「此樂」之「樂」，今晏子春秋無。

〔七〕「公曰寡人甚樂」　此六字，底本破損，今據諸本治要補。

〔八〕欲與夫〔子同〕此樂　「子同」二字，底本破損，今據諸本治要補。又「同此樂」，今晏子春秋作「共之」。

〔九〕今齊國小童自中以上　「小童」，今晏子春秋作「五尺之童子」。又「自中以上」四字，今晏子春秋無。

〔一〇〕然而不敢〔者〕　「者」，底本破損，今據諸本治要補。又金澤文庫本誤重一「者」，旁有校刪符號。案：「不敢」之下，今晏子春秋有「亂」字，今晏子春秋引蘇輿云：「治要無『亂』字。」

〔一一〕君若无〔禮無以使〕下　「禮無以使」四字，底本破損，今據諸本治要補。又「君」，今晏子春秋作「上」，校注引蘇輿云：「治要『上』作『君』。」

〔一二〕夫人之所以貴於禽〔獸〕者　「夫」，今晏子春秋無。又「獸」，底本破損，今據諸本治要補。

〔一三〕〔人〕君無禮　「人」，原無，據駿河版、天明本補。金澤文庫本原無，旁校補之；今晏子春秋亦有此字。

〔一四〕無以臨其邦　「其」下諸本治要皆有「一」字；今晏子春秋無「其」字。

〔一五〕其〔家〕必凶　「家」，底本破損，今據諸本治要補。

〔一六〕胡不遄〔死〕　「死」，底本破損，今據諸本治要補。

〔一七〕〔故禮〕不可去也　「故禮」二字，底本破損，今據諸本治要補。

〔一八〕左右無罪　「無」，今晏子春秋作「何」，校注引蘇輿云：「治要『何』作『無』。」

〔一九〕无禮者去矣　「矣」，今晏子春秋無，校注引蘇輿云：「治要有『矣』字。」

〔二〇〕請易衣〔冠〕　「冠」，底本破損，今據諸本治要補。

〔二一〕升降　「降」，天明本、今晏子春秋作「階」；金澤文庫本、駿河版同底本。

〔二二〕再拜而〔出〕　「出」，底本破損，今據諸本治要補。

〔二三〕〔公下〕拜　「公下」二字，底本破損，今據諸本治要補。

〔二四〕徹酒去樂　「徹」，今晏子春秋作「撤」。

〔二五〕〔曰吾以章晏子〕之教也　「曰吾以章晏子」等六字，底本破損，今據諸本治要補。　案：此文見今晏子春秋卷七景公飲酒命晏子去禮晏子諫。

景公之時，雨雪〔三〕日而不霽。〔一〕公〔被狐白之裘〕，〔二〕坐於堂側階。晏子入見，立有間，公曰：「怪哉，雨雪三日而天不寒。」晏子對曰：「天不寒乎？」公笑。晏子曰：「嬰聞古之賢君，飽而知人之飢，温而知人之寒，逸而知人之勞。〔三〕今君不知也。」公曰：「善！寡人聞〔命〕矣。」〔四〕乃命出裘發粟，〔五〕以與飢寒。孔子聞之曰：〔六〕「晏子能明其所欲，景公行其所善。」〔七〕

〔一〕雨雪〔三〕日而不霽　「三」，底本破損，今據諸本治要補。

〔二〕公〔被狐白之裘〕　「被狐白之裘」五字，底本破損，今據諸本治要補。

〔三〕逸而知人之勞　「之」，駿河版、天明本無；金澤文庫本、今晏子春秋同底本。

〔四〕寡人聞〔命〕矣　「命」，底本破損，今據諸本治要補。

〔五〕乃命出裘發粟　「命」，今晏子春秋作「令」。

〔六〕孔子聞之曰　「子」下金澤文庫本原有「以」字，旁有校刪符號；駿河版、天明本、今晏子春秋同底本。

〔七〕案：此文見今晏子春秋卷一景公衣狐白裘不知天寒晏子諫。

淳于人納女於景公，生孺子荼，景公愛之。諸臣謀欲廢公子陽生而立荼，公以告晏子。晏子〔曰〕：〔一〕「不可。夫以賤匹貴，國之害也；置子立少，〔二〕亂之本也。夫陽生長而國人戴之，君其勿易！夫服位有等，故賤不陵貴；立子有禮，故孽不亂宗。廢長立少，不可以教下；尊孽卑宗，不可以利所愛。長少無等，宗孽无別，〔三〕是設賊樹之本也。〔四〕君其圖之！古之明君，非不知繁樂也，以爲淫樂則哀；〔五〕非不知立愛也，以爲義失而憂。〔六〕是故制樂以節，立子以道。若夫持讒諛以事君者，不足以責信。今君用讒人之謀，亂夫之言，廢長立少，臣恐後人之有因君之過以資其耶，廢少而立長以成其利者。君其圖之！」公不聽。〔七〕景公（設）〔没〕，〔八〕田氏殺荼，立陽生。殺陽生，立簡公。殺簡公而取齊國。〔九〕

〔一〕晏子〔曰〕　「曰」，原無，旁校補之，據補；諸本治要俱無；今晏子春秋有之。

〔二〕置子立少　「子」，今晏子春秋作「大」。

〔三〕宗孽无別　「孽」，金澤文庫本原闕，旁校補之；駿河版、天明本、今晏子春秋同底本。

〔四〕是設賊樹之本也　「樹」下，天明本、今晏子春秋有「姦」字；金澤文庫本、駿河版同底本。

〔五〕以爲淫樂則哀　「淫樂」，天明本、今晏子春秋作「樂淫」；金澤文庫本、駿河版同底本。

〔六〕以爲義失而憂　「而」，今晏子春秋作「則」，校注引蘇輿云：「治要『則』作『而』。」

〔七〕公不聽　「公」，駿河版作「云」；金澤文庫本、天明本、今晏子春秋同底本。

〔八〕景公（設）〔没〕　「没」，原作「設」，據諸本治要改；今晏子春秋亦作「没」。

〔九〕案：此文見今晏子春秋卷一景公欲廢適子陽生而立荼晏子諫。

景公燕賞於國內，萬鍾者三，千鍾者五。命三出而職計筴之。〔一〕公怒，令之免職計，〔二〕命三出而士師筴之。〔三〕公不悅。晏子見，公謂晏子曰：「寡人聞君國者，愛人則能利之，惡人則能疏之。今寡人愛人不能利，惡人不能疏，失君道矣。」晏子曰：「嬰聞之，君正臣從謂之順，君僻臣從謂之逆。今君賞讒諛之臣，而令吏必從，則使君失其道，〔四〕臣失其守也。先王之立愛以觀善也，〔五〕其立惡以禁暴也。〔六〕昔者三代之興也，〔七〕利於國者愛之，害於國者惡之。〔八〕故明所愛而賢良衆，明所惡而耶僻滅，是以天下平治，〔九〕百姓和集。及其衰也，行安簡易，身安逸樂，順於己者愛之，逆於己者惡之，故明所愛而邪僻繁，明所惡而賢良滅，離散百姓，危覆社稷。君上不度聖王之興，而下〔不〕觀惰君之衰，〔一〇〕逆政之行，有司不敢争，以覆社稷，危宗廟矣。」〔一一〕公曰：「寡人不知也，請從士師之（莢）〔策〕。」〔一二〕

〔一〕命三出而職計筴之　「命」，今晏子春秋作「令」。又「筴之」，今晏子春秋作「莫之從」。

〔二〕令之免職計　「之」，今晏子春秋無。

〔三〕命三出而士師筴之　「命」，今晏子春秋作「令」。又「筴之」，今晏子春秋作「莫之從」。

〔四〕則使君失其道　「則」下天明本、今晏子春秋有「是」字；金澤文庫本、駿河版同底本。

〔五〕先王之立愛以觀善也　「觀」，駿河版、天明本作「親」；金澤文庫本原作「觀」，旁校作「親」；今晏子春秋作「勸」。

〔六〕其立惡以禁暴也　「立」，駿河版、天明本作「去」；金澤文庫本原作「立」，旁校作「去」；今晏子春秋同底本，張純一校注云：「治要『立』作『去』，誤。」案：張氏未見九條家本、金澤文庫本治要之文，故未能得其真。

〔七〕昔者三代之興也　「代」，金澤文庫本、駿河版作「氏」；天明本、今晏子春秋同底本。

〔八〕害於國者惡之　「於」下金澤文庫本原有「者」字，旁有校删符號；駿河版、天明本、今晏子春秋同底本。

〔九〕是以天下平治　「平治」，今晏子春秋作「治平」。

〔一〇〕而下〔不〕觀惰君之衰　「不」，原無，旁校補之，據補；天明本、今晏子春秋有之，金澤文庫本、駿河版皆無。

〔一一〕危宗廟矣　「矣」，今晏子春秋無，校注引蘇輿云：「治要有『矣』字。」

〔一二〕請從士師之〔莢〕〔策〕　「策」，原作「莢」，據駿河版、天明本改；今晏子春秋亦作「策」；金澤文庫本同底本。　案：此文見今晏子春秋卷一景公燕賞無功而罪有司晏子諫。

景公觀於淄上，喟然而曰：〔一〕「烏呼！使國可長保而傳子孫，豈不樂哉？」晏子對曰：「嬰聞之，〔二〕明王不徒立，百姓不虛至。今君以政亂國，以行棄民久矣，而欲保之，不亦難乎！嬰聞之，能長保國者，能終善者也。諸侯並〔立〕，〔三〕能終善者爲長；列士並立，〔四〕能終善者爲師。昔先君桓公，方任賢而贊息之時，〔五〕亡國恃以存，危國仰以安，是以民樂其政，而世高其悳；行遠征暴，勞者不疾；駈海内使朝天子，諸侯不怨。當是時，盛君之行，不能進焉！及其卒而衰，怠於悳而并於樂，身溺於婦俗，〔六〕而謀因於豎（刀）〔刁〕。〔七〕是以民苦其政，而世非其行，故身死胡宫而不舉，〔八〕虫出而不收。當是〔時〕也，〔九〕桀、紂之卒，不能惡焉。詩曰：『靡不有初，鮮克有終。』不能〔終〕善者，〔一〇〕不遂其國。〔一一〕今君臨民若寇讎，見善若避熱，亂政而危賢，必逆於衆，肆欲於民，而虐誅其下，恐及於身矣。〔一二〕嬰之年老，不能待君使矣。行不能革，則持節以没世矣。」〔一三〕

〔一〕喟然而曰　「而」，今晏子春秋作「歎」。

〔二〕嬰聞之　「之」，今晏子春秋無，校注引蘇輿云：「治要『聞』下有『之』字。」

〔三〕諸侯並〔立〕　「立」，原無，據駿河版、天明本補；金澤文庫本原無，旁校補之；今晏子春秋亦有之。

〔四〕列士並立　「立」，今晏子春秋作「學」。

〔五〕方任賢而贊息之時　「息」，駿河版、天明本作「德」；金澤文庫本原作「息」，有校改之迹作「悳」，復旁校作「德」；今晏子春秋作「德」。

〔六〕身溺於婦俗　「俗」，今晏子春秋作「侍」。

〔七〕而謀因於豎(刀)〔刁〕　「豎」，金澤文庫本、駿河版作「竪」，天明本、今晏子春秋同底本。又「刁」，原作「刀」，據駿河版、天明本改；金澤文庫本、今晏子春秋同底本。

〔八〕故身死胡宮而不舉　「宮」，金澤文庫本、駿河版作「官」，天明本、今晏子春秋同底本。

〔九〕當是〔時〕也　「時」，原無，旁校補之，據補；金澤文庫本、駿河版無，天明本、今晏子春秋有之。

〔一〇〕不能〔終〕善者　「終」，原無，旁校補之，據補；金澤文庫本原無，旁校補之；駿河版、天明本、今晏子春秋皆有之。

〔一一〕不遂其國　「國」，今晏子春秋作「君」，校注引蘇輿云：「『君』，治要作『國』。」

〔一二〕恐及於身矣　「矣」，今晏子春秋無，校注引蘇輿云：「治要有『矣』字。」

〔一三〕則持節以没世矣　「矣」，今晏子春秋作「耳」，校注云：「耳，治要作『矣』。」　案：此文見今晏子春秋卷一景公貪長有國之樂晏子諫。

景公出游，北面望，睹齊國曰：「烏呼！使古而无死，如何？」〔一〕晏子曰：「昔〔者〕上帝以人之没爲善，〔二〕仁者息焉，不仁者伏焉。若使古而無死，丁公將有齊國，桓、襄、文、武將皆相之，吾君將戴(共)笠、衣褐、〔三〕執銚耨，以蹲行畎畝之中，孰暇患死！」公不悅。无幾何，梁丘據乘六馬而來，公曰：「據與我和者夫！」晏子曰：「此所謂同也。所謂和者，君甘則臣酸，君淡則臣鹹。今據也，君甘亦甘，所謂同也，安得爲和？」公不悅。無幾何，公西北望，〔四〕睹彗星，〔五〕召伯常騫使攘而去之。〔六〕晏子曰：「不可！此天教也。以識不敬，〔七〕今君若設文而受諫，〔八〕雖不去彗，〔九〕星將自亡。今君嗜酒而并於樂，政不飾而寬於小人，近讒好優，何暇在彗！〔一〇〕茀又將見矣。」公不悅。无幾何，〔一一〕晏子卒，公出屏而立，曰：「烏呼！昔者從夫子而遊，夫子一日而三責我，今孰責寡人哉？」〔一二〕

〔一〕如何　此二字今晏子春秋作「何如」，校注引蘇輿云：「治要作『如何』。」

〔二〕昔〔者〕上帝以人之没爲善　「者」，原無，旁校補之，據補；諸本治要皆無，今晏子春秋有之。又「没」，今晏子春秋作「死」。王念孫云：孫本改「没」爲「死」，云：「一本作『没』，非。」念孫案：「没」亦「死」也，不必依上下文改「没」爲「死」。元刻本及群書治要皆作「没」，自是舊本如此。

〔三〕吾君將戴(共)笠衣褐　「吾」，今晏子春秋無，校注引蘇輿云：「治要『君』上有『吾』字。」又「共」，駿河版、天明本皆無，據刪。金澤文庫本原有，旁校刪之；今晏子春秋無此字。

〔四〕公西北望　「北」，今晏子春秋作「面」，校注引蘇輿云：「治要『面』作『北』。」

〔五〕睹彗星　「彗」，諸本治要作「篲」；今晏子春秋同底本。

〔六〕召伯常騫使攘而去之　「攘」，今晏子春秋作「禳」。又「而」，今晏子春秋無。校注引蘇輿云：「治要作『禳』作『攘』，下有『而』字。」

〔七〕以識不敬　「識」，天明本作「誠」，金澤文庫本、駿河版同底本；今晏子春秋作「戒」。

〔八〕今君若設文而受諫　「設」，旁注有一「誤」字。

〔九〕雖不去彗　「彗」，諸本治要作「篲」；今晏子春秋同底本。

〔一〇〕何暇在彗　「在」，今晏子春秋作「去」。又「彗」，諸本治要作「篲」。

〔一一〕无幾何　此句今晏子春秋無。

〔一二〕今孰責寡人哉　「孰」，今晏子春秋作「誰」。　案：此文見今晏子春秋卷一景公遊公阜一日有三過言晏子諫。

景公射鳥，野人駭之。公令吏誅之。晏子曰：「野人不知也。臣聞之，〔一〕賞無功謂之亂，罪不知謂之虐。兩者，先王之禁也。以飛鳥犯先王之禁，不可！今君不明先王之制，而无仁義之心，是以從欲而輕誅也。〔二〕夫鳥獸，固人之養也，野人駭之，不亦宜乎？」公曰：「善！自今以來，（施）〔弛〕鳥獸之禁，〔三〕无以拘民。」〔四〕

〔一〕臣聞之　「之」，今晏子春秋無，校注引蘇輿云：「治要『聞』下有『之』字。」

〔二〕是以從欲而輕誅也　「也」，今晏子春秋無，校注引蘇輿云：「治要有『也』字。」

〔三〕（施）〔弛〕鳥獸之禁　「弛」，原作「施」，據駿河版、天明本改；金澤文庫本原作「施」，旁校作「弛」；今晏子春秋亦作「弛」。

〔四〕无以拘民　「拘」，今晏子春秋作「苛」，校注引蘇輿云：「治要『苛』作『拘』。」　案：此文見今晏子春秋卷一景公欲誅駭鳥野人晏子諫。

諫下

景公築路寢之（壹）〔臺〕，〔一〕三年未息；而又爲長（康）〔庲〕之役，〔二〕二年未息；又爲鄒之長余。〔三〕晏子諫曰：「百姓之力勤矣，君不息乎？」〔四〕公曰：「余將成矣，〔五〕請成而息之。」對曰：「君屈民財者，不得其利；窮民力者，不得其樂。昔者楚靈王作爲頃宮，〔六〕三年未息也；又爲章華之臺，五年未息也；而又爲乾谿之役，〔七〕八年，百姓之力不足而自息也。〔八〕靈王死乾谿，而民不与歸。今君不道〔明〕君之義，〔九〕而脩靈王之跡，〔一〇〕嬰懼君之有暴民之行，〔一一〕而不睹長庲之樂也，不若息之。」公曰：「善！非夫子，寡人不知得罪於百姓深也。」於是令斬板而去之。〔一二〕

〔一〕景公築路寢之（壹）〔臺〕　「臺」，原作「壹」，據諸本治要改；今晏子春秋亦作「臺」。

〔二〕而又爲長（康）〔庲〕之役　「而」，今晏子春秋無，校注引蘇輿云：「治要『又』上有『而』字。」又「庲」，原作「康」，據諸本治要改；今晏子春秋亦作「庲」。

〔三〕又爲鄒之長余　「余」，駿河版、天明本作「途」；金澤文庫本原作

「余」,後改爲「途」;今晏子春秋作「塗」。

〔四〕君不息乎　「君」,今晏子春秋作「公」,校注引蘇輿云:「治要『公』作『君』。」

〔五〕余將成矣　「余」,天明本作「途」,金澤文庫本、駿河版同底本;今晏子春秋作「塗」。

〔六〕昔者楚靈王作爲頎宮　「爲」,今晏子春秋無。又「頎」,諸本治要作「傾」;今晏子春秋作「頃」。校注引蘇輿云:「『治要』『作』下有『爲』字,『頃』作『傾』。」

〔七〕而又爲乾谿之役　「而又爲」,今晏子春秋無。

〔八〕百姓之力不足而自息也　「自」,旁注云:「或无。」今晏子春秋無。又「足」下金澤文庫本、駿河版有「一」字,天明本、今晏子春秋同底本。

〔九〕今君不道〔明〕君之義　「道」,今晏子春秋作「遵」。又「明」,原無,旁校補之,據補;金澤文庫本原無,旁校補之;駿河版、天明本、今晏子春秋皆有之。

〔一〇〕而脩靈王之跡　「脩」,今晏子春秋作「循」。

〔一一〕嬰懼君之有暴民之行　「之有」之「之」,今晏子春秋無,校注引蘇輿云:「『治要』『有』上有『之』字。」

〔一二〕於是令斬板而去之　「令」下天明本、今晏子春秋有「勿收」二字;金澤文庫本、駿河版同底本。　案:此文見今晏子春秋卷二景公爲鄒之長塗晏子諫。

景公成路寢之臺,逢於何遭晏子於塗,〔一〕再拜于馬前,〔二〕曰:「於何之母死,兆在路寢之臺牖下,〔三〕願請合骨!」晏子曰:「嘻!難矣!雖然,嬰將爲子復之。」遂入見公,曰:「有逢於何者,母死,兆在路寢,當牖下,〔四〕願請合骨。」公作色不悦,曰:「自古及今,子亦(當)〔嘗〕聞請葬人主宮者乎?」〔五〕晏子對曰:「古之君治其宮室節,〔六〕不侵生人之居,其臺榭儉,不殘死人之墓,未嘗聞請葬人主宮者也。今君侈爲宮室,奪人之居;〔七〕廣爲臺榭,殘人之墓,是生者愁憂,不得驩處,〔八〕死者離折,〔九〕不得合骨。豐樂侈游,兼傲死生,〔一〇〕非仁人之行也。〔一一〕遂欲滿求,不顧細民,非存之道也。且嬰聞之:生者不安,命之曰蓄憂;死者不葬,命之曰蓄哀。蓄憂者怨,蓄哀者危,君不如許之。」公曰:「諾。」晏子出,梁丘據曰:「自古及今,未嘗聞求葬公宮者也,若何許之?」公曰:「削人之居,殘人之墓,淩人之喪,而禁其葬,是於生者無施,於死者無禮也。且詩曰:〔一二〕『穀則異室,死則同穴。』吾敢不許乎?」逢於何遂葬路寢臺之牖下,〔一三〕解衰去經,〔一四〕布衣玄(利)〔冠〕,〔一五〕踊而不哭,辟而不拜,〔一六〕已埌夷而去之。〔一七〕

〔一〕逢於何遭晏子於塗　「逢」,金澤文庫本、天明本同;駿河版、今晏子春秋作「逄」。下同。

〔二〕再拜于馬前　「于」,今晏子春秋作「乎」。

〔三〕兆在路寢之臺牖下　「牖」,今晏子春秋作「墉」。

〔四〕當牖下　「牖」,今晏子春秋作「墉」。

〔五〕子亦(當)〔嘗〕聞請葬人主宮者乎　「嘗」,原作「當」,據駿河版、天明本改；今晏子春秋亦作「嘗」；金澤文庫本原作「當」，旁校作「嘗」。

〔六〕古之君治其宮室節　「君治」，今晏子春秋作「人君」。

〔七〕奪人之居　「居」，金澤文庫本原作「君」，旁校作「居」；駿河版、天明本、今晏子春秋同底本。

〔八〕不得驩處　「驩」，今晏子春秋作「安」，校注引蘇輿云：「治要『安』作『驩』。」

〔九〕死者離折　「折」，天明本作「析」；金澤文庫本、駿河版同底本；今晏子春秋作「易」，校注引蘇輿云：「治要『易』作『析』。」

〔一〇〕兼傲死生　「死生」，今晏子春秋作「生死」，校注引蘇輿云：「治要作『死生』。」

〔一一〕非仁人之行也　「仁人」，今晏子春秋作「仁君」，校注引蘇輿云：「『人君』，治要作『仁人』。」

〔一二〕且詩曰　「且」，今晏子春秋無。又「曰」，今晏子春秋作「云」。

〔一三〕逢於何遂葬路寢臺之牖下　「臺之」，今晏子春秋作「之臺」。

〔一四〕解衰去絰　「絰」，金澤文庫本同；駿河版、天明本、今晏子春秋作「經」。

〔一五〕布衣玄(冦)〔冠〕　「冠」，原作「冦」，據駿河版、天明本、今晏子春秋改；金澤文庫本同底本。案：「冦」當爲「冠」之俗訛體，下文徑改不出校。

〔一六〕辭而不拜　「辭」，天明本、今晏子春秋作「躃」，金澤文庫本、駿河版同底本。

〔一七〕已埌夷而去之　「已」下天明本、今晏子春秋有「乃」字；金澤文庫本、駿河版同底本。又「埌夷」，天明本、今晏子春秋作「涕洟」；金澤文庫本、駿河版同底本。案：此文見今晏子春秋卷二景公路寢臺成逢于何願合葬晏子諫而許。

梁丘據死，景公召晏子而告之曰：「據忠且愛我，我欲封厚其葬，〔一〕高大其壟。」晏子曰：「敢問據之所以忠愛君者，〔二〕可得聞乎？」公曰：「吾有喜於玩好，有司未能我供也，則據以其財供我，〔三〕吾〔是〕以知其忠也。〔四〕每有(风)〔風〕雨，〔五〕暮夜求之必存(存)，〔六〕吾是以知其愛也。」晏子曰：「嬰對則爲罪，不對則無以事君，敢不對乎！嬰聞之，臣專其君，謂之不忠；子專於父，〔七〕謂之不孝；妻專其夫，謂之嫉妒。爲臣道，〔八〕君親於父兄，有禮於群臣，有惠於百姓，有義於諸侯，〔九〕謂之忠也；〔一〇〕爲子道，父以愛於兄弟，〔一一〕施行於諸侯，〔一二〕父慈惠於衆子，〔一三〕誠信於(明)〔朋〕友，〔一四〕謂之孝也；〔一五〕爲妻，使衆妾皆得驩欣於夫，謂之不妒也。〔一六〕今四封之民，皆君之臣也，而唯據盡力以愛君，何愛者之少耶？四封之貨，皆君之有也，而唯據也以其私財忠於君，何忠者之寡耶？據之防塞群臣，壅蔽君，無及甚乎？」〔一七〕公曰：「善哉！微子，寡人不知據之至於是也。」遂罷爲壟之役，〔一八〕廢厚葬之令，令有司據法而責，群臣陳過而諫。故官無廢法，臣無隱忠，而百姓大悦。〔一九〕

〔一〕我欲封厚其葬　「封」，天明本、今晏子春秋作「豐」；金澤文庫本、駿河版同底本。

〔二〕敢問據之所以忠愛君者　「所以」，今晏子春秋無。

〔三〕則據以其財供我　「財」，今晏子春秋作「所有」。

〔四〕吾〔是〕以知其忠也　「是」，原無，旁校補之，據補；天明本、今晏子春秋有，金澤文庫本、駿河版無。

〔五〕每有〔夙〕〔風〕雨　「風」，原作「夙」，據駿河版、天明本、今晏子春秋改；金澤文庫本亦作「風」，然顯有校改痕跡，或本作他字。

〔六〕暮夜求之必存〔存〕　「存」，駿河版、天明本、今晏子春秋皆無，據刪；金澤文庫本原有此「存」字，旁有校刪符號。

〔七〕子專於父　「於」，天明本、今晏子春秋作「其」，金澤文庫本、駿河版同底本。

〔八〕爲臣道　此句今晏子春秋作「事君之道」。

〔九〕有義於諸侯　「義」，今晏子春秋作「信」，校注引蘇輿云：「治要『信』作『義』。」

〔一〇〕謂之忠也　「也」，今晏子春秋無。

〔一一〕父以愛於兄弟　「兄」，旁注云：「或无。」此句駿河版作「父以於愛兄弟」，天明本、今晏子春秋作「父以鍾愛其兄弟」；金澤文庫本同底本。

〔一二〕施行於諸侯　「侯」，天明本、今晏子春秋作「父」；金澤文庫本、駿河版同底本。

〔一三〕父慈惠於衆子　「父」，駿河版無；金澤文庫本原有，旁校刪除；天明本、今晏子春秋此字屬上句。「慈」上駿河版、天明本有「以」字；金澤文庫本原無，旁校補之；今晏子春秋無。

〔一四〕誠信於〔明〕〔朋〕友　「朋」，原作「明」，金澤文庫本作「明」；據駿河版、天明本、今晏子春秋作改。

〔一五〕謂之孝也　「也」，今晏子春秋無。

〔一六〕謂之不妒也　「也」，今晏子春秋無。

〔一七〕無及甚乎　「及」，天明本、今晏子春秋作「乃」；金澤文庫本、駿河版同底本。又「乎」，金澤文庫本原作「采」，旁校作「乎」；駿河版、天明本、今晏子春秋同底本。

〔一八〕遂罷爲壟之役　「壟」，駿河版作「龍」，天明本作「壠」；金澤文庫本、今晏子春秋同底本。

〔一九〕案：此文見今晏子春秋卷二景公欲厚葬梁丘據晏子諫。

問上

景公問晏子曰：「君子常行曷若？」對曰：「衣冠不中，不敢以入朝；所言不義，不敢以要君；身行不順，〔一〕治事不公，不敢以蒞衆。〔二〕衣冠中，〔三〕故朝無奇僻之服；所言義，故下無僞上之報；身行順，〔四〕治事公，故國無阿黨之義。三者，君子常行也。」〔五〕

〔一〕身行不順　「順」，駿河版作「須」；金澤文庫本、天明本、今晏子春秋同底本。

〔二〕不敢以蒞衆　「蒞」旁注有「在」字，當爲釋義。金澤文庫本、駿河版、今晏子春秋作「莅」；天明本同底本。

〔三〕衣冦中　「冦」，駿河版、天明本、今晏子春秋作「冠」；金澤文庫本同底本。

〔四〕身行順　「順」，駿河版作「須」；金澤文庫本、天明本、今晏子春秋同底本。

〔五〕案：此文見今晏子春秋卷三景公問君子常行曷若晏子對以三者。

景公問晏子曰：「請問臣道。」對曰：「見善必通，不私其私，〔一〕薦善而不有其名；稱身居位，不爲苟進；稱事受祿，不爲苟得；君用其言，人得其利，〔二〕不伐其功。此臣道也。」〔三〕

〔一〕不私其私　「其私」之「私」，天明本、今晏子春秋作「利」；金澤文庫本、駿河版同底本。

〔二〕人得其利　「人」，今晏子春秋作「民」，校注引蘇輿云：「治要『民』作『人』。」

〔三〕案：此文見今晏子春秋卷四景公問爲臣之道晏子對以九節。

景公問晏子曰：「明王之教民何若？」對曰：「〔明〕其教令，〔一〕而先之以行；養民不苛，而防之以刑；所求於下者，不務於上；〔二〕所禁於民者，不行於身。故下從其教也，稱事以任民，中聽以禁邪，不窮之以勞，不害之以罰。上以愛民爲（諸）〔法〕，〔三〕下以相親爲義。是以天下不相違也，〔四〕此明王之教民也。」〔五〕

〔一〕〔明〕其教令　「明」，原無，旁校補之，據補；駿河版、天明本、今晏子春秋皆有之；金澤文庫本原無，旁校補之。

〔二〕不務於上　「不」，今晏子春秋作「必」。

〔三〕上以愛民爲（諸）〔法〕　「法」，原作「諸」，據駿河版、天明本改；今晏子春秋作「瀼」；金澤文庫本今作「法」，但顯有改動之跡，原作他字。

〔四〕是以天下不相違也　「也」，今晏子春秋無。

〔五〕案：此文見今晏子春秋卷三景公問明王之教民何若晏子對以先行義。

景公問晏子曰：「忠臣之事君何若？」對曰：「有難不死，出亡不送。」公不悅，曰：「君裂地而富之，〔一〕疏爵而貴之，有難不死，出亡不送，其説何也？」對曰：「言而見用，終身無難，臣何死焉？〔二〕謀而見從，終身不出，〔三〕臣何送焉？〔四〕若言不用，有難而死，是妄死也；謀而不從，出亡而送，是詐僞也。忠臣也者，能檀善於君，〔五〕而不與君陷於難者也。」〔六〕

〔一〕君裂地而富之　「富」，今晏子春秋作「封」，校注引蘇輿云：「治要『封』作『富』。」

〔二〕臣何死焉　「何」，今晏子春秋作「奚」，校注引蘇輿云：「治要『奚』作『何』。」

〔三〕終身不出　「出」，今晏子春秋作「亡」。

〔四〕臣何送焉　「何」，今晏子春秋作「奚」。

〔五〕能檀善於君　「檀」，駿河版作「擅」。案：「檀」當是「擅」字之訛。天明本、今晏子春秋作「納」；金澤文庫本同底本。

〔六〕而不與君陷於難者也　「而」「者也」，今晏子春秋無。案：此文見今晏子春秋卷三景公問忠臣之事君何若晏子對以不與君陷于難。

景公問晏子曰：「忠臣之行何如？」對曰：「選賢進賢能，〔一〕不私乎內；私稱身就位，計能受祿；睹賢不居其上，受祿不過〔其〕量；〔二〕不權君以爲行，不稱位以爲忠；不掩賢以隱長，不刻下以諛上。順即進，否即退，不與君行耶。」〔三〕

〔一〕選賢進賢能　「賢能」之「賢」，天明本、今晏子春秋無；金澤文庫本、駿河版同底本。

〔二〕受祿不過〔其〕量　「其」，本無，旁校補之，據補；天明本、今晏子春秋有之；金澤文庫本、駿河版無。

〔三〕不與君行耶　「耶」，今晏子春秋作「邪也」。案：此文見今晏子春秋卷三景公問忠臣之行何如晏子對以不與君行邪。

景公問晏子曰：「臨國蒞民，所患何也？」對曰：「所患者三：忠臣不信，一患也；信臣不忠，二患也；君臣異心，三患也。是以明君居上，無忠而不信，無信而不忠者。是如君臣無獄，〔一〕而百姓無恐也。」〔二〕

〔一〕是如君臣無獄　「如」，天明本作「故」；金澤文庫本、駿河版同底本；今晏子春秋作「以」。又「無獄」，今晏子春秋作「同欲」。

〔二〕而百姓無恐也　「恐」，今晏子春秋作「怨」。案：此文見今晏子春秋卷三景公問臨國蒞民所患何也晏子對以患者三。

莊子問晏子曰：〔一〕「威當世而服天下，時耶？」對曰：「行也。」公曰：「何行？」對曰：「能愛邦內之民者，能服境外之不善；重士民之死力者，能〔禁〕暴國之耶；〔二〕中聽任聖者，能威諸侯；安仁義而樂利世者，能服天下。不能愛（拜）〔邦〕內之民者，〔三〕不能服境外之（不）不善；〔四〕輕士民之死力者，不能禁暴國之耶逆；諫傲賢者，不能威諸侯；背仁義而貪名實者，〔五〕不能服天下。〔六〕威當世而服天下者，此其道已。」公不用，任勇力之士，而輕臣僕之死。用兵無休，國疲民害。期年，百姓大亂，而身及（雀）〔崔〕氏。〔七〕

〔一〕莊子問晏子曰　「子」，天明本、今晏子春秋作「公」；駿河版、金澤文庫本同底本。

〔二〕能〔禁〕暴國之耶　「禁」，本無，旁校補之，據補；駿河版、天明本、今晏子春秋皆有之；金澤文庫本原無，旁校補之。又「耶」下今晏子春秋有「逆」字，張純一云：「群書治要脱『逆』字，文義不完。『邪逆』，猶『橫逆』也。言能重視士民，惜其死，儲其力者，縱素逞彊暴之國，不敢以邪逆相加矣。」

〔三〕不能愛（拜）〔邦〕內之民者　「邦」，原作「拜」，據駿河版、天明本改；金澤文庫本原作「拜」，旁校作「邦」；今晏子春秋作「邦」。

〔四〕不能服境外之（不）不善　「不能」之「不」字，旁注云：「又无。」駿河版、天明本、今晏子春秋皆無，據刪。金澤文庫本以後「不」字爲衍文。

〔五〕背仁義而貪名實者　「背」，今晏子春秋作「倍」。

〔六〕不能服天下　「服天下」，天明本無；金澤文庫本、駿河版同底本。案：今晏子春秋有此三字。盧文弨群書拾補云：「『服天下』三字脱。案：以上文例之，當有。」張純一云：「『服天下』三字舊脱，從盧校補。」

〔七〕而身及（雀）〔崔〕氏　「崔」，原作「雀」，據諸本治要改；今晏子春秋亦作「崔」。　案：此文見今晏子春秋卷三莊公問威當世服天下時耶晏子對以行也。

景公問晏子曰：「聖人之不得意也何如？」〔一〕晏子對曰：「上作事（及）〔反〕天時，〔二〕從政逆鬼神，藉斂單百姓；〔三〕四時易序，神祇並怨；道忠者不聽，薦善者不行；諛過者有賞，〔四〕救失者有罪。故聖人伏匿隱處，不干長上，静身守道，〔五〕不與世陷于耶，〔六〕是以卑而不失義，葬而不失廉。〔七〕此聖人之不得意也。」公曰：「聖人之得意何如？」晏子對曰：〔八〕「世治政平，舉事調乎天，藉斂和乎民；百姓樂其政，遠者懷其息；〔九〕四時不失序，風雨不降虐。天明象而致贊，〔一〇〕地育長而具物；〔一一〕神降福而不靡，民服教而不僞；治無怨業，居無廢民。此聖人之得意也。」〔一二〕

〔一〕聖人之不得意也何如　「也」，今晏子春秋無，校注引蘇輿云：「治要『意』下有『也』字。」

〔二〕上作事（及）〔反〕天時　「反」，原作「及」，據駿河版、天明本改；金澤文庫本原作「及」，校改爲「反」；今晏子春秋亦作「反」。

〔三〕藉斂單百姓　「單」，今晏子春秋作「殫」。張純一云：「治要作『單』，蓋從古本。」

〔四〕諛過者有賞　「賞」，今晏子春秋作「賚」。

〔五〕静身守道　「静」，天明本作「潔」；今晏子春秋作「潔」，校注引蘇輿云：「治要『潔』作『静』。」金澤文庫本同底本，但顯有校改痕跡；駿河版同底本。

〔六〕不與世陷于耶　「于」，今晏子春秋作「乎」。

〔七〕葬而不失廉　「葬」，駿河版作「蔽」，天明本作「蔽」；今晏子春秋作「瘁」。校注引蘇輿云：「治要『瘁』作『蔽』。」案：校注所言治要乃天明本，實未見他本。

〔八〕晏子對曰　「晏子」，今晏子春秋無。

〔九〕遠者懷其息　「息」，駿河版、天明本作「德」；金澤文庫本今作「悳」，但其字顯有校改痕跡；今晏子春秋亦作「德」。

〔一〇〕天明象而致贊　「明」，天明本作「叟」；金澤文庫本、駿河版、今晏子春秋同底本。

〔一一〕地育長而具物　「育長」，今晏子春秋作「長育」。

〔一二〕案：此文見今晏子春秋卷三景公問聖人之不得意何如晏子對以不與世陷乎邪。

景公問求賢，晏子對曰：「通則視其所舉，窮則視其所不爲，富則視其所分，〔一〕貧則視其所不取。夫上，難（遺）〔進〕而易退也；〔二〕其次，易進而易退也；其下，易進而難退也。以此數物者取人，其可乎？」〔三〕

〔一〕富則視其所分　「則」下駿河版有「不」字；金澤文庫本、天明本、今晏子春秋同底本。又「其」，駿河版無；金澤文庫本、天明本、今晏子春秋同底本。

〔二〕難（遺）〔進〕而易退也　「進」，原作「遺」，據駿河版、天明本、今晏子春秋改；金澤文庫本今作「進」，但其字顯有校改痕跡。

〔三〕案：此文見今晏子春秋卷三景公問善爲國家者何如晏子對以舉賢官能。

景公問晏子曰：「古之莅國治民者，其任人何如？」對曰：「地不同宜，〔一〕而任之以一種，貴其俱生，〔二〕不可得也。〔三〕人不同能，而任之以〔一〕事，〔四〕不可責偏成焉。〔五〕責焉無已，智者有不能給矣；〔六〕求焉無饜，天地有不能瞻矣。〔七〕故明王之任人，諂諛不邇乎左右，阿黨不治乎本朝。任人之長，〔八〕不强其短。任人之工，不强其拙。此任人之大略也。」〔九〕

〔一〕地不同宜　「宜」，今晏子春秋作「生」。

〔二〕貴其俱生　「貴」，諸本治要、今晏子春秋皆作「責」。

〔三〕不可得也　「也」，今晏子春秋無。

〔四〕而任之以〔一〕事　「一」，原無，據駿河版、天明本補；金澤文庫本原無，旁校補之；今晏子春秋亦有之。

〔五〕不可責偏成焉　「偏」，金澤文庫本、駿河版作「偏」；天明本、今晏子春秋同底本。又「焉」，今晏子春秋無。

〔六〕智者有不能給矣　「給」，駿河版、天明本作「洽」；金澤文庫本原作「給」，旁校作「洽」；今晏子春秋同底本，校注引蘇輿云：「治要『給』作『洽』，非。」案：此可見蘇氏未見古抄本治要，故以治要所載爲非。又「矣」，今晏子春秋無。

〔七〕天地有不能瞻矣　「瞻」，駿河版、天明本、今晏子春秋作「贍」；金澤文庫本原作「瞻」，旁校作「贍」。又「矣」，今晏子春秋作「也」。

〔八〕任人之長　「之」，駿河版無；金澤文庫本、天明本、今晏子春秋同底本。

〔九〕案：此文見今晏子春秋卷三景公問古之莅國者任人如何晏子對以人不同能。

景公問晏子曰：「富民安衆難乎？」對曰：「易。節欲則民富，中聽則民安。行此（雨）〔兩〕者而已矣。」〔一〕

〔一〕行此（雨）〔兩〕者而已矣　「兩」，原作「雨」，據駿河版、天明本改；金澤文庫本同底本；今晏子春秋亦作「兩」。　案：此文見今晏子春秋卷四景公問富民安衆晏子對以節欲中聽。

景公問晏子曰：「古者離散其民而隕失其國者，〔一〕其常行何如？」對曰：「國貧而好大，智薄而好專；尚讒諛而賤賢人，〔二〕樂簡慢而輕百姓；〔三〕國無常法，民無經紀；好辨以爲智，〔四〕刻民以爲忠；流湎而忘國，好兵而忘民；肅於罪誅，而慢於慶賞；樂人之衰，〔五〕利人之害；〔六〕（息）〔德〕不足以懷人，〔七〕政不足以匡民；〔八〕賞不足以勸善，刑不足以防非。此亡國之行也。今民聞公令如寇讎，此古之離其民、隕其國常行也。」〔九〕

〔一〕古者離散其民而隕失其國者　「隕」，駿河版作「損」；天明本、今晏子春秋同底本；金澤文庫本原作「隕」，旁校作「損」。

〔二〕尚讒諛而賤賢人　「人」，金澤文庫本原作「父」，旁校作「人」；駿河版、天明本、今晏子春秋同底本。

〔三〕樂蕳慢而輕百姓　「輕」，今晏子春秋作「玩」，校注引蘇輿云：「治要『玩』作『輕』。」

〔四〕好辨以爲智　「辨」，天明本作「辦」；金澤文庫本、駿河版同底本；今晏子春秋作「辯」。

〔五〕樂人之衰　「衰」，駿河版、天明本、今晏子春秋作「哀」；金澤文庫本今作「哀」，但其字顯有校改痕跡。

〔六〕利人之害　「害」，今晏子春秋作「難」。

〔七〕（息）〔德〕不足以懷人　「德」，原作「息」，據駿河版、天明本改；今晏子春秋作「德」；金澤文庫本原作「悳」，旁校作「德」。

〔八〕政不足以匡民　「匡」，今晏子春秋作「惠」。

〔九〕此古之離其民愪其國常行也　「愪」，駿河版作「損」，天明本、今晏子春秋作「隕」；金澤文庫本同底本。　案：此文見今晏子春秋卷三景公問古者離散其民如何晏子對以今聞公令如寇讎。

景公問晏子曰：「謀必得，事必成，有術乎？」對曰：「有。」公曰：「其術何如？」晏子曰：「謀度於義者必得，事因於民者必成。（及）〔反〕義而謀，〔一〕背民而動，〔二〕未聞存者也。昔三代之興也，〔三〕謀必度於義，事必因於民。及其衰也，謀者（及）〔反〕義，〔四〕興事傷民。故度義因民，事謀之術也。」〔五〕

〔一〕（及）〔反〕義而謀　「反」，原作「及」，據諸本治要改；今晏子春秋作「反」。

〔二〕背民而動　「背」，今晏子春秋作「倍」。

〔三〕昔三代之興也　「興也」，駿河版作「也興」；金澤文庫本、天明本、今晏子春秋同底本。

〔四〕謀者（及）〔反〕義　「反」，原作「及」，據諸本治要改；今晏子春秋作「反」。

〔五〕事謀之術也　「事謀」，天明本、今晏子春秋作「謀事」，駿河版同底本。　案：此文見今晏子春秋卷三景公問謀必得事必成何術晏子對以度義因民。

景公問晏子曰：「治國之患，亦有常乎？」對曰：「讒夫佞人之在君側者，〔一〕好惡良臣，而行與小人，此治國之常患也。」公曰：「讒佞之人，〔二〕則亦誠不善矣；〔三〕雖然，則奚曾爲國常患乎？」晏子曰：〔四〕「君以爲耳目而好繆事，〔五〕則是君之耳目繆也。夫上亂君之耳目，〔六〕而下使群臣皆失其職，〔七〕豈不誠足患哉！」公曰：「如是乎！寡人將去之。」晏子曰：「公不能去也。」公（曰）不悦，〔八〕曰：「夫子何少寡人之甚也！」對曰：「臣非敢矯也！〔九〕夫能自周於君者，〔一〇〕材能皆非常也。夫藏大不誠於中者，必謹小誠於外，以成其大不誠。入則求君之嗜欲能順之，〔一一〕君怨良臣，則其具往失而益之，〔一二〕出則行威以取富。夫可密近，〔一三〕不爲大利變，而務與君至義者，此難得而其難知也。」〔一四〕公曰：「然則先聖奈何？」對曰：「先聖之治也，審見賓客，聽治不留，患日不足，群臣皆得畢其誠，讒諛安得容其私！」〔一五〕公曰：〔一六〕「然則夫子助寡人止之，寡人亦事勿用矣。」對曰：「讒夫佞人之在君側者，〔一七〕若社之有鼠也，不可燻去。〔一八〕讒佞之人，隱君之威以自守也，是故難去也。」〔一九〕

〔一〕讒夫佞人之在君側者　「讒夫佞人」，今晏子春秋作「佞人讒夫」。

〔二〕讒佞之人　「之」，金澤文庫本、駿河版無；天明本、今晏子春秋同底本。

〔三〕則亦誠不善矣　「亦」，今晏子春秋無。

〔四〕晏子曰　「晏」，金澤文庫本原無，旁校補之；駿河版、天明本、今晏子春秋同底本。

〔五〕君以爲耳目而好繆事　「繆」，天明本、今晏子春秋作「謀」；金澤文庫本、駿河版同底本。

〔六〕夫上亂君之耳目　「上」，駿河版無；金澤文庫本、天明本、今晏子春秋同底本。

〔七〕而下使群臣皆失其職　「而」，今晏子春秋無。

〔八〕公(曰)不悅　「曰」，駿河版、天明本皆無，據刪；金澤文庫本原有，旁有校刪符號；今晏子春秋亦無此字。

〔九〕臣非敢矯也　「非」，今晏子春秋作「何」。

〔一〇〕夫能自周於君者　「周」，駿河版、天明本皆作「用」；金澤文庫本今作「用」，但其字顯有校改痕跡；今晏子春秋同底本。

〔一一〕入則求君之嗜欲能順之　「順」，駿河版作「須」；金澤文庫本、天明本、今晏子春秋同底本。

〔一二〕則其具往失而益之　「其具」，天明本、今晏子春秋作「具其」；金澤文庫本、駿河版同底本。

〔一三〕夫可密近　「可」，今晏子春秋作「何」。

〔一四〕此難得而其難知也　「得」「其」，今晏子春秋作「見」「且」。

〔一五〕讒諛安得容其私　「讒」，金澤文庫本原無，旁校補之；駿河版、天明本、今晏子春秋同底本。

〔一六〕公曰　「公」，金澤文庫本原無，旁校補之；駿河版、天明本、今晏子春秋同底本。

〔一七〕讒夫佞人之在君側者　「夫」，金澤文庫本作「人」；駿河版、天明本、今晏子春秋同底本。

〔一八〕不可燻去　「燻」，今晏子春秋作「熏」。

〔一九〕是故難去也　「也」，今晏子春秋作「焉」。　案：此文見今晏子春秋卷七景公問治國之患晏子對以佞人讒夫在君側。

景公問晏子曰：「古之盛君，其行何如？」〔一〕對曰：「薄於身而厚於民，約於身而廣於世。處上也，〔二〕足以明政行教而不以威下。〔三〕其取財也，權有無，均貧富，不以養嗜欲。誅不避貴，賞不避賤。〔四〕不淫於樂，不遁於哀。盡智道民而不伐焉，勞力事民而不責焉。政尚相利，故下不以相害爲行；教尚相愛，故民不以相惡爲名。刑罰中於法，廢罪順於民。是以賢者處上而不華，不肖者處下而不(留)〔怨〕。〔五〕四海之內，一意同欲。生有厚利，死有遺教。此盛君之行也。」〔六〕

〔一〕其行何如　「何如」，今晏子春秋作「如何」。

〔二〕處上也　「處」上天明本、今晏子春秋有「其」字，金澤文庫本、駿河版同底本。

〔三〕足以明政行教而不以威下　「而」，今晏子春秋無。

〔四〕賞不避賤　「避」，今晏子春秋作「遺」。

〔五〕不肖者處下而不（留）〔怨〕　「怨」，原作「留」，據駿河版、天明本改；金澤文庫本今作「怨」，但其字顯有校改痕跡，而「怨」即「怨」之異體字；今晏子春秋亦作「怨」。

〔六〕案：此文見今晏子春秋卷三景公問古之盛君其行如何晏子對以問道者更正。

問下

景公出游，問於晏子曰：「吾欲（脩）〔循〕海而南，〔一〕至於琅耶，寡人何脩以則夫先王之游也？」〔二〕晏子曰：「嬰聞之，天子之諸侯爲巡狩，諸侯之天子爲述職。故春省耕而補不足者謂之游；秋省實而助不給者謂之豫。夏語曰：〔三〕『吾君不游，我曷以休？吾君不豫，我曷以助？壹游壹豫，爲諸侯度。』今君之游不然，師行而貧苦不備，〔四〕勞者不息。夫從高歷時而不（及）〔反〕謂之流，〔五〕從下歷時而不（及）〔反〕謂之連，〔六〕從獸而不歸謂之荒，從樂而忘歸謂之亡。〔七〕古者聖王無流連之游，〔八〕無荒亡之行。」〔九〕公曰：「善。」令吏出粟以與貧者三千鍾，〔一〇〕公所身見老者七十人，然後歸。〔一一〕

〔一〕吾欲（脩）〔循〕海而南　「循」，原作「脩」，據駿河版、天明本改；金澤文庫本同底本；今晏子春秋作「遵」。

〔二〕寡人何脩以則夫先王之游也　「脩」，駿河版作「循」；金澤文庫本、天明本、今晏子春秋同底本。

〔三〕夏語曰　「語」，今晏子春秋作「諺」。

〔四〕師行而貧苦不備　「師」，金澤文庫本原無，旁校補之；駿河版、天明本、今晏子春秋同底本。又「苦」，今晏子春秋作「者」。又「備」，天明本、今晏子春秋作「補」；金澤文庫本、駿河版同底本。

〔五〕夫從高歷時而不（及）〔反〕謂之流　「高」，今晏子春秋作「下」。又「反」，原作「及」，據諸本治要改；今晏子春秋亦作「反」。

〔六〕從下歷時而不（及）〔反〕謂之連　「下」，今晏子春秋作「高」。案：治要與今晏子春秋兩句剛好相反。又「反」，原作「及」，據諸本治要改。

〔七〕從樂而忘歸謂之亡　「忘」，今晏子春秋作「不」。

〔八〕古者聖王無流連之游　「無」下金澤文庫本重一「無」字，旁有校刪符號。

〔九〕無荒亡之行　「無」，今晏子春秋無。

〔一〇〕令吏出粟以與貧者三千鍾　「令」，今晏子春秋作「命」。

〔一一〕案：此文見今晏子春秋卷四景公問何修則夫先王之游晏子對以省耕實。

景公問晏子曰：「寡人意氣衰，身甚病。〔一〕今吾欲具珪璧犧牲，〔二〕令祝宗薦之乎上下宗廟，〔三〕意者禮可以干福乎！」〔四〕

晏子對曰：「嬰聞之，古者先君之干福也，政必合乎民，〔五〕行必順乎神；〔六〕節宮室，不敢大斬伐，以無偪山林；節飲食，無多田漁，〔七〕以毋偪川浦；〔八〕祝宗用事，辭罪而不敢有祈求也。〔九〕是以神民俱順，〔一〇〕而山川納禄。今君政（及）〔反〕乎民，〔一一〕而行悖乎神；大宮室，多斬伐，以偪山林；羨飯食，〔一二〕多田漁，〔一三〕以偪川浦。〔一四〕是以神民俱㤪，〔一五〕而山川攸禄。〔一六〕司過荐至而祝宗祈福，〔一七〕意者逆！」公曰：「寡人非天子，〔一八〕無所聞此，請革心易行。」於是廢公之游，〔一九〕止海食之獻，斬伐者以時，田漁者有數；〔二〇〕居處飲食，節之勿羨，祝宗用事，辭罪而不敢有祈求焉。〔二一〕

〔一〕身甚病　「甚病」，今晏子春秋作「病甚」。

〔二〕今吾欲具珪璧牲　「珪」，今晏子春秋作「圭」。「璧」下天明本、今晏子春秋有「犧」字；金澤文庫本、駿河版同底本。

〔三〕令祝宗薦之乎上下宗廟　「下」，天明本、今晏子春秋作「帝」；金澤文庫本、駿河版同底本。

〔四〕意者禮可以干福乎　「禮」，今晏子春秋作「祀」。張純一云：「『祀』，舊譌『禮』，治要校文『禮』疑『祀』，今據正。蘇校同。」

〔五〕政必合乎民　「乎」，駿河版作「平」；金澤文庫本、天明本、今晏子春秋同底本。

〔六〕行必順乎神　「乎」，駿河版作「平」；金澤文庫本、天明本、今晏子春秋同底本。

〔七〕無多田漁　「田」，今晏子春秋作「畋」。

〔八〕以毋偪川浦　「浦」，今晏子春秋作「澤」。

〔九〕辭罪而不敢有祈求也　「祈」，今晏子春秋作「所」。

〔一〇〕是以神民俱順　「順」，駿河版作「須」；金澤文庫本、天明本、今晏子春秋同底本。

〔一一〕今君政（及）〔反〕乎民　「反」，原作「及」，據諸本治要改；今晏子春秋亦作「反」。又「乎」，駿河版、天明本皆作「于」；金澤文庫本同底本。

〔一二〕羨飯食　「飯」，今晏子春秋作「飲」。

〔一三〕多田漁　「田」，今晏子春秋作「畋」。

〔一四〕以偪川浦　「浦」，今晏子春秋作「澤」。

〔一五〕是以神民俱㤪　「㤪」，金澤文庫本作「惌」；駿河版、天明本、今晏子春秋皆作「怨」。

〔一六〕而山川攸禄　「攸」，諸本治要、今晏子春秋作「收」。

〔一七〕司過荐至而祝宗祈福　「至」，今晏子春秋作「罪」。

〔一八〕寡人非天子　「天」，金澤文庫本、今晏子春秋作「夫」；駿河版、天明本同底本。

〔一九〕於是廢公之游　「公」下天明本、今晏子春秋有「阜」字；金澤文庫本、駿河版同底本。

〔二〇〕田漁者有數　「田」，今晏子春秋作「畋」。

〔二一〕辭罪而不敢有祈求焉　「祈」，今晏子春秋作「所」。案：此文見今晏子春秋卷三景公問欲令祝史求福晏子對以當辭罪而無求。

景公問晏子曰：「寡人欲從夫子而善齊國之政，〔一〕可乎？」對曰：「嬰聞之，〔二〕國有具官，然後其政可善。」公作色不悅，曰：「齊國雖小，則可謂不具乎？」〔三〕對曰：「昔吾先君桓公，身體惰解，〔四〕辭令不給，則隰朋暱侍；左右多譽，〔五〕獄〔讞〕不中，〔六〕則弦寧暱侍；田野不脩，民萌不安，〔七〕則甯戚暱侍；〔八〕軍士惰，〔九〕戎士肆，〔一〇〕則王子城甫暱侍；居處逸怠，左右懾畏，則東郭牙暱侍；悳義不中，意行衰怠，〔一一〕則管子暱侍。先君能以人之長續其短，以人之厚補其薄，是故諸侯朝其悳，而天子致胙焉。」〔一二〕今君之過失多矣，未有一（土）〔士〕以聞者也。〔一三〕故曰：官不具。」公曰：「善。」〔一四〕

〔一〕寡人欲從夫子而善齊國之政　「政」，金澤文庫本原無，旁校補之；駿河版、天明本、今晏子春秋同底本。

〔二〕嬰聞之　「之」，今晏子春秋無。

〔三〕則可謂不具乎　「可」，今晏子春秋作「何」。又「謂」下天明本、今晏子春秋有「官」字；金澤文庫本、駿河版同底本。又「乎」，今晏子春秋無。

〔四〕身體惰解　「解」，今晏子春秋作「懈」。

〔五〕左右多譽　「譽」，今晏子春秋作「過」。

〔六〕獄〔讞〕不中　「讞」，原無，據駿河版、天明本補；金澤文庫本原無，旁校補之；今晏子春秋有之。

〔七〕民萌不安　「萌」，金澤文庫本、天明本作「萠」，同；駿河版同底本；今晏子春秋作「氓」。

〔八〕則甯戚暱侍　「戚」，旁注云：「或无。」

〔九〕軍士惰　「士惰」，今晏子春秋作「吏怠」。

〔一〇〕戎士肆　「肆」，今晏子春秋作「偷」。

〔一一〕意行衰怠　「意」，今晏子春秋作「信」。

〔一二〕而天子致胙焉　「胙焉」，今晏子春秋作「其胙」。

〔一三〕未有一（土）〔士〕以聞者也　「士」，原作「土」，據諸本治要改；今晏子春秋亦作「士」。

〔一四〕案：此文見今晏子春秋卷三景公問欲善齊國之政以干霸王晏子對以官未具。

景公問晏子曰：「昔吾先君桓公，從車三百乘，九合諸侯，一匡天下。今吾從車千乘，可以逮先君桓公之後乎？」對曰：「桓公從車三百乘，九合諸侯，一匡天下者，左有鮑叔，〔一〕右有仲父。今君左爲倡，右爲優，讒人在前，諛人在後，又焉可逮先君桓公之後乎？」〔二〕

〔一〕左有鮑叔　「叔」，駿河版作「升」；金澤文庫本、天明本、今晏子春秋同底本。

〔二〕又焉可逮先君桓公之後乎　「先君」，今晏子春秋無。案：此文見今晏子春秋卷四景公問欲逮桓公之後晏子對以任非其人。

高子問晏子曰：「子事靈公、莊公、景公，皆敬子。三君一心耶？〔一〕夫子之心三耶？」〔二〕對曰：「嬰聞一心可以事百君，三心不可以事一君。〔三〕故三君之心非一心也，〔四〕而嬰之心非三心也。」〔五〕

〔一〕三君一心耶　此句今晏子春秋作「三君之心一耶」。

〔二〕夫子之心三耶　「耶」，今晏子春秋作「也」。

〔三〕三心不可以事一君　「不」，駿河本無；金澤文庫本、天明本、今晏子春秋同底本。

〔四〕故三君之心非一心也　「一心」之「心」，今晏子春秋無。張純一云：「治要『非一心也』、『非三心也』兩『心』字並嫌贅，當删。」案：此言其贅，則非但不通，且無版本依據，故不從。

〔五〕案：此文見今晏子春秋卷七高子問子事靈公莊公景公皆敬子晏子對以一心。

雜上

景公使晏子爲阿宰，三年而毁聞於國。公不悦，召而免之。晏子謝曰：「嬰知嬰之過矣，請復治阿，三年而譽必聞於國。」公復使治阿，三年而譽聞於國。公悦，召而賞之，〔辭而〕不受。〔一〕公問其故，對曰：「昔者嬰之治阿也，築蹊徑，急門閭之政，而淫民惡之；舉儉力孝悌，罰偷窳，而惰民惡之；決獄不避貴强，貴强惡之；左右之所求，〔二〕法則与，〔三〕非法則否，而左右惡之；事貴人體不過禮，而貴人惡之。是以三耶毁乎外，三讒毁于内，〔四〕三年而毁聞乎君也。今臣更之，不築蹊徑，而緩門閭之政，而淫民悦；不舉儉力孝悌，不罰偷窳，而惰民悦；決獄阿貴强，而貴疆悦；〔五〕左右所求言，言諾而左右悦；〔六〕事貴人體過禮，而貴人悦。是以三邪譽於外，〔七〕二讒譽乎内，〔八〕三年而譽聞於君也。昔者嬰之所以當誅者宜賞，〔九〕而今之所以當賞者宜誅，是故不敢受。」景公乃任以國政焉。〔一〇〕

〔一〕〔辭而〕不受　「辭而」，本無，旁校補之，據補；金澤文庫本原無，旁校補之；駿河版、天明本、今晏子春秋皆有之。

〔二〕左右之所求　「之」，今晏子春秋無。

〔三〕法則与　「与」，今晏子春秋作「予」。

〔四〕三讒毁于内　「三」，旁注云：「二，又本。」金澤文庫本作「二」，但顯有校改痕跡；駿河版、天明本、今晏子春秋作「二」。又「于」，今晏子春秋作「乎」；諸本治要同底本。

〔五〕而貴疆悦　「疆」，金澤文庫本、駿河版、今晏子春秋作「彊」，天明本作「强」，通。

〔六〕言諾而左右悦　「言」，駿河版、天明本、今晏子春秋無；金澤文庫本同底本。

〔七〕是以三邪譽於外　「於」，今晏子春秋作「乎」。

〔八〕二讒譽乎内　「乎」，張純一謂晏子春秋「是以三邪譽乎外，二讒譽乎内」二句，兩「乎」字，御覽、治要並作「于」。張説未是。今考治要二字分别作「於」「乎」。

〔九〕昔者嬰之所以當誅者宜賞　「者」，金澤文庫本原無，旁校補之；駿河版、天明本、今晏子春秋同底本。

〔一〇〕景公乃任以國政焉　「焉」，今晏子春秋無。案：此文見今晏子春秋卷五晏子再治阿而見信景公任以國政。

景公正（盡）〔晝〕被髪，〔一〕乘六馬，御婦人，以出正門，〔二〕

刖跪擊馬而（及）〔反〕之，〔三〕曰：「尔非吾君也。」公慚而不朝。〔四〕晏子入見，景公曰：「昔者寡人有罪，被髮，乘六馬，以出正門，〔五〕刖跪擊馬而（及）〔反〕之曰：〔六〕『尔非吾君也。』寡人以子大夫之賜，得率百姓以守宗廟，今見戮於刖跪，以羞社稷，〔七〕吾猶可以齊於諸侯乎？」晏子對曰：「君勿惡焉！臣聞之，〔八〕下無直辭，上有惰君；〔九〕民多諱言，君有驕行。古者明君在上，下多直辭；君上好善，民無諱言。今君有失行，而刖跪禁之，〔一〇〕是君之福也。故臣來慶。請賞之以明君之好善，禮之以明君之受諫。」公笑曰：「可乎？」晏子曰：「可。」於是令刖跪倍資无征，時朝無事。〔一一〕

〔一〕景公正（盡）〔晝〕被髮　「晝」，原作「盡」，據諸本治要改；今晏子春秋亦作「晝」。

〔二〕以出正門　「門」，今晏子春秋作「閨」。

〔三〕刖跪擊馬而（及）〔反〕之　「反」，原作「及」，據諸本治要改；今晏子春秋亦作「反」。

〔四〕公慚而不朝　「朝」，駿河版「刑」；天明本、今晏子春秋同底本；金澤文庫本原作「朝」，旁校作「刑」。

〔五〕以出正門　「門」，今晏子春秋作「閨」。

〔六〕刖跪擊馬而（及）〔反〕之曰　「反」，原作「及」，據諸本治要改；今晏子春秋亦作「反」。

〔七〕以羞社稷　「羞」，今晏子春秋作「辱」。

〔八〕臣聞之　「之」，今晏子春秋無。

〔九〕上有惰君　「惰君」，今晏子春秋作「隱惡」。

〔一〇〕而刖跪禁之　「而」，今晏子春秋無。

〔一一〕案：此文見今晏子春秋卷五景公慚刖跪之辱不朝晏子稱直請賞之。

景公飲酒，夜移於晏子。前駈款門曰：「君至。」晏子被玄〔端〕，〔一〕立於門，曰：「諸侯得微有故乎？〔二〕國家得微有事乎？〔三〕君何爲非時而夜辱？」公曰：「酒醴之味，金石之聲，願與夫子樂之。」晏子曰：「夫布薦席、陳簠簋者有人，臣不敢與焉。」公移於司馬穰苴之家，前駈款門曰：「君至。」穰苴（不）〔介〕冑操戟立於門曰：〔四〕「諸侯得微有兵乎？〔五〕大臣得微有兵乎？大臣得微有不服乎？〔六〕君何爲非時而來？」〔七〕公曰：「酒醴之味，金石之聲，願與夫子樂之。」穰苴對曰：「夫布薦席、陳簠簋者有人，臣不敢與焉。」公移於梁丘據之家，前駈（欵）〔款〕門曰：〔八〕「君至。」梁丘據左擁琴，〔九〕右挈竽，行歌而至。〔一〇〕公曰：「樂哉！今夕吾飲也。微彼二子者，何以治吾國？微此一臣者，何以樂吾身？」〔一一〕

〔一〕晏子被玄〔端〕　「端」，據天明本補；金澤文庫本、駿河版同底本；今晏子春秋有之。

〔二〕諸侯得微有故乎　「微」，駿河版作「徵」；天明本、今晏子春秋同底本。案：金澤文庫本似作「徵」，但顯有校改之跡。

〔三〕國家得微有事乎　「微」，駿河版作「徵」；天明本、今晏子春秋同底本。案：金澤文庫本似作「徵」，但顯有校改之跡。

〔四〕穰苴(不)〔介〕胄摻戟立於門曰　「介」，原作「不」，旁校作「介」，據改；諸本治要皆作「介」；今晏子春秋亦作「介」。

〔五〕諸侯得微有兵乎　「微」，駿河版作「徵」，天明本、今晏子春秋同底本。案：金澤文庫本似作「徵」，但顯有校改之跡。

〔六〕大臣得微有兵乎大臣得微有不服乎　「有兵乎大臣得微」旁有表示衍文之符號。又「微」，駿河版作「徵」，天明本、今晏子春秋同底本。案：金澤文庫本似作「徵」，但顯有校改之跡。又「兵」，今晏子春秋作「叛者」，校注引蘇輿云：「治要『叛者』作『兵』，下有『大臣得微有不服乎』一句。」張純一云：「治要『大臣得微有兵乎』句衍，不服即是叛。」

〔七〕君何爲非時而來　「來」，今晏子春秋作「夜辱」。

〔八〕前駈(欵)〔款〕門曰　「款」，原作「欵」，據駿河版、天明本改；金澤文庫本作「欵」；今晏子春秋作「款」。

〔九〕梁丘據左擁琴　「擁琴」，今晏子春秋作「操瑟」。

〔一〇〕行歌而至　「至」，天明本、今晏子春秋作「出」；金澤文庫本、駿河版同底本。

〔一一〕案：此文見今晏子春秋卷五景公夜從晏子飲晏子稱不敢與。

景公探雀鷇，鷇弱而(及)〔反〕之。〔一〕晏子聞之，〔二〕不時而入見，北面再拜賀曰：「吾君有聖王之道矣！」公曰：「寡人探雀鷇，鷇弱，故(及)〔反〕之，〔三〕其當聖王之道者何也？」晏子曰：〔四〕「君探雀鷇，鷇弱，故(及)〔反〕之，〔五〕是長幼也。君曾禽獸之加焉，而況乎人！〔六〕此聖王之道也。」〔七〕

〔一〕鷇弱而(及)〔反〕之　「而」，今晏子春秋無。「反」，原作「及」，據諸本治要改；今晏子春秋亦作「反」。

〔二〕晏子聞之　「子」，金澤文庫本原無，旁校補之；駿河版、天明本、今晏子春秋同底本。

〔三〕故(及)〔反〕之　「反」，原作「及」，據諸本治要改。

〔四〕晏子曰　「曰」，金澤文庫本原無，旁校補之；駿河版、天明本、今晏子春秋同底本。

〔五〕故(及)〔反〕之　「反」，原作「及」，據諸本治要改。

〔六〕而況乎人　「乎人」，天明本、今晏子春秋作「人乎」；金澤文庫本、駿河版同底本。

〔七〕案：此文見今晏子春秋卷五景公探雀鷇鷇弱反之晏子稱長幼以賀。

景公使養所愛馬暴病死，公命人探刀解養馬者。〔一〕是時晏子侍前，左右執刀而進，晏子止之，而問於公曰：「敢問古時堯、〔二〕舜支解人，從何軀始？」公懼焉，〔三〕遂止，〔四〕曰：「以屬獄。」晏子曰：「請數之，使自知其罪，然後致之獄。」〔五〕公曰：「可。」晏子數之曰：「爾有三罪：公使汝養馬殺之，當死罪一也；又殺公之所㝡善馬，〔六〕當死罪二也；使公以一馬之故〔而〕殺人，〔七〕百姓聞之必怨吾君，諸侯聞之必輕吾國。汝殺公馬，使怨積於百姓，兵弱於鄰國，汝當死罪三也。〔八〕令以屬獄。」〔九〕公喟然曰：「赦之。」〔一〇〕

〔一〕公命人探刀解養馬者　「命」，今晏子春秋作「令」。又「探」，天明本、今晏子春秋作「操」，金澤文庫本、駿河版同底本。

〔二〕敢問古時堯　「敢問」，今晏子春秋無。

〔三〕公懼焉　「焉」，今晏子春秋作「然」。

〔四〕遂止　此句今晏子春秋無，而作「遂不支解」。

〔五〕然後致之獄　「致」，今晏子春秋作「屬」。

〔六〕又殺公之所寅善馬　「所」，金澤文庫本、駿河版無，天明本、今晏子春秋同底本。

〔七〕使公以一馬之故〔而〕殺人　「而」，本無，旁校補之，據補；諸本治要皆無，今晏子春秋有之。

〔八〕汝當死罪三也　「汝」，今晏子春秋無。

〔九〕令以屬獄　「令」，今晏子春秋作「今」，校注引蘇輿云：「治要『今』作『令』，疑形近而譌。」

〔一〇〕赦之　二字今晏子春秋作「夫子釋之，夫子釋之」。　案：此文見今晏子春秋卷一景公所愛馬死欲誅圉人晏子諫。

魯哀公失國走齊，〔一〕齊景公問焉，〔二〕曰：「子之遷位新，〔三〕奚道至于此乎？」〔四〕哀公對曰：〔五〕「吾少之時，人多愛我者，吾體不能親；人多諫我者，吾志不能用。〔六〕是以內無弼，〔七〕外無輔，輔弼無一人，〔八〕諂諛我者甚衆。〔九〕譬之猶秋蓬也，孤其根（蒙）〔荄〕，〔一〇〕密其枚葉，〔一一〕春氣至僨以楬也。」〔一二〕景公以其言語晏子，〔一三〕曰：「使是湏（及）〔反〕其國，〔一四〕豈不爲古之賢君乎？」晏子曰：「不然。夫愚者多悔，不肖者自賢；溺者不問墜，〔一五〕迷者不問路。譬之猶臨難而遽鑄兵，噎而遽掘井，雖速亦無及。」〔一六〕

〔一〕魯哀公失國走齊　「哀」，天明本、今晏子春秋作「昭」；金澤文庫本、駿河版同底本。

〔二〕齊景公問焉　「齊」，今晏子春秋無。

〔三〕子之遷位新　「遷位新」，今晏子春秋作「年甚少」。

〔四〕奚道至于此乎　「至于此乎」四字，金澤文庫本有校改之跡。

〔五〕哀公對曰　「哀」，天明本、今晏子春秋作「昭」，金澤文庫本、駿河版同底本。

〔六〕吾志不能用　「志」「用」，今晏子春秋作「忌」「從」。

〔七〕是以內無弼　「內」，金澤文庫本原作「用」，旁校作「內」；駿河版、天明本、今晏子春秋同底本。又「弼」，今晏子春秋作「拂」。

〔八〕輔弼無一人　「弼」，今晏子春秋作「拂」。

〔九〕諂諛我者甚衆　「我」，今晏子春秋無。

〔一〇〕孤其根（蒙）〔荄〕　「荄」，原作「蒙」，據諸本治要改；今晏子春秋無此字。

〔一一〕密其枚葉　「密」，今晏子春秋作「美」。又「枚」，駿河版、天明本、今晏子春秋作「枝」；金澤文庫本同底本。

〔一二〕春氣至僨以楬也　「楬」，諸本治要、今晏子春秋作「揭」。又此句今晏子春秋作「秋風一至，僨且揭矣」。

〔一三〕景公以其言語晏子　「以其言語」，今晏子春秋作「辯其言以語」。

〔一四〕使是湏（及）〔反〕其國　「湏」，旁校作「復」；天明本、今晏子春秋作「人」。又「反」，原作「及」，據諸本治要改；今晏子春秋亦作「反」。

〔一五〕溺者不問墜　「墜」，天明本作「隧」；今晏子春秋作「隊」；金澤文庫本、駿河版同底本。

〔一六〕案：此文見今晏子春秋卷五景公賢魯昭公去國而自悔晏子謂無及已。

景公游於麥丘，問其封人曰：「年幾何？」對曰：「鄙人之年八十五矣。」公曰：「壽哉！子其祝我。」封人曰：「使君之年長於宜國家。」〔一〕公曰：「善哉！子其復之。」封人曰：「使君壽，〔二〕皆若鄙臣之年。」〔三〕公曰：「善哉！子其復之。」封人曰：「使君无得罪於民。」公曰：「誠有鄙民得罪於君則可，〔四〕安有君得罪於民者乎？」晏子對曰：〔五〕「君過矣！敢問桀紂君誅乎？民誅乎？」公曰：「寡人〔過矣〕。」〔六〕於是賜封人麥丘以爲邑。〔七〕

〔一〕使君之年長於宜國家　「宜」，諸本治要皆無；今晏子春秋「宜」上有「胡」字。

〔二〕使君壽　「君」下天明本、今晏子春秋有「之嗣」二字；金澤文庫本、駿河版同底本。

〔三〕皆若鄙臣之年　「臣」，今晏子春秋作「人」。

〔四〕誠有鄙民得罪於君則可　「鄙」，今晏子春秋無。又「則」，金澤文庫本原作「刖」，旁校作「則」；駿河版、天明本、今晏子春秋同底本。

〔五〕晏子對曰　「對」，今晏子春秋作「諫」。

〔六〕寡人〔過矣〕　「過矣」，原無，據駿河版、天明本補；金澤文庫本原無，旁校補之；今晏子春秋作「固也」二字。

〔七〕案：此文見今晏子春秋卷一景公怒封人之祝不遜晏子諫。

晏子侍於景公，朝寒，曰：「請進煖食。」〔一〕對曰：「嬰非君奉餽之〔臣〕也，〔二〕敢辭。」公曰：「請進服裘。」對曰：「嬰非茵席之臣也，〔三〕敢辭。」公曰：「然夫子之於寡人，何爲者也？」對曰：「社稷之臣。」公問：〔四〕「社稷之臣若何？」〔五〕對曰：「能立社稷，別上下之義，使當其理；制百官之序，使得其所；〔六〕作爲辭令，可有於〔西〕〔四〕方也。」〔七〕自是之後，君不以禮不見晏子。〔八〕

〔一〕請進煖食　「煖」，今晏子春秋作「暖」。

〔二〕嬰非君奉餽之〔臣〕也　「臣」，原無，據駿河版、天明本補；金澤文庫本原無，旁校補之；今晏子春秋亦有之。

〔三〕嬰非茵席之臣也　「非」下天明本、今晏子春秋有「君」字；金澤文庫本、駿河版同底本。

〔四〕公問　「公」，旁校云：「或无。」

〔五〕社稷之臣若何　「社」上今晏子春秋有「何謂」二字；又「若何」，今晏子春秋無。

〔六〕使得其所　「所」，今晏子春秋作「宜」。

〔七〕可有於〔西〕〔四〕方也　「可」下今晏子春秋有「分」字。又「有」，駿河版、天明本、今晏子春秋作「布」；金澤文庫本原作「有」，旁校作「布」。又「四」，原作「西」，據諸本治要改；今晏子春秋亦作「四」。

〔八〕案：此文見今晏子春秋卷五景公使進食與裘晏子對以社稷臣。

雜下

晏子朝，乘弊車駑馬。景公見之曰：「嘻！夫子之禄寡耶？何乘不佼之甚也？」晏子出，公使梁丘據遺之路輿乘馬，〔一〕三（及）〔反〕不受。〔二〕公不悦，趣召晏子。晏子至，公曰：「夫子不受，寡人亦不乘。」對曰：「君使臣監百官之吏，臣節其衣服食飲之養，〔三〕以先齊國之民，然猶恐侈靡而不顧行也。今路輿乘馬，〔四〕君乘之上也，〔五〕臣亦乘之下，民之無義，侈其衣食而不顧其行者，〔六〕臣無以禁之。」遂不受。〔七〕

〔一〕公使梁丘據遺之路輿乘馬　「輿」，金澤文庫原作「與」，旁校作「輿」；駿河版、天明本同底本。又「路輿」，今晏子春秋作「輅車」。

〔二〕三（及）〔反〕不受　「反」，原作「及」，據諸本治要改；今晏子春秋作「返」。

〔三〕臣節其衣服食飲之養　「飲」下金澤文庫本原有「一」字，旁有校删符號。又「食飲」，今晏子春秋作「飲食」。

〔四〕今路輿乘馬　「路輿」，今晏子春秋作「輅車」。

〔五〕君乘之上也　「也」，天明本作「而」；金澤文庫本、駿河版同底本；今晏子春秋無此字。

〔六〕侈其衣食而不顧其行者　「而」下金澤文庫本有一「衣」字，旁校作「多」；駿河版、天明本亦有此「多」字；今晏子春秋無「多」字。

〔七〕案：此文見今晏子春秋卷六景公以晏子乘弊車駑馬使梁丘據遺之三返不受。

晏子相景公，其論人也，見賢即進之，不同君所欲；見不善則廢之，不避君（不）〔所〕愛；〔一〕行（巳）〔己〕無私，〔二〕言直而無諱。〔三〕

〔一〕不避君（不）〔所〕愛　「所」，原作「不」，旁校作「所」，據改；駿河版、天明本、今晏子春秋皆作「所」；金澤文庫本原作「不」，旁校作「所」。

〔二〕行（巳）〔己〕無私　「己」，原作「巳」，旁校作「己」，據改；駿河版、天明本、今晏子春秋皆作「己」；金澤文庫本作「己」，但顯有校改之跡。

〔三〕言直而無諱　「言直」，天明本作「直言」；金澤文庫本、駿河版同底本。　案：此文見今晏子春秋卷七有獻書譖晏子退耕而國不治復召晏子。

景公游淄，〔一〕聞晏子卒，〔二〕公乘而駈。〔三〕自以爲遲，下車而趍。知不若車之速，〔四〕則又乘。比至於國者，四下而趍，行哭而往，至，伏尸而號曰：「子大夫日夜責寡人，不遺尺寸，寡人猶且淫逸而不收，怨罪重責於百姓。〔五〕今天降禍於齊國，〔六〕不加寡人，而加之夫子。〔七〕齊國之社稷危矣，百姓將誰告乎！」〔八〕

〔一〕景公游淄　「淄」，駿河版作「溜」；金澤文庫本、天明本同底本；今晏子春秋作「菑」。

〔二〕聞晏子卒　「卒」，今晏子春秋作「死」。

〔三〕公乘而駈　「而駈」，今晏子春秋作「侈輿服繁駔驅之」。

〔四〕知不若車之速　「速」，今晏子春秋作「遫」。

〔五〕怨罪重責於百姓　「責」，天明本、今晏子春秋作「積」；金澤文庫本、駿河版同底本。

〔六〕今天降禍於齊國　「國」，今晏子春秋無。

〔七〕而加之夫子　「之」，今晏子春秋作「于」。

〔八〕百姓將誰告乎　「乎」，今晏子春秋作「夫」。　案：此文見今晏子春秋卷八晏子死景公馳往哭哀畢而去。

晏子没十有七年，景公飲諸大夫酒。〔一〕公射，出質，堂上唱善，若出一（日）〔口〕。〔二〕公作色太息，播弓矢。〔三〕弦章入，公曰：「章！自吾失晏子，於今十有七年矣，未嘗聞吾不善。今射出質，唱善者如出一口。」〔四〕弦章對曰：〔五〕「此諸臣之不肖也。智不足以知君不善，勇不足以犯君之顏，然而有一焉。臣聞君之好則臣服之，〔六〕君嗜之則臣食之。尺蠖食黄其身黄，食蒼其身蒼，君其猶有食諂人之言乎。」〔七〕公曰：「善。」〔八〕

〔一〕景公飲諸大夫酒　「大」，金澤文庫本、駿河版作「丈」；天明本、今晏子春秋同底本。

〔二〕若出一（日）〔口〕　「口」，原作「日」，據諸本治要及今晏子春秋改。

〔三〕播弓矢　「播」，金澤文庫本、駿河版作「憣」，天明本、今晏子春秋作「播」。

〔四〕唱善者如出一口　「如」，今晏子春秋作「若」。

〔五〕弦章對曰　「弦」，金澤文庫本原無，旁校補之；駿河版、天明本、今晏子春秋同底本。

〔六〕臣聞君之好則臣服之　「之好」，天明本作「好之」，金澤文庫本、駿河版同底本。又「臣聞」下今晏子春秋有「之」字。

〔七〕君其猶有食諂人之言乎　「食」「之」，今晏子春秋無。

〔八〕案：此文見今晏子春秋卷八晏子没左右諛弦章諫景公賜之魚。此亦今本晏子春秋末段文字。

司馬法

古者以（江）〔仁〕爲本，〔一〕以義治之，之謂正。〔二〕治民用兵，平乱討暴，必以義。人故殺〔人，殺〕之可也；〔三〕以殺止殺，殺可以生也。攻其國，愛其民，攻之可也；除民害，去亂君也。以戰去戰，〔四〕雖戰可也。故仁見親，義見悦，智見恃，勇〔見〕方，〔五〕信見信。將有五材，則民親、悦、恃、方，而信之也。故内得愛焉，〔六〕所〔以〕守也；〔七〕外得威焉，所以戰也。利加於民，則守固；威加敵民，則戰勝。故戰道：〔八〕不違時，不歷民病，所以愛吾民也。春秋興師爲違時，飢疲不行，所以愛己也。不加喪，不因凶，所以愛夫其民。〔九〕敵有喪、飢疲，不加兵，愛彼民也。冬夏不興師，所以兼愛民也。大寒、甚暑，吏士懈倦，難以警戒。大寒以露，則生外疾；甚暑以暴，則生内疾。故不出師，愛己（秡）〔彼〕之民也。〔一〇〕故國雖大，好戰必亡；天下雖平，〔一一〕忘戰必危。天下既平，春蒐秋獮，〔一二〕振旅治兵，所以不忘戰也。

〔一〕古者以（江）〔仁〕爲本　「江」，旁校作「仁」，據改；諸本治要、今司馬法作「仁」。

〔二〕之謂正　「之」上駿河版、天明本有「治」字；金澤文庫本、今司馬法同底本。

〔三〕人故殺〔人殺〕之可也　「人殺」，原無，旁校補之，據補。又「人故」之「人」，天明本、今司馬法作「是」，駿河版同底本。又「殺人」下天明本、今司馬法有「安人」二字，駿河版同底本。金澤文庫本原無「殺之」二字，旁校補之。

〔四〕以戰去戰　「去」，今司馬法作「止」。

〔五〕勇〔見〕方　「見」，原無，旁校補之，據補；金澤文庫本、駿河版無，天明本、今司馬法有之。

〔六〕故内得愛焉　「故」，今司馬法無。

〔七〕所〔以〕守也　「以」，原無，旁校補之，據補；金澤文庫本原無，旁校補之；駿河版、天明本、今司馬法皆有之。

〔八〕故戰道　「故」，今司馬法無。

〔九〕所以愛夫其民　「以」，金澤文庫本原無，旁校補之；駿河版、天明本、今司馬法皆有之。又「夫」，駿河版、天明本無；金澤文庫本、今司馬法同底本。又「民」下天明本、今司馬法有「也」字，金澤文庫本、駿河版同底本。

〔一〇〕愛己（被）〔彼〕之民也　「彼」，原作「被」，據駿河版、天明本改；金澤文庫本作「被」。

〔一一〕天下雖平　「平」，今司馬法作「安」。

〔一二〕春蒐秋獮　「蒐」，金澤文庫本作「嵬」，旁校作「蒐」；駿河版、天明本、今司馬法同底本。

古者逐奔不遠，〔一〕從經不過三舍。〔二〕不窮不能，而哀憐傷病，是以明其仁也；〔三〕成列讓而皷；〔四〕争義不争利，是以明其義也；又能舍服，〔五〕是以明其勇也；知始知終，〔六〕是以明其智也。五惠以時合散，〔七〕以爲民紀，古之道也。〔八〕仁、義、勇、〔智〕、信，〔九〕民之本，隨時而施舍，爲民綱紀，古之所傳政道也。

〔一〕古者逐奔不遠　「逐」，金澤文庫本、駿河版作「遂」；天明本、今司馬法同底本。又「遠」，今司馬法作「過百步」三字，集釋引曹元忠云：「治要作『古者逐奔不遠』，涉下天下之羞篇而誤。」

〔二〕從經不過三舍　「經」，駿河版、天明本、今司馬法作「綏」；金澤文庫本同底本。

〔三〕是以明其仁也　「仁」，今司馬法作「禮」。

〔四〕成列讓而皷　「讓」，天明本、今司馬法無，金澤文庫本、駿河版同底本。又「鼓」下天明本有「是以明其信也」。

〔五〕又能舍服　「服」，駿河版作「能」，天明本、今司馬法同底本；金澤文庫本原作「服」，旁校作「能」。

〔六〕知始知終　此句今司馬法作「知終知始」。

〔七〕五惠以時合散　「五」「散」，今司馬法作「六」「教」。

〔八〕古之道也　「道」，今司馬法作「政」。

〔九〕仁義勇〔智〕信　「智」，原無，旁校補之，據補；諸本治要皆有之。

先王之治，順天之道，設地之宜，官人之悳，〔一〕而正名治物。正者，正官名也，名正則可法。立國辨職，立國治民，分守境界，各治其職。諸侯悦懷，海外來服，服，從己也。獄弭而兵寢，聖悳之治也。其次，賢王制禮樂法度，乃作五刑；興甲兵，以討不義；巡狩省方，會諸侯，考不同。其有失命，亂常忋悳，〔二〕逆天之時，偏告于諸侯，章明有罪。天子正刑，刑者，正天子之法也。刑以征不義，伐不從王者之法也。冢宰與伯布命于軍曰：〔三〕「入罪國之地，〔四〕無暴神祇，行無獵田，〔五〕無有暴虐，〔六〕無棄士功，〔七〕无燔墻屋，無伐樹木，〔八〕無取六畜，無取禾粟，無取器械。〔九〕見其老幼，奉歸勿傷。雖遇壯者，〔一〇〕不校勿敵。敵若傷之，毉藥歸之。」既誅有罪，王及諸侯，脩正其國，舉賢更立，〔一一〕明正復職。〔一二〕王者与四方諸侯，伐無道之國，整頓其民人，舉賢良，更立爲君，奉尊王法，復五官之職事也。〔一三〕

〔一〕官人之悳　「人」，今司馬法作「民」。

〔二〕亂常忋德　「忋」，諸本治要作「圮」；今司馬法作「背」。

〔三〕冢宰與伯布命于軍曰　「伯」「命」，今司馬法作「百官」「令」。

〔四〕入罪國之地　「國」，今司馬法作「人」。

〔五〕行無獵田　「行無」，天明本、今司馬法作「無行」；金澤文庫本、駿河版同底本。又「獵田」，天明本、今司馬法作「田獵」；金澤文庫本、駿河版同底本。

〔六〕無有暴虐　此句今司馬法無。

〔七〕無棄士功　「棄」，天明本、今司馬法作「毀」；金澤文庫本、駿河版同底本。又「士」，天明本、今司馬法作「土」；金澤文庫本、駿河版同底本。

〔八〕無伐樹木　「樹」，今司馬法作「林」。

〔九〕無取六畜無取禾粟無取器械　此三見「無取」，今司馬法只見「無取六畜」之「無取」。

〔一〇〕雖遇壯者　「壯」，駿河版作「莊」；金澤文庫本、天明本、今司馬法同底本。

〔一一〕舉賢更立　「更立」，今司馬法作「立明」。

〔一二〕明正復職　此句今司馬法作「正復厥職」。

〔一三〕案：此文見今司馬法仁本第一。

古者逐奔不遠，從綏不及，所以示君子且有禮。〔一〕不遠則難誘，不及則難陷。以禮爲固，以仁爲勝，既勝之後，其教可復，是以君子貴之也。〔二〕

〔一〕所以示君子且有禮　此句今司馬法無。

〔二〕是以君子貴之也　「也」，金澤文庫本原無，旁校補之；駿河版、天明本、今司馬法同底本。　案：此文見今司馬法天子之義第二。

故禮與法，表裏也；(父)〔文〕與武，〔一〕左右也。古者賢王明民之悳，盡民之善，故無廢悳，無簡民。賞無所生，罰無所試也。〔二〕民有一善，處一事故，故能盡民之善；〔三〕無損悳棄民也；〔四〕能堪其事，故賞罰無所施也。有虞氏不賞不罰，而民可用，至悳也；夏賞而不罰，至教也；殷罰而不賞，至威也；周以賞罰，悳衰也。賞不踰時，欲民速得爲善之利也；罰不遷列，欲民速覩不善之害也。〔五〕賞功不移暴，〔六〕罰惡不轉列，所以（觀）〔勸〕善懲惡，〔七〕欲速疾也。大捷不賞，上下皆不伐善也。〔八〕一軍皆勝，上下俱不取功也。上苟不伐善，則不驕矣；下苟不伐善，〔必不登矣。上下不伐善〕若此，〔九〕讓之至也。大敗不誅，〔一〇〕上下皆不善，在己也。〔一一〕一軍奔北，人皆有罪，故不誅，上下俱有過失也。上苟以不善在己，必悔其過。〔一二〕上下分惡若此，〔一三〕讓之至也。上下不取其善，君不驕下，下不求進也。〔一四〕

〔一〕（父）〔文〕與武　「文」，原作「父」，據駿河版、天明本改；金澤文庫本同底本；今司馬法亦作「文」。

〔二〕罰無所誡也　「誡」，今司馬法作「試」。又「也」，今司馬法無。

〔三〕故能盡民之善　「故」，駿河版、天明本無；金澤文庫本同底本。

〔四〕無損悳棄民也　「損」，金澤文庫本、駿河版作「捐」；天明本同底本。

〔五〕欲民速覩不善之害也　「覩」下天明本、今司馬法有「爲」字；金澤文庫本、駿河版同底本。

〔六〕賞功不移暴　「暴」，駿河版、天明本作「時」；金澤文庫本原作「暴」，旁校作「時」。

〔七〕所以（觀）〔勸〕善懲惡　「勸」，原作「觀」，據駿河版、天明本改；金澤文庫本原作「觀」，旁校作「勸」。

〔八〕上下皆不伐善也　「也」，今司馬法無。

〔九〕〔必不登矣上下不伐善〕若此　「必不登矣上下不伐善」，原無，旁校補之，據補；金澤文庫本原無，旁校補之；駿河版、天明本皆有之。又「不登」，今司馬法作「亡等」。

〔一〇〕大敗不誅　「大」，金澤文庫本原作「丈」，旁校作「大」；駿河版、天明本、今司馬法同底本。

〔一一〕在己也　「也」，今司馬法無。

〔一二〕必悔其過　「過」下天明本、今司馬法有「下苟以不善在己必遠其罪」；金澤文庫本、駿河版同底本。

〔一三〕上下分惡若此　「下」，金澤文庫本原無，旁校補之；駿河版、天明本、今司馬法皆有之。

〔一四〕案：此文見今司馬法天子之義第二。

孫子兵法

孫子曰：凡用兵之法，全國爲上，破國次之；興兵深入長驅，〔一〕距其都邑，〔二〕絶其外内，〔三〕敵舉國來服爲上；以兵擊破，散得之，〔四〕爲次也。〔五〕全軍爲上，破軍次之；全卒爲上，破卒次之。是故百戰百勝，非善之善者也；不戰而屈人之兵，善之善者也。未戰而敵自屈服也。〔六〕故上兵伐謀，敵始有（讓）〔謀〕，〔七〕伐之易也。其次伐交，交，將合也。其次伐兵，兵刑已成。〔八〕下攻城。〔九〕敵國已收其外粮城守，〔一〇〕攻之爲下政。〔一一〕故善用兵者，屈人之兵而非戰也，〔一二〕拔人之城而非攻也，毁人之國而不久也，〔一三〕必以令争於天下，〔一四〕故兵不鈍而利可全也。〔一五〕

〔一〕興兵深入長駈　「興」，駿河版作「輿」；金澤文庫本、天明本、今孫子兵法同底本。又「兵」，今孫子兵法作「師」。

〔二〕距其都邑　「距」，天明本作「據」；金澤文庫本、駿河版、今孫子兵法同底本。又「都邑」，今孫子兵法作「城郭」。

〔三〕絶其外内　「外内」，今孫子兵法作「内外」。

〔四〕散得之　「散」，駿河版、天明本作「服」；金澤文庫本同底本；今孫子兵法作「敗而」。又「得」，金澤文庫本、駿河版作「待」；天明本同底本。

〔五〕爲次也　「爲」，今孫子兵法作「其」。

〔六〕未戰而敵自屈服也　「也」，今孫子兵法無。

〔七〕敵始有（讓）〔謀〕　「謀」，原作「讓」，據駿河版、天明本改；金澤文庫本原作「讓」，旁校作「謀」；今孫子兵法亦「謀」。

〔八〕兵刑已成　「刑」，今孫子兵法引曹操注作「形」。

〔九〕下攻城　「攻」，駿河版、天明本作「攻攻」；金澤文庫本原不重「攻」字，旁校補之；「攻」上今孫子兵法有「其」字。

〔一〇〕敵國已收其外粮城守　「已」，駿河版作「尸」；天明本作「巳」；金澤文庫本、今孫子兵法同底本。又「收」，駿河版作「牧」；金澤文庫本、天明本同底本。

〔一一〕攻之爲下政　「攻」，駿河版、天明本皆無；金澤文庫本、今孫子兵法同底本。又「政」，諸本治要皆作「攻」；今孫子兵法同底本。

〔一二〕屈人之兵而非戰也　「之」，駿河版無；金澤文庫本、天明本、今孫子兵法同底本。又「戰」，天明本作「戟」，金澤文庫本、駿河版、今孫子兵法同底本。

〔一三〕毁人之國而不久也　「不」，今孫子兵法作「非」。

〔一四〕必以令争於天下　「令」，旁校作「全」；諸本治要皆作「令」；今孫子兵法作「全」。

〔一五〕故兵不鈍而利可全也　「鈍」，今孫子兵法作「頓」。又「也」，今孫子兵法無。　案：此文見今孫子兵法謀攻篇。

兵形象水。水之行避高而就下，〔一〕兵之形避實而（繫）〔擊〕虚。〔二〕故水因地而制行，〔三〕兵因敵而制勝。故兵無成勢，〔四〕水無常形，能與敵變化而取勝者，謂之神。〔五〕

〔一〕水之行避高而就下　「之」，駿河版、天明本無；金澤文庫本、今孫子兵法同底本。又「行」，今孫子兵法作「形」。又「就」，今孫子兵法作「趨」。

〔二〕兵之形避實而（繫）〔擊〕虚　「擊」，原作「繫」，據諸本治要改；今孫子兵法亦作「擊」。

〔三〕故水因地而制行　「故」，今孫子兵法無。又「行」，今孫子兵法作「流」。

〔四〕故兵無成勢　「成」，駿河版、天明本作「定」；金澤文庫本原作「成」，旁校作「定」；今孫子兵法作「常」。

〔五〕案：此文見今孫子兵法虚實篇。

孫子曰：凡用兵之法，君命有所不受。苟便於事，不拘於君命也。無恃其不來，恃吾有以能待之也；〔一〕無恃其不攻，恃吾之不可攻也。〔二〕

〔一〕恃吾有以能待之也　「能」「之」，今孫子兵法無。

〔二〕恃吾之不可攻也　「之」，今孫子兵法作「有所」。　案：此文見今孫子兵法九變篇。

夫唯無慮而易於敵者，〔一〕必禽於人。故卒未附親而罰之，〔二〕即不服，〔三〕不服即難用也。〔四〕卒已附親而罰不行者，〔五〕即不可用矣。〔六〕故合之以文，〔七〕齊之以武，是謂必取。令素行則民服。令素信者，〔八〕與衆相待也。〔九〕

〔一〕夫唯無慮而易於敵者　「於」，今孫子兵法無。

〔二〕故卒未附親而罰之　「故」，今孫子兵法無。

〔三〕即不服　「即」，今孫子兵法作「則」。

〔四〕不服即難用也　「即」，今孫子兵法作「則」。

〔五〕卒已附親而罰不行者　「附親」，今孫子兵法作「親附」。

〔六〕即不可用矣　「即」，今孫子兵法作「則」。

〔七〕故合之以文　「合」，駿河版、天明本作「令」；金澤文庫本原作「合」，旁校作「令」；今孫子兵法作「令」。

〔八〕令素信者　「信」，天明本、今孫子兵法作「行」；金澤文庫本、駿河版同底本。

〔九〕與衆相待也　「待」，天明本、今孫子兵法作「得」；金澤文庫本、駿河版同底本。　案：此文見今孫子兵法行軍篇。

戰道必勝，主曰无戰，必戰；戰道不勝，主曰必戰，无戰。故進不求名，退不避罪，〔一〕唯民是保，〔二〕而利全於主，〔三〕國之寶也。視卒如嬰兒，故可與之赴谿；〔四〕視卒如愛子，故可与之俱死。厚而不能使，愛而不能全，〔五〕亂而不能治，恩不可用，罰不可猶任。〔六〕辟若驕子，不可用也。知吾卒之可以（繫）〔擊〕，〔七〕而不知敵之不可（繫）〔擊〕，勝之半也；知敵之可（繫）〔擊〕，而不知吾卒之不可以（繫）〔擊〕，勝之半也；知敵之可（繫）〔擊〕，知吾卒之可以（繫）〔擊〕，〔八〕而不知地形不可以戰，〔九〕勝之半也。勝之半者，未可知也。故曰：知彼知己，勝乃不殆；知地知天，〔一〇〕勝乃可全。〔一一〕

〔一〕退不避罪　「不」，金澤文庫本原無，旁校補之；駿河版、天明本、今孫子兵法同底本。

〔二〕唯民是保　「民」，今孫子兵法作「人」。

〔三〕而利全於主　「全」，今孫子兵法作「合」。

〔四〕故可與之赴谿　「赴」下天明本、今孫子兵法有「深」字；金澤文庫本、駿河版同底本。

〔五〕愛而不能全　「全」，今孫子兵法作「令」。

〔六〕恩不可用罰不可猶任　「恩」，駿河版作「思」；金澤文庫本、天明本同底本。又案：二句天明本置於「辟若驕子，不可用也」下。

〔七〕知吾卒之可以（繫）〔擊〕　「擊」，原作「繫」，據駿河版、天明本改；金澤文庫本亦作「擊」，然顯有校改痕跡，或本作他字；今孫子兵法作「擊」。下文同改不出校。

〔八〕知吾卒之可以（繫）〔擊〕　「吾」下金澤文庫本有「一」字。

〔九〕而不知地形不可以戰　「而不」之「不」，金澤文庫本原無，旁校補之；駿河版、天明本同底本。又「形」下天明本有「之」字，金澤文庫本、駿河版同底本。

〔一〇〕知地知天　「地」「天」，天明本、今孫子兵法作「天」「地」；金澤文庫本、駿河版同底本。

〔一一〕勝乃可全　「可全」，今孫子兵法作「不窮」。　案：此文見今孫子兵法地形篇。

明主慮之，良將脩之。非利不赴，〔一〕非得不用，非危不戰。不得已而用兵。主不可以怒興軍，〔二〕將不可以愠而戰。〔三〕合於利而用，〔四〕不合於和而止。〔五〕怒可復喜，愠可復悦，亡國不可復存，死者不可復生也。〔六〕故曰：〔七〕（朋）〔明〕主慎之，〔八〕（長）〔良〕將敬之，〔九〕此安國之道也。〔一〇〕

〔一〕非利不赴　「赴」，今孫子兵法作「動」。

〔二〕主不可以怒興軍　「怒」下天明本、今孫子兵法有「而」字；金澤文庫本、駿河版同底本。又「軍」，今孫子兵法作「師」。

〔三〕將不可以愠而戰　「而」下天明本、今孫子兵法有「致」字；金澤文庫本、駿河版同底本。

〔四〕合於利而用　「用」，今孫子兵法作「動」。

〔五〕不合於和而止　「和」，天明本、今孫子兵法作「利」；金澤文庫本、駿河版同底本。

〔六〕死者不可復生也　「也」，今孫子兵法無。

〔七〕故曰　「曰」，今孫子兵法無。

〔八〕（朋）〔明〕主慎之　「明」，原作「朋」，據諸本治要改；今孫子兵法亦作「明」。又「主」，駿河版、天明本作「王」；金澤文庫本原作「主」，旁校作「王」；今孫子兵法作「君」。

〔九〕（長）〔良〕將敬之　「良」，原作「長」，據駿河版、天明本改；今孫子兵法亦作「良」；金澤文庫本原作「長」，旁校作「良」。又「敬」，今孫子兵法作「警」。

〔一〇〕案：此文見今孫子兵法火攻篇。

師興十万，〔一〕出師千里，〔二〕百姓之費，公家之奉，日千金；内外（駱）〔騷〕動，〔三〕不得掾事者，〔四〕七十万家。古者八家爲隣，一家從軍，七家奉之，言十万之師不事不耕者，〔五〕凡七十万家也。〔六〕相守數年，以争一日之勝，而愛爵禄百金，〔七〕於知敵之情者，〔八〕不仁之至也，非民之將也，〔九〕非主之佐也，非勝之主也。故明王聖主、賢君勝將，〔一〇〕所以動而勝人，成功出於衆者，先知也。先知不可取於鬼神，〔一一〕不可禱祀以求也。〔一二〕不可象於事也，〔一三〕不可以事類求也。不可驗於度，不可以行事度也。〔一四〕必取於人，知敵之情者也。〔一五〕

〔一〕師興十万　「師興」，天明本、今孫子兵法作「興師」；金澤文庫本、駿河版同底本。

〔二〕出師千里　「師」，天明本、今孫子兵法作「征」；金澤文庫本、駿河版同底本。

〔三〕内外（駱）〔騷〕動　「騷」，原作「駱」，據諸本治要改；今孫子兵法亦作「騷」。

〔四〕不得掾事者　「掾」，駿河版作「採」；金澤文庫本、天明本、今孫子兵法同底本。

〔五〕言十万之師不事不耕者　「不耕」，今孫子兵法所引曹操注作

「耕稼」。

〔六〕凡七十万家也　「凡」「也」，今孫子兵法所引曹操注無。

〔七〕而愛爵禄百金　「愛」，駿河版作「受」；金澤文庫本、天明本、今孫子兵法同底本。

〔八〕於知敵之情者　「於」，天明本、今孫子兵法作「不」；金澤文庫本、駿河版同底本。

〔九〕非民之將也　「民」，今孫子兵法作「人」。

〔一〇〕故明王聖主賢君勝將　「明王聖主、賢君勝將」八字，今孫子兵法作「明君賢將」。

〔一一〕先知不可取於鬼神　「知」下天明本、今孫子兵法有「者」字；金澤文庫本、駿河版同底本。

〔一二〕不可禱祀以求也　「以」，今孫子兵法所引曹操注作「而」。案：今曹操注此句在「不可象於事」之注釋下。

〔一三〕不可象於事也　「也」，今孫子兵法無。

〔一四〕不可以行事度也　「行」，今孫子兵法所引曹操注無。

〔一五〕案：此文見今孫子兵法用間篇。

群書治要卷第卅三

群書治要卷第卅五

秘書監鉅鹿男臣魏徵等奉　勑撰

文子　曾子

文子　老子弟子

道原〔一〕

〔夫至人之治也，弃其聰明〕，〔二〕滅其文章，依道廢〔智，與民同〕出乎公。〔三〕約其所守，〔寡〕其〔所〕求，〔四〕去其〔誘〕慕，〔五〕除其嗜欲，〔六〕〔損其思慮〕。〔七〕〔約〕其所守即察矣，〔八〕寡其所求即得矣。〔九〕水之性欲清，沙石穢之；人之性欲平，嗜欲害之；唯聖人能遺〔物〕反己。〔一〇〕不以智役物，不以欲滑和，是以高而不危，安而不傾也。〔一一〕故聽善言便計，雖〔愚者知悦之；稱聖德〕高行，〔一二〕雖不肖者知慕之。悦之者衆而用之者寡，慕之者多而行之者少。

〔一〕案：此爲群書治要卷第三十五，第一紙缺首四行，包括書名、此卷所引書、書名等皆缺，此處所引爲文子道原文，據駿河版補。

〔二〕夫至人之治也弃其聰明　此十字底本漫漶不清，據諸本治要補。

〔三〕依道廢〔智與民同〕出乎公　「智與民同」四字，底本漫漶不清，據諸本治要補。

〔四〕〔寡〕其〔所〕求　「寡」「所」二字，底本漫漶不清，今據諸本治要補。

〔五〕去其〔誘〕慕　「誘」，底本漫漶不清，據諸本治要補。

〔六〕除其嗜欲　「嗜」，今文子作「貴」。

〔七〕損其思慮　此四字底本漫漶不清，據諸本治要補。又「損」，今文子作「捐」。

〔八〕〔約〕其所守即察矣　「約」，底本漫漶不清，據諸本治要補。又「矣」，今文子無。

〔九〕寡其所求即得矣　「矣」，今文子無。

〔一〇〕唯聖人能遺〔物〕反己　「物」，底本漫漶不清，據諸本治要補。

〔一一〕安而不傾也　「也」，今文子無。

〔一二〕雖〔愚者知悦之稱聖德〕高行　「愚者」至「聖德」八字，底本漫漶不清，據諸本治要補。

精誠

夫水濁者魚（崄）〔噞〕，〔一〕政苛即民亂，〔二〕上〔多〕欲則下多詐，〔三〕上煩擾即下不定，上多求即下交争。不治其本而救之於〔末〕，〔四〕无以異於鑿渠而止水，抱薪而救火也。〔五〕聖人事省而治，求寡而贍，不〔施而仁，〕〔六〕不言而信，不求而得，不爲而成，懷自然，保至真，抱道推誠，天下從之，如響之應聲，影

之象形，所脩者本也。〕

〔一〕夫水濁者魚噞〔噞〕 「噞」，原作「嶮」，據駿河版、天明本、今文子改；金澤文庫本同底本。

〔二〕政苛即民亂 「即」，今文子作「者」。

〔三〕上〔多〕欲則下多詐 「多」，底本漫漶不清，今據諸本治要補。又「則」，天明本、今文子作「即」；駿河版、金澤文庫本同底本。

〔四〕不治其本而救之於〔末〕 「末」，原無，據諸本治要補；今文子亦有此字。

〔五〕抱薪而救火也 「也」，今文子無。

〔六〕案：底本原缺第二至三紙，即「施而仁」至「符言」標題二字，今據駿河版補。

〔冬日之陽，夏日之陰，萬物歸之而莫之使也，〔一〕至精之感，弗召自來，不去徃，〔二〕不知所爲者而功自成。待目而照見，待言而使令，〔三〕其於以治難矣。〔四〕皋陶喑而爲大理，天下無虐刑。師曠瞽而爲大宰，晉國無亂政。不言之令，不視之見，聖人所以爲師。〔五〕民之化上，不從其言，從其所行也。〔六〕故人君好勇，而國家多難；人君好色，而國多昬亂。〔七〕故聖人精誠形於內，〔八〕好憎明於外，出言以副情，發號以明旨。是故刑罰不足以移風，殺戮不足以禁姧，唯神化爲貴也。〔九〕夫至精爲神，〔一〇〕精之所動，若春氣之生，秋氣之殺也。〔一一〕故治人者慎所以感也。〔一二〕

〔一〕萬物歸之而莫之使也 「也」，今文子無。

〔二〕不去徃 「去」下天明本有「自」字；今文子有「而」字；金澤文庫本同底本。

〔三〕待言而使令 「令」，今文子作「命」；金澤文庫本同底本。

〔四〕其於以治難矣 「以」，今文子無。

〔五〕聖人所以爲師 「師」下天明本、今文子有「也」字；金澤文庫本同底本。

〔六〕從其所行也 「也」，今文子無。

〔七〕而國多昬亂 「多」，今文子作「家」。

〔八〕故聖人精誠形於內 「精」下金澤文庫本有「於」字；天明本、今文子同底本。

〔九〕唯神化爲貴也 「也」，今文子無。

〔一〇〕夫至精爲神 「夫」，今文子無。又「至精」，今文子作「精至」。

〔一一〕秋氣之殺也 「也」，今文子無。

〔一二〕故治人者慎所以感也 「治」，今文子作「理」，避唐高宗李治名諱。又「也」，今文子作「之」。

〔聖人之從事也，所由異路而同歸。其存亡定傾若一，〔一〕志不忘乎欲利人也。故秦、楚、燕、魏之歌，異轉而皆樂；九夷八狄之哭，異聲而皆哀。夫歌者樂之徵也。〔二〕哭者哀之效也。〔三〕愔愔於中，而應於外，故在所以感之矣。聖人之心，日夜不忘乎欲利人，其澤之所及亦遠也。〕

〔一〕其存亡定傾若一 「其」，今文子無。

〔二〕夫歌者樂之徵也 「歌」，金澤文庫本作「哥」；天明本、今文子同底本。

〔三〕哭者哀之效也　「之」，金澤文庫本原無，旁校補之；天明本、今文子同底本。

夫至人精誠內形，德流四方。見天下有利，喜而不忘；見天下有害，〔一〕憂若有喪。〔二〕夫憂民之憂者，民亦憂其憂；〔三〕樂人之樂者，人亦樂其樂。〔四〕故樂以天下，憂以天下，〔五〕然而不王者，未之有也。大人行可悅之政，人而莫不順其令。〔六〕令順即從，〔七〕小而致大，令逆節以善爲害，〔八〕以成爲敗。

〔一〕見天下有害　「見」，今文子無。

〔二〕憂若有喪　「憂」，金澤文庫本作「怵」；天明本、今文子同底本。

〔三〕民亦憂其憂　「其憂」之「憂」，金澤文庫本原無，旁校補之；天明本、今文子同底本。

〔四〕人亦樂其樂　「人」，今文子作「民」。

〔五〕故樂以天下憂以天下　「樂」「憂」二字，今文子作「憂」「樂」。

〔六〕人而莫不順其令　「人而」，今文子作「而人」。又「令」，今文子作「命」。

〔七〕令順即從　「令」「即」，今文子作「命」「則」。

〔八〕令逆節以善爲害　「令」，今文子作「命」。

九守

〔神者智之淵也，〔一〕神清則智明。智者心之符也，智公即心平。〔二〕人莫鑒於流水，〔三〕而鑒於澄水者，〔四〕以其清且靜也。故神清意平，乃能形物之情也。〔五〕天道極即反，盈則損。〔六〕物盛則衰，日中而移，〔七〕月滿則虧，樂終而悲。是故聰明廣智，守以愚；多聞博辨，守以儉；武力勇毅，〔八〕守以畏；富貴廣大，〔九〕守以狹；德施天下，〔一〇〕守以讓。此五者，先王所以守天下也。〕

〔一〕神者智之淵也　「淵」，金澤文庫本作「渕」；天明本、今文子同底本。

〔二〕智公即心平　「即」，今文子作「則」。

〔三〕人莫鑒於流水　「水」，今文子作「潦」。

〔四〕而鑒於澄水者　「者」，今文子無。

〔五〕乃能形物之情也　「物」下金澤文庫本有「之拘」二字；天明本、今文子同底本。

〔六〕盈則損　「則」，今文子作「即」。

〔七〕日中而移　「而」，今文子作「則」。

〔八〕武力勇毅　「勇毅」，金澤文庫本作「毅勇」；天明本、今文子同底本。

〔九〕富貴廣大　「富貴」，金澤文庫本作「貴富」；天明本、今文子同底本。

〔一〇〕德施天下　「施」，金澤文庫本原無，旁校補之；天明本、今文子同底本。

符言〔一〕

人之情，服於德，〔二〕不服於力。故古之聖王以其言下人，〔三〕以其身後人，即天下推而不厭，戴而不重，此德有餘而氣順也。故知與之爲得，〔四〕知後之爲先，〔五〕即幾道矣。

〔一〕案：底本原缺第二至三紙，即「施而仁」至「符言」標題二字，今據駿河版補。此下所續爲文子符言文。

〔二〕服於德　「服」上今文子有「心」字。

〔三〕故古之聖王以其言下人　「故」，今文子作「夫」。

〔四〕故知與之爲得　「得」，今文子作「取」。

〔五〕知後之爲先　「知」，今文子無。

道德

文子問道。老子曰：「夫道者，小行之小得福，大行之大得福，盡行之天下服。」

文子問德、仁、義、禮，老子曰：「德者民之所貴也，仁者人之所懷也，〔一〕義者民之所畏也，禮者民之所敬也。此四者，聖人之所以御萬物也。君子无德即下怨，〔二〕无仁即下争，〔三〕无義即下暴，〔四〕无禮即下亂。〔五〕四經不立，謂之无道，无道而不亡者，〔六〕未之有也。心之精者，可以神化，而不可以説道。〔七〕故同言而信，信在言前；同令而行，（令而）行（誠）在令外。〔八〕聖人在上，民化如神，情以先之也。〔九〕動於上不應於下者，情令殊也。三月嬰兒，未知利害，〔一〇〕而慈母之憂喻焉者，〔一一〕情也。故言之用者小，不言之用者大矣。〔一二〕夫信，〔一三〕君子之言也；〔一四〕忠，君子之意也。〔一五〕忠信形於内，感動應乎外，賢聖之化也。

〔一〕仁者人之所懷也　「人」，今文子作「民」。

〔二〕君子无德即下怨　「即」，今文子作「則」。

〔三〕无仁即下争　「即」，今文子作「則」。

〔四〕无義即下暴　「暴」，駿河版、天明本作「異」；金澤文庫本亦作「異」，但顯有修改之迹。又「即」，今文子作「則」。

〔五〕无禮即下亂　「即」，今文子作「則」。

〔六〕无道而不亡者　「而」，今文子無。

〔七〕而不可以説道　「以」，今文子無。

〔八〕（令而）行（誠）在令外　「令而」二字，涉上文而誤衍，據駿河版、天明本、今文子删；金澤文庫本同底本。又「誠」，駿河版、天明本無，據删；上文「同言而信，信在言前」，此言「同令而行」，當接之以「行在令外」，作「誠」則不合，而作「行誠」亦與上文不相配。此句今文子作「誠在令外」。

〔九〕情以先之也　「也」，今文子無。

〔一〇〕未知利害　「利」，駿河版作「殺」；金澤文庫本、天明本、今文子同底本。

〔一一〕而慈母之憂喻焉者　「憂喻焉」，今文子作「愈篤情」。

〔一二〕不言之用者大矣 「矣」，今文子作「哉」。
〔一三〕夫信 「夫」，今文子無。
〔一四〕君子之言也 「也」，今文子無。
〔一五〕君子之意也 「也」，今文子無。

能成霸王者，必得勝者也；〔一〕能勝敵者，〔二〕必强者（者）也；〔三〕能强者，必用人力者也；能用人力者，必得人心者也；能得人心者，必自得者也；能自得者，〔四〕必柔弱者也。」〔五〕

〔一〕必得勝者也 「得」，今文子無。
〔二〕能勝敵者 「勝」，金澤文庫本原無，旁校補之；駿河版、天明本、今文子同底本。
〔三〕必强者（者）也 「者」，諸本治要皆不重，據删；今文子亦不重。
〔四〕能自得者 「能」，今文子無。
〔五〕必柔弱者也 「也」，今文子無。

上德

日月欲明，浮雲蓋之；〔一〕河水欲清，沙土穢之；叢蘭欲脩，秋風敗之；人性欲平，嗜欲害之。蒙塵而欲无眯，不可得也。〔二〕山致其高，而雲雨起焉；水致其深，而蛟龍生焉；君子致其道，而德澤沵焉。〔三〕夫有陰德者，必有陽報；有隱行者，必有昭名。〔四〕

〔一〕浮雲蓋之 「蓋」，今文子作「蔽」。
〔二〕不可得也 「也」，今文子作「絜」。
〔三〕而德澤沵焉 「沵」，駿河版、天明本、今文子作「流」；金澤文庫本同底本。案：「沵」即古文「流」字。
〔四〕必有昭名 「昭」，金澤文庫本、駿河版作「照」；天明本、今文子同底本。

微明

相坐之法立，即百姓怨；〔一〕減爵之令張，即功名叛。〔二〕故察於刀筆之迹者，即不知治亂之本；〔三〕習於行陣之事者，即不知廟戰之權。〔四〕聖人見福於重関之内，〔五〕慮患於（寘寘）〔冥冥〕之外。〔六〕愚者惑於小利而忘大害，而事有利於小而害於大，〔七〕得於此而亡於彼。故仁莫大於愛人也，〔八〕智莫大於知人也。〔九〕愛人即无寃刑，〔一〇〕知人即无亂政。見本而知末，執一而應萬，謂之術。居知所爲，〔一一〕行知所之，（事知所之，）〔一二〕事知所乘，動知所止，謂之道。言出於口，不可止於人。〔一三〕行發於近，不可禁於遠。事者難成易敗，名者難立易廢。凡人皆以輕小害，〔一四〕易微事，以至於大患也。〔一五〕

〔一〕即百姓怨 「即」，今文子作「則」。
〔二〕即功名叛 「名」，駿河版、天明本、今文子作「臣」；金澤文庫本同底本。

〔三〕即不知治亂之本　「即」，今文子無。

〔四〕即不知廟戰之權　「即」，今文子無。又「權」，駿河版作「擁」；金澤文庫本、天明本、今文子同底本。

〔五〕聖人見福於重関之內　「人」下駿河版、天明本、今文子有「先」字；金澤文庫本原無，旁校補之。

〔六〕慮患於〔寘寘〕〔冥冥〕之外　「冥冥」，原作「寘寘」，據駿河版、天明本、今文子改；金澤文庫本同底本。

〔七〕而事有利於小而害於大　「而」，天明本、今文子作「故」；金澤文庫本、駿河版同底本。

〔八〕故仁莫大於愛人也　「愛」下金澤文庫本有「不」字；駿河版、天明本、今文子同底本。

〔九〕智莫大於知人也　「也」，今文子無。

〔一〇〕愛人即无寃刑　「寃」，今文子作「怨」。

〔一一〕居知所爲　「爲」，今文子作「以」。

〔一二〕事知所之　此四字駿河版、天明本無，據刪；金澤文庫本同底本，旁有校刪符號；今文子亦無此四字。

〔一三〕不可止於人　「止」，今文子作「禁」。

〔一四〕凡人皆以輕小害　「以」，今文子無。

〔一五〕以至於大患也　「以至」二字駿河版重；金澤文庫本、天明本、今文子同底本。

夫積愛成福，〔一〕積憎成禍。人皆知救患，莫知使患无生。夫使患无生易，〔二〕〔施〕於救患。〔三〕今不務使患无生，〔四〕而務於救之，〔五〕雖神聖人不能爲謀也。〔六〕患禍之所由來，萬萬无方。故聖人深居以避害，〔七〕靜默以待時。小人不知禍福之門，動作而陷於刑，〔八〕雖曲爲之俻，不足以全身。故上士先避患而後就利，〔九〕先遠辱而後求名，故聖人常從事於无形之外，而不留心盡慮於已成之內，〔一〇〕是以患禍无由至，〔一一〕非譽不能塵垢也。〔一二〕

〔一〕夫積愛成福　金澤文庫本重「成福」二字；駿河版、天明本、今文子同底本。

〔二〕夫使患无生易　「夫」，金澤文庫本原無，旁校補之；駿河版、天明本、今文子同底本。

〔三〕〔施〕於救患　「施」，原無，據駿河版補，今文子亦有之；金澤文庫本原無，旁校補之；天明本同底本。

〔四〕今不務使患无生　「今」下駿河版、天明本、今文子有「人」字；金澤文庫本原無，旁校補之。

〔五〕而務於救之　「之」，今文子作「於患」。

〔六〕雖神聖人不能爲謀也　「聖」「也」，今文子無。

〔七〕故聖人深居以避害　「故」，今文子無。又「害」，今文子作「患」。

〔八〕動作而陷於刑　「作」，今文子無。

〔九〕故上士先避患而後就利　「就」，金澤文庫本作「動」；駿河版、天明本、今文子同底本。

〔一〇〕而不留心盡慮於已成之內　「盡慮」，今文子無。

〔一一〕是以患禍无由至　「患禍」，今文子作「禍患」。

〔二二〕非譽不能塵垢也　「也」，今文子無。

曰：〔一〕凡人之道，心欲小，志欲大，智欲圓，行欲方，能欲多，事欲少。所謂心小者，慮患未生，戒禍慎微，不敢縱其欲者也。〔二〕志大者，兼苞萬國，〔三〕一齊殊俗，是非輻湊，中爲之轂也。智圓者，終始端方，〔四〕无流四遠，〔五〕深泉而不竭也。〔六〕行方者，直立而不撓，〔七〕素白而不汙，窮不易操，達不肆志也。能多者，文武備具，動静中儀也。〔八〕事少者，執約以治廣，〔九〕處静以持躁也。故心小者，禁於微也。志大者，无不懷也。圓者，〔一〇〕无不知也。行方者，有不爲也。能多者，无不治也。事少者，約所持也。故聖人之於善也，无小而不行；其於過也，无微而不改。行不用巫祝，〔一一〕而鬼神不敢先，可謂至貴矣。然而戰戰慄慄，日慎一日，是以无爲而不成。〔一二〕有功離仁義者即見疑，有罪不失仁心者必見信。〔一三〕故仁義者，事之順常也，〔一四〕天下之尊爵也。雖謀得計當，慮患而患解，〔一五〕圖國而國存，〔一六〕其事有離仁義者，其功必不遂矣。〔一七〕言雖无中策，〔一八〕其計无益於國，而心周於君，合於義者，〔一九〕身必存矣。〔二〇〕故百言百當，〔二一〕不若舍趣而審仁也。〔二二〕教本乎君子，小人被其澤；利本乎小人，君子享其功。使君子小人各得其宜，〔二三〕即通功易食而道達矣。人多欲即傷義，多憂即害智。故治國樂其所以存，〔二四〕亡國〔樂〕其所以亡。〔二五〕水下流而廣大，君下臣而聽明。〔二六〕君不（不）与臣争功而治道通。〔二七〕故君，根本也；臣，枝葉也。根本不美，〔二八〕枝葉茂者，〔二九〕未之有也。慈父之愛子也，非求報也。〔三〇〕不可内解於心。聖王之養民，〔三一〕非求爲己用也，〔三二〕性不能已。〔三三〕及恃其力，賴其功（動）〔勳〕，〔三四〕而必窮矣。〔三五〕有以爲即恩不接矣。〔三六〕故用衆人之所愛，即得衆人之力；〔三七〕舉衆人之所善，〔三八〕即得衆人之心。見所始，即知所終矣。〔三九〕故人之將疾也，〔四〇〕必先不甘魚肉之味，〔四一〕國之將亡也，必先惡忠臣之語。故疾之將死者，不可爲良醫；國之將亡者，不可爲忠謀。古者親近不以言，〔四二〕來遠不以言使，近者悦，遠者來。与民同欲即和，〔四三〕与民同守即固，〔四四〕与民同念即智。〔四五〕得民力者富，得民譽者顯。行有召罰，〔四六〕言有致禍。

〔一〕曰　駿河版、天明本無；金澤文庫本同底本；今文子作「老子曰」。

〔二〕不敢縱其欲者也　「者」，今文子無。

〔三〕兼苞萬國　「苞」，駿河版、天明本、今文子作「包」；金澤文庫本同底本。

〔四〕終始端方　「端方」，駿河版、天明本、今文子作「無端」；金澤文庫本同底本。

〔五〕无流四遠　「无」，駿河版、天明本、今文子作「方」；金澤文庫本同底本。

〔六〕深泉而不竭也　「深」，今文子作「淵」；諸本治要作「深」，因唐高祖李淵名諱而改。

〔七〕直立而不撓　「直立」，今文子作「立直」。

〔八〕動静中儀也　「也」，今文子無。

〔九〕執約以治廣　「以」，今文子作「爲」。

〔一〇〕圓者　駿河版作「智圓」；天明本、今文子作「智圓者」；金澤文庫本同底本。

〔一一〕行不用巫祝　「祝」，今文子作「覡」。

〔一二〕是以无爲而不成　「不」，今文子作「一之」。

〔一三〕有罪不失仁心者必見信　「不失」「心」，今文子作「有」「義」。

〔一四〕事之順常也　「順常」，天明本、今文子作「常順」；金澤文庫、駿河版同底本。

〔一五〕慮患而患解　「患而」二字，今文子無。

〔一六〕圖國而國存　「圖」，金澤文庫本無，旁校補之。

〔一七〕其功必不遂矣　「矣」，今文子作「也」。

〔一八〕言雖无中策　「中」下駿河版、天明本、今文子有「於」字；金澤文庫本同底本。

〔一九〕合於義者　「於」下駿河版、天明本、今文子有「仁」字；金澤文庫本原無，旁校補之。

〔二〇〕身必存矣　「必」，駿河版、天明本作「心」；金澤文庫本、今文子同底本。又「矣」，今文子無。

〔二一〕故百言百當　「故」下駿河版、天明本、今文子有「曰」字；金澤文庫本同底本。

〔二二〕不若舍趣而審仁也　「仁」下駿河版、天明本、今文子有「義」字；金澤文庫本原無，旁校補之。

〔二三〕使君子小人各得其宜　「其」，金澤文庫本原無，旁校補之；駿河版、天明本、今文子同底本。

〔二四〕故治國樂其所以存　「其」，今文子無。

〔二五〕亡國〔樂〕其所以亡　「亡國」之「亡」，今文子作「虐」。又「樂」，原無，據駿河版、天明本補；金澤文庫本原無，旁校補之；今文子亦有「樂」字。又「其」，今文子無。

〔二六〕君下臣而聽明　「聽」，駿河版、天明本、今文子作「聰」；金澤文庫本同底本。

〔二七〕君不（不）与臣争功而治道通　「不」，駿河版、天明本、今文子不重，據刪；金澤文庫本同底本。

〔二八〕根本不美　「根」，駿河版作「枝」；金澤文庫本、天明本、今文子同底本。

〔二九〕枝葉茂者　「枝」上駿河版、天明本、今文子有「而」字；金澤文庫本原無，旁校補之。

〔三〇〕非求報也　「報也」，今文子作「其報」。

〔三一〕聖王之養民　「王」，駿河版、天明本作「人」；今文子作「主」；金澤文庫本同底本。

〔三二〕非求爲己用也　「求」，今文子無。

〔三三〕性不能已　「能」，今文子作「得」。又「已」下駿河版、天明本、今文子有「也」字；金澤文庫本同底本。

〔三四〕賴其功（動）〔勳〕　「勳」，原作「動」，據駿河版、天明本改；金澤文庫本同底本，旁校作「勳」；今文子亦作「勳」。

〔三五〕而必窮矣　「矣」，今文子無。

〔三六〕有以爲即恩不接矣　「即」，今文子作「則」。

〔三七〕即得衆人之力　「即」，今文子作「則」。

〔三八〕舉衆人之所善　「善」，今文子作「喜」。

〔三九〕即知所終矣　「即」，今文子作「則」。又「知」下今文子有「其」字。又「矣」，今文子無。
〔四〇〕故人之將疾也　「故」，今文子無。
〔四一〕必先不甘魚肉之味　「不」，今文子無。
〔四二〕古者親近不以言　「以」下金澤文庫本重一「以」字；駿河版、天明本、今文子同底本。
〔四三〕与民同欲即和　「即」，今文子作「則」。
〔四四〕与民同守即固　「即」，今文子作「則」。
〔四五〕与民同念即智　「即」，今文子作「者」。
〔四六〕行有召罰　「罰」，駿河版、天明本、今文子作「寇」；金澤文庫本同底本。

道自然〔一〕

昔者堯之治天下，〔二〕其導民也，水處者漁，山處者木，〔三〕谷處者牧，陸處者田。地宜其事，且其械，〔四〕械便其人，〔五〕如是外民得以所有易所无，〔六〕以所巧易所拙也。〔七〕是以離叛者寡，聽從者衆，若風之過簫，〔八〕忽然感之，各以清濁應矣。〔九〕物莫不就其所利，避其所害。是以鄰國相望，鷄狗之音相聞，而足跡不接於諸侯之境，車軌不結於千里之外，皆安其居也。夫亂國若盛，〔一〇〕治國若虛，亡國若不足，存國若有餘。虛者非无人，各守其職也。盛者非多人，皆徼於末也。有餘者非多財，欲節事寡也。不足者非无貨，民躁而費多也。〔一一〕故先王之法，非所作也，所因也；其禁誅，非所爲也，所守也。上德之道也。

〔一〕道自然　今文子篇題爲「自然」。又，天明本眉校云：「二十子全書無『道』字。」王利器云：「日本古抄本治要『自然』上有『道』字，尾張刊本無，蓋傳抄者所增益也。」
〔二〕昔者堯之治天下　「者」，今文子無。
〔三〕山處者木　今文子作「林」。又「木」，今文子「林處者採」。
〔四〕且其械　「且」上駿河版、天明本、今文子有「事」字；金澤文庫本同底本。今文子作「事宜其械」。
〔五〕械便其人　今文子作「械宜其人」。
〔六〕如是外民得以所有易所无　「外」，天明本、今文子作「則」；金澤文庫本、駿河版同底本。
〔七〕以所巧易所拙也　「巧」，今文子作「工」。又「也」，今文子無。
〔八〕若風之過簫　「簫」，駿河版、天明本作「箭」；金澤文庫本原作「箭」，旁校作「簫」；今文子作「蕭」。
〔九〕各以清濁應矣　「矣」，今文子無。
〔一〇〕夫亂國若盛　「夫」，今文子作「故」。
〔一一〕民躁而費多也　「躁」，今文子作「鮮」。

以道治天下，非易民性也，〔一〕因其有條暢之。〔二〕故瀆水者，〔三〕因水之沠；産稼者，〔四〕因地之宜；征伐者，因民之欲，能因即无敵於天下矣。〔五〕故先王之制法，因民之性而爲之節文。无其性，〔六〕无其養，〔七〕不可使遵道也。〔八〕人之性有仁義之資，非聖王爲之法度，〔九〕不可使向方也。〔一〇〕因其所惡以禁姦，故刑罰不用，威行如神矣。〔一一〕因其性即天下聽從，咈其性即法度而不用。〔一二〕帝者貴其德也，〔一三〕王者尚其義也，〔一四〕霸者迫於理也。〔一五〕道狹然後任智，德薄然後任刑，明淺然後任察。

〔一〕非易民性也　「民」，今文子作「人」。

〔二〕因其有條暢之　「有」下駿河版、天明本、今文子有「而」字；金澤文庫本原無，旁校補之。

〔三〕故瀆水者　「故」，今文子作「古之」。

〔四〕産稼者　「産」，今文子作「生」。

〔五〕能因即无敵於天下矣　「即」，今文子作「則」。

〔六〕无其性　案：今文子此下有「不可使順教」五字。

〔七〕无其養　「養」，今文子作「資」。

〔八〕不可使遵道也　「也」，今文子無。

〔九〕非聖王爲之法度　「王」，今文子作「人」。

〔一〇〕不可使向方也　「也」，今文子無。

〔一一〕威行如神矣　「矣」，今文子無。

〔一二〕咈其性即法度而不用　「咈」，今文子作「佛」。又「度」下駿河版、天明本、今文子有「張」字；金澤文庫本原無，旁校補之。

〔一三〕帝者貴其德也　「也」，今文子無。

〔一四〕王者尚其義也　「也」，今文子無。

〔一五〕霸者迫於理也　「迫」，今文子作「通」。又「也」，今文子無。

主道者處无爲之事，行不言之教，因（脩）〔循〕任下，〔一〕責成不勞。謀无失策，舉无過事，進退應時，動靜（脩）〔循〕理。美醜弗好憎，〔二〕賞罰不喜怒。其聽治也，虛心弱志，是故群臣輻湊並進，无愚智不肖，莫不盡其能。君得所以制臣，臣得所以事君，即治國之道明矣。〔三〕

〔一〕因（脩）〔循〕任下　「循」，原作「脩」，據駿河版、天明本、今文子改；金澤文庫本同底本。案：底本「循」字多訛作「脩」，蓋字形相近似之故。下不出校。

〔二〕美醜弗好憎　「弗」，今文子作「不」。

〔三〕即治國之道明矣　「道」，今文子作「所以」。

智而好問者聖，勇而好同者勝。〔一〕乘衆人之智，即无不任也；用衆人之力，即无不勝也。用衆人之力，烏獲不足恃也；乘衆人之勢，天下不足用也。故聖人舉事，未嘗不因其資而用之也。有一刑者處一位，〔二〕有一能者服一事。力勝其任，即舉者不重也；能勝其事，即爲者弗難也。〔三〕聖人兼而用之，故人無弃人，物無弃材矣。〔四〕所謂无爲者，非謂其引之不來，推之不徃，〔五〕迫而不應，感而不動，堅滯而不流，捲握而不散也。〔六〕謂其私志不入公道，嗜欲不枉正術，〔七〕（脩）〔循〕理而舉事，因資而立功，推自然之勢也。〔八〕聖人不恥身之賤，惡道之不行；不憂命之短，憂百姓之窮也。故常虛无无爲，〔九〕抱素見樸，不與物雜。古之立帝王者，非以奉養其欲也；聖人之踐位者，〔一〇〕非以逸樂其身也；爲天下之民，強掩弱，衆暴寡，詐者欺愚，勇者侵怯；又爲其懷智詐不以相教，〔一一〕積財貨不以相分，〔一二〕故立天子以齊一之。爲一人明不能(偏)〔徧〕照海内，〔一三〕故立三公九卿以輔翼之。爲絶國殊俗不得被澤，故立諸侯以教誨之。是以地无不任，時无不應，〔一四〕官无隱事，國无遺利，所以衣寒食飢，養老弱，勞息倦，〔一五〕无不以也。神農形悴，堯瘦臞，舜梨黑，〔一六〕禹胼胝，伊尹負鼎而干湯，吕望鼓刀而入周，百里奚傳賣，〔一七〕管仲束縛，孔子无黔突，墨子無煖席，非以貪禄慕位，將欲起天下之利，除萬民之害也。自天子至于庶人，四體不勤，思慮不用，〔一八〕於事贍者，〔一九〕未之聞也。

〔一〕勇而好同者勝　「同」，今文子作「問」。

〔二〕有一刑者處一位　「刑」，駿河版作「形」；天明本、今文子作「功」；金澤文庫本同底本。

〔三〕即爲者弗難也　「弗」，今文子作「不」。

〔四〕物無弃材矣　「矣」，今文子無。

〔五〕推之不往　「往」，今文子作「去」。

〔六〕捲握而不散也　「也」，今文子無。

〔七〕嗜欲不枉正術　「枉」，今文子作「挂」。

〔八〕推自然之勢也　「也」，今文子無。

〔九〕故常虚无无爲　「虚无」之「无」，駿河版、天明本、今文子作「而」；金澤文庫本原無，旁校補之。

〔一〇〕聖人之踐位者　「之」，今文子無。

〔一一〕又爲其懷智詐不以相教　此句「教」下金澤文庫本有「者」字；駿河版、天明本、今文子同底本。

〔一二〕積財貨不以相分　「貨」，今文子無。

〔一三〕爲一人明不能(偏)〔徧〕照海内　「徧」，原作「偏」，據諸本治要改；今文子亦作「徧」。

〔一四〕是以地无不任時无不應　「地」，今文子作「天地」；「无不任」，今文子無；「時」，今文子作「四時」。

〔一五〕勞息倦　「勞息」，駿河版、天明本、今文子作「息勞」；金澤文庫本原作「勞息」，旁校作「息勞」。

〔一六〕舜梨黑　「梨」，今文子作「黧」。

〔一七〕百里奚傳賣　「傳」，金澤文庫本作「傅」；駿河版、天明本、今文子同底本。

〔一八〕思慮不用　「用」，今文子作「困」。

〔一九〕於事贍者　「事」下今文子有「求」字。

下德

治身，太上養神，其次養形。神清意平，百節皆寧，〔一〕養生之本也；〔二〕肥肌膚，充腹腸，開嗜欲，〔三〕養生之末也。治國，太上養化，其次正法。民交讓爭處卑，財利爭受少，〔四〕事力爭就勞，日化上而遷善，不知其所以然，治之本也；利賞而勸善，畏刑而不敢爲非，法令正於上，百姓服於下，治之末也。上世養本，而下世事末。欲法之主不世出，〔五〕可與〔治之臣不萬一，〔六〕以不世出求不萬一，〔七〕此至治所以千歲不一至。〔八〕

霸王之功不世立也。順其善意，防其邪心，與民同出一道，〔九〕即民性可善，〔一〇〕風俗可美矣。〔一一〕所貴聖人者，非貴其隨罪而作刑也，貴其知亂之所生也。若縱之放僻淫逸，而禁之以法，〔一二〕隨之以刑，雖殘天下，不能禁其姦矣。目悦五色，口欲滋味，耳淫五聲，七竅交争，以害一性。日引邪欲，竭其天和，身且不能治，奈天下何。所謂得天下者，非謂其履勢，稱尊號也，〔一三〕言其運天下心，得天下力也。有南面之名，無一人之譽，〔一四〕此失天下者也。〔一五〕故桀、紂不爲王，湯、武不爲放也。〔一六〕天下得道，守在四夷；天下失道，守在左右。故曰無恃其不吾奪，恃吾不可奪也。行可奪之道，而非篡殺之行，〔一七〕無益於持天下矣。〕

〔一〕百節皆寧　「寧」，金澤文庫本原無，旁校補之；駿河版、天明本、今文子同底本。

〔二〕養生之本也　「生」下金澤文庫本有「天」字；駿河版、天明本、今文子同底本。

〔三〕開嗜欲　「開」，今文子作「供」。

〔四〕財利争愛少　「愛」，駿河版、天明本、今文子皆作「受」；金澤文庫本原作「愛」，旁校作「受」。

〔五〕欲法之主不世出　「法」，駿河版、天明本、今文子皆作「治」；金澤文庫本原作「法」，旁校作「治」。

〔六〕案：底本原缺第十二至二十紙，「治之臣不萬一」以下即在缺紙中，今據駿河版補。

〔七〕以不世出求不萬一　「出」，金澤文庫本原無，旁校補之；天明本、今文子同底本。

〔八〕至治所以千歲不一至　「至」，今文子作「也」。

〔九〕與民同出一道　「民」，金澤文庫本原無，旁校補之；天明本、今文子同底本。

〔一〇〕即民性可善　「即」，今文子作「則」。又「性」，今文子無。

〔一一〕風俗可美矣　「矣」，今文子無；金澤文庫本原無，旁校補之；天明本同底本。

〔一二〕而禁之以法　「禁」，今文子作「棄」。又「以」下金澤文庫本重一「以」字；天明本、今文子同底本。

〔一三〕稱尊號也　「也」，今文子無。

〔一四〕無一人之譽　「譽」，金澤文庫本作「與」；天明本、今文子同底本。

〔一五〕此失天下者也　「者」，今文子無。

〔一六〕湯武不爲放也　「也」，今文子無。

〔一七〕而非篡殺之行　「殺」，金澤文庫本作「煞」，天明本同底本；今文子作「弑」。

〔治世之職易守也，其事易爲也，〔一〕其禮易行也，其責易償也。是以人不兼官，官不兼事，〔二〕農士商工，〔三〕鄉別州異。故農與農言藏，士與士言行，工與工言巧，商與商言數。是以士無遺行，工無苦事，農無廢功，商無折貨，各安其性也。〔四〕夫先知遠見人，材之盛也，而治世不以責於民；〔五〕博聞强志，口辨辭給人，智之溢也，而明主不以求於下。〔六〕傲世賤物，不污於俗，〔七〕士之伉行也，而治世不以爲民化。〔八〕故高不可及者，不以爲人量；行不可逮者，不以爲國俗，故人材不可專用，而度量道術可世傳也。故國治可與愚守，而軍旅可與性同，〔九〕不待古之英俊，〔一〇〕而人自足者，所有而並用之也。〔一一〕末世之法，高爲量而罪不及，重爲任而罰不勝，危爲難而誅不敢。民困於三責，即飾智而詐上，犯邪而行危，雖峻法嚴刑，不能禁其奸。獸窮即觸，〔一二〕鳥窮即啄，人窮即詐，此之謂也。〕

〔一〕其事易爲也　「其事」，金澤文庫本作「事其」；天明本、今文子同底本。

〔二〕官不兼事　「事」，今文子作「士」。

〔三〕農士商工　今文子作「士農工商」。

〔四〕各安其性也　「也」，今文子無。

〔五〕而治世不以責於民　「民」，今文子作「人」。

〔六〕而明主不以求於下　「以」，今文子無。

〔七〕不污於俗　「污」，金澤文庫本作「汙」；今文子作「從」；天明本同底本。

〔八〕而治世不以爲民化　「民化」，今文子作「化民」。

〔九〕而軍旅可與性同　「性」，今文子作「法」。

〔一〇〕不待古之英俊　「俊」，今文子作「雋」。

〔一一〕所有而並用之也　「而」下金澤文庫本有「普而」二字，天明本、今文子同底本。又「也」，今文子無。

〔一二〕獸窮即觸　「觸」，今文子作「觕」。

〔國有亡主，世無亡道。人有窮而理無不通也。〔一〕故不因道理之數，而專己之能，其窮不遠矣。〔二〕夫君人者不出户以知天下者，〔三〕因物以識物，因人以知人也。〔四〕故積力之所舉，既無不勝也；〔五〕衆智之所爲，〔六〕即無不成也。工無二技，〔七〕士不兼官，〔八〕人得所宜，物得所安，是以器械不惡，而職事不慢也。〔九〕夫責小易償也，〔一〇〕職寡易守也，任輕易勸也。上操約少之分，下效易爲之功，是以君臣久而不相厭也。〕

〔一〕人有窮而理無不通也　「也」，今文子無。

〔二〕其窮不遠矣　「矣」，今文子作「也」。

〔三〕夫君人者不出户以知天下者　「君人者」，今文子作「人君」。又「人者」之「者」，今文子無。

〔四〕因人以知人也　「也」，今文子無。

〔五〕既無不勝也　「既」，今文子作「即」。

〔六〕衆智之所爲　「所」，金澤文庫本原無，旁校補之；天明本、今文子同底本。

〔七〕工無二技　「二」，今文子作「異」。又「技」，今文子作「伎」。

〔八〕士不兼官　「不」，今文子作「無」。

〔九〕而職事不慢也　「而」，金澤文庫本原無，旁校補之；天明本、今文子同底本。

〔一〇〕夫責小易償也　「責」，今文子作「債」。

〔地廣民衆，不足以爲疆也；〔一〕甲堅兵利，〔二〕不足以恃勝也；〔三〕高城深池，〔四〕不足以爲固也；〔五〕嚴刑利殺，〔六〕不足以爲威也。〔七〕爲存政者，無小必存；〔八〕爲亡政者，無大必亡。〔九〕故善守者無與御，善戰者無與鬭，乘時勢，因民欲，而取天下也。〔一〇〕故善爲政者，〔一一〕積其德；善用兵者，蓄其怒。德積而民可用也，〔一二〕怒蓄而威可立也。故材之所加者淺，〔一三〕即權之所服者大；〔一四〕德之所服者大，〔一五〕德之所施者博，〔一六〕即威之所制者廣，〔一七〕廣即我强而敵弱矣。〔一八〕善用兵者，先弱敵而後戰，費不半而功十倍。故千乘之國，行文德者王；萬乘之國，好用兵者亡。王兵先勝而後戰，敗兵先戰而後求勝，此不明於兵道也。〔一九〕

〔一〕不足以爲疆也　「也」，今文子無。

〔二〕甲堅兵利　「堅」，金澤文庫本作「竪」；天明本、今文子同底本。

〔三〕不足以恃勝也　「也」，今文子無。

〔四〕高城深池　今文子作「城高池深」。

〔五〕不足以爲固也　「也」，今文子無。

〔六〕嚴刑利殺　「利」，今文子作「峻」。又「殺」，金澤文庫本作「煞」；天明本同底本；今文子作「罰」。

〔七〕不足以爲威也　「也」，今文子無。

〔八〕無小必存　「無」，今文子作「雖」。

〔九〕無大必亡　「無」，今文子作「雖」。

〔一〇〕而取天下也　今文子作「而天下服」。

〔一一〕故善爲政者　「故」，金澤文庫本原無，旁校補之；天明本、今文子同底本。

〔一二〕德積而民可用也　「也」，今文子作「者」。

〔一三〕故材之所加者淺　今文子作「故文文之所加者深」。

〔一四〕即權之所服者大　「即」，今文子作「則」。

〔一五〕德之所服者大　此句今文子無。

〔一六〕德之所施者博　「施」，金澤文庫本原無，旁校補之；天明本、今文子同底本。又「者」上金澤文庫本有「於」字；天明本、今文子同底本。

〔一七〕即威之所制者廣　「即」，今文子作「則」。

〔一八〕廣即我强而敵弱矣　「敵」，今文子作「適」。案：「適」通「敵」。

〔一九〕此不明於兵道也　「於兵道」，金澤文庫本原作「兵於道」，旁校作「於兵道」；天明本同底本；今文子無「兵」字。

上仁〔一〕

〔非漠真無以明德，〔二〕非寧靜無以致遠，非寬大無以并覆，非平正無以制斷。〔三〕以天下之目視，以天下之耳聽，以天下之智慮，〔四〕以天下之力争，〔五〕故號令能下究而臣情得上聞，百官脩通，〔六〕群臣輻湊。喜不以賞賜，怒不以罪誅，法令察而不苛，〔七〕耳目通而不暗，〔八〕善否之情，曰陳於前而不逆。賢者盡其智，不肖者竭其力，近者安其性，遠者懷其德，用人之道也！夫乘輿馬者不勞而致千里，〔九〕乘舟楫者不能游而濟江海。〔一〇〕使言之而是，雖在匹夫蒭蕘，〔一一〕猶不可弃也；言之而非，雖在人君卿相，不可用也。是非之處，不可以貴賤尊卑論

也。其計可用，不羞其位矣；〔一二〕其言可行，不貴其辨矣。〔一三〕」〕

〔一〕案：此篇原缺失，據駿河版補。原題作「上行」，據天明本、今文子改；金澤文庫本原作「上行」，旁校作「上仁」。

〔二〕非漠真無以明德　「漠真」，今文子作「惔漠」；天明本作「漠漠」；金澤文庫本作「惔真」，「真」字旁校作「漠」。

〔三〕非平正無以制斷　「平正」，今文子作「正平」。

〔四〕以天下之智慮　「智」，今文子作「心」。

〔五〕以天下之力争　「争」，金澤文庫本作「事」；天明本、今文子同底本。

〔六〕百官脩通　「通」，今文子作「達」。

〔七〕法令察而不苛　「不」，金澤文庫本原無，旁校補之；天明本、今文子同底本。

〔八〕耳目通而不暗　「通」，今文子作「聰」。又「暗」，今文子作「闇」。

〔九〕夫乘輿馬者不勞而致千里　「夫乘」二字，金澤文庫本重之；天明本、今文子同底本。

〔一〇〕乘舟楫者不能游而濟江海　「能」，今文子無。

〔一一〕雖在匹夫芻蕘　「在」，今文子無。又「匹」，金澤文庫本原無，旁校補之；天明本同底本。今文子作「商」。

〔一二〕不羞其位矣　「矣」，今文子無。

〔一三〕不貴其辨矣　「矣」，今文子無。

〔文子問曰：「何行而民親其上？」老子曰：「使之以時，而敬慎之。如臨深淵，〔一〕如履薄冰。天地之閒，善即吾畜也，不善即吾讎也。昔日夏、商之臣，反讎桀、紂而臣湯、武；宿沙氏之民，〔二〕自攻其君而歸神農氏。〔三〕故曰：人之所畏，亦不可以不畏。」〕

〔一〕如臨深淵　「淵」，金澤文庫本作「川」；天明本、今文子同底本。

〔二〕宿沙氏之民　「宿」，金澤文庫本原無，旁校補之；天明本、今文子同底本。又「氏」，今文子無。

〔三〕自攻其君而歸神農氏　「而」，今文子無。

〔治大者道不可以小，〔一〕地廣者制不可以狹，位高者事不可以煩，民衆者教不可以苛。事煩難治，法苛難行，求多難贍。寸而度之，至丈必差；銖而稱之，至石必過。石稱丈量，〔二〕徑而寡失。大較易爲智，曲辨難爲惠。〔三〕故無益於治，有益於亂者，聖人不爲也。無益於用，有益於費者，智者不行也。故功不厭約，事不厭寡。功約易成，事省易治，求寡易贍。夫調音者小絃急，大絃緩；立事者賤者勞，貴者逸。道之言曰：「芒芒昧昧，與天同氣。〔四〕同氣者帝，〔五〕同義者王，同功者霸，無一焉者亡。」〔六〕故不言而信，不施而仁，不怒而威，是以天心動化者也。施而仁，言而信，怒而威，是以精誠爲之者也。施而不仁，言而不信，怒而不威，是以外貌爲之者也。故有道以理之，法雖少，足以治矣。〔七〕無道以臨之，〔八〕命雖衆，足以亂矣。〔九〕〕

〔一〕治大者道不可以小　「小」，金澤文庫本原無，旁校補之；天明本、今文子同底本。

〔二〕石稱丈量　「石」，金澤文庫本原無，旁校補之；天明本、今文子同底本。

〔三〕曲辨難爲惠　「惠」，今文子作「慧」。

〔四〕與天同氣　「氣」，今文子作「炁」。

〔五〕同氣者帝　「氣」，今文子作「炁」。

〔六〕無一焉者亡　「無」，金澤文庫本原無，旁校補之；天明本、今文子同底本。

〔七〕足以治矣　「矣」，今文子無。

〔八〕無道以臨之　「臨」，今文子作「理」。

〔九〕足以亂矣　「矣」，今文子無。

〔鯨魚失水而制於螻蟻，〔一〕人君舍其所守而與民爭事，則制於有司。以無爲持位，〔二〕守職者以聽從取容，臣下藏智而弗用，〔三〕反以事專其上。君人者不任能而好自爲，〔四〕則智日困而數窮於下。智不足以爲治，威不足以行刑，即無以與下交矣。喜怒形於心，〔五〕嗜欲見於外，即守職者離正而阿上，〔六〕有司枉法而從風矣。〔七〕賞不當功，誅不應罪，即上下乖心，群臣相怨矣。〔八〕百官煩亂而智不能解，非譽萌生而明弗能照。〔九〕非己之失而反自責，即人主愈勞，〔一〇〕人臣愈逸矣，〔一一〕是「代大匠斲者，〔一二〕希不傷其手也」。〔一三〕與馬逐遠，〔一四〕筋絶不能及也；上車攝轡，〔一五〕馬死銜下，〔一六〕伯樂相之，王良御之，明主乘之，〔一七〕無御相之勞而致千里，善乘人之資也。〕

〔一〕鯨魚失水而制於螻蟻　「鯨魚失水」四字，金澤文庫本原無，旁校補之；天明本、今文子同底本。又「而」，今文子作「則」。

〔二〕以無爲持位　「以」上金澤文庫本有「有司」二字；天明本、今文子同底本。

〔三〕臣下藏智而弗用　「弗」，今文子作「不」。

〔四〕君人者不任能而好自爲　「君人」，今文子作「人君」。

〔五〕喜怒形於心　「形」，金澤文庫本作「刑」；天明本、今文子同底本。

〔六〕即守職者離正而阿上　「即」，今文子作「則」。

〔七〕有司枉法而從風矣　「矣」，今文子無。

〔八〕群臣相怨矣　「矣」，今文子無。

〔九〕非譽萌生而明弗能照　「弗」，今文子作「不」。

〔一〇〕即人主愈勞　「即」，今文子作「則」。

〔一一〕人臣愈逸矣　「矣」，今文子無。

〔一二〕是代大匠斲者　「大」下金澤文庫本有「近」字，「者」下又重一「者」字；天明本、今文子同底本。

〔一三〕希不傷其手也　「也」，今文子作「矣」。

〔一四〕與馬逐遠　「遠」，今文子作「走」。

〔一五〕上車攝轡　「車」，金澤文庫本原無，旁校補之；天明本、今文子同底本。

〔一六〕馬死銜下　「銜」，天明本同；金澤文庫本原作「衡」，旁校作「銜」；今文子作「衡」。

〔一七〕明主乘之　「乘」，今文子作「求」。

〔國之所以存者得道也，所以亡者理塞也。故得生道者，雖小必大，有亡徵者，雖成必敗。國之亡也，大不足恃，道之行也，小不可輕。故存在得道，不在於小；亡在失道，不在於大。故亂國之主，務於廣地，〔一〕而不務於仁義；務於高位，而不務於道德。是舍其所以存，而造其所以亡也。〔二〕主與之以時，民報之以財。主遇之以禮，民報之以死。生而貴者驕，生而富者奢。故富貴不以明道自鑒，而能無爲非者，寡矣。〕

〔一〕務於廣地　「廣地」，今文子作「地廣」。

〔二〕而造其所以亡也　「而」，今文子無。

上義〔一〕

〔凡學者能明於天人之分，通於治亂之本，見其終始，可謂達矣。治之本，仁義也；其末，法度也。先本後末，謂之君子；先末後本，謂之小人。法之生也以輔義，重法弃義，是貴其冠履，而忘其頭足也。〔二〕仁義者廣崇也，不益其厚而張其廣者毀，不廣其基而增其高者覆。故不大其棟，不能任重。重莫若國，棟莫若德。〔三〕人主之有民，猶城之有基，木之有根，根深即本固，基厚即上安。故事不本於道德者，不可以爲經；〔四〕言不合於先王者，不可以爲道。〕

〔一〕案：此篇原缺首至「故聖人因民之所善以勸善因民之」，據駿河版補。

〔二〕而忘其頭足也　「頭」，今文子作「首」。

〔三〕重莫若國棟莫若德　「國」，今文子作「棟」。又「棟」，今文子作「國」。

〔四〕不可以爲經　「可」，金澤文庫本原無，旁校補之；天明本、今文子同底本。

〔治人之道，其猶造父之御馬也。内得於中心，外合乎馬志，故能取道致遠，氣力有餘，進退還曲，〔一〕莫不如意，誠得其術也。今夫權勢者，人主之車輿也。〔二〕大臣者，人主之駟馬也。〔三〕身不〔可〕以離車輿之安，〔四〕手不可以失駟馬之心。〔五〕故輿馬不調，〔六〕造父不能以取道；君臣不和，聖人不能以爲治。執道以御之，中材可盡；明分以示之，姦邪可止。物至而觀其變，事來而應其化。近者不亂，則遠者治矣。不用適然之教，而行自然之道，〔七〕萬舉而無失矣。〔八〕〕

〔一〕進退還曲　「退」，金澤文庫本原無，旁校補之；天明本、今文子同底本。

〔二〕人主之車輿也　「主」，金澤文庫本原無，旁校補之；天明本、今文子同底本。

〔三〕人主之駟馬也　「駟」，金澤文庫本作「四」；天明本、今文子同底本。

〔四〕身不〔可〕以離車輿之安　「可」，原無，據天明本補；今文子亦有此字；金澤文庫本同底本。

〔五〕手不可以失駟馬之心　「以」，今文子無。又「駟」，金澤文庫本作

「四」；天明本、今文子同底本。

〔六〕故輿馬不調　「輿」，今文子作「駟」。

〔七〕而行自然之道　「行」，今文子作「得」。

〔八〕萬舉而無失矣　「無」，今文子作「不」。

〔治國有常，而利民爲本。政教有道，而令行爲右。〔一〕苟利於民，不必法古。苟周於事，不必循俗。〔二〕故聖人法與時變，禮與俗化，衣服器械，各便其用，法度制令，各因其宜。故變古未可非，循俗未足多。〔三〕誦先王之書，不若聞其言；聞其言，不若得其所以言。得其所以言者，〔四〕言弗能言也。〔五〕故道可道者，〔六〕非常道也；名可名者，〔七〕非常名也。故聖人所由曰道，所爲曰事。〔八〕道由金石，〔九〕壹調不可更；事猶琴瑟，每終改調。故法制禮樂者，〔一〇〕治之具也，非所以爲治也。〕

〔一〕而令行爲右　「右」，今文子作「古」。

〔二〕不必循俗　「循」，金澤文庫本作「脩」；天明本、今文子同底本。

〔三〕循俗未足多　「循」，金澤文庫本作「脩」；天明本、今文子同底本。

〔四〕得其所以言者　此句金澤文庫本原無，旁校補之；天明本、今文子同底本。

〔五〕言弗能言也　「弗」，今文子作「不」。

〔六〕故道可道者　「者」，今文子無。

〔七〕名可名者　「者」，今文子無。

〔八〕所爲曰事　此句今文子無。

〔九〕道由金石　「道由」二字，今文子作「猶」。

〔一〇〕故法制禮樂者　「故」，今文子無。

〔法非從天下，非從地出，發於人間，〔一〕反己自正也。〔二〕誠達其本，不亂於末；〔三〕知其要，不惑於疑。有諸己，不非諸人；〔四〕無諸己，不責於下。所禁於民者，〔五〕不行於身。故人主之制法也，先自以爲檢戒。〔六〕故禁勝於身，即行於民矣。〔七〕夫法者，天下之準繩也，人主之度量也。〔八〕懸法者，法不法也。法定之後，中繩者賞，缺乘者誅。〔九〕雖尊貴者，不輕其賞，卑賤者不重其刑；犯法者雖賢必誅，中度者雖不肖無罪。是故公道行，而私欲塞也。古之置有司也，所以禁民，使不得恣也。其立君也，〔一〇〕所以制有司，使不得專行也。法度道術，所以禁君，〔一一〕使無得横斷也。人莫得恣，即道勝而理得矣，故反於無爲。〔一二〕無爲者，非謂其不動也，言其莫從己出也。〔一三〕〕

〔一〕發於人間　「於」，今文子作「乎」。

〔二〕反己自正也　「也」，今文子無。

〔三〕不亂於末　「不」，金澤文庫本原無，旁校補之；天明本、今文子同底本。

〔四〕不非諸人　「諸」，今文子作「於」。

〔五〕所禁於民者　「所」，今文子無。

〔六〕先自以爲檢戒　「戒」，今文子作「式」。

〔七〕即行於民矣　「即」下天明本、今文子有「令」字；金澤文庫本同底本。

〔八〕人主之度量也　「之」，金澤文庫本原無，旁校補之；天明本、今文子同底本。

〔九〕缺乘者誅　「乘」，今文子作「繩」。又「誅」，今文子作「殊」。

〔一〇〕其立君也　「立」下金澤文庫本有「居」字；天明本、今文子同底本。

〔一一〕所以禁君　「以」下金澤文庫本重一「以」字；天明本、今文子同底本。

〔一二〕故反於無爲　「於」，今文子作「樸」。

〔一三〕言其莫從己出也　「莫」，今文子無。

善賞者費少而勸多，善罰者刑省而姦禁，善與者用約而爲德，善取者入多而無怨。故聖人因民之所善以勸善，〔一〕因民之所憎以禁姦，賞一人而天下趍之，罰一人而天下畏之。至賞不費，至刑不濫，聖人守約而治廣，此之謂也。

〔一〕故聖人因民之所善以勸善　「善」，今文子作「喜」。

君臣異道即治，同道即亂。各得其宜，處其當，即上下有以相使也。故枝不得大於幹，末不得强於本，言輕重大小有以相制也。夫得威勢者，所持甚小，所任甚大；所守甚約，所制甚廣。十圍之木，持千鈞之屋，得勢也；五寸之關，能制開闔，〔一〕所居要也。下必行之令，從之者利，〔二〕逆之者害，〔三〕天下莫不聽從者，順也。義者非能盡利天下之民也，利一人而天下從；暴者非能盡害海內也，害一人而天下叛。故舉措廢置，不可不審也。〔四〕

〔一〕能制開闔　「制」，金澤文庫本原無，旁校補之；駿河版、天明本、今文子同底本。

〔二〕從之者利　「從」，今文子作「順」。

〔三〕逆之者害　「害」，今文子作「凶」。

〔四〕不可不審也　「不審」之「不」，金澤文庫本原無，旁校補之；駿河版、天明本、今文子同底本。

屈寸而伸尺，〔一〕小枉而大直，聖人爲之。今人君之論臣也，不計其大功〔德〕，〔二〕揔其細行，〔三〕而求其小善，〔四〕即失賢之道也。故人有厚德，無問其小節；〔五〕人有大譽，無疵其小故。夫人情莫不有所短，誠其大略是也，〔六〕雖有小過，不足以爲累；〔七〕誠其大略非也，〔八〕閭里之行，未足多也。

〔一〕屈寸而伸尺　「伸」，今文子作「申」。

〔二〕不計其大功〔德〕　「德」，原無，據金澤文庫本、駿河版補；天明本、今文子同底本。

〔三〕揔其細行　「細」，今文子作「略」。

〔四〕而求其小善　「小」，駿河版、天明本作「不」；金澤文庫本、今文子同底本。

〔五〕無問其小節　「問」，今文子作「間」。

〔六〕誠其大略是也　「誠」，今文子作「成」。

〔七〕不足以爲累　「足」，今文子無。

〔八〕誠其大略非也　「誠」，今文子作「成」。

自古及今，未有能全其行也，〔一〕故君子不〔責備於一人。〔二〕夫夏后氏之璜，不能無瑕，明月之珠，不能無穢，然天下寶之者，不以小惡妨大美也。〔三〕今志人之所短，而忘人之所長，〔四〕而欲求賢於天下，即難矣。夫衆人見位卑賤，事之洿辱，而不知其大略也。〔五〕故論人之道，貴即觀其所舉，富即觀其所施，〔六〕窮則觀其所不受，〔七〕賤即觀其所不爲。〔八〕視其所更難，〔九〕以知其勇；動以喜樂，以觀其守；委以貨財，以觀其仁；振以恐懼，以觀其節。如此即人情得矣。〕

〔一〕未有能全其行也　「行」下天明本、今文子有「者」字；金澤文庫本、駿河版同底本。

〔二〕案：底本原缺第二十二紙，即「責備於一人」至「輿死」，今據駿河版補。

〔三〕不以小惡妨大美也　「也」，今文子無。

〔四〕而忘人之所長　「而」，今文子無。

〔五〕而不知其大略也　「也」，今文子無。

〔六〕富即觀其所施　「施」，金澤文庫本作「放」；天明本、今文子同底本。

〔七〕窮則觀其所不受　「不」，今文子無。

〔八〕賤即觀其所不爲　「不」，今文子無。

〔九〕視其所更難　「更」，天明本、今文子作「患」；金澤文庫本同底本。

〔聖人以仁義爲準繩，中繩者謂之君子，弗中者謂之小人。〔一〕君子雖死亡，其名不滅；小人雖得勢，其罪不除。左手據天下之圖，而右手刎其喉，愚者不爲，身貴乎天下也。〔二〕死君親之難者，視死若歸，〔三〕義重於身故也。〔四〕天下大利，比身即小。身所重也，比義即輕，此以仁義爲準繩者也。〔五〕〕

〔一〕弗中者謂之小人　「弗」，今文子作「不」。

〔二〕身貴乎天下也　「乎」，今文子作「於」。

〔三〕視死若歸　「若」，今文子作「如」。

〔四〕義重於身故也　「故」，今文子無。

〔五〕此以仁義爲準繩者也　「爲」，金澤文庫本原無，旁校補之；天明本、今文子同底本。

〔地廣民衆，主賢將良，國富兵强，約束信，號令明，兩敵相當，未接刃而敵人奔亡，此其次也。知土地之宜，習險阨之利，〔一〕明奇正之變，〔二〕察行陣之事，白刃合，流矢接，輿死〕扶傷，流血千里，暴體盈野，〔三〕義之下也。國之所以强者，必死也。所以必死者，〔四〕義也。義之所以行者，〔五〕威也。威義並行，是謂之强。〔六〕白刃交接，（矣）〔矢〕石若雨，〔七〕而士争先者，賞信而罰明也。上視下如子，下事上如父；上視下如弟，下視上如兄。〔八〕上視下如子，必王四海；下視上如父，〔九〕必正天下；〔一〇〕視下如弟，〔一一〕即不之難爲之死；〔一二〕下視上如兄，〔一三〕即不難爲之亡。〔一四〕故父子兄弟之寇，不可與鬬。是故義君内脩其政，〔一五〕以積其德；外塞其邪，〔一六〕以明其勢。察其勞逸，以知飢飽，戰期有日，視死若歸，〔一七〕恩之加也。

〔一〕習險阨之利　「阨」，天明本、今文子作「隘」；金澤文庫本同底本。

〔二〕明奇正之變　「奇正」，今文子作「苛政」。

〔三〕暴體盈野　「體」，駿河版、天明本、今文子作「骸」；金澤文庫本同底本。又「盈」，今文子作「滿」。

〔四〕所以必死者　此句上金澤文庫本有「所以必死也」五字，他本治要、今文子皆無。

〔五〕義之所以行者　「行」，金澤文庫本原無，旁校補之；駿河版、天明本、今文子同底本。

〔六〕是謂之强　「之」，駿河版、天明本、今文子作「必」；金澤文庫本同底本。

〔七〕（矣）〔矢〕石若雨　「矢」，原作「矣」，據諸本治要改；今文子亦作「矢」。

〔八〕下視上如兄　「視」，今文子作「事」。

〔九〕下視上如父　「視」，今文子作「事」。

〔一〇〕必正天下　「正」，今文子作「政」。

〔一一〕視下如弟　「視」上駿河版、天明本、今文子有「上」字；金澤文庫本原無，旁校補之。

〔一二〕即不之難爲之死　今文子作「即必難爲之死」。

〔一三〕下視上如兄　「視」，今文子作「事」。

〔一四〕即不難爲之亡　「不」，今文子作「必」。

〔一五〕是故義君内脩其政　「脩」，金澤文庫本作「偹」；駿河版、天明本、今文子同底本。

〔一六〕外塞其耶　「其」，今文子作「於」。

〔一七〕視死若歸　「若」，天明本作「如」；金澤文庫本、駿河版、今文子同底本。

上禮〔一〕

昔之聖王，仰取象於天，俯取度於地，中取法於人。調陰陽之氣，和四時之節，察高下之宜，除飢寒之患，行仁義之道以治人倫。列地而州之，分職而治之，〔二〕立大學而教之，〔三〕此其治之紀綱也。〔四〕得道即舉，〔五〕失道即廢。〔六〕夫物未嘗有張而不施，盛而不敗者也，唯聖人可盛而不衰。〔七〕聖人初作樂也，以歸神反淫，〔八〕反其天心；至其衰也，沶而不反，淫而好色，至以亡國。〔九〕其作書也以領理百事，愚者以不忘，智者以記事；及其衰也，爲姦僞以解有罪而煞不辜。其作囿也，以奉宗廟之具，〔一〇〕簡士卒戒不虞；及其衰也，馳騁弋獵以奪民時。其上賢也，以平教化，正獄訟，賢者在位，能者在職，澤施於下，萬民懷至德；〔一一〕其衰也，〔一二〕朋黨比周，各推其與，廢公趍私，外内相舉，姦人在位，賢者隱處。天地之道，反益即損。〔一三〕故聖人治弊而改制，事終而更爲矣。〔一四〕聖人之道，非脩禮義，廉恥不立。民無廉恥，不可治也；〔一五〕不知禮義，不可以行法。〔一六〕法能教，〔一七〕不能使人孝；能刑盜者，不能使人孝；〔一八〕能刑盜者，不能使人廉耻。〔一九〕聖王在上，明好惡以示人，經非譽以導之，〔二〇〕親賢而進之，〔二一〕賤不肖而退之，刑措而不用，禮義脩而任賢得也。〔二二〕夫使天下畏刑而不敢盜竊，豈若使無有盜心哉？故知其無所用，雖貪者皆辭之。知其無所用，〔二三〕廉者不能讓。夫人之所以亡社稷、身死人手、爲天下笑者，未嘗非欲也。知冬日之扇，夏日之(喪)〔裘〕，〔二四〕無用於己，則萬物之變爲塵垢。〔二五〕故以湯止沸，〔二六〕沸乃益甚；知其本，〔二七〕去火而已。〔二八〕

〔一〕「上禮」二字，原接上文「恩之加也」句，今另起新行以作篇題。

〔二〕分職而治之　「職」，今文子作「國」。

〔三〕立大學而教之　「而」，今文子作「以」。

〔四〕此其治之紀綱也　「其」，今文子無。又「紀綱」，天明本、今文子作「綱紀」；金澤文庫本作「紀經」；駿河版同底本。

〔五〕得道即舉　「即」，今文子作「則」。

〔六〕失道即廢　「即」，今文子作「則」。

〔七〕唯聖人可盛而不衰　「衰」，今文子作「敗」。

〔八〕以歸神反淫　「反」，天明本、今文子皆作「杜」；金澤文庫本、駿河版同底本。

〔九〕至以亡國　「以」，今文子作「於」。

〔一〇〕以奉宗廟之具　「奉」，今文子作「成」。

〔一一〕萬民懷至德　「至」，駿河版、天明本、今文子無；金澤文庫本同底本。

〔一二〕其衰也　「其」上駿河版、天明本、今文子有「至」字；金澤文庫本原無，旁校補之。

〔一三〕反益即損　「反」上駿河版、天明本、今文子有「極則」字；金澤文庫本原無，旁校補之。

〔一四〕事終而更爲矣　「矣」，今文子無。

〔一五〕不可治也　此句今文子作「不可以治」。

〔一六〕不可以行法　「不」下金澤文庫本重一「不」字；駿河版、天明本、今文子同底本。

〔一七〕法能教　今文子作「法能殺不孝者」。「教」下駿河版、天明本有「不孝」二字；金澤文庫本原無，旁校補「不孝」二字。

〔一八〕能刑盜者不能使人孝　此句駿河版、天明本、今文子無。

〔一九〕不能使人廉耻　「耻」，今文子無。

〔二〇〕經非譽以導之　「導」，駿河版作「遵」；金澤文庫本、天明本、今文子同底本。

〔二一〕親賢而進之　「賢」，今文子無。

〔二二〕禮義脩而任賢得也　「得」，駿河版、天明本、今文子作「德」；金澤文庫本同底本。

〔二三〕知其無所用　「知」上駿河版、天明本、今文子有「不」字；金澤文庫本原無，旁校補之。又「無」，今文子無。

〔二四〕夏日之(喪)〔裘〕　「裘」，原作「喪」，據駿河版、天明本改；金澤文庫本作「裘」，但顯有修改之迹；今文子作「裘」。

〔二五〕則萬物之變爲塵垢　「則」，今文子無。

〔二六〕故以湯止沸　「以」，今文子作「揚」。

〔二七〕知其本　「本」下天明本、今文子有「者」字，金澤文庫本、駿河版同底本。

〔二八〕去火而已　「火」，駿河版作「大」；金澤文庫本、天明本、今文子同底本。

夫有餘則讓，不足則爭。讓則禮義生，爭則暴亂起。故物多則欲省，〔一〕求贍則爭止。故世治則小人守正而利不能動也，〔二〕世乱則君子爲姧而法不能禁也。

〔一〕故物多則欲省　「物」「則」，今文子無。

〔二〕故世治則小人守正而利不能動也　「動」，今文子作「誘」。

酆水之深，十仞而不受塵垢，金鐵在中，〔一〕形見於外。非不深且清也，魚鼈莫之歸。石上不生五穀，禿山不游麋鹿，无所蔭蔽也。故爲政以苛爲察，以切爲明，以刻下爲忠，以計多爲功，如此者譬猶廣革者也，大即大矣，裂之道也。〔二〕

〔一〕金鐵在中　「鐵」，今文子作「石」。

〔二〕大即大矣裂之道也　今文子作「大敗大裂之道也」。

曾子 参

脩身〔一〕

曾子曰：「君子攻其惡，求其過，强其所不能，去私欲，從事於義，可謂學矣。君子愛日以學，及時以行，難者弗避，易者弗從，唯義所在。日旦就業，〔二〕夕而自省思，〔三〕以没其身，亦可謂守業矣。君子學必由其業，問必以其序，問而不決，承聞觀色而復之。〔四〕君子既學之，患其不博也；既博之，患其不習也，既習之，患其不知也；既知之，患其不能行也；既能行之，貴其能以讓也；〔五〕君子學，〔六〕致此五者而已矣。君子博學而淺守之，〔七〕微言而篤行之，行欲先人，言欲後人。〔八〕見利思辱，見難思詬，〔九〕嗜欲思恥，忿（恕）〔怒〕思患，〔一〇〕君子終身守此，戰戰也。君子己善，亦樂人之善也；己能，亦樂人之能也。君子好人之爲善，而弗趍也；惡人之爲不善，一弗疾也。〔一一〕不先人以惡，不疑人以信；〔一二〕不説人之過，而成人之美；〔一三〕朝有過，夕改則与之；夕有過，朝改則與之。君子終日言，不在尤之中；小人一言，終身爲罪矣。〔一四〕君子之於不善也，身勿爲可能也，〔一五〕色勿爲不可能也；色勿爲可能也，〔一六〕心勿爲不可能也。太上樂善，其次安之，其下亦能自强也。〔一七〕太上不生惡，其次生而能夙絶之，〔一八〕其下復而能改。復而不改，〔一九〕隕身覆家，大者傾社稷。〔二〇〕是故君子出言愕，〔二一〕行身戰戰，亦殆免於罪矣。昔者天子日旦思其四海之内，戰戰唯恐不能夕也。〔二二〕諸侯日旦思其四封之内，〔二三〕戰戰唯恐失損之也；〔二四〕大夫日旦思其官，戰戰唯恐不能勝也；〔二五〕庶人日旦思其事，戰戰唯恐刑罰之至也。是故臨事而慄者，鮮不濟矣。」

〔一〕脩身　今曾子此篇題作「曾子立事第一」。

〔二〕日旦就業　「日」，金澤文庫本原作「昌」，旁校作「日」；駿河版、天明本、今曾子同底本。

〔三〕夕而自省思　「夕」上金澤文庫本原有「名」字，旁有校删符號；

駿河版、天明本、今曾子同底本。

〔四〕承聞觀色而復之　「聞」，駿河版作「問」；金澤文庫本原作「聞」，旁校作「問」；天明本、今曾子作「間」。

〔五〕貴其能以讓也　「能」上，駿河版有「不」字；金澤文庫本原無，旁校補「不」字；今曾子同底本。此句天明本作「患其不能以讓也」。又「以」，今曾子無。

〔六〕君子學　「子」下天明本、今曾子有「之」字；金澤文庫本、駿河版同底本。

〔七〕君子博學而淺守之　「淺」，今曾子作「孱」。

〔八〕行欲先人言欲後人　兩「欲」字今曾子皆作「必」。

〔九〕見難思詬　「難」，今曾子作「惡」。

〔一〇〕忿〈恕〉〔怒〕思患　「怒」，原作「恕」，據諸本治要改；今曾子亦作「怒」。

〔一一〕一弗疾也　「一」，駿河版無；金澤文庫本旁有衍文符號；天明本、今曾子作「而」。又「弗」，金澤文庫本原作「佛」，旁校作「弗」。

〔一二〕不疑人以信　「以」下天明本、今曾子有「不」字；金澤文庫本、駿河版同底本。

〔一三〕而成人之美　「而」，今曾子作「無」。

〔一四〕終身爲罪矣　「矣」，今曾子無。

〔一五〕身勿爲可能也　「可」，今曾子無。

〔一六〕色勿爲可能也　此句駿河版、天明本無；金澤文庫本同底本。

〔一七〕其下亦能自强也　「也」，今曾子無。

〔一八〕其次生而能夙絶之　「生」，今曾子無。

〔一九〕其下復而能改復而不改　「能改復而」四字，金澤文庫本原無，旁校補之；駿河版、天明本、今曾子同底本。

〔二〇〕大者傾社稷　金澤文庫本重一「稷」字，旁有校删符號，以爲乃衍文。

〔二一〕是故君子出言愕　「愕」下天明本重；金澤文庫本、駿河版同底本。又「愕」，今曾子作「鄂鄂」。

〔二二〕戰戰唯恐不能夕也　「夕」，天明本、今曾子作「乂」；金澤文庫本、駿河版同底本。又「也」，今曾子無。

〔二三〕諸侯日旦思其四封之内　「四封」，金澤文庫本原作「罰」，旁校作「四封」；駿河版、天明本、今曾子同底本。

〔二四〕戰戰唯恐失損之也　「也」，今曾子無。

〔二五〕戰戰唯恐不能勝也　「也」，今曾子無。

立孝

曾子曰：「君子立孝，其忠之用也，〔一〕礼之貴也。〔二〕故爲人子而不能孝其父者，〔三〕不敢言人父不能畜其子者，爲人弟而不能承其兄者，〔四〕不敢言人兄不能順其弟者；爲人臣不能事其君者，〔五〕不敢言人君不能使其臣者。故与父言，言畜子；〔與子〕言；〔六〕言孝父；与兄言，言順弟；〔與弟〕言，〔七〕言承兄；与君言，言使臣；与臣言，言事君。君子之孝也，忠愛以敬，反是亂也。盡力而有礼，敬而安之，微諫不倦，聽從不怠，驩欣忠信，〔八〕咎故不生，可謂孝矣。盡力而无礼，〔九〕則小人也；致敬而不忠，則不仁也。〔一〇〕是故礼以將其力，〔一一〕敬以入其忠。詩云：〔一二〕『夙興夜寐，毋忝尔所生。』不恥其親，君子之孝也。是故未有君而忠臣可知者，孝子之謂也；未有長而順下可知者，悌弟之謂也；未有治而能仕可知者，先脩之謂也。故孝子善事君，〔一三〕悌弟善事長，君子壹孝壹悌，〔一四〕可謂知終矣。」

〔一〕其忠之用也　「也」，今曾子無。

〔二〕礼之貴也　「也」，今曾子無。

〔三〕故爲人子而不能孝其父者　「不」，金澤文庫本原無，旁校補之；駿河版、天明本、今曾子同底本。

〔四〕爲人弟而不能承其兄者　「兄」，金澤文庫本原作「光」，旁校作「兄」；駿河版、天明本、今曾子同底本。

〔五〕爲人臣不能事其君者　「臣」下天明本有「而」字；今曾子亦有之；金澤文庫本、駿河版同底本。

〔六〕〔與子〕言　「與子」，原無，據駿河版、天明本補；今曾子亦有之；金澤文庫本原無，旁校補之。

〔七〕〔與弟〕言　「與弟」，原無，據駿河版、天明本補；今曾子亦有之；金澤文庫本原無，旁校補之。

〔八〕驩欣忠信　「驩」，駿河版、天明本、今曾子作「懽」；金澤文庫本原作「驩」，旁校作「懽」。

〔九〕盡力而无礼　「而」，今曾子無。

〔一〇〕則不仁也　「仁」，天明本、今曾子作「入」；金澤文庫本、駿河版同底本。

〔一一〕是故礼以將其力　「是」，金澤文庫本原作「量」，校删而改作「是」；駿河版、天明本、今曾子同底本。

〔一二〕詩云　「云」，諸本治要皆作「言」；今曾子同底本。

〔一三〕故孝子善事君　「故」，金澤文庫本原無，旁校補之；駿河版、天明本、今曾子同底本。

〔一四〕君子壹孝壹悌　「子壹」之下金澤文庫本原有「者」字，旁有校删符號；駿河版、天明本、今曾子同底本。

制言

曾子曰：「夫行也者，行礼之謂也。夫礼，貴者敬焉，老者孝焉，（幻）〔幼〕者慈焉，〔一〕小者友〔焉〕，賤者惠焉。〔二〕此禮也。弟子毋曰：『不我知也。』鄙夫鄙婦相會于墻陰，可謂密矣，明日則或揚其言者。〔三〕故士執仁與義而不聞，〔四〕行之未篤也。故蓬生麻中，〔五〕不扶乃直；〔六〕白沙在泥，與之皆黑。是故人之相與也，〔七〕譬如舟車然，〔八〕相濟達也。己先則援之，彼先則推之。是故人非人不濟，馬非馬不走，士（不）〔非〕士不高，〔九〕水非水不流。」弟子問於曾子曰：「夫士何如則可爲達矣？」曾子曰：「不能則學，疑則問，欲行則比賢，〔一〇〕雖有險道，脩行達矣。〔一一〕今之弟子，病下人，不知事賢，耻不知而又不問，是以惑闇終其世而已矣，是謂窮民。」」

〔一〕（幻）〔幼〕者慈焉　「幼」，原作「幻」，據諸本治要改；今曾子亦作「幼」。

〔二〕案：底本原缺第二十八至二十九紙，此「焉賤者惠焉」至末，今據駿河版補。

〔三〕明日則或揚其言者　「者」，今曾子作「矣」。

〔四〕故士執仁興義而不聞　「興」，天明本、今曾子作「與」；金澤文庫本同底本。又「不聞」二字，今曾子作「明」。

〔五〕故蓬生麻中　「故」，今曾子無。

〔六〕不扶乃直　「乃」，今曾子作「自」。

〔七〕是故人之相與也　金澤文庫本重「人之相」三字，旁有校刪符號。

〔八〕譬如舟車然　「舟車」二字，金澤文庫本旁校謂本作「車舟」；天明本、今曾子同底本。

〔九〕士（不）〔非〕士不高　「非」，原作「不」，據金澤文庫本、天明本改；今曾子亦作「非」。又二「士」字，天明本、今曾子作「土」；金澤文庫本同底本。

〔一〇〕欲行則比賢　「比」，金澤文庫本原作「七」，旁校作「比」；天明本、今曾子同底本。

〔一一〕脩行達矣　「脩」，金澤文庫本、今曾子作「循」；天明本同底本。又「行」下金澤文庫本補一「衢」字；天明本、今曾子同底本。

疾病〔一〕

曾子曰：「君子之務，蓋有矣；〔二〕夫華繁而實寡者，〔三〕天也；言多而行寡者，人也；鷹隼以山爲庫，而巢其上，魚、鼈、黿、鼉以川爲淺，〔四〕窟穴其中，〔五〕卒其所以得者，餌也；是故君子苟毋以利害義，則辱何由至哉？親戚不悅，不敢外交；近者不親，不敢來遠；〔六〕小者不審，不敢言大；故人之生也，百歲之中，有疾病焉，故君子思其不可復者而先施焉。〔七〕親戚既沒，雖欲孝，誰爲孝乎？〔八〕年既耆艾，雖欲悌，誰爲悌乎？〔九〕故孝有不及，悌有不時，其此之謂與？言不遠身，言之主也；行不遠身，行之本也；言有主，行有本，謂之有聞也。君子尊其所聞，則高明矣；行其所聞，則廣大矣，高明廣大，不在於他，〔一〇〕加之志而已矣。〔一一〕與君子游，苾乎如入蘭芷之室，久而不聞，則與之化矣；與小人游，膩乎如入魚次之室，〔一二〕久而不聞，則與之化矣。是故君子慎其所去就。與君子游，如長日加益，而不自知也；與小人游，如履薄冰，每履而下，〔一三〕幾何而不陷乎哉！」〔一四〕

〔一〕案：本篇原缺失，據駿河版補。

〔二〕蓋有矣　「蓋」，今曾子作「盡」。

〔三〕夫華繁而實寡者　「華繁」，金澤文庫本作「繁華」；天明本、今曾子同底本。

〔四〕魚鼈黿鼉以川爲淺　「川」，今曾子作「淵」。案：治要作「川」者，蓋避唐高祖李淵名諱而改。

〔五〕窟穴其中　「窟」，今曾子作「蹷」。

〔六〕不敢來遠　「來」，今曾子作「求」。

〔七〕故君子思其不可復者而先施焉　「可」，今曾子無。

〔八〕誰爲孝乎　「乎」，今曾子無。

〔九〕誰爲悌乎　「乎」，今曾子無。

〔一〇〕不在於他　「不」，金澤文庫本原無，旁校補之；天明本同底本。

〔一一〕加之志而已矣　「志」，金澤文庫本旁校謂本作「至」；天明本同底本。

〔一二〕膩乎如入魚次之室　金澤文庫本原同底本，「魚」「次」下分别校改作「鮑」「魚」。此句天明本、今曾子作「貨乎如入鮑魚之次」。

〔一三〕每履而下　「下」，金澤文庫本原作「不」，旁校作「下」；天明本同底本。

群書治要卷第卅五〔一〕

〔一〕尾題原缺，據駿河版補。

群書治要卷第卌六〔一〕

秘書監鉅鹿男臣魏徵等奉　勑撰

吴子　商君書　尸子　申子

吴子 吴起

圖國

吴子曰：「古之〔圖國家者，〔二〕必先〕教百姓而親万民。〔三〕民有三〔不〕和：〔四〕不和於國，不可以出軍；不和於軍，不可以出陣；〔五〕不和於陣，〔六〕不可以進戰。〔七〕凡兵所起者五：一曰争名，二曰争利，三曰積德，〔八〕四曰内乱，五曰（因）〔困〕飢。〔九〕其名又五：一曰義兵，二曰强兵，三曰剛兵，四曰暴兵，五曰逆〔兵〕。〔一〇〕禁暴救乱曰義，恃衆以伐曰强，因怒興師曰剛，棄礼貪利曰暴，國危民疲，〔一一〕舉事動衆曰逆。〔一二〕五者之數，〔一三〕各有其道：退義必以礼服，〔一四〕强必以謙服，剛必以辞服，暴必以詐服，逆必以權，〔一五〕此其勢也。」〔一六〕

〔一〕案：此爲群書治要卷第三十六，第一紙缺首四行，包括書名、此卷所引書、書名等皆缺，此處所引爲吴子圖國文，據駿河版補。

〔二〕古之〔圖國家者〕　「古」，今吴子作「昔」；諸本治要同底本。又「圖國家者」四字，底本破損不清，據諸本治要補。

〔三〕〔必先〕教百姓而親万民　「必先」二字，底本破損不清，據諸本治要補。

〔四〕民有三〔不〕和　「民」，今吴子無。又「三」，今吴子作「四」。天明本眉校：「本書無下『民』字。『三』作『四』。」又「不」，底本破損，據諸本治要補。

〔五〕不可以出陣　「陣」，金澤文庫本旁校謂本書作「陳」。

〔六〕不和於陣　「陣」，金澤文庫本旁校謂本書作「陳」。

〔七〕不可以進戰　此句天明本眉校：「『進戰』下有『不和於戰，不可以決勝』二句。」今吴子同。

〔八〕三曰積德　「德」，駿河版、天明本、今吴子作「惡」；金澤文庫本同底本。

〔九〕五曰（因）〔困〕飢　「困」，原作「因」，據諸本治要改；今吴子作「因」。

〔一〇〕五曰逆〔兵〕　「兵」，原無，據諸本治要補之；今吴子亦有「兵」字。

〔一一〕國危民疲　「危」，今吴子作「亂」。

〔一二〕舉事動衆曰逆　金澤文庫本有兩「舉」字，其一屬誤衍之文。

〔一三〕五者之數　「數」，今吴子作「服」，天明本眉校：「『數』作『服』。」

〔一四〕退義必以礼服　「退」，天明本、今吴子無；金澤文庫本、駿河版同底本。

〔一五〕逆必以權　「權」下天明本、今吴子有「服」字；金澤文庫本、駿河版同底本。

〔一六〕此其勢也　此句今吴子無。

論將〔一〕

夫揔文武者，軍之將也；兼剛柔者，兵之事也。凡人之論將，〔二〕恒觀之於勇。〔三〕勇之於將，乃數分之一耳。夫勇者輕合，〔四〕輕合而不知利，〔五〕未可也。故將之所慎者五：一曰理，二曰備，三曰果，四曰戒，五曰約。理者，治衆如治寡；〔備〕者，〔六〕出門如見敵；果者，迎敵不懷生；〔七〕戒者，雖克如始戰；約者，法令省不煩。〔八〕（愛）〔受〕命而辭不言反，〔九〕將之礼也。故師出之日，有死而榮，無生而辱也。〔一〇〕凡制國治軍，必設之以礼，〔一一〕厲〔之〕以義，〔一二〕在大足以戰，〔一三〕在小足以守矣。然戰勝易，守勝難。是故，以勝得天下者稀，〔一四〕以亡者衆。

〔一〕論將　二字原脱，據駿河版、天明本補；金澤文庫本原無，眉校補之。

〔二〕凡人之論將　「之」，今吴子無。

〔三〕恒觀之於勇　「恒」，今吴子作「常」。又「之」，今吴子無。

〔四〕夫勇者輕合　「合」，諸本治要作「命」；今吴子同底本。

〔五〕輕合而不知利　「輕合」二字，諸本治要、今吴子皆無。

〔六〕〔備〕者　「備」，原無，據駿河版、天明本補；金澤文庫本原無，旁校補之；今吴子亦有之。

〔七〕迎敵不懷生　「迎」，今吴子作「臨」。

〔八〕法令省不煩　「省」下天明本、今吴子有「而」字；金澤文庫本、駿河版同底本。

〔九〕（愛）〔受〕命而辭不言反　「受」，原作「愛」，據駿河版、天明本改；金澤文庫本原作「愛」，旁校作「受」。又「辭不」，天明本作「不辭家，敵破而後」，天明本眉校：「『不辭』至『而後』，舊作『辭不』，補六字。」今吴子作「受命而不辭，敵破而後言返」。金澤文庫本、駿河版同底本。

〔一〇〕有死而榮無生而辱也　二「而」字，今吴子並作「之」；金澤文庫本、駿河版同底本。天明本眉校：「二『而』字共作『之』，古字通用。」又「也」，今吴子無。

〔一一〕必設之以礼　「設」，今吴子作「教」，天明本眉校：「『設』作『教』。」

〔一二〕厲〔之〕以義　「之」，原無，據駿河版、天明本補；今吴子亦有之；金澤文庫本同底本。

〔一三〕在大足以戰　「在大」，金澤文庫本、駿河版作「大在」；天明本、今吴子同底本。

〔一四〕是故以勝得天下者稀　今吴子作「以數勝得天下者稀」。

武侯曰：「願聞陣必定，戰必勝，守必固之道。」〔一〕對曰：「君使賢者居上，不肖處下，則陣已定矣；民安其田宅，親其有司，則守已固矣；百姓皆是吾居，〔二〕而非隣國，則戰已勝矣。」

〔一〕戰必勝守必固之道　今吴子作「守必固戰必勝之道」。

〔二〕百姓皆是吾居　「居」，今吴子作「君」；駿河版、天明本同底本；金澤文庫本原作「居」，旁校謂本書作「君」。天明本眉校：「『吾居』二字作『君』一字。」

治兵〔一〕

武侯問曰：「兵以（河）〔何〕爲勝？」〔二〕吴子曰：〔三〕「兵以治爲勝。」〔四〕又問：「不在衆乎？」〔五〕對曰：「若法令不明，賞罰不信，金之不止，鼓之不進，雖有百万之師，〔六〕何益於用？所謂治者，居則有礼，動則有威，進不可當，退不可追，前却如節，〔七〕左右應麾。投之所往，天下莫當，名曰父子之兵也。」〔八〕

〔一〕治兵　二字原脱，據駿河版、天明本補；金澤文庫本原無，眉校補之。

〔二〕兵以（河）〔何〕爲勝　「何」，原作「河」，據諸本治要改；今吴子亦作「何」。

〔三〕吴子曰　「吴子」，今吴子作「起對」。

〔四〕兵以治爲勝　「兵」，今吴子無。

〔五〕不在衆乎　「乎」，今吴子作「寡」。

〔六〕雖有百万之師　「之師」，今吴子無。

〔七〕前却如節　「如」，今吴子作「有」。

〔八〕名曰父子之兵也　「父」，駿河版作「文」；金澤文庫本、天明本、今吴子同底本。

勵士〔一〕

武侯曰：「嚴刑明賞，足以勝敵乎？」〔二〕吴子曰：〔三〕「嚴明之事，非所恃也。發號布令而民樂聞，〔四〕興師動衆而民樂戰，〔五〕交兵接刃而民安死。〔六〕此三者，人之所恃。」〔七〕武侯曰：「致之奈何？」對曰：「君舉有功而進之，饗無功而厲之。」〔八〕於是武侯設坐廟庭，爲三行饗士大夫。上功坐前行，肴席無重器、〔九〕上牢。次功中行，〔一〇〕肴席器差減。無功〔坐〕後行，〔一一〕肴席無重。饗畢而出，乃又班賜有功者之父母，〔一二〕父母没則妻子於廟門之外，〔一三〕亦以功爲差數，〔一四〕唯無功者不得耳。〔一五〕死事之家，歲使使者勞賜其父母。〔一六〕行之五年，〔一七〕秦人興師，臨於西河，魏士聞之，介冑不待（更）〔吏〕令，（奞）〔奮〕擊之者以万數。〔一八〕吴子曰：〔一九〕「臣聞之，〔二〇〕人有壯長，〔二一〕氣有盛衰，君試發無功者五万人，臣請（卒）〔率〕以當之，〔二二〕其可乎？〔二三〕今使一死賊，〔伏〕於曠野，〔二四〕千人追之，莫不梟視狼顧。何者？恐其暴起而害己也。〔二五〕是則一人投命，〔二六〕足懼千夫。今臣以五万之衆，而爲死賊以（卒）〔率〕討之，〔二七〕固難當矣。」〔二八〕武侯從之，（無）〔兼〕車五百乘，〔二九〕騎三千匹，而以破秦五十万衆。〔三〇〕此厲士之功也。

〔一〕勵士　二字原脱，據駿河版、天明本補；金澤文庫本原無，眉校補之。

〔二〕足以勝敵乎　「敵」，今吳子無。

〔三〕吳子曰　「吳子」，今吳子作「起對」。

〔四〕發號布令而民樂聞　「民」，今吳子作「人」。

〔五〕興師動衆而民樂戰　「民」，今吳子作「人」。

〔六〕交兵接刃而民安死　「民」，今吳子作「人」。又「安」，今吳子作「樂」。

〔七〕人之所恃　「恃」下天明本、今吳子有「也」字；金澤文庫本、駿河版同底本。

〔八〕君舉有功而進之饗無功而厲之　今吳子「饗」在「進」下，作「君舉有功而進饗之，無功而厲之」。

〔九〕肴席無重器　「無」，駿河版、天明本作「有」；金澤文庫本原作「無」，旁校作「有」；今吳子作「兼」。

〔一〇〕次功中行　「功」下天明本、今吳子有「坐」字；金澤文庫本、駿河版同底本。

〔一一〕無功〔坐〕後行　「坐」，原無，據駿河版、天明本補；金澤文庫本原無，旁校補之；今吳子亦有此字。

〔一二〕乃又班賜有功者之父母　「乃」，今吳子無。又「又」，金澤文庫本、駿河版作「人」；天明本、今吳子同底本。又「之」，今吳子無。

〔一三〕父母没則妻子於廟門之外　「父母没則」四字，天明本、今吳子無；金澤文庫本、駿河版同底本。又「之」，今吳子無。

〔一四〕亦以功爲差數　「數」，今吳子無。

〔一五〕唯無功者不得耳　此句今吳子無。

〔一六〕歲使使者勞賜其父母　上「使」字，今吳子作「遣」。

〔一七〕行之五年　「五」，今吳子作「三」，天明本眉校：「『五』作『三』。」諸本治要同底本。

〔一八〕介胄不待（更）〔吏〕令（棄）〔奮〕擊之者以万數　「吏」，原作「更」，據諸本治要改；今吳子亦作「吏」。此二句今吳子作「不待吏令介胄而奮擊之者以萬數」。又「奮」，原作「棄」，據駿河版、天明本改；金澤文庫本原作「棄」，旁校作「奮」；今吳子亦作「奮」。

〔一九〕吳子曰　「吳子」，今吳子作「起對」。

〔二〇〕臣聞之　「之」下金澤文庫本誤衍一「之」字。又「之」，今吳子無。

〔二一〕人有壯長　「壯」，金澤文庫本作「短」，但顯有校改之迹；駿河版、天明本、今吳子皆作「短」。

〔二二〕臣請（卒）〔率〕以當之　「率」，原作「卒」，據諸本治要、今吳子改。

〔二三〕其可乎　此句今吳子無。

〔二四〕〔伏〕於曠野　「伏」，原無，據駿河版、天明本補；金澤文庫本原無，旁校補之；今吳子亦有之。

〔二五〕恐其暴起而害己也　「恐」，今吳子作「忌」。「也」，今吳子無。

〔二六〕是則一人投命　「則」，今吳子作「以」，天明本眉校：「『則』作『以』。」諸本治要同底本。

〔二七〕而爲死賊以（卒）〔率〕討之　「爲」下天明本、今吳子有「一」字，天明本眉校：「舊無『一』字，補之。」又「率」，原作「卒」，據諸本治要、今吳子改。

〔二八〕固難當矣　「當」，今吳子作「敵」。

〔二九〕（無）〔兼〕車五百乘　「兼」，原作「無」，據諸本治要改；今吳子亦作「兼」。

〔三〇〕而以破秦五十万衆　「以」，今吳子無。

魏武侯嘗謀事，〔一〕群臣莫能及，罷朝而有喜色。吴起進曰：〔二〕「昔楚莊王謀事，群臣莫及，〔三〕罷朝而有憂色。〔四〕曰：『寡人聞之，世不絶聖，（人）〔國〕不乏賢，〔五〕能得其師者王，能得其友者霸。今寡人不才，而〔群臣〕莫之過，〔六〕國其殆矣！』莊王所憂，而君悦之，臣竊懼矣。」於是武侯乃慙。〔七〕

〔一〕魏武侯嘗謀事　「魏」，今吴子無。

〔二〕吴起進曰　「吴」，今吴子無。

〔三〕群臣莫及　「莫」下天明本、今吴子有「能」字；金澤文庫本、駿河版同底本。

〔四〕罷朝而有憂色　「罷」，今吴子作「退」。

〔五〕（人）〔國〕不乏賢　「國」，原作「人」，據駿河版、天明本改；金澤文庫本原作「人」，旁校作「國」；今吴子亦作「國」。

〔六〕而〔群臣〕莫之過　「群臣」二字，原無，據駿河版、天明本補；金澤文庫本原無，旁校補之；今吴子亦有之。又「之過」二字，今吴子作「及者」。

〔七〕於是武侯乃慙　「乃」，今吴子作「有」。

商君書　商鞅

六法〔一〕

先王當時而立法，度務而制事。法宜其時則治，事適其務故有功。然則法有時而治，〔二〕事有當而功。今時移而法不變，務易而事以古，是法与時詭，而事与務易也。故法立而乱益，〔務〕爲〔而〕事廢。〔三〕故聖人之治國也，不法古，不（脩）〔循〕今，〔四〕當時而立功，在難而能免。今民能變俗矣，而法不易；國形更勢矣，而務以古。夫法者，民之治也；務者，事之用也。國失法則危，事失用則不成。故法不當時而務不適用而不危者，〔五〕未之用也。

〔一〕六法　張覺曰：「嚴可均全上古三代文卷十一之校語説：『六法當作立法。』從文章的内容看，該文主要在論述如何建立法度的問題，故嚴説可從。」

〔二〕然則法有時而治　「有」，張覺曰：「蔣禮鴻曰：『「有」疑當作「宜」，字形相近，又涉上「有功」而誤也。』覺案：『有』猶『得』（參見古書虚字集釋）。蔣説恐不當。」

〔三〕〔務〕爲〔而〕事廢　「務」「而」，原無，據駿河版、天明本補；金澤文庫本原無，旁校補之；今商君書亦有此二字。

〔四〕不（脩）〔循〕今　「循」，原作「脩」，據駿河版、天明本、今商君書改；金澤文庫本同底本。

〔五〕故法不當時而務不適用而不危者　「而」，金澤文庫本原無，旁校補之；駿河版、天明本、今商君書同底本。

權脩〔一〕

國之所以治者三：一曰法，二曰信，三曰權。法者，君臣之〔所〕共操也；〔二〕信者，君臣之所共立也；〔三〕權者，君之所獨制也。人主失守則危，君臣釋法任私則乱。〔四〕故立法明分而不以私害法，則治；權制獨斷於君，則威。民信其賞，則事功；下信其刑，〔五〕則姦無端矣。〔六〕唯明主愛權、〔七〕重信而不以私害法也。〔八〕故乱上多惠言而不克其賞，〔九〕則下不用；數加嚴命而不致其刑，〔一〇〕則民傲罪。〔一一〕凡〔賞〕者，〔一二〕文也；刑者，武也；文武者，法之約也。故明主慎法。明主者，〔一三〕不蔽之謂明，不欺之謂察。〔一四〕故賞厚而信，〔一五〕刑重而信，〔一六〕刑重而必，〔一七〕不失疏遠，不私親近，〔一八〕故臣不蔽主，而下不欺上。世之爲治者，多釋治而任私議，〔一九〕此國之所以乱也。先王懸權衡，立尺寸，而至今法之，其分明也。夫釋權衡而斷輕重，廢尺寸而意長短，雖察，商賈不用，爲其不必也。故法者，國之權衡也。〔二〇〕夫背法度而任秘議，〔二一〕皆不知類者也。〔二二〕故立法明分，中程者賞，毀公者誅。賞誅之法，不失其議，故民不争；不以爵禄便近親，〔二三〕則勞臣不怨；不以刑罰隱疏遠，則下親上。(政)〔故〕官賢選能，〔二四〕不以其勞，則忠臣不進；行賞賦禄，〔二五〕不稱其功，則戰士不用。凡人臣之事君也，多以主之好事君。〔二六〕君好法，則臣以法事君；君好言，則臣以言事君。(之)〔君〕好法，〔二七〕則端直之士在前；君好言，則毀譽之臣在側。公私之分明，則小人不嫉賢，而不肖者不(姤)〔妬〕功。〔二八〕故三王以義親天下，〔二九〕五伯以法正諸侯，〔三〇〕皆非私天下之利也。今乱世之君臣，區區然皆欲擅一國之利，而蒐一官之重，〔三一〕以便其私，此國之所以危也。夫廢法度而好私議，則姦臣鬻權以約禄，杖官之吏，〔三二〕隱下而漁民。諺曰：「蠹衆而木折，隙大而牆懷。」〔三三〕故大臣争於私而不顧其民，則下離上。下離上者，國之隙也。杖官之吏隱下以漁百姓，〔三四〕此民之蠹也。故國有隙蠹而不亡者，〔三五〕天下鮮矣。故明王任法去私，〔三六〕而國無隙蠹矣。

〔一〕權偹　金澤文庫本同，旁校謂本書作「修權」；駿河版、天明本、今商君書皆作「偹權」。

〔二〕君臣之〔所〕共操也　「所」，原無，據駿河版、天明本改；金澤文庫本原無，旁校補之；今商君書亦有之。

〔三〕君臣之所共立也　「共」下金澤文庫本誤衍一「共」字。

〔四〕君臣釋法任私則乱　「則」，今商君書作「必」。

〔五〕下信其刑　「下」，天明本作「不」；金澤文庫本、駿河版同底本。

〔六〕則姦無端矣　「矣」，今商君書無。

〔七〕唯明主愛權　「主」，金澤文庫本、駿河版作「王」；天明本、今商君書同底本。

〔八〕重信而不以私害法也　「也」，今商君書無。

〔九〕故乱上多惠言而不克其賞　「乱」，駿河版、天明本、今商君書無；金澤文庫本同底本。又「上」「不」，今商君書原無，張覺據治要補。

〔一〇〕數加嚴命而不致其刑　「命」，今商君書作「令」。

〔一一〕則民傲罪　「罪」，今商君書作「死」。

〔一二〕凡〔賞〕者　「賞」，原無，據駿河版、天明本補；金澤文庫本原無，旁校補之；今商君書亦有之。

〔一三〕明主者　此句駿河版、天明本、今商君書皆無；金澤文庫本同底本。

〔一四〕不欺之謂察　「不」下金澤文庫本誤衍一「不」字。

〔一五〕故賞厚而信　「信」，今商君書原作「利」，張覺據治要改。

〔一六〕刑重而信　此句駿河版、天明本、今商君書皆無；金澤文庫本同底本。

〔一七〕刑重而必　「必」上今商君書原有「威」字，張覺據治要刪。

〔一八〕不私親近　「私」，金澤文庫本作「秘」，今商君書作「違」；駿河版、天明本同底本。

〔一九〕多釋治而任私議　「治」，天明本、今商君書作「法」；金澤文庫本、駿河版同底本。

〔二〇〕故法者國之權衡也　今商君書原無此兩句，張覺據治要補。

〔二一〕夫背法度而任秘議　「秘」，駿河版、天明本、今商君書皆作「私」；金澤文庫本亦作「私」，但顯有塗改之迹。

〔二二〕皆不知類者也　「知」，今商君書原無，張覺據治要補。

〔二三〕不以爵祿便近親　「便」下金澤文庫本誤衍一「便」字。又「近」，金澤文庫本原作「延」，旁校作「近」。又「不以爵祿便近親，則勞臣不怨；不以刑罰隱疏遠，則下親上」二十三字，今商君書原無，張覺據治要補。

〔二四〕（政）〔故〕官賢選能　「故」，原作「政」，據諸本治要改；今商君書原無，張覺據治要補。又「官賢選能」，今商君書作「授官予爵」。

〔二五〕行賞賦祿　「賦祿」，張覺曰：「嚴萬里曰：『案「賦」字誤，以形求之，或當作「賜」。范本作「賤」，尤誤。』覺案：嚴説非，『賦』字不誤。古有『賦祿』一語，如韓非子八姦：『官賢者量其能，賦祿者稱其功。』」

〔二六〕多以主之好事君　「多」，金澤文庫本原無，旁校補之。又「之」，天明本無，今商君書作「所」；金澤文庫本、駿河版同底本。

〔二七〕（之）〔君〕好法　「君」，原作「之」，據金澤文庫本、駿河版、天明本、今商君書改。

〔二八〕而不肖者不（姤）〔妬〕功　「妬」，原作「姤」，據駿河版、天明本、今商君書改；金澤文庫本同底本。

〔二九〕故三王以義親天下　「故」下金澤文庫本誤衍多一「故」字。又「天下」，天明本、今商君書無，張覺引陶鴻慶曰：「『以義親』下當有『天下』二字。」金澤文庫本、駿河版同底本。

〔三〇〕五伯以法正諸侯　「伯」，今商君書作「霸」，張覺引范本、馮本、李本、程本、吴本、朱本、陳本、四庫本、崇文本作「伯」。

〔三一〕而蒐一官之重　「蒐」，今商君書作「當」，天明本眉校：「『蒐』作『當』。」

〔三二〕杖官之吏　「杖」，天明本、今商君書作「秩」，天明本眉校：「『秩』舊作『杖』，下同，改之。」

〔三三〕隟大而牆懷　「牆」，金澤文庫本作「廧」；駿河版、天明本、今商君書同底本。

〔三四〕杖官之吏隱下以漁百姓　「杖」，天明本、今商君書作「秩」；金澤文庫本、駿河版同底本。

〔三五〕故國有隟蠹而不亡者　「國」，今商君書原無，張覺據治要補。

〔三六〕故明王任法去私　「王」，金澤文庫本、今商君書作「主」；駿河版、天明本同底本。

定分

法令者，民之命也，爲治之本也，所以備民也。　智者不得過，愚〔者〕不得不及。〔一〕名分不定，而欲天下之治，是猶欲無飢而去食，〔二〕無寒而去衣也，〔三〕其不幾亦明矣。　一（㝹）〔兔〕走而百（尺）〔人〕逐之，〔四〕非以兔爲可分以爲百，由名之未定也。〔五〕夫賣兔者滿市，〔六〕盜不敢取，由名分之定也。〔七〕故名分未定，堯、舜、禹、湯且皆加務而逐之；〔八〕名分已定，貧盜不取。〔九〕今法令不明，其名不定，天下之人得議之，此所謂名分不定也。（天）〔夫〕名分不定，〔一〇〕堯、舜猶將皆折而奸之，〔一一〕而况衆人乎？故聖人必爲法令，置官也，置吏也，爲天下師，所以定分也。　名分定則大詐貞信，〔一二〕（臣）〔巨〕盜愿慤而各自治也。〔一三〕故夫名分定，勢治之道也；　名分不定，勢乱之道也。　故勢治者不可乱，〔一四〕大勢乱者不可治也。〔一五〕夫勢乱而欲治之，愈乱（乱）矣；〔一六〕勢治而〔治〕之，〔一七〕則治矣。〔一八〕故聖人治治，〔一九〕不治乱也。〔二〇〕　聖人爲民法，〔二一〕必使之明白易知，愚智偏能知之，〔二二〕万民無陷於險危也。〔二三〕故聖人立天下，〔二四〕而天下無刑死者，〔二五〕非可刑殺而不刑殺也，〔二六〕万民皆（和）〔知〕所以避（福）〔禍〕就（禍）〔福〕而皆自治也。〔二七〕　明主因治〔而治〕之，〔二八〕故天下大治也。〔二九〕

〔一〕　愚〔者〕不得不及　「者」，原無，據駿河版、天明本補；　金澤文庫本原無，旁校補之；今商君書亦有之。

〔二〕　智者不得過愚〔者〕不得不及名分不定而欲天下之治是　此數句今商君書原作「爲治而去法令」，張覺據治要改。

〔三〕　無寒而去衣也　「無」上天明本、今商君書有「欲」字，天明本眉校：「『去食』下舊無『欲』字，補之。」金澤文庫本、駿河版同底本。

〔四〕　一（㝹）〔兔〕走而百（尺）〔人〕逐之　「兔」「人」，原作「㝹」「尺」，據金澤文庫本旁校及駿河版、天明本、今商君書改。

〔五〕　「非以兔」至「未定也」　今傳商君書刻本無。

〔六〕　夫賣兔者滿市　「兔」，今商君書原無，張覺據治要補。

〔七〕　由名分之定也　「之」，今商君書作「已」。

〔八〕　堯舜禹湯且皆加務而逐之　「加務」，今商君書作「如鶩焉」。

〔九〕　貧盜不取　「貧」，駿河版、天明本作「貪」；　今商君書原作「貧」，張覺據治要改作「貪」；　金澤文庫本同底本。

〔一〇〕　（天）〔夫〕名分不定　「夫」，原作「天」，據諸本治要改；　今商君書亦作「夫」。

〔一一〕　堯舜猶將皆折而奸之　「猶將皆」，張覺曰：「王時潤曰：『「皆」字疑衍。』……蔣禮鴻曰：『舉堯、舜以概善人，善人不止一人，故曰「皆」。』覺案：　蔣説是，『皆』字非衍文，但『猶將皆』三字連言，於文不順，若云『猶將』或『皆將』則讀起來更順，故王時潤疑之，此句語法實值得研究。」

〔一二〕　名分定則大詐貞信　「真」，今商君書作「貞」，天明本眉校：「『真』作『貞』。」

〔一三〕　（臣）〔巨〕盜愿慤而各自治也　「巨」，原作「臣」，據諸本治要改。又「巨盜」，今商君書原作「民皆」，張覺據治要改，天明本眉校：

「『巨盜』作『民皆』。」

〔一四〕故勢治者不可乱　「乱」下駿河版、天明本有「也」字；金澤文庫本、今商君書同底本。

〔一五〕大勢乱者不可治也　「大」，駿河版、天明本、今商君書無；金澤文庫本同底本。又「也」，今商君書無。

〔一六〕夫勢乱而欲治之一　「欲」，今商君書無。又「一」，駿河版、天明本、今商君書無；金澤文庫本同底本。

〔一七〕愈乱（乱）矣　下「乱」字，駿河版、天明本、今商君書無，據刪；金澤文庫本同底本。又「矣」，今商君書無。

〔一八〕勢治而〔治〕之　下「治」字，原無，據駿河版、天明本補；金澤文庫本原無，旁校補之；今商君書亦有之。

〔一九〕則治矣　「矣」，今商君書無。

〔二〇〕故聖人治治　「人」，今商君書作「王」。

〔二一〕不治乱也　「也」，今商君書無。

〔二二〕聖人爲民法　「民」，今商君書無。又「法」，金澤文庫本旁校謂一本作「治」。

〔二三〕愚智偏能知之　「知」，原無，據駿河版、天明本補；金澤文庫本原無，旁校補之；今商君書亦有之。

〔二四〕万民無陷於險危也　「也」，今商君書無。

〔二五〕故聖人立天下　「故」下金澤文庫本誤衍一「故」字。

〔二六〕而天下無刑死者　「天下」，今商君書無。

〔二七〕非可刑殺而不刑殺也　「可刑殺而」，今商君書原無，張覺據治要補。

〔二八〕万民皆（和）〔知〕所以避（福）〔禍〕就（禍）〔福〕而皆自治也　「知」，原作「和」，據金澤文庫本改；駿河版、天明本、今商君書作「智」；金澤文庫本顯有改動之迹，未知其原貌。又「禍」「福」，原互錯，據駿河版、天明本乙；金澤文庫本雖亦作「禍」「福」，但顯有改動之迹，未知其原貌；今商君書亦作「禍」「福」。又今商君書「以」在「自」上，「所以」下有「避就」二字，作「萬民皆知所避就——避禍就福，而皆以自治也」。

〔二九〕明主因治〔而治〕之　「而治」，原無，據駿河版、天明本補；金澤文庫本原無，旁校補之；今商君書亦有此二字。

尸子 尸佼

勸學

學不倦，所以治己也；教不厭，所以治人也。是故子路，卞之野人，〔一〕子貢，衛之賈人，顔涿聚，盜也，顓孫師，（駟）〔駔〕也，〔二〕孔子教之，皆爲顯士。〔三〕夫學，譬之猶礪也。夫（皆）〔昆〕吾之金，〔四〕而銖父之錫，〔五〕使于越之工，鑄之以爲劒，〔而〕勿加砥礪，〔六〕則以刺不入，以擊不斷。磨之礱礪，加之以黄砥，則其刺也無前，其擊也（先）〔无〕下。〔七〕自是觀之，礪之与弗礪，其相去遠矣。今人皆知礪其劒，而弗知礪其身。夫學，身之砥礪也。〔八〕夫子曰：「車唯恐地之不堅也，舟唯恐水之不深也。」有其器，則以人之難爲易。〔天〕〔夫〕道以人之難爲易也。〔九〕是故曾子曰：「父母愛之，嘉而不忘；〔一〇〕父母惡之，懼而無咎。」〔一一〕然則愛與惡，其於成孝無擇也。史鰌曰：「君親而近之，至〔敏〕〔敬〕以遜；〔一二〕貌而疏之，〔敬〕無怨。」〔一三〕然則親與疏，其於成忠無擇也。孔子曰：〔一四〕「自〔娱〕於隱括之中，〔一五〕直己而不直人，〔一六〕以善廢而不邑邑，蘧伯玉之行也。」然則興廢，〔一七〕其於成善無擇也。屈侯附曰：「賢者易知也，觀其富之所分，達之所進，窮之所不取。」然則窮達，〔一八〕〔其於成賢無擇也。是故愛惡親疏，廢興窮達〕，〔一九〕皆可以成義，有其器也。桓公之舉管仲，繆公之舉百里，比其德也。此所以國〔其〕〔甚〕僻小，〔二〇〕身至穢汙，而爲政於天下也。今非比志意也，〔比〕容皃，非比德行也，〔二一〕而論爵列，亦可以刧敵服遠矣。〔二二〕農夫比粟，商賈比財，列士比義，是故監門逆旅，農夫陶人，皆得與焉。爵列私貴也，德行公貴也。奚〔以知其然也？司城子罕遇乘封人而下，其僕曰：「乘封人也，奚〕爲下之？」〔二三〕子〔牢〕〔罕〕曰：〔二四〕「古之所謂良人者，良其行也；貴人者，貴其心也。今天爵而人，良其行而貴其心，吾敢弗敬乎？」以是觀之，古之所謂貴，非爵列也；所謂良，非先故也。人君貴於一國而不達於天下，天子貴於一世而不達於〔遂〕〔後〕世，〔二五〕唯德行与天地相弊也。爵列者，德行之舍也，其所息也。詩曰：「蔽芾甘棠，勿翦勿敗，〔二六〕召伯所憩。」仁者之所息，人不敢敗也。天子、諸侯，人之所以貴也，桀、紂處之〔敗〕〔則〕賤矣。〔二七〕是故曰：「爵列非貴也。」今天下貴爵列而賤德行，是貴甘棠而賤召伯也，亦反矣。大德義也者，〔親〕〔視〕之弗見，〔二八〕聽之弗〔聞〕者，〔二九〕〔天〕地以正，〔三〇〕万物以倫，〔三一〕無爵而〔兮〕〔貴〕，〔三二〕〔不〕禄而尊也。〔三三〕

〔一〕是故子路卞之野人　「卞之野人」，何志華引汪繼培曰：「文選辨命論注作『東鄙之野人』。」

〔二〕顓孫師〔騶〕〔駔〕也　「駔」，原作「騶」，據諸本治要改；今戸子亦作「駔」。

〔三〕皆爲顯士　「顯」，何志華引汪繼培曰：「二句見文選辨命論注，『顯』作『賢』。」

〔四〕夫〔皆〕〔昆〕吾之金　「夫」，今戸子無。又「昆」，原作「皆」，據諸本治要改；今戸子亦作「昆」。

〔五〕而銖父之錫　「錫」，今戸子作「鐵」，何志華引孫星衍曰：「『鐵』本作『錫』，從太平御覽雜物部引改。」

〔六〕〔而〕勿加砥礪　「而」，原無，據駿河版、天明本補；金澤文庫本原無，旁校補之。又「勿」，今戸子作「弗」。

〔七〕其擊也〔先〕〔无〕下　「无」，原作「先」，據金澤文庫本、駿河版、天明本、今戸子改。

〔八〕身之砥礪也　「砥礪」，駿河版、天明本、今戸子作「礪砥」；何志華引汪繼培曰「御覽七百六十七，『礪砥』作『砥礪』」；金澤文庫本同底本。

〔九〕〔天〕〔夫〕道以人之難爲易也　「夫」，原作「天」，據諸本治要改；今戸子亦作「夫」。

〔一〇〕嘉而不忘　「嘉」，天明本、今尸子作「喜」；金澤文庫本、駿河版同底本。
〔一一〕懼而無咎　此句何志華引汪繼培曰：「文選弔魏武帝文注，『懼』作『禮』……按所引曾子見大孝篇，『懼而無咎』曾子作『懼而無怨』。」
〔一二〕至〔敏〕〔敬〕以遜　「敬」，原作「敏」，據駿河版、天明本改；金澤文庫原作「敏」，旁校作「敬」；今尸子亦作「敬」。
〔一三〕〔敬〕無怨　「敬」，原無，據駿河版、天明本補；金澤文庫原無，旁校補之；今尸子亦有「敬」字。
〔一四〕孔子曰　「孔」，金澤文庫本原無，旁校補之；駿河版、天明本、今尸子同底本。
〔一五〕自〔娱〕於隱括之中　「娱」，底本破損不清，據諸本治要補；今尸子亦作「娱」。
〔一六〕直己而不直人　「人」，金澤文庫本原無，旁校補之；駿河版、天明本、今尸子同底本。
〔一七〕然則興廢　「興」下駿河版、天明有「與」字；金澤文庫原無，旁校補之；今尸子亦有之。
〔一八〕然則窮達　「窮」下諸本治要有「與」字；今尸子亦有之。
〔一九〕〔其於成賢無擇也是故愛惡親疏廢興窮達〕　此十七字，原無，據諸本治要補；今尸子亦有之。
〔二〇〕此所以國〔其〕〔甚〕僻小　「甚」，原作「其」，據駿河版、天明本改；今尸子亦作「甚」；金澤文庫本同底本。
〔二一〕〔比〕容皃非比德行也　「比」，原無，據諸本治要補；今尸子亦有之。又「皃」，金澤文庫本作「㒵」；駿河版、天明本、今尸子作「貌」。
〔二二〕亦可以切敵服遠矣　「切」，諸本治要、今尸子皆作「却」。
〔二三〕「以知其然也」至「乘封人也奚」　此二十三字原無，據諸本治要補；今尸子亦有之。
〔二四〕子〔牢〕〔罕〕曰　「罕」，原作「牢」，據諸本治要改；今尸子亦作「罕」。
〔二五〕天子貴於一世而不達於〔遏〕〔後〕世　「後」，原作「遏」，據諸本治要改；今尸子亦作「後」。
〔二六〕勿翦勿敗　「勿翦」之「勿」，金澤文庫本原無，旁校補之；駿河版、天明本、今尸子同底本。
〔二七〕桀紂處之〔敗〕〔則〕賤矣　「則」，原作「敗」，據駿河版、天明本改；金澤文庫本原作「敗」，旁校作「則」；今尸子亦作「則」。
〔二八〕〔親〕〔視〕之弗見　「視」，原作「親」，據諸本治要改；今尸子亦作「視」。
〔二九〕聽之弗〔聞〕者　「聞」，原作空圍，據諸本治要補；今尸子亦有「聞」字。又「者」，駿河版、天明本、今尸子皆無；金澤文庫本同底本。
〔三〇〕〔天〕地以正　「天」，原無，據諸本治要補；今尸子亦有此字。
〔三一〕万物以倫　「倫」，駿河版、天明本、今尸子作「偏」；金澤文庫本同底本。
〔三二〕無爵而〔兮〕〔貴〕　「貴」，原作「兮」，據諸本治要改；今尸子亦作「貴」。
〔三三〕〔不〕祿而尊也　「不」，原無，據駿河版、天明本補；金澤文庫本原無，旁校補之；今尸子亦有此字。

貴言

范獻子遊於河，〔一〕大夫皆存，〔二〕君曰：「孰知欒氏之子？」大夫莫荅。舟人清涓舍檝而荅曰：〔三〕「君奚問欒氏之子以爲？」〔四〕君曰：「自吾亡欒氏也，其老者未死，而少者壯矣。吾是以問之。」清涓曰：「君善脩晉國之政，〔五〕內得（夫）〔大〕夫而外不失百姓，〔六〕雖欒氏之子，其若君何？君若不脩晉國之政，內不得大夫而外失百姓，則舟中之人，皆欒氏之子也。」君曰：「善哉言。」〔七〕明日朝，令賜舟人清涓田万（百）〔畝〕，〔八〕清涓辞。君曰：「以（由）〔田〕此也，〔九〕易彼言也，〔一〇〕子尚（衺）〔喪〕，〔一一〕寡人猶（得）也。」〔一二〕古之貴言也若此。臣天下，一天下〔也〕。〔一三〕一天下者，令於天下則行，禁焉則止。桀、紂令天下（者）〔而〕不行，〔一四〕禁焉而不止，故不得臣也。〔一五〕目之所美，心以爲不義，弗敢視也；口之所甘，〔一六〕心以爲非義，〔一七〕弗敢食也；耳之所樂，（以心）〔心以〕爲不義，〔一八〕不敢聽也；身之所安，心以爲不義，弗（政）〔敢〕服也。〔一九〕然則令於天下而行，禁焉而止者，心也。故甘心者，〔二〇〕身之君也。天子以天（子愛命）〔下受令〕於心，〔二一〕不當則天下禍；〔二二〕諸侯以國（愛）〔受〕令於心，〔二三〕心不當則國亡；匹夫以身（愛）〔受〕令於心，〔二四〕心不當則身爲僇矣。〔二五〕禍之始也易除，其除之不可者避（二）〔之〕；〔二六〕及其成也，欲（深）〔除〕之不可，〔二七〕欲避之不可。治於神者，其事少而功多。（十）〔干〕霄之（未）〔木〕始若蘖足，〔二八〕易（書）〔去〕也；〔二九〕及其成達也，百人用斧斤，弗能債也。熛火始起，易息也；及其焚雲夢、孟諸，雖以天下之役，抒江、漢之水，弗能救也。夫禍之始也，猶熛火蘖足也，易止也；及其措於大事，雖孔子、墨翟之賢，弗能救也。屋焚而人救之，則知德之；季老者使塗隟戒突，〔三〇〕故終身無失（父）〔火〕之患而不知德也。〔三一〕（人）〔入〕於囹圄，〔三二〕解於患難者，則三族德之；教之以仁義慈悌，則終身無患而莫之德。夫禍亦有突，賢者行天下，而務塞之，則天下無兵患矣。而莫之知德也。故曰：「聖人治於神，而愚人争於神也。」〔三三〕天地之道，莫見其所以長物而物長，（莫見其所以長物而物長，）〔三四〕莫見其所以亡物而物亡。聖人之道亦然。其（樂）〔興〕福也，〔三五〕人莫之見而福興矣；其除（福）〔禍〕也，〔三六〕人莫之知而禍除矣。故曰：「神人益天下以財者爲仁，〔三七〕勞天下以力爲義，分天下以生爲神。」脩先王之術，除禍難之本，使天下大夫耕而食，婦人織而衣，皆得戴其首。父子相保，此其分万物以生，盈天下以財，〔三八〕不可勝計也。（補）〔神〕也者，〔三九〕万物之始，万事之紀。

〔一〕范獻子遊於河　「遊」，何志華引孫星衍曰：「『遊』字太平御覽治道部引作『泛』。」

〔二〕大夫皆存　「存」，今戸子作「在」。

〔三〕舟人清涓舍檝而荅曰　此句何志華引孫星衍曰：「太平御覽人

事部引作『捨楫對曰』。」

〔四〕君奚問欒氏之子以爲　「以」，天明本、今尸子無；金澤文庫本、駿河版同底本。又「爲」，何志華引孫星衍曰：「太平御覽人事部、治道部引皆無『爲』字。」

〔五〕君善脩晉國之政　「善」，何志華引孫星衍曰：「『善』字太平御覽治道部引作『若』。」

〔六〕内得（夫）〔大〕夫而外不失百姓　「大」，原作「夫」，據駿河版、天明本改；金澤文庫本同底本；今尸子亦作「大」。

〔七〕君曰善哉言　此句何志華引孫星衍曰：「太平御覽治道部引作『獻子稱善』，人事部引作『君曰善』。」

〔八〕令賜舟人清涓田万（百）〔畝〕　「畝」，原作「百」，據駿河版、天明本改；金澤文庫本原作「百」，旁校作「畝」；今尸子亦作「畝」。何志華引孫星衍曰：「太平御覽治道部引作『百畝』，北堂書鈔政術部引作『賜舟人田』。」

〔九〕以（由）〔田〕此也　「田」，原作「由」，據諸本治要改；今尸子亦作「田」。又「田此」，駿河版、天明本、今尸子作「此田」。

〔一〇〕易彼言也　此句何志華引孫星衍曰：「太平御覽治道部引作『以田易言也』。」

〔一一〕子尚（裘）〔喪〕　「喪」，原作「裘」，據駿河版、天明本改；金澤文庫本原作「裘」，旁校作「喪」；今尸子亦作「喪」。

〔一二〕寡人猶〔得〕也　「得」，原無，據駿河版、天明本補；金澤文庫本原無，旁校補之；今尸子亦有此字。

〔一三〕一天下〔也〕　「也」，原無，據駿河版、天明本補；金澤文庫本同底本；今尸子亦有此字。

〔一四〕桀紂令天下（者）〔而〕不行　「而」，原作「者」，據駿河版、天明本改；今尸子亦作「視」；金澤文庫本原作「者」，旁校作「而」。

〔一五〕故不得臣也　「不」，金澤文庫本原無，旁校補之；駿河版、天明本、今尸子同底本。

〔一六〕口之所甘　「口之」，金澤文庫本原作「是」，旁校作「口之」；駿河版、天明本、今尸子同底本。

〔一七〕心以爲非義　「非」，今尸子作「不」。

〔一八〕（以心）〔心以〕爲不義　「心以」，原作「以心」，據駿河版、天明本改；金澤文庫本原作「以心」，旁校作「心以」；今尸子亦作「心以」。

〔一九〕弗（政）〔敢〕服也　「敢」，原作「政」，據駿河版、天明本改；今尸子亦作「敢」；金澤文庫本原作「政」，旁校作「敢」。

〔二〇〕故甘心者　「故」下金澤文庫本原有「其」字，復於「故」下旁校補「曰」字，全句作「故曰其甘心者」；駿河版、天明本、今尸子皆作「故曰心者」。

〔二一〕天子以天（子愛命）〔下受令〕於心　「下受令」，原作「子愛命」，據駿河版、天明本改；今尸子亦作「下受令」；金澤文庫本原作「子愛命」，旁校作「下受令」。

〔二二〕不當則天下禍　「不」上駿河版、天明本、今尸子有「心」字；金澤文庫本同底本。

〔二三〕諸侯以國（愛）〔受〕令於心　「受」，原作「愛」，據駿河版、天明本改；今尸子亦作「受」；金澤文庫本原作「愛」，旁校作「受」。

〔二四〕匹夫以身（愛）〔受〕令於心　「受」，原作「愛」，據諸本治要改；今尸子亦作「受」。

〔二五〕心不當則身爲僇矣　此句何志華引孫星衍曰：「五行大義治政篇引作『則身戮』。長短經德表篇引……『戮』字作『僇』。」

〔二六〕其除之不可者避〔二〕〔之〕　「之」，原作「二」，據駿河版、天明本改；今戸子亦作「之」；金澤文庫本原作「二」，旁校作「之」。

〔二七〕欲〔深〕〔除〕之不可　「除」，原作「深」，據諸本治要改；今戸子亦作「除」。

〔二八〕〔十〕〔干〕霄之〔未〕〔木〕始若蘖足　「干」「木」，原作「十」「未」，據諸本治要改；今戸子亦作「干」「木」。又「宵」，天明本、今戸子作「霄」。何志華引孫星衍曰：「文選枚乘上書諫吳王注引作『千丈之木』。」

〔二九〕易〔書〕〔去〕也　「去」，原作「書」，據駿河版、天明本改；金澤文庫本原作「盡」，旁校作「去」；今戸子亦作「去」。

〔三〇〕季老者使塗隟戒突　「老」，金澤文庫本原無，旁校補之；駿河版、天明本、今戸子同底本。

〔三一〕故終身無失〔父〕〔火〕之患而不知德也　「火」，原作「父」，據駿河版、天明本改；今戸子亦作「火」；金澤文庫本原作「父」，旁校作「火」。

〔三二〕〔人〕〔入〕於囹圄　「入」，原作「人」，據諸本治要改；今戸子亦作「入」。

〔三三〕而愚人争於神也　「而」，駿河版、天明本、今戸子無；金澤文庫本同底本。又「神」，今戸子作「明」。

〔三四〕（莫見其所以長物而物長）　此句與上句重，金澤文庫本作「莫見其所以長物而長」；駿河版、天明本皆無，據删；今戸子亦不重。

〔三五〕其〔樂〕〔興〕福也　「興」，原作「樂」，據駿河版、天明本改；今戸子亦作「興」；金澤文庫本原作「愛」，旁校作「受」。

〔三六〕其除〔福〕〔禍〕也　「禍」，原作「福」，據諸本治要改；今戸子亦作「禍」。

〔三七〕神人益天下以財者爲仁　「者」，駿河版、天明本、今戸子無；金澤文庫本同底本。

〔三八〕盈天下以財　「盈」，今戸子作「益」。

〔三九〕〔補〕〔神〕也者　「神」，原作「補」，據諸本治要改；今戸子亦作「神」。

四儀〔一〕

行有四儀：一曰志動不忘仁，二曰智用不忘義，三曰力事不忘忠，四曰口言不忘信。慎守四儀，以終其身，名功之從〔之〕也，〔二〕猶形之有影，聲之有響也。是故志不忘仁，則中能寬裕；智不忘義，則行有文理；〔三〕力不忘忠，則動無廢功；口不忘信，則言若符節。若中寬裕而行文理，動有功而可言信也，〔四〕雖古之有厚功大名，見於四海之外，知万世之後者，其行身也無以〔加〕於此矣。〔五〕

〔一〕四儀　二字原附上文末，據諸本治要移作標題。

〔二〕名功之從〔之〕也　「之」，原無，據諸本治要補；今戸子亦有之。

〔三〕則行有文理　「文」，駿河版作「久」；金澤文庫本、天明本、今戸子同底本。

〔四〕動有功而可言信也　「可言」，天明本、今戸子作「言可」；金澤文庫本、駿河版同底本。

〔五〕其行身也無以〔加〕於此矣　「加」，原無，據駿河版、天明本補；今尸子亦有之；金澤文庫本原無，旁校補之。

明堂

夫高顯尊貴，利天下之徑也，（有）〔非〕仁者之所以輕也。〔一〕何以知其然邪？日之能燭遠，勢高也。使日在井中，則不能燭十步矣。舜之方陶也，不能利其（卷）〔巷〕下；〔二〕南面而君天下，蠻夷、戎狄皆被其福。目在足下，則不可〔以〕（親）〔視〕矣。〔三〕天高明，然後能燭臨万物；地廣（火）〔大〕，〔四〕然後能載任群體。其本不美，則其枝葉、莖心不得美矣，此古今之大徑也。是故聖王謹脩其身，以君天下，則天道至焉，地道稽焉，万物度焉。古者明王之求賢也，不避遠近，〔五〕不論貴賤，卑爵以下賢，輕身以先士。故堯從〔舜〕於畎畝之中，〔六〕北面而見之，不争礼貌，此先王之所以能正天地、利万物之故也。今諸侯之（侯之）君，〔七〕廣其土地之富，而奮其兵革之强以驕士；〔八〕（之）〔士〕亦務其德行，〔九〕美其道術以輕上，〔一〇〕此仁（主）〔者〕之所非也。〔一一〕曾子曰：「取人者必畏，與人者必驕。」今説者懷畏，而德者懷驕，以此行義，不亦難乎？非求賢務（也）〔士〕而能致太名（物）〔於〕天下者，〔一二〕未之嘗聞也。（先）〔夫〕士不可妄致也。〔一三〕覆巢破卵，則鳳皇不（奉）〔至〕焉；〔一四〕（到）〔刳〕胎焚（犮）〔夭〕，〔一五〕則（駐）〔騏〕驎不往焉；〔一六〕（端）〔竭〕澤漉魚，〔一七〕則神龍不（可）〔下〕焉。〔一八〕夫禽獸之愚，而不可妄致也。而况於火食之民乎？是故曰：「（得）〔待〕士不敬，〔一九〕舉士不（俱）〔信〕，〔二〇〕則善士不往焉；（德無）〔聽言〕，〔二一〕耳目不瞿，〔二二〕視聽不〔深〕，〔二三〕則善言不往焉。」孔子曰：「大哉河海乎！下之也。」（天）〔夫〕河下天下之川，〔二四〕故廣；人下天下之士，故大。（政）〔故〕曰：〔二五〕「下士者得賢，下敵者得友，下衆者得譽。」〔二六〕故度於往古，觀於先王，非求賢務士而能立功於天下、成名於後世者，未之嘗（者）〔有〕也；〔二七〕夫求士不（焉）〔遵〕其道而能致士者，〔二八〕未之嘗見也。然則（者）〔先〕王之道可知已，〔二九〕務行之而已矣。〔三〇〕

〔一〕（有）〔非〕仁者之所以輕也　「非」，原作「有」，據駿河版、天明本改；今尸子亦作「非」；金澤文庫本原作「有」，旁校作「非」。又「以」下金澤文庫本有「轉」字，駿河版、天明本、今尸子皆無。

〔二〕不能利其（卷）〔巷〕下　「巷」，原作「卷」，據諸本治要改；今尸子亦作「巷」。又「下」，何志華引孫星衍據太平御覽居處部改作「及」，從下句讀作「及南面而君天下」。

〔三〕則不可〔以〕（親）〔視〕矣　「以」，原無，據駿河版、天明本補；今尸子亦有之；金澤文庫本原無，旁校補之。又「視」，原作「親」，據諸本治要改；今尸子亦作「視」。何志華引孫星衍曰：「目在足下，則不可以視矣」，「此十字當在上『則不能燭十步矣』句下，太平御覽天部、治道部引俱當在君治篇中。古書不嫌重出，今並存之」。

〔四〕地廣（火）〔大〕　「大」，原作「火」，據駿河版、天明本改；金澤文庫本同底本；今尸子亦作「大」。

〔五〕不避遠近　此句何志華引孫星衍曰：「尚書高宗肜日釋文、正義俱引作『不避遠昵』。」

〔六〕故堯從〔舜〕於畎畝之中　「舜」，原無，據駿河版、天明本補；今尸子亦有之；金澤文庫本原無，旁校補之。

〔七〕今諸侯之（侯之）君　「侯之」二字原重，據駿河版、天明本删；今尸子不重；金澤文庫原重，旁有校删符號。

〔八〕而奮其兵革之强以驕士　「奮」，金澤文庫本作「奞」，天明本作「奪」；駿河版、今尸子同底本。

〔九〕（之）〔士〕亦務其德行　「士」，原作「之」，據諸本治要改；今尸子亦作「士」。

〔一〇〕美其道術以輕上　「道」，金澤文庫本原作「過」，旁校作「道」；駿河版、天明本、今尸子同底本。

〔一一〕此仁（主）〔者〕之所非也　「者」，原作「主」，據諸本治要改；今尸子亦作「者」。

〔一二〕非求賢務（也）〔士〕而能致太（物）〔於〕天下者　「士」，原作「也」，據諸本治要改；今尸子亦作「士」。又「於」，原作「物」，據駿河版、天明本、今尸子改；金澤文庫本原作「物」，旁校作「於」。

〔一三〕（先）〔夫〕士不可妄致也　「夫」，原作「先」，據諸本治要改；今尸子亦作「夫」。

〔一四〕則鳳皇不（奉）〔至〕焉　「至」，原作「奉」，據駿河版、天明本改；今尸子亦作「至」；金澤文庫本原作「奉」，旁校作「至」。

〔一五〕（到）〔刳〕胎焚（友）〔夭〕　「刳」，原作「到」，據駿河版、天明本改；今尸子亦作「刳」；金澤文庫本原作「到」，旁校作「刳」。又「夭」，原作「友」，據駿河版、天明本改；今尸子亦作「夭」；金澤文庫本同底本。

〔一六〕則（駐）〔騏〕驎不往焉　「騏」，原作「駐」，據諸本治要改；今尸子亦作「騏」。

〔一七〕（端）〔竭〕澤漉魚　「竭」，原作「端」，據駿河版、天明本改；今尸子亦作「竭」；金澤文庫本原作「端」，旁校作「竭」。

〔一八〕則神龍不（可）〔下〕焉　「下」，原作「可」，據諸本治要改；今尸子亦作「下」。

〔一九〕（得）〔待〕士不敬　「待」，原作「得」，據諸本治要改；今尸子亦作「待」。

〔二〇〕舉士不（俱）〔信〕　「信」，原作「俱」，據諸本治要改；今尸子亦作「信」。

〔二一〕（德無）〔聽言〕　「聽言」，原作「德無」，據諸本治要改；今尸子亦作「聽言」。

〔二二〕耳目不瞿　「瞿」，何志華引孫星衍曰：「『瞿』字長短經釣情篇引作『懼』。」

〔二三〕視聽不〔深〕　「深」，原作空圍，據駿河版、天明本補；今尸子亦有之；金澤文庫本原無，旁校補之。

〔二四〕（天）〔夫〕河下天下之川　「夫」，原作「天」，據諸本治要改；今尸子亦作「夫」。

〔二五〕（政）〔故〕曰　「故」，原作「政」，據諸本治要改；今尸子亦作「故」。

〔二六〕下衆者得譽　「衆」，金澤文庫本原作「象」，旁校作「衆」；駿河版、天明本、今尸子同底本。

〔二七〕未之嘗（者）〔有〕也　「有」，原作「者」，據駿河版、天明本改；今尸子亦作「有」；金澤文庫本原作「者」，旁校作「有」。

〔二八〕夫求士不（焉）〔遵〕其道而能致士者　「遵」，原作「焉」，據駿河版、天明本改；今尸子亦作「遵」；金澤文庫本原作「焉」，旁校作「遵」。

〔二九〕然則（者）〔先〕王之道可知已　「先」，原作「者」，據駿河版、天明本改；今尸子亦作「先」；金澤文庫本原作「者」，旁校作「先」。

〔三〇〕務行之而已矣　「矣」，金澤文庫本原無，旁校補之；駿河版、天明本、今尸子同底本。

分〔一〕

天地生萬物，〔二〕聖人裁之：物以制分，〔三〕便事以立官。君臣父子，〔四〕上下長幼，貴賤親疎，皆得其分曰治。〔五〕愛得分曰仁，施得分曰義，慮得分曰智，動得分曰適，言得分曰信，皆得其分而後爲成人。明王之治民也，事少而功立，身逸而國治，言寡而令行，事少而功多，守要也；身逸而國治，用賢也；言寡而令行，正名也。君人者，苟能正名，愚智盡情，執一以靜，令名自正，令事自定。賞罰隨名，民莫不敬，周公之治天下也。酒肉不徹於前，鍾鼓不解於懸。聽樂而國治，〔六〕勞無事焉；〔七〕飲酒而賢舉，〔八〕智無事焉；自爲而民富，仁無事焉。知此道也者，衆賢爲役，愚智盡情矣。

〔一〕此篇題原無，據諸本治要補。

〔二〕天地生萬物　案：何志華引孫星衍曰：「文選豪士賦序注引無『地』字。」

〔三〕物以制分　「物」上駿河版、天明本有「裁」字；金澤文庫本同底本；今尸子亦有之。

〔四〕君臣父子　案：何志華引孫星衍曰：「長短經反經篇引作『君父臣子』。」

〔五〕皆得其分曰治　案：何志華引孫星衍曰：「長短經反經篇引作『理』。」

〔六〕聽樂而國治　案：何志華引孫星衍曰：「北堂書鈔設官部引作『治國』。」

〔七〕勞無事焉　案：何志華引孫星衍曰：「北堂書鈔設官部引作『無勞事焉』。」

〔八〕飲酒而賢舉　案：何志華引孫星衍曰：「『而』字北堂書鈔設官部引作『任』。」

明王之道易行也：勞不進一步，聽獄不後臯陶；食不損一味，富民不後虞舜；樂不損一日，用兵不後湯、武；書之不盈尺簡，〔一〕南面而立，一言而國治，堯、舜復生，弗能更也；身無變而治，國無變而王，湯、武復生，弗能更也。執一之道，去智與巧。有虞之君天下也，使天下貢善；殷、周之君天下也，使天下貢才。〔二〕夫至衆賢而能用之，〔三〕此有虞之盛德也。

〔一〕書之不盈尺簡　「書」，金澤文庫本原作「盡」，旁校作「書」；駿河版、天明本、今戸子同底本。

〔二〕使天下貢才　案：何志華引孫星衍曰：「『才』字太平御覽皇王部引作『財』。」

〔三〕夫至衆賢而能用之　案：何志華引孫星衍曰：「路史後紀引作『有虞之君使天下貢善，其治天下，見人有善，若己有善；見人有過，如己有過』。意林一引『見人有善』四句皆無此一句。」

三人之所廢，天下弗能興也；三人之所興，天下弗能廢也。親曰不孝，君曰不忠，友曰不信，天下弗能興也。親言其孝，君言其忠，友言其信，天下弗能廢也。〔夫〕符節合之，〔一〕則是非自見。行亦有符，三者合，則行自見矣。此所以觀行也。諸治官臨衆者，上比度以觀其賢，案法以觀其罪，吏雖有耶僻，無所逃之，所以觀勝任也。群臣之愚智，日効於前，〔二〕擇其知事者而令之謀。〔三〕群臣之所舉，日効於前，〔四〕擇其知人者而令之舉。〔五〕群臣之治乱，日効於前，〔六〕擇其勝任者而令之治。群臣之行，可得而察也。擇其賢者而（學）〔舉〕之，〔七〕則民競於行；〔八〕勝任者治，則百官不乱；知人者舉，則賢者不隱；知事者謀，〔九〕則大舉不失；聖王正（無）〔言〕於朝，〔一〇〕而四方治矣。是故曰：「正名（者）〔去〕僞，〔一一〕事成（爲）〔若〕化；〔一二〕以實覆名，百事皆成。」夫用賢使能，不勞而治；正名覆實，不罰而威。達情見素，則是非不蔽；復（奉）〔本〕原始，〔一三〕則（無）〔言〕若符節。〔一四〕良工之馬易御也，聖王之民易治也，其此之謂乎？

〔一〕〔夫〕符節合之　「夫」，原無，據駿河版、天明本補；今戸子亦有之；金澤文庫本原無，旁校補之。

〔二〕日効於前　「効」，駿河版、天明本作「劾」；金澤文庫本、今戸子作同底本。

〔三〕擇其知事者而令之謀　「擇」，駿河版作「釋」；金澤文庫本、天明本、今戸子同底本。

〔四〕日効於前　「効」，駿河版、天明本作「劾」；金澤文庫本、今戸子作同底本。

〔五〕擇其知人者而令之舉　「擇」，金澤文庫本原作「釋」，旁校作「擇」；駿河版、天明本、今戸子同底本。

〔六〕日効於前　「効」，駿河版、天明本作「劾」；金澤文庫本、今戸子作同底本。

〔七〕擇其賢者而（學）〔舉〕之　「擇」，金澤文庫本原作「釋」，旁校作「擇」；駿河版、天明本、今戸子同底本。又「舉」，原作「學」，據諸本治要改；今戸子亦作「舉」。

〔八〕則民競於行　「競」，金澤文庫本原作「覺」，旁校作「競」；駿河版、天明本、今戸子同底本。

〔九〕知事者謀　「知」，金澤文庫本原作「智」，旁校作「知」；駿河版、天明本、今戸子同底本。

〔一〇〕聖王正（無）〔言〕於朝　「正」，今戸子作「止」，何志華引孫星衍曰：「『止』本作『正』，從北堂書鈔武功部引改。」又「言」，原作「無」，據駿河版、天明本改；今戸子亦作「言」；金澤文庫本原作「無」，旁校作「言」。

〔一一〕正名〔者〕〔去〕僞　「去」，原作「者」，據駿河版、天明本改；今尸子亦作「去」；金澤文庫本原作「者」，旁校作「去」。

〔一二〕事成〔爲〕〔若〕化　「若」，原作「爲」，據駿河版、天明本改；今尸子亦作「若」；金澤文庫本原作「爲」，旁校作「若」。

〔一三〕復〔奉〕〔本〕原始　「本」，原作「奉」，據駿河版、天明本改；今尸子亦作「本」；金澤文庫本原作「奉」，旁校作「本」。

〔一四〕則〔無〕〔言〕若符節　「言」，原作「無」，據駿河版、天明本改；今尸子亦作「言」；金澤文庫本原作「無」，旁校作「言」。

發蒙

若夫名分，聖王之所審也。〔一〕造父之所与交者少，操轡，馬之百節皆与；明王之所以与〔臣〕下交者少，〔二〕審名分，群臣莫敢不〔里爲〕〔盡力〕竭智矣。〔三〕天下之可治，分成也；是非之可辨，名定也。無過其實，〔四〕罪也；弗及，愚也。是故情〔里〕〔盡〕而不僞，〔五〕質素而無〔能〕〔巧〕。〔六〕故有〔過〕〔道〕之君，〔七〕其無易〔德〕〔聽〕，〔八〕此名分之所審也。若夫臨〔官〕治事者案其法，〔九〕則民敬事；任士進賢者保其後，則民慎舉；議國親事者，盡其實，則民敬言。孔子曰：「臨事而懼，希不濟。」〔一〇〕易曰：「若履虎尾，終之吉。」〔君〕〔若〕群臣之衆，〔一一〕皆戒慎恐懼，若履虎尾，則何不濟之有乎？君明則臣少罪。夫使衆者詔作〔明〕〔則〕遲，〔一二〕分地則速，是何也？無所逃其罪也。言亦有地，不可〔不〕分也。〔一三〕君臣同地，則臣有所逃其罪矣。故陳繩則木之枉者有罪，〔一四〕措准則地之險者有罪，〔一五〕審名分則群臣之不審者有罪。夫愛民，且利之也，愛而不利，〔一六〕則非慈母之德也；好士，且知之也，好而弗知，則衆而無用也；力於朝，且治之也，力而弗治，則勞而無功矣。三者雖異，道一也。是故曰：審一之經，百事乃成；〔一七〕審一之紀，百事乃理。名實判爲兩，合爲一。是非隨名實，賞罰隨是非，是則有賞，非則有罰，人君之所獨断也。明君之立也正，其貌壯，〔一八〕其心虛，其視不躁，其聽不淫，審分應辤，以立於廷，〔一九〕則隱匿疏遠，雖有非焉，必不多矣。明君不用長耳目，〔二〇〕不行間諜，不强聞見，形至而觀，聲至而聽，事至而應。近者不過，則遠者治矣；明者不失，則微者敬矣。家人子〔姓〕〔姪〕和，〔二一〕臣妾力，則家富，丈人雖厚衣食，無傷也；子〔姓〕〔姪〕不和，〔二二〕臣妾不力，家貧，丈人雖薄衣食，無益也，而况於万乘之君乎？國之所以不治者三：不知用賢，此其一也；雖知用賢，求不能得，此其二也；雖得賢不能盡，〔二三〕此其三也。正名以御之，則堯、舜之智必盡矣；明分以示之，則桀、紂之暴必止矣。賢者盡，暴者止，則治民之道不可以加矣。聽朝之道，使人有分。〔有〕大善者，〔二四〕必問孰進之；〔二五〕有大過者，必云孰任之，〔二六〕而行賞罰焉，〔二七〕且以觀賢不肖也。今有大善〔者〕，〔二八〕不問孰進之；有大過者，不問孰任之，則有分無益已。問孰任之而不行賞罰焉，〔二九〕則問之無益已。是非不得〔盡〕見〔得〕〔謂〕之蔽，〔三〇〕見而弗能知謂之虛，知而弗能賞罰謂之縱，〔三一〕三者乱之本也。明分則不蔽，〔三二〕正名則不虚，賞賢罰暴則不縱，三者治之(爲)〔道〕也。〔三三〕於群臣之中，賢則貴之，不肖則賤之；治則使之，〔三四〕不治則愛之，不忠則罪之。賢不肖，治不治，忠不忠，由〔道〕觀之，〔三五〕猶白黑也。〔三六〕陳繩而斵之，則巧拙易知也。夫觀群臣亦有繩，以名引之，則雖堯、舜(必)〔不〕服矣。〔三七〕(廉)〔慮〕事而當，〔三八〕不若進賢；〔進賢〕而當，〔三九〕不若知賢；知賢又能用之，備矣。治天下之要，在於正名。正名去僞，事〔成〕若化。〔四〇〕苟能正名，(夫)〔天〕成地平。〔四一〕爲人臣者，以進賢爲功；爲人君(以者)〔者，以〕用賢爲功。〔四二〕爲人臣者進賢，是自爲置上也；自爲置上而無賞，是故不爲也。進不肖者，是自爲置下也；自爲置下而無罪，是故爲之也。使進賢者必有賞，進不肖者必有罪，無敢進也者爲無能之人，〔四三〕若此，則必多進賢矣。

〔一〕聖王之所審也　「王」字諸本治要、今尸子皆無。

〔二〕明王之所以与〔臣〕下交者少　「臣」，原作空圍，據駿河版、天明本補；今尸子亦有之；金澤文庫本原無，旁校補之。

〔三〕群臣莫敢不(里爲)〔盡力〕竭智矣　「盡力」，原作「里爲」，據駿河版、天明本改；今尸子亦作「盡力」；金澤文庫本原作「里爲」，旁校作「盡力」。

〔四〕無過其實　「無」，天明本眉校：「『無』疑『然』。」

〔五〕是故情(里)〔盡〕而不僞　「盡」，原作「里」，據駿河版、天明本改；今尸子亦作「盡」；金澤文庫本原作「里」，旁校作「盡」。

〔六〕質素而無(能)〔巧〕　「巧」，原作「能」，據駿河版、天明本改；今尸子亦作「巧」；金澤文庫本原作「能」，旁校作「巧」。

〔七〕故有(過)〔道〕之君　「道」，原作「過」，據諸本治要改；今尸子亦作「道」。

〔八〕其無易(德)〔聽〕　「聽」，原作「德」，據諸本治要改；今尸子亦作「聽」。

〔九〕若夫臨〔官〕治事者案其法　「官」，原作空圍，據駿河版、天明本補；今尸子亦有之；金澤文庫本原無，旁校補之。

〔一〇〕希不濟　「濟」，金澤文庫本原作「儕」，旁校作「濟」；駿河版、天明本、今尸子同底本。

〔一一〕(君)〔若〕群臣之衆　「若」，原作「君」，據諸本治要改；今尸子亦作「若」。

〔一二〕夫使衆者詔作(明)〔則〕遲　「則」，原作「明」，據駿河版、天明本改；今尸子亦作「則」；金澤文庫本原作「明」，旁校作「則」。

〔一三〕不可〔不〕分也　「不」，原無，據駿河版、天明本補；今尸子亦有之；金澤文庫本原無，旁校補之。又「也」，何志華引孫星衍曰：「長短經適變篇引無『也』字。」

〔一四〕故陳繩則木之枉者有罪　「故」，何志華引孫星衍曰：「意林一引無『故』字。」

〔一五〕措准則地之險者有罪　此句何志華引孫星衍曰：「長短經適變篇引無此句。」

〔一六〕愛而不利　「不」下金澤文庫本誤衍一「不」字。

〔一七〕百事乃成　「百」上金澤文庫本有「而」字，駿河版、天明本、今尸子同底本。

〔一八〕其貌壯　案：何志華引孫星衍曰：「長短經適變篇引作『明君之立其貌』。」

〔一九〕以立於廷　案：何志華引孫星衍曰：「『廷』字長短經適變篇引作『朝』。」

〔二〇〕明君不用長耳目　「用」，何志華引孫星衍曰：「長短經適變篇引無『用』字。」

〔二一〕家人子〔姓〕〔姪〕和　「姪」，原作「姓」，據駿河版、天明本改；今尸子亦作「姪」；金澤文庫本原作「姓」，旁校作「姪」。

〔二二〕子〔姓〕〔姪〕不和　「姪」，原作「姓」，據駿河版、天明本改；今尸子亦作「姪」；金澤文庫本原作「姓」，旁校作「姪」。

〔二三〕雖得賢不能盡　「賢」，何志華引孫星衍曰：「太平御覽人事部引『得』下無『賢』字。」

〔二四〕〔有〕大善者　「有」，原無，據駿河版、天明本補；今尸子亦有之；金澤文庫本原無，旁校補之。

〔二五〕必問孰進之　「問」，金澤文庫本原作「同」，旁校作「問」；駿河版、天明本、今尸子同底本。

〔二六〕必云孰任之　「云」，何志華整理尸子改作「問其」，並引孫星衍曰：「本作『必云孰任之』，從長短經適變篇引改。」

〔二七〕而行賞罰焉　「賞罰」二字，何志華引孫星衍曰：「長短經適變篇引作『罰賞』。」

〔二八〕今有大善〔者〕　「者」，原無，據駿河版、天明本補；金澤文庫本原無，旁校補之；今尸子亦有「者」字。

〔二九〕問孰任之而不行賞罰焉　「焉」，駿河版、天明本、今尸子皆無；金澤文庫本同底本。

〔三〇〕是非不得〔盡〕見〔得〕〔謂〕之蔽　「盡」，原作空格，據駿河版、天明本補；今尸子亦有之；金澤文庫本原無，旁校補之。又「謂」，原作「得」，據駿河版、天明本改；今尸子亦作「謂」；金澤文庫本原作「得」，旁校作「謂」。

〔三一〕知而弗能賞罰謂之縱　「罰」，駿河版、天明本、今尸子皆無；金澤文庫本同底本，旁注云「一本无」。

〔三二〕明分則不蔽　「蔽」，何志華引孫星衍曰：「『蔽』字長短經適變篇引作『弊』。」

〔三三〕三者治之〔爲〕〔道〕也　「道」，原作「爲」，據駿河版、天明本改；今尸子亦作「道」；金澤文庫本原作「爲」，旁校作「道」。

〔三四〕治則使之　「治」下金澤文庫本誤衍一「治」字。

〔三五〕由〔道〕觀之　「由」，今尸子作「以」。又「道」，原作一空格無字，據駿河版補；今尸子亦有之；金澤文庫本原無，旁校補之；天明本作「是」。何志華引孫星衍曰：「本作『由是觀之』，從長短經適變篇引改。」

〔三六〕猶白黑也　案：何志華校尸子引孫星衍曰：「『由』本作『猶』，從長短經適變篇引改。」

〔三七〕則雖堯舜〔必〕〔不〕服矣　「不」，原作「必」，據駿河版、天明本改；今尸子亦作「不」；金澤文庫本原作「必」，旁校作「不」。

〔三八〕〔廉〕〔慮〕事而當　「慮」，原作「廉」，據諸本治要改；今尸子亦作「慮」。

〔三九〕〔進賢〕而當　「進賢」二字，原無，據駿河版、天明本補；今尸子亦有之；金澤文庫本原無，旁校補之。

〔四〇〕事〔成〕若化　「成」，原無，據駿河版、天明本補；今尸子亦有之；金澤文庫本原無，旁校補之。

〔四一〕（夫）〔天〕成地平　「天」，原作「夫」，據諸本治要改；今尸子亦作「天」。

〔四二〕爲人君（以者）〔者以〕用賢爲功　「人」，金澤文庫本原作「又」，旁校作「人」；駿河版、天明本、今尸子同底本。又「人君」，何志華引孫星衍曰：「長短經是非篇引『人君』作『人主』，又大體篇引無兩『爲』字。」又「者以」，原作「以者」，據駿河版、天明本改；今尸子亦作「者以」；金澤文庫本同底本。

〔四三〕無敢進也者爲無能之人　天明本眉校：「『敢進』至『之人』不通，恐當作『無敢爲進，無能之人者也』。」

（怒）〔恕〕〔一〕

（怒）〔恕〕者，以身爲度者也。己所不欲，毋加諸人，惡諸人，則去諸己；欲諸人，則求諸己，此（怒）〔恕〕也。農夫之耨，去害苗者也；賢者之治（者），〔二〕〔去〕害義者也。〔三〕慮之無益於義而慮之，此心之穢也；道之無益於義而道之，此言之穢也；爲之無益於義〔而爲之，此行之穢也。〔四〕慮中義則智爲上；言中義，則言爲師；事中義，則行爲法。射不善而欲教人，〔五〕人不學也；行不脩而欲談人，人不聽也。夫驥唯伯樂獨知之，不害其爲良馬也。行亦然，唯賢者獨知之，不害其爲善士也。〕

〔一〕（怒）〔恕〕　「恕」，原作「怒」，據諸本治要改；今尸子亦作「恕」。下文同改，不出校。

〔二〕賢者之治（者）　「治」，何志華校尸子改作「法」，並引孫星衍曰：「本作『賢去之治』，從意林一引改。」又「者」，據駿河版、天明本當作「去」，從下句。

〔三〕（去）害義者也　「去」，原無，據駿河版、天明本補；今尸子亦有之；金澤文庫本原無，旁校補之。

〔四〕案：底本缺第二十一至二十八紙，「而爲之此行之穢也」以下皆在缺紙，今據駿河版補。

〔五〕射不善而欲教人　「教」下金澤文庫本有「化」字；天明本、今尸子同底本。

治天下〔一〕

治天下有四術：〔二〕一曰忠愛，二曰無私，三曰用賢，四曰度量。〔三〕度量通則財足矣，〔四〕用賢則多功矣，無私百智之宗也，忠愛父母之行也。〔五〕奚以知其然？父母之所畜子者，非堅强也，〔六〕非聰明也，非俊智也。愛之憂之，欲其賢己也，〔七〕人利之與我利之，無擇也，此父母所以畜子也。然則愛天下，欲其賢己也，人利之與我利之，無擇也，則天下之畜亦然矣，〔八〕此堯之所以畜天下也。有虞氏盛德，見人有善，如己有善；見人有過，〔九〕如己有過。天無私於物，地無私於物，襲此行者，謂之天下。〔一〇〕誠愛天下者得賢。奚以知其然也？弱子有疾，慈母之見秦醫也，不争禮貌；在囹圄，其走大吏也，不愛資財。視天下若子，是故其見醫者，不争禮貌，其奉養也，不愛資財。故文王之見太公望也。一日五反；桓公之奉管仲也，列城有數。此所以其僻小，〔一一〕身至穢污，而爲正於天下也。鄭簡公謂子産曰：「飲酒之不樂，鐘鼓之不鳴，寡人之任也；國家之不入，〔一二〕朝廷之不治，與諸侯交之不得志，子之任也。」子産治鄭，國無盗賊，道無餓人。孔子曰：「若鄭簡公之好樂，雖抱鐘而朝可也。」夫用賢，身樂而名附，事少而功多，國治而能逸。

〔一〕案：本篇原缺失，據駿河版補。

〔二〕治天下有四術　此句何志華引孫星衍曰：「文選東京賦注引作『治國』，北堂書鈔政術部引無『天下』二字。」

〔三〕四曰度量　此句何志華校尸子引孫星衍曰：「東京賦注引作『四簡能』，皆無『曰』字。」

〔四〕度量通則財足矣　此句何志華校尸子引孫星衍曰：「太平御覽皇王部引作『通財則用足』。」

〔五〕忠愛父母之行也　「也」，金澤文庫本原無，旁校補之；天明本、今尸子同底本。

〔六〕非堅强也　「堅」，天明本、今尸子作「賢」；金澤文庫本同底本。

〔七〕欲其賢己也　「也」，金澤文庫本原無，旁校補之；天明本、今尸子同底本。

〔八〕則天下之畜亦然矣　「亦」下金澤文庫本有「必」字；天明本、今尸子同底本。又「然」，金澤文庫本原無，旁校補之；天明本、今尸子同底本。

〔九〕見人有過　「見」，金澤文庫本原無，旁校補之；天明本、今尸子同底本。

〔一〇〕謂之天下　「下」，天明本、今尸子作「子」；金澤文庫本同底本。

〔一一〕此所以其僻小　今尸子作「此所以國甚僻小」；金澤文庫本、天明本同底本。

〔一二〕國家之不入　「入」，今尸子作「乂」；金澤文庫本、天明本同底本。天明本眉校：「『入』疑『乂』。」

凡治之道，莫如因智；智之道，莫如因賢。譬之猶相馬而借伯樂也。相玉而借猗頓也，亦必不過矣。今有人於此，盡力以爲舟，濟大水而不用也；盡力以爲車，行遠而不乘也，則人必以爲無慧。〔一〕今人盡力以學，謀事則不借智，〔二〕處行則不因賢，舍其學不用也。此其無慧也，〔三〕有甚於舍舟而涉，舍車而走者矣。

〔一〕則人必以爲無慧　「則人必」下金澤文庫本誤衍「則人必」三字。

〔二〕謀事則不借智　「則」下金澤文庫本誤衍一「則」字。

〔三〕此其無慧也　「也」，金澤文庫本原無，旁校補之；天明本、今尸子同底本。

仁意〔一〕

治水潦者，禹也；播五種者，〔二〕后稷也；聽獄折衷者，皐陶也。舜無爲也，而天下以爲父母，〔三〕愛天下莫甚焉。天下之善者，唯仁也。夫喪其子者，苟可以得之，無擇人也。〔四〕仁者之於善也亦然。是故堯舉舜於畎畝，湯舉伊尹於雍人。內舉不避親，外舉不避讎，仁者之於善也，無擇也，無惡也，〔五〕唯善之所在。堯問於舜曰：「何事？」舜曰：〔六〕「事天。平地而注水，水流濕；均薪而施火，火從燥。召之類也。」是故堯爲善而衆美至焉，桀爲非而衆惡至焉。

〔一〕案：本篇原缺失，據駿河版補。

〔二〕播五種者　「種」，何志華引孫星衍曰：「『種』字長短經適變篇引作『穀』。」

〔三〕而天下以爲父母　此句何志華校尸子引孫星衍曰：「長短經適變篇引作『而爲天下父母』。」

〔四〕無擇人也　「人」，金澤文庫本原無，旁校補之；天明本、今尸子同底本。

〔五〕無惡也　「無」，金澤文庫本原作「夫」，旁校作「無」；天明本、今尸子同底本。

〔六〕舜曰　此句何志華校尸子引孫星衍曰：「太平御覽皇王部引『事』下無『舜』字。」

廣〔一〕

因井中視星，所視不過數星；〔二〕自丘上以視，〔三〕則見其始出，又見其入。非明益也，勢使然也。夫私心，井中也；公心，〔四〕丘上也。故智載於私，則所知少；載於公，則所知多矣。何以知其然？夫吴、越之國，以臣妾爲殉，中國聞而非之；恕，〔五〕則以親戚殉一言。〔六〕夫智在公，則愛吴、越之臣妾；在私，則忘其親戚，非智損也，恕弇之也。〔七〕好亦然。語曰：「莫知其子之惡也。」非智損也，愛弇之也。是故夫論貴賤、辨是非者，必且自公心言之，〔八〕自公心聽之，而後可知也。匹夫愛其宅，〔九〕不愛其隣；諸侯愛其國，不愛其敵；天子兼天下而愛之，大也。

〔一〕案：本篇原缺失，據駿河版補。何志華校尸子於「廣」下補「澤」字，並引汪繼培曰：「原脱『澤』字，據爾雅疏補。」

〔二〕所視不過數星　「視」，何志華校尸子引孫星衍曰：「『見』本作『視』，從藝文類聚天部、太平御覽天部引改。」金澤文庫本原作「視」，旁校謂本作「見」；天明本、今尸子同底本。又「過」，金澤文庫本原作「過」，旁校作「過」；天明本、今尸子同底本。

〔三〕自丘上以視　「視」，今尸子作「望」，何志華校尸子引孫星衍曰：「『望』本作『視』，從藝文類聚天部、太平御覽天部引改。」金澤文庫本、天明本同底本。

〔四〕公心　「心」，金澤文庫本原作「上」，旁校作「心」；天明本、今尸子同底本。

〔五〕恕　「恕」，今尸子作「怒」，天明本眉校：「『恕』疑『私心』之誤，下『恕弇』之『恕』同。」金澤文庫本、天明本同底本。

〔六〕則以親戚殉一言　「一言」二字，天明本眉校：「『一』疑『之』。」

『言』疑『若』。」

〔七〕 恕弇之也　「恕」，今尸子作「怒」；　金澤文庫本、天明本同底本。

〔八〕 必且自公心言之　「心」，金澤文庫本原作「必」，旁校作「心」；　天明本、今尸子同底本。

〔九〕 匹夫愛其宅　「匹」，金澤文庫本原作「返」，旁校作「匹」；　天明本、今尸子同底本。

綽子〔一〕

堯養無告，禹愛辜人，湯、武及禽獸，〔二〕此先王之所以安危而懷遠也。　聖人於大私之中也，爲無私；〔三〕其於大好惡之中也，爲無好惡。　舜曰：「南風之薰兮，〔四〕可以解吾民之慍兮。」〔五〕舜不歌禽獸而歌民。　湯曰：「朕身有罪，無及萬方；萬方有罪，朕身受之。」湯不私其身而私萬方。〔六〕文王曰：「苟有仁人，何必周親？」不私其親而私萬國。　先王非無私也，所私者與人不同也。

〔一〕 案：本篇原缺失，據駿河版補。

〔二〕 湯武及禽獸　此句何志華校尸子引孫星衍曰：「文選賢良詔注引作『湯之德及鳥獸矣』。」

〔三〕 爲無私　「無」，金澤文庫本原作「既」，旁校作「無」；　天明本、今尸子同底本。

〔四〕 南風之薰兮　「兮」，金澤文庫本作「号」；　天明本、今尸子同底本。

〔五〕 可以解吾民之慍兮　「兮」，金澤文庫本作「号」；　天明本、今尸子同底本。

〔六〕 湯不私其身而私萬方　「身」，金澤文庫本原無，旁校補之；　天明本、今尸子同底本。

處道〔一〕

孔子曰：「欲知則問，欲能則學，欲給則豫，欲善則肆。」國亂，則擇其邪人去之，則國治矣；　胷中亂，則擇其邪欲而去之，則德正矣。　天下非無(肓)〔盲〕者也，〔二〕美人之貴，明目者衆也；　天下非無聾者也，辨士之貴，聰耳者衆也；　天下非無亂人也，堯、舜之貴，可教者衆也。　孔子曰：「君子者，〔三〕盂也；民者，水也。〔四〕盂方則水方，盂圓則水圓。」上何好而民不從？昔者勾踐好勇，〔五〕而民輕死；　靈王好細腰，而民多餓。　夫死與餓，〔六〕民之所惡也，君誠好之，百姓自然，而況仁義乎？　桀、紂之有天下也，四海之内皆亂，而關龍逢、王子比干不與焉。而謂之皆亂，其亂者衆也。〔七〕堯、舜之有天下也，〔八〕四海之内皆治，而丹朱、商均不與焉。　而謂之皆治，其治者衆也。〔九〕故曰：　君誠服之，百姓自然；　卿大夫服之，百姓若逸；　官長服之，百姓若流。　夫民之可教者衆，故曰猶水也。

〔一〕 案：本篇原缺失，據駿河版補。

〔二〕 天下非無(肓)〔盲〕者也　「盲」，原作「肓」，據金澤文庫本、天明本改；今尸子亦作「盲」。

〔三〕君子者　「子」，今尸子無。

〔四〕君子者盂也民者水也　案：何志華引孫星衍曰：「後漢書呂強傳引作『君如杅，民如水』。下『盂』字亦作『杅』。」

〔五〕昔者勾踐好勇　「昔」，金澤文庫本原作「者」，旁校作「昔」；天明本、今尸子同底本。

〔六〕夫死與餓　「夫」，駿河版、天明本、今尸子無；金澤文庫本同底本。

〔七〕其亂者衆也　「其」，金澤文庫本原作「皆」，旁校作「其」；天明本、今尸子同底本。

〔八〕堯舜之有天下也　「之」「也」，何志華校尸子引孫星衍曰：「太平御覽皇王部引無『之』字、『也』字。」

〔九〕其治者衆也　「其治」二字，何志華校尸子引孫星衍曰：「太平御覽皇王部引無『其治』二字。」

德者，〔一〕天地萬物得也；義者，天地萬物宜也；〔二〕禮者，天地萬物體也。使天地萬物皆得其宜，當其體者，〔三〕謂之大仁。食所以爲肥也，壹飯而問人曰：「奚若？」則皆咲之。夫治天下大事也，今人皆壹飯而問「奚若」者也。善人以治天地則可矣，我奚爲而人善。仲尼曰：「得之身者得之民，〔四〕失之身者失之民，不出於户而知天下，不下其堂而治四方。」知反之於己者也。以是觀之，治己則人治矣。

〔一〕德者　「者」，金澤文庫本原作「曰」，旁校作「者」；天明本、今尸子同底本。

〔二〕義者天地萬物宜也　此句金澤文庫本原無，旁校補之；天明本、今尸子同底本。

〔三〕當其體者　「者」，何志華校尸子引孫星衍曰：「長短經政體篇引無『者』字。」

〔四〕得之身者得之民　「者得」之「得」，金澤文庫本原無，旁校補之；天明本、今尸子同底本。又「民」，金澤文庫本「民」字缺末筆。

神明〔一〕

仁義聖智參天地，天若不覆，民將何恃何望？地若不載，民將安居安行？聖人若弗治，民將安率安將？是故天覆之，地載之，聖人治之。聖人之身猶日也，夫日圓尺，光盈天地。聖人之身小，其所燭遠。聖人正己，〔二〕而四方治矣。上綱苟直，百目皆開；德行苟直，群物皆正。正也者，正人者也。身不正，則人不從。是故不言而信，不怒而威，不施而仁。有諸心而彼正，〔三〕謂之至政。今人曰：「天亂矣，難以爲善。」此不然也。夫飢者易食，寒者易衣，此亂而後易爲德也。

〔一〕案：本篇原缺失，據駿河版補。

〔二〕聖人正己　此句何志華校尸子引孫星衍曰：「初學記人部引作『聖人中一正己也』。」

〔三〕有諸心而彼正　「而」，金澤文庫本原無，旁校補之；天明本、今尸子同底本。

申子〔一〕不害

大體

夫一婦擅夫，衆婦皆亂；一臣專君，群臣皆蔽。故妬妻不難破家也，亂臣不難破國也。〔二〕是以明君使其臣並進輻湊，莫得專君。今人君之所以高爲城郭，〔三〕而謹門閭之閉者，爲寇戎盜賊之至也。今夫弑君而取國者，非必踰城郭之險，而犯門閭之閉也。蔽君之明，〔四〕塞君之聽，奪之政而專其令，有其民而取其國矣。今使烏獲、彭祖負千鈞之重，而懷琬琰之美；〔五〕令孟賁、成荆帶干將之劒衞之，行乎幽道，則盜猶偷之矣。今人君之力，非賢乎烏獲、彭祖，而勇非賢乎孟賁、成荆也。其所守者，非持琬琰之美、〔六〕千金之重也，而欲勿失，其可得耶？明君如身，臣如手；君若號，臣如響；〔七〕君設其本，臣操其末；君治其要，臣行其詳；〔八〕君操其柄，臣事其常。爲人臣者，操契以責其名。名者，天地之綱，聖人之符。張天地之綱，用聖人之符，則萬物之情無所逃之矣。故善爲主者，倚於愚，立於不盈，設於不敢，藏於無事，竄端匿疏，〔九〕示天下無爲。是以近者親之，遠者懷之。示人有餘者，人奪之；示人不足者，人與之。剛者折，危者覆，動者揺，静者安，名自正也，事自定也。是以有道者，自名而正之，隨事而定之也。鼓不與於五音，而爲五音主；有道者，不爲五官之事，而爲治主。君知其道也，官人知其事也。十言十當，百爲百當者，人臣之事，非君人之道也。昔者堯之治天下也以名，〔一〇〕其名正則天下治；桀之治天下也亦以名，〔一一〕其名倚而天下亂。〔一二〕是以聖人貴名之正也。主處其大，臣處其細，〔一三〕以其名聽之，以其名視之，〔一四〕以其名命之。鏡設精，無爲而美惡自備；衡設平，無爲而輕重自得。凡因之道，身與公無事，〔一五〕無事而天下自極也。〔一六〕

〔一〕案：申子篇原缺失，據駿河版補。

〔二〕亂臣不難破國也　「亂」上金澤文庫本有「而」字；天明本、今申子同底本。

〔三〕今人君之所以高爲城郭　「郭」，金澤文庫本作「墎」，下文同；天明本、今申子同底本。

〔四〕蔽君之明　「明」，金澤文庫本作「朋」；天明本、今申子同底本。

〔五〕而懷琬琰之美　「琰」，今申子作「玉」。

〔六〕非持琬琰之美　「持」，天明本作「恃」；金澤文庫本同底本；張覺曰：「嚴可均全上古三代文引作『特』」。

〔七〕臣如響　「響」，金澤文庫本原作「嚮」，旁校作「響」；天明本、今申子同底本。

〔八〕臣行其詳　「臣」下金澤文庫本誤衍「行其要臣」四字。

〔九〕竄端匿疏　「疏」，天明本眉校：「『疏』疑『跡』」。

〔一〇〕昔者堯之治天下也以名　「昔」，金澤文庫本原作「者」，旁校作「昔」；天明本、今申子同底本。又「堯」，金澤文庫本原作「遶」，旁校作「堯」；天明本、今申子同底本。

〔一一〕桀之治天下也亦以名　「桀」，金澤文庫本原作「禁」，旁校作「桀」；天明本、今申子同底本。

〔一二〕其名倚而天下亂　「其名」，金澤文庫本原無，旁校補之；天明本、今申子同底本。

〔一三〕臣處其細　「處」，金澤文庫本原無，旁校補之；天明本、今申子同底本。又「細」，金澤文庫本作「閏」，旁校作「細」；天明本、今申子同底本。

〔一四〕以其名視之　「其名」，金澤文庫本作「名其」；天明本、今申子同底本。

〔一五〕身與公無事　「身」，金澤文庫本原作「即」，旁校作「身」；天明本、今申子同底本。

〔一六〕無事而天下自極也　「無」，金澤文庫本原作「天」，旁校作「與」；天明本、今申子同底本。

群書治要卷第卅六〔一〕

〔一〕卷尾題名原缺失，據駿河版補。

群書治要卷第卅七

秘書監〔鉅〕鹿男臣魏徵等奉〔一〕　敕撰

孟子　慎子　尹文子　莊子　尉繚子

孟子

梁惠王

孟子見於梁惠王。〔二〕王曰：「叟！不遠千里而來，亦將有以利吾國乎？」孟子對曰：「王何必曰利？亦曰仁義而〔已矣〕。〔三〕王何必以利爲名〔乎〕。〔四〕〔亦唯有〕仁義之道〔者〕可以〔利〕爲名耳。〔五〕以利爲名，則有不利之患矣。王曰：『何以利吾國？』大夫曰：『何以利吾家？』士庶人曰：『何以利吾身？』上下交征利，而國危矣。征，取也。從王至庶人，各欲取利，〔六〕其利〔必〕至於篡弑。〔七〕未有仁而遺其親，〔八〕未有義而後其〔君〕者也。」〔九〕

〔一〕秘書監〔鉅〕鹿男臣魏徵等奉　「鉅」，原無，據金澤文庫本補。

〔二〕孟子見於梁惠王　「於」，今孟子無。

〔三〕亦曰仁義而〔已矣〕　「曰」，今孟子作「有」。又「已矣」，底本破損不清，據金澤文庫本、駿河版、天明本補；今孟子亦有之。

〔四〕王何必以利爲名〔乎〕　「必」，今孟子無，校勘記云：「閩、監、毛三本同。孔本、韓本、考文古本『何』下有『必』字，足利本『王何』作『可必』。」又「乎」，底本破損不清，據金澤文庫本、駿河版、天明本補。

〔五〕〔亦唯有〕仁義之道〔者〕可以〔利〕爲名耳　「亦惟有」，底本破損不清，據金澤文庫本、駿河版、天明本補；今孟子作「亦有」。又「者」，底本破損不清，據金澤文庫本、駿河版補；天明本、今孟子無「者」字。又「利」，天明本、今孟子無；金澤文庫本、駿河版同底本。

〔六〕各欲取利　「取利」，今孟子作「利其身」。

〔七〕其利〔必〕至於篡弑　「其利」，天明本、今孟子無；金澤文庫本、駿河版同底本。又「必」，原破損不清，據金澤文庫本、駿河版、天明本補；今孟子亦作「必」。

〔八〕未有仁而遺其親　「親」下天明本、今孟子有「者也」二字；金澤文庫本、駿河版同底本。

〔九〕未有義而後其〔君〕者也　「君」，原無，據駿河版、天明本補；金澤文庫本原無，旁校補之；今孟子亦有之。

梁惠王曰：「寡人願安承教。」願安，意承受孟子之教命。〔一〕孟子對曰：「殺人也，〔二〕以梃與刃，有以異乎？」梃，杖也。曰：「無以異也。」「以刃與以政，〔三〕有以異乎？」曰：「無以異也。」以刃與〔殘〕〔政〕殺人無異也。〔四〕「厩有肥馬，〔五〕民有飢色，野有餓殍，〔六〕此率獸而食人也。獸相食，人且惡之，〔七〕爲民父母行政，不（危）〔免〕率獸而食人，〔八〕惡在其爲〔民〕父母也？」〔九〕爲政乃若率禽獸食人，〔一〇〕安在其爲民父母之道。

〔一〕意承受孟子之教命　「命」，今孟子作「令」。

〔二〕殺人也　「也」，今孟子無。

〔三〕以刃與以政　「以政」之「以」，天明本、今孟子無；金澤文庫本、駿河版同底本。

〔四〕以刃與（殘）〔政〕殺人無異也　「以」，今孟子無。又「政」，原作「殘」，據駿河版、天明本改；金澤文庫本原作「殘」，旁校改爲「政」；今孟子作「政」。

〔五〕廐有肥馬　此句上天明本、今孟子有「庖有肥肉」四字。

〔六〕野有餓殍　「殍」，今孟子作「莩」。

〔七〕人且惡之　「人且」，天明本、今孟子作「且人」；金澤文庫本、駿河版同底本。又「惡」，金澤文庫本原作「要」，其旁校作「惡」；駿河版、天明本、今孟子同底本。

〔八〕不（危）〔免〕率獸而食人　「免」，原作「危」，據駿河版、天明本改；金澤文庫本原作「危」，旁校作「免」；今孟子亦作「免」。

〔九〕惡在其爲〔民〕父母也　「民」，原無，據駿河版、天明本補；金澤文庫本原無，旁校補之；今孟子亦有之。

〔一〇〕爲政乃若率禽獸食人　「若」，今孟子無。

齊宣王問曰：「文王之囿，方七十里，有諸？」孟子曰：「有之。」曰：「若是大乎。」〔一〕王恠其大。曰：「民猶以爲小也。」曰：「寡人之囿，方卌里耳；〔二〕民（以猶）〔猶以〕爲大，〔三〕何也？」曰：「文王之囿，方七十里，蒭蕘者往焉，〔四〕雉菟者往焉，與民同之。民以爲小，不亦宜乎？臣聞郊開之內，有囿方卌里，〔五〕殺其麋〔鹿〕者如殺人之〔罪〕，〔六〕郊開，齊四境之郊皆有關也。〔七〕則是以卌里爲阱於國中也。〔八〕民以爲大，不亦宜乎？」設陷阱者，丈尺之間耳，今陷阱乃方卌里，〔九〕民患其大，〔一〇〕不亦宜乎？

〔一〕若是大乎　「是」下，駿河版、天明本有「其」字；金澤文庫本原無，旁校補之；今孟子有之。

〔二〕方卌里耳　「卌」，駿河版、天明本、今孟子作「四十」，金澤文庫本同底本。

〔三〕民（以猶）〔猶以〕爲大　「猶以」二字原倒，金澤文庫本旁校爲「猶以」，天明本、今孟子作「猶以」，據改；駿河版同底本。

〔四〕萬蒭蕘者往焉　「萬」，駿河版、天明本、今孟子無；金澤文庫本旁校有「本无」二字。

〔五〕方卌里　「卌」，駿河版、天明本、今孟子作「四十」，金澤文庫本同底本。

〔六〕殺其麋〔鹿〕者如殺人之〔罪〕　「鹿」「罪」，原無，據駿河版、天明本補；金澤文庫本原無，旁校補之；今孟子亦有此二字。

〔七〕齊四境之郊皆有關也　「也」，今孟子無。

〔八〕則是以卌里爲阱於國中也　「以」，天明本、今孟子作「方」。又「卌」，駿河版、天明本、今孟子作「四十」；金澤文庫本同底本。

〔九〕今陷阱乃方卌里　「卌」，駿河版、天明本、今孟子作「四十」；金澤文庫本同底本。

〔一〇〕民患其大　「患」，今孟子作「言」，校勘記云：「閩、監、毛三本同，宋本、廖本、孔本、韓本、考文古本言作『苦』。」

公孫丑

孟子曰：「人皆有不忍人之心。言人人皆〔有〕不忍加惡於人〔云〕之心也。〔一一〕先王有不忍人之心，斯〔有〕不忍人之政矣。〔一二〕以不忍人之心，行不忍人之政，治天下可運之於掌上。〔一三〕先聖推不忍害人之心，以行不忍傷民之政，以是治天下，亦易於轉丸於掌上也。〔一四〕所以（以）〔謂〕之人皆有不忍人之心者，〔一五〕今有乍見孺子〔將〕入於井，〔一六〕則皆有怵惕、〔一七〕惻隱之心。由此觀之，〔一八〕無惻隱之〔心〕，非〔人〕也；〔一九〕無羞惡之〔心〕，〔二〇〕非人也；無辭讓之心，非民也；〔二一〕無是非之心，非人也。言無此四者，當若禽獸，非人之心也。〔二二〕惻隱之心，仁之端也；羞惡之心，義之端也；辭讓之心，禮之端也；是非之心，智之端也。端者，首也。人之有是四端也，猶其有四體也。有是四端而自謂不能者，自賊者也；自賊害其〔至〕性，〔二三〕使爲不善。謂其君不能者，賊其君者也。」謂其君不能爲善（不匡而）〔而不匡〕正者，〔二四〕賊其君使陷惡者也。〔二五〕

〔一一〕言人人皆〔有〕不忍加惡於人〔云〕之心也　「有」，原無，據駿河版、天明本補；金澤文庫本原無，旁校補之；今孟子有之。又「云」，據駿河版、天明本删之；金澤文庫本原有「云」字，其旁校謂「本无」而删之；今孟子亦無此字。

〔一二〕斯〔有〕不忍人之政矣　「有」，原無，據駿河版、天明本補；金澤文庫本原無，旁校補之；今孟子有之。

〔一三〕治天下可運之於掌上　「於」，今孟子無。

〔一四〕亦易於轉丸於掌上也　「亦」，今孟子無。

〔一五〕所以（以）〔謂〕之人皆有不忍人之心者　「謂」，原作「以」，據諸本治要改；今孟子亦作「謂」。又「之人」之「之」，天明本、今孟子無；金澤文庫本、駿河版同底本。

〔一六〕今有乍見孺子〔將〕入於井　「有」，今孟子作「人」。又「將」，原無，據駿河版、天明本補；金澤文庫本原無，旁校補之；今孟子有之。

〔一七〕則皆有怵惕　「則」，今孟子無。

〔一八〕由此觀之　「此」，今孟子作「是」。

〔一九〕無惻隱之〔心〕非〔人〕也　「心」「人」二字，原無，據駿河版、天明本補；金澤文庫本原無，旁校補之；今孟子有此二字。

〔二〇〕無羞惡之〔心〕　「心」，原無，據駿河版、天明本補；金澤文庫本原無，旁校補之；今孟子有之。

〔二一〕非民也　「民」，駿河版、天明本作「人」；金澤文庫本原作「民」，旁校爲「人」；今孟子作「人」。

〔二二〕非人之心也　「之」，今孟子無。

〔二三〕自賊害其〔至〕性　「至」，原無，據駿河版補；金澤文庫本原無，旁校補之；天明本、今孟子同底本。

〔二四〕謂其君不能爲善（不匡而）〔而不匡〕　「而不匡」，原作「不匡而」，據諸本治要改；今孟子亦作「而不匡」。

〔一五〕賊其君使陷惡者也　「者」，今孟子無。

孟子曰：「矢人豈不仁於函人哉？矢人唯恐不傷人，函人唯恐（不）傷人。〔一〕巫、匠亦然。故術技不可不〔慎〕。」〔二〕矢，箭也。函，鎧也。〔三〕作箭之人，其性非獨不仁於作鎧之人也，〔四〕術使之然。巫欲祝活人。匠作棺欲其早售，利在人死（度）〔也〕。〔五〕故治術不可不慎，脩其善者〔也〕。〔六〕

〔一〕函人唯恐（不）傷人　「恐」下原有「不」字，據駿河版、天明本刪；金澤文庫本原有，旁有校刪符號；今孟子亦無此字。

〔二〕故術技不可不〔慎〕　「技」，今孟子無。又「慎」，原無，據駿河版、天明本補；金澤文庫本原無，旁校補之；今孟子有之。又「慎」下天明本、今孟子有「也」字；金澤文庫本、駿河版同底本。

〔三〕鎧也　「鎧」，今孟子作「甲」，校勘記云：「閩、監、毛三本同，廖本、孔本、韓本『甲』作『鎧』。下『作甲』同。音義出『鎧』字。」

〔四〕其性非獨不仁於作鎧之人也　「鎧」，今孟子作「甲」。

〔五〕利在人死（度）〔也〕　「也」，原作「度」，據駿河版、天明本改；金澤文庫本原作「度」，旁校作「也」；今孟子亦作「也」。

〔六〕故治術不可不慎脩其善者〔也〕　「也」，原無，據駿河版、天明本補；金澤文庫本原無，旁校補之；今孟子亦有「也」字。

孟子曰：「子路，人告之以其過則喜。〔一〕禹聞善言則拜。大舜又甚焉，〔二〕善與人同，舍己從人，樂取〔於〕人以爲善，〔三〕耕稼、陶（魚）〔漁〕以至爲帝，〔四〕無非取於人者。取〔諸〕人以爲善，〔五〕是與人爲善也，故君子莫大乎與人爲善。」舜從耕於歷山及陶漁，皆取人之善謀而從〔之〕，〔六〕故曰「莫大〔乎〕与人爲善」也。〔七〕

〔一〕人告之以其過則喜　「其」，今孟子作「有」。

〔二〕大舜又甚焉　「又甚」，今孟子作「有大」。

〔三〕樂取〔於〕人以爲善　「於」，原無，據駿河版、天明本補；金澤文庫本原無，旁校補之；今孟子亦有「於」字。

〔四〕耕稼陶（魚）〔漁〕以至爲帝　「耕」上天明本、今孟子有「自」字；金澤文庫本、駿河版同底本。又「漁」，原作「魚」，據金澤文庫本、駿河版、天明本改；今孟子亦作「漁」。

〔五〕取〔諸〕人以爲善　「諸」，原無，據駿河版、天明本補；金澤文庫本原無，旁校補之；今孟子亦有「諸」字。

〔六〕皆取人之善謀而從〔之〕　「之」，原無，據駿河版、天明本補；金澤文庫本原無，旁校補之；今孟子亦有「之」字。

〔七〕莫大〔乎〕与人爲善　「乎」，原無，據駿河版、天明本補；金澤文庫本原無，旁校補之；今孟子亦有「乎」字。

滕文公

陳相見孟子，道許行之言，曰：「賢者與民並耕而食。」孟子曰：「天下有大人之事，〔一〕有小人之事。〔二〕或勞心，或勞力。勞心者治人，勞力者治於人。故能治人者食人，〔三〕不能治人者食於人，〔四〕天下之通義。勞心者，〔五〕君也；勞力者，〔六〕民也；君施教以治之，民竭力治公田以奉食其上，〔七〕天下通義所常行也。〔八〕當堯之時，〔洪〕水橫流，〔九〕(沉)〔汎〕濫於天下。〔一〇〕堯獨憂之，舉舜而治焉。舜使禹疏九河，決汝、漢。八年於外，三過其門而不入，雖欲耕，得乎？堯以不得舜爲己憂，舜以不得禹、臯陶爲己憂。分人以財謂之惠，教人(之)〔以〕善謂之忠，〔一一〕爲天下得人謂之仁。是故以天下與人易，爲天下得人難。」

〔一〕天下有大人之事　「天」上天明本、今孟子有「治」字；金澤文庫本、駿河版同底本。

〔二〕有小人之事　「小」，校勘記云：「閩、監、毛三本，孔本、韓本同，石經，考文古本『人』作『民』。」

〔三〕故能治人者食人　「故」，今孟子無；諸本治要同底本。又「能」，天明本、今孟子無；金澤文庫本、駿河版同底本。又「治」下天明本、今孟子有「於」字；金澤文庫本、駿河版同底本。

〔四〕不能治人者食於人　「不能」二字，今孟子無。

〔五〕勞心者　「者」，今孟子無，校勘記云：「閩、監、毛三本同，廖本、孔本、韓本、考文古本『心力』下並有『者』字。」

〔六〕勞力者　「者」，今孟子無。

〔七〕民竭力治公田以奉食其上　「食」，今孟子作「養」。

〔八〕天下通義所常行也　「行」下今孟子有「者」字，校勘記云：「閩、監、毛三本同，廖本、孔本、韓本、考文古本無『者』字。」

〔九〕〔洪〕水橫流　「洪」，原無，據駿河版、天明本補；金澤文庫本原無，旁校補之；今孟子亦有「洪」字。

〔一〇〕(沉)〔汎〕濫於天下　「汎」，原作「沉」，據駿河版、天明本改；金澤文庫本原作「沉」，旁校作「汎」；今孟子作「氾」。

〔一一〕教人(之)〔以〕善謂之忠　「以」，原作「之」，據駿河版、天明本改；金澤文庫本原作「之」，旁校作「以」；今孟子亦作「以」。

離婁

孟子曰：「離婁子之明，〔一〕公輸子之巧，不以規矩，不能爲方圓。〔二〕師曠之聽，〔三〕不以六律，不能正五音。堯、舜之仁，〔四〕不以仁政，不能平治天下。言當行仁恩之政，〔五〕天下乃可平。今有仁心仁聞，而民不被澤，不可(治)〔法〕於後世者，〔六〕不行先王之道也。人心，〔七〕性仁也。〔仁聞，〕仁聲遠聞也。〔八〕雖然，猶須行先王之道，使百姓被澤，乃可爲後〔世〕法也。〔九〕故曰：徒善不足以爲政，徒法不能以自行。但有善心〔而不〕行之，〔一〇〕不足以爲政；但有善法度而不施之，法度亦不能獨自行。聖人既竭目力焉，繼之以規矩準繩，以爲方圓。既竭耳力焉，繼之六律，正五音。既竭心思焉，繼之〔以〕不忍人之政，〔一一〕而仁覆天下也。〔一二〕故爲高必因丘陵，爲下必因川澤，爲政不因先王之法，可謂智乎？言因自然，即用力少而成功多。是以唯仁者宜在高位，〔不仁而在高位，〕〔一三〕是播(于)惡于衆也。」〔一四〕仁者，能由先王之道；不仁者逆道，〔一五〕則播揚其惡於衆人也。〔一六〕

〔一〕離婁子之明　「子」，今孟子無。

〔二〕不能爲方圓　「爲」，天明本、今孟子作「成」；金澤文庫本、駿河版同底本。

〔三〕師曠之聽　「聽」，駿河版、今孟子作、天明本作「聰」；金澤文庫本原作「聽」，旁校作「聰」。

〔四〕堯舜之仁　「仁」，金澤文庫本旁校指出本書作「道」，駿河版同底本，天明本、今孟子作「道」。

〔五〕言當行仁恩之政　「言」，今孟子無。

〔六〕不可（治）〔法〕於後世者　「法」，原作「治」，據駿河版、天明本改；金澤文庫本原作「治」，旁校作「法」；今孟子亦作「法」。

〔七〕人心　「人」，金澤文庫本旁校作「仁」；駿河版同底本；天明本、今孟子作「仁」。

〔八〕〔仁聞〕仁聲遠聞也　「仁聞」二字，原無，據駿河版、天明本補；金澤文庫本只有「仁聞」二字，旁補「仁聲」二字；今孟子有此二字。

〔九〕乃可爲後〔世〕法也　「世」，原無，據駿河版、天明本補；金澤文庫本原無，旁校補之；今孟子亦有此字。

〔一〇〕但有善心〔而不〕行之　「而不」，原無，據駿河版、天明本補；金澤文庫本原無，旁校補之；今孟子亦有此二字。

〔一一〕繼之〔以〕不忍人之政　「以」，原無，據駿河版、天明本補；金澤文庫本原無，旁校補之；今孟子亦有「以」字。

〔一二〕而仁覆天下也　「也」，今孟子作「矣」。

〔一三〕不仁而在高位　此句原無，據駿河版、天明本補；金澤文庫本原亦無此七字，旁校補之；今孟子亦有。

〔一四〕是播（于）惡于衆也　「播」後原有「于」字，據駿河版、天明本刪；金澤文庫本亦有此「于」字，後校刪之；今孟子亦無此「于」字。

〔一五〕不仁者逆道　「者」，今孟子無。

〔一六〕則播揚其惡於衆人也　「則」下今孟子有「自」字。

孟子曰：「三代之得天下也以仁，其失天下也以不仁；國家之所以廢興存亡者亦然。〔一〕天子不仁，不保四海之内；〔二〕諸侯不仁，不保社稷；卿大夫不仁，不保宗廟；士庶人不仁，不保四體。今惡死亡而樂不仁，猶惡醉而强酒。」

〔一〕國家之所以廢興存亡者亦然　「家」，今孟子無。

〔二〕不保四海之内　「之内」，今孟子無。

孟子告齊宣王曰：「君之視臣如手足，則臣之視君如腹心；〔一〕君之視臣如犬馬，則臣之視君如國人；〔二〕君之視臣如土芥，則臣〔之視君如寇讎。」〔三〕芥，草芥也。臣緣君〔恩〕，以爲差等。〔四〕〕

〔一〕則臣之視君如腹心　「之」，今孟子無。

〔二〕則臣之視君如國人　「之」，今孟子無。

〔三〕案：底本缺第五紙，「之視君如寇讎」以下皆缺，今據駿河版補。「之」，今孟子無。

〔四〕臣緣君〔恩〕以爲差等　「恩」，原無，據金澤文庫本、天明本補；今孟子亦有「恩」字。天明本眉校云：「舊無『恩』字，補之。」

告子〔一〕

〔孟子曰：「今有無名之指，屈而不申，〔二〕非疾痛害事。如有能申之者，〔三〕則不遠秦、楚之路，爲指之不若人也。無名之指，手第四指也。餘指皆有名，無名指，非手之用指也。指不若人，則知惡之；心不若人，則不知惡。此之謂不知類。」心不若人，可惡之大者也。而反惡指，故曰不知類。〔四〕類，事也。〕

〔一〕案：告子一篇原缺失，據駿河版補。

〔二〕屈而不申　「申」，今孟子作「信」。

〔三〕如有能申之者　「申」，今孟子作「信」。

〔四〕故曰不知類　「知」，金澤文庫本原無，旁校補之；天明本、今孟子同底本。

〔孟子曰：「仁之勝不仁也，猶水之勝火也。〔一〕今爲仁者，〔二〕猶以一杯水救一車薪之火也，不息，〔三〕則謂水不勝火者。〔四〕猶以此杯與於不仁之甚者也。」〔五〕〕

〔一〕猶水之勝火也　「也」，今孟子無。

〔二〕今爲仁者　「今」下天明本、今孟子有「之」字；金澤文庫本同底本。

〔三〕不息　「息」，今孟子作「熄」。

〔四〕則謂水不勝火者　「勝火」，金澤文庫本原無，旁校補之；天明本、今孟子同底本。又「者」，今孟子無。

〔五〕猶以此杯與於不仁之甚者也　「猶以」「杯」，天明本、今孟子無；金澤文庫本同底本。

〔孟子曰：「五穀，種之美者也。苟爲不熟，不如荑蕛。〔一〕夫仁，亦在熟之而已矣。熟，成也。」〕

〔一〕不如荑蕛　「蕛」，天明本、今孟子作「稗」；金澤文庫本同底本。

盡心〔一〕

〔孟子曰：「以佚道使民，雖勞不怨；謂教民趣農，役不使失業，〔二〕當時雖勞，〔三〕後獲其利，則逸矣。以生道殺民，雖死不怨殺者。」殺此罪人者，其意欲生人也。故雖伏罪而死，不怨殺者也。〔四〕〕

〔一〕案：盡心一篇原缺失，據駿河版補。

〔二〕役不使失業　「役」下天明本、今孟子有「有常時」三字；金澤文庫本同底本。

〔三〕當時雖勞　「時」，校勘記云：「閩、監、毛三本同，岳本、孔本、韓本、考文古本『其』作『時』，是也。」

〔四〕不怨殺者也　「也」，今孟子無。

慎子〔一〕

〔天有明，不憂人之闇也；〔二〕地有財，不憂人之貧也；聖人有德，而不憂人之危也。〔三〕天雖不憂人之闇也，〔四〕闢户牖必取己明焉，則天無事也。地雖不憂人之貧也，〔五〕伐木刈草，必取己富焉，則地無事矣。聖人雖不憂〕人危也，〔六〕百姓准上而比於其下，〔七〕必取己（必）安焉，〔八〕則聖人无事矣。〔九〕故聖人處上，能无害人，不能使人无己害也，則百姓除其害矣。聖人之有天下也，受之也，非取之也。有光明之惪，〔一〇〕故百姓推而(興)〔與〕之耳，〔一一〕豈其心哉？百姓之於聖人也，養之也，非使聖人養己也，則聖人無事矣。

〔一〕案：慎子威德篇自書名篇目至「聖人雖不憂」原缺失，今據駿河版補。

〔二〕不憂人之闇也　「闇」，今慎子作「暗」。

〔三〕而不憂人之危也　「而」，今慎子無。

〔四〕天雖不憂人之闇也　「闇」，今慎子作「暗」。又「也」，今慎子無。

〔五〕地雖不憂人之貧也　「也」，今慎子無。

〔六〕聖人雖不憂人危也　「危」上天明本、今慎子有「之」字；金澤文庫本、駿河版同底本。又「也」，今慎子無。

〔七〕百姓准上而比於其下　「准」，駿河版、天明本、今慎子作「準」；金澤文庫本同底本。又「其」，今慎子無。

〔八〕必取己(必)安焉　「己」下原有「必」字，據駿河版、天明本刪；金澤文庫本原有，旁校刪之；今慎子亦無此字。

〔九〕則聖人无事矣　「矣」，今慎子作「也」。

〔一〇〕有光明之惪　「惪」，金澤文庫本原作「惪」，旁校作「意」；駿河版、天明本、今慎子同底本。

〔一一〕故百姓推而(興)〔與〕之耳　「與」，原作「興」，據駿河版、天明本改；金澤文庫本原作「興」，旁校作「與」；今慎子亦作「與」。

毛嬙、西施，天下之至姣也。衣之以皮倛，〔一〕則見之者皆走；〔二〕荀卿曰：「仲尼之狀，面若蒙倛。」〔三〕易之以玄緆，則行者皆止。緆，謂細疎。〔四〕(由是觀之，則玄緆，則行者皆止。緆謂細疎。)〔五〕由是觀之，則玄緆，色之助也。姣者辞之，則色厭矣。走背跋踚窮谷，〔六〕野走千里，藥也。走背辞藥則足廢。理有相須而作，事有待具而成。故雖資傾城之觀，必俟衣裳之飾；雖挺越常之足，必假藥物而疾。故有才無勢，將顛墜於溝谿；〔七〕有勢無才，亦騰乎風雲。万動云云，咸皆然耳。故騰虵遊霧，飛龍乘雲，雲罷霧霽，與丘蚓同，〔八〕則失其所乘也。故賢而屈於不肖者，權輕也；不肖而服於賢者，位尊也。堯爲匹夫，不能使其隣家，至南面而王，則令行禁止。由此觀之，賢不足以服不肖，而勢位足以服不肖，〔九〕(而勢位足以服不肖，而勢位足以服不肖，)〔一〇〕而勢位足以屈賢矣。故无名而断者，權重也；弩弱而矰高者，乘於風也；身不肖而令行者，得助於衆也。故舉重越高者，不慢於藥；愛赤子者，不慢於保；絶險歷遠者，不慢於御。此得助則成，釋助則廢矣。夫三王、五伯之惪，參於天地，通於鬼神，周於生物者，其得助博也。

〔一〕衣之以皮倛　「倛」，駿河版、天明本作「僛」；金澤文庫本同底本；今慎子作「倛」。下文同。

〔二〕則見之者皆走　「之」，今慎子無。

〔三〕面若蒙倛　「蒙」，駿河版作「象」；金澤文庫本、天明本、今慎子同底本。

〔四〕謂細疎　「疎」，駿河版、金澤文庫本、天明本、今慎子作「布」。

〔五〕「由是觀之」至「緆謂細疎」　此十六字，諸本治要皆無，據刪；今慎子亦無。

〔六〕走背跋踚窮谷　「跋」，金澤文庫本原作「拔」，旁校作「跋」；駿河版、天明本、今慎子同底本。

〔七〕將顛墜於溝谿　「顛」，駿河版、天明本、今慎子作「顛」；金澤文庫本同底本。又「谿」，諸本治要、今慎子皆作「壑」。

〔八〕與丘蚓同　「丘」，駿河版、天明本、今慎子作「蚯」；金澤文庫本原作「丘」，旁校作「蚯」。

〔九〕而勢位足以服不肖　此句今慎子無。

〔一〇〕而勢位足以服不肖而勢位足以服不肖　此十六字諸本治要皆無，據刪；今慎子亦無。

古者工不兼事，士不兼官。工不兼事則事省，事省則易勝；士不兼官則職寡，職寡則易守。故士位可世，工事可常。古之宰物，皆用其一能以成其一事。是以用无弃人，使无弃才。若乃任使於過分之中，役物於異便之地，則上下顛倒，〔一〕事能（脩）〔淆〕乱矣。〔二〕百工之子，不學而能者，非生巧也，言有其常事也。〔三〕今也國無常道，官無常法，是以國家日繆。教雖成，官不足；官不足，則道理匱；道理匱，則慕賢智；慕賢智，則國家之政要在一人之心矣。人之情也，莫不自賢，則不相推。政要在一人，從一人之所欲，不必善，則政教陵遲矣。古者立天子而貴之者，非以利一人也。曰：天下無一貴，理无由通，通理以爲天下也。故立天子以爲天下也，〔四〕非立天下以爲天子也；立國〔君以爲國〕也，〔五〕非立國以爲君也；立官長以爲官也，〔六〕非立官以爲長也。〔七〕

〔一〕則上下顛倒　「顛」，駿河版、天明本、今慎子作「顛」；金澤文庫本同底本。

〔二〕事能（脩）〔淆〕乱矣　「淆」，原作「脩」，據諸本治要改；今慎子亦作「淆」。又此注「古之宰物」至「事能淆乱矣」，今慎子在「職寡則易守」句下。

〔三〕言有其常事也　「其」，今慎子無。

〔四〕故立天子以爲天下也　「也」，今慎子無。

〔五〕立國〔君以爲國〕也　「君以爲國」四字，原無，據駿河版、天明本補；金澤文庫原無，旁校補之；今慎子亦有之。又「也」，今慎子無。

〔六〕立官長以爲官也　「也」，今慎子無。

〔七〕非立官以爲長也　「長」，慎子集校集注校作「官長」，云：「『官長』，原作『長』，據説郛本、子彙本、慎懋賞本、四庫本、墨海金壺本、百子全書本、四部叢刊本改。」

法雖不善，猶愈於無法。所以一人心也。夫投鈎分財，投策分馬，非鈎策爲均也。使得美者不知所以賜，〔一〕得惡者不知所以〔怨，此所以〕塞怨望，〔二〕使不之上也。〔三〕明君動事必由慧，〔四〕定罪分財必由法，〔五〕行悳制中必由礼。法者所以（受）〔愛〕民，〔六〕礼者所以更事。〔七〕故欲不得干時，必於農隙也。愛不得犯法，當官而行。貴不得踰親，〔八〕禄不得踰位，慧不得兼官，〔九〕工不得兼事。以能（愛）〔受〕事，〔一〇〕以事受利。若是者，上無羨賞，民無羨財。〔一一〕羨，猶溢也。

〔一〕使得美者不知所以賜　「賜」，今慎子作「德」；慎子集校集注校云：「説郛本、子彙本作『美』。」

〔二〕得惡者不知所以〔怨此所以〕塞怨望　「怨此所以」，原無，據駿河版、天明本補；金澤文庫本原無，旁校補之；今慎子亦有此四字。又「怨望」之「怨」，今慎子作「願」。

〔三〕使不之上也　「之」，駿河版、天明本無；金澤文庫本同底本。今慎子無此句。

〔四〕明君動事必由慧　「慧」，駿河版、天明本作「惠」；金澤文庫本、今慎子同底本。

〔五〕定罪分財必由法　「罪」，今慎子作「賞」；慎子集校集注校云：「慎懋賞本、四部叢刊本作『鼎』。四庫本缺。」

〔六〕法者所以〔受〕〔愛〕民　「愛」，原作「受」，據駿河版、天明本改；金澤文庫本同底本；今慎子亦作「愛」。

〔七〕礼者所以更事　「更」，天明本作「便」；金澤文庫本、駿河版同底本；今慎子作「使」。

〔八〕貴不得踰親　「親」，金澤文庫本原作「親」，旁校作「覝」；駿河版、天明本作「覝」；今慎子作同底本。

〔九〕慧不得兼官　「慧」，駿河版、天明本作「惠」；金澤文庫本同底本；今慎子作「士」。

〔一〇〕以能〔愛〕〔受〕事　「受」，原作「愛」，據駿河版、天明本改；金澤文庫本原作「愛」，旁校作「受」；今慎子作「受」。

〔一一〕民無羡財　「民」，今慎子作「下」。

因〔脩〕〔循〕〔一〕

天道，因則大，因百姓之情，遂自然之性，則其功至高，其道至大也。〔二〕化則細。化使從我，物所樂，其理褊狹，其惠細小也。因也者，因人之情也。人莫不自爲也，化而使之爲我，則莫可得而用矣。違性矯情，引彼就我，則忿戾乖違，莫有從之者矣。是故先王不受禄者不臣，禄不厚者不与入難。〔三〕人不得其所以自爲也，則上不取用焉。夫君上取用，必須天機之動，性分之通，然後上下交泰，經世可〔欠〕〔久〕耳。〔四〕故放使自爲，則無不得；仕而使之，則无不失矣。故用人之自爲，不用人之爲我，則莫不可得而用矣，此之謂因。

〔一〕因〔脩〕〔循〕　「脩」，天明本、今慎子作「循」，據改；金澤文庫本、駿河版同底本。案：九條家抄本「循」多訛作「脩」。

〔二〕「因百姓之情」至「其道至大也」　此注今慎子在「化則細」句下。

〔三〕禄不厚者不与入難　「難」，慎子集校集注云：「説郛本、子彙本、四庫本、墨海金壺本、百子全書本脱。」

〔四〕經世可〔欠〕〔久〕耳　「久」，原作「欠」，據諸本治要改；今慎子亦作「久」。

民雜

民雜處而各有所能，所能者不同，此民之情也。故聖人不〔安〕〔求〕備於一人也。〔一〕大君者，大上也，兼畜下者也。下之所能不同，而皆上之用也。是以大君因民之能爲資，盡苞而畜之，〔二〕无去取焉。〔三〕夫人君之御世也，皆曲盡百姓之能，兼羅萬物之分，因其長短，就而用之，使能〔父〕〔文〕者爲〔父〕〔文〕，〔四〕能武者爲武，聾者使其〔視〕〔聽〕，盲者使其〔聽〕〔視〕。〔五〕故理有盡用，物无弃財。是故不設一方以求〔於人，故所求者無不足也。〔六〕大君不擇其下，故足也。〔七〕不擇其下，則易爲下矣。易爲下，則下莫不容。〔八〕莫不容，故多下，多下之謂大上。其下既多，故在上者大。君臣之道，臣事事言事其所事。而君無事，百官之屬，各有所司。〔九〕君逸樂而臣任勞；臣盡智力以善其事，而君無與焉，仰成而已，故事無不治。人君自任而務爲善，則是代下負任蒙勞也，〔一〇〕臣反逸矣。故曰：君人者好爲善以先下，則不敢與爭爲善以先君矣。〔一一〕君好見其善，則群下皆淫善於君矣。上以一方之善而施於衆方之中，求其爲贍，偏已多矣。君偏既多，而臣韜其善，則天下亂矣。皆私其所知以自覆掩，有過則臣反責君，逆亂之道。夫所以置三公而列百官者，將使群臣各進所知，以康庶績耳。若乃君顯其善，而臣藏其能，百事從君而出，衆端自上而下，則臣善不用，而帰惡有在矣。〕

〔一〕不〔安〕〔求〕備於一人也　「求」，原作「安」，據諸本治要改；今慎子亦作「求」。

〔二〕盡苞而畜之　「苞」，今慎子作「包」。

〔三〕无去取焉　「无」下天明本、今慎子有「能」字；金澤文庫本、駿河版同底本。

〔四〕使能〔父〕〔文〕者爲〔父〕〔文〕　「能」，天明本無；金澤文庫本、駿河版、今慎子同底本。又二「文」字，原作「父」，據天明本改；金澤文庫本、駿河版同底本；今慎子亦作「文」。

〔五〕聾者使其〔視〕〔聽〕盲者使其〔聽〕〔視〕　「聽」「視」，原互錯，據駿河版、天明本乙；金澤文庫本原亦互錯，旁校乙改；今慎子不誤。

〔六〕案：底本缺第九紙，即「於人故所求者無不足也」至「治亂之分不可不察所謂」，今據駿河版補。

〔七〕故足也　「也」，今慎子無。

〔八〕則下莫不容　「下」，今慎子無。

〔九〕各有所司　「所司」，今慎子作「司存」。

〔一〇〕則是代下負任蒙勞也　「則」上天明本、今慎子有「以先下」三字；金澤文庫本同底本。

〔一一〕則不敢與爭爲善以先君矣　「與」下天明本、今慎子有「君」字；金澤文庫本同底本。

〔君之智，未必最賢於衆也，以未最賢而欲以善盡被下，則不瞻矣。〔一〕假使其賢，猶不可推一己之智以察群下，而況不最賢。〔二〕若使君之智最賢，以一君而盡瞻下則勞，勞則有倦，倦則衰，衰則復反於不瞻之道也。是以人君自任而躬事，則臣不事事矣，〔三〕言君之專荷其事，則臣下不復以事爲事矣。是君臣易位也，謂之倒逆，倒逆則亂矣。人君任臣而勿自躬，則臣事事矣。是君臣之順，治亂之分，不可不察。所謂〕任人者逸，〔四〕自任者勞也。

〔一〕則不瞻矣　「瞻」，天明本、今慎子作「贍」；金澤文庫本同底本。案：「瞻」通「贍」。下文同。

〔二〕而況不最賢　「最」，金澤文庫本原無，旁校補之；天明本、今慎子同底本。

〔三〕則臣不事事矣　「矣」，今慎子無。

〔四〕案：底本缺第九紙，即「於人故所求者無不足也」至「治亂之分不可不察所謂」，今據駿河版補。

知忠

乱世之中，亡國之臣，非獨無忠臣也。治國之中，顯君之臣，非獨能盡忠也。治國之人，忠不偏於其君；亂世之人，道不(不)偏於其臣。〔一〕然而治亂之世，同〔世〕有忠道之人。〔二〕臣之欲忠者不絕世，而君未得寧其上也。〔三〕夫滅亡之國，皆有忠臣耳。然賢君千載一會，忠臣世世有之，值其一隆之時，則相與而交興矣；遇其昏乱之主，則相与而俱已矣。無過比干、子胥之忠，〔四〕而毀瘁主君於闇墨之〔中〕，〔五〕遂染溺滅名而死。

〔一〕道不(不)偏於其臣　「不」下原重「不」字，據駿河版、天明本删；金澤文庫本同底本；今慎子不重。

〔二〕同〔世〕有忠道之人　「世」，原無，據駿河版、天明本補；金澤文庫本原無，旁校補之；今慎子有「世」字，慎子集校集注校云：「『世』字疑衍，叢書集成初編本治要上欄校曰疑衍，譚樸森删。」

〔三〕而君未得寧其上也　「也」，駿河版、天明本、今慎子無；金澤文庫本同底本。

〔四〕無過比干子胥之忠　「過」，諸本治要作「遇」，今慎子亦作「遇」。

〔五〕而毀瘁主君於闇墨之〔中〕　「中」，原無，據駿河版、天明本補；金澤文庫本原無，旁校補之；今慎子亦有「中」字。

由是觀之，忠未足以救亂世，而適足以重非。何以識其然也？曰：父有良子，而舜放瞽叟；桀有忠臣，而過盈天下。然則孝子不生慈父之義，〔一〕六親不和，有孝慈也。〔二〕而忠臣不生聖君之下。國家昏乱，有貞臣也。故明主之使其臣也，忠不得過(識)〔職〕，〔三〕而職不得過官。是以過脩於身，而下不敢以善驕矜。守職之吏，人務其治，而莫敢淫偷其事。官正以敬，其業和，〔吏人務其治，而莫敢滛偷其事。官正以〕順，〔四〕以事其上，如此則至治已。此五帝、三王之業也。〔五〕

〔一〕然則孝子不生慈父之義　「義」，今慎子作「家」。

〔二〕六親不和有孝慈也　此注今慎子在下文「而忠臣不生聖君之下」句下。

〔三〕忠不得過(識)〔職〕　「職」，原作「識」，據諸本治要改；今慎子亦作「職」。

〔四〕〔吏人務其治而莫敢滛偷其事官正以〕順　「吏人務其治」等十五字，原無，據駿河版、天明本補；金澤文庫本原無，旁校亦補録此十五字；錢熙祚守山閣本以此十五字爲衍文，删之。今慎子採錢説，故未録此十五字。

〔五〕此五帝三王之業也　此注今慎子在上文「而下不敢以善驕矜」句下。

亡國之君，非一人之罪也；惡〔不〕衆，〔一〕不足〔以〕亡其〔國〕

之也。〔二〕治國之君，非一人之力也。善不多，則不足以興治也。將治乱，在乎賢使任職，而不在於忠也。故智盈天下，澤及其君；忠盈天下，害及其國。故桀之所以亡，堯不能以爲存。然而堯有不勝之善，言其善，道（可）〔不〕可勝言也。〔三〕而桀有運非之名，天下之惡，皆歸之也。〔四〕則得人与失人也。故廊廟之材，蓋非一木之枝也；狐白之裘，〔五〕蓋非一狐之皮也；治乱安危存亡榮辱之施，非一人之力也。

〔一〕惡〔不〕衆　「不」，原無，據駿河版、天明本補；金澤文庫本原無，旁校補之；今慎子亦有之。

〔二〕不足〔以〕亡其〔國〕之也　「以」「國」，原破損不清，據金澤文庫本、駿河版、天明本補。又「之」，駿河版、天明本無；金澤文庫本同底本。又案：二句注釋今慎子在下文「非一人之力也」句下。

〔三〕言其善道（可）〔不〕可勝言也　「不」，原作「可」，據諸本治要改；今慎子亦作「不」。案：此注及下注今慎子皆置下文「則得人与失人也」句下。

〔四〕天下之惡皆歸之也　「歸」，金澤文庫本作「帰」；駿河版作「皈」；天明本同底本。

〔五〕狐白之裘　「狐」，今慎子作「粹」，慎子集校集注指出慎懋賞本亦作「狐」。

悳〔一〕

立天子者，不使諸侯疑焉；立諸侯者，不使大夫疑焉。立正妻者，不使嬖妾疑焉；立嫡子者，不使庶孽疑焉。疑則動，兩則争，雜則相傷。害在有与，不在獨也。

〔一〕悳　天明本、今慎子作「德立」，金澤文庫本、駿河版同底本。慎子集校集注云：「説郛本、子彙本、墨海金壺本、百子全書本作『德立四』。慎懋賞本作内篇第四事之一部，無題。」

故臣有兩位者，國必乱；臣兩位而國不乱者，君猶在也。〔一〕恃君而不乱，失君必乱。子〔有〕兩位者，〔二〕家必乱；子有兩位而家不乱者，親猶在也。〔三〕恃親而不乱，〔四〕失親必乱。〔五〕臣疑其君，無不危之國；孽疑其宗，无不危之家。

〔一〕君猶在也　「猶」，今慎子無。

〔二〕子〔有〕兩位者　「有」，原無，據駿河版、天明本補；金澤文庫本原無，旁校補之；今慎子有之。

〔三〕親猶在也　「親猶」，今慎子作「父」。

〔四〕恃親而不乱　「親」，今慎子作「父」。

〔五〕失親必乱　「親」，今慎子作「父」。

君人

君人者，舍法而以身治，則誅賞奪与，〔一〕從君心出矣。然則受賞者雖當，望多無窮；受罰者雖當，望輕无已。民之所信者，法也。今在賞者欲多，在罰者欲少，无法以限之，則不知所論矣。雖極聰明以窮（轉）〔輕〕重，〔二〕盡心以班奪与，夫何解於怨望哉。君舍法而以心裁輕重，〔三〕則是同功而殊罰也，〔四〕怨之所由生也。

〔一〕則誅賞奪与　「奪与」，今慎子作「予奪」。

〔二〕雖極聰明以窮（轉）〔輕〕重　「輕」原作「轉」，據駿河版、天明本改，金澤文庫本原作「轉」，旁校作「輕」；今慎子亦作「輕」。

〔三〕君舍法而以心裁輕重　「心」下金澤文庫本有「哉」字，於義不合，涉下「裁」字而誤衍；駿河版、天明本、今慎子同底本。

〔四〕則是同功而殊罰也　「是」，今慎子無。又「同功而殊罰」，今慎子作「同功殊賞同罪殊罰」。又「也」，今慎子作「矣」。

是以分馬者之用策，分田者之用鉤也，〔一〕非以鉤策爲過人智也，所以去私塞怨也。故曰：大君任法而弗躬爲，〔二〕則事斷於法矣。法之所加，各以其分蒙其賞罰，而無望於君也。是以怨不生而上下和矣。

〔一〕分田者之用鉤也　「也」，今慎子無。

〔二〕大君任法而弗躬爲　「弗」，金澤文庫本原作「佛」，旁校作「弗」；駿河版、天明本同底本。又「爲」，今慎子無。

君臣

爲人君者不多聽，物有本，事有原。據法倚數，以觀得失。无法之言，不聽於耳；無法之勞，不圖於功；無勞之親，不任於官。官不私親，法不遺愛；上下無事，唯法所在。法令者，生民之命，至治之命，〔一〕天下之程式，萬事之儀表。智者不得過，（遇）〔愚〕者不得不及焉。〔二〕

〔一〕至治之命　「命」，天明本、今慎子作「令」，金澤文庫本、駿河版同底本。

〔二〕（遇）〔愚〕者不得不及焉　「愚」，原作「遇」，據駿河版、天明本改；金澤文庫本原無，旁校補「愚」字；今慎子亦有「愚」字。

（君父）〔尹文〕子〔一〕

大道

古人以度審長短，〔二〕以量受少多，〔三〕以衡平輕重，以律均清濁，以名稽虛實，以法定治乱，以簡制煩惑，〔四〕以易御險難。萬事皆歸於一，〔五〕百度〔皆〕准於法。〔六〕歸一者簡之至，准法者易之〔極〕。〔七〕如此，〔八〕則頑、嚚、聾、瞽可與察、慧、聰、明同治矣。〔九〕天下萬事不可備能，責其備能於〔一〕人，〔一〇〕則賢聖其猶病諸。設一人能備能天下之事，〔一一〕則左右前後之宜，〔一二〕遠近遲疾之間，必有不兼者焉。苟有不兼，於治闕矣。全治而無闕者，大小多少，各當其分。農商工仕不易其業，則處上者何事哉？〔一三〕有理而無益於治者，〔一四〕君子不言；有能而無益於事者，君子弗爲。君子非樂有言，有益於治，不得不言；君子非樂有爲，有益於事，不得不爲。故所言者不出於名法權術；〔一五〕所爲者不出於農稼軍陣，（同）〔周〕務而已，〔一六〕故明主任之。〔一七〕治外之理，外人之所必言；〔一八〕事外之能，小人之所必爲。〔一九〕小人亦知言有損於治而不能不言，〔二〇〕小人亦知能有損於治而不能不爲。〔二一〕故所言者極於儒、墨是非之所辨，〔二二〕爲者極於堅僞偏抗之行，求名而已，故明主誅之。〔二三〕故古語曰：〔二四〕「不知無害爲君子，〔二五〕知之無損爲小人。〔二六〕工匠不能無害於巧，君子不知無害於治。」〔二七〕此言信矣。〔二八〕爲善使人不能得從，爲巧使人不能得爲，〔二九〕此獨善獨巧者也，〔三〇〕未盡巧、善之理；〔三一〕爲善与衆行之，爲巧与衆能之，〔三二〕此善之善者，巧之巧者。〔三三〕故所貴聖人之治，〔三四〕不貴其獨治，貴〔其〕能與衆共治也；〔三五〕所貴工倕之巧，〔三六〕不貴其獨（其獨）巧，〔三七〕貴其與衆共巧也。今世之〔人〕行欲獨賢，〔三八〕事欲獨能，辨欲出群，勇欲絶衆。獨行之賢，〔三九〕不足以成化；獨能之事，不足以周務；〔四〇〕出群之辨，不可爲户説；絶衆之勇，不可與正陣。〔四一〕凡此四者，乱之所由生。是以聖人任道以通〔其〕嶮，〔四二〕立法以理其差，使賢愚不相弃，能鄙不相遺。〔四三〕則能鄙齊功；賢愚不相弃，則賢愚等慮。〔四四〕此至治之術也。名定，則物不競；分明，則私不行。物不競，非無心，由名定，故無所厝其心；私不行，非無欲，由分明，故無所厝其欲。然則心、欲人人有之，而得同於無心無欲者，〔四五〕制之有道也。彭蒙曰：「雉、菟在野，衆逐之，〔四六〕分未定也。雞、豕滿市，莫有志者，分定故也。」圓者之轉，非能轉而轉，不得不轉也；方者之止，非能止而止，不得不止也。因圓者之自轉使不得止，〔四七〕因方者之自止使不得轉，〔四八〕何苦物之失分？故因賢者之有用使不得不用，因愚者之無用使不得用。用與不用，皆非我也。〔四九〕因彼可用與不可用而自得其用也。〔五〇〕自得其用，奚患物之亂也？〔五一〕」

〔一〕（君父）〔尹文〕子　「尹文」，原作「君父」，據金澤文庫本、駿河版、天明本改。又，「君父子」三字原附上文末，今據金澤文庫本、駿河版、天明本移作標題。

〔二〕古人以度審長短　「古」，今尹文子作「故」，王愷鑾引錢熙祚曰：「故字誤，群書治要引作『古』。」

〔三〕以量受少多　「少多」，王愷鑾曰：「錢熙祚本作『多少』，治要及藏本與本書同。」

〔四〕以簡制煩惑　「制」，今尹文子作「治」，王愷鑾曰：「汪繼培曰：『治煩惑之「治」，沈本説郛本作「制」，治要同。』（錢熙祚校本引藏本同。）孫詒讓曰：『宋古迂陳氏本亦作「制」。』」

〔五〕萬事皆歸於一　「萬」上今尹文子有「以」字，王愷鑾引錢熙祚曰：「句首『以』字衍，當依治要删。」

〔六〕百度〔皆〕准於法　「皆」，原無，據諸本治要補。又「准」，駿河版、天明本、今尹文子作「凖」；金澤文庫本同底本。

〔七〕准法者易之〔極〕　「極」，原無，據駿河版、天明本補；金澤文庫本原無，旁校補之；今尹文子亦有「極」字。

〔八〕如此　「如」，金澤文庫本原作「始」，旁校作「如」；駿河版、天明本、今尹文子同底本。

〔九〕則頑嚚聾瞽可與察慧聰明同治矣　「慧」，駿河版、天明本、今尹文子作「惠」；金澤文庫本同底本。

〔一〇〕責其倫能於〔一〕人　「一」，原無，據駿河版、天明本補；金澤文庫本同底本；今尹文子亦有「一」字。

〔一一〕設一人能倫能天下之事　「倫能」之「能」，天明本、今尹文子無；金澤文庫本、駿河版同底本。

〔一二〕則左右前後之宜　「則」，今尹文子作「能」，王愷鑾曰：「王時潤曰：『下「能」字屬下爲句，當讀爲「則」。……』鑾案下『能』字，錢熙祚云：『治要引作「則」，屬下句讀。』足證王說不謬。」

〔一三〕則處上者何事哉　「者」，天明本作「有」；金澤文庫本、駿河版、今尹文子同底本。

〔一四〕有理而無益於治者　「有」上天明本、今尹文子有「故」字；金澤文庫本、駿河版同底本。

〔一五〕故所言者不出於名法權術　「權」，金澤文庫本作「摧」；駿河版、天明本、今尹文子同底本。

〔一六〕(同)〔周〕務而已　「周」，原作「同」，據駿河版、天明本改；金澤文庫本原作「同」，旁校作「周」；今尹文子亦作「周」。

〔一七〕故明主任之　「任之」，今尹文子作「不爲」，王愷鑾引錢熙祚曰：「此二字誤，當依治要作『任之』。下云『故明主誅之』，正與此相對爲文。」

〔一八〕外人之所必言　「外」，駿河版、天明本、今尹文子作「小」；金澤文庫本原作「外」，旁校作「小」。又「之所」二字，今尹文子無。

〔一九〕小人之所必爲　此句今尹文子無。王愷鑾引錢熙祚曰：「此處有脫文，當依治要作『治外之理，小人之所必言；事外之能，小人之所必爲』；觀下文云：『小人亦知言損於治，而不能不言；小人亦知能損於事，而不能不爲；亦以言屬治，以爲屬事也。』」

〔二〇〕小人亦知言有損於治而不能不言　「有」，今尹文子無。

〔二一〕小人亦知能有損於治而不能不爲　「有」，今尹文子無。王愷鑾曰：「上下文皆以言屬治，以爲屬事，此處不能獨異；當改作『小人亦知爲損於事』，方能前後相銜，首尾一貫。」

〔二二〕故所言者極於儒墨是非之所辨　「所辨」，駿河版、天明本、今尹文子作「辨所」；金澤文庫本原作「所辨」，有乙正符號。案：作「辨所」者，即以「所」字屬下句「爲者極於堅僞偏抗之行」，成「所爲者極於堅僞偏抗之行」。

〔二三〕故明主誅之　「明」，今尹文子作「名」，王愷鑾曰：「名字誤，宜據湖北崇文局本改作『明』。」

〔二四〕故古語曰　「故」，今尹文子無。

〔二五〕不知無害爲君子　「爲」，今尹文子作「於」。

〔二六〕知之無損爲小人　「爲」，今尹文子作「於」。

〔二七〕君子不知無害於治　「於」，王愷鑾曰：「以上四句，亦見於荀子儒效篇，四『於』字彼均作『爲』，經傳釋詞云：『爲，猶於也。』」

〔二八〕此言信矣　「言」，今尹文子無。

〔二九〕爲巧使人不能得爲　「得爲」之「爲」，今尹文子作「從」。

〔三〇〕此獨善獨巧者也　此句今尹文子作「此獨巧也」。

〔三一〕未盡巧善之理　「巧」「善」，今尹文子倒作「善」「巧」。王愷鑾引錢熙祚曰：「長短經卑政篇注『爲善』『爲巧』下，並有『者』字，『也』字在『理』字下，餘並與治要同，可見唐本尹文子如此。」

〔三二〕爲巧与衆能之　「巧」，金澤文庫本作「功」；駿河版、天明本、今尹文子同底本。

〔三三〕巧之巧者　「者」下天明本、今尹文子有「也」字；金澤文庫本、駿河版同底本。

〔三四〕故所貴聖人之治　「故」，今尹文子無，王愷鑾引錢熙祚曰：「容齋續筆引，句首有『故』字，與治要合。」

〔三五〕貴〔其〕能與衆共治也　「其」，原無，據駿河版、天明本補；金澤文庫本原無，旁校補之；今尹文子亦有「其」字。又「也」，今尹文子無，王愷鑾據錢熙祚引長短經有之。

〔三六〕所貴工倕之巧　「所」，今尹文子無，王愷鑾據錢熙祚引長短經有此字。

〔三七〕不貴其獨（其獨）巧　「貴」下「其獨」二字原重，據駿河版、天明本刪重；又「獨巧」下金澤文庫本原有「獨功」二字，後校刪之。

〔三八〕今世之〔人〕行欲獨賢　「人」，原無，據天明本補；金澤文庫本、駿河版同底本；今尹文子亦有「人」字。

〔三九〕獨行之賢　此句王愷鑾曰：「律以上下文，當作『獨賢之行』，校者失之自曉。」

〔四〇〕不足以周務　「周」，金澤文庫本、駿河版作「同」；天明本、今尹文子同底本。

〔四一〕不可與正陣　「正」，駿河版、天明本作「征」；金澤文庫本原作「正」，旁校作「征」；今尹文子亦作「征」。

〔四二〕是以聖人任道以通其嶮　「通」，今尹文子爲缺字，王愷鑾引錢熙祚本作「夷」，又引湖北崇文局本與治要同。案：底本缺第十四至十七紙，「其嶮」以下，今據駿河版補。

〔四三〕能鄙不相遺　「遺」，金澤文庫本原作「貴」，旁校作「遺」；天明本、今尹文子同底本。

〔四四〕則賢愚等慮　「愚」，今尹文子作「是」，王愷鑾曰：「湖北崇文局本『是』作『愚』，宜據改。」

〔四五〕而得同於無心無欲者　上「無」字，今尹文子無，王愷鑾引湖北崇文局本有，曰：「宜據補。」

〔四六〕衆逐之　「衆」下天明本有「人」字，金澤文庫本、今尹文子同底本。

〔四七〕因圓者之自轉使不得止　「者」，今尹文子無。

〔四八〕因方者之自止使不得轉　「者」，今尹文子無。

〔四九〕皆非我也　「也」，今尹文子作「用」，王愷鑾引錢熙祚曰：「句末『用』字誤，當依治要作『也』。」

〔五〇〕因彼可用與不可用而自得其用也　「不可用」之「可」，今尹文子作「所」，王愷鑾引錢熙祚説謂當從治要。又「自得其用也」五字，今尹文子無。

〔五一〕奚患物之亂也　「也」，今尹文子作「乎」，王愷鑾據錢熙祚引長短經與治要同。

道行於世，則貧賤者不怨，富貴者不驕，愚弱者不懾，〔一〕智勇者不矜，〔二〕足於分也。〔三〕法行於世，則貧賤者不敢怨富貴，富貴者不敢凌貧賤，愚者不敢冀智勇，〔四〕智勇者不敢鄙愚弱，此法之不及道也。世之所貴，同而貴之謂之俗；世之所用，〔五〕同而用之謂之物。苟違於人，俗所不與；苟忮於衆，俗所共去。〔六〕故人心皆殊，〔七〕而爲行若一；所好各異，而資用必同。此俗〔之〕所齊，〔八〕物之所飾。故所齊不可不慎，所飾不可不擇。昔齊桓好衣紫，合境不鬻異綵；〔九〕楚莊愛細腰，一國皆有飢色。上之所率下，〔一〇〕乃治亂之所由也。國亂有三事：年飢民散，無食以聚之，則亂；治國無法，則亂；有法而不能用，則亂。有食以聚民，有法而能行，國不治，未之有也。〔一一〕」

〔一〕愚弱者不懾　「不」，金澤文庫本原無，旁校補之；天明本同底本。又「懾」，金澤文庫本作「備」；天明本、今尹文子同底本。

〔二〕智勇者不矜　「勇」，今尹文子作「愚」，王愷鑾曰：「『愚』字誤，宜據湖北崇文局本改爲『勇』」。

〔三〕足於分也　「足」，今尹文子作「定」。

〔四〕愚者不敢怨冀智勇　「愚」下天明本、今尹文子有「弱」字；金澤文庫本同底本。又「怨」，天明本、今尹文子無；金澤文庫本同底本。

〔五〕世之所用　「世」，今尹文子作「臣」，王愷鑾曰：「『臣』字誤。宜據湖北崇文局本改爲『世』。」

〔六〕俗所共去　「俗」，王愷鑾曰：「俗，疑當作『物』。」

〔七〕故人心皆殊　「人」，今尹文子無。

〔八〕此俗〔之〕所齊　「之」，原無，據天明本補；金澤文庫本、今尹文子同底本。

〔九〕合境不鬻異綵　「合」，今尹文子作「問」，王愷鑾曰：「『問』字誤，當依宋古迂陳氏本改爲『閤』。」

〔一〇〕上之所率下　「所」下天明本、今尹文子有「以」字；金澤文庫本同底本。

〔一一〕案：以上見尹文子大道上。

聖人〔一〕

〔仁義禮樂，名法刑賞，凡此八者，五帝、三王治世之術也。〔二〕故仁以導之，義以宜之，禮以行之，樂以和之，名以正之，法以齊之，刑以威之，賞以勸之。〔三〕故仁者所以博施於物，〔四〕亦所以生偏私；義者所以立節行，亦所以成華僞；禮者所以行謹敬，〔五〕亦所以生惰慢；樂者所以和情志，亦所以生淫放；名者所以正尊卑，亦所以生矜篡；法者所以齊衆異，亦所以生乖分；〔六〕刑者所以威不服，亦所以生陵暴；賞者所以勸忠能，亦所以生鄙争。凡此八術，無隱於人而常存於世，〔七〕非自顯於堯、湯之時，非故逃於桀、紂之朝。〔八〕用得其道，則天下治；用失其道，〔九〕則天下亂。過此而往，雖彌綸天地，〔一〇〕纏絡萬品，〔一一〕治道之外，非群生所飡挹，〔一二〕聖人措而不言也。〕

〔一〕案：聖人一篇底本原缺失篇首至「此處上者所宜」，今據駿河版補。天明本眉校云：「本書『聖人』作『大道下』。」今尹文子亦作「大道下」。

〔二〕五帝三王治世之術也　「也」，金澤文庫本原無，旁校補之；天明本、今尹文子同底本。

〔三〕賞以勸之　「勸」，今尹文子作「勤」，王愷鑾曰：「湖北崇文局本『勤』作『勸』，宜據改。」

〔四〕故仁者所以博施於物　王愷鑾引王時潤曰：「『於』疑『施』字之誤而衍者。」

〔五〕禮者所以行謹敬　「謹敬」，今尹文子作「恭謹」，王愷鑾據錢熙祚引長短經反經篇作「敬謹」。

〔六〕亦所以生乖分　「生乖」，今尹文子作「乖名」，王愷鑾曰：「錢熙祚曰：『治要及長短經並作「亦所以生乖分」。』汪繼培曰：『姜本無「生」字，各本作「乖名分」，惟治要作「生乖分」。』孫詒讓曰：『宋本「齊」「生」二字並無，以文義校之，當從治要爲正。』」

〔七〕無隱於人而常存於世　「世」，金澤文庫本原無，旁校補之；天明本、今尹文子同底本。

〔八〕非故逃於桀紂之朝　「故」，今尹文子作「自」。

〔九〕用失其道　「用」，今尹文子無。

〔一〇〕雖彌綸天地　「雖」，金澤文庫本原無，旁校補之；天明本、今尹文子同底本。

〔一一〕纏絡萬品　「纏」，今尹文子作「籠」。

〔一二〕非群生所飡挹　「群」，金澤文庫本原作「郡」，旁校作「群」；天明本、今尹文子同底本。

〈凡國之將存亡有六徵：〔一〕有衰國，有亂國，〔二〕有亡國，有昌國，有强國，有治國。所謂亂、亡之國者，凶虐殘暴不與焉；所謂强、治之國者，威力仁義不與焉。君年長，〔三〕多妾媵，〔四〕少子孫，疏宗强，衰國也；君寵臣，臣愛君，公法廢，私欲行，〔五〕亂國也；國貧小，家富大，君權輕，臣勢重，亡國也。凡此三徵，不待凶虐殘暴而後弱也。雖曰見存，吾必謂之亡者也。內無專寵，〔六〕外無近習，支庶繁息，〔七〕長幼不亂，昌國也；農桑以時，倉廩充實，兵甲（到）〔勁〕利，〔八〕封疆修理，强國也；上不能勝其下，下不能犯其上，〔九〕上下不相勝犯，故禁令行，人人無私，（私）雖經嶮易而國不可侵，〔一〇〕治國也。凡此三徵，不待威力仁義而後强，〔一一〕雖曰見弱，〔一二〕吾必謂之存者也。語曰：「佞辯可以熒惑鬼神。」探人之心，度人之欲，順人於嗜好而弗敢逆，納於人邪惡而求利人。〔一三〕喜聞己之美也，善能揚之；惡聞己之過也，而善能飾之。〔一四〕得之於眉睫之閒，承之於言行之先。世俗之人，聞譽則悦，聞毀則戚，此衆人之大情；有同己則喜，異己則怒，此人之大情。故佞人善爲譽者也，善順從者也。人言是，亦是之；人言非，亦非之。從人之所愛，隨人之所憎，故明君雖能納正直，未必親正直；雖能遠佞人，未必能疏佞人。故舜、禹者，以能不用佞人，亦未必憎佞人。〔一五〕語曰：「佞辯惑物，舜、禹不能得憎。」不可不察乎！〔一六〕〉

〔一〕凡國之將存亡有六徵　「將」，今尹文子無。

〔二〕有亂國　今尹文子此句在「有治國」下，王愷鑾引錢熙祚曰：「治要引此句在『衰國』下，與下文合。」

〔三〕君年長　此三字金澤文庫本前有「衰國者」三字，旁校云：「三字本書無。」天明本、今尹文子同底本。

〔四〕多妾媵　「妾」，今尹文子無，王愷鑾引錢熙祚曰：「長短經理亂篇多下有『妾』字，與治要合；明吉府本作『媵妾』。」

〔五〕私欲行　「私」，金澤文庫本原作「秘」，旁校作「私」；天明本、今尹文子同底本。

〔六〕内無專寵　此四字金澤文庫本前有「昌國者」三字，旁校云：「三字本書無。」天明本、今尹文子同底本。

〔七〕支庶繁息　「息」，今尹文子作「字」，王愷鑾據錢熙祚引長短經與治要同。

〔八〕兵甲（到）〔勁〕利　「勁」，原作「到」，據天明本改；金澤文庫本同底本，今尹文子亦作「勁」。

〔九〕上不能勝其下下不能犯其上　二「能」字，今尹文子並無，王愷鑾曰：「錢熙祚曰：『長短經引，兩「不」字下並有「能」字，與治要合。藏本上句亦有「能」字。』孫詒讓曰：『宋本與藏本同。』」

〔一〇〕（私）雖經嶮易而國不可侵　「私」，金澤文庫本、天明本無，據删；今尹文子亦無此字。

〔一一〕不待威力仁義而後强　「義」，今尹文子作「入」，王愷鑾曰：「入當作『義』。蓋入爲乂之破體，而乂又爲義之省書；前云『所謂彊治之國者，威力仁義不與焉』，此云『不待威力仁義而後彊』，文正相應；若作威力仁入，則不詞甚矣。」

〔一二〕雖曰見弱　「雖」，金澤文庫本原無，旁校補之；天明本、今尹文子同底本。

〔一三〕納於人邪惡而求利人　「於人」，天明本、今尹文子作「人於」；金澤文庫本同底本。

〔一四〕而善能飾之　「而」，今本無。

〔一五〕亦未必憎佞人　「憎」，金澤文庫本原無，旁校補之；天明本同底本。

〔一六〕「世俗之人」至「不可不察乎」　今尹文子無，王愷鑾引錢熙祚説謂當據補。又王愷鑾引錢熙祚曰：「末句乎，當作也。」又引王時潤曰：「末句『不可不察乎』當作『可不察乎』，『可』上衍『不』字，『乎』字不誤。」

〔老子曰：「民不畏死，如之何其以死懼之！」〔一〕凡人之不畏死，〔二〕由刑罰過。刑罰過，則民不賴其生。生無所賴，視君之威末如也。〔三〕刑罰中，則民畏死；畏死、〔四〕由生之可樂，故可以死懼矣。〔五〕此人君之所宜執，臣下之所宜懼之。〔六〕〕

〔一〕如之何其以死懼之　句末金澤文庫本有「也」字；天明本、今尹文子同底本。上「之」「其」，今尹文子無。

〔二〕凡人之不畏死　「人」，今尹文子作「民」。又「畏」，金澤文庫本原無，旁校補之；天明本、今尹文子同底本。

〔三〕視君之威末如也　「威」，金澤文庫本原作「於」，旁校作「威」；天明本、今尹文子同底本。

〔四〕畏死　二字金澤文庫本原無，旁校補之；天明本、今尹文子同底本。

〔五〕故可以死懼矣　「矣」，今尹文子作「之」。

〔六〕臣下之所宜懼之　「懼」，今尹文子作「慎」，無「之」字。

〔田子曰：「人皆自爲而不能爲人。故君人者之使人，使其自爲用，而不使爲我用。」魏下先生曰：〔一〕「善哉，田子之言！古者君之使臣，求不私愛於己，求顯忠於己；而居官者必能，〔二〕臨陣者必勇。祿賞之所勸，名法之所齊，不出於己心，不利於己身。語曰：『祿薄者，不可與經亂；賞輕者，不可與入難。』此處上者所宜〕慎者也。」父之於子也，令有必行者，有不必行者。去貴妻，賣愛妾，此令必行者也。因曰：「汝無敢恨！汝無敢思！」令必不行者也。故爲人上者，必慎所令焉。〔三〕人貧則怨人，富則驕人。怨人者苦人之不祿施於己也，起於情所難安而不能安，猶可恕也；驕人者無所（共）〔苦〕，〔四〕而無故驕人，此情所易遺弗能遺，〔五〕不可恕矣。貧賤之望富貴（微甚）〔甚微〕，〔六〕而富貴不能酬其甚微之望。夫富者之所遺，〔七〕貧者之所美；貴者之所輕，賤者之所榮，然而弗酬，不與同苦〔樂〕故也。〔八〕雖不酬之，於我弗傷。〔九〕今萬民之望人君，亦如貧賤者之望富貴。〔一〇〕其所望者，蓋欲料長幼，平賦歛，時其飢寒，省其疾痛，賞罰〔不〕濫，〔一一〕使役以時，如此而已，則於人君弗損也。〔一二〕然而弗酬，弗與同勞逸焉故也。〔一三〕故爲人君不可不與人同勞逸焉。〔一四〕故富貴者〔不〕可不酬貧賤，〔一五〕而人君不可不酬萬民，〔一六〕則萬民之所不願戴。所不願戴，君（立）〔位〕替矣，〔一七〕危莫甚焉！禍莫大焉！

〔一〕魏下先生曰　王愷鑾引孫詒讓曰：「『魏下先生』，疑當作『稷下先生』。」

〔二〕而居官者必能　「而」，金澤文庫本原無，旁校補之；天明本、今尹文子同底本。

〔三〕必慎所令焉　「焉」，今尹文子無，王愷鑾據錢熙祚引長短經有「焉」字。

〔四〕驕人者無所（共）〔苦〕　「所」，今尹文子無。又「苦」，原作「共」，據諸本治要改；今尹文子亦作「苦」。

〔五〕此情所易遺弗能遺　二「遺」字，駿河版、今尹文子作「貴」，天明本作「制」；金澤文庫本原同底本，旁校改爲「貴」。王愷鑾引王時潤曰：「汪錢本貴作制，宋本亦誤作貴。」又「遺弗」，金澤文庫本旁校爲「貴而」。

〔六〕貧賤之望富貴（微甚）〔甚微〕　「甚微」，原作「微甚」，據駿河版、天明本改；金澤文庫本同底本；今尹文子亦作「甚微」。

〔七〕夫富者之所遺　「遺」，駿河版、天明本、今尹文子作「惡」；金澤文庫本原作「遺」，旁校作「惡」。

〔八〕不與同苦〔樂〕故也　「樂」，原無，據駿河版、天明本補；金澤文庫本原無，旁校補之；今尹文子亦有「樂」字。

〔九〕於我弗傷　「我」，今尹文子作「物」，王愷鑾據汪繼培引姜本、沈本、錢本，又據孫詒讓引宋本並作「我」。

〔一〇〕亦如貧賤者之望富貴　「者」，今尹文子無，王愷鑾據孫詒讓引宋本有「者」字。

〔一一〕賞罰〔不〕濫　「不」，原無，據駿河版、天明本補；金澤文庫本原無，旁校補之；今尹文子亦有「不」字。

〔一二〕則於人君弗損也　「則」，金澤文庫本原無，旁校補之；天明本、今尹文子同底本。

〔一三〕弗與同勞逸焉故也　「焉」，駿河版、天明本、今尹文子無；金澤文庫本原有，旁校刪之。

〔一四〕故爲人君不可不與人同勞逸焉　「人」，今尹文子作「民」。

〔一五〕故富貴者〔不〕可不酬貧賤　上「不」，原無，據駿河版、天明本補，金澤文庫本原無，旁校補之；今尹文子無此字。

〔一六〕而人君不可不酬萬民　「而」，今尹文子作「者」，屬上句。

〔一七〕君〔立〕〔位〕替矣　「位」，原作「立」，據駿河版、天明本改；金澤文庫本原作「立」，旁校作「位」；今尹文子作「位」。

莊子

胠篋

昔者容成氏、大庭氏、伯皇氏、中央氏、栗陸氏、驪畜氏、軒轅氏、赫胥氏、〔一〕尊盧氏、祝融氏、伏戲氏、神農氏，當〔是〕之時，〔二〕民結繩而用之；足以紀要而已。甘其食，美其服，適〔故〕常甘，〔三〕當故常美，若思夫侈靡則无時慊意矣。樂其俗，安其居；隣國相望，雞犬之音相聞，〔四〕人至老死而不相往來。〔五〕无求之至。若此〔之〕時，〔六〕則至治已。今遂至使民延頸舉踵，曰「某所有賢者」，(羸)〔贏〕粮而趍之，〔七〕則內弃其親，而外弃其主之事，〔八〕足迹接乎諸侯之境，車軌結乎千里之外，至治之迹，猶致其弊。〔九〕則是上之好智之過也。〔一〇〕在上者謂至治〔之君〕，〔一一〕知(也)而好之，〔一二〕則有斯過矣。上誠好智而无道，天下大乱矣！何以知其然耶？夫弓弩畢弋機變之智多，則鳥乱於上；鉤餌罔罟罾笱之智多，〔一三〕則魚乱於水矣；削格羅落罝罘之智多，則獸乱於澤矣；政之逾密，〔一四〕避之逾巧，雖禽獸，〔一五〕猶不可圖之以智，而況人哉？故治天下者，唯不任知，任知則无妙也。〔一六〕智詐同異之變多，則俗或於辯矣。〔一七〕上之所多者，下不能安其少也，性少而以逐多則迷矣。〔一八〕

〔一〕軒轅氏赫胥氏　「氏赫」，駿河版作「赫氏」；金澤文庫本、天明本、今莊子同底本。

〔二〕當〔是〕之時　「是」，原無，據天明本補；金澤文庫本、駿河版同底本；今莊子亦有「是」字。

〔三〕適〔故〕常甘　「故」，原無，據駿河版、天明本補；金澤文庫本原無，旁校補之；今莊子亦有「故」字。

〔四〕雞犬之音相聞　「犬」，今莊子作「狗」，王叔岷曰：「成疏：『雞犬吠聲相聞相接。』案帛書甲本老子國作邦，未避漢高祖諱。道藏成疏本狗作犬，治要引同，與成疏合，帛書甲本老子作狗，乙本作犬，文子自然篇亦作犬。」

〔五〕人至老死而不相往來　「人」，今莊子作「民」。

〔六〕若此〔之〕時　「之」，原無，據駿河版、天明本補；金澤文庫本原無，旁校補之；今莊子亦有「之」字。

〔七〕(羸)〔贏〕粮而趍之　「贏」，原作「羸」，據諸本治要改；今莊子亦作「贏」。

〔八〕而外弃其主之事　「弃」，今莊子作「去」，天明本眉校：「本書『弃』作『去』。」

〔九〕猶致其弊　「其」，天明本作「斯」；金澤文庫本原作「其」，旁校作「斯」；駿河版、今莊子同底本。

〔一〇〕則是上之好智之過也　上「之」字，天明本、今莊子無；金澤文庫本、駿河版同底本。王叔岷曰：「案唐寫本『上』下有『之』字，疑衍。」

〔一一〕在上者謂至治〔之君〕　「在」「者」，駿河版、天明本、今莊子無；金澤文庫本同底本。又「至」，今莊子作「好」。又「之君」，原無，據諸本治要補；今莊子亦有此二字。

〔一二〕知（也）而好之　「也」，諸本治要皆無，據刪；今莊子無此字。

〔一三〕鈎餌罔罟罾苟之智多　「鈎」，駿河版作「釣」。「苟」，今莊子作「笱」。

〔一四〕政之逾密　「政」，天明本、今莊子作「攻」；金澤文庫本、駿河版同底本。

〔一五〕雖禽獸　「雖」上天明本、今莊子有「則」字；金澤文庫本、駿河版同底本。

〔一六〕任知則无妙也　「則」，今莊子無。

〔一七〕則俗或於辯矣　「或」，諸本治要作「惑」；今莊子亦作「惑」，通。

〔一八〕性少而以逐多則迷矣　「矣」，今莊子作「也」。

天地

堯觀乎華封，〔一〕華封人曰：「嘻！聖人。請祝聖人，使聖人壽。」堯曰：「辭。」「使聖人富。」堯曰：「辭。」「使聖人多男子。」堯曰：「辭。」（封人曰辭）〔二〕封人曰：「壽、富、多男子，（之人）〔人之〕所欲。〔三〕汝獨不用何也？」〔四〕堯曰：「多男子則多懼，富則多事，壽則多辱。是三者，皆非所以養悳，〔五〕故辭。」封人曰：「始也我以汝爲聖人也，〔六〕今然君子也。天生烝民，〔七〕必授之職。多男子而授之職，則何懼之（之）有？〔八〕物皆得所而志定。富而使人分之，〔九〕則何事之有？寄之天下，故無事也。聖人鶉居无事而期安也。〔一〇〕而鷇食，仰物而足。鳥行（而）無〔章〕。〔一一〕率性而動，無常迹也。〔一二〕天下有道，則与物皆昌；天下無道，則脩悳就間。雖湯、武之事，苟順天應人，未爲不間。故无爲而无不爲者，非不間也。千歲厭世，去而上僊，夫志人極壽命之長短，〔一三〕任窮理之變，〔一四〕其生也天行，其死物化。〔一五〕故云「厭世而上僊」。〔一六〕乘彼白雲，至于帝鄉。氣之散，無不〔至〕之。〔一七〕三患莫至，身常无殃，則何辱之有？」

〔一〕堯觀乎華封　「封」，天明本、今莊子無；金澤文庫本、駿河版同底本。

〔二〕（封人曰辭）　此四字據駿河版、天明本刪；金澤文庫本同底本，旁有校刪符號；今莊子亦無此四字。

〔三〕（之人）〔人之〕所欲　「人之」，原作「之人」，據駿河版、天明本乙；金澤文庫本同底本；今莊子亦作「人之」。句末駿河版、天明本有「也」字；金澤文庫本原無，旁校補之；今莊子亦有之。

〔四〕汝獨不用何也　「用」，今莊子作「欲」。又「也」，駿河版、天明本、今莊子無；金澤文庫本同底本。

〔五〕皆非所以養悳　「皆」，今莊子無。又「悳」，金澤文庫本、駿河版、天明本作「意」；今莊子作「德」。天明本眉校：「『意』作『德』。」王叔岷曰：「意疑悳之誤，德之本字作悳。」

〔六〕始也我以汝爲聖人也　「我」，駿河版、天明本、今莊子無；金澤文庫本同底本，旁注：「本无。」又「也」，今莊子作「邪」，王叔岷曰：「王念孫云：『邪猶也也，然猶乃也。趙策曰：「始吾以君爲天下之賢公子也，吾乃今然后知君非天下之賢公子也。」文義與此同。』（經傳釋詞四引。）案治要引『邪』作『也』，與王說合。」

〔七〕天生烝民　「烝」，今莊子作「萬」，王叔岷曰：「案治要引萬作烝，疑習見詩句改之，詩大雅蕩及烝民並云：『天生烝民。』」

〔八〕則何懼之（之）有　「之」下原重「之」字，據駿河版、天明本删；金澤文庫本同底本；今莊子不重。

〔九〕富而使人分之　「人」，天明本無；金澤文庫本、駿河版、今莊子同底本。

〔一〇〕无事而期安也　「事」，今莊子作「意」。又「期」，天明本作「斯」；金澤文庫本、駿河版、今莊子同底本。

〔一一〕烏行〔而〕無〔章〕　「而」「章」二字，原無，據駿河版、天明本補；金澤文庫本原無，旁校補之；今莊子亦有此二字。

〔一二〕無常迹也　「無」，今莊子作「非」。

〔一三〕夫志人極壽命之長短　「志」，天明本、今莊子作「至」；金澤文庫本、駿河版同底本。又「短」，天明本、今莊子無。

〔一四〕任窮理之變　「理」，天明本、今莊子作「通」；金澤文庫本、駿河版同底本。

〔一五〕其死物化　「死」下天明本、今莊子有「也」字；金澤文庫本、駿河版同底本。

〔一六〕故云厭世而上僊　「云」，金澤文庫本原作「化」，旁校作「云」；駿河版、天明本、今莊子同底本。

〔一七〕無不〔至〕之　「至」，原無，據駿河版、天明本補；金澤文庫本原無，旁校補之；今莊子無此字。

堯治天下，伯成子高立爲諸侯。堯授舜，舜授禹，伯成子高辤爲諸侯而耕。禹徃見之，則耕在野。〔禹〕趍就下〔風〕，〔一〕立而問焉，〔二〕曰：「昔堯治天下，吾子立爲諸侯。堯授舜，舜授予，而吾子辤爲諸侯而耕。敢問其故何也？」子高曰：「昔堯治天下，不賞而民勸，不罰而民畏。今子賞罰而民且不仁，悳自此衰，刑自此立，後世之乱，自此始矣！」

〔一〕〔禹〕趍就下〔風〕　「禹」「風」二字，原無，據駿河版、天明本補；金澤文庫本原無，旁校補之；今莊子亦有此二字。

〔二〕立而問焉　「立」，王叔岷曰：「案『立』字疑涉下文『立爲諸侯』而衍，世説新語言語篇注、文選嵇叔夜與山巨源絶交書注引此並無『立』字。呂氏春秋長利篇亦作『禹趨就下風而問焉』。新序作『禹趨就下位而問焉』。『下風』猶『下位』也。」

天運〔一〕

夫帝〔王〕之悳，〔二〕以天地爲宗，以道悳爲主，以無爲爲常。無爲也，則用天下而有餘；有餘者，閑暇之謂也。有爲也，則爲天下用而不足；不足者，汲汲然欲爲物用者也，欲（物爲）〔爲物〕用，〔三〕故可得而臣也。〔四〕故古之人貴夫无爲也。〔上無爲也，〕〔五〕下亦無爲也，是下與上同悳也。〔六〕下與上同悳則不臣。下有爲也，上亦有爲也，是上與下同道也。〔七〕上與下同道則不主。夫工人無爲於刻木，而有爲於用斧。主上無爲於親事，而有爲於用臣。臣能親事，主能〔用〕臣，〔八〕斧能臣。〔九〕斧能刻木，而工能用斧，各當其能，則天理自然，非有爲也。若乃主代臣事，則非主矣；臣秉主用，則非臣也。〔一〇〕故各司其任，則上下咸得，而無爲之理至矣。上必無爲而用天下，下必有爲爲天下用，此不易之道。〔一一〕故古之王天下者，智雖落天地，不自慮也；辯雖彫萬物，而不自説也；〔一二〕能雖窮海内，不自爲也。夫在上者，患於不能无爲也。〔一三〕而代人臣之所司，使咎繇不得行其明斷，后稷不得施其播殖，〔一四〕則群才失其任，而主上困於役矣。冕旒垂（自）〔目而〕付之天下，〔一五〕天下皆得其〔自〕爲。〔一六〕斯乃無爲而无不爲者也。故上下皆无爲矣。但上之无爲則下〔用〕，〔一七〕下之〔無〕爲則自用矣。〔一八〕天不産而萬物化，地不長而萬物育，所謂自尔。帝王無爲而天下功〔成〕。〔一九〕功自彼成。故曰：莫神於天，莫富於地，莫大於帝王。故曰：帝王之悳配天地。同乎天地之無爲也。此乘天地，馳万物，而用人群之道也。本在於上，末在於下；要在主，〔二〇〕（群）〔詳〕在於臣。〔二一〕三軍五（丘）〔兵〕之運，〔二二〕悳之（未）〔末〕也；〔二三〕賞罰利害，五刑之辟，教之（未）〔末〕也；礼法數度，〔二四〕刑名比詳，治之（未）〔末〕也；鍾鼓之音，羽旄之容，樂之（未）〔末〕也；哭泣衰經，降殺之服，哀之（未）〔末〕也。此五（未）〔末〕者，須精神之運，心術之動，然後從者也。〔二五〕夫精神心術者，五（未）（末）之本也，任自然而運動，〔二六〕則五事之末，〔不〕振而自舉也。〔二七〕（未）〔末〕舉，〔二八〕古之人有之，〔二九〕而非所以先也。所先者本〔也〕。〔三〇〕君先而臣從，長先而〔少〕從，〔三一〕男先而女從。夫尊卑先後，天地之行也，故聖人取象焉。言此先後，雖是人事，然皆在至理中來，〔三二〕〔非〕聖人之所作也。〔三三〕天尊地卑，神明之位也；春夏先秋冬，〔三四〕四時之序也；萬物化作，盛衰之殺，變化之流也。夫〔天〕地至神也，〔三五〕而有尊卑、先後之序，而况人道乎？明夫尊卑先後之序，（國）〔固〕有物之所不能无也。〔三六〕宗廟尚親，朝廷尚尊，鄉黨尚齒，行事尚賢，大道之序也。言非但人倫之所尚也。〔三七〕愚智處宜，貴賤履位，官各當其才也。必分其能，无相易業。必由其名。（其）〔名〕當其實，〔三八〕故由名而實不濫也。以此事上，以此畜下，以此治物，以此脩身，智謀不用，必歸其天。此之謂太平，治之至也。礼法數度，刑名比詳，古之人有之。〔三九〕此下之所以事上，非上之所以畜下也。寄此事於群下，〔四〇〕斯乃畜下者之也。〔四一〕昔者舜問於堯曰：「天王之用心何如？」堯曰：「吾不教无告，〔四二〕无告者，所謂頑民〔也〕。〔四三〕不廢窮民。恒加（思）〔恩〕也。〔四四〕（吉）〔苦〕死者，〔四五〕嘉孺子而哀婦人，此吾〔所以〕用心已。」〔四六〕舜曰：「美則美矣，而未大也。」〔四七〕堯曰：「然則何如？」舜曰：「天悳而出寧，〔四八〕与天合悳，則雖出而静也。〔四九〕日月照而四〔時〕行，〔五〇〕若晝夜之有經，雲行雨施耳！」〔五一〕此皆不爲而（時）〔自〕然者也。〔五二〕堯曰：「子，天之命也；〔五三〕我，人之合也。」夫天地者，古之所大也，而黃帝、堯、舜之所共美也。故古之王天下者（矣）〔奚〕爲哉？〔五四〕天地而已矣！

〔一〕天運　「運」，天明本、今莊子作「道」；金澤文庫本、駿河版同底本。

〔二〕夫帝〔王〕之悳　「王」，原無，據駿河版、天明本補；金澤文庫本原無，旁校補之；今莊子亦有之。

〔三〕欲（物爲）〔爲物〕用　「爲物」，原作「物爲」，據駿河版、天明本乙；金澤文庫本原作「物爲」，旁校作「爲物」；今莊子亦作「爲物」。

〔四〕故可得而臣也　「臣」，金澤文庫本作「巨」；駿河版、天明本作「以」；今莊子作「臣」。天明本眉校：「注『以』作『臣』。」

〔五〕上無爲也　此句原無，據駿河版、天明本補；金澤文庫本原無，旁校補之；今莊子亦有之。

〔六〕是下與上同悳也　「也」，今莊子無。

〔七〕是上與下同道也　「也」，今莊子無。

〔八〕主能〔用〕臣　「用」，原無，據諸本治要補；今莊子亦有此字。

〔九〕斧能臣　三字駿河版、天明本、今莊子無，疑衍；「斧能」二字，金澤文庫本原有，後校刪之。

〔一〇〕則非臣也　「也」，今莊子作「矣」。

〔一一〕此不易之道　「道」下天明本、今莊子有「也」字；金澤文庫本、駿河版同底本。

〔一二〕而不自説也　「而」，今莊子無。

〔一三〕患於不能无爲也　「也」，今莊子無。

〔一四〕后稷不得施其播殖　「后」，金澤文庫本原無，旁校補之；駿河版、天明本同底本；今莊子有之。

〔一五〕冕旒垂（自）〔目而〕付之天下　「目」，原作「自」，據諸本治要改；今莊子亦作「目」。又「而」，原無，據駿河版、天明本補；金澤文庫本原無，旁校補之；今莊子有之。

〔一六〕天下皆得其〔自〕爲　「自」，原無，據駿河版、天明本補；金澤文庫本原無，旁校補之；今莊子亦有之。

〔一七〕但上之无爲則下〔用〕　「用」，原無，據駿河版補；金澤文庫本原無，旁校補之。又「下用」，天明本、今莊子作「用下」。

〔一八〕下之〔無〕爲則自用矣　「無」，原無，據駿河版、天明本補；金澤文庫本原無，旁校補之；今莊子亦有之。又「矣」，今莊子作「也」。

〔一九〕帝王無爲而天下功〔成〕　「成」，原無，據駿河版、天明本補；金澤文庫本原無，旁校補之；今莊子無此字，王叔岷曰：「案覆宋本『功』下有『成』字，治要引同。郭注『功自彼成』，正爲『功成』作釋。」

〔二〇〕要在主　「在」下天明本、今莊子有「於」字；金澤文庫本、駿河版同底本。

〔二一〕（群）〔詳〕在於臣　「詳」，原作「群」，據駿河版、天明本改；金澤文庫本原作「群」，旁校作「詳」；今莊子亦作「詳」。

〔二二〕三軍五（丘）〔兵〕之運　「兵」，原作「丘」，據諸本治要改；今莊子亦作「兵」。

〔二三〕悳之（末）〔末〕也　「末」，原作「未」，據諸本治要改；今莊子亦作「末」。下文同改。

〔二四〕礼法數度　「數度」，今莊子作「度數」，王叔岷曰：「案治要引『度數』作『數度』，與下文一律。成疏先釋數，度釋度。是成本本作『數度』，今本誤倒。」

〔二五〕然後從者也　「也」，金澤文庫本無；駿河版、天明本、今莊子同底本。

〔二六〕任自然而運動　「而」，金澤文庫本原無，旁校補之；駿河版、天明本同底本；今莊子亦有「而」字。

〔二七〕〔不〕振而自舉也　「不」，原無，據駿河版、天明本補；金澤文庫本原無，旁校補之；今莊子有之。

〔二八〕（未）〔末〕舉　「末」，原作「未」，據金澤文庫本改；駿河版同底本。又，此句天明本、今莊子作「末學者」。

〔二九〕古之人有之　「古之」之「之」字，今莊子無，王叔岷曰：「成疏：『古之人，謂中古人也。』案成疏本『古』下有『之』字，治要、文選潘安仁馬汧督誄注引古下並有之字。下文『禮法數度，刑名比詳，古人有之』，治要引『古』下亦有『之』字。推此，則下文『形名者，古人有之』，原亦當作『古之人有之』，文乃一律。」

〔三〇〕所先者本〔也〕　「也」，原無，據駿河版、天明本補；金澤文庫本原無，旁校補之；今莊子有之。

〔三一〕長先而〔少〕從　「少」，原無，據駿河版、天明本補；金澤文庫本原無，旁校補之；今莊子有之。

〔三二〕然皆在至理中來　「然」，金澤文庫本原無，旁校補之；駿河版、天明本同底本；今莊子亦有之。

〔三三〕〔非〕聖人之所作也　「非」，據駿河版、天明本補；金澤文庫本原無，旁校補之；今莊子亦有之。

〔三四〕春夏先秋冬　「先」，駿河版、天明本、今莊子皆無；金澤文庫本同底本。

〔三五〕夫〔天〕地至神也　「天」，原無，據駿河版、天明本補；金澤文庫本原無，旁校補之；今莊子有之。又「也」，今莊子無，王叔岷曰：「治要引神下有也字，也猶矣也。讓王篇：『夫天下至重也，而不以害其生，又況他物乎！』亦與此文例同。」

〔三六〕（國）〔固〕有物之所不能无也　「固」，原作「國」，據諸本治要改；今莊子亦作「固」。

〔三七〕言非但人倫之所尚也　「之」，今莊子無。

〔三八〕（其）〔名〕當其實　「名」，原作「其」，據駿河版、天明本改；金澤文庫本原作「其」，旁校改之；今莊子亦作「名」。

〔三九〕古之人有之　「古之」之「之」，今莊子無，參前「未末舉古之人有之」注釋。

〔四〇〕寄此事於群下　「下」，今莊子作「才」。

〔四一〕斯乃畜下者之也　「者」，今莊子無。又「之」，駿河版、天明本、今莊子無，金澤文庫本同底本。

〔四二〕吾不教无告　「教」，駿河版、天明本、今莊子作「傲」；金澤文庫本原作「教」，旁校作「傲」。

〔四三〕所謂頑民〔也〕　「也」，原無，據駿河版、天明本補；金澤文庫本原無，旁校補之；今莊子亦有之。

〔四四〕恒加（思）〔恩〕也　「恩」，原作「思」，據諸本治要改；今莊子亦作「恩」。

〔四五〕（吉）〔苦〕死者　「苦」，原作「吉」，據諸本治要改；今莊子亦作「苦」。

〔四六〕此吾〔所以〕用心已　「所以」，據駿河版、天明本補；金澤文庫本原無，旁校補之；今莊子亦有之。

〔四七〕而未大也　「未」，金澤文庫本、駿河版作「末」；天明本、今莊子同底本。

〔四八〕天悳而出寧　王叔岷曰：「孫詒讓云：『「出」當爲「土」，形近而誤。（墨子天志中篇「君臨下土」，今本「土」譌「出」，亦其證。）「天德而土寧」，即老子「天得一以清，地得一以寧」之義。天與土，日月與四時，文皆平列。郭所見本已誤。』章太炎云：『孫詒讓謂出爲土之誤，是也。德音同登，説文：「德，升也。」升即登之借。公羊隱五年傳「登來」亦作「得來」，故德可借爲登。釋詁：「登，成也。」「天登而土寧」，所謂「地平天成」也。與下「日月照而四時行」相儷。』」

〔四九〕則雖出而靜也　「也」，今莊子無。

〔五〇〕日月照而四〔時〕行　「時」，原無，據駿河版、天明本補；金澤文庫本原無，旁校補之；今莊子有之。

〔五一〕雲行雨施耳　「耳」，金澤文庫本旁校作「矣」；駿河版、天明本同底本；今莊子亦作「矣」。

〔五二〕此皆不爲而（時）〔自〕然者也　「自」，原作「時」，據駿河版、天明本改；金澤文庫本原作「時」，旁校作「自」；今莊子亦作「自」。又「者」，今莊子無。

〔五三〕天之命也　「命」，諸本治要、今莊子皆作「合」。

〔五四〕故古之王天下者（矣）〔奚〕爲哉　「奚」，原作「矣」，據諸本治要改；今莊子亦作「奚」。

智北遊

聖人行不言之教。任其自行，斯不言之教。〔一〕道不可致也。〔二〕道在〔自〕然，〔三〕非可言致也。失道而後悳，失悳而後仁，失仁而後義，失義而後礼。礼者，道之華，乱之首也。礼有常則，故矯效之所由生也。〔四〕故曰：爲道者日損，損華僞也。損之又損之，以至於無爲，而無不爲也。華去而朴全，則雖爲而非爲也。天地有大美而不言，四時有明法而不議，萬物有成理而不説。此孔子之所云「予欲無言」。聖人無爲，〔五〕任其自爲而已。大聖不作，唯自任也。〔六〕觀於天地之謂也。觀其形容，〔七〕象其物宜，与天地無異者。〔八〕

〔一〕斯不言之教　句末駿河版、天明本有「也」字；金澤文庫本原無，旁校補之；今莊子亦有之。

〔二〕道不可致也　「也」，今莊子無。

〔三〕道在〔自〕然　「自」，原無，據駿河版、天明本補；金澤文庫本原無，旁校補之；今莊子亦有之。

〔四〕故矯效之所由生也　「生」，金澤文庫本旁校補之；駿河版、天明本、今莊子同底本。

〔五〕聖人無爲　「聖」，天明本、今莊子作「至」；金澤文庫本、駿河版同底本。

〔六〕唯自任也　「自」，駿河版、天明本、今莊子作「因」；金澤文庫本原作「自」，旁校作「因」。

〔七〕觀其形容　「形」，駿河版作「刑」；金澤文庫本、天明本、今莊子同底本。

〔八〕与天地無異者　「無」，今莊子作「不」。又「者」，今莊子無。

徐無鬼

黄帝將見太隗乎具茨之山，方明爲御，昌寓驂乘，張若、〔一〕謵⿸厂多前馬，〔二〕昆閽、滑稽後車。至襄地之野，〔三〕七寶皆迷，〔四〕無所問塗。適遇牧馬童子，問塗焉，曰：「若知具茨之山乎？」曰：「然。」曰：「知太隗之所存乎？」〔五〕曰：「然。」黄帝曰：「異哉小童！非徒知具茨之山，又知太隗之所在。〔六〕請問爲天下。」小童曰：「（天）〔夫〕爲天下者，〔七〕亦何以異乎〔牧馬者哉？〔八〕亦去其害馬者而已矣。」馬既過分爲害。〔九〕黄帝再拜稽首，稱天師而退。〕

〔一〕張若　「若」，天明本作「苦」；金澤文庫本、駿河版、今莊子同底本。

〔二〕謵⿸厂多前馬　「⿸厂多」，駿河版、天明本作「⿸广多」；金澤文庫本同底本；今莊子作「朋」；天明本眉校：「『⿸广多』作『朋』。」王叔岷曰：「釋文本『朋』作『⿸厂多』，云：『……⿸厂多，舒氏反，崔本作「⿸广多」，本亦作「朋」，蒲登反。……』王念孫云：『古文「多」字作「⿰夕夕」，形與朋相似，傳寫往往譌溷。莊子「張若、謵⿸厂多前馬」……』釋文本『朋』作『⿸厂多』，世德堂本『⿸厂多』作『⿸广多』，治要引此亦作『⿸广多』，雲笈七籤同，『⿸厂多』疑『⿸广多』之誤。」

〔三〕至襄地之野　「地」，駿河版、天明本、今莊子作「城」；金澤文庫本原作「地」，旁校作「城」。

〔四〕七寶皆迷　「寶」，駿河版、天明本、今莊子作「聖」；金澤文庫本同底本。

〔五〕曰知太隗之所存乎　「知」上今莊子有「若」字，王叔岷曰：「案治要引『若』上有『曰』字。」

〔六〕又知太隗之所在　「在」，駿河版、天明本、今莊子作「存」；金澤文庫本同底本。

〔七〕（天）〔夫〕爲天下者　「夫」，原作「天」，據諸本治要改；今莊子亦作「夫」。

〔八〕亦何以異乎〔牧馬者哉〕　「何」，今莊子作「奚」。　案：底本缺第二十四至二十六紙及第二十七紙首十行，「牧馬者哉」以下據駿河版補。

〔九〕馬既過分爲害　「既」，今莊子作「以」。

尉繚子

天官〔一〕

〔梁惠王問尉繚曰：「吾聞黄帝有刑德，〔二〕可以百戰百勝，其有之乎？」〔三〕尉繚曰：「不然，黄帝所謂刑德者，〔四〕以刑伐之，〔五〕以德守之，〔六〕非世之所謂刑德也。世之所謂刑德者，天官時日、陰陽向背者也。〔七〕黄帝者，人事而已矣。何以言之？〔八〕今有城於此，〔九〕從其東西攻之不能取，從其南北攻之不能取，〔一〇〕此四者，豈不得順時乘利者哉？〔一一〕然不能取者何？〔一二〕城高池深，兵戰備具，〔一三〕謀而守之也。〔一四〕若乃城下池淺守弱，〔一五〕可取也。〔一六〕猶是觀之，〔一七〕天官時日，不若人事也。故按刑德天官之陳曰：〔一八〕『背水陳者爲絶紀，〔一九〕向坂陳者爲廢軍。』〔二〇〕武王之伐紂也，〔二一〕背濟水，〔二二〕向山之阪，〔二三〕以萬二千人擊紂之億有八萬人，斷紂頭懸之白旗，〔二四〕紂豈不得天官之陳哉？〔二五〕然不得勝者何？人事不得也。」〔二六〕黄帝曰：『先稽己智者，〔二七〕謂之天子。』〔二八〕以是觀之，〔二九〕人事而已矣。」〔三〇〕

〔一〕案：本篇原缺失，據駿河版補。

〔二〕吾聞黄帝有刑德　「吾聞」，今尉繚子無，徐勇據治要、御覽三百一補。又「有」，今尉繚子無，徐勇據治要、孫子杜牧注引補。

〔三〕其有之乎　「其」，今尉繚子無，徐勇據治要補。

〔四〕不然黄帝所謂刑德者　此二句今尉繚子無，徐勇據治要、御覽、孫子杜牧注引補。

〔五〕以刑伐之　「以刑」，今尉繚子作「刑以」，徐勇據治要改。

〔六〕以德守之　「以德」，今尉繚子作「德以」，徐勇據治要改。

〔七〕陰陽向背者也　「向背」，金澤文庫本原作「背向」，旁校作「向背」；天明本同底本。又「非世之所謂刑德也」至「陰陽向背者也」，今尉繚子此數句原作「非謂天官時日陰陽向背也」，徐勇據治要改，又引孫子杜牧注作「非世之所謂刑德也」，與治要同。

〔八〕何以言之　「以言之」，今尉繚子作「者」，徐勇據治要、御覽改。

〔九〕今有城於此　「於此」，今尉繚子無，徐勇據治要補。

〔一〇〕從其東西攻之不能取從其南北攻之不能取　二「從其」「之」，今尉繚子無，徐勇據治要補。

〔一一〕此四者豈不得順時乘利者哉　此二句今尉繚子原作「四方豈無順時乘之者邪」，徐勇據治要改。

〔一二〕然不能取者何　「何」，今尉繚子無，徐勇據治要補。

〔一三〕兵戰備具　「戰」，今尉繚子作「器」，徐勇據治要改，天明本眉校：「本書『戰』作『器』。」「備具」，今尉繚子同，徐勇據淵鑑類函二一四改作「具備」。

〔一四〕謀而守之也　今尉繚子此句原作「豪士一謀者也」，徐勇據治要改。又今尉繚子此句上有「財谷多積」一句，徐勇曰：「疑爲衍文，治要本無，據以删」。

〔一五〕若乃城下池淺守弱　「乃」，今尉繚子無，徐勇據治要補。

〔一六〕可取也　此句今尉繚子原作「則取之矣」，徐勇據治要改。

〔一七〕猶是觀之　「猶」，天明本、今尉繚子作「由」，天明本眉校：「『由』舊作『猶』，改之。」

〔一八〕故按刑德天官之陳曰　「按」，金澤文庫本原無，旁校補之；天明本同底本。又此句今尉繚子原作「按天官曰」，徐勇曰「殘缺嚴重」，據治要改；又引孫子杜牧注作「夫刑德天官之陳」，曰：「與治要本詞義接近」。

〔一九〕背水陳者爲絶紀　「者」，今尉繚子無，徐勇據治要、孫子杜牧注補。又「紀」，天明本作「地」；金澤文庫本同底本；今尉繚子作「紀」，徐勇校引孫子杜牧注同，其據天明本治要、明天啟茅元儀纂武備志本引改。

〔二〇〕向坂陳者爲廢軍　「者」，今尉繚子無，徐勇據治要、孫子杜牧注補。

〔二一〕武王之伐紂也　「之」「也」二字，今尉繚子無，徐勇據治要補。

〔二二〕背濟水　「濟」，金澤文庫本原作「清」，旁校作「濟」；天明本同底本；今尉繚子原同，徐勇據御覽、孫子杜牧注引改作「清」，曰：「據鍾兆華尉繚子校注考證：『清水流經牧野，而濟水不經過牧野。』此説蓋是。」

〔二三〕向山之阪　此句今尉繚子原作「向山阪而陳」，徐勇據治要改。

〔二四〕以萬二千人擊紂之億有八萬人斷紂頭懸之白旗　此二句今尉繚子原作「以二萬二千五百人擊紂之億萬而滅商」，徐勇據治要改。

〔二五〕紂豈不得天官之陳哉　「紂豈」，今尉繚子原作「豈紂」，徐勇據治要改。

〔二六〕然不得勝者何人事不得也　此二句今尉繚子原無，徐勇據治要補。

〔二七〕先稽己智者　「己智者」，今尉繚子原作「我智」，徐勇據治要改。

〔二八〕謂之天子　「子」，天明本作「官」；今尉繚子原作「時」，徐勇據治要改。

〔二九〕以是觀之　今尉繚子原無此句，徐勇據治要補。

〔三〇〕人事而已矣　「矣」，今尉繚子原無，徐勇據治要補。

兵談〔一〕

〔王者，〔二〕民望之如日月，歸之如父母，歸之如流水。〔三〕故曰：〔四〕「明乎禁舍開塞，其取天下若化。」〔五〕故曰：〔六〕「國貧者能富之，地不任者任之，四時不應者能應之。」〔七〕故夫土廣而任，〔八〕則其國不得無富。〔九〕民衆而制，則其國不得無治。〔一〇〕且富治之國，〔一一〕兵不發刃，〔一二〕甲不出暴，〔一三〕而威服天下矣。故曰：〔一四〕兵勝於朝廷，勝於喪絶，勝於土功，勝於市井。〔一五〕暴甲而勝，〔一六〕將勝也。戰而勝，臣勝也。〔一七〕戰再勝，當一敗。十萬之師出，費日千金，故百戰百勝，非善之善者也；不戰而勝，善之〔善〕者也。〔一八〕

〔一〕案：本篇原缺失，據駿河版補。

〔二〕王者　今尉繚子原無，徐勇據簡本（即銀雀山出土簡本尉繚子）作「故王者」補。

〔三〕民望之如日月歸之如父母歸之如流水　「日月」，金澤文庫本原作「父母」，旁校作「日月」；天明本同底本。此三句今尉繚子原無，徐勇據簡本補作「民歸之如流水，望之如日月，歸之如父母」。

〔四〕故曰　今尉繚子原無，徐勇據簡本、治要補。

〔五〕其取天下若化　今尉繚子原無，徐勇據簡本、治要補。

〔六〕故曰　今尉繚子原無，徐勇據治要補。

〔七〕國貧者能富之地不任者任之四時不應者能應之　「任者」，金澤文庫本原無，旁校補之；天明本同底本。此四句今尉繚子原作「民流者親之，地不任者任之」，徐勇據簡本、治要補正。

〔八〕故夫土廣而任　「故夫土」，金澤文庫本原無，旁校補之；天明本同底本；今尉繚子原無「故」字，簡本「故夫」二字皆無，徐勇據簡本刪。

〔九〕則其國不得無富　「其」，今尉繚子無。又「不得無」，今尉繚子原無，徐勇據簡本、治要補。

〔一〇〕則其國不得無治　「其」，今尉繚子無。又「不得無」，今尉繚子原無，徐勇據簡本、治要補。

〔一一〕且富治之國　「且富治」，今尉繚子「治」在「且」上，作「夫治且富」。

〔一二〕兵不發刃　「兵」，今尉繚子作「車」。又「刃」，今尉繚子作「軔」。

〔一三〕甲不出暴　今尉繚子原作「車不暴出」，簡本作「甲不出睪」，竹簡整理小組讀「睪」作「櫜」，徐勇據竹簡整理小組説改。

〔一四〕故曰　「曰」，今尉繚子原同，簡本無，徐勇據簡本删之。

〔一五〕勝於喪絶勝於土功勝於市井　此三句今尉繚子原無，徐勇據治要、簡本補。「絶」，天明本眉校：「『絶』疑『紀』。」簡本作「紀」，徐勇從簡本，曰「『治要』『紀』作『絶』字，疑誤」，天明本眉校：「『絶』疑『紀』。」

〔一六〕暴甲而勝　此句今尉繚子原作「不暴甲而勝者」，簡本作「睪甲而勝」，徐勇據簡本改，並讀「睪」作「櫜」。

〔一七〕戰而勝臣勝也　此二句今尉繚子原無，徐勇據治要、簡本補。

〔一八〕善之〔善〕者也　「善」，原無，據金澤文庫本、天明本補。又「也」，金澤文庫本原無，旁校補之；天明本同底本。又「戰再勝」至「善之善者也」等句，今尉繚子原無，徐勇據治要補。

戰威〔一〕

〔令所以一衆心也，〔二〕不審所出則數變，〔三〕數變則（冷）〔令〕雖出，〔四〕衆不信也。出令之法，〔五〕雖有小過毋更，〔六〕小疑毋申。事所以待衆力也，不審所動則數變，數變則事雖起，衆不安也。動事之法，雖有小過毋更，小難毋戚。〔七〕故上無疑令，則衆不二聽；動無疑事，則衆不二志。古率民者，〔八〕未有不能得其心而能得力者也，〔九〕未有不能得其力而能致其死者也。〔一〇〕故國必有禮信親愛之義，〔一一〕而後民以飢易飽；〔一二〕國必有孝慈廉耻之俗，而後民以死易生，〔一三〕故古率民者，〔一四〕必先禮信而後爵禄，先廉耻而後刑罰，先親愛而後託其身焉。〔一五〕民死其上如其親，而後申之以制。〔一六〕古爲戰者，必本氣以厲志，厲志以使四枝，四枝以使五兵。〔一七〕故志不厲，〔一八〕則士不死節；士不死節，雖衆不武。〔一九〕厲士之道，民之所以生，〔二〇〕不可不厚也；爵列之等，死喪之禮，〔二一〕民之所以營也。〔二二〕不可不顯也。必因民之所生以制之，因其所營以顯之，因其所歸以固之。〔二三〕田禄之實，〔二四〕飲食之糧，〔二五〕親戚同鄉，〔二六〕鄉里相勸，〔二七〕死喪相救，〔二八〕丘墓相從，〔二九〕民之所以歸，〔三〇〕不可不速也。〔三一〕如此，故什伍如親戚，阡陌如朋友；〔三二〕故止如堵墻，〔三三〕動如風雨。車不結軌，〔三四〕士不旋踵，此本戰之道也。地所以養民也，城所以守地也，〔三五〕戰所以守城也。故務耕者其民不飢，務守者其地不危，務戰者其城不圍。〔三六〕三者先王之本務也，〔三七〕而兵最急矣，〔三八〕故先王務尊於兵。尊於兵，其本有五：〔三九〕委積不多，〔四〇〕則事不行；〔四一〕賞禄不厚，則民不勸；武士不選，則士不强；〔四二〕備用不便，則士横；〔四三〕刑誅不必，〔四四〕則士不畏。〔四五〕先王務此五者，〔四六〕故静能守其所有，〔四七〕動能成其所欲。王國富民，霸國富士，僅存之國富大夫，亡國富倉府。〔四八〕是謂上溢而下漏，〔四九〕故患無所付。〔五〇〕故曰：「舉賢用能，〔五一〕不時日而事利；明法審令，不卜筮而事吉；〔五二〕貴政養勞，〔五三〕不禱祠而得福。」故曰：〔五四〕「天時不如地利，地利不如人事。」〔五五〕聖人所貴，人事而已矣。〔五六〕勤勞之事，〔五七〕將必從己先。〔五八〕故暑不立蓋，〔五九〕寒不重裘；〔六〇〕有登降之險，將必下步；〔六一〕軍井通而後飲，〔六二〕軍食熟而後食，〔六三〕壘成而後舍；軍不畢食，亦不火食；〔六四〕飢飽、勞逸、寒暑必身度之。〔六五〕如此，則師雖久不老，雖老不弊。〔六六〕故軍無損卒，將無惰志。〔六七〕

〔一〕案：本篇原缺失，據駿河版補。

〔二〕令所以一衆心也　「所以」，今尉繚子原作「者」，徐勇據治要改。

〔三〕不審所出則數變　「不」上今尉繚子原有「衆」字，無「所出」二字，徐勇並據治要補、删。

〔四〕數變則（冷）〔令〕雖出　「令」，原作「冷」，據金澤文庫本、天明本改；今尉繚子亦作「令」。

〔五〕出令之法　「出」，今尉繚子原作「故」，徐勇據治要改。又「法」，金澤文庫本原作「出」，旁校作「法」；天明本、今尉繚子同底本。

〔六〕雖有小過毋更　「雖有」二字，今尉繚子原無，徐勇據治要補。

〔七〕「事所以待衆力也」至「小難毋戚」　此數句今尉繚子原無，徐勇據治要補。

〔八〕古率民者　此句今尉繚子原無，徐勇據治要補。

〔九〕未有不能得其心而能得力者也　「而」下金澤文庫本誤衍「能得其心而」五字；天明本同底本。「不能得其心」之「能得」二字，今尉繚子原作「信」；「也」，今尉繚子原無，徐勇並據治要改、補。

〔一〇〕未有不能得其力而能致其死者也　「不能」之「能」，今尉繚子原無。又「死」下今尉繚子原有「戰」字，徐勇並據治要補、删。

〔一一〕故國必有禮信親愛之義　「信」，今尉繚子原無，徐勇據治要補。

〔一二〕而後民以飢易飽　「而後民」，今尉繚子原作「則可」，徐勇據治要改。

〔一三〕而後民以死易生　「而後民」，今尉繚子原作「則可」，徐勇據治要改。

〔一四〕故古率民者　今尉繚子此句原作「古者率民」，徐勇據治要改。

〔一五〕先親愛而後託其身焉　「而」下金澤文庫本誤衍「後刑罰先親愛而」七字；天明本、今尉繚子同底本。又「託」，今尉繚子作「律」，徐勇以爲治要所載辭義不清。又「焉」，今尉繚子原無，徐勇據治要補。

〔一六〕民死其上如其親而後申之以制　此二句今尉繚子原無，徐勇據治要補。

〔一七〕古爲戰者必本氣以厲志厲志以使四枝四枝以使五兵　「古爲」，今尉繚子原作「故」。又「氣」，今尉繚子原作「乎率身」。又「志」上今尉繚子原有「衆」字。又「厲志以使四枝，四枝以使五兵」二句，今尉繚子原作「如心之使四支也」。以上徐勇並據治要補正。

〔一八〕故志不厲　「故」，今尉繚子原無，徐勇據治要補。

〔一九〕雖衆不武　此句今尉繚子原作「則衆不戰」，徐勇據治要改

〔二〇〕民之所以生　「所以」二字，今尉繚子原無，徐勇據治要補。

〔二一〕死喪之禮　「禮」，今尉繚子原作「親」，徐勇據治要改。

〔二二〕民之所以營也　「以」，金澤文庫本原無，旁校補之；天明本同底本；今尉繚子原無，徐勇據治要補。「營」，金澤文庫本原作「榮」，旁校作「營」；天明本、今尉繚子同底本。又「也」，今尉繚子原無，徐勇據治要補。

〔二三〕必因民之所生以制之因其所營以顯之因其所歸以固之　「必」下今尉繚子原有「也」字。又「民之」之「之」字，今尉繚子原無。又「以制」之「以」，今尉繚子原作「而」。又「其所營」，今尉繚子原作「民所榮」。又「營」，金澤文庫本原作「榮」，旁校作「營」；天明本同底本。又「以顯」之「以」，今尉繚子原作「而」。又「因其所歸以固之」，今尉繚子原無此句。以上徐勇並據治要改。又此三句今尉繚子在下文「不可不速也」句下。

〔二四〕田祿之實　「田」，金澤文庫本原作「因」，旁校作「田」；天明本、今尉繚子同底本。

〔二五〕飲食之糧　「糧」，今尉繚子原作「親」，徐勇據治要改。

〔二六〕親戚同鄉　今尉繚子原無此句，徐勇據治要補。

〔二七〕鄉里相勸　「相」，金澤文庫本原作「通」，旁校作「相」；天明本、今尉繚子同底本。

〔二八〕死喪相救　「喪」，今尉繚子原作「生」，徐勇據治要改。

〔二九〕丘墓相從　「丘墓」，天明本眉校：「『丘墓』作『兵役』。」今尉繚子原作「兵役」，徐勇據治要改。

〔三〇〕民之所以歸　此句今尉繚子原作「此民之所勵也」，徐勇據治要改。

〔三一〕不可不速也　此句今尉繚子原無，徐勇據治要補。

〔三二〕如此故什伍如親戚阡陌如朋友　「如此」，今尉繚子原無。又「故」，今尉繚子原作「使」。又「阡陌」，今尉繚子原作「卒伯」，徐勇並據治要補正。

〔三三〕故止如堵墻　「故」，今尉繚子原無，徐勇據治要補。

〔三四〕車不結軌　「軌」，今尉繚子原作「轍」，徐勇據治要改。

〔三五〕城所以守地也　「也」，金澤文庫本原無，旁校補之；天明本、今尉繚子同底本。

〔三六〕故務耕者其民不飢務守者其地不危務戰者其城不圍　「其民」之「其」，金澤文庫本原無，旁校補之；天明本同底本。又「圍」，金澤文庫本原作「違」，旁校作「圍」；天明本同底本。又三「其」字，今尉繚子原無，徐勇並據治要補。

〔三七〕三者先王之本務也　「也」，今尉繚子原無，徐勇據治要、北堂書鈔引補。

〔三八〕而兵最急矣　今尉繚子此句原作「本務兵最急本者」，徐勇據治要、北堂書鈔引改。

〔三九〕故先王務尊於兵尊於兵其本有五　此三句今尉繚子原作「故先王專於兵有五焉」，徐勇據治要改。

〔四〇〕委積不多　「委積」，金澤文庫本原作「積委」，旁校作「委積」；天明本、今尉繚子同底本。

〔四一〕則事不行　「事」，今尉繚子原作「士」，徐勇據治要改。

〔四二〕則士不强　「士不」，金澤文庫本原無，旁校補之；天明本同底本。又「士」，今尉繚子原作「衆」，徐勇據治要改。

〔四三〕則士横　「士横」，今尉繚子原作「力不壯」，徐勇據治要改今本，又於治要「士」下補「不」字，曰：「治要本『横』前無『不』字，尉繚子校注疑脱字，從前後文看，其説蓋是，今從之。」

〔四四〕刑誅不必　「誅」「必」，今尉繚子原作「賞」「中」，徐勇並據治要改。

〔四五〕則士不畏　「士」，今尉繚子原作「衆」，徐勇據治要改。

〔四六〕先王務此五者　「先王」二字，今尉繚子原無，徐勇據治要補。

〔四七〕故静能守其所有　「故」，今尉繚子原無。又「有」，今尉繚子原作「固」，徐勇並據治要補正。

〔四八〕亡國富倉府　「富」，金澤文庫本原無，旁校補之；天明本、今尉繚子同底本。又「倉」，金澤文庫本原作「食」，旁校作「倉」；天明本、今尉繚子同底本。

〔四九〕是謂上溢而下漏　「是」，今尉繚子原作「所」。又「溢」，今尉繚子原作「滿」。又「而」，今尉繚子原無，徐勇並據治要補正。又「漏」，金澤文庫本原無，旁校補之；天明本、今尉繚子同底本。

〔五〇〕故患無所付　「故」，今尉繚子原無，徐勇據治要補。又「付」，天明本、今尉繚子作「救」；金澤文庫本同底本。

〔五一〕舉賢用能　「用」，今尉繚子原作「任」，徐勇據治要改天明本眉校：「『用』作『任』。」

〔五二〕不卜筮而事吉　「事」，天明本眉校：「『事』作『獲』。」

〔五三〕貴政養勞　「政」，天明本眉校：「『政』作『功』。」

〔五四〕故曰　「故」，今尉繚子原作「又」，徐勇據治要改。

〔五五〕地利不如人事　「事」，今尉繚子作「和」，天明本眉校：「上『事』作『和』。」

〔五六〕人事而已矣　「矣」，今尉繚子原無，徐勇據治要補。

〔五七〕勤勞之事　「事」，今尉繚子作「師」。

〔五八〕將必從己先　「必從己先」，今尉繚子原作「不先己」，徐勇據治要改。

〔五九〕故暑不立蓋　「故」，今尉繚子原無。又「立」，今尉繚子原作「張」，徐勇並據治要補正改，天明本眉校：「『立』作『張』。」

〔六〇〕寒不重裘　「裘」，今尉繚子原作「衣」，徐勇據治要改。

〔六一〕有登降之險將必下步　此二句今尉繚子原作「險必下步」，徐勇據治要改。

〔六二〕軍井通而後飲　「通」，今尉繚子原作「成」。又「後」，今尉繚子原無，徐勇並據治要改、補，天明本眉校：「『通』作『成』。」

〔六三〕軍食熟而後食　「食」，今尉繚子原作「飯」，徐勇據治要改。

〔六四〕軍不畢食亦不火食　此二句今尉繚子無。

〔六五〕飢飽勞逸寒暑必身度之　「飢飽」「寒暑」，今尉繚子原無。又「度」，今尉繚子原作「同」，徐勇並據治要補正。

〔六六〕則師雖久不老雖老不弊　「則」，今尉繚子作「師雖久而不老」。

〔六七〕故軍無損卒將無惰志　「軍」，金澤文庫本原無，旁校補之；天明本同底本。又此二句今尉繚子原無，徐勇據治要補。

兵令

兵者凶器也，戰者逆悳也，争者事之（末）（末）也。〔一〕王者所以伐暴乱而定仁義也，〔二〕戰国所以立威侵敵也，〔三〕弱國所以不能廢。〔四〕兵者，以武爲（橦）〔植〕，〔五〕以文爲（桓）〔種〕；〔六〕以武爲表，以文爲裏；〔七〕以武爲外，以文爲内。〔八〕

能審此三者，〔九〕知所以勝敗矣。〔一〇〕武者所以凌敵分死生也，文者所以視利害觀安危；武者所以犯敵也，文者所以守之也。〔一一〕兵用文武也，〔一二〕如響應聲也，〔一三〕如影之随身。〔一四〕將有威則生，無威則死；有威則勝，無威則敗。卒有將則鬪，無將則北；有將則死，無將則辱。威者，賞罰之謂也。〔一五〕卒畏將於敵者戰勝，〔一六〕卒畏敵於將者戰北。〔一七〕夫戰而知所以勝敗者，〔一八〕(国)〔固〕稱將於敵也。〔一九〕敵之与將也，〔二〇〕猶權衡之也。〔二一〕將之於卒也，〔二二〕非有父母之惻，〔二三〕血膚之屬，〔二四〕六親之私，然而見敵走之如歸；〔二五〕前雖有千刃之谿，不測之淵，〔二六〕〔見〕入湯火如蹈者，〔二七〕前見全明之賞，後見必〔死〕之刑也。〔二八〕將之能制士卒，其在軍營之内，行陳之間，〔二九〕明慶賞，嚴刑罰，〔三〇〕陳斧鉞，飾章旗，〔三一〕有功必賞，犯令必〔死〕。〔三二〕及至兩敵相至，行陳薄近，將提枹而鼓〔之〕，〔三三〕存亡生(存)〔死〕，(死)〔存〕抱之端矣。〔三四〕雖有天下善者，〔三五〕〔不〕能圖大鼓之後矣。〔三六〕

〔一〕戰者逆悳也争者事之(末)(末)也　「戰」，今尉繚子原作「争」。又「争者事之末也」句，今尉繚子原作「事必有本」，徐勇並據治要改。又「末」，原作「末」，據諸本治要改；今尉繚子亦作「末」。

〔二〕王者所以伐暴乱而定仁義也　此句今尉繚子原作「故王者伐暴亂本仁義焉」，徐勇據治要改，又據簡本「□□□暴□□定仁義也」而疑治要原有之「所以」二字爲衍文。

〔三〕戰国所以立威侵敵也　「也」，今尉繚子無。

〔四〕弱國所以不能廢　「所以」，今尉繚子作「之所」。

〔五〕以武爲(橦)〔植〕　「植」，原作「橦」，據駿河版、天明本改；金澤文庫本原作「橦」，旁校作「植」；徐勇據簡本改作「棟」，曰：「竹簡整理小組認爲，『棟』、『種』二字形音並近，疑底本『種』爲『棟』之誤字。」

〔六〕以文爲(桓)〔種〕　「種」，原作「桓」，據諸本治要改；今尉繚子亦作「種」，徐勇據簡本改作「植」，曰：竹簡整理小組謂簡本「以文爲」下一字僅殘餘左半「木」旁，疑即「植」字，傳本「棟」「植」二字之位置互易。

〔七〕以武爲表以文爲裏　二「以」字，今尉繚子原無，徐勇據治要補。

〔八〕以武爲外以文爲内　此二句今尉繚子原無，徐勇以爲治要有，與簡本合，據補。

〔九〕能審此三者　「三」，天明本作「二」；今尉繚子原同，簡本作「三」，徐勇據簡本改。

〔一〇〕知所以勝敗矣　今尉繚子原作「知勝敗矣」，徐勇據簡本補作「則知所以勝敗矣」。

〔一一〕「武者所以凌敵分死生也」至「文者所以守之也」　此四句今尉繚子原作「文所以視利害辨安危，武所以犯强敵力攻守也」，徐勇據治要、簡本改，又據簡本删治要「之」字。

〔一二〕兵用文武也　此句今尉繚子原無，徐勇據簡本補作「兵之用文武也」。

〔一三〕如響應聲也　此句今尉繚子原無，徐勇據簡本「如綁之應聲」句補，又據治要改簡本「綁」爲「響」。又治要「也」字，簡本無。

〔一四〕如影之随身　「身」下天明本有「也」字；金澤文庫本、駿河版同底本。今尉繚子原無此句，徐勇據治要補，簡本作「而□之隨身也」。

〔一五〕「將有威則生」至「賞罰之謂也」　此數句今尉繚子原無，徐勇據治要、簡本補，又據簡本改治要「無威則死」之「無」作「失」。

〔一六〕卒畏將於敵者戰勝　「將」下天明本、今尉繚子有「甚」字，天明本眉校：「『將』下舊無『甚』字，補之。」金澤文庫本、駿河版同底本。又「戰」，今尉繚子原無。

〔一七〕卒畏敵於將者戰北　今尉繚子「敵」下原有「甚」字。又「戰北」，今尉繚子原作「敗」，徐勇並據治要、簡本改正。

〔一八〕夫戰而知所以勝敗者　此句今尉繚子作「未戰所以知勝敗」。

〔一九〕(国)〔固〕稱將於敵也　「固」，原作「国」，據駿河版、天明本改；金澤文庫本原作「国」，旁校作「固」；此字今尉繚子原無，徐勇據治要補。

〔二〇〕敵之与將也　「也」，今尉繚子無。

〔二一〕猶權衡之也　「之」，天明本、今尉繚子無；金澤文庫本、駿河版同底本。

〔二二〕將之於卒也　「之於」，今尉繚子作「與」。又「也」，今尉繚子無。

〔二三〕非有父母之惻　「母」，今尉繚子作「子」。又「惻」，今尉繚子作「親」。

〔二四〕血膚之屬　「血膚」，金澤文庫本原作「蓋庸」，旁校作「血膚」；駿河版、天明本同底本。又「膚」，今尉繚子無，徐勇據治要補。

〔二五〕然而見敵走之如歸　此句徐勇置於下文「見入湯火如蹈者」句上，校記云曰：「從此段前後的文義看，似有錯簡，疑承上句而誤。」

〔二六〕不測之淵　「不測」，今尉繚子作「折脊」。

〔二七〕〔見〕入湯火如蹈者　「見」，原無，據駿河版、天明本補；金澤文庫本原無，旁校補之；今尉繚子有此字。

〔二八〕後見必〔死〕之刑也　「死」，原無，據駿河版、天明本補；金澤文庫本原無，旁校補之；今尉繚子亦有之。又「也」，今尉繚子無。

〔二九〕「將之能制士卒」至「行陣之間」　此三句今尉繚子原無，徐勇據治要補。

〔三〇〕明慶賞嚴刑罰　今尉繚子原無，徐勇據簡本「嚴刑罰，□□賞」補，又據治要「明慶」補簡本二缺字。

〔三一〕陳斧鉞飾章旗　「陳」「飾」下今尉繚子原並有「之」字，徐勇據治要、簡本刪。

〔三二〕犯令必〔死〕　「死」，原無，據諸本治要補；今尉繚子亦有之。

〔三三〕及至兩敵相至行陳薄近將提枹而鼓〔之〕　此三句今尉繚子原無，徐勇據治要、簡本補，又據簡本改治要「相至」作「之相距」。又「之」，原無，據諸本治要補。

〔三四〕存亡生(存)〔死〕(死)〔存〕抱之端矣　「存」「死」二字原倒，據駿河版、天明本乙。金澤文庫本旁校「生」下之「存」字爲衍文，並補「存」字於「死」字下。又「生死」，今尉繚子原作「死生」，徐勇據治要改。又「存抱」之「存」，今尉繚子原作「在」。又「矣」，今尉繚子原無，徐勇並據治要補正。

〔三五〕雖有天下善者　「善」下天明本、今尉繚子有「兵」字；金澤文庫本、駿河版同底本。

〔三六〕〔不〕能圖大鼓之後矣　「不」，原無，據金澤文庫本、天明本補；今尉繚子亦有之。又「圖」，今尉繚子作「御」。

群書治要卷第卅七

後記

群書治要是一部題材廣泛的治國之書，括囊群籍，卻因其卷帙龐大，故書成以後在我國罕有流傳。二十年前攻讀博士學位期間，在業師何志華教授的指導下，我完成了題爲漢書顏師古注探究的博士論文。當時，論文寫得有點像資料彙編，許多課題並沒有完全展開，便匆匆將接近四十萬字的拙稿上交了。此論文的第六章，題爲「唐代類書引用漢書舊注考證——兼論魏徵群書治要引漢書舊注研究」，便是我關注群書治要的起點。群書治要並非嚴格定義下的類書，因此，當時文章主要探討北堂書鈔、藝文類聚、初學記等傳統類書，而群書治要只是作爲兼論形式而略有觸及。

後來，在指導研究生撰寫論文之時，林溢欣先生以「群書治要引書考」(二〇一二)爲論題，完成了一篇質量相當不錯的碩士學位論文。而作爲指導老師，我也在這時候重新閱讀了與群書治要相關的研究論著。

二〇一六年是我自己研治群書治要的轉捩點。這一年的二月下旬，我到了日本東京閒逛幾天，出發前想起平安時代九條家本群書治要藏於東京國立博物館，因而興起申請閱覽的念頭。得以在日本成功看到此珍貴的寫卷後，我便寫了日藏平安時代九條家本群書治要研究一文，並於二〇一六年四月二十二——二十三日在臺灣中興大學中國文學系主辦之「第十二屆唐代文化國際學術研討會」宣讀。在這個會議上，我重遇復旦大學的陳尚君老師。後來，陳老師邀請我於同年年底往上海參加「二〇一六年中日日藏漢籍研討會」，在會議上我發表了群書治要所載慎子研究一文。慎子一書是我重新關注群書治要後第一部仔細比對的專書。陳老師的薦引，同時也促成了本書在上海古籍出版社的出版，在此致以最衷心的謝意。

在二〇二一年一月份，我以「日本所藏諸本群書治要研究」爲研究課題，成功申請了香港研究資助局的優配研究金(項目編號：14621420)，使我可以在減少課時的情況下加快研究的速度。此期，研究助理陳韻紅女士、何國誠先生協助處理了一些文本的基本問題，爲我的整理工作奠定了良好的基礎。

本書得以出版，不能不提及上海古籍出版社劉賽先生的持續聯繫與用心跟進，並特別感謝責編郭冲先生的辛勤校訂。沒有以上各方人士的鼎力支持，本書是不可能順利完成出版的。全書不足之處尚多，願祈四方君子不吝賜正。

潘銘基

二〇二三年七月於香港中文大學

圖書在版編目(CIP)數據

九條家本群書治要 /（唐）魏徵等撰；潘銘基校理、解題．—上海：上海古籍出版社，2023.12
ISBN 978-7-5732-0984-9

Ⅰ.①九… Ⅱ.①魏… ②潘… Ⅲ.①政書—研究—中國—唐代 Ⅳ.①D691.5

中國國家版本館 CIP 數據核字(2023)第 230467 號

本書圖版由日本東京國立博物館授權

策劃編輯：郭　沖
責任編輯：郭　沖
技術編輯：隗婷婷
裝幀設計：王楠瑩

古抄本群書治要二種
九條家本群書治要
（全二册）
［唐］魏　徵　等撰
潘銘基　校理 解題
上海古籍出版社出版發行
（上海市閔行區號景路 159 弄 1－5 號 A 座 5F　郵政編碼 201101）
（1）網址：www.guji.com.cn
（2）E-mail：guji1@guji.com.cn
（3）易文網網址：www.ewen.co
上海展强印刷有限公司印刷
開本 889×1194　1/16　印張 46　插頁 14　字數 320,000
2023 年 12 月第 1 版　2023 年 12 月第 1 次印刷
ISBN 978-7-5732-0984-9
K·3523　定價：380.00 元
如有質量問題，請與承印公司聯繫
電話：021-66366565